Herbert Burbiel

SOA und Webservices in der Praxis

FRANZIS
PROFESSIONAL SERIES

Herbert Burbiel

SOA & Webservices
in der Praxis

197 Abbildungen

Bibliografische Information der Deutschen Bibliothek

Die Deutsche Bibliothek verzeichnet diese Publikation in der Deutschen Nationalbibliografie;
detaillierte Daten sind im Internet über **http://dnb.ddb.de** abrufbar.

Hinweis

Alle Angaben in diesem Buch wurden vom Autor mit größter Sorgfalt erarbeitet bzw. zusammengestellt und unter Einschaltung wirk-
samer Kontrollmaßnahmen reproduziert. Trotzdem sind Fehler nicht ganz auszuschließen. Der Verlag und der Autor sehen sich deshalb
gezwungen, darauf hinzuweisen, dass sie weder eine Garantie noch die juristische Verantwortung oder irgendeine Haftung für Folgen,
die auf fehlerhafte Angaben zurückgehen, übernehmen können. Für die Mitteilung etwaiger Fehler sind Verlag und Autor jederzeit
dankbar.

Internetadressen oder Versionsnummern stellen den bei Redaktionsschluss verfügbaren Informationsstand dar. Verlag und Autor über-
nehmen keinerlei Verantwortung oder Haftung für Veränderungen, die sich aus nicht von ihnen zu vertretenden Umständen ergeben.
Evtl. beigefügte oder zum Download angebotene Dateien und Informationen dienen ausschließlich der nicht gewerblichen Nutzung.
Eine gewerbliche Nutzung ist nur mit Zustimmung des Lizenzinhabers möglich.

Satz: DTP-Satz A. Kugge, München
art & design: www.ideehoch2.de
Druck: Bercker, 47623 Kevelaer
Printed in Germany

ISBN 978-3-7723-**7627-6**

Vorwort

Webservices und serviceorientierte Architekturen

Im heutigen Umkreis der Softwareentwicklung werden ständig neue Technologien und Strukturen erfunden. Das vorliegende Buch behandelt eine dieser neuen Technologien, nämlich Webservices und serviceorientierte Architekturen (SOA). In den folgenden Kapiteln werden wir aber feststellen, dass diese neue Technologie gar nicht so neu ist, wie uns einige große Softwarehersteller weismachen wollen. Die Strukturen und zugrunde liegenden Techniken der Webservices bestehen bereits länger und wurden auch in der Vergangenheit auf ähnliche Weise eingesetzt.

Webservices an sich sind nur eine logische und konsequente Weiterentwicklung bestehender Technologien. So existiert zum Beispiel der Vorläufer von XML, nämlich SGML, seit Jahrzehnten und ist ein enger Verwandter von HTML. XML bedeutet übrigens *Extensible Markup Language*, HTML dagegen *Hypertext Markup Language*. Beides sind sogenannte Beschreibungssprachen. XML ist die zugrunde liegende Metasprache, welche bei Webservices zur Datenübertragung genutzt wird. Allerdings ist XML im Gegensatz zu HTML strenger gegenüber dem Benutzer in seiner Syntax. So müssen zum Beispiel geöffnete Tags auch auf jeden Fall wieder geschlossen werden, die Reihenfolge der schließenden Tags ist streng an die der geöffneten gebunden, und XML ist case-sensitive. Das heißt in der Praxis, wenn ein Abschnitt zum Beispiel mit <ADRESSE> eingeleitet wird, dann kann er nicht mit <Adresse> abgeschlossen werden! Groß und Kleinschreibung (eben case-sensitive) müssen strikt beachtet werden. Sowohl bei HTML wie auch XML werden bestimmte Dinge per Tags beschrieben. Bei HTML ist dies allerdings das Erscheinungsbild einer Webpage oder eines Dokuments, bei XML werden Daten, Strukturen und Zusammenhänge beschrieben.

Nun wäre es natürlich langweilig, könnte man über Webservices nur Daten von einem Server zu einem Client und wieder zurück übertragen. Aus diesem Grund wird bei Webservices auch SOAP benutzt, das *Simple Object Access Protocol*. Dieses Protokoll befähigt einen Client, innerhalb von Webdiensten Remote-Prozeduraufrufe durchzuführen. SOAP ermöglicht also den Webdiensten, komplexe Objekte über das Internet oder ein bestehendes Intranet zu verschicken. Dies funktioniert sogar über SMTP- oder POP3-Protokolle, also per E-Mail. Webservices in Verbindung mit SOAP verwenden oftmals das HTTP (Hypertext Transfer Protocol) für die Übermittlung der Daten. Dies macht einen Datentransfer äußerst einfach, da man sich als Entwickler nicht mehr direkt mit Firewalls, Proxies etc. auseinandersetzen muss.

Ein weiterer Vorteil der Verbindung dieser Technologien ist die Unabhängigkeit der verwendeten Systeme. Webservices sind prädestiniert für heterogene Systemarchitekturen (gemischte Systemstrukturen). Es können zum Beispiel Unix- oder Linux-

Webserver Daten mit Windows-Clients austauschen. Ebenso können Apple-Clients per Java mit Windows-Servern und .NET kommunizieren. Hauptsache, das Protokoll stimmt und beide verstehen sich. Damit sich die einzelnen Systeme verstehen, gibt es Mechanismen zum Austausch der wichtigsten Grundlagen. Diesen Handshake der Systeme erreicht man durch die WSDL (Web Services Description Language). WSDL ist ein XML-Abkömmling, welcher die Schnittstellen der Webservices zum Client beschreibt. Alles, was der Client zur Datenübertragung wissen muss, wird hier definiert, zum Beispiel Funktionsaufrufe der Webservices-Serverklassen oder die Formate der Nachrichtenstreams.

Wenn Sie bis hierher aufmerksam mitgelesen haben und ob der ganzen Theorie noch nicht eingeschlafen sind, haben Sie sicherlich bemerkt, dass andauernd von Remoting und Prozeduraufrufen die Rede war. Das ist sozusagen die Idee, die den Webservices zugrunde liegt, ähnlich wie bei DCOM (Distributed Component Object Modelling) , CORBA (Common Object Request Broker Architecture), RPC (Remote Procedure Call) und Ähnlichem. Alle diese Abkürzungen (und noch viel mehr) stehen im Grunde für die Möglichkeit, von entfernten Rechnern Klassen, Objekte oder Daten abzurufen und diese in der eigenen Software zu verwenden.

Webservices basieren auf der gleichen Idee, sind aber sehr viel flexibler in heterogenen Umgebungen einsetzbar, skalierbarer und werden durch APIs (Application Programming Interfaces) von den führenden Softwareherstellern unterstützt. So gibt es zum Beispiel von Microsoft den Namespace *.Web.Services* für die Verwendung von Webservices, welchen wir im Weiteren in Verbindung mit anderen relevanten Namespaces kennenlernen werden. Um nicht zu einseitig zu agieren oder ein Scheuklappen-Denken zu erzeugen, werden wir uns die Webservices auch unter Java betrachten. Um den einzelnen .NET-Sprachen gerecht zu werden, wird es außerdem Beispiele unter C# und Visual Basic(.NET) geben, damit die Unterschiede der einzelnen Entwicklungswerkzeuge zutage treten. Selbstverständlich müssen wir uns im Zusammenhang natürlich auch mit ASP.NET beschäftigen, damit unsere Serverklassen und/oder Serverobjekte Gelegenheit finden zum Client zu gelangen.

Zum Abschluss werden wir dann alles, was vorher besprochen wurde, in einer Applikation zusammenfassen. Diese Applikation wird relativ klein ausfallen, da wir sonst den Rahmen des Buchs sprengen würden. Nichtsdestotrotz wird sie Ihnen zeigen, wie eine serviceorientierte Architektur aufgebaut ist. Die Anwendung selbst soll grundsätzlich eine Terminplanung auf Basis von Webservices umsetzen. Daten und Objekte werden über Webservices an den Client übermittelt, die dieser betrachten, verändern und verwenden kann. Zum Verständnis der einzelnen verwendeten Programmierbausteine werden wir vorher nicht umhinkommen, uns mit der Theorie zu beschäftigen. Aus diesem Grund werden wir vorher einige kleine Rezepte kennenlernen, anhand derer ich Ihr Wissen aufbauen werde.

Die einzelnen Kapitel werden sich also mit den Grundlagen von XML/SOAP, ASP.NET, Server- und Clientseite beschäftigen und dies in verschiedenen .NET-Sprachen. Danach gehen wir über zur Entwicklung unserer Beispielapplikation, der Terminplanung. Zu diesem Zeitpunkt sollten Sie dann bereits alle relevanten Grundlagen für eine Verwendung der Webservices verstanden haben. Ich setze voraus, dass Sie bereits in wenigstens einer der verwendeten Programmiersprachen (im Bereich .NET) ein kleineres bis mittleres Projekt vollendet haben und kein absoluter Programmieranfänger sind. Ich werde nämlich nicht mehr detailliert auf die Grundlagen der .NET-Programmierung eingehen. Grundlagen und Theorie werden nur im Bereich Webservice-Namespaces und höchstens in den entsprechenden Programmmodulen vermittelt. Die Beispiele werden kurz und aussagekräftig sein und sollen die Kernaussagen herausstellen. Die zugrunde liegende Struktur lernen Sie im nächsten Kapitel kennen, der obligatorischen Bedienungsanleitung.

H. Burbiel, im August 2007

Inhaltsverzeichnis

1 Bedienungsanleitung zum Buch

1.1 Nutzen des Buchs

Dieses Buch richtet sich an alle Entwickler im Bereich .NET, Java und Open-Source, die in die Materie Webservices eintauchen möchten. Ob C#, Visual Basic oder Java ist gleichgültig, da ich die meisten der Kerntechnologien für alle Sprachen beschreiben werde. Sie sollten sich bereits in zumindest einer Programmiersprache etwas auskennen, um den Anschluss nicht zu verlieren. Dieses Buch bringt Ihnen nicht bei, wie Sie Programme entwickeln. Es ist dazu gedacht, Ihnen näher zu bringen, wie Sie Webservices und serviceorientierte Architekturen in der Praxis entwickeln und einsetzen. Hierzu lernen Sie unter anderem, wie man Webservices und deren Clients anlegt und verwendet. Außerdem natürlich, warum serviceorientierte Architekturen nicht nur aus Webservices bestehen und welche Techniken man für Dienste verwenden kann.

Als Nächstes lernen Sie, wozu die Extensible Markup Language (XML) dient und wie man sie benutzt. Danach erfahren Sie, warum bei einem Webservice SOAP als Protokoll eingesetzt wird und was Ihnen SOAP bringt. Sie erfahren selbstverständlich, was zum Beispiel WSDL oder UDDI sind, und wie Sie diese benutzen. Den Hauptteil des Buchs machen die Beispiele aus, anhand derer Sie Schritt für Schritt an die Materie herangeführt werden. Die Lösungsbeispiele sind kurz und aussagekräftig und dienen dazu, alltägliche Probleme ohne langes Experimentieren zu beseitigen und Ideen umzusetzen.

Selbstverständlich darf beim Thema Webservices und serviceorientierte Architekturen die Theorie nicht zu kurz kommen. Sie werden also auch über die einzelnen Beschreibungssprachen, Protokolle, APIs/Namespaces und Hintergründe aufgeklärt. Hierzu werden Sie Diagramme, Klassenauflistungen und Objektbeschreibungen erhalten. Das Buch wird Ihnen außerdem ein kleines, komplettes Projekt liefern, anhand dessen Sie das Erstellen von Webservices und das Verwenden von serviceorientierten Architekturen erlernen werden. Die Listings im Buch werden grundlegende Lösungen mit genauer Beschreibung des Problems als Titel, benötigte Namespaces von .NET/Java, Position auf der CD, dem Listing selbst und einer entsprechenden Beschreibung enthalten. Sie werden sehr einfache Beispiele finden, die für den Einsteiger gedacht sind, aber auch Beispiele, die in komplexere Bereiche eintauchen.

1.2 So verwenden Sie das vorliegende Buch

Sie werden dieses Buch nicht als Standardwerk zum Lernen einer Programmiersprache verwenden können, wenn auch viele sehr grundlegende Praxisbeispiele darin vorkommen. Dieses Buch wird Ihnen sowohl Grundlagen für die Programmierung von Webservices vermitteln als auch fortgeschrittene Problemlösungen anbieten. Sie werden lernen, mit XML-Dateien umzugehen und Webservice-relevante Protokolle einzusetzen. Außerdem werden Sie viele Beispiele für verschiedene Problemstellungen kennenlernen und sehen, wie die zugrunde liegenden Probleme gelöst werden. Sie werden keine detaillierten Hierarchien von .NET und dessen Klassen finden. Ausgenommen hiervon sind vielleicht jene Namespaces, die für die Entwicklung von Webservices relevant sind. Diese werde ich teilweise detailliert aufführen.

1.3 Materialien und Beispiele dieses Buchs

Dieses Buch enthält eine CD. Auf dem Datenträger finden Sie Trialversionen, Freewareprogramme und verschiedene Installationspakete, die wir innerhalb der einzelnen Kapitel besprechen und verwenden werden. Eventuelle Servicepacks sind meist für die entsprechenden Vollversionen gedacht und funktionieren nur selten mit Trialversionen.

Für die einzelnen .NET-Beispiele benötigen Sie eine Entwicklungsumgebung, die mit .NET umgehen kann. Empfehlenswert ist hier natürlich das Visual Studio von Microsoft, am besten die Version 2005. Die verwendete .NET-Version ist meist 2.0, ab und zu aber auch 1.1.

Für die jeweiligen Java-Beispiele wird eine Netbeans-IDE und ein entsprechendes Java-SDK verwendet. Sie werden innerhalb des Buchs auf verschiedene Java-Versionen stoßen. Grundsätzlich habe ich aber versucht, die Beispiele mindestens zur Version 1.5 des Java SDKs abwärtskompatibel zu halten.

Als Datenbank verwenden wir teilweise den MySQL Server in der Version 5.0.17. und teilweise Access. Alle Programme auf der CD benötigen ein Microsoft-Betriebssystem (Windows 2000 oder höher). Getestet wurden alle Sourcecodes und die verwendeten Softwareprodukte unter Windows XP mit dem Servicepack 2.

Als unabdingbares Element befinden sich selbstverständlich auch die entsprechenden Listings der Beispiele auf der CD zum Buch.

Zusätzlich werden Sie einen Ordner *Sonstiges* finden, mit einigem, was Ihnen nützlich sein könnte.

Die Beispiele sind in verschiedenen Ordnern organisiert, welche das Gegenstück zu den Kapiteln des Buchs bilden. Um Ihnen ein sofortiges Lokalisieren der einzelnen Listings zu ermöglichen, wird innerhalb des Buchtextes auf die entsprechenden Namen verwiesen.

1.4   Was benötigen Sie, um zu starten?

Sie sollten entweder Visual Studio Version 2005 (.NET) oder aber Netbeans installiert haben sowie das .NET Framework und für SQL-Datenbanken den MySQL Server. Wie Sie dies alles installieren, erfahren Sie im nächsten Kapitel. Teilweise kann es sein, dass Sie, um die Beispiele starten zu können, den Connectionstring für den SQL-Server ändern müssen. An kritischen Stellen werde ich Sie darauf hinweisen. Da wir für Webservices und ASP.NET-Seiten/HTML-Seiten einen entsprechenden Webserver benötigen, MUSS ein IIS (Internet Information Server) auf Ihrem System eingerichtet sein. Dieser wird allerdings von den entsprechenden Entwicklungsumgebungen bei der Installation im Normalfall direkt eingerichtet. Ich verwende im Buch explizit den IIS, weil andere Softwarepakete, wie zum Beispiel PHP, sich unter diesem optimal einpassen und meist sogar selbst konfigurieren. Dadurch sparen wir uns Mehrarbeit bei der Installation. Auf andere Server werde ich teilweise eingehen, aber der Hauptteil der Entwicklung wird sich auf dem Internet Information Server von Microsoft abspielen.

1.5   Typografische Vereinbarung mit Beispielen

Am Anfang des Buchs steht natürlich etwas Theorie und die Grundlagen der Webservices, wie zum Beispiel XML, SOAP, UDDI und WSDL. Im Anschluss daran lernen Sie die wichtigsten Klassen des .NET-Frameworks im Bereich Webservices und deren Struktur kennen. Darauf folgen Beispiele zur Programmierung von Webservices. Zum Abschluss folgt dann unsere Beispielapplikation, die Terminplanung.

Die meisten Beispiele werden in Visual Basic (.NET), C# und Java mit Netbeans als IDE aufgeführt sein. Sie werden aber auch Beispiele etwa für PHP finden.

Einzelne Abschnitte in Kapiteln sehen wie folgt aus:

Überschrift des Beispiels, z. B.: XML-File erstellen
Position des Listings auf der CD:

Listing: cd:\Beispiele XML\File erstellen

Eine kleine Erklärung, wozu dieses Beispiel dient, in 1-4 Sätzen, in folgender Form:

Dieses Beispiel zeigt Ihnen, wie Sie auf einfache Weise ein XML-File erstellen und es innerhalb eines Verzeichnisses abspeichern.

Benötigte Namespaces
Auflistung in der Form: System.Web.Services, System.IO

Dann natürlich der entsprechende Sourcecode:

Sourcecode

```
private void button1_Click(object sender, System.EventArgs e)
    {
    }
```

Und eine abschließende Beschreibung:

Beschreibung

Eine abschließende Beschreibung des Beispiels, die bis zu 3 Seiten lang sein kann.

Listings im Buch werden aus Platzgründen verkürzt dargestellt, zum Beispiel wird

(C#)

```
private void button1_Click(object sender, System.EventArgs e)
    {
    }
```

oder

(Visual Basic)

```
Private Sub Button1_Click(ByVal sender As System.Object, ByVal e As
                          System.EventArgs) Handles Button1.Click

End Sub
```

als

(C#)

```
private void button1_Click()
    {
    }
```

oder

(Visual Basic)

```
Private Sub Button1_Click() Handles Button1.Click

End Sub
```

dargestellt. Warum? Weil alle Windows-Ereignisprozeduren (Events) unter .NET sowieso immer denselben Aufrufkonventionen folgen (sowohl in Delphi als auch in C# oder in Visual Basic .NET). Die ausgeschriebene Version braucht aber sehr viel Platz, deshalb verzichten wir darauf.

Programmlistings werden ebenso wie Hinweise in einem grau hinterlegten Feld dargestellt:

```
private void button1_Click()
    {
    }
```

Wenn ich Ihnen spezielle Hinweise geben möchte, sehen die entsprechenden Abschnitte
so aus:

Tipp:
Mit der Taste [F3] erhalten Sie zusätzliche Informationen.

So, genug der langen Einweisungen, im nächsten Kapitel kommen wir direkt zu den
Grundlagen der serviceorientierten Architekturen.

2 Webservices

2.1 Geschichte

Die Idee der Webservices ist nicht ganz so neu, wie man das anhand des aktuellen Hypes vermuten würde. Im Gegenteil!

Die zugrunde liegende Idee dieser Technik besteht bereits seit Längerem. Allen voran sind hier zum Beispiel CORBA und DCOM zu nennen, auf die wir später in diesem Kapitel noch zu sprechen kommen. Der Gedanke hinter all diesen Technologien war, eine verteilte Softwarearchitektur zu schaffen. Das heißt, Teile der auszuführenden Applikation können sich an unterschiedlichen Orten befinden. Gekoppelt werden diese »Programmfragmente« über Verbindungen und Protokolle. Als Verbindungen dienen physikalische Leitungen wie Netzwerkkabel oder eine Verbindung ins Internet per Telefonkabel. Natürlich sind auch alle anderen Verbindungen, wie USB-Peer-to-Peer, seriell etc. denkbar. Es kommt nur darauf an, dass der Client Zugriff auf einen Server erhält. Nun kann der Server Klassen und Objekte enthalten, die vom Client aufgerufen und verwendet werden können.

Die Entwicklung der Webservices entstand nicht von einem Tag auf den anderen, sie verlief eher schleichend. Man kann also beispielweise nicht sagen, ab dem Jahr 2000 gab es Webservices. Ausserdem sind Webservices nur der Überbegriff für eine Sammlung von Technologien, die zusammengefasst und für bestimmte Zwecke eingesetzt wurden. Sehr wichtig für die Webservices mit SOAP ist zum Beispiel der XML-Standard. Sein Vorfahr, SGML, wurde ursprünglich im Jahr 1967 in seiner Grundform erfunden. Auf XML gehe ich im Kapitel 4 näher ein, dort erfahren Sie auch etwas über die Entstehung und den Werdegang von XML. Im Bereich der Webservices dient XML als zugrunde liegende Technik für das SOAP-Protokoll und damit zur Datenübertragung zwischen Server und Client. Das Netzwerkprotokoll ist meist HTTP.

Das ist etwas verwirrend. Was ist der Unterschied zwischen diesen Protokollen? HTTP dient als Protokoll zwischen Server und Client, um Texte, Internetseiten und beispielsweise Bilder zu übertragen. SOAP dient dazu, bestimmte objektorientierte Inhalte zwischen Server und Client zu verschicken. SOAP benutzt HTTP, um über das Internet oder eine sonstige Verbindung zum Client zu gelangen und dort seine Objekte und Methoden abzuladen. Stellen Sie sich einfach eine Telefonleitung vor. Sie können über diese Leitung sprechen, Faxe verschicken und im Internet surfen. Ermöglicht wird dies durch eine Phasenmodulation der Elektrizität in der Telefonleitung. Diese modulierte Elektrizität transportiert die Sprache und könnte so (vereinfacht gesehen und das Leitungsprotokoll außer Acht lassend) mit dem HTTP (Hypertext Transfer Protocol) verglichen werden. XML oder SOAP entsprächen dann, grob gesagt, der Sprache, die Ihr Gegenüber spricht. Beide Partner verwenden eine Sprache als Kommunikationsmittel und zum Übertragen das Telefonnetz und Elektrizität. SOAP wurde 1999 veröffentlicht und stammt ursprünglich von Dave Winer und Microsoft. Etwa im Jahr 2000 schloss sich IBM der Entwicklung an. Alle zusammen reichten SOAP als Spezifikation beim World Wide Web Consortium ein.

http://www.w3.org/TR/soap/

Übrigens hieß SOAP am Anfang ausgesprochen *Simple Object Access Protocol*. Seit 2003 stellt SOAP aber keine Abkürzung mehr dar, sondern ist ein Eigenname.

Webservices werden meist im Zusammenhang mit SOA genannt. SOA bedeutet *Service Oriented Architecture* also dienstorientierte (Software-)Architektur. Dienstorientierte Architekturen sind Konzepte, die einem Client verschiedene Dienste in Form von Methoden, Datenstrukturen oder Ähnlichem anbieten. Webservices sind natürlich solche SOAs. Sie liegen, vereinfacht gesagt, zum Beispiel in Form von Objekten auf dem Server und stellen dem Anwender bestimmte Funktionalitäten zur Verfügung. Eine andere Art von SOA sind einfache PHP-, Perl- oder andere Skripts, die serverseitig vorhanden sind und Funktionalitäten bereitstellen. Grundsätzlich können also auch einfache Seitenzähler zu einer dienstorientierten Architektur gezählt werden, wenn sie bestimmte Voraussetzungen erfüllen. Welche Voraussetzungen gegeben sein müssen, werden Sie später noch erfahren. Gerade in letzter Zeit werden die gängigen Programmiersprachen daraufhin verbessert, dass sie solche Services auf einfache Art ansprechen und nutzen können. Sehr gut geeignet sind in diesem Zusammenhang .NET/Mono-Anwendungen und Java, da die zugrunde liegenden Frameworks und APIs HTTP-Zugriffe und Webservices über SOAP integriert haben.

Eine reine Integration der Technologien hilft aber noch nicht besonders, diese auch zu verwenden. Wer möchte schon gerne Stunden damit zubringen, immer gleiche Routinearbeiten zu erledigen, bis die Programmarchitektur es zulässt, einen Webservice anzusprechen? Hier sind in ihrer Einfachheit das .NET Framework und Java hervorzuheben. Für beide existieren Entwicklungsumgebungen, die einem das einfache Erstellen von serverseitigen Diensten wie auch das Erstellen von zugehörigen Clients erlauben.

In Bezug auf Webservices gibt es einige Schlagwörter, die immer wieder auftauchen und von denen Sie wissen sollten, was sie bedeuten und wie man die Technologie dahinter verwendet.

- XML
- SOAP
- HTTP
- Requests
- WSDL
- UDDI
- ASP
- ASP.NET

- JSP

- Servlets

- Enterprise Beans

- DISCO

- Proxyklasse

Vielleicht sagen Ihnen diese Begriffe teilweise bereits etwas, vielleicht aber auch nicht. Deshalb werde ich Ihnen im Folgenden jeden kurz erklären. Danach werden Sie in den einzelnen Kapiteln die dahinter versteckten Technologien und den Einsatzzweck kennenlernen.

2.2 Begrifflichkeiten

2.2.1 XML

XML ist eine Datendarstellungssprache und ein definierter Standard, mit dem man Datenstrukturen beschreiben kann. Er ist ähnlich wie HTML, allerdings strenger in der Handhabung. Dies ist auch nötig, da Datenstrukturen feste Regeln benötigen, die z. B. von Parsern vorausgesetzt werden. Wenn Sie nicht wissen, was XML bedeutet, stellen Sie sich diesen Standard als Grundlage für Beschreibungssprachen vor. Sie können mit XML bestimmte Dinge beschreiben und an Empfänger als Text versenden. Da XML ein wirklich umfangreiches Thema ist, gibt es dafür auch ein eigenes Kapitel. XML ist von seiner Technologie her bereits uralt, wird aber gerade in jüngster Zeit von allen Programmen unterstützt. Word oder Open Office sind sehr bekannte Vertreter hierfür. Ebenso basiert SOAP auf XML.

2.2.2 SOAP

SOAP ist als Protokollstandard vom W3C definiert und dient (grob gesagt) zur Übermittlung von Daten und Strukturen. Man bezeichnet SOAP auch als Remoteprozeduraufruf-Mechanismus. Um die entsprechenden Strukturen zu beschreiben, verwendet SOAP den XML-Standard als Grundlage. Um die jeweiligen Daten an den Client zu liefern, wird im Allgemeinen HTTP verwendet. Denkbar sind aber auch beliebige andere Übertragungsprotokolle.

2.2.3 HTTP

Das *Hypertext Transfer Protocol* dient dazu, Daten im Internet vom Server zum Client und zurück zu befördern. Ihr Internetbrowser, zum Beispiel der Internet Explorer, erkennt am Anfang einer URL anhand des Kürzels *http://*, dass eine Internetseite angefordert wurde. Möglich wäre zum Beispiel auch *ftp://*, welches eine Filetransfer-Verbindung öffnet. Diese Kürzel helfen dem Browser »zu wissen«, was er verschickt und empfängt.

2.2.4 Requests

Requests sind Anforderungen. Sie können Requests über einen Internetbrowser abschicken, oder aber über eines Ihrer Programme. Requests gehören seit Neuestem in praktisch allen Programmen zum guten Ton. Verbindungen zum heimischen Server sind für Programmierer und Softwarefirmen sehr praktisch, aber oftmals nervig für den Anwender. Wer hasst es nicht, wenn sein Rechner andauernd im Internet sein möchte und unbekannte Daten hin und her gehen? Für SOA sind Requests allerdings grundlegend und notwendig.

2.2.5 WSDL

WSDL bedeutet *Web Service Description Language*. WSDL-Files sind mit XML strukturiert und beschreiben einen Webservice in seinen Funktionalitäten. Ein WSDL-File kann von einem Webservice angefordert werden und vom Entwickler zum Erzeugen seiner Webserviceclient-Klassen verwendet werden. Sie können eine solche WSDL-Struktur zum Beispiel in Ihrem Browser anzeigen lassen, wenn Sie folgende Zeile eingeben:

```
http://www.nanonull.com/timeservice/timeservice.asmx?WSDL
```

Sie werden eine ähnliche Struktur zurückerhalten wie im nächsten Listing:

```
<?xml version="1.0" encoding="utf-8" ?>
<wsdl:definitions xmlns:http="http://schemas.xmlsoap.org/wsdl/http/"
xmlns:soap="http://schemas.xmlsoap.org/wsdl/soap/"
xmlns:s="http://www.w3.org/2001/XMLSchema"
xmlns:soapenc="http://schemas.xmlsoap.org/soap/encoding/"
xmlns:tns="http://www.Nanonull.com/TimeService/"
xmlns:tm="http://microsoft.com/wsdl/mime/textMatching/"
xmlns:mime="http://schemas.xmlsoap.org/wsdl/mime/"
targetNamespace="http://www.Nanonull.com/TimeService/"
xmlns:wsdl="http://schemas.xmlsoap.org/wsdl/">
<wsdl:types>
<s:schema elementFormDefault="qualified"
targetNamespace="http://www.Nanonull.com/TimeService/">
<s:element name="getUTCTime">
  <s:complexType />
  </s:element>

<s:element name="getUTCTimeResponse">
<s:complexType>
<s:sequence>
  <s:element minOccurs="0" maxOccurs="1" name="getUTCTimeResult" type="s:string" />
  </s:sequence>
```

2.2.6   UDDI

Universal Description, Discovery and Integration. Dies bezeichnet einen Verzeichnisdienst, der Ihnen hilft, Webservices und zugehörige Firmendaten zu finden.

2.2.7   ASP

ASP sind *Active Server Pages*, eine Erfindung von Microsoft. Diese Seiten sollen, wenn es nach Microsoft geht, die normalen HTML-Seiten ablösen. Active Server Pages waren der Vorläufer von ASP.NET. Aber Achtung! Die zugrunde liegende Technologie hat sich gravierend verändert.

2.2.8   ASP.NET

Active Server Pages unter .NET. Diese Seiten laufen nur auf Windows .NET-Servern oder aber in einer MONO(.NET-Implementation für Linux)-Umgebung.

2.2.9   JSP

Java Server Pages. Das Sun-Äquivalent zu ASP. Natürlich auf Java basierend und eine sehr interessante Alternative zu ASP.

2.2.10   Servlets

Servlets sind kleine Softwarestücke, unter Java programmiert, die die CGI-Skripts von früher ersetzen. Servlets sind allerdings sehr viel leistungsfähiger und besser zu programmieren als CGI-Skripts unter PHP oder Perl. Mit Servlets oder Java Beans kann man auch Webservices erzeugen.

2.2.11   Enterprise Beans

Softwarekomponenten, die serverseitig ausgeführt werden und auf die ein Client durch Implementierung von RMI-Methoden Zugriff erhält.

2.2.12   DISCO

Steht als Abkürzung für *Discovery* und ist ein proprietäres Format von Microsoft. DISCO-Dateien dienen einer Webseite zur Bereitstellung der auf dem Server vorhandenen Webservices. Wird gerade in den letzten Jahren auch immer mehr von anderen Sprachen unterstützt und ist nicht mehr allein dem Visual Studio vorbehalten.

2.2.13   Proxyklasse

Eine Proxyklasse ist eine Klasse in der Sprache des jeweiligen Webclients, welche dem Zugriff auf die Methoden des Webservice dient.

2.3   Die Executive

Wenn man serviceorientierte Architekturen programmieren möchte, benötigt man verschiedene Dinge. Das eine sind natürlich die Protokolle, wie zum Beispiel SOAP, XML und HTTP. Eine andere Komponente sind die Server und Clientprogramme, also der Webservice und der Webserviceclient. (Diese Bezeichnungen gelten natürlich nur unter der Bedingung, dass wir hier von Webservices und nicht von Skripts oder Servlets reden!)

Die Softwarekomponenten müssen aber auch irgendwo ausgeführt werden. Bei den clientseitigen Programmen ist dies kein Problem. Sie werden auf dem Client installiert und ausgeführt, wenn das entsprechende Framework oder die APIs (oder SDKs) vorhanden sind.

Auf der Serverseite haben wir aber mit verschiedenen Problemen zu kämpfen. Mit was haben wir unsere Serverkomponenten entwickelt? Ist es .NET oder Java oder ein Skript? Ein PHP-, PerlScript oder ein Servlet? Arbeiten wir mit ASP-Seiten oder doch eher mit Java Server Pages? Die Qual der Wahl. Ebenso ist es leider mit den Containern für unsere Webservices. Wenn wir nur Skripts verwenden, ist es noch relativ einfach. Unser Provider muss uns nur PHP oder Perl bereitstellen, was heutzutage praktisch jeder tut. Bei Webservices benötigen wir entweder eine .NET- oder Mono-Umgebung und einen Application-Server oder aber Java mit einem passenden Applicationserver. Genau ab diesem Zeitpunkt wird es interessant. Es gibt nämlich langsam Unmengen von diesen Application-Servern. Beispiele hierfür sind:

- Sun Java Application-Server

- Websphere Application-Server

- Apache Axis/Tomcat

- JBoss

- IIS

Im professionellen Umfeld etwa von Großbanken und Großunternehmen setzen sich die beiden ersten immer mehr durch, im Opensourcebereich Apache und JBOSS. Im Mittelstand wird sehr gerne der IIS verwendet. Beim Apache muss man unterscheiden. Axis ist eine Implementierung von SOAP und dient zum Übermitteln von SOAP-Envelopes (in SOAP verpackte Datenpakete). Tomcat ist ein Servlet und Java Server Pages-Container. Beide zusammen bieten die Möglichkeit, Webservices zugänglich zu machen.

Im .NET-Bereich ist ein IIS (Internet Information Server) von Microsoft die bevorzugte Wahl. Im Normalfall wird man auf einem Microsoft-Server keine Servlets finden und umgekehrt keine ASP-Seiten auf einem Application-Server. Für eine von beiden Technologieschienen müssen Sie sich also entscheiden. Dies ist natürlich maßgeblich für die Entwicklung. Auf Serverseite sind Sie später an Ihre Technologie gefesselt, auf Clientseite können Sie aber auch später frei wählen. Eine Alternative zum IIS wäre zum Beispiel der Cassini Webserver, welcher auch mit ASP-Seiten umgehen kann.

Im Bereich Webservices hat eindeutig Microsoft die Nase vorn bei der Einfachheit der Entwicklung von Webserviceclients. Nirgendwo ist ein Client (oder auch der zugehörige Webservice) so einfach zu erzeugen, da Microsoft den Entwickler mit hervorragenden Assistenten unterstützt. Aus diesem Grund werden wir in diesem Buch die meisten Webservices auf einem IIS erzeugen und später mit verschiedenen Clients abrufen. Natürlich erhalten Sie aber auch das eine oder andere Beispiel für andere Application-Server-Anwendungen.

2.4 Die ersten Webserviceclients

Am Anfang eines Buchs erhält man immer eine Menge an trockenen Informationen und Theorie, die einem nichts sagt. Im Allgemeinen kann man sich davon auch höchstens 20-30 % merken, den Rest vergisst man sehr schnell wieder. Das heißt, man muss später zurückblättern und wieder (und wieder) nachlesen, bis einem bestimmte Sachverhalte klar werden.

Meiner Meinung nach lernt man am besten durch kleine, aussagekräftige Beispiele. Dieses Prinzip habe ich in all meinen bisherigen Büchern verfolgt und bleibe ihm auch diesmal treu. Aus diesem Grund gehen wir jetzt gleich zum ersten kleinen Beispiel über.

Voraussetzungen

Wir möchten einen Client erzeugen, welcher auf einen Webservice zugreift, der uns verschiedene Zeitabfragen ermöglicht. Dieser Webservice befindet sich auf:

```
http://www.nanonull.com/timeservice/timeservice.asmx?WSDL
```

Was benötigen wir?

Wir benötigen natürlich einen Internetzugang. Ich gehe davon aus, dass Sie diesen bereits haben. Als Nächstes müssen wir uns für eine Programmiersprache entscheiden. Da dieses Buch für alle gängigen Sprachen gelten soll, werden wir den Client jeweils unter C#, Visual Basic und Java entwickeln. Wir beginnen mit dem C#-Client.

2.4.1 C#-Client für den TimeService

Wenn Sie das Visual Studio verwenden, setze ich voraus, dass Sie es bereits eingerichtet haben und es funktionstüchtig ist. Bei diesem ersten Beispiel erkläre ich noch genau die Vorgehensweise, welche zum Erstellen des Clients nötig ist. Bei späteren Listings werde ich auf solche Details verzichten.

Im ersten Schritt erstellen Sie ein Verzeichnis auf Ihrer Festplatte. Nennen Sie es am besten so wie im Buch. Sie können dann, im eventuellen Fehlerfall, die Problemstellen leichter ausmachen. Nennen Sie das Verzeichnis *01 C# TimeService*. Öffnen Sie nun eine Eingabeaufforderung (Command-Shell) und wechseln Sie in dieses Verzeichnis.

Geben Sie folgenden Befehl im DOS-Fenster ein:

```
Wsdl.exe
```

Sollten Sie ein korrekt installiertes Visual Studio haben und es erscheint nun eine Fehlermeldung, fehlt ein Verweis in den Umgebungsvariablen auf den Binary-Pfad Ihres Visual Studios.

Wenn Sie eine Fehlermeldung erhalten haben, erstellen Sie eine PATH-Anweisung unter *Start / Einstellungen / Systemsteuerung / System / Erweitert / Umgebungsvariablen*, mit folgendem Wert: *C:\Programme\Microsoft Visual Studio 8\SDK\v2.0\Bin*. Sollten Sie Visual Studio 2003 verwenden, passen Sie den Pfad bitte auf Ihr »Bin«-Verzeichnis entsprechend an!

Bild 2.1: PATH-Variable eintragen

Sollte die Umgebungsvariable bereits einen Wert enthalten, fügen Sie an deren Ende ein Semikolon an (;) und hängen die Pfadangabe an Ihr Visual Studio-Bin-Verzeichnis an. Schließen Sie nun alle offenen Fenster, auch ein eventuell noch offenes DOS-Fenster!

> **Achtung:**
> Das DOS-Fenster erkennt die Änderung in den Umgebungsvariablen nur, wenn es neu geöffnet wird!

Wechseln Sie im neu geöffneten DOS-Fenster wieder in Ihr Verzeichnis und geben Sie erneut den Befehl *wsdl* oder *wsdl.exe* ein.

Sie sollten nun eine ähnliche Anzeige erhalten wie im nächsten Screenshot.

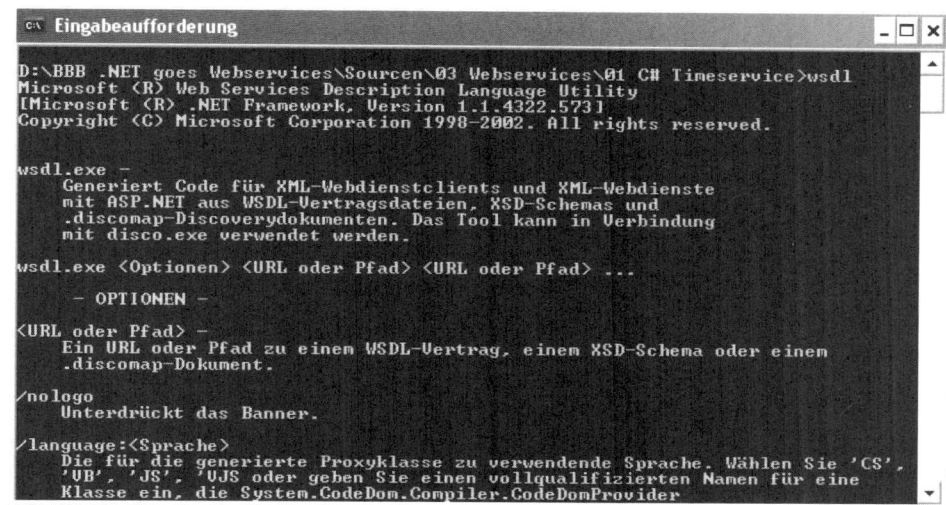

Bild 2.2: WSDL.EXE beim Aufruf

Die Auflistung auf dem Bildschirm beschreibt die möglichen Parameter, welche wir mit dem WSDL-Tool verwenden können.

Sie wissen bereits ein klein wenig, wie eine WSDL-Datei aussieht und wofür sie dient. Wir möchten in diesem Beispiel über eine WSDL-Datei eine Proxyklasse für C# erzeugen. Eine Proxyklasse beinhaltet alle Zugriffsmethoden, die uns ein Webservice bereitstellt. Diese Proxyklasse können wir ganz normal als Klasse in unser C#-Projekt einbinden und verwenden. Das WSDL-Tool, welches wir gerade aufgerufen haben, erzeugt diese Klasse anhand des WSDL-Files, das wir vom Webservice abrufen können. Geben Sie folgende Zeile in Ihr DOS-Fenster ein:

```
wsdl http://www.nanonull.com/timeservice/timeservice.asmx?WSDL /o:timeservice /l:cs
```

Bitte geben Sie alles hintereinander **in einer** Zeile ein. Das WSDL-Tool sollte nun das WSDL-File des TimeService anfordern und verarbeiten. Wenn alles klappt, erhalten Sie zum Abschluss die Meldung: »Datei 'timeservice.cs' wird geschrieben.« Sie haben nun in dem von Ihnen angelegten Verzeichnis eine C#-Klasse, welche die Methoden des TimeService enthält.

Nun können wir das Visual Studio öffnen und unser Clientprojekt anlegen.

Bild 2.3: Das TimeService-Projekt anlegen

Wählen Sie hierzu ein C#-Projekt und eine ganz einfache Windows-Anwendung. Fügen Sie nun die Proxyklasse Ihrem Projekt zu, indem Sie unter *Datei / vorhandenes Element zufügen* auf *timeservice.cs* klicken und bestätigen.

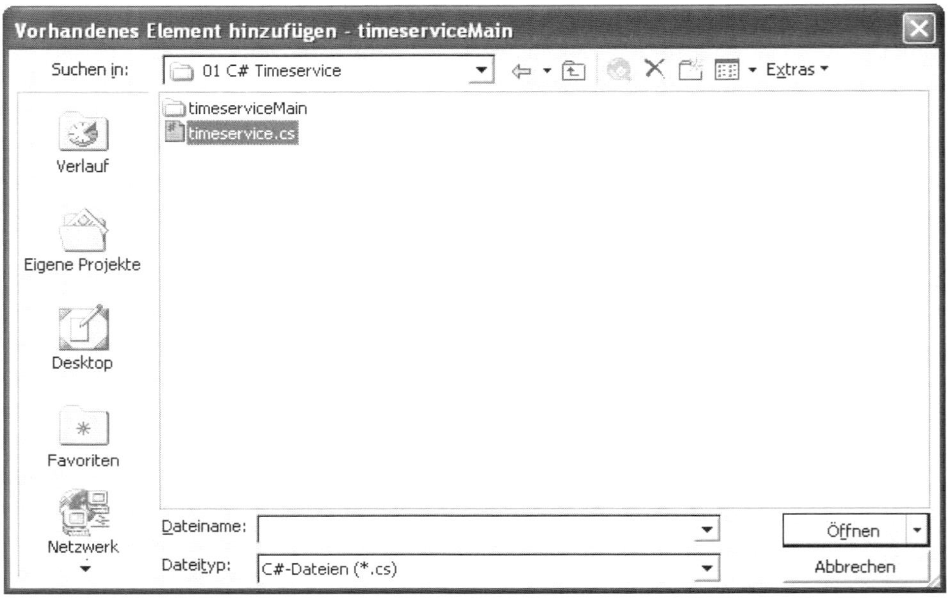

Bild 2.4: Die Proxyklasse einbinden

Nun haben wir es sehr einfach, wir melden unsere TimeService-Klasse an und verwenden die darin enthaltenen Methoden genauso wie interne Methoden. Das gleich folgende Listing zeigt Ihnen den Sourcecode.

Sollten Sie beim Erstellen eine Fehlermeldung erhalten wie:

```
Der Typ oder Namespacename 'Services' ist in der Klasse oder dem Namespace
'System.Web' nicht vorhanden (fehlt ein Assemblyverweis?)
```

ist es nötig, den Verweis von Hand zuzufügen.

> **Hinweis:**
> Im Grunde erhalten Sie diese Fehlermeldung immer, sollten Sie den Verweis nicht bereits vorher zufällig eingefügt haben, da Sie ihn an anderer Stelle in Ihrem Programm benötigen.

Klicken Sie im Fehlerfall im Projektmappen-Explorer mit der rechten Maustaste auf *Verweise* und wählen Sie *Verweis hinzufügen*.

Der nächste Screenshot demonstriert die Vorgehensweise.

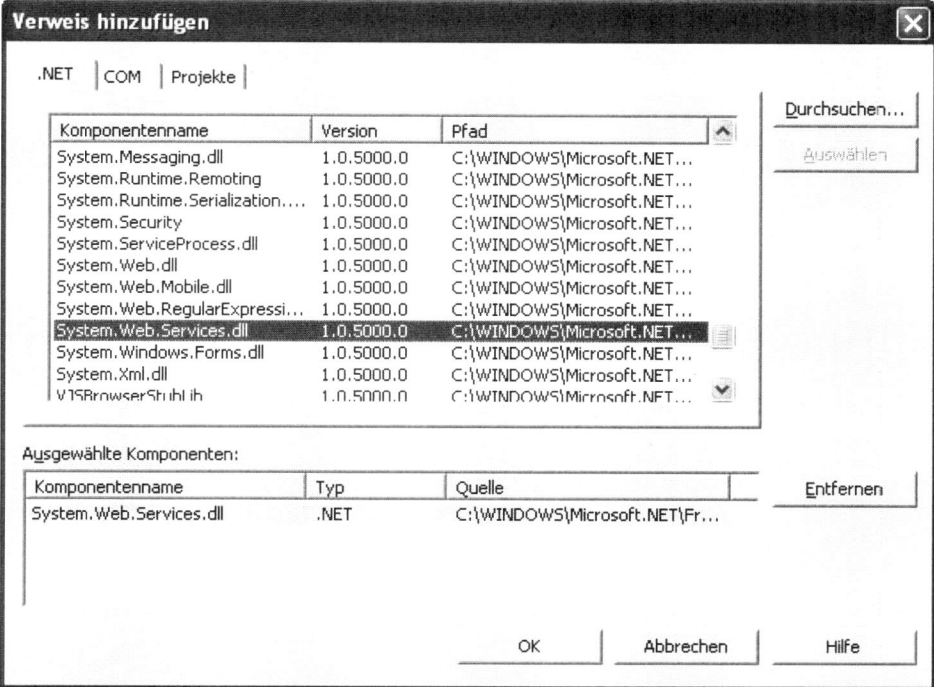

Bild 2.5: Die fehlende Assembly hinzufügen

Fügen Sie die Assembly hinzu und bestätigen Sie mit *OK*.

Betrachten Sie nun das zugehörige Listing:

Webserviceclient timeservice

Listing: cd:\Sourcen\02 Webservices\01 C# TimeService

Dieses Beispiel zeigt Ihnen, wie Sie eine mit dem WSDL-Tool unter C# erstellte Proxy-klasse verwenden.

Benötigte Namespaces

System.Web.Services (und Standard-Assemblies)

Sourcecode

```
using System;
using System.Drawing;
using System.Collections;
using System.ComponentModel;
using System.Windows.Forms;
using System.Data;


namespace timeserviceMain
{
    public class Form1 : System.Windows.Forms.Form
    {
        private System.ComponentModel.Container components = null;
        private System.Windows.Forms.Button button1;
        private TimeService ts = new TimeService();

        public Form1()
        {
                InitializeComponent();
        }

        private void button1_Click(object sender, System.EventArgs e)
        {
                string serverCity = ts.getServerCity();
                MessageBox.Show (serverCity);
        }
    }
}
```

Beschreibung

Unnötige Codeabschnitte, die vom Studio direkt generiert werden, wurden nicht mit aufgeführt. Sie sehen also nur die wichtigen Abschnitte des Listings.

Innerhalb des globalen Bereichs der Form-Klasse unseres Projekts legen wir eine Instanzvariable unserer TimeService-Klasse an:

```
        private TimeService ts = new TimeService();
```

Damit haben wir bereits alles, was wir zum Zugriff auf die Webservice-Methoden benötigen. Über den im Formular enthaltenen Button starten wir einen Abruf der Server-Methode *getServerCity*.

```
string serverCity = ts.getServerCity();
```

Den erhaltenen String geben wir in einer MessageBox aus:

```
MessageBox.Show (serverCity);
```

Wir hätten hier auch eine ganze Menge anderer Methoden aufrufen können, welche in unserer Proxyklasse definiert sind. Sie sehen die enthaltenen Methoden, wenn Sie nach der Instanzvariablen *ts* einen Punkt eingeben:

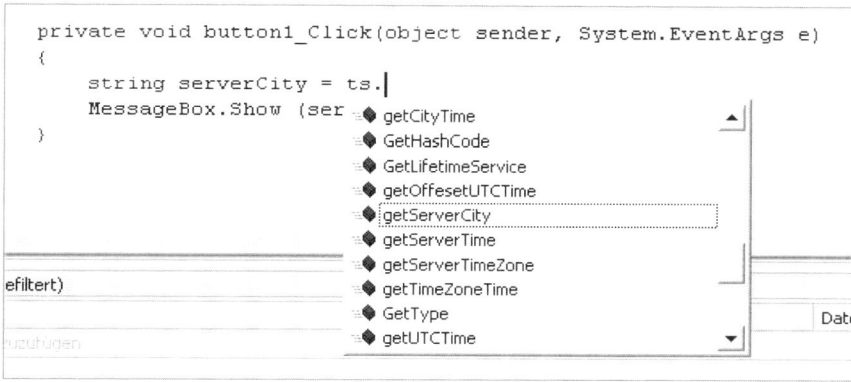

Bild 2.6: Methoden der Proxyklasse und somit des Webservice

Die Ausgabe dieses Beispiels sollte in etwa wie im nachfolgenden Screenshot aussehen.

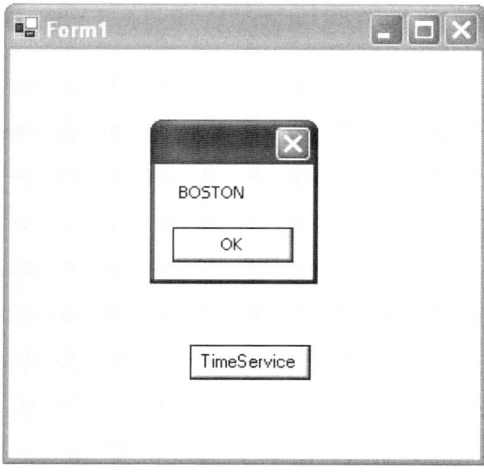

Bild 2.7:
Bildschirmausgabe des Beispiels unter C#

Der Weg zum Visual Basic-Client unterscheidet sich nur minimal in der Erstellung. Hierzu gleich das nächste Beispiel.

2.4.2   Visual Basic-Client für den TimeService

Wir könnten jetzt natürlich auch die bereits erstellte C#-Proxyklasse verwenden, um aus Visual Basic den TimeService anzusprechen, wir erstellen aber im ersten Schritt eine eigene VB-Proxyklasse. Dies geschieht ganz ähnlich wie bereits bekannt. Erstellen Sie ein Verzeichnis mit Namen *01 VB TimeService*. Wechseln Sie in dieses Verzeichnis und starten Sie wieder das WSDL-Tool über ein DOS-Fenster.

```
wsdl http://www.nanonull.com/timeservice/timeservice.asmx?WSDL /o:timeservice.vb /l:vb
```

Achten Sie bitte auf die Angabe der Parameter */o* und */l*. Diese verweisen nun auf VB! Im Falle der Proxyklasse mit VB ist es auch nötig, eine entsprechende Endung für die Proxyklasse anzugeben. Bei C# wird diese Endung (cs) automatisch angefügt. Erstellen Sie nun Ihr Visual Basic-Projekt und inkludieren Sie die VB-Proxyklasse wie im C#-Beispiel beschrieben.

Fügen Sie den Assemblyverweis auf die Assembly *System.Web.Services* hinzu und verwenden Sie die Proxyklasse wie eine »normale« Visual Basic-Klasse. Betrachten Sie hierzu auch das nachfolgende Listing.

Webserviceclient timeservice

Listing: cd:\Sourcen\02 Webservices\01 VB TimeService

Dieses Beispiel zeigt Ihnen, wie Sie eine mit dem WSDL-Tool unter Visual Basic erstellte Proxyklasse verwenden.

Benötigte Namespaces

System.Web.Services (und *Standard-Assemblies*)

Sourcecode

```
Public Class Form1
    Inherits System.Windows.Forms.Form
    Private ts As New TimeService

    Private Sub Button1_Click() Handles Button1.Click
        Dim serverCity As String
        serverCity = ts.getServerCity
        MessageBox.Show(serverCity)
    End Sub

End Class
```

Beschreibung

Unnötige Codeabschnitte vom Designer wurden wieder entfernt. Ebenso wurde diesmal der Aufruf des Click-Events verkürzt. Die Aufrufparameter sind die gleichen wie beim C#-Client und grundsätzlich sowieso immer gleich.

Das Anmelden der Proxyklasse erfolgt diesmal im VB-Stil:

```
Private ts As New TimeService
```

Danach können wir im Event des Click-Ereignisses des Buttons einen String anlegen und diesen über die Proxy-Methode füllen:

```
Dim serverCity As String
serverCity = ts.getServerCity
```

Zum Abschluss geben wir diesen String wieder über eine MessageBox aus:

```
MessageBox.Show(serverCity)
```

Die Ausgabe unterscheidet sich in keiner Weise vom C#-Client.

Bild 2.8: Ausgabe des VB-Clients

Das nächste Beispiel wird den TimeService mit Hilfe von Java aufrufen.

2.4.3 Java-Client für den TimeService

Für das folgende Beispiel gehe ich davon aus, dass Sie eine funktionstüchtige Netbeans-Entwicklungsumgebung auf Ihrem Rechner installiert haben. Installieren Sie am besten die neueste Umgebung mit dem neuesten Java (1.5 oder 1.6). Ansonsten könnten Sie Webservice-Probleme bekommen. Dieses Beispiel ist für Mobile Devices gedacht, also für Handys. Damit Sie mit Netbeans dieses Beispiel nachvollziehen können, benötigen Sie zusätzlich zu Netbeans die Java 2 Microedition und das Wireless-Toolkit. Sie finden alles Benötigte auch auf der CD zum Buch. Warum gerade einen Webserviceclient für Mobiltelefone? Ganz einfach. Ich möchte Ihnen demonstrieren, dass auch Handys einen Webservice aufrufen können! Auf die internen Programmfeinheiten gehe ich in diesem Beispiel nicht ein, da diese ein sehr fortgeschrittenes Java-Fachwissen erfordern. Netbeans erstellt eine Menge Klassen für den TimeService, deshalb werde ich nur die benötigte aufführen.

Starten wir mit der Erstellung.

Klicken Sie als Erstes im Menü auf *File / New Project*, legen Sie ein neues Midlet-Projekt an.

Klicken Sie nun mit der rechten Maustaste auf den Projektknoten, und wählen Sie *New / File/Folder*. Im folgenden Dialog wählen Sie den *Web Service Client*:

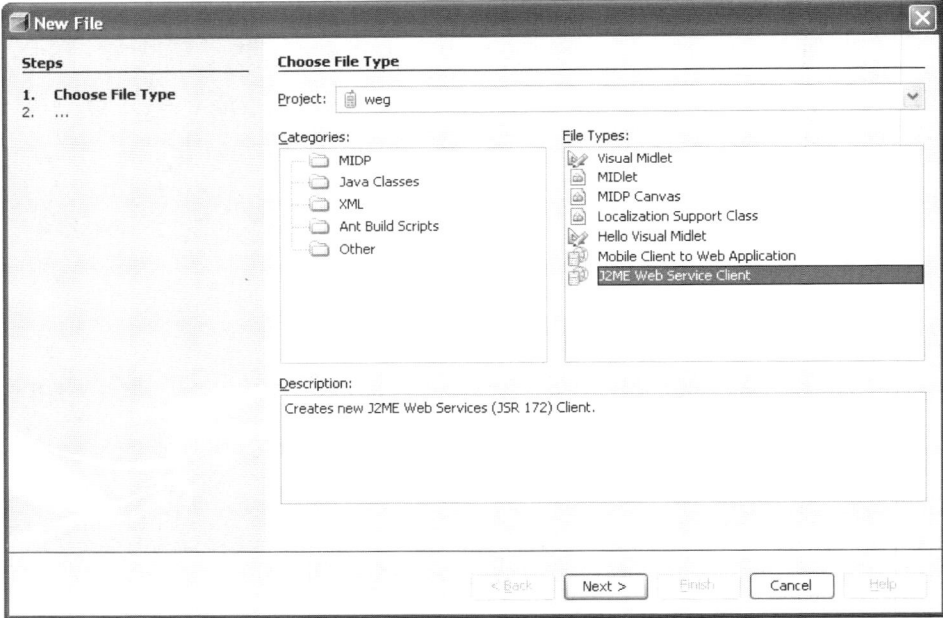

Bild 2.9: Den Webserviceclient erstellen

Im nächsten Dialog geben Sie unter *WSDL URL* den Pfad ein, den wir bisher in jedem Beispiel verwendet haben:

```
http://www.nanonull.com/timeservice/timeservice.asmx?wsdl
```

An dieser Stelle besorgt sich Netbeans gleich alle benötigten Daten.

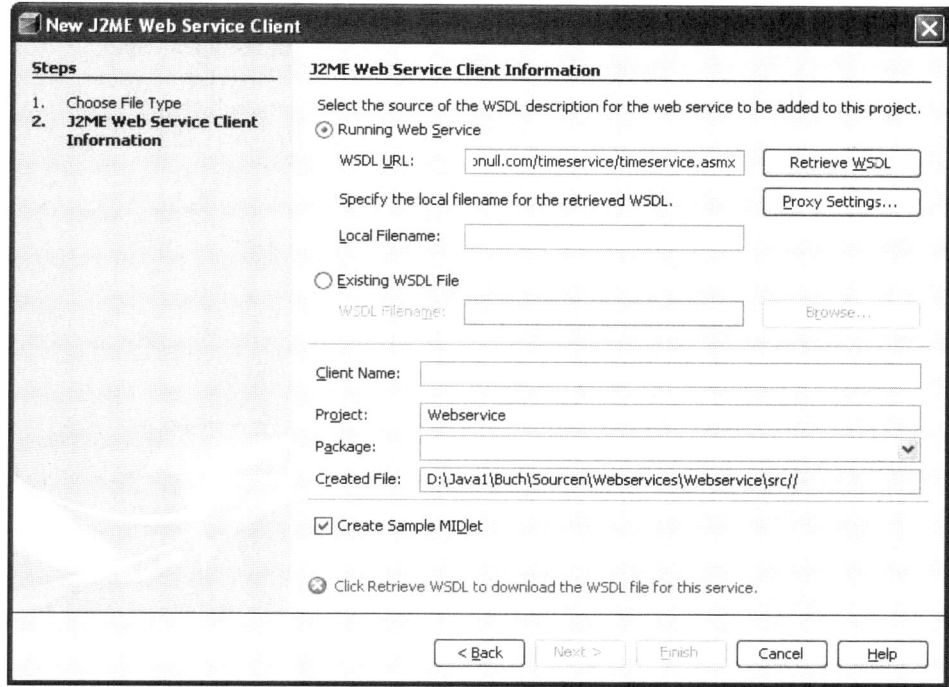

Bild 2.10: WSDL-Adresse eingeben

Klicken Sie danach auf den Button *Retrieve WSDL*. Netbeans erstellt nun eine Verbindung und holt das WSDL-File ab.

Der Dialog sollte nun aussehen wie im folgenden Screenshot.

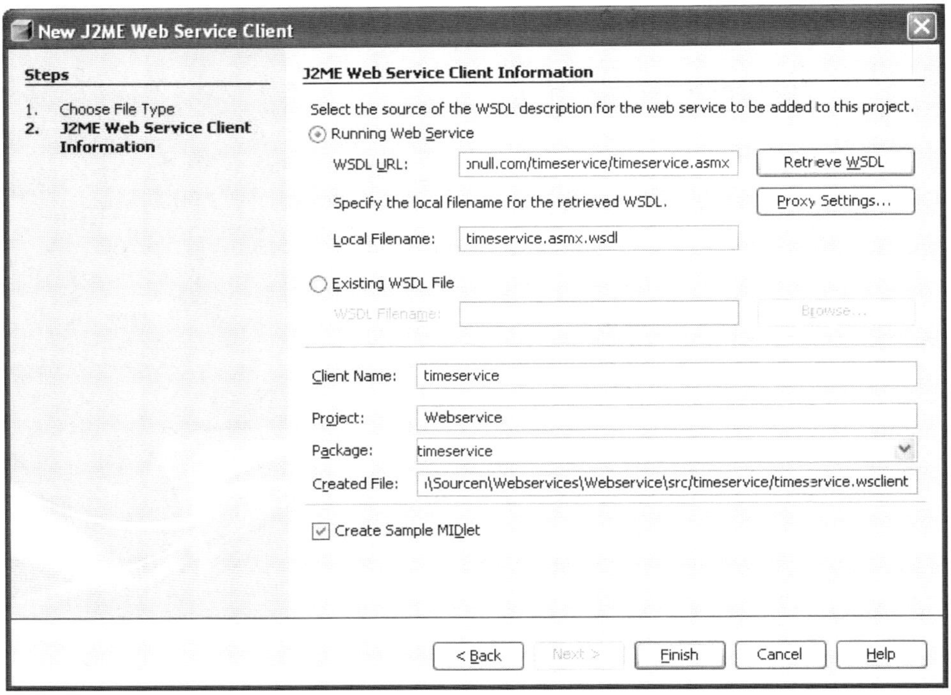

Bild 2.11: Netbeans holt das WSDL-File ab

Beachten Sie, dass die Checkbox *Create Sample Midlet* angewählt ist! Klicken Sie nun auf *Finish*.

Netbeans legt nun eine Menge Dateien an, die alle zu Ihrem Client gehören. Das Beispiel auf der CD-ROM wurde über diesen Weg angelegt. Der Client ist sofort startbar, indem Sie auf *Run Main Project* klicken oder aber den entsprechenden Menüeintrag auswählen.

Wenn der Mobiltelefon-Emulator gestartet ist, wird er eine Oberfläche anzeigen, in der Sie zu den einzelnen Funktionen des Webservice navigieren können. Wenn Sie dann eine der Funktionen auswählen, wird diese über das Internet vom Server angefordert, dort ausgeführt und Sie erhalten die Rückgabe direkt in Ihren mobilen Client. Die nächsten beiden Screenshots zeigen Ihnen diesen Vorgang.

Sollten das Sample-File und die zugehörigen Klassen bei Ihnen nicht angelegt werden, laden Sie sich die neueste Java-Version (1.6 und höher) und die neueste Netbeans-Entwicklungsumgebung aus dem Internet, installieren Sie und versuchen es erneut. Sie finden das Beispiel zum Webservice unter:

Listing: cd:\Sourcen\02 Webservices\01 J2ME TimeService\Webservice

Bild 2.12: Die einzelnen Webservice-Funktionen

Bild 2.13: Die Funktion wurde ausgeführt.

Beschreibung

Aufgrund der erschreckenden Größe der erzeugten Codeabschnitte verzichte ich an dieser Stelle auf eine genaue Beschreibung. Das letzte Beispiel soll nur zeigen, dass auch mit Netbeans und Java eine automatische Generierung eines Webserviceclients möglich ist. Dieses Beispiel stammt im Übrigen aus meinem Buch »Java goes Handy«, welches im Juni 2006 beim Franzis Verlag erschienen ist.

Sie wissen nun in den Grundzügen, wie Sie einen Client für einen bestehenden Webservice anlegen. Wie kommunizieren nun aber die beiden Seiten miteinander? Die Kommunikationsgrundlagen sind Thema des nächsten Abschnitts.

2.5   Kommunikation zwischen Client und Server

Wir haben im vorangegangenen Abschnitt gesehen, dass wir mit Proxyklassen Methoden auf einem Server aufrufen können. Eine solche Proxyklasse sieht zum Beispiel aus wie der Auszug aus dem folgenden Listing (Proxyklasse für den C#-Client).

Listing: cd:\Sourcen\02 Webservices\01 C# TimeService

```
//------------------------------------------------------------------------
// <autogenerated>
//     This code was generated by a tool.
//     Runtime Version: 1.1.4322.573
//
//     Changes to this file may cause incorrect behavior and will be lost if
//     the code is regenerated.
// </autogenerated>
//------------------------------------------------------------------------


//
// Der Quellcode wurde von wsdl automatisch generiert. Version=1.1.4322.573.
//
using System.Diagnostics;
using System.Xml.Serialization;
using System;
using System.Web.Services.Protocols;
using System.ComponentModel;
using System.Web.Services;


/// <remarks/>
[System.Diagnostics.DebuggerStepThroughAttribute()]
[System.ComponentModel.DesignerCategoryAttribute("code")]
[System.Web.Services.WebServiceBindingAttribute(Name="TimeServiceSoap",
Namespace="http://www.Nanonull.com/TimeService/")]
public class TimeService : System.Web.Services.Protocols.
SoapHttpClientProtocol {

    /// <remarks/>
    public TimeService() {
    this.Url = "http://www.nanonull.com/timeservice/timeservice.asmx";
    }
    /// <remarks/>
    [System.Web.Services.Protocols.SoapDocumentMethodAttribute
("http://www.Nanonull.com/TimeService/getUTCTime",
RequestNamespace="http://www.Nanonull.com/TimeService/",
ResponseNamespace="http://www.Nanonull.com/TimeService/",
Use=System.Web.Services.Description.SoapBindingUse.Literal,
ParameterStyle=System.Web.Services.Protocols.SoapParameterStyle.
Wrapped)]
```

```
    public string getUTCTime() {
        object[] results = this.Invoke("getUTCTime", new object[0]);
        return ((string)(results[0]));
    }

    /// <remarks/>
    public System.IAsyncResult BegingetUTCTime(System.AsyncCallback callback, object
asyncState) {
        return this.BeginInvoke("getUTCTime", new object[0], callback, asyncState);
    }

    /// <remarks/>
    public string EndgetUTCTime(System.IAsyncResult asyncResult) {
        object[] results = this.EndInvoke(asyncResult);
        return ((string)(results[0]));
    }

    /// <remarks/>
    [System.Web.Services.Protocols.SoapDocumentMethodAttribute
("http://www.Nanonull.com/TimeService/getOffesetUTCTime",
RequestNamespace="http://www.Nanonull.com/TimeService/",
ResponseNamespace="http://www.Nanonull.com/TimeService/",
Use=System.Web.Services.Description.SoapBindingUse.Literal,
ParameterStyle=System.Web.Services.Protocols.SoapParameterStyle.
Wrapped)]
    public string getOffesetUTCTime(System.Double hoursOffset) {
    object[] results = this.Invoke("getOffesetUTCTime", new object[] {
                hoursOffset});
        return ((string)(results[0]));
    }

    /// <remarks/>
    public System.IAsyncResult BegingetOffesetUTCTime(System.Double hoursOffset,
System.AsyncCallback callback, object asyncState) {
        return this.BeginInvoke("getOffesetUTCTime", new object[] {
                hoursOffset}, callback, asyncState);
    }

    /// <remarks/>
    public string EndgetOffesetUTCTime(System.IAsyncResult asyncResult) {
        object[] results = this.EndInvoke(asyncResult);
        return ((string)(results[0]));
    }
```

Die Formatierung des Sourcecodes lässt leider zu wünschen übrig, da die Aufrufe entsprechend umfangreich sind.

Auf den ersten Blick wirkt diese Klasse sehr unübersichtlich. OK, ich gebe es zu, auch wenn man einen zweiten und dritten Blick darauf wirft, bleibt sie unübersichtlich … Aber was macht sie im Grunde? Sie schickt Anfragen in einem bestimmten Format an einen Server und erhält eine Antwort, die als SOAP-Envelope definiert ist. SOAP-Envelopes sind SOAP-Nachrichten, die mit XML strukturiert sind. SOAP ist ein RPC (Remote Procedure Call)-Mechanismus, der es einem Client ermöglicht, entfernte (remote) Methoden aufzurufen. Wenn man sich einen einfachen Webservice auf dem eigenen Localhost anlegt (dazu kommen wir gleich noch ausführlich) und eine Testseite abruft, erhält man folgenden SOAP-Envelope für die Anfrage:

```
POST /WebService1/Service1.asmx HTTP/1.1
Host: localhost
Content-Type: text/xml; charset=utf-8
Content-Length: length
SOAPAction: "http://tempuri.org/HelloWorld"

<?xml version="1.0" encoding="utf-8"?>
<soap:Envelope xmlns:xsi="http://www.w3.org/2001/XMLSchema-instance"
xmlns:xsd="http://www.w3.org/2001/XMLSchema"
xmlns:soap="http://schemas.xmlsoap.org/soap/envelope/">
  <soap:Body>
    <HelloWorld xmlns="http://tempuri.org/" />
  </soap:Body>
</soap:Envelope>
```

Sie sehen den Start des Envelopes, der mit *<soap:Envelope>* eingeleitet wird:

```
<soap:Envelope xmlns:xsi=http://www.w3.org/2001/XMLSchema-instance
```

Danach folgt der SOAP-Body und die angeforderte Methode:

```
    <HelloWorld xmlns="http://tempuri.org/" />
```

Wenn der Client diese Anforderung an den Server schickt, erhält er eine Antwort, die schematisch wie im Folgenden aussieht:

```
HTTP/1.1 200 OK
Content-Type: text/xml; charset=utf-8
Content-Length: length

<?xml version="1.0" encoding="utf-8"?>
<soap:Envelope xmlns:xsi="http://www.w3.org/2001/XMLSchema-instance"
xmlns:xsd="http://www.w3.org/2001/XMLSchema"
xmlns:soap="http://schemas.xmlsoap.org/soap/envelope/">
  <soap:Body>
    <HelloWorldResponse xmlns="http://tempuri.org/">
      <HelloWorldResult>string</HelloWorldResult>
    </HelloWorldResponse>
  </soap:Body>
</soap:Envelope>
```

Beachten Sie, dass die ersten Zeilen sowohl bei der Anfrage wie auch der Antwort nur den Header widerspiegeln nicht aber tatsächlich in den SOAP-Messages vorhanden sind!

Anfrage:

```
POST /WebService1/Service1.asmx HTTP/1.1
Host: localhost
Content-Type: text/xml; charset=utf-8
Content-Length: length
SOAPAction: "http://tempuri.org/HelloWorld"
```

Antwort:

```
HTTP/1.1 200 OK
Content-Type: text/xml; charset=utf-8
Content-Length: length
```

Sie können diese Daten über Ihr Programm entweder abfragen oder setzen. Wenn Sie keinen Assistenten zur Hand haben, der Ihnen eine Proxyklasse anlegt, welche sich um diese Kommunikation kümmert, könnten Sie auf diese Art mit reinem XML einen SOAP-Envelope nachbilden und trotzdem auf den Webservice zugreifen.

Die Kommunikation zwischen Server und Client muss aber nicht über SOAP hergestellt werden. Sie können ebenso einfach POST- oder GET-Anfragen verschicken.

POST- und GET-Anfragen werden seit Jahren im Internet verwendet. Bei allen Formulardaten, die versendet werden, wird eine dieser Requestmethoden verwendet. Der Unterschied zwischen POST und GET besteht in der Größe der versendbaren Daten. POST-Anfragen sind (relativ) unbegrenzt und können Megabytegrößen erreichen. GET-Daten sind dagegen stark eingeschränkt. Dies liegt in der Art und Weise des Versendens. POST-Daten werden an den jeweiligen HTTP-Header angehängt und sind somit nur durch den empfangenden Server und dessen Einstellungen beschränkt. GET-Daten hingegen werden in der aufrufenden URL codiert und sind somit durch den jeweiligen Browser limitiert. Die RFC-Spezifikation über HTTP-Anfragen macht keine Angaben über die jeweiligen Größen, man kann also nur sagen: POST = Groß, GET = Klein.

Der Vorteil der Anfragen von POST und GET an einen Webservice liegt in der Einfachheit der Kommunikation. Praktisch jeder Client kann eine HTTP-Verbindung aufbauen und Daten senden. Ebenso kann jeder Client die Rückgabe dieser Anfragen empfangen und dann verarbeiten.

Eine POST-Anfrage für einen Webservice könnte so aussehen:

```
POST /WebService1/Service1.asmx/HelloWorld HTTP/1.1
Host: localhost
Content-Type: application/x-www-form-urlencoded
Content-Length: length

<form target="_blank" action='http://localhost/WebService1/Service1.asmx/HelloWorld'
method="POST">
```

Sie sehen, man kann die Anfrage in einem einfachen <form>-Tag codieren. Wenn Sie die Anfrage per POST beispielsweise über Java oder PHP verschicken, müssen Sie die Parameter am Anfang entsprechend setzen:

```
Content-Type: application/x-www-form-urlencoded
Content-Length: length
```

Sorgen Sie außerdem dafür, dass ein POST-Request generiert wird!

Als Rückgabe erhalten Sie ein einfaches XML:

```
HTTP/1.1 200 OK
Content-Type: text/xml; charset=utf-8
Content-Length: length

<?xml version="1.0" encoding="utf-8"?>
<string xmlns="http://tempuri.org/">string</string>
```

welches in einem Browser dann so aussieht:

```
<?xml version="1.0" encoding="utf-8" ?>
<string xmlns="http://tempuri.org/">Hello World</string>
```

Der Apache Tomcat Server lässt zum Beispiel mit einem einfachen Aufruf der URL und entsprechenden GET-Parametern ein Testen von Webservices zu.

Wie setzt man nun zum Beispiel HTTP-Requests per POST oder GET ab? Ich werde Ihnen dies im nächsten Beispiel erklären, damit Sie notfalls auch über diese Technik auf die entsprechenden Dienste zugreifen können.

2.5.1   Einen POST-HTTP-Request absetzen

Post-Requests absetzen

POST- und GET-Abfragen existieren bereits seit Ewigkeiten. Das Internet wäre ohne diese beiden Requestarten gar nicht mehr denkbar. Der Sinn dahinter ist es, Daten an einen Server zu schicken und von diesem eine Rückgabe zu erhalten. Bei Webseiten geschieht dies, indem man zum Beispiel in einem Formular auf einen *Send*-Button drückt. Danach erhält man vom Server eine neue Seite zurück. Wenn wir diesen Vorgang softwaretechnisch ausführen, müssen wir natürlich etwas anders vorgehen. Wir sind dazu gezwungen, alles selbst vorzubereiten, unsere Daten an den Server zu schicken und danach die Rückgabe abzufragen. Der große Unterschied zwischen POST und GET ist vereinfacht gesagt die Größe der zu schickenden Daten. GET-Requests sind auf kleinere Datenmengen begrenzt. Allerdings sind GET-Abfragen auch einfacher abzusetzen, da man sie direkt in einer URL übergeben kann.

Listing: cd:\Sourcen\02 Webservices\02 POST Request

Dieses Beispiel zeigt Ihnen, wie Sie über C# einen POST-Request an einen Server absetzen und die Rückgabe abfragen können.

Benötigte Namespaces

System.Net, *System.IO* (und *Standard-Assemblies*)

Sourcecode

```
private void button1_Click(object sender, System.EventArgs e)
{
    String url = "http://www.web-terminplaner.de/post.php";
    String param = "param=Ein_Parameter";
    System.Net.WebRequest request = System.Net.WebRequest.Create(url);

    request.ContentType = "application/x-www-form-urlencoded";
    request.Method = "POST";

    byte [] bytes = System.Text.Encoding.ASCII.GetBytes(param);
    request.ContentLength = bytes.Length;

    System.IO.Stream os = request.GetRequestStream ();
    os.Write (bytes, 0, bytes.Length);
    os.Close ();

    System.Net.WebResponse response = request.GetResponse();
    if (response!= null)
        {
            System.IO.StreamReader sr = new
                   System.IO.StreamReader(response.GetResponseStream());
              textBox1.Text = sr.ReadToEnd().Trim();
        }
}
```

Beschreibung

Bei einer POST-Abfrage an einen Server benötigen wir als Erstes natürlich eine URL, die zu der jeweiligen Serveradresse zeigt.

```
String url = "http://www.web-terminplaner.de/post.php";
```

Diese URL verweist direkt auf ein Skript, das unsere POST-Anfrage aufnehmen und verarbeiten kann. Dieses Skript ist ein PHP-Skript und heißt sinnigerweise: *post.php*.

Unseren zu übergebenden Parameter schreiben wir im Format *Parameter* und *Wert* mit einem Gleichzeichen getrennt in einen String.

```
String param = "param=Ein_Parameter";
```

Nun erzeugen wir einen Webrequest. Dieser erstellt die Verbindung zum Server und sorgt für die Kommunikation.

```
System.Net.WebRequest request = System.Net.WebRequest.Create(url);
```

Sie sehen, wir übergeben unsere URL als Parameter in der Methode *Create*. Somit kann das .NET-Framework eine Verbindung zum Server aufbauen.

Wichtig sind als Nächstes der Content-Type und die Request-Methode.

```
request.ContentType = "application/x-www-form-urlencoded";
request.Method = "POST";
```

Als Nächstes erzeugen wir ein Byte-Array, das wir über die Encodingklassen mit unserem Parameterstring füllen.

```
byte [] bytes = System.Text.Encoding.ASCII.GetBytes(param);
```

Danach wird die Länge der zu schickenden Daten festgelegt.

```
request.ContentLength = bytes.Length;
```

Nun können wir einen Ausgabestream anfordern, über den wir unsere Daten schicken.

```
System.IO.Stream os = request.GetRequestStream ();
```

Zu guter Letzt schicken wir die Daten über den Stream an den Server.

```
os.Write (bytes, 0, bytes.Length);
os.Close ();
```

Bisher haben wir aber noch nicht abgefragt, was wir vom Server zurückbekommen, dies machen wir im nächsten Abschnitt.

```
System.Net.WebResponse response = request.GetResponse();
```

Wir erzeugen ein Response-Objekt, welches die Rückgabe aus unserem Request abfragt.

Wenn diese Rückgabe nicht leer ist, verzweigen wir in den Abholblock:

```
if (response!= null)
    {
```

Über einen Streamreader können wir nun unsere Rückgabe vom Server abholen und diese im Textfeld ausgeben.

```
System.IO.StreamReader sr = new
    System.IO.StreamReader(response.GetResponseStream());
textBox1.Text = sr.ReadToEnd().Trim();
```

Die Ausgabe sieht dann aus wie im folgenden Bild.

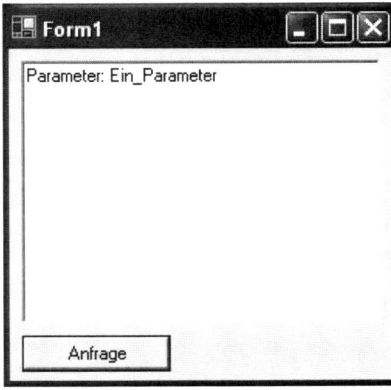

Bild 2.14: Einen POST-Request über C# absetzen

Wir können ebenso einen POST-Request mit Java absetzen. Hier gibt es verschiedene Möglichkeiten. Wir können zum Beispiel Streams verwenden, um Daten zu schicken und zu empfangen.

2.5.2 POST mit Java

POST-Requests über Streams absetzen

Im folgenden Beispiel sehen Sie, wie man POST-Requests über Streams absetzen und die Rückgabe auswerten kann.

Listing: cd:\Sourcen\02 Webservices\02 Java J2SE POST

Benötigte Namespaces

java.io.*, java.net.*

Sourcecode

```
public class Main {

    /** Creates a new instance of Main */
    public Main() {
    }

    /**
     * @param args the command line arguments
     */
    public static void main(String[] args) {

        String param= "param=Ein_anderer_Parameter";
        OutputStreamWriter writer=null;
        BufferedReader reader=null;
        String input;

        try {
            URL url = new URL
                    ("http://www.web-terminplaner.de/post.php");
            URLConnection c = url.openConnection();
            c.setDoOutput(true);
            writer = new OutputStreamWriter(c.getOutputStream());
            writer.write(param);
            writer.flush();

            reader = new BufferedReader(new
                    InputStreamReader(c.getInputStream()));
```

```
        while ((input = reader.readLine()) != null)
        {
            System.out.println(input);
        }
    } catch (Exception e)
    {}
    finally
    {
        try {writer.close();} catch (Exception ex){}
        try {reader.close();} catch (Exception ex){}
    }
  }
}
```

Beschreibung

Der Knackpunkt bei diesem Listing ist einzig und allein die Verbindung. Diese wird über eine URLConnection hergestellt.

```
URL url = new URL ("http://www.web-terminplaner.de/post.php");
URLConnection c = url.openConnection();
```

Den (oder die) Parameter übergeben wir diesmal mit einem StreamWriter:

```
        writer = new OutputStreamWriter(c.getOutputStream());
        writer.write(param);
```

Äquivalent dazu empfangen wir unsere Daten über einen Reader.

```
reader = new BufferedReader(new InputStreamReader(c.getInputStream
()));
```

Beachten Sie bitte, dass wir uns bei allen Operationen auf die URLConnection c beziehen!

Über die verschiedenen Methoden *getContentXXX* könnten wir zusätzliche Informationen zu den gelieferten Daten erhalten.

Etwas anders als der Zugriff im »großen« Java erfolgt der Zugriff im »kleinen« Java, dem J2ME. Auch über diese Java-Umgebung für mobile Endgeräte, die Java 2 Microedition, können derartige Aufrufe ausgeführt werden.

POST-Requests über die J2ME absetzen

Im folgenden Beispiel sehen Sie, wie man einen POST innerhalb der J2ME absetzen kann.

Listing: cd:\Sourcen\02 Webservices\02 Java J2ME POST

Benötigte Namespaces

java.io.*, *javax.microedition.io.** (zus. alle microedition-üblichen Klassen)

Sourcecode

```
public void run()
      {
        String url = "http://www.web-terminplaner.de/post.php";
        StringBuffer sInput = new StringBuffer();
        HttpConnection c = null;
        InputStream is = null;
        OutputStream os = null;

        try
        {
          c = (HttpConnection) Connector.open(url);
          c.setRequestMethod(HttpConnection.POST);
          c.setRequestProperty
            ("CONTENT-TYPE","application/x-www-form-urlencoded");
          os = c.openOutputStream();
          String param= "param=Ein_anderer_Parameter";
          os.write(param.getBytes());

          is = c.openInputStream();

          int ch;

          while ((ch = is.read()) != -1)
              { sInput.append( (char) ch); }
          sItem.setText(sInput.toString());
        }
        catch (Exception e)
          {sItem.setText(e.getMessage());}
        finally
        {
          try {is.close();} catch (Exception e) {}
          try {os.close();} catch (Exception e) {}
          try {c.close(); } catch (Exception e) {}
        }
        d.setCurrent(frm1);
      }
}
```

Beschreibung

Auch in diesem Beispiel arbeiten wir wieder mit Streams. Allerdings verwenden wir hier wie unter C# ein Objekt zum Verbinden und teilen diesem Objekt explizit die Verbindungsart mit:

```
c.setRequestMethod(HttpConnection.POST);
c.setRequestProperty
   ("CONTENT-TYPE","application/x-www-form-urlencoded");
```

Wie Sie sehen, ähneln sich die Zugriffe unter den einzelnen Sprachen stark. Es werden praktisch immer irgendwelche Streams verwendet, um Daten zu senden und zu empfangen.

Außer POST- gibt es auch noch die GET-Requests. Diese sind weit einfacher anzuspre-chen als die POST-Requests, weil man die Parameter in der URL mitgibt. Leider sind Sie in den zu verschickenden Daten begrenzt. Ich gebe jetzt aus gutem Grund keinen bestimmten Wert für eine Datengröße an, weil dieser von Server zu Server variieren kann.

2.5.3   Einen GET-HTTP-Request absetzen

Diesmal erstellen wir unser Beispiel unter Visual Basic mit .NET.

GET-Requests absetzen

Der GET-Request-Client enthält sehr viel weniger Codezeilen als ein POST-Client. Sie werden gleich sehen, dass ein Zugriff über GET äußerst einfach zu gestalten ist.

Listing: cd:\Sourcen\02 Webservices\02 GET Request VB

Benötigte Namespaces

System.Net, *System.IO* (und *Standard-Assemblies*)

Sourcecode

```
Private Sub Button1_Click() Handles Button1.Click
        Dim sURL As String
        Dim wRequest As WebRequest
        Dim oStream As Stream
        Dim oReader As StreamReader
        Dim sInput As String = ""
        Dim sOutput As String = ""


        sURL =
    "http://www.web-terminplaner.de/get.php?param=Ein_GET_Parameter"
        wRequest = WebRequest.Create(sURL)
        oStream = wRequest.GetResponse.GetResponseStream()
        oReader = New StreamReader(oStream)

        Do While Not sInput Is Nothing
            sInput = oReader.ReadLine
            If Not sInput Is Nothing Then
                sOutput += sInput
            End If
        Loop

        TextBox1.Text = sOutput

    End Sub
```

Beschreibung

Wie Sie sehen, definieren wir nur eine URL, die unseren Parameternamen und einen Wert dafür enthält:

```
sURL = "http://www.web-terminplaner.de/get.php?param=Ein_GET_Parameter"
```

Wir generieren einen Webrequest und holen uns die gelieferten Daten über einen Stream ab.

```
wRequest = WebRequest.Create(sURL)
oStream = wRequest.GetResponse.GetResponseStream()
oReader = New StreamReader(oStream)
```

Parameter und Werte innerhalb eines GET-Requests werden mit einem Fragezeichen (?) an die URL angehängt. Mehrere Parameter können mit einem Kaufmanns-UND (&) getrennt werden:

```
http://www.web-terminplaner.de/get.php?param=Ein_GET_Parameter&param1=nix
```

Als Rückgabe sollten Sie eine Ausgabe wie im folgenden Screenshot erhalten.

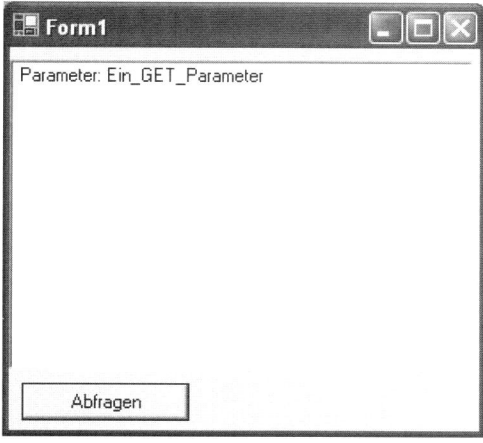

Bild 2.15: Ausgabe eines GET-Requests mit Visual Basic

2.6 Webservices

Die ersten Konsumenten (Clients) haben wir nun erstellt und konnten erfolgreich auf vorhandene Webservices zugreifen. Das ist natürlich, wie bereits mehrfach erwähnt, nur ein Teilaspekt der dienstorientierten Architekturen. Da wir aber gerade bei den Webserviceclients sind, behandeln wir im Anschluss an die Clients nun die Lieferanten. Nämlich die Webservices selbst.

Allein bei den Webservices hat man unglaublich viele Möglichkeiten, sie zu erstellen und auf Servern zum Laufen zu bringen. Am einfachsten kommt man zu einem schnellen, stabilen und wartbaren Ergebnis unangefochten mit der .NET-Technologie vor. Microsoft. Das Visual Studio, egal ob 2003 oder 2005, unterstützt die Entwicklung von Webservices in idealer Weise. Wie bereits angesprochen, benötigt man für einen Webservice einen Application-Server, auf dem der erstellte Webservice auf Kundschaft wartet. Im Falle von .NET ist dies der Internet Information Server oder IIS. Die andere große Fraktion der Webservice-Ersteller sind die Java-Entwickler. Erst im Kommen ist das Mono-Framework. Wenn Sie unter Java einen Service entwickeln möchten, benötigen Sie einen Server, der Ihre Programme verwaltet, Anfragen ausführt und die Programmausführung überwacht, so wie es der IIS auch tut. Solche Application-Server für Java sind zum Beispiel der Sun Application-Server oder Websphere von IBM. Unter Java sind sowohl die Client- als auch die serverseitige Entwicklung komplexer als unter .NET.

Entwicklungsumgebungen wie zum Beispiel Netbeans oder Eclipse versuchen den Entwickler hier schon möglichst gut zu unterstützen, aber leider scheitern Anfänger trotzdem oft an trivialen Dingen. Jeder einzelne Schritt auf dem Weg zu einem Java-Webservice hat weitreichende Konsequenzen, die für einen Newbie nicht unbedingt von Anfang an klar sind. Nehmen wir an, Sie erhalten von Ihrem Chef den Auftrag, einen Webservice zu entwickeln. Aufgrund der Kundenkonfiguration muss dieser Webservice unter Java entwickelt werden. Sie haben aber keine tiefere Kenntnis dieser Sprache. Als Erstes betrachten Sie die Entwicklungswerkzeuge, die es für Java gibt. Dabei bemerken Sie, dass es Umgebungen zum Kaufen gibt und einige, die umsonst sind. Sie entscheiden sich für eine Freeware, weil Sie das Budget nicht überstrapazieren dürfen. Welche nehmen Sie nun? Die großen sind Netbeans und Eclipse.

Viele Java-Entwickler schwören auf Eclipse, was ich persönlich zum Beispiel gar nicht nachvollziehen kann. Netbeans stammt von Sun und funktioniert sehr stabil, deshalb entscheiden wir uns auch in diesem Beispiel für Netbeans. Als Nächstes folgt die Entscheidung für einen Application-Server. Freeware? Also vielleicht Apache mit dem Duo Infernale Tomcat/Axis? Oder JBOSS? Oder doch lieber etwas von professionellen Entwicklern eines großen Stammhauses, wie der IBM Websphere oder der Application-Server von Sun? Tja, an dieser Stelle geht es nun schon los. Wenn Sie sich vorher für Netbeans entschieden haben, wählen Sie jetzt am besten den Sun Application-Server oder Tomcat/Axis.

Bei Tomcat in Verbindung mit Axis müssen Sie aber noch eine Menge installieren, einrichten und konfigurieren. Da gehen gerne mal ein paar Tage ins Land. Support ist dabei weit und breit nicht in Sicht. Einzige Hilfe sind einschlägige Foren. Deshalb wird man als Anfänger hier vermutlich den Application-Server wählen, weil dieser sich natürlich sofort perfekt in Netbeans einbettet und gleich startbar ist. Websphere integriert sich nicht so gerne in Netbeans. Websphere hat lieber eine Eclipse-Umgebung. Deshalb gibt es den Websphere Application Developer, der seit Neuestem Rational Web Developer heißt.

Rational Web Developer besteht hauptsächlich aus Eclipse mit ein paar Erweiterungen und einem Websphere Light oder einem vollwertigen Websphere. Die Größe des Installationspakets beträgt übrigens ca. 1,5 GB! Natürlich kann man auch andere Application-Server in die jeweilige Umgebung einpassen, aber nicht auf die Schnelle, als unerfahrener Benutzer. Sie sehen, hier wurden wieder Weichen gestellt, die auf die spätere

Arbeit Einfluss nehmen. Beim Erstellen eines Webservice unter Java ist es ähnlich, auch hier scheinen sich die Anbieter nicht so ganz einig zu sein, welcher Weg der beste ist, oder was man als Webservice zulässt und mit welcher Umsetzung. Apache mit Tomcat und Axis kann Servlets als Webservice nach außen reichen. Websphere und der Sun Application-Server liefern Webservices aus Java Enterprise Beans. Dann gibt es noch verschiedene Frameworks zu beachten, die zur Java-basierenden Webentwicklung herangezogen werden, zum Beispiel Struts.

Struts ist Open-Source und ein Klassenmodell für die Präsentationsschicht von Java-Webanwendungen. Es ist eines der Jakarta-Projekte von Apache und verarbeitet Anfragen an einen Webserver in einem standardisierten Prozess. Leider ist es nicht das Einzige seiner Art. Es gibt noch mehr Frameworks und APIs die einen unterstützen sollen, aber als Anfänger nur verwirren. Es können locker mal zwei bis drei Wochen vergehen, bis man überhaupt einen Überblick bekommt. Erschwerend hinzu kommt noch, dass andauernd Ableger, Änderungen und Neuentwicklungen folgen, weil das, was letzten Monat das Nonplusultra war, diesen Monat schon veraltet ist. Hier bemerkt man den Wildwuchs der Open-Source-Gemeinde.

Verstehen Sie mich nicht falsch. Ich persönlich finde Open-Source gut. Ich sympathisiere mit den Leuten in den einzelnen Projekten. Aber ein Open-Source-Projekt, vor allem für Frameworks, Sprachen oder Technologien, erzeugt eben genau dieses Chaos, was man momentan beobachten kann. Aus diesem Grund halte ich mich zum Beispiel an Sun. Netbeans und ein vernünftiger Application-Server, dazu ein Java 1.5 ohne zusätzlichen Unsinn, und fertig. Damit werden später sowohl Webservices als auch Servlets funktionieren. Aber ohne Wochen oder Monate rumzubasteln und Fehler nicht wirklich identifizieren zu können. Damit Sie sowohl die Sun- als auch die Microsoft-Seite der Webserviceerstellung kennenlernen, werde ich Ihnen Beispiele für beide vorstellen. Im folgenden Abschnitt beschäftigen wir uns mit einem Java-Webservice. Diesen erstellen wir mit Netbeans und einem Sun Application-Server. Ich gehe im Weiteren davon aus, dass Sie beides installiert haben. Den zugehörigen Sourcecode zum Listing finden Sie auf der CD zum Buch unter

Listing: cd:\Sourcen\02 Webservices\HalloWebService

2.6.1 Einen Java-Webservice erstellen

Um einen Webservice mit Netbeans und dem Application-Server von Sun zu erstellen, haben wir zwei Möglichkeiten:

*   Ein Webservice auf Servlets basierend

*   Ein Webservice auf Enterprise Java Beans basierend

Ich gehe davon aus, dass Sie den Application-Server bereits über *Tools / Server Manager* registriert haben. Wie Sie dies realisieren, erfahren Sie im Kapitel 9 am Beispiel des JBOSS-Servers.

Wir werden unseren Webservice als Java Enterprise Bean implementieren, da wir später noch gesondert auf die Servlets zu sprechen kommen. Als Erstes erstellen wir einen geeigneten Projekttyp. In unserem Fall ist dies im Menü unter *File / New Project* die Kategorie *Enterprise* und der Projekttyp *EJB Module*. EJB steht natürlich für Enterprise Java Bean.

Betrachten Sie hierzu den nächsten Screenshot.

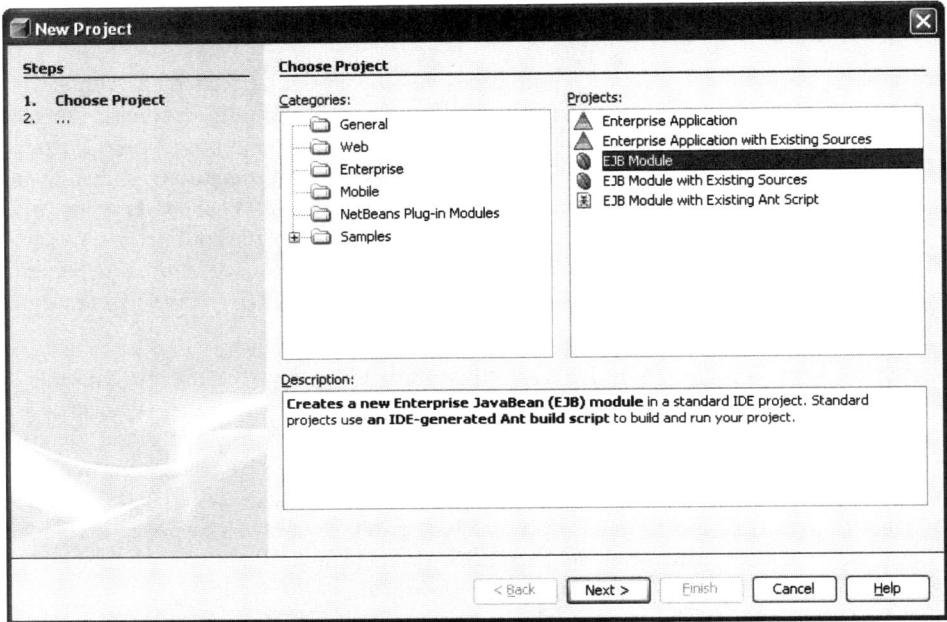

Bild 2.16: Java Enterprise Bean erstellen

Klicken Sie auf *Next*. Nennen Sie nun das Projekt *HalloWebService*.

Hinweis:
Der Name ist später wichtig. Webservices sind case-sensitive. Sie müssen also beim Aufruf auf Groß-/Kleinschreibung achten! Beachten Sie dies bei der Benennung des späteren Webservice. Beim Projektnamen ist die Schreibweise unter Windows-Systemen noch egal.

Tragen Sie nun den Projektpfad ein und wählen Sie den Sun Application-Server als Server.

Auf der folgenden Seite sehen Sie im Screenshot die entsprechenden Einstellungen.

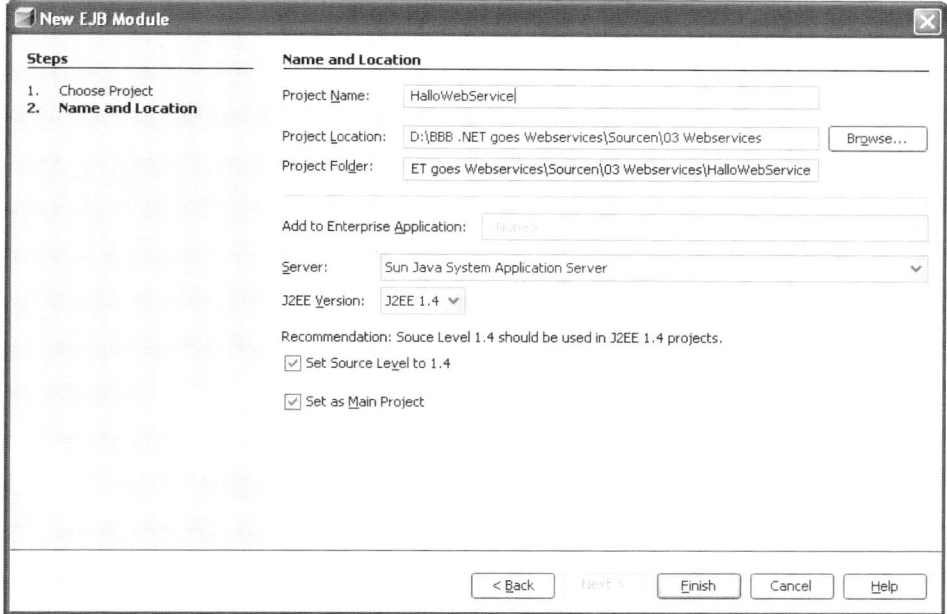

Bild 2.17: Projekteinstellungen

Klicken Sie auf *Finish*.

Netbeans erstellt nun das Grundgerüst für Ihr Enterprise Java Bean. Als Nächstes müssen wir einen Webservice mit unserer Java-Bean verknüpfen. Hierzu klicken Sie mit der rechten Maustaste in den obersten Projektknoten (den mit der lustigen Bohne) und wählen *New / Webservice*.

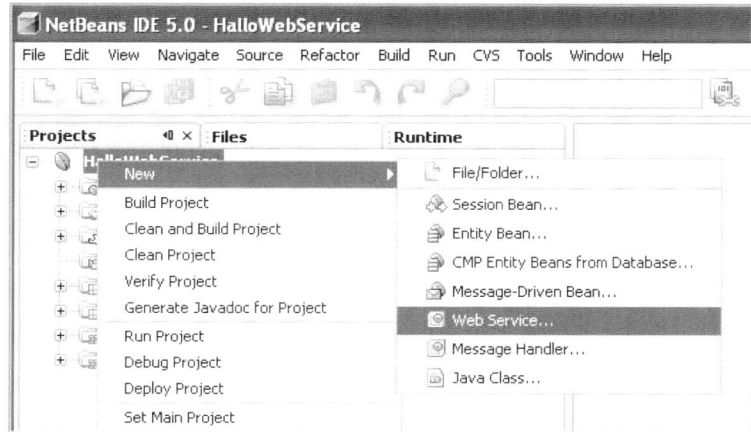

Bild 2.18: Dem Projekt einen Webservice hinzufügen

Benennen Sie diesen Webservice im nächsten Fenster mit *HalloWS* und vergeben Sie einen Package-Namen. Verwenden Sie *HalloPackage*.

New Web Service

Steps	Name and Location

1. Specify Web Service Information

Web Service Name: HalloWS

Project: HalloWebService

Location: Source Packages

Package: HalloPackage

Web Service Creation Type

⦿ From scratch   ☐ Use existing code

○ From Local WSDL File   Browse...

○ From WSDL URL   URL:

< Back   Next >   Finish   Cancel   Help

Bild 2.19: Webservice-Eigenschaften

Klicken Sie nun auf *Finish*.

Prompt erstellt Netbeans auch hierzu ein Java-File mit dem Grundgerüst. Wenn Sie nach den Benennungen vorgegangen sind, die ich Ihnen gerade genannt habe, sollte Ihre Javadatei nun *HalloWSBean.java* heißen und im Editor geöffnet sein.

Jetzt fügen wir unserem Gerüst eine Funktionalität hinzu. Klicken Sie hierzu im Projektfenster auf den Webservice-Knoten, damit er sich erweitert.

Wählen Sie hier im Projektknoten *HalloWS* (unserem Webservice) mit der rechten Maustaste *Add Operation*.

Bild 2.20: Funktionalität hinzufügen

Benennen Sie die zu erzeugende Methode mit *Hallo*. Klicken Sie im Reiterfeld auf den Button *Add*, erzeugen Sie einen Parameter und nennen Sie ihn *name*.

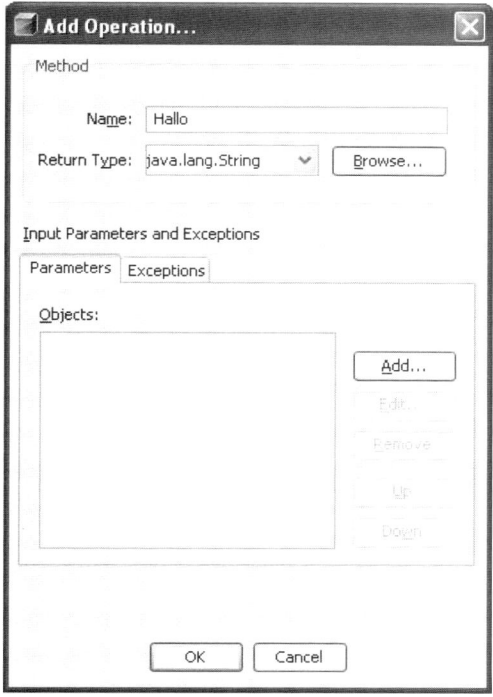

Bild 2.21: Neue Funktion hinzufügen

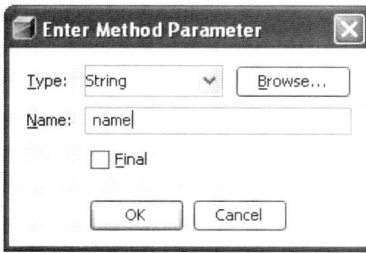

Bild 2.22: Neuen Parameter zur Funktion hinzufügen

Als Nächstes öffnen wir die Baumstruktur im Knoten *Source Packages* und unser *HalloPackage.*

Doppelklicken Sie nun auf den Eintrag *HalloWSBean.java.* Hier befindet sich die Funktionalität Ihres Webservice! Vermutlich ist dieser Schritt überflüssig, weil die Datei bereits vorher geöffnet war.

Im Sourcecode können wir nun unsere Funktionalität hinterlegen. Tun Sie dies, indem Sie anstatt *return null;*

```
public java.lang.String Hallo(String name) throws java.rmi.RemoteException {
      // TODO implement operation
      return null;
   }
```

den eingegebenen Parameter zurückgeben.

```
public java.lang.String Hallo(String name) throws java.rmi.RemoteException {
    // TODO implement operation
    return name;
}
```

Jetzt haben wir eine Java Enterprise Bean-Funktionalität und einen Pseudo-Webservice. Damit der Webservice kommunizieren kann, benötigen wir nun noch einen SOAP-Messagehandler.

Dazu erzeugen wir einen neuen Projekteintrag. Klicken Sie wieder auf den Projekt-knoten mit der Bohne und wählen Sie *New / File Folder.*

Wählen Sie unter Categories im folgenden Dialog *Web Service* und unter *File Type* wählen Sie *Message Handler.* Klicken Sie dann auf *Next.*

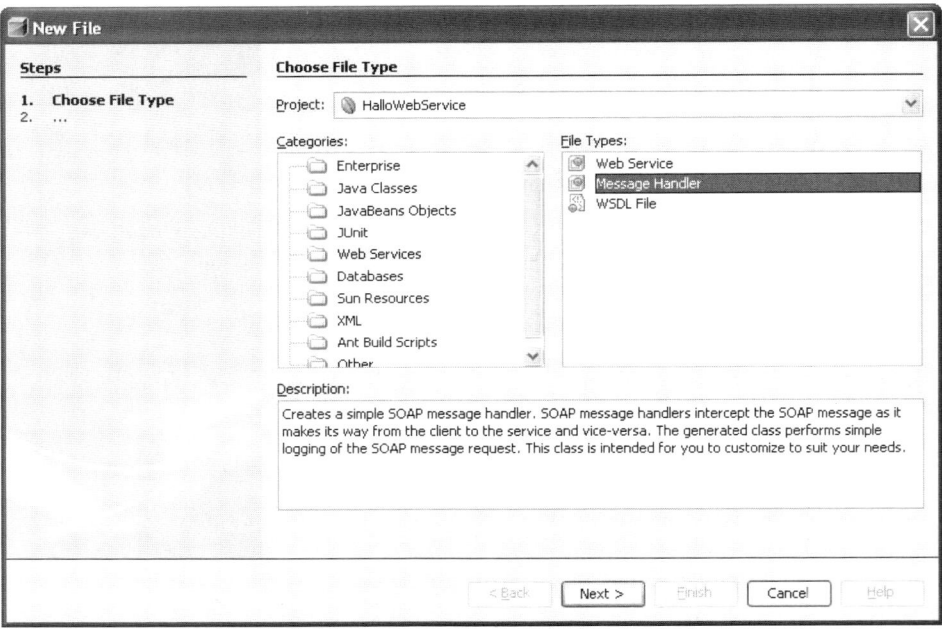

Bild 2.23: Einen SOAP-Messagehandler hinzufügen

Nennen Sie den Messagehandler *HalloHandler.*

Unter *Package* wählen Sie unser Package (*HalloPackage*) aus. Klicken Sie dann auf *Finish.*

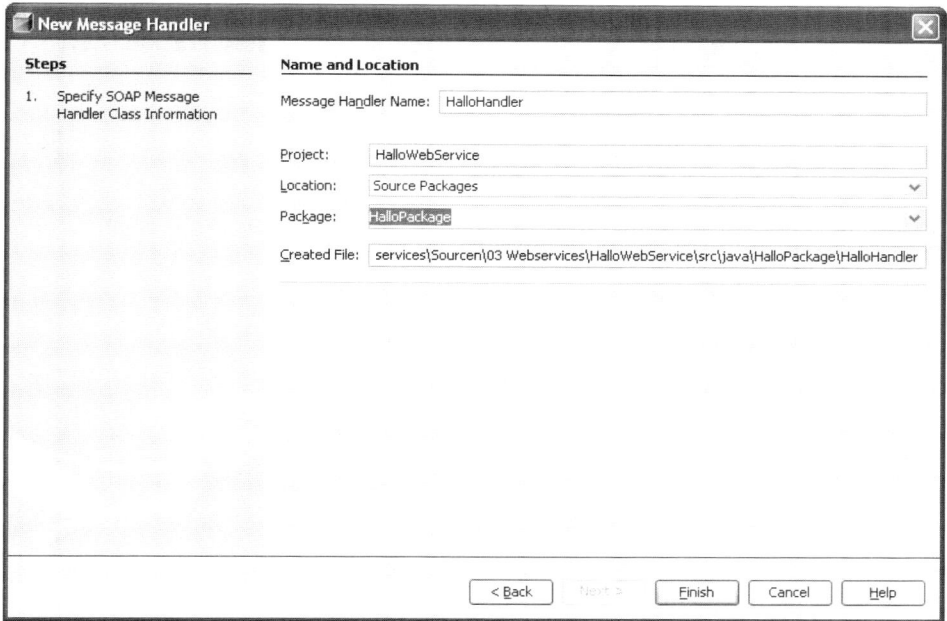

Bild 2.24: Messagehandler

Netbeans hat nun noch ein zusätzliches File angelegt, welches auch im Source-Packages-Zweig des Baums zu finden ist und *HalloHandler* heißt.

Nun fügen wir den Handler unserem Webservice hinzu. Erweitern Sie hierzu den Webservice-Knoten, klicken Sie mit der rechten Maustaste auf den Webservice-Eintrag und wählen Sie *Configure Handlers*.

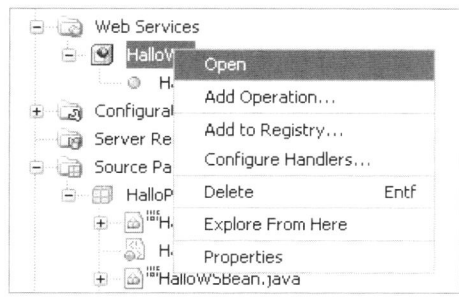

Bild 2.25: SOAP Message Handler einbinden

Klicken Sie im nächsten Dialog auf *Add* und fügen Sie unseren Handler hinzu.

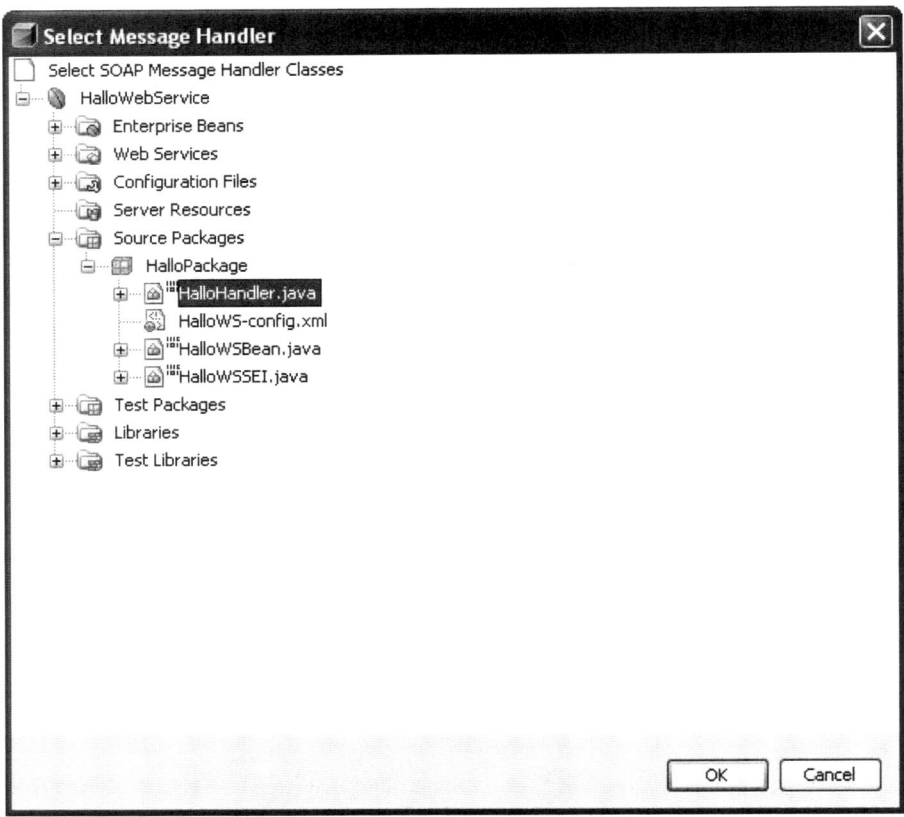

Bild 2.26: SOAP Message Handler einbinden

Bestätigen Sie nun diesen und den darunter liegenden Dialog jeweils mit *OK*.

Jetzt ist unser SOAP-Messagehandler mit dem Webservice und der Java Enterprise Bean verknüpft. Im Prinzip sind wir nun fertig und müssen den Webservice nur noch veröffentlichen. Dieser Vorgang nennt sich auch »Deployen«.

Klicken Sie hierzu mit der rechten Maustaste auf unseren Projektknoten und wählen Sie aus dem Kontextmenü *Deploy Project*.

Rechts unten in den Netbeans erhalten Sie einen Hinweis darauf, dass der Webservice »deployed« wird. Dies kann durchaus etwas dauern, vor allem wenn zuerst der Application-Server gestartet werden muss.

Irgendwann steht dann in der Ausgabezeile *BUILD SUCCESSFUL* oder eine Fehlermeldung. Bei einer Fehlermeldung prüfen Sie, ob Sie alle Schritte nach Anweisung abgearbeitet haben.

Nun registrieren wir unseren Webservice. Expandieren Sie hierzu den Webservice-Knoten im Projektbaum und und klicken Sie dann mit der rechten Maustaste auf unseren Webservice (*HalloWS*).

Wählen Sie *Add to Registry*. Sie erhalten nun ein Hinweisfenster mit der Webservice-adresse. Merken Sie sich diese Adresse!

Bild 2.27: Den Webservice registrieren

Die Ausgabe Ihrer Netbeans sollte so ähnlich aussehen wie im Screenshot.

Speichern Sie sich diese Adresse mit *Kopieren* in den Zwischenspeicher und drücken Sie auf *OK*. Öffnen Sie nun einen Browser und geben Sie die Zeile in die Adressleiste ein. Der Browser sollte nun ein WSDL-File aufrufen. Das dürfte Ihnen bekannt vorkommen. Ab jetzt können Sie auch einen Client zu Ihrem Webservice erzeugen. Java-Clients funktionieren ziemlich schnell und ohne Probleme.

Wenn Sie allerdings einen .NET-Client mit diesem Webservice verbinden möchten, haben Sie eine äußerst verwirrende Arbeit vor sich. Die Aufrufkonventionen eines Java-Webservice mit einem .NET-Client sind vorsichtig ausgedrückt gewöhnungsbedürftig! Weil einem als Programmierer die .NET-Clients in Verbindung mit Java-Diensten viele schlaflose Nächte bereiten, zeige ich Ihnen im nächsten Beispiel, wie eine Umsetzung realisiert werden kann.

Zuerst sollten wir uns das WSDL-File genauer anschauen, welches wir von unserem Webservice abfragen können. Im WSDL stehen ja, wir wir bereits wissen, alle Methoden und Typen, welche unser Webservice verwendet. Zum Beispiel finden wir Folgendes:

```
<complexType name="HalloResponse">
<sequence>
<element name="result" type="string" nillable="true" />
</sequence>
</complexType>
```

Sie sehen, die Definition ist ein *complexType*, dann folgt ein *element* mit Namer *result* vom Typ *string*, welches NULL-Werte enthalten darf. Die Beschreibung von *HalloResponse* ist also eine Objektdefinition, die eine Eigenschaft *result* besitzt, die vom Typ *string* ist. Dieses Objekt können (und müssen) wir später instanziieren und verwenden. Es ist nämlich unsere Rückgabe.

Wir haben außerdem eine Objektdefinition in unserem WSDL, die *Hallo* heißt:

```
<complexType name="Hallo">
<sequence>
<element name="String_1" type="string" nillable="true" />
</sequence>
</complexType>
```

Auch diese Beschreibung zeigt uns einen String und dass dieser NULL sein darf. Dieses Objekt wird später unsere Eingabe.

Als Letztes benötigen wir unseren Webservice selbst, der alles beinhaltet. Er versteckt sich hier:

```
http://localhost:8080/webservice/HalloWS?WSDL - # <service name="HalloWS">
  <port name="HalloWSSEIPort" binding="tns:HalloWSSEIBinding">
  <soap:address location="http://toxic:8080/webservice/HalloWS"
xmlns:wsdl="http://schemas.xmlsoap.org/wsdl/" />
  </port>
  </service>
```

Nun gut. Jetzt wissen wir zwar, wo unsere Eigenschaften und der Service liegen, aber wie binden wir ihn ein?

Wir gehen wieder vor wie bei unseren ersten Beispielen, wir verwenden das WSDL-Tool mit folgender Zeile:

```
wsdl http://localhost:8080/webservice/HalloWS?WSDL /o:test.cs /l:cs
```

Damit erzeugen wir eine Proxyklasse, die unsere Clientfunktionalität enthält. Binden Sie diese Klasse wieder in Ihr Projekt ein. Definieren Sie nun folgende Objektinstanzen:

```
        private HalloWS hws = new HalloWS();
        private Hallo oInput = new Hallo();
        private HalloResponse oResponse = new HalloResponse();
```

Wenn wir nun zum Beispiel einen Button auf unserem Formular haben, können wir wie folgt auf den Java-Webservice zugreifen:

```
private void button1_Click(object sender, System.EventArgs e)
        {
                oInput.String_1 = "Das ist ein Java-Webservice";
                oResponse = hws.Hallo(oInput);
                MessageBox.Show(oResponse.result);
        }
```

Sie sehen, wir gehen einen kleinen Umweg, um unsere Java-Methoden zu füllen. Wir belegen zuerst die Eigenschaft *String_1* des Input-Objekts mit unserem zu übergebenden Wert. Danach füllen wir eine Objektinstanz vom Typ *HalloResponse* mit der Rückgabe der Hallo-Funktion. (Diese liefert eine Rückgabe vom Typ *Hallo*, deshalb dieser Umweg). Zum Schluss können wir unseren vom Webservice zurückgelieferten Wert ausgeben, indem wir die Eigenschaft *result* verwenden. Sie ist vom Typ *String*.

Sie sehen, einen Webservice mit Java anzulegen und mit .NET darauf zuzugreifen ist ziemliche mühselig. Wenn Sie den erzeugten Webservice auf einen anderen Server legen möchten, benötigen Sie entweder ein EAR- oder WAR-Package. Beides funktioniert an sich ganz gut, was Sie schlussendlich verwenden, ist Geschmackssache.

Als Nächstes werden Sie sehen, wie ein Webservice mit .NET und dem Visual Studio zu erzeugen ist.

2.6.2 Einen .NET-Webservice erstellen

Sie benötigen für einen .NET-Webservice ein installiertes Visual Studio. Wenn die Studio-Installation mit den ASP.NET-Komponenten durchgeführt wurde, sollte auch ein Internet Information Server installiert sein. Sollte dies nicht der Fall sein, installieren Sie bitte einen Internet Information Server (IIS) über Ihre Windows-Betriebssystem-CD.

Die Vorgehensweise für einen Webservice unter .NET 1.1 und 2.0 ist die gleiche, ebenso wie beim Studio 2003 oder 2005.

Ich demonstriere Ihnen im Folgenden die Vorgehensweise mit Visual Studio 2005.

Öffnen Sie Ihr Visual Studio und klicken Sie im Menü unter *Datei* auf *Neu / Webseite*.

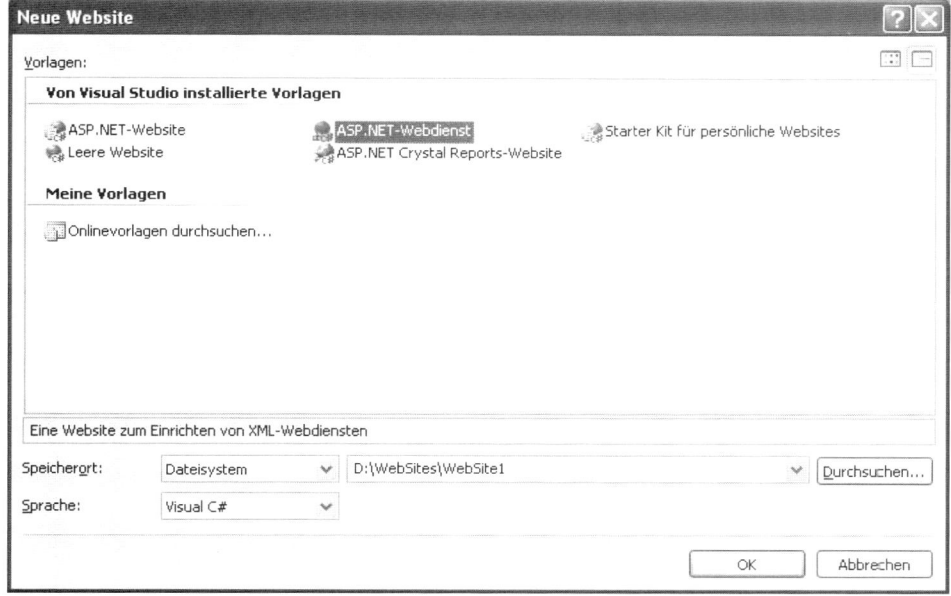

Bild 2.28: Ein Webservice-Projekt auswählen

Ändern Sie den Namen des Projekts entsprechend ab und wählen Sie ein Verzeichnis. Wählen Sie unter den Vorlagen den *ASP.NET Webdienst* aus und bestätigen Sie mit *OK*.

Starten Sie Ihr Projekt. Ihr Webservice funktioniert und eine Überwachungsseite wird angezeigt.

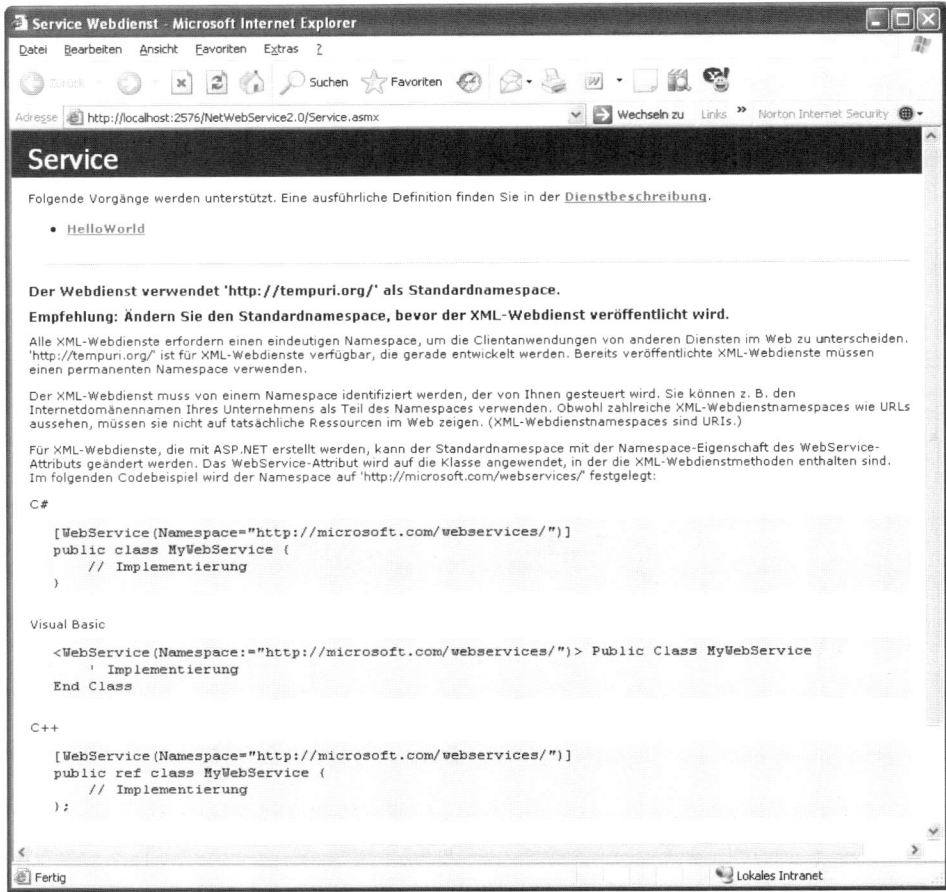

Bild 2.29: Webservice unter .NET

Im oberen Bereich sehen Sie die angelegte Methode unseres Webservice, nämlich *HelloWorld*. Bei Visual Studio 2005 ist diese Methode standardmäßig aktiv. Unter Visual Studio 2003 ist sie deaktiviert. Diese Methode können Sie nun anklicken und erhalten dann eine neue Seite mit einer Darstellung der zugehörigen SOAP-Anfrage und Antwort. Mit einem Klick auf den *Aufrufen*-Button auf dieser Seite rufen Sie die Webservicemethode selbst auf.

Wenn Sie die Methode aufrufen, erhalten Sie als Rückgabe der Methode eine XML-Datei, weil die Anforderung für die Methode als POST abgeschickt wurde.

```
<?xml version="1.0" encoding="utf-8" ?>
<string xmlns="http://tempuri.org/">Hello World</string>
```

Das war schon alles, um einen .NET-Webservice zu erzeugen. Wenn Sie nun eigene Methoden in den Webservice implementieren möchten, fügen Sie diese einfach in den

Sourcecode innerhalb Ihres Editorfensters hinzu. Wichtig ist dabei nur, dass Sie die Methode mit einem Attribut als *WebMethod* deklarieren:

```
[WebMethod]
    public string HelloWorld() {
        return "Hello World";
    }
```

Hinweis:
Es macht keinen Sinn, ALLE Methoden in einem Webservice mit [WebMethod] zu deklarieren! Nicht alles soll immer nach außen sichtbar sein. Bitte wählen Sie die nach außen sichtbaren Methoden mit Bedacht.

Ihr Visual Studio kümmert sich um den kompletten Rest.

Dieser Webservice ist nun genauso zum Beispiel über Java ansprechbar wie alle anderen Webservices auch. Da uns noch ein qualifizierter Java-Client zum Zugriff fehlt, erstellen wir diesen der Vollständigkeit halber im nächsten Beispiel. Vielleicht werden Sie (z. B. unter Visual Studio 2003) eine Meldung erhalten, dass Webserviceanwendungen nicht gestartet werden können, weil ASP.NET nicht installiert ist. Wechseln Sie in diesem Fall in Ihr .NET-Verzeichnis und starten Sie *aspnet_regiis.exe* mit dem Parameter */i*. Komplett sähe die Eingabe zum Beispiel auf einem .NET 1.1-Rechner (je nach Framework-Version) so aus:

```
C:\WINDOWS\Microsoft.NET\Framework\v1.1.4322\aspnet_regiis.exe /i
```

2.6.3 Einen Java-Client zu einem .NET-Webservice erzeugen

Auch das folgende Beispiel hält sich eng an das Netbeans-Tutorial.

Wählen Sie in der Netbeans-Entwicklungsumgebung *File/New Project*. Verwenden Sie die Kategorie *Web* und den Projekttyp *Web Application*.

Wählen Sie im nächsten Fenster einen Projektnamen und als Server den Sun Application-Server. Auf diesem Server wird unser Webprojekt laufen!

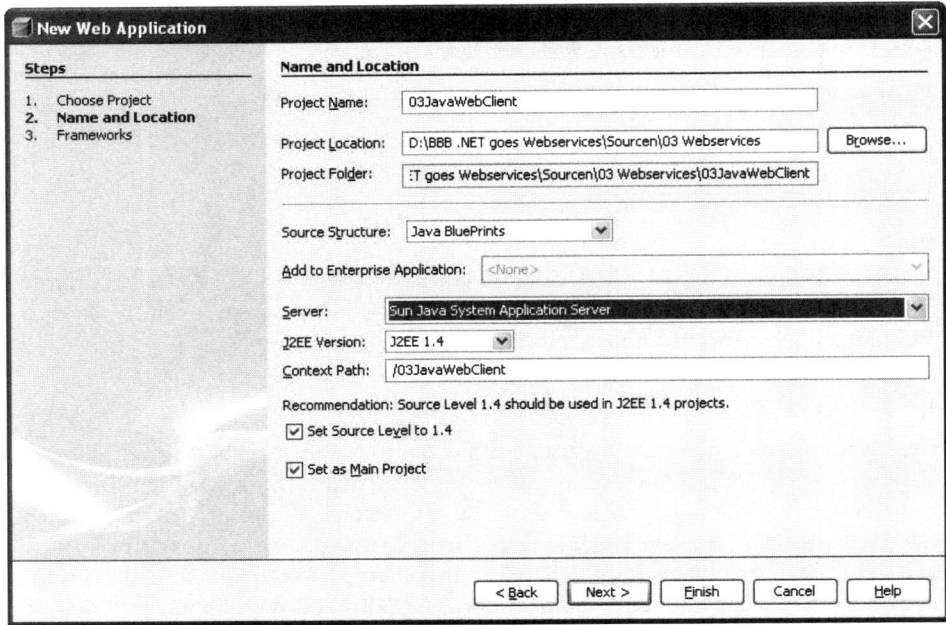

Bild 2.30: Einen Java-Client für einen .NET-Webservice erzeugen

Klicken Sie auf *Finish* und anschließend im Baum mit der rechten Maustaste auf unseren Projektknoten. (Der erste Baumeintrag heißt in unserem Fall *03JavaWebClient*.)

Wählen Sie *New / File Folder* und selektieren Sie unter *Kategorien* den Eintrag *Web Service*. Wählen Sie unter *FileTypes* den Eintrag *Web Service Client*. Im nächsten Fenster können wir nun den Pfad zu unserem Webservice und seinem WSDL-File angeben. Geben Sie zusätzlich ein Package an, zum Beispiel *JavaClient*. Sie sehen diesen Dialog im nächsten Screenshot.

Bestätigen Sie mit *Finish*.

Netbeans legt nun wieder ein Gerüst für unseren Client an. Im Projektbaum erhalten Sie im Knoten *Web Service Reference* neue Einträge, die die Methoden des anzusprechenden Webservice enthalten. Sie werden hier nun einen Eintrag namens *helloWorld* finden. Diese Methode stammt natürlich direkt aus unserem .NET-Webservice.

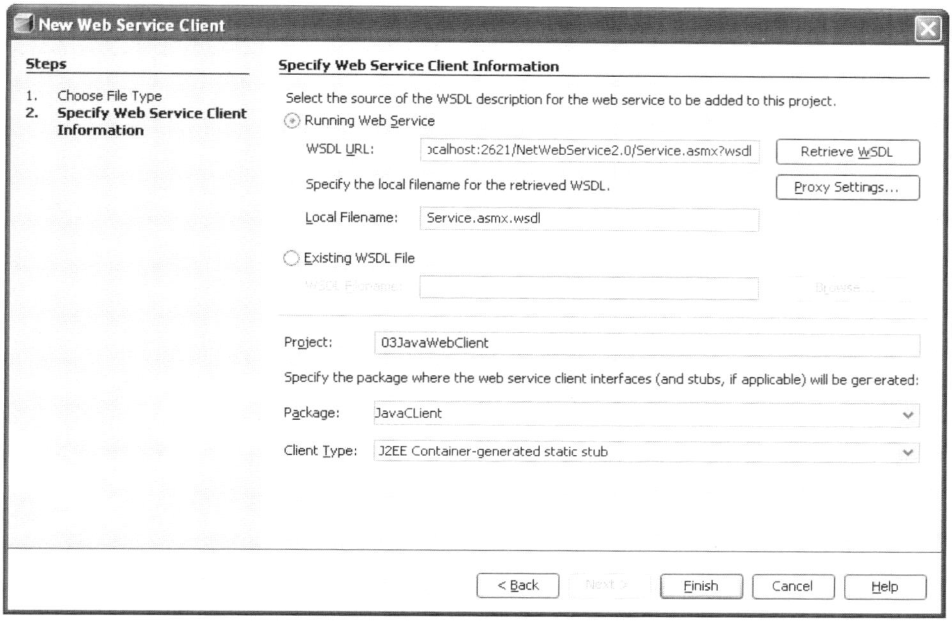

Bild 2.31: Webservice-Client anlegen

Vielleicht fragen Sie sich nun, wo die Java-Files zu diesem Webservice liegen? Das ist einfach beantwortet. Wechseln Sie im Projektfenster auf den Reiter *Files,* neben *Projects,* und ändern Sie dort die Baumstruktur zu *build / generated / wsclient / JavaClient.*

Sie sehen hier drei Dateien: *Service.java, ServiceSoap.java* und *ServiceSoap_Impl.java.* Sie sehen aus wie in den folgenden Listings.

Service.java

```
package JavaCLient;

import javax.xml.rpc.*;

public interface Service extends javax.xml.rpc.Service {
    public JavaCLient.ServiceSoap getServiceSoap() throws ServiceException;
}
```

ServiceSoap.java

```
package JavaCLient;

public interface ServiceSoap extends java.rmi.Remote {
    public java.lang.String helloWorld() throws
        java.rmi.RemoteException;
}
```

ServiceSoap_Impl.java

```
package JavaCLient;

public class ServiceSoap_Impl implements JavaCLient.ServiceSoap, java.rmi.Remote {
    public java.lang.String helloWorld() throws
        java.rmi.RemoteException {

        java.lang.String _retVal = null;
        return _retVal;
    }
}
```

Die ersten beiden Dateien sind momentan nicht wichtig für uns, erst das dritte File wird interessant. Hier ist die Funktionalität zum Ansprechen unserer Methode untergebracht.

Wenn Sie Ihre Clientfunktionalität ausprobieren möchten, wechseln Sie wieder in das Projektfenster und gehen im Baum zu *Web Service reference / Service / ServiceSoap / helloWorld*. Klicken Sie mit der rechten Maustaste auf diesen Eintrag und wählen Sie *Test Operation* aus dem Kontextmenü. Sie sollten einen Testdialog sehen, in dem ein *Submit*-Button existiert. Klicken Sie auf diesen Button, wird die Webservice-Methode von Netbeans getestet.

Im *Results*-Fenster sehen Sie die Ausgabe des Webservice, in unserem Fall *Hello World*.

Die Java-Files, welche von Netbeans angelegt wurden, können nun verwendet werden. Schreiben Sie eine eigene Klasse, binden Sie die Gerüstklassen ein und verwenden Sie diese ganz normal.

2.7   Zum Abschluss des Kapitels

In diesem Kapitel haben Sie bereits einiges über die praktische Seite der Webservices gelernt. Sie sollten nun ohne die Details der Hintergründe zu kennen bereits in der Lage sein, sowohl einen Webservice als auch einen Webserviceclient zu erstellen. Sie haben sicherlich beim Durcharbeiten des Kapitels bemerkt, dass Webservices relativ unkompliziert sind, wenn man in einer Umgebung bleibt. Damit meine ich, dass ziemlich wenig Probleme auftreten, wenn man sowohl einen Webservice als auch den zugehörigen Client zum Beispiel in Java erstellt. Probleme treten meist erst in heterogenen (gemischten) Systemumgebungen auf. Am besten haben Sie dies am Java-Webservice und dem .NET-Client gesehen. Hilfreich sind in solchen Situationen starke Entwicklungstools. In Visual Studio 2005 hat man zum Beispiel den Objektinspektor und kann Klassen analysieren.

Wenn Sie nun einen fremden, sprich Nicht-.NET-Webservice mit einem .NET-Client ansprechen möchten, sind diese Tools von großem Nutzen. Binden Sie dazu einfach einen Webservice als Verweis in Ihren Sourcecode ein. Dies ist übrigens eine weitere, von mir allerdings meist nicht favorisierte Methode, einen Webserviceclient zu erstellen. Erstellen Sie hierzu unter Visual Studio 2005 eine normale Applikation vom Typ *Windows Anwendung*. Wenn das Gerüst vom Studio angelegt wurde, klicken Sie mit der rechten Maustaste auf den Projektknoten Ihrer Applikation im Projektexplorer.

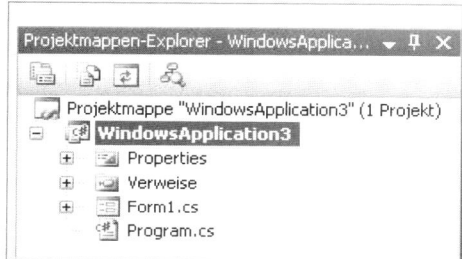

Bild 2.32: Webservices analysieren

Wählen Sie nun aus dem Kontextmenü den Eintrag *Webverweis hinzufügen*. Tragen Sie im Feld *URL* den Link zum WSDL-File Ihres Webservice ein, also zum Beispiel:

```
http://localhost:8080/webservice/HalloWS?WSDL
```

Hinweis:
Webservices liefern im Allgemeinen ein WSDL-File zurück, wenn man sie dazu auffordert. Man erreicht dies, indem man an die Adresse des eigentlichen Service ein Fragezeichen und das Schlüsselwort WSDL anhängt *(?WSDL)*. Tun Sie dies in einem beliebigen Browser, erhalten Sie die Darstellung des WSDL-Files als XML.

Klicken Sie nun neben dem URL-Eingabefeld auf den Button *Gehe zu*. Im nächsten Bild sollten Sie die verfügbaren Webservices an der von Ihnen angegebenen Adresse sehen.

Bild 2.33: Visual Studio 2005-Ausgabe der gefundenen Webservices

Ändern Sie bei Bedarf den Webverweisnamen, über welchen der Service später im Programm angesprochen wird, und klicken Sie dann auf *Verweis zufügen*.

Das Studio erstellt nun im Hintergrund eine Proxyklasse, die die Funktionalität zur Konnektivität enthält. Außerdem fügt es Ihren Verweisen automatisch alle benötigten zusätzliche Assemblies hinzu, wie zum Beispiel *XML* oder *Web.Services*.

Wenn Sie nun mit der rechten Maustaste auf Ihre Webreferenz klicken, die in unserem Beispiel den Namen *localhost* hat, können Sie dort den Objektbrowser wählen.

Innerhalb des Objektbrowsers sehen Sie die Struktur Ihres Webservice und wissen so, welche Ein- und Ausgabetypen verwendet werden und wie die Struktur aussieht, die über SOAP bei Ihnen ankommt.

Betrachten Sie sich hierzu auch die nächsten beiden Screenshots.

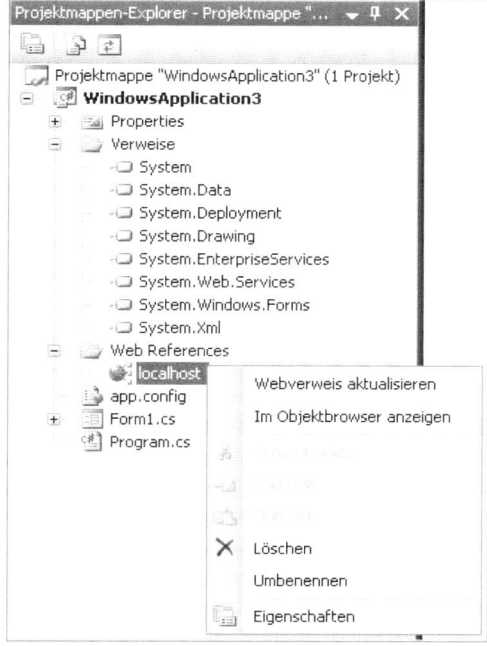

Bild 2.34: Der Aufruf des Objektbrowsers in Visual Studio 2005

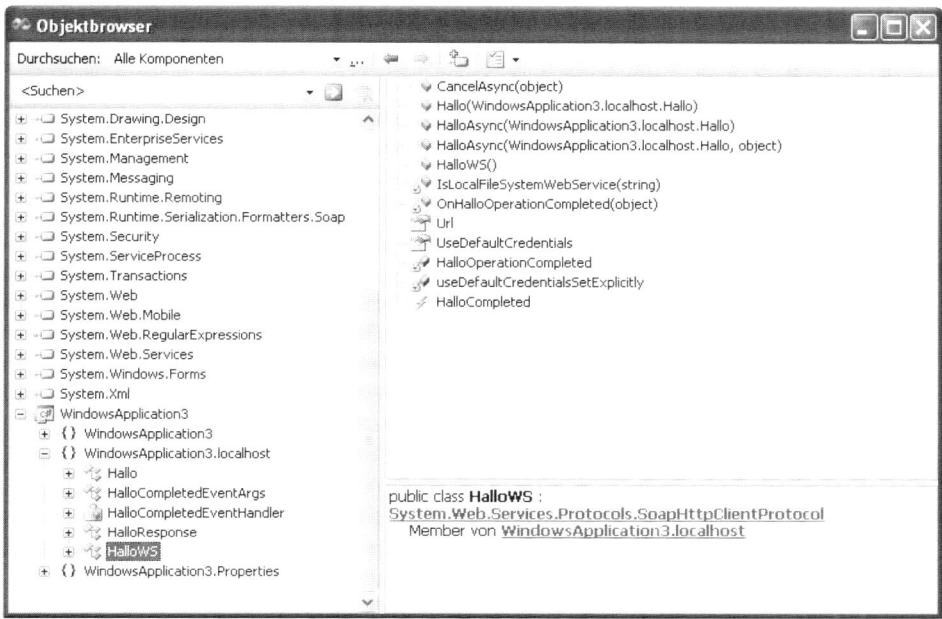

Bild 2.35: Der Webservice im Objektbrowser

Die praktische Seite ist selbstverständlich wichtig, um Webservices oder serviceorientierte Architekturen zu erstellen, aber natürlich nicht alles. In den nächsten Kapiteln werden Sie zur Praxis auch noch eine Menge Theorie vorfinden, die Ihnen helfen wird, die Hintergründe und die Technik besser zu verstehen.

Dieses Kapitel hat im Grunde nur von Webservices gehandelt, aber serviceorientierte Architekturen bestehen nicht nur aus Webservices. Im nächsten Kapitel lernen Sie einige andere Dienste kennen, die von einem Server bereitgestellt werden können und auf die Sie aus Ihren Clients heraus zugreifen können.

3 Serverseitige Dienste

Serviceorientierte Architekturen bestehen nicht nur aus Webservices und den zugehörigen Diensten. SOA können und müssen von zwei Seiten betrachtet werden. Es gibt zum einen die geschäftsprozessorientierte Seite, in der die Architektur auf die Verarbeitungsstruktur des gewünschten Geschäftsablaufs ausgerichtet und geplant wird. Diese Seite ist theoretisch und abstrakt. Wir beschäftigen uns als Entwickler hauptsächlich mit der anderen Seite, der Systemarchitektur. Innerhalb der Planung gibt es allerdings eine Zwischenphase, in der sowohl Entwickler als auch Managementebene zusammenarbeiten.

Im Normalfall folgt die Systemarchitektur der prozess- oder geschäftsorientierten Seite. Dies setzt voraus, dass die Geschäftsprozesse bereits in einem entsprechenden Managementplan abgebildet wurden. Im Allgemeinen ist davon auszugehen, dass diese Geschäftsprozesse von der Firmenleitung oder anderen Leitungsorganen im ersten Schritt aufgeschlüsselt werden.

Im zweiten Schritt werden die Leiter der Softwareentwicklungsabteilung in Zusammenarbeit mit den anderen Verantwortungsträgern versuchen, eine Systemarchitektur abzubilden. Diese Systemarchitektur sollte die einzelnen Prozesse unter Verwendung von serverseitig abgelegten Services/Skripts oder Strukturen abbilden. Die dabei entwickelten Bausteine sollten unabhängig voneinander und über einen Workflow lose miteinander verbunden sein. Dabei muss beachtet werden, dass die jeweiligen Funktionalitäten an Schnittstellen gebunden werden, die sich später gar nicht oder nur wenig ändern.

Wenn sich später tatsächlich Schnittstellen zu Diensten ändern, sollte eine Abwärtskompatibilität bis zu einem gewissen Grad gewährleistet werden. Dies kann zum Beispiel durch Beibehaltung der alten Schnittstelle geschehen, die weiterhin Funktionalität bereitstellt. Gleichzeitig sollte dann eine komplett neue Schnittstelle angeboten werden, die für die neue Funktionalität zuständig ist.

Warum dieser Umstand? Ganz einfach. Sie werden niemals davon ausgehen können, dass jeder, der auf Ihre Dienste zugreift, sofort bei eventuellen Schnittstellenänderungen mit einer Anpassung reagiert. Wenn aber nun viele verschiedene Clients auf Ihre Architektur zugreifen, muss gewährleistet sein, dass auch ältere Versionen der Schnittstellen noch funktionieren, weil diese Clientsysteme sonst Fehler verursachen.

Wie bereits erwähnt, werden die Geschäftsprozesse in einer dienstorientierten Architektur durch einzelne Dienste abgebildet. Diese Dienste sind voneinander unabhängig, repräsentieren aber in ihrer Gesamtheit die Prozessstruktur und sind untereinander durch einen Workflow verbunden. Die angebotenen Dienste sollen später Schnittstellen zum Datenbestand und Verarbeitungsfunktionalitäten bereitstellen. Beides, Daten und Funktionalitäten, sind gekapselt, der Zugriff muss in fast allen Fällen restriktiv sein. Dies bedingt ein entsprechendes Sicherheitskonzept. Zugriffe auf bestimmte Daten oder Funktionalitäten müssen für Benutzer oder Benutzergruppen eingeschränkt werden.

Serviceorientierte Architekturen werden häufig zur Systemintegration von heterogenen Umgebungen eingesetzt. Hierbei können nahtlos Windows/Unix/Apple und andere Systeme zusammengeführt werden und mit dem gleichen Datenbestand arbeiten. Ein weiterer Vorteil ist natürlich die Ortsungebundenheit der jeweiligen Clientsysteme. Über eine Verbindung mit einem WAN, also zum Beispiel dem Internet, sind die Clients in der Lage, auch von weit entfernten Örtlichkeiten alle relevanten Daten abzufragen oder aber entsprechende Geschäftsprozesse anzustoßen.

Durch die Kapselung der Daten und das zentrale Verwalten und Anbieten der entsprechenden Dienste werden Datenbestände und Funktionalitäten modularisiert und somit Redundanzen vermieden. Wenn aber redundante Datenbestände beseitigt werden, bedeutet dies gleichzeitig die Vermeidung von doppelten Arbeiten. Ebenso wird ab einem gewissen Zeitpunkt die Pflege und Weiterentwicklung der bestehenden Dienste vereinfacht. Im Normalfall wird sich also nach einer gewissen Anlaufzeit eine spürbare Senkung der allgemeinen Betriebskosten ergeben. Die Strukturierungs- und Planungsphase beim Aufbau einer serviceorientierten Architektur ist zeit- und kostenintensiv. Sie bedeutet viel Arbeit ohne schnelle oder sichtbare Erfolge. Die Erfolge treten erst nach der Implementierungsphase der Softwarearchitektur auf. Rechnen Sie also je nach Komplexität der Geschäftsprozesse mit einer entsprechend langen Anlaufzeit.

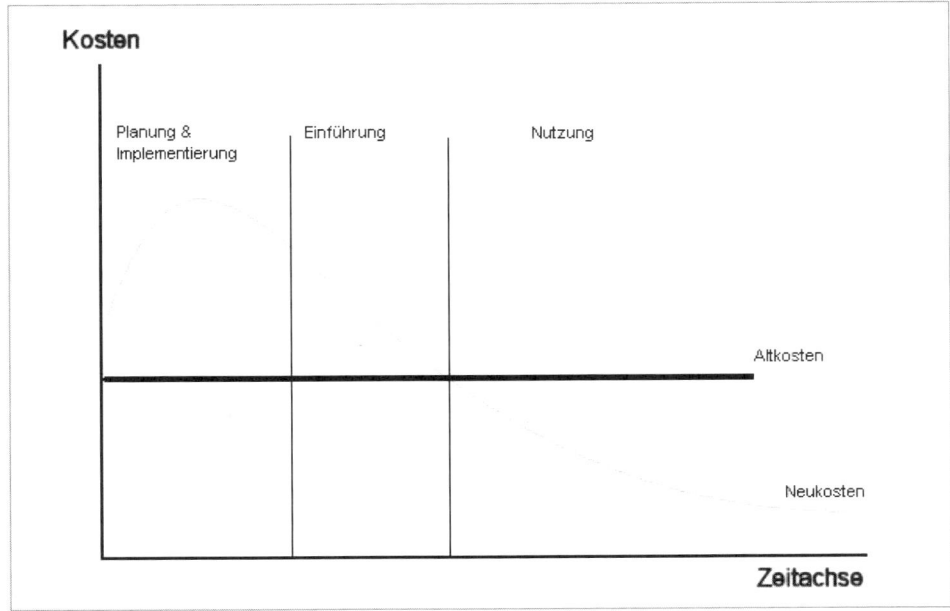

Bild 3.1: Vereinfachte Darstellung der Kostenkurve

Wenn Sie die letzten beiden Seiten aufmerksam durchgelesen haben, wird Ihnen aufgefallen sein, dass SOA alles andere als starre Konstrukte sind. Dienstorientierte Architekturen sind im Gegenteil sehr dynamische Strukturen. Dies setzt aber ebenso eine Dynamik in der Verwendung der zugrunde liegenden Technologien voraus. Sie sind nicht (nur) auf Webservices festgelegt!

Mit eben dieser Aussage sind wir am Kernpunkt des Kapitels, auf den ich Sie hinführen will. Wenn Sie eine serviceorientierte Architektur planen, ziehen Sie auch andere Möglichkeiten als Webservices in Betracht. Vor allem mit Java oder anderen Nicht-.NET-Entwicklungswerkzeugen sind die Implementierungsarbeiten für Webservices, wie wir bereits bemerkt haben, nicht unrelevant für die Kostenentwicklung. Durch die Plattformunabhängigkeit, z. B. von Java, sind aber andere Wertschöpfungen möglich. Um nun die Kosten durch Entwicklungsarbeiten einerseits und einen vereinfachten Schnittstellenzugriff andererseits zu erhalten, können wir auch ebenso Servlets und Skripts verwenden.

Ein Fallbeispiel:

Sie benötigen einen Dienst, der ein gezipptes File von einer Internetadresse lädt, dieses entpackt und in Ihre Server-Filestruktur integriert. Es ist bei Weitem einfacher, diesen Vorgang in einem Servlet unterzubringen als in einem Webservice. Auch der Zugriff etwa von .NET- oder Mobile-Clients gestaltet sich sehr viel einfacher, als wenn ein Webservice angesprochen werden müsste. Durch vereinfachte Schnittstellen, geringere Planungs- und Implementierungszeit sowie einen vereinfachten Zugriff auf Clientseite verringern sich somit naturgemäß die Entwicklungskosten.

Die üblichen, auf Servern verfügbaren Möglichkeiten für Dienste sind die im Folgenden gelisteten:

* Java-Serverpages / ASP- oder ASPX-Seiten

* Servlets

* Perl- / PHP-Skripts (CGI)

Wenn man sich die Entwicklung des Internets anschaut, stellt man fest, dass bereits sehr früh die Möglichkeit geboten wurde, serverseitig Skripts auszuführen, um dem Client gewisse Funktionalitäten bereitzustellen. Man könnte dies durchaus als den Beginn der serviceorientierten Architekturen betrachten. Die Webservices sind nur der momentan letzte Schritt in der Evolution. Damit Sie sehen, welche Möglichkeiten Dienste bieten, die ohne SOAP und echte Webserviceschnittstellen auskommen, habe ich dieses Kapitel für Sie in das Buch aufgenommen.

Auf den nächsten Seiten steigen wir ein in die Welt der Skripts und verlassen endlich wieder die krude Welt der Theorie. ;o)

3.1 CGI und Skripte

CGI bedeutet Common Gateway Interface und ist ein verabschiedeter Standard. CGI wurde für die Interaktion eines Benutzers mit Servern geschaffen. Hier tritt bereits deutlich die dienstorientierte Architektur zu Tage. CGI-Skripts können in verschiedensten Sprachen geschrieben sein. Üblich sind zum Beispiel Perl oder PHP. Im vorigen Kapitel haben wir bereits ein Skript aufgerufen, als wir einen POST-Request an unseren Server geschickt haben. Das Skript auf Serverseite, welches auf unsere Anfrage reagierte, sieht wie folgt aus.

```
<script language="PHP">
   echo " Parameter: ";
   echo $_POST['param'];
</script>
```

Wenn Sie nur bestimmte Daten ausgeben möchten, kann das Skript aus noch weniger Zeilen bestehen:

```
<script language="PHP">
   echo "Hello World!"
</script>
```

Im ersten Listing fragen wir die Übergabe eines POST-Requests ab, indem wir unter PHP die Umgebungsvariable *$_POST* verwenden. Diese Variable ist ein Hash-Array und beinhaltet Schlüssel/Werte-Paare. Das heißt, wir übergeben der Umgebungsvariablen (oder besser dem Hash-Array) einen Schlüssel (Namen des gewünschten Parameters) und erhalten den zugehörigen Wert zurück.

In unserem Beispiel geben wir diesen Wert sofort wieder an den aufrufenden Client mit *echo* zurück.

```
   echo $_POST['param'];
```

Ein GET-Request sieht ganz ähnlich aus:

```
<script language="PHP">
   echo " Parameter: ";
   echo $_GET['param'];
</script>
```

Der einzige Unterschied ist der Hash-Array, welcher die Werte der Parameter enthält.

```
   echo $_GET['param'];
```

3.1.1   Ein- und Ausgabe bei CGI-Skripts

Wide Area Networks wie das Internet sind äußerst sicherheitskritische Umgebungen. Gerade in letzter Zeit hat das Internet durch Sicherheitslücken von sich reden gemacht. Dass es dies gibt, war schon bekannt, als das Internet in den 90ern gerade populär wurde. Damals war es allerdings noch nicht besonders relevant. Es hat niemanden besonders interessiert, wenn Hacker in Großfirmen eingebrochen sind und Daten gestohlen haben. Heutzutage bekommt dagegen jeder eine mittelschwere Krise, wenn bei Hinz und Kunz ein unerlaubter Portscan stattfindet. Zwischenzeitlich ziehen solche Portscans tatsächlich teilweise Anzeigen und Verfahren mit rechtsgültigen Verurteilungen nach sich!

Bereits bei der breiteren Einführung von CGI Anfang der 90er Jahre war klar, dass der Zugriff geregelt werden musste. Aus diesem Grund laufen Internetserver wie Apache oder der Internet Information Server unter einem eigenen Benutzer mit (stark) eingeschränkten Rechten. Die Kommunikation findet über Protokolle wie zum Beispiel HTTP oder FTP statt. Browser verwenden für die Anzeige von Internetseiten das HTTP-Protokoll. Da CGI-Skripts nun hauptsächlich mit solchen Internetseiten interagieren, wird auch hier das HTTP-Protokoll verwendet. Aus diesem Grund wurden die beiden Requestarten GET und POST ins Leben gerufen.

Was GET- und POST-Requests sind, haben Sie bereits im Kapitel 2 erfahren. Das Problem bei GET und POST ist, dass diese Requests abgefangen und umgeleitet werden können. Dies hängt mit der Art der verwendeten Protokolle und der darunter liegenden Protokolltransferschicht zusammen. HTTP wird über das TCP/IP-Protokoll versendet. Immer wenn Daten versendet werden, können diese aber auch abgefangen und umgeleitet werden. TCP/IP arbeitet mit Paketen, die von Server zu Client geschickt werden, und umgekehrt.

Wenn sich nun im Netzwerk jemand befindet, der über einen einfachen Paketsniffer die einzelnen Pakete abfängt, sie analysiert und vorgibt, der Empfänger zu sein, so schickt der Server diesem im besten Glauben die Pakete, die eigentlich an jemand ganz anderen gehen sollten. Da TCP/IP-Pakete auch mehrfach verschickt werden, wenn einzelne verloren gehen, kann es sein, dass dieser Vorgang nicht einmal auffällt.

Noch schlimmer ist es, wenn über einen Paketsniffer Pakete abgefangen werden, in denen Passwörter im Klartext stehen. Aus diesem Grund wurde HTTPS eingeführt. HTTPS ist ein Schema, welches eine zusätzliche Schicht zwischen HTTP und TCP definiert. Diese zusätzliche Schicht verschlüsselt die Daten, die zwischen Server und Client hin- und hergeschickt werden. Damit sind die Daten, welche in den einzelnen TCP/IP-Paketen verschickt werden, nicht mehr ohne Weiteres lesbar. Server, die HTTPS-Pakete verschicken sollen, müssen SSL-zertifiziert sein. SSL bedeutet *Secure Socket Layer*. Dieses Zertifikat muss beantragt werden und die beantragenden Unternehmen werden auf ihre Seriosität hin geprüft.

Zertifikate werden zum Beispiel von sogenannten Trust Centers ausgestellt und kosten eine jährliche Gebühr zwischen wenigen Dollars bis hin zu 400 $ und mehr. Solche Unternehmen sind zum Beispiel GlobalSign und VeriSign. Ebenso gibt es für Intranets eigene Certificate-Server wie zum Beispiel den Microsoft Certificate Server. Prinzipiell – und in der Praxis mehrfach bewiesen – sind aber auch diese Methoden auszuhebeln.

Damit sollte uns nun klar sein, dass GET- und POST-Requests nicht unbedingt geeignet sind, um sensible Bankdaten in großen Mengen zu übertragen. Abgesehen davon, bin ich auch allen anderen Protokollen und Sicherheitsmechanismen gegenüber äußerst kritisch eingestellt, wenn es zum Beispiel um meine Kontendaten geht.

Um zum Kernpunkt zurückzukommen:

Wenn wir GET- und POST-Requests verwenden, sollten wir dafür sorgen, dass der jeweils zugreifende Benutzer bereits vorher einen Loginvorgang hinter sich gebracht hat, der ihm bestimmte Rechte einräumt oder sie einschränkt. Sensible Daten sollten trotz allem verschlüsselt gesendet werden. Der Grund ist ein sogenannter »Man in the middle«, jemand, der innerhalb eines Netzwerks präsent ist und Datenpakete abhören und verwenden kann. Natürlich könnte dieser Man in the middle auch die jeweils ausgetauschten Schlüssel mitschneiden, aus diesem Grund sollten zertifikatsbasierende Authentifizierungen verwendet werden. Im Allgemeinen genügen aber innerhalb mittelständischer Firmen einfache Sicherungsmechanismen.

Mit CGI-Skripts können auf einfachem Weg Daten von einem Server zu einem Client geschickt werden. Der Client selbst schickt seine Daten über GET- und POST-Requests an den Server, welche dort verarbeitet werden.

Wenn Sie Programmiersprachen wie Java (J2EE/J2SE/J2ME) oder .NET-basierende Sprachen verwenden, ist es manchmal nötig, das Protokoll explizit zu definieren. Wenn Sie Skriptsprachen wie Perl oder PHP verwenden, kann es sein, dass Sie die Dienste über normale, nicht ASP/ASPX-Webpages aufrufen. In diesem Fall sollten Sie über ein Formular auf der Webseite entsprechende Requests erzeugen.

3.1.2 PHP als serverseitige Sprache für Dienste

Wie bereits beschrieben, sind alle ausführbaren Sprachen oder Skriptsprachen auf Servern geeignet, angebundenen Clients Dienste anzubieten. Manche Skriptsprachen sind allerdings besser geeignet als andere. Hierzu gehören eindeutig PHP und zum Beispiel Perl. Da PHP zwischenzeitlich eine große Verbreitung erlangt hat und sehr gut unterstützt wird, würde ich diese Skriptsprache bevorzugen. Warum nun gerade PHP und nicht zum Beispiel ein Bash-Skript? Die Antwort ist ganz einfach. PHP gibt es mittlerweile auf nahezu allen Systemen, die Installation ist äußerst einfach. Die Installationsroutine sorgt für eine saubere Einbindung in den jeweiligen Internetserver (z. B.: Apache, IIS etc.). Zugriffe auf MySQL funktionieren einwandfrei und die Unterstützung durch Onlineressourcen ist vorbildlich. Ein weiterer, äußerst wichtiger Grund ist, dass praktisch alle Provider, die Internetserver und zugehörige Domains anbieten, auch PHP als Skriptsprache zulassen. Somit hat man hier ohne große Umstände eine einfache Möglichkeit, serviceorientierte Dienste an die Öffentlichkeit (das Internet und dessen User) heranzubringen. Man besitzt also sofort eine Schnittstelle zu Millionen von Endusern. Diese Voraussetzung ist bei proprietären Skriptsprachen nicht gegeben. Ebenso sind die Mainstream-Werkzeuge immer im Blickpunkt der Öffentlichkeit. Das heißt, eventuelle Sicherheitslücken werden relativ schnell aufgedeckt und es existieren sehr schnell die entsprechenden Patches dazu.

3.1.3 Datenbankzugriff mit PHP

Ein serverseitiger Dienst, um Datenbanken unter PHP anzusprechen

Für dieses Beispiel benötigen Sie einen Internet Information Server, eine installierte MySQL-Datenbank und ein installiertes PHP, zusätzlich die MySQL-PHP Extensions. MySQL und PHP sowie die Extensions in einer der letzten (stabilen) Versionen finden Sie auf der CD zum Buch. Bei älteren Versionen von MySQL und PHP, die nicht kompatibel zu den im Buch verwendeten sind, kann es zu entsprechenden Problemen kommen!

Listing: cd:\Sourcen\03 serverseitige Dienste\01 PHP

Dieses Beispiel zeigt Ihnen, wie Sie mit PHP eine Datenbankabfrage ausführen und das Ergebnis an einen Client weitergeben.

Benötigte Namespaces

—

Sourcecode

```
<script language="PHP">
   // zu Debugzwecken, entfernen Sie das @ vor "mysql_connect" !
   // mit dem @ werden keine Fehlermeldungen ausgegeben!
   $connection = @mysql_connect ("localhost","root","pwd");
   if ($connection == FALSE)
     {
        echo "Fehler beim Verbindungsaufbau!";
        exit();
     } else
     {
        mysql_select_db ("test");
        $result = mysql_query ("select * from test");
        if ($result == FALSE)
        {
           Echo "Fehler bei Abfrage!";
        } else
        {
           $rows   = mysql_num_rows   ($result);
           $fields = mysql_num_fields ($result);

           for ($i=0;$i<$rows;$i++)
           {
             $row   = mysql_fetch_row  ($result);

             for ($ii=0;$ii<$fields;$ii++)
              {
                 echo $row[$ii];
                 echo ",";

              }
             echo "<br>";
           }
        }
     }
</script>
```

Beschreibung

Damit dieses Beispiel lauffähig ist, ist es nötig, zuvor eine MySQL-Datenbank einzurichten und innerhalb dieser eine Tabelle anzulegen. Legen Sie diese Tabelle unter der bereits bestehenden Datenbank *Test* an. Ein passendes SQL-Skript finden Sie im gleichen Verzeichnis, das auch den Sourcecode enthält. Dieses Skript heißt *test.sql* und sieht aus wie folgt.

```
CREATE TABLE 'test'.'test' ('ID' int(10) unsigned NOT NULL auto_increment,
'name' varchar(45) NOT NULL default '','street' varchar(45) NOT NULL default '',
PRIMARY KEY ('ID')
) ENGINE=InnoDB DEFAULT CHARSET=latin1;
```

Fügen Sie in die entstandene Tabelle einige Datensätze ein. Wenn Sie PHP installiert haben, ist es nötig, die MySQL-Extensions für PHP zu installieren. Entpacken Sie hierzu die Datei *php_5.1.4_mysql_5.0.22-win32.zip* und kopieren Sie die darin enthaltenen DLLs in Ihr PHP-Verzeichnis (Standard= *c:\php*). Editieren Sie nun Ihre *PHP.ini* im Systemverzeichnis (*c:\windows*). Fügen Sie im Abschnitt

```
;;;;;;;;;;;;;;;;;;;;;;;
; Dynamic Extensions ;
;;;;;;;;;;;;;;;;;;;;;;;
```

folgende Zeile hinzu:

```
extension=php_mysql.dll
```

Nun sollten Sie per PHP Zugriff auf den MySQL Server besitzen und das Skript müsste lauffähig sein. Am Anfang des Skripts verbinden wir uns mit der Datenbank.

```
$connection = @mysql_connect ("localhost","root","pwd");
```

Beachten Sie hier bitte das @ vor dem eigentlichen Befehl. Dieses »at« sorgt dafür, dass PHP keine Fehlermeldung an den Browser weitergibt. Es macht Sinn, Fehlermeldungen im Realbetrieb NICHT auszugeben. Zu Debugzwecken ist es aber sehr viel geschickter, diese zu sehen. Entfernen Sie also @, wenn Sie experimentieren.

Dieses Skript liest die Tabelle *test* in der Datenbank *test* aus und gibt die darin enthaltenen Zeilen im Browser zurück.

```
mysql_select_db ("test");
$result = mysql_query ("select * from test");
```

Damit die Ausgabe vernünftig formatiert wird, setzen wir an das Zeilenende der Ausgabe ein <BR>. Der Browser interpretiert dies als »Carriage Return«. Damit die Ausgabe formatiert wird, ist es sinnvoll, den Internet-Explorer zu verwenden. Er kann mit fehlenden Tags im Sourcecode umgehen. Normalerweise sollten wir zusätzlich ein Body- und HTML-Tag angeben, damit alle Browser mit der Ausgabe umgehen können, aber der Einfachheit halber verzichten wir an dieser Stelle darauf. Die Ausgabe sollte sich (abgesehen vom Inhalt der Tabelle) ähnlich zeigen wie im folgenden Screenshot.

Bild 3.2: Ausgabe der Datenbankabfrage mit PHP

Dieses Skript ist ein guter Anfang, aber wir haben hier noch nichts, was ich als Dienst gelten lassen würde. Dienste interagieren mit Clients, und zwar auf einer softwaretechnischen Ebene. Unser rudimentärer Dienst kommuniziert momentan nur mit einem Internetbrowser, und das ist langweilig. Im nächsten Beispiel werden wir den Client so erweitern, dass wir gezielt Datensätze über Parameter ansprechen können und diese in einem allgemein lesbaren Format (XML) zurückerhalten.

3.1.4 PHP mit XML-Ausgabe

Ein serverseitiger Dienst, der XML ausgibt

Für dieses Beispiel benötigen Sie einen Internet Information Server, eine installierte MySQL-Datenbank und ein installiertes PHP, zusätzlich die MySQL-PHP Extensions. MySQL und PHP sowie die Extensions in einer der letzten (stabilen) Versionen finden Sie auf der CD zum Buch. Bei älteren Versionen von MySQL und PHP, die nicht kompatibel zu den im Buch verwendeten sind, kann es zu entsprechenden Problemen kommen!

Listing: cd:\Sourcen\03 serverseitige Dienste\02 PHP

Dieses Beispiel zeigt Ihnen, wie Sie mit PHP eine Datenbankabfrage ausführen. Das Skript gibt daraufhin ein einfach zu lesendes XML aus, welches unter .NET relativ direkt als DataSet verwendet werden kann.

Benötigte Namespaces

—

Sourcecode

```php
<script language="PHP">
  // zu Debugzwecken, entfernen Sie das @ vor "mysql_connect" !
  // mit dem @ werden keine Fehlermeldungen ausgegeben!
  $connection = @mysql_connect ("localhost","root","pwd");
  $ID = $_GET['ID'];

  if ($connection == FALSE)
    {
      echo "Fehler beim Verbindungsaufbau!";
      exit();
    } else
    {
      mysql_select_db ("test");
      $result = mysql_query ("select * from test where id=".$ID);

      if ($result == FALSE)
        {
          Echo "Fehler bei Abfrage!";
        } else
        {
          $rows   = mysql_num_rows   ($result);
          $fields = mysql_num_fields ($result);

          echo "<?xml version=\"1.0\" encoding=\"ISO-8859-1\" standalone=\"yes\"?>\n";
          echo "<NewDataSet>\n";
          echo "<tblTest>\n";

          for ($i=0;$i<$rows;$i++)
          {
            $row   = mysql_fetch_row ($result);

            for ($ii=0;$ii<$fields;$ii++)
             {
                $fieldName = mysql_field_name($result,$ii);
                echo "<".$fieldName.">";
                echo $row[$ii];
                echo "</".$fieldName.">\n";
             }
            echo "</tblTest>\n";
          }
          echo "</NewDataSet>\n";
        }
    }
  }
</script>
```

Beschreibung

Damit wir ein XML-File ausgeben können, müssen wir die entsprechenden Konventionen einhalten. Grundsätzlich soll unser XML aussehen wie in der folgenden Darstellung.

```
<?xml version="1.0" encoding="ISO-8859-1" standalone="yes"?>
<NewDataSet>
<tblTest>
<ID>1</ID>
<name>Karl Krötentöter</name>
<street>Krötenallee 1</street>
</tblTest>
</NewDataSet>
```

Dieses XML ist von .NET lesbar und kann verarbeitet werden. Die jeweiligen Daten-abschnitte füllen wir in unserem Skript. Die im Gegensatz zum Vorgängerbeispiel geänderten Codeteile sind mit Fettschrift markiert.

Wenn wir nun unser Skript mit einem Parameter aufrufen, kann es über ein $_GET den jeweiligen Datensatz selektieren. Versuchen Sie, ob das Skript funktioniert, indem Sie Folgendes in Ihren Browser eingeben:

```
http://localhost/mysqlService2.php?ID=1
```

Als Ausgabe sollten Sie einen Datensatz erhalten. Auf den ersten Blick sieht die Ausgabe immer noch genauso aus, wie wir das vom Vorgängerbeispiel kennen. Wenn Sie aber über die Quelltextanzeige den Source der zurückgegebenen Seite anschauen, sehen Sie unser XML.

Genau dieses XML können wir nun mit einem Clientprogramm auslesen und anzeigen. Hierzu verwenden wir einen .NET-Client unter C#.

3.1.5 Ein C#-Client für den PHP-XML-Dienst

Ein C#-Client, der die Daten vom PHP-Skript verarbeiten kann

Dieser Client wird Anfragen an unser PHP-Skript senden und Daten von ihm erhalten. Wir haben somit einen »richtigen« Dienst auf unserem Server implementiert, welcher mit Clients interagiert.

Listing: cd:\Sourcen\03 serverseitige Dienste\02 PHP Client

Dieses Beispiel zeigt Ihnen, wie Sie mit .NET und C# einen Client entwickeln, der auf unser PHP-Skript zugreifen und mit ihm interagieren kann. Das Beispiel wurde mit Visual Studio 2005 erstellt.

Benötigte Namespaces

Nur Standardnamespaces von Visual Studio 2005.

Sourcecode

```
namespace _2_PHP_Client
{
    public partial class Form1 : Form
    {
        public Form1()
        {
            InitializeComponent();
        }

        private void button1_Click(object sender, EventArgs e)
        {
            DataView dv = null;
            DataSet ds = null;

            dataGridView1.DataSource = null;

            ds = new DataSet();
            ds.ReadXml
             ("http://localhost/mysqlService2.php?ID="+textBox1.Text);

            dv = new DataView(ds.Tables["tblTest"]);
            dataGridView1.DataSource = dv;
        }
    }
}
```

Beschreibung

Wie Sie sehen, ist der Client sehr klein und schlank. Wir benötigen auf der Oberfläche nur eine Eingabe-*TextBox*, einen *Grid* und einen *Button* zum Starten der Abfrage. Innerhalb des *Button*-Events erzeugen wir dann ein *DataSet* und ein *DataView*:

```
DataView dv = null;
DataSet ds = null;
```

Wir initialisieren beide mit Null, damit die IDE später nichts zu meckern hat.

Nun erzeugen wir ein neues DataSet und rufen darin die Methode *ReadXml* auf. Wie Sie sehen, kann *ReadXml* auch HTTP-Requests ausführen.

```
ds.ReadXml ("http://localhost/mysqlService2.php?ID="+textBox1.Text);
```

Da durch diesen Aufruf das Dataset gefüllt wird und sofern das gelesene File den .NET-Konventionen entspricht, können wir danach die *DataView* mit dem gefüllten *DataSet* erzeugen. Somit erhalten wir eine *DataView* mit dem Inhalt unseres Datensatzes und können diese dem *Grid* zuweisen.

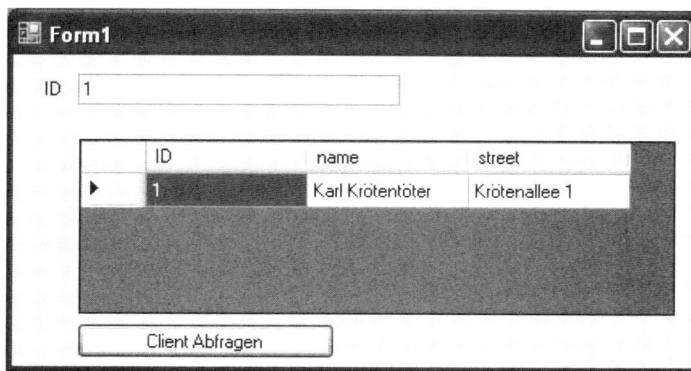

Bild 3.3: Ein C#-Client, der einen PHP-Dienst verwendet

Sie sehen in diesem Screenshot, dass Umlaute verwendet werden. Aus diesem Grund wurde im PHP-Skript als Encoding nicht UTF-8 verwendet, sondern ISO-8859-1. UTF-8 macht nämlich in vielen Editoren gerne Probleme in Bezug auf die enthaltenen Umlaute.

Wenn man das Skript nun noch mit einer Authentifizierung versehen würde und den .NET-Client ein verschlüsseltes Passwort übergeben lassen würde, wären wir sogar schon relativ sicher. Natürlich sind aber PHP-Skripts im Klartext abrufbar, das macht sie potenziell unsicher. Eine Lösung hierzu bietet zum Beispiel Zend.

```
http://www.zend.org/store/products/zend-encoder.php
```

oder die Module Factory

```
http://www.modulefactory.de/modules.php?name=cms&op=9
```

oder als kostenloase Open-Source-Anwendung:

```
http://turck-mmcache.sourceforge.net/index_old.html
```

Vermeiden Sie es auf jeden Fall (im Gegensatz zu unserem Beispiel), Passwörter, Servernamen etc. im Klartext innerhalb des Codes unterzubringen.

3.2 Servlets

Eine andere Art von CGI sind unter Java und Java-Servern die Servlets. Im Prinzip stellen Servlets die gleichen Funktionalitäten wie CGI-Skripts bereit, natürlich mit dem Unterschied, dass ein Application-Server oder Servletcontainer vorhanden sein muss. Aufgrund dessen sind Servlets restriktiver, was ihre schlussendliche Laufzeitumgebung angeht. Im Gegensatz zu PHP sind Servlets nicht auf jedem Internetserver vorhanden und auch nicht so einfach zu integrieren. Allerdings sind Servlets sehr praktisch, wenn die entsprechende Umgebung sie unterstützt. Vor allem, wenn Sie nur in einer Programmierwelt bleiben möchten und sich bereits gut mit Java auskennen, macht es natürlich Sinn, Servlets und Clients einer serviceorientierten Architektur sowie die zugehörigen Webservices unter Java zu entwickeln. Der große Vorteil von Servlets ist die zugrunde liegende, flexible Java-Umgebung. Sie haben in einem Servlet grundsätzlich alle Möglichkeiten, die Java Ihnen bietet. Außerdem sind Servlets entweder relativ einfach oder sogar sofort (Apache Tomcat/Axis oder auch JBOSS) als Webservice einsetzbar.

Im Folgenden lernen Sie diese Servlets und die Möglichkeiten, die Sie Ihnen bieten, etwas besser kennen.

3.2.1 Ein Servlet als Dienst

Wir verwenden in den folgenden Beispielen wieder Netbeans als Entwicklungsumgebung. Damit wir Zugriff auf einen SQL-Server erhalten, benötigen wir einen JDBC-Treiber. JDBC bedeutet Java Data Base Connectivity. Diese JDBC-Treiber gibt es für alle gängigen SQL-Datenbanken. Wir verwenden wieder MySQL Server und den zugehörigen Java-Treiber, den Sie auf der CD zum Buch finden. Dieser Treiber heißt *mysql-connector-java-5.0.3.tar.gz*. Entpacken Sie diesen Treiber und kopieren Sie das *.jar*-File *mysql-connector-java-5.0.3-bin-g.jar* in Ihr Projektverzeichnis. Später werden wir diesen Treiber in unser Projekt einbinden und verwenden. Ansonsten benötigen Sie nur einen funktionierenden Application-Server und natürlich eine laufende MySQL-Datenbank. Wenn Ihre Netbeans-Entwicklungsumgebung geöffnet ist, klicken Sie auf *File / New Project* und wählen *Web* und *Web Application* als Projekttyp.

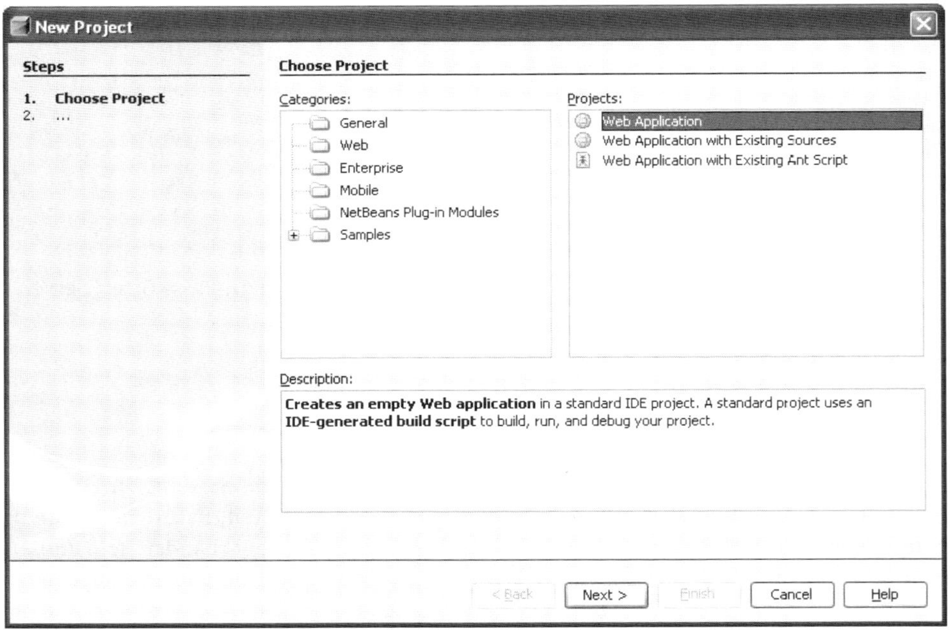

Bild 3.4: Ein Servlet-Projekt erstellen

Klicken Sie nun auf *Next*. Im anschließenden Dialog geht es wieder um den Namen und die Lage des Projekts auf Ihrer Festplatte. Wählen Sie hier ein entsprechendes Verzeichnis und einen passenden Namen. Wählen Sie als Server den Sun Application-Server und klicken Sie auf *Finish*. Beachten Sie die Zeile *Context Path*. Dieser Pfad gibt an, wo wir später unser Servlet auf dem Server finden. Er könnte auch anders lauten.

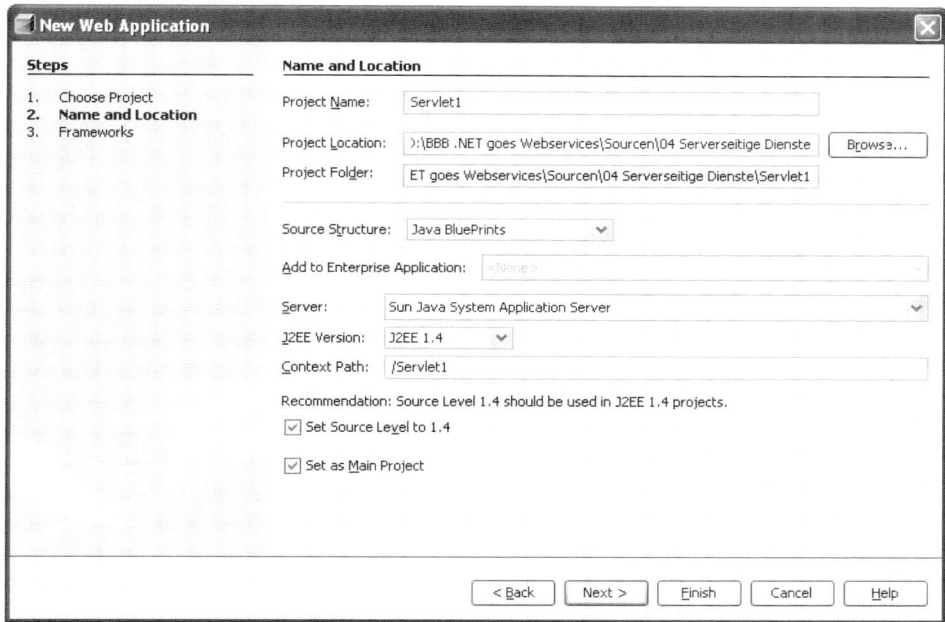

Bild 3.5: Einstellungen unseres Projekts

Netbeans erstellt nun eine *Java Server Page*. Bereits hier hätten wir die Möglichkeit, mit Clients zu interagieren. Wir möchten es aber etwas exklusiver, deshalb erstellen wir nun ein Servlet innerhalb unserer Webapplikation.

Klicken Sie mit der rechten Maustaste auf den Projektknoten und wählen Sie *New / Servlet*.

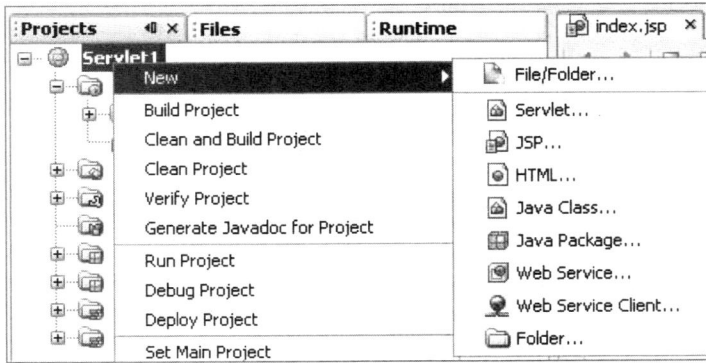

Bild 3.6: Ein Servlet
hinzufügen

Im folgenden Dialog geben Sie bitte wieder den Namen für das Servlet an. Wir nennen
es *dienstServlet*. Beachten Sie bitte die Groß- und Kleinschreibung!

Auf die Angabe eines Packages verzichten wir an dieser Stelle. Klicken Sie einfach auf
Next. Im folgenden Dialog sehen Sie den Dienstnamen unseres Servlets und den *URL
Pattern*. Dies sind zwar sehr unscheinbare Parameter, aber hochinteressant! Über den
URL Pattern können Sie den Aufruf an das Servlet »umleiten«.

Nehmen wir an, Sie haben eine URL namens http://www.kleines-servlet/forums-admin,
möchten aber nicht, dass jemand vom Namen auf die Aktionen dahinter schließen
kann. Also ändern Sie den *URL Pattern* Ihres Servlets einfach ab, zum Beispiel in *recycle*.
Somit werden alle Anfragen im Stil von http://www.kleines-servlet/*recycle* an unser
Servlet weitergeleitet.

Klicken Sie nun auf *Finish*. Netbeans wird daraufhin ein Gerüst für unser Servlet anlegen.

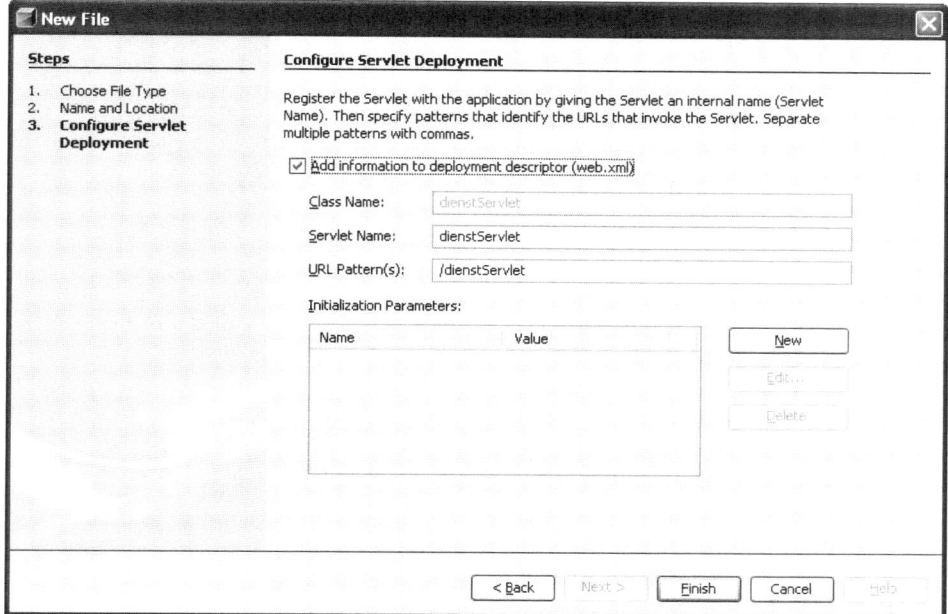

Bild 3.7: Servletgerüst anlegen

Innerhalb des angelegten Servlets gibt es nun vier zentrale Methoden:

- processRequest

- doGet

- doPost

- getServletInfo

Diese Methoden sorgen für die Interaktion mit dem Benutzer, indem sie Parameter verarbeiten und den Ausgabeprozess verwirklichen.

Uns interessiert momentan nur die Methode *processRequest*. Um unsere Umgebung zu testen, entfernen Sie innerhalb dieser Methode die Remarks, damit folgende Zeilen aktiv werden:

```
out.println("<html>");
out.println("<head>");
out.println("<title>Servlet dienstServlet</title>");
out.println("</head>");
out.println("<body>");
out.println("<h1>Servlet dienstServlet at " + request.getContextPath () + "</h1>");
out.println("</body>");
out.println("</html>");
```

Speichern Sie das Projekt und starten Sie es.

Der Deploymentvorgang wird angestoßen und der Sun Application-Server gestartet. Sie sehen dies rechts unten in der Netbeans-IDE an einem Laufbalken. Sobald dieser Vorgang abgeschlossen ist, wird eine Browserseite geöffnet, in welcher Sie den Einsprungspunkt unseres Webprojekts sehen. Dies ist die Java Server Page, die beim Anlegen des Projekts erzeugt wurde. Um nun auf das Servlet zu kommen, benötigen wir einen weiteren Knoten in unserer URL, die bisher so aussieht:

`http://localhost:8080/Servlet1/`

Es ist der Name unseres Servlets aus dem vorherigen Screenshot (dienstServlet). Fügen Sie den Namen des Servlets an die URL an:

`http://localhost:8080/Servlet1/dienstServlet`

Sie erhalten die Ausgabe, die in der Methode *processRequest* definiert wurde.

Bild 3.8: Ausgabe des Servlets

Merken Sie sich den Aufrufpfad Ihrer Servlets. Wir benötigen die Aufrufpfade später für unsere Clients.

Im nächsten Schritt ändern wir das erste Beispiel so ab, dass wir die Java Server Page als Aufrufer verwenden können, um das Servlet auf einfache Art zu testen.

Doppelklicken Sie dazu im Projektbaum unter *Web Pages* auf den Eintrag *index.jsp*. Die Indexseite unserer Webapplikation sollte sich öffnen.

Entfernen Sie die Remarks und fügen Sie stattdessen folgende Zeile ein:

```
<A HREF="http://localhost:8080/Servlet1/dienstServlet">Aufruf</A><BR>
```

Speichern Sie das Projekt und starten Sie es erneut. Nun sollten Sie auf der Startseite mit einem Klick zum Servlet gelangen. Sie können die Startseite später als Beschreibungsseite für Ihre Dienste verwenden oder aber ganz entfernen.

Als Nächstes kümmern wir uns um das eigentliche Servlet und fügen zwei Parameter ein, auf die wir im Sourcecode reagieren werden. Klicken Sie hierzu im Projektbaum wieder auf den Knoten unseres Servlets *dienstServlet.java*.

Löschen Sie die Ausgaben:

```
out.println("<html>");
out.println("<head>");
out.println("<title>Servlet dienstServlet</title>");
out.println("</head>");
out.println("<body>");
out.println("<h1>Servlet dienstServlet at " + request.getContextPath () + "</h1>");
out.println("</body>");
out.println("</html>");
out.close();
```

Fügen Sie an deren Stelle folgenden Programmcode ein:

```
/* TODO output your page here */
String name="";
String ausgabe = "Kein Parameter definiert";

try
{
    if ( (name=request.getParameter("dienst")).equals("Name"))
        { ausgabe = "Karl Krötentöter"; }
} catch (Exception e) {}

try
{
    if ( (name=request.getParameter("dienst")).equals("Strasse"))
        { ausgabe = "Amphibienstrasse 1"; }
} catch (Exception e) {}

out.println(ausgabe);
out.close();
```

Wenn Sie das Servlet nun über die Testseite aufrufen, erhalten Sie als Ausgabe »Kein Parameter definiert«. Erst wenn Sie den Parameter in der URL mitgeben, erhalten Sie eine Ausgabe:

```
http://localhost:8080/Servlet1/dienstServlet?dienst=Name
```

oder

```
http://localhost:8080/Servlet1/dienstServlet?dienst=Strasse
```

Achten Sie bei der Angabe der Parameter auf Groß- und Kleinschreibung!

Die komplette Beschreibung mit Sourcecode folgt auf den nächsten Seiten.

Ein Servlet, das auf Parameter reagiert

Dieses Servlet reagiert auf einfache Parameter in seiner URL und gibt daraufhin verschiedene Strings aus.

Listing: cd:\Sourcen\03 serverseitige Dienste\Servlet1

Dieses Beispiel zeigt Ihnen, wie Sie ein einfaches Servlet erstellen, welches auf übergebene Parameter reagiert.

Benötigte Klassen

Nur Standardklassen, die Netbeans automatisch einfügt.

Sourcecode

```
protected void processRequest(HttpServletRequest request, HttpServletResponse response)
    throws ServletException, IOException {
        response.setContentType("text/html;charset=UTF-8");
        PrintWriter out = response.getWriter();
        /* TODO output your page here */
        String name="";
        String ausgabe = "Kein Parameter definiert";

        try
        {
            if ( (name=request.getParameter("dienst")).equals("Name"))
                { ausgabe = "Karl Krötentöter"; }
        } catch (Exception e) {}

        try
        {
            if ( (name=request.getParameter("dienst")).equals("Strasse"))
                { ausgabe = "Amphibienstrasse 1"; }
        } catch (Exception e) {}

        out.println(ausgabe);
        out.close();
    }
```

Beschreibung

Zuerst definieren wir den Content-Type, damit der Browser weiß, was er geliefert bekommt.

```
        response.setContentType("text/html;charset=UTF-8");
```

Wir verwenden hier *text/html* und das charset *utf-8*. Dies wird sich später wieder ändern. Danach benötigen wir eine Ausgabe. Da wir unsere Daten über HTTP versenden, verwenden wir an dieser Stelle deshalb einen PrintWriter, den wir aus unserem Response-Objekt erhalten.

```
        PrintWriter out = response.getWriter();
```

Sie haben es sicherlich schon bemerkt – *response* sorgt dafür, dass unsere Ausgaben wieder zum Client gelangen. Aus diesem Grund verweisen wir auch ständig auf dieses Objekt. Nun benötigen wir den Parameternamen und einen Ausgabestring, den wir vordefinieren.

```
String name="";
String ausgabe = "Kein Parameter definiert";
```

Den Namen füllen wir innerhalb eines Try/Catch-Blockes, damit das Servlet keinen Abbruch bei einem Fehler erzeugt.

```
if ( (name=request.getParameter("dienst")).equals("Name"))
```

Während wir den Parameter über *getParameter()* abfragen, füllen wir gleichzeitig den Namen des Parameters für eine spätere Verwendung. Das Ganze findet in einem If-Block statt, der prüft, ob der Inhalt der Zeichenkette dem Wert *Name* entspricht. Wenn ja, wird der Ausgabestring entsprechend gefüllt. Das Gleiche passiert im zweiten Teil, nur bezieht sich die Prüfung und die Ausgabe hier auf die Straße.

Zum Schluss geben wir die Ausgabe an den Client zurück und schließen unseren Writer.

```
out.println(ausgabe);
out.close();
```

Servlets haben auf manchen Servern die Eigenschaft, innerhalb eines Application-Servers im Speicher gehalten zu werden. Im Gegensatz zu PHP oder anderen Skripts, die ausgeführt und dann beendet werden, verbleiben Servlets dann in einem aktiven Zustand. Dies ist wichtig zu wissen. Wenn Sie zum Beispiel Variablen innerhalb Ihres Servlets verwenden und diese nicht initialisieren, werden die alten Werte verwendet. Dies kann unter Umständen zu seltsamem Verhalten führen. Ein Vorteil dabei ist allerdings das wesentlich schnellere Verarbeiten bei Folgeaufrufen.

Nicht alle Application-Server verhalten sich so, nur manche. Prüfen Sie das Verhalten, bevor es kritisch wird, also bevor Sie mit Ihren Diensten produktiv gehen.

Im nächsten Beispiel fragen wir wieder unsere Tabelle aus dem PHP-Beispiel ab und geben ein XML aus, welches diesmal von einem Visual Basic-Client verarbeitet wird.

3.2.2 Servlet als Datenlieferant

In diesem Beispiel werden wir, ähnlich wie im PHP-Beispiel, unser Servlet aufrufen, eine Verbindung zum SQL Server erzeugen und die gelesenen Daten an den Client zurückgeben. Erzeugen Sie wie im Beispiel auf den vorigen Seiten ein Webprojekt und ein Servlet. Nennen Sie das Servlet diesmal *dienstServletSQL*.

Kopieren Sie nun die JDBC-Treiber für den MySQL-Server in Ihr Projektverzeichnis (am besten direkt in die Root, oder irgendwohin, wo Sie es später wieder finden). Nun binden wir diesen Treiber in unser Projekt mit ein. Erweitern Sie hierzu den Projektknoten unseres Projekts und klicken Sie mit der rechten Maustaste auf *Libraries*.

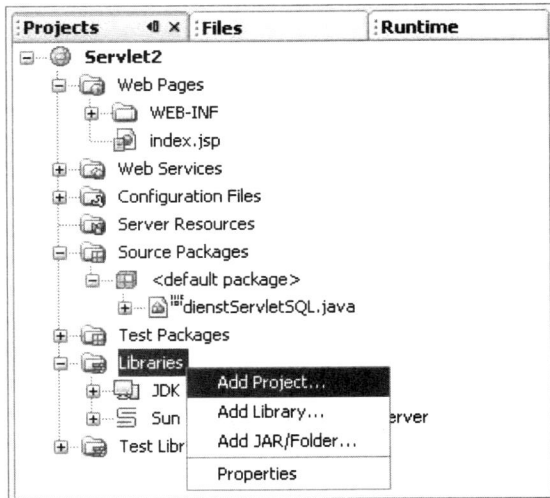

Bild 3.9: Zusätzliche Libraries
in das Projekt einbinden

Klicken Sie im Kontextmenü auf den Eintrag *Add JAR/Folder* und wählen Sie im folgenden Auswahldialog die JDBC-Treiber-Datei mit dem Namen *mysql-connector-java-5.0.3-bin-g.jar*. Sobald die Library hinzugefügt ist, können Sie sie verwenden wie eine Standard-Java-Klasse.

Ein Servlet, das Daten aus einer MySQL-Datenbank ausliest und zurückgibt

Das nachfolgende Servlet liefert uns auf Anfrage entweder den Namen oder die Straße einer Tabellenzeile, die wir aus einer MySQL Datenbank auslesen.

Listing: cd:\Sourcen\03 serverseitige Dienste\ServletSQL

Dieses Beispiel zeigt Ihnen, wie Sie mit einem Servlet Daten aus einer MySQL-Datenbank abfragen und diese an den Client zurückgeben.

Benötigte Klassen

MysqlConnector, java.sql.*

Sourcecode

```
import java.io.*;
import java.net.*;
import javax.servlet.*;
import javax.servlet.http.*;
import java.sql.*;
public class dienstServletSQL extends HttpServlet {

protected void processRequest(HttpServletRequest request,
 HttpServletResponse response)  throws ServletException, IOException
{
        response.setContentType("text/html;charset=UTF-8");
        PrintWriter out = response.getWriter();
```

```
    ResultSet resultSet=null;
    Connection connection=null;
    Statement statement=null;

    String name="";
    String ausgabe = "Kein Parameter definiert";
    boolean bParm= false;

    try { Class.forName("com.mysql.jdbc.Driver").newInstance(); }
    catch(Exception e)
    {ausgabe = "Treiber konnte nicht geladen werden!";  }

    try {
         name=request.getParameter("dienst");
         bParm= true;
       } catch (Exception e)
              {bParm=false;ausgabe = "Kein Parameter definiert!";}

    if (bParm)
    {
        if (name.toLowerCase().equals("name"))
          {
           try {
                   connection = DriverManager.getConnection
("jdbc:mysql://localhost:3306/test?user=root&password=pwd");
                   statement = connection.createStatement();
                   resultSet = statement.executeQuery
                                     ("select Name from test");
                   if (resultSet.next())
                       {ausgabe = resultSet.getString("Name"); }

               } catch (Exception e)
     {ausgabe = "Fehler im Abschnitt Query Name!" + e.getMessage(); }
          }

        if (name.toLowerCase().equals("strasse"))
          {
           try {
                   connection = DriverManager.getConnection
("jdbc:mysql://localhost:3306/test?user=root&password=01whiterabbit");
                   statement = connection.createStatement();
                   resultSet = statement.executeQuery
                                     ("select Street from test");
                   if (resultSet.next())
                       {ausgabe = resultSet.getString("Street"); }

               } catch (Exception e)
   {ausgabe = "Fehler im Abschnitt Query Strasse!" + e.getMessage(); }
          }

    }

    out.println (ausgabe);
    out.close();
}
```

Beschreibung

Wenn Sie mit einer Datenbank und einem Servlet arbeiten, ist es unumgänglich, dass Sie die SQL-Klassen einbinden. Wir tun dies im *Import*-Abschnitt unseres Servlets:

```
import java.sql.*;
```

Damit der richtige Treiber verwendet werden kann, haben wir die Treiberbibliothek bereits über die Libraries eingebunden. Um nun Daten aus der Datenbank zu erhalten, benötigen wir drei grundsätzliche Klassen:

- ResultSet

- Connection

- Statement

Diese drei Klassen sorgen für den Datenaustausch. Deshalb instanziieren wir sie als Nächstes.

```
ResultSet resultSet=null;
Connection connection=null;
Statement statement=null;
```

Wichtig für den Zugriff ist das »Bekanntmachen« unseres MySQL-Treibers, wir erledigen dies über die Methode *Class.forName()*, durch die wir eine neue Instanz des Treibers im Speicher erstellen. Mit anderen Worten, wir laden unseren Treiber dynamisch zur Laufzeit.

```
try { Class.forName("com.mysql.jdbc.Driver").newInstance(); }
    catch(Exception e)
    {ausgabe = "Treiber konnte nicht geladen werden!"; }
```

An dieser Stelle könnten Sie auch einen Treiber für andere Datenbanken laden, zum Beispiel den Microsoft SQL Server oder Oracle.

Wenn die Initialisierungsarbeiten abgeschlossen sind und wir einen unserer Parameter identifiziert haben, laden wir das Connectionobjekt.

```
connection = DriverManager.getConnection
    ("jdbc:mysql://localhost:3306/test?user=root&password=pwd");
```

Als Nächstes können wir ein Statement über die Connection anlegen.

```
statement = connection.createStatement();
```

Über das Statement füllen wir ein ResultSet, von welchem wir dann endlich unsere Daten erhalten.

```
resultSet = statement.executeQuery ("select Name from test");
if (resultSet.next()) {ausgabe = resultSet.getString("Name"); }
```

Natürlich könnten wir die Daten jetzt auch als XML ausgeben und wieder von einem Client verarbeiten lassen. Damit Sie aber nicht immer die gleichen Routinen in Abwandlungen sehen, verzichten wir an dieser Stelle auf XML. Sie lernen im nächsten Kapitel noch einiges über XML, da XML heutzutage grundlegend für Datenaustausch, Ex- und Import ist. Ebenso wird XML für viele andere Dinge eingesetzt, zum Beispiel SOAP oder in Office-Anwendungen. Aus diesem Grund macht es Sinn, wenn ich Ihnen die XML-Grundlagen in einem eigenen Kapitel näherbringe.

3.3 ASP-Seiten als Dienste

Bis vor einigen Jahren gab es im Internet nur HTML-Seiten zur Darstellung von Content. Anfangs waren diese Seiten sehr rudimentär und hatten kaum Gestaltungsmöglichkeiten. Dies änderte sich aber immer schneller, da die Anforderungen schnell gewachsen sind. Der Anwender wollte bunte Seiten, Bilder und bessere Gliederungsmöglichkeiten. Der Webdesigner benötigte Gestaltungsoptionen, die sich weit vom normalen Text entfernten.

Eine der ersten großen Änderungen waren Frames. Nicht alle Browser unterstützten dies. Genauso ist es auch heute noch. Neue Features sind meist nur in den großen Browsern verfügbar. Im Laufe der Zeit kamen Flash-Animationen und Cascading Style Sheets hinzu. Damit war es schon möglich, Webseiten äußerst individuell zu gestalten. In Verbindung mit den einzelnen serverbasierenden Skriptsprachen war es nun möglich, dem Benutzer höchst dynamische Seiten zu präsentieren. Sun entwickelte die Java Server Pages, welche natürlich auf einem Java-ähnlichen Dialekt basierten. Microsoft bevorzugte selbstverständlich die eigene Technologie und entwickelte das Konzept von ASP. ASP bedeutet Active Server Pages und war am Anfang im Funktionsumfang den JSP sehr ähnlich.

Ein indirekter Vorläufer von ASP waren die Frontpage Server-Erweiterungen von Microsoft. Auch diese versuchten bereits dem Entwickler von Webseiten bestimmte Funktionalitäten zur Verfügung zu stellen. Ein Stichwort hierzu ist SSI, Server Side Includes. SSI ist eine serverseitige Skriptsprache für Internetserver. Mit SSI werden dynamische Inhalte in Webseiten eingefügt. Einer der ersten Server, die SSI unterstützten, war der Apache, Microsoft und Sun haben später dann nachgezogen. Sowohl ASP als auch JSP sollten dazu dienen, die bestehenden Technologien optimal zu nutzen, zu bündeln und in speziellem Sinne zu erweitern. Wenn dabei bei beiden ein wenig Firmenpolitik mitspielte, um die eigene Firma in diesem Bereich zum Marktführer zu machen, wollen wir das sowohl Sun als auch Microsoft großzügig nachsehen.

Die Java Server Pages haben sich nicht so erfolgreich durchgesetzt wie die Active Server Pages von Microsoft. Dies kann an der gewaltigen Anstrengung liegen, welche Microsoft in Bezug auf die neue Technologie unternommen hat. Nahezu alle Microsoft-Techniken waren schon in den ersten Versionen von ASP nutzbar. Seit ASP.NET wurde dies noch extremer. ASP.NET-Seiten können zwischenzeitlich ebenso komplexe Anwendungen ausführen wie eine normale Applikation.

Der Clou an ASP.NET war und ist, dass die Visual Studios von Microsoft sie im vollen Umfang unterstützen. Man erstellt also ein webbasierendes Projekt und entwickelt ganz normal in Visual Basic oder C#. Dadurch hat man auf einmal Möglichkeiten, die vor zehn Jahren undenkbar gewesen wären. Dynamische Seiten sind dynamischer denn je, Datenbankanbindungen sind Kleinigkeiten, Client/Server-Kommunikation ist ein Kinderspiel.

Selbstverständlich kann man praktisch alles, was ASP/ASP.NET kann, auch mit Open-Source durchführen, aber bei Weitem nicht so einfach oder elegant. Das ist momentan der wirklich große Vorteil von Microsoft: die Integration einer neuen Technologie auf einfache Weise in den kompletten Produktkatalog. Mit Microsoft startet man das Visual Studio, erstellt ein Webprojekt und arbeitet dann an der ASP/ASP.NET-Seite. Alle Microsoft-Technologien sind verwendbar und transparent für den Entwickler.

Unter Java fängt die Qual der Wahl bereits bei der Entwicklungsoberfläche an. Netbeans? Eclipse? Dann die Frage, welcher Application-Server, welches Framework, Enterprise Beans oder Servlet? Webservice oder reiner Dienst? Java Server Pages oder HTML? Das alles wird bei Microsoft zugunsten einer unkomplizierten Entwicklung umgangen, weil man sich auf das Wesentliche konzentrieren kann, nämlich das Entwickeln des Programms. Verstehen Sie mich nicht falsch. Selbstverständlich hat Java Vorteile gegenüber Microsoft. Aber auf keinem Fall in der Einfachheit der Entwicklung.

Der Java-Mehrwert geht in die Richtung der Skalierbarkeit und der Verteilbarkeit, in Richtung der Nutzbarkeit auf heterogenen Systemen. Dort spielt Java natürlich eindeutig seine Stärken aus und lässt Microsoft weit zurück. ASP-Seiten laufen auf Microsoft-Systemen. Ebenso wie .NET. Und damit Schluss. Naja, nicht ganz. Zwischenzeitlich gibt es ja auch Mono als Framework für Linux und Unix-Clients. Durch das Mono-Framework werden ASP/ASP.NET und Microsoft-Philosophien auf Linux portiert. Ob dieses Konzept aufgeht, wird sich in den nächsten Jahren zeigen. Man sieht aber bereits jetzt, dass es der richtige Weg ist.

Im folgenden Abschnitt betrachten wir ASP.NET-Seiten als Services, die uns in einer dienstorientierten Architektur sozusagen gute Dienste leisten können. Damit wir sehen, wozu man mit ASP-Seiten in der Lage ist, werden wir zuerst eine einfache ASP.NET-Seite erstellen, danach eine Datenbank ansprechen und dann Word per ASP automatisieren. Word eigenet sich hervorragend dazu, einfache Berichte mit Daten zu füllen und diese auszudrucken. Natürlich ist ein Reportgenerator wie Crystal Reports besser geeignet, um Ausdrucke zu verwirklichen, aber Word ist allemal kostengünstiger.

3.3.1   Eine einfache ASP.NET-Seite

Damit Sie die folgenden Beispiele nachvollziehen können, benötigen Sie ein installiertes Visual Studio 2005/2003, einen installierten Internet Information Server, ein installiertes Word und einen Microsoft SQL Server für eventuelle Datenbankzugriffe.

Erstellen Sie als Erstes ein neues Projekt im Visual Studio.

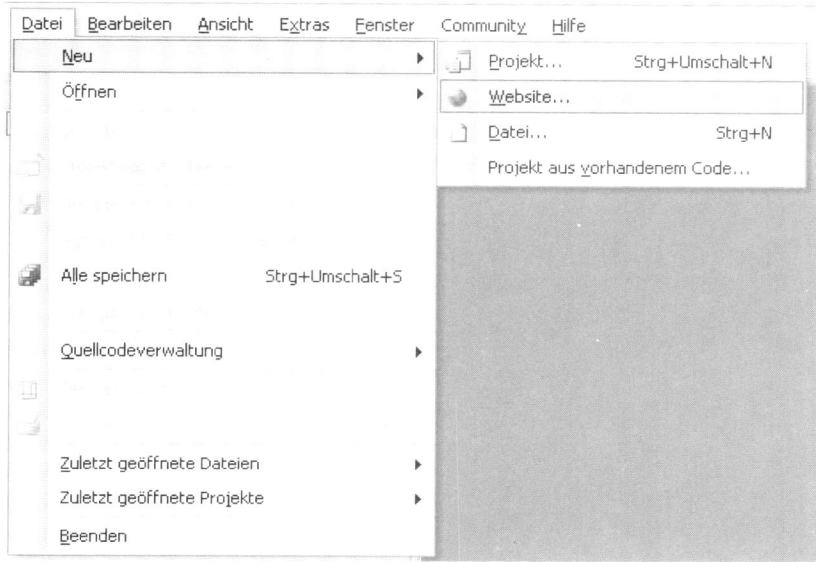

Bild 3.10: Neues Projekt anlegen

Verwenden Sie unter *Neu* den Eintrag *Webseite*. Wählen Sie im nächsten Dialog den Menüpunkt *ASP.NET-Website*.

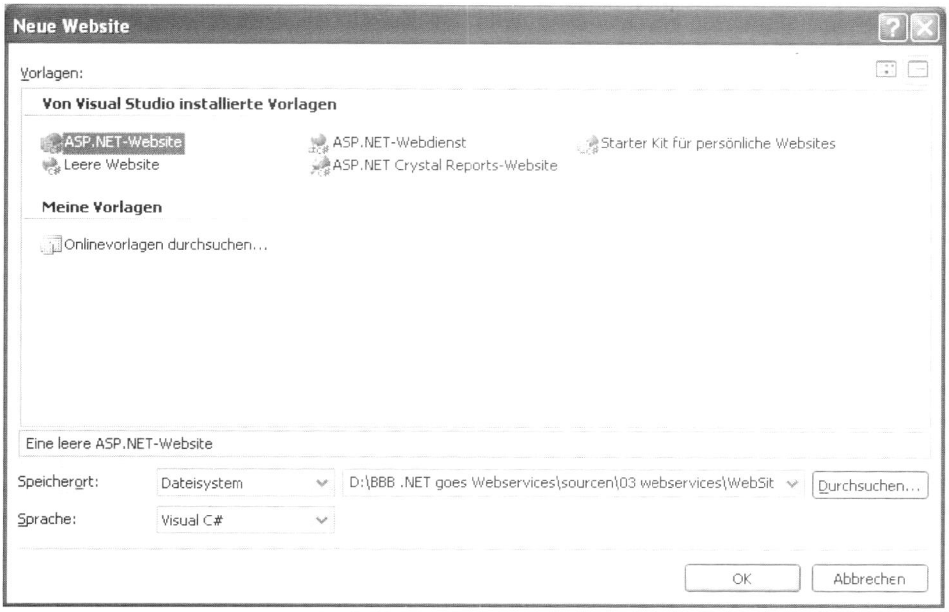

Bild 3.11: Projektart wählen

Wählen Sie einen Speicherort und die von Ihnen bevorzugte Sprache aus. Wir verwenden als Sprache in diesem Beispiel C#. Bestätigen Sie dann den Dialog mit *OK*. Das Studio erstellt nun das Grundgerüst für Ihre ASP.NET-Website.

Vermutlich sehen Sie nun in etwa folgenden Sourcecode in Ihrem Editor.

```
<%@ Page Language="C#" AutoEventWireup="true"  CodeFile="Default.aspx.cs"
Inherits="_Default" %>

<!DOCTYPE html PUBLIC "-//W3C//DTD XHTML 1.0 Transitional//EN"
"http://www.w3.org/TR/xhtml1/DTD/xhtml1-transitional.dtd">

<html xmlns="http://www.w3.org/1999/xhtml" >
<head runat="server">
    <title>Unbenannte Seite</title>
</head>
<body>
    <form id="form1" runat="server">
    <div>

    </div>
    </form>
</body>
</html>
```

Direkt unter Ihrem Editor befinden sich zwei Buttons, *Entwurf* und *Quelle*. Momentan sollten Sie im Modus *Quelle* sein. Klicken Sie auf den Button *Entwurf*. Sie sollten nun eine leere Seite sehen. Wählen Sie in Ihrer Toolbox ein Label und platzieren Sie es auf Ihrer Seite.

Setzen Sie danach eine TextBox neben das Label, nennen Sie sie *Übergebener Parameter*. Fügen Sie noch einen Button ein und beschriften Sie ihn mit *OK*.

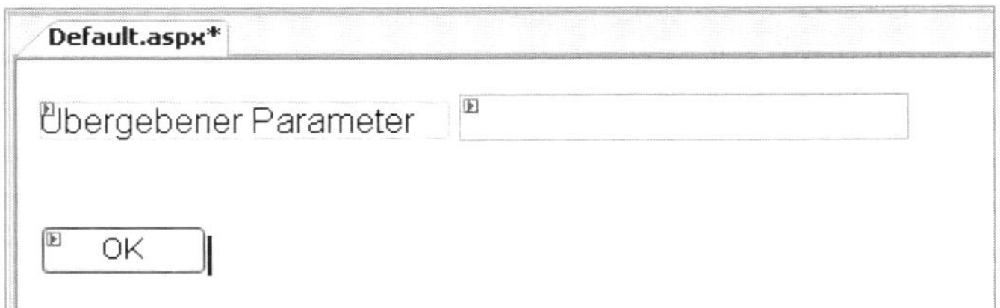

Bild 3.12: Eine ASP.NET-Website erstellen

Wenn Sie nun zum Beispiel auf den Button doppelklicken, wechseln Sie in den *Code behind*-Modus und sehen die zugrunde liegende C#-Seite, welche ausgeführt wird, wenn auf der Webseite etwas passiert.

Jetzt müssen wir die angelegte Seite nur noch mit sinnvollem Code füllen.

Eine erste einfache ASP.NET-Seite

Das folgende Beispiel demonstriert die Verwendung von Parametern auf einer ASP.NET-Seite.

Listing: cd:\Sourcen\03 serverseitige Dienste\03 ASP Seite1

Dieses Beispiel zeigt Ihnen, wie Sie mit einem Button über ein einfaches Redirect einen Parameter an Ihre eigene Seite zurückgeben.

Benötigte Namespaces

Nur Standardnamespaces.

Sourcecode

```
protected void Page_Load(object sender, EventArgs e)
{
    try
    {
        if (Request.Params["parameter"] != null )
        {
            TextBox1.Text = Request.Params["parameter"].ToString().ToUpper();
            Label1.Text = Request.Params["parameter"].ToString().ToLower();
        }
    }
    catch (Exception ex) { }
}

protected void Button1_Click(object sender, EventArgs e)
{
    TextBox1.Text = TextBox1.Text.ToUpper();
    Response.Redirect("Default.aspx?parameter="+TextBox1.Text);
}
```

Beschreibung

Wenn wir die ASP-Seite aufrufen, sehen wir das Label, eine TextBox und den Button. Über den Button schicken wir einen Parameter (*parameter*) an die Seite selbst zurück. Der Inhalt des Parameters wird dabei durch den Inhalt der TextBox bestimmt. Damit wir ein Ergebnis sehen, wandeln wir vor dem Zurückschicken des TextBoxinhalts den kompletten Inhalt in Großbuchstaben um.

```
TextBox1.Text = TextBox1.Text.ToUpper();
Response.Redirect("Default.aspx?parameter="+TextBox1.Text);
```

Das Versenden des Parameters geschieht wieder über eine URL-Codierung.

Im Ereignis *Page_Load* verarbeiten wir unseren Parameter. Damit bei einem Aufruf der Seite ohne Parameter keine Exception auftritt, kapseln wir unseren Verarbeitungsblock in einem Try/Catch-Konstrukt.

```
protected void Page_Load(object sender, EventArgs e)
    {
    try
    {
```

Nun können wir abfragen, ob überhaupt ein Parameter namens *parameter* vorhanden ist.

```
        if (Request.Params["parameter"] != null )
        {
```

Wenn ja, verarbeiten wir diesen, indem sowohl die TextBox den Parameterinhalt erhält als auch das Label. Allerdings wird nun die TextBox nur Großbuchstaben enthalten, das Label nur Kleinbuchstaben.

Es macht eigentlich keinen Sinn, dem Textfeld wieder den gleichen Wert zuzuweisen, den es bereits besaß. Allerdings könnte es ja sein, dass der Parameter direkt über die URL an das Formular geschickt wurde. In diesem Fall wird dann die TextBox korrekt mitgefüllt. Versuchen Sie es, indem Sie in die URL Folgendes eingeben:

```
http://localhost:1263/Default.aspx?parameter=ein TestText zum Testen
```

Verwenden Sie bei der Eingabe den kompletten Pfad zu Ihrer Seite!

Innerhalb des *Page_Load*-Events füllen wir nun sowohl TextBox als auch Label mit den Werten.

```
    TextBox1.Text = Request.Params["parameter"].ToString().ToUpper();
    Label1.Text = Request.Params["parameter"].ToString().ToLower();
```

Das war schon unser erstes Beispiel, das aber grundlegend alles enthält, was ein vernünftiges Formular ausmacht. Es reagiert auf Parameter, zeigt Standardwerte an und schickt die veränderte Seite an den Client zurück. Das nächste Beispiel wird etwas interessanter. Es greift auf den SQL Server zu und liefert uns Daten aus diesem zurück. Das ist übrigens eins der zentralen Dinge von Diensten. Der Zugriff auf Daten aus einer Datenbank, das nachfolgende Verarbeiten und das Zurücksenden an den jeweiligen Client. Ohne Datenbankabfragen wird man wohl kaum jemals in einer dienstorientierten Architektur auskommen. Aus diesem Grund gibt es auch so viele verschiedene Beispiele in diesem Buch, die genau diese Zugriffe demonstrieren.

3.3.2 Datenbankabfrage per ASP.NET-Seite

Datenbankabfragen über eine ASP.NET-Seite

Das folgende Beispiel demonstriert, wie Datenbanken abgefragt werden.

Listing: cd:\Sourcen\03 serverseitige Dienste\03 ASP Seite2

Damit dieses Beispiel funktioniert, muss ein Microsoft SQL Server installiert und lauffähig sein. Um die Testdatenbank anzulegen, finden Sie im Verzeichnis ein SQL-Skript mit Namen *test.sql*. Füllen Sie die Tabelle nach dem Anlegen mit einigen Daten. Dieses Beispiel wurde mit dem Visual Studio 2005 und dem SQL-Server 2005 erstellt.

Benötigte Namespaces

Standardnamespaces und *System.Data.SqlClient*.

Sourcecode

```
public partial class _Default : System.Web.UI.Page
{

  string sqlConnection = "data source=localhost;database=test;user
                          id=sa;password=pwd;timeout=120";
    string ID = "";

    protected void Page_Load(object sender, EventArgs e)
    {
        if (Page.IsPostBack)
        {
            if (TextBox1.Text != "")
            {               ID = TextBox1.Text;
            }
        }
    }

    protected void Button1_Click(object sender, EventArgs e)
    {
        SqlCommand cmd;
        SqlConnection cn;
        SqlDataReader dr;

        if (ID != "")
        {
            try
            {
              cn = new SqlConnection(sqlConnection);
              cmd = new SqlCommand("select * from test where ID="+ID, cn);
                cn.Open();
                dr = cmd.ExecuteReader();
                if (dr.Read())
                {
                    TextBox2.Text = dr["ID"].ToString();
                    TextBox3.Text = dr["Name"].ToString();
                    TextBox4.Text = dr["Strasse"].ToString();
                }
            }
            catch (Exception ex) { TextBox5.Text = ex.Message; }
        }
```

```
    }
protected void Button2_Click(object sender, EventArgs e)
{
    SqlCommand cmd;
    SqlConnection cn;
    SqlDataReader dr;
    string ausgabe = "";

    if (ID != "")
    {
      try
      {
        cn = new SqlConnection(sqlConnection);
    cmd = new SqlCommand("select * from test where ID=" + ID, cn);
          cn.Open();
          dr = cmd.ExecuteReader();
          if (dr.Read())
          {
              ausgabe += "ID: " + dr["ID"].ToString()+ ", ";
              ausgabe += "Name: " + dr["Name"].ToString()+ ", ";
              ausgabe += "Strasse: " + dr["Strasse"].ToString();
              Response.Write(ausgabe);
              Response.End();
          }
      }
      catch (Exception ex) { TextBox5.Text = ex.Message; }
    }
  }
}
```

Beschreibung

Als Erstes benötigen wir eine Verbindung zu unserem SQL-Server, um unsere Datenbank ansprechen zu können. Für diese Verbindung verwenden wir einen Verbindungsstring.

```
string sqlConnection = "data source=localhost;database=test;user
                        id=sa;password=pwd;timeout=120";
```

Passen Sie bitte diesen Verbindungsstring an Ihre Gegebenheiten an. Dazu gehört der Name des Servers, die Datenbank, der User und dessen Passwort.

Im *Page_Load*-Event reagieren wir nun nur, wenn ein *PostBack* erfolgte, das heißt, wenn die Seite an uns zurückgeschickt wurde.

```
protected void Page_Load(object sender, EventArgs e)
{
    if (Page.IsPostBack)
```

Wenn unsere ID-TextBox gefüllt ist, weisen wir den Inhalt der TextBox unserer globalen Variablen ID zu.

```
            if (TextBox1.Text != "")
            {
                ID = TextBox1.Text;
            }
```

Diese Variable verwenden wir später in den Button-Events, um unsere Tabelle abzufragen.

In unseren Button-Events reagieren wir bei der Datenbankabfrage jeweils gleich. Aus diesem Grund gehen wir nur auf den Button 1 ein. Als Erstes benötigen wir Objekte, um unsere Tabelle überhaupt ansprechen zu können. Diese sind ähnlich wie unter Java, welche wir ja schon kennen.

* Command

* Connection

* DataReader

```
        SqlCommand cmd;
        SqlConnection cn;
        SqlDataReader dr;
```

Wenn unsere globale Variable ID gesetzt wurde, bedeutet dies, dass wir die Seite zugesendet bekommen haben. Im Normalfall sollte dann auch die ID vorhanden sein.

```
if (ID != "")
    {
        try
        {
```

Ist keine ID definiert, wird auch der folgende Block nicht ausgeführt. Wenn die ID allerdings gesetzt wurde, können wir das Connection-Objekt anlegen. Wir übergeben dem Connection-Objekt den Verbindungsstring, damit es weiß, wohin und wie es sich verbinden soll. Als Nächstes füllen wir unsere Kommandoinstanz, indem wir beim Instanziieren den SQL-Befehl und die Connection mitgeben. Nun können wir das Connection-Objekt mit *Open* öffnen.

```
        cn = new SqlConnection(sqlConnection);
        cmd = new SqlCommand("select * from test where ID="+ID, cn);
        cn.Open();
```

Der DataReader enthält standardmäßig auch nach einem erfolgreichen Instanziieren zunächst keine Daten. Erst wenn wir mit *Read()* auf diesen zugreifen, wird er von *ADO.NET* im Hintergrund gefüllt und kann uns Daten liefern. Aus diesem Grund verwenden wir das Konstrukt *if (dr.read())*.

```
if (dr.Read())
        {
```

Nun können wir unsere Daten lesen und ausgeben. Mit dem Button 1 geben wir die Daten einfach in unsere TextBoxen aus.

```
TextBox2.Text = dr["ID"].ToString();
TextBox3.Text = dr["Name"].ToString();
TextBox4.Text = dr["Strasse"].ToString();
```

Im Button 2 sieht die Sache anders aus. Wir sammeln zuerst unsere Daten.

```
ausgabe += "ID: " + dr["ID"].ToString()+ ", ";
ausgabe += "Name: " + dr["Name"].ToString()+ ", ";
ausgabe += "Strasse: " + dr["Strasse"].ToString();
```

Wenn alle Daten im Ausgabestring vorhanden sind, schicken wir sie direkt an den Client. Dies erfolgt über das Response-Objekt.

```
Response.Write(ausgabe);
```

Ließe man den Sourcecode unverändert, würde die Ausgabe am Anfang unserer Seite angezeigt werden und alle restlichen Komponenten darunter. Wenn wir diese Daten aber in einem Client auslesen wollten, würden uns die Komponenten der Ursprungsseite nur stören. Aus diesem Grund stoppen wir die Ausgabe mit *End()*. Dadurch wird direkt nach unserer Ausgabe gestoppt und wir erhalten eine reine Datenzeile.

```
Response.End();
```

Diese Zeile könnten wir nun in Clientmodulen verarbeiten und darauf reagieren.

Bild 3.13:
Datenausgabe
direkt

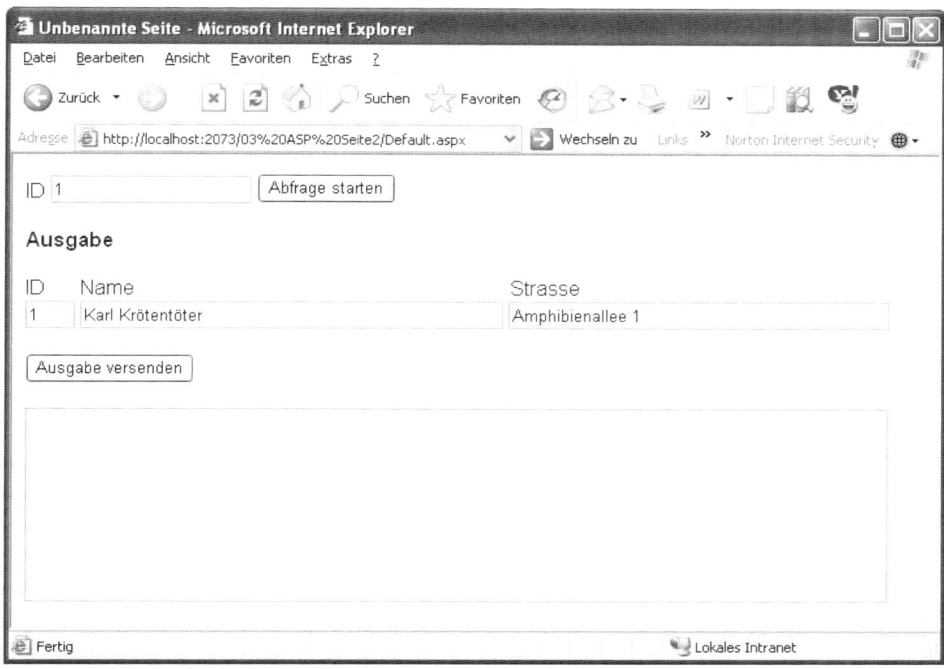

Bild 3.14: Datenabfrage per ASP.NET-Seite mit Microsoft SQL Server

Falls bei der Verarbeitung ein Fehler auftritt, geben wir ihn in der großen TextBox am Ende der Seite aus. Im nächsten Abschnitt automatisieren wir Word von einer *ASP.NET*-Seite aus.

3.3.3 Word-Automatisierung mit einer ASP.NET-Seite

Der Sinn bei diesem Beispiel ist es, Ihnen zu zeigen, dass man auch mit einem Dienst im Hintergrund Word-Seiten erstellen und dem Client zugänglich machen kann. Verwenden kann man einen solchen Service zum Beispiel, um zentral Dokumente zu erzeugen und diese an die Clients zurückzustreamen, damit sie entweder ausgedruckt oder archiviert werden können.

Microsoft rät übrigens von einer Automatisierung per ASP-Seite auf einem Webserver ab. Das ist im Bereich Internet auch durchaus richtig, weil innerhalb von Word oder anderen Office-Produkten immer wieder Sicherheitslücken auftreten, die Angreifer ausnutzen können. Auf diese Art könnte über die Hintertür Automatisierung ein versierter Angreifer durchaus Zugriff auf den Webserver erhalten. Auf einer Intranetseite spricht aber meiner Meinung nach nichts gegen eine Reporterstellung auf diese Art.

Word-Automatisierung über eine ASP.NET-Seite

Das folgende Beispiel demonstriert, wie Word automatisiert werden kann.

Listing: cd:\Sourcen\03 serverseitige Dienste\04 ASP Seite3

Damit dieses Beispiel funktioniert, muss ein Microsoft SQL Server installiert und lauffähig sein. Zum Automatisieren von Word benötigen Sie natürlich ein installiertes Word. Das vorliegende Beispiel arbeitet mit Word 2003. Für Word XP finden Sie im Sourcecode ein Beispiel zum Öffnen von Dokumenten. Andere Word-Versionen müssen teilweise anders angesprochen werden. Um die Testdatenbank anzulegen, finden Sie im Verzeichnis ein SQL-Skript mit Namen *test.sql*. Befüllen Sie bitte nach dem Anlegen der Tabelle diese mit einigen Daten. Dieses Beispiel wurde mit Visual Studio 2005 und dem SQL Server 2005 erstellt.

Benötigte Namespaces

Standardnamespaces, *System.Data.SqlClient*, *System.IO*, außerdem die XP Interop Assemblies von Microsoft

Sourcecode Default.aspx.cs

```
public partial class _Default : System.Web.UI.Page
{
    private wordAuto newWordApp;

    protected void Button1_Click(object sender, EventArgs e)
    {
        newWordApp = new wordAuto();
        newWordApp.executeForm (@"D:\vorlagen", "Vorlage.doc",
                    "select * from test where ID=" + TextBox1.Text);
        Button1.Text = "Automatisierung beendet";
        newWordApp = null;
    }
    protected void Button2_Click(object sender, EventArgs e)
    {
        // Erst wenn der PostBack erfolgte und der Prozess das angelegte
        // File wieder "losgelassen" hat,
        // kann ein anderer Prozess darauf zugreifen.
        streamDocument(Response, @"D:\vorlagen\tempvorlage.doc");
    }

    protected void Button3_Click(object sender, EventArgs e)
    {

        // Erst wenn der PostBack erfolgte und der Prozess das angelegte
        // File wieder "losgelassen" hat,
        // kann ein anderer Prozess darauf zugreifen.
        streamDocument(Response, @"D:\vorlagen\tempvorlage.html");
    }
```

```
public void streamDocument(HttpResponse response, string fileName)
{
    try
    {
        FileStream MyFileStream = new FileStream(fileName,
                                                 FileMode.Open);
        long FileSize;
        FileSize = MyFileStream.Length;
        byte[] Buffer = new byte[(int)FileSize];
        MyFileStream.Read(Buffer, 0, (int)MyFileStream.Length);
        MyFileStream.Close();
        String ext = Path.GetExtension(fileName).ToLower();

        if (ext == ".doc")
        {
            response.ContentType = "application/word";
            response.AddHeader("Content-Disposition",
                               "inline;filename=vorlage.doc");
            response.BinaryWrite(Buffer);
        }
        else
        {
            response.ContentType = "text/html";
            response.AddHeader("Content-Disposition",
                               "inline;filename=vorlage.html");
            response.BinaryWrite(Buffer);
        }
    }
    catch (Exception ex)
    {
        response.Write("<html><title>Fehler</title><body>");
        response.Write("<p>Fehler beim Erstellen des Word-
                                        Dokuments!</p>");
        response.Write("<p>Exception [" + ex.GetType().Name + "] "
            + ex.StackTrace
            + "<br/>"
            + ex.Message + "</p>");
        response.Write("</body></html>");
    }

    response.Flush();
    response.End();
}
}
```

Beschreibung

Der Sourcecode auf den vorigen Seiten betrifft die ASP-Seite selbst, welche wir als Schnittstelle zum Benutzer benötigen. Die eigentliche Arbeit der Automatisierung übernimmt unsere Klasse *wordAuto.cs*, die wir uns als Nächstes anschauen werden.

Auf dem Webformular sehen wir verschiedene Buttons, ein Label und ein Textfeld. Innerhalb des Textfeldes geben wir die ID des Datensatzes aus der Datenbank an, welchen wir in dem Word-Formular anzeigen möchten.

Die einzelnen Buttons dienen dazu, die Automatisierung zu starten und jeweils entweder ein Word-Dokument oder aber eine HTML-Seite an den Client zurückzustreamen. Betrachten Sie hierzu auch die nächste Abbildung.

Am Anfang unserer Codebehind-Klasse erstellen wir eine Objektvariable für die Automatisierungsklasse.

```
private wordAuto newWordApp;
```

Der erste Button *Button1_Click* sorgt für die Automatisierung selbst. Hierzu benötigen wir eine Instanz der Automatisierungsklasse.

```
newWordApp = new wordAuto();
```

Nun können wir direkt den Vorgang der Dokumentenerstellung starten. Wir tun dies über die Methode *executeForm*.

```
newWordApp.executeForm (@"D:\vorlagen", "Vorlage.doc",
                        "select * from test where ID=" + TextBox1.Text);
```

Bitte passen Sie hier den Pfad zu Ihrem Vorlagenverzeichnis an. Mit dem eingetragenen Pfad wird die Webseite in Ihrer Umgebung mit größter Wahrscheinlichkeit nicht funktionieren.

Sobald der Vorgang abgeschlossen wurde, signalisieren wir dem Anwender dies, indem wir die Buttonbeschriftung ändern. Gleichzeitig setzen wir das erstellte Objekt unserer Verarbeitungsklasse auf *null*, damit .NET im Hintergrund Word richtig beenden kann.

```
Button1.Text = "Automatisierung beendet";
newWordApp = null;
```

Wenn Sie das Objekt nicht auf *null* setzen, kann es sein, dass im Hintergrund Word-Instanzen offen bleiben. Sie sehen dies im Taskmanager.

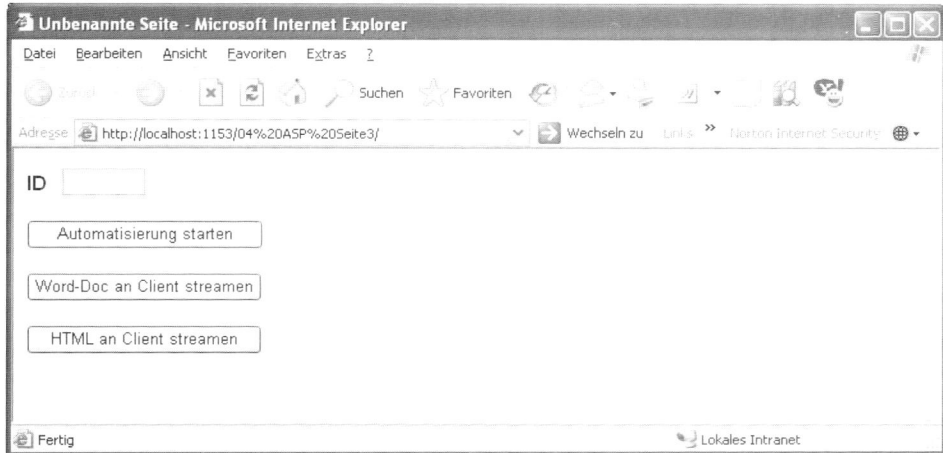

Bild 3.15: Die Dialogoberfläche der Automatisierungsseite

Im Button 2 schicken wir das erstellte Word-Dokument an den Benutzer zurück.

```
streamDocument(Response, @"D:\vorlagen\tempvorlage.doc");
```

Der Button 3 sorgt für das Verschicken der gleichzeitig erstellten HTML-Seite.

Sie sollten immer darauf achten, dem Benutzer eine Alternative zum erstellten Report anzubieten. Sie können nicht davon ausgehen, dass alle Clients das gleiche Word ver-wenden, das Sie auf dem Server einsetzen. Ein Client mit einem Word 2000 kann unter Umständen ein Dokument, welches mit Word 2003 erstellt wurde, nicht öffnen. Bieten Sie daher am besten immer auch eine ganz normale HTML-Seite an. Word kann diese genauso generieren wie ein normales *.doc-* oder *.rtf-*File.

Das eigentliche Zurückschicken wird von der nachfolgenden Methode *streamDocument* erledigt.

```
public void streamDocument(HttpResponse response, string fileName)
```

Wir übergeben dieser Methode das aktuelle Response-Objekt und den Dateinamen des Files, welches an den Client geschickt werden soll. Nun lesen wir mit einem Filestream die komplette zu sendende Datei in einen Puffer ein.

```
FileStream MyFileStream = new FileStream(fileName,
                                         FileMode.Open);
long FileSize;
FileSize = MyFileStream.Length;
byte[] Buffer = new byte[(int)FileSize];
MyFileStream.Read(Buffer, 0, (int)MyFileStream.Length);
MyFileStream.Close();
```

Anhand der Endung des Dateinamens entscheiden wir als Nächstes, welches File an den Client geschickt werden soll.

```
String ext = Path.GetExtension(fileName).ToLower();
```

Nun senden wir entweder das Word-Dokument oder aber das HTML-File.

```
if (ext == ".doc")

        response.ContentType = "application/word";
        response.AddHeader("Content-Disposition",
                           "inline;filename=vorlage.doc");
        response.BinaryWrite(Buffer);
    }
```

Damit der Clientbrowser richtig mit den empfangenen Dateien umgeht, ist es nötig, den ContentType und den Header des Response-Streams zu setzen. Im ersten Fall ist dies natürlich auf Word abgestimmt, im zweiten auf HTML.

```
{

        response.ContentType = "text/html";
        response.AddHeader("Content-Disposition",
                           "inline;filename=vorlage.html");
        response.BinaryWrite(Buffer);
    }
```

Das eigentliche Verschicken erfolgt dann über einen BinaryWriter, der in der Response-klasse enthalten ist. Zum Abschluss bleibt uns nur noch, den Responsestream zu leeren und zu beenden.

```
    response.Flush();
    response.End();
```

Als Nächstes betrachten wir das Rechteproblem. Es ist nämlich nicht ohne Weiteres möglich, auf einem Internetserver Word zu starten.

Server und Rechte

Wie bereits in diesem und dem vorigen Kapitel erwähnt, sind wir auf Internetservern rechtetechnisch stark eingeschränkt. Dies muss aber auch so sein, da ansonsten ein potenzieller Angreifer, der Zugriff auf den Server erhält, sehr schnell einen Komplett-zugriff auf unser Netzwerk erhalten könnte. Aus diesem Grund werden Sie eine Exception erhalten, sollten Sie einfach so versuchen, Word über ASP zu automatisieren. Der Grund ist, dass der Benutzer des Internetservers keine Rechte hat, Word zu starten. Damit wir dies umgehen können, geben wir unserer ASP-Seite zum Zugriff temporär andere Rechte – in unserem Fall der Einfachheit halber Administratorrechte. Sie können diese Rechte in der Datei *Web.config* setzen.

Diese Datei ist eine XML-Datei, in der die Konfiguration der Seite festgehalten wird. Um einen anderen Benutzer einzutragen, verwenden Sie den Abschnitt *system.web*. Tragen Sie hier Ihren Administratorbenutzer ein:

```
<identity impersonate="true" userName="admin" password="pwd"></identity>
```

Teilweise ist es nötig, den Rechnernamen oder die Domäne anzugeben:

```
<identity impersonate="true" userName="toxic\admin" ...
```

Sie sollten diese Einträge aber tatsächlich nur auf einzelnen Seiten verwenden, da andernfalls der Aufrufer über Hintertüren uneingeschränkten Zugriff auf den Server erhalten könnte!

Die Automatisierungsklasse

Nach der Vorarbeit sind wir nun bei der Automatisierungsklasse selbst angekommen. In dieser Klasse finden die eigentlichen Verarbeitungen statt.

Sourcecode wordAuto.cs

```csharp
public class wordAuto
{
   // referenz zur Word application mit Word XP
   //private Microsoft.Office.Interop.Word.ApplicationClass oWordApplic;
   // referenz zum doc     mit Word XP
   //private Microsoft.Office.Interop.Word.Document oDoc;

    private Word.ApplicationClass oWordApplic;
    private Word.Document oDoc;

    private string connectStr =
                    ConfigurationSettings.AppSettings["sqlConnection"];
    public string connection
    {
        get { return connectStr; }
        set { connectStr = value; }
    }

   public wordAuto()
   {
       oWordApplic = new Word.ApplicationClass();
   }

   public wordAuto(string connectionString)
   {
       connection = connectionString;
       oWordApplic = new Word.ApplicationClass();
   }

   public void Open()
   {
       object missing = System.Reflection.Missing.Value;
       oDoc = oWordApplic.Documents.Add(ref missing, ref missing,
                                  ref missing, ref missing);
       oDoc.Activate();
   }
```

```csharp
// File öffnen
public void Open2003(string file)
{
    object readOnly = false;
    object fileName = file;
    object isVisible = true;
    object missing = System.Reflection.Missing.Value;

    oDoc = oWordApplic.Documents.Open (ref fileName, ref missing,
                                       ref readOnly, ref missing,
                                       ref missing, ref missing,
                                       ref missing, ref missing,
                                       ref missing, ref missing,
                                       ref missing, ref isVisible,
                                       ref missing, ref missing,
                                       ref missing, ref missing);

    oDoc.Activate();
}
public void saveAs(string file)
{
    object fileName = file;
    object missing = System.Reflection.Missing.Value;
    object Format = (int) Word.WdSaveFormat.wdFormatHTML;

    oDoc.SaveAs(ref fileName, ref missing, ref missing, ref missing,
                ref missing, ref missing, ref missing,
                ref missing, ref missing, ref missing, ref missing,
                ref missing, ref missing, ref missing, ref missing,
                ref missing);
}
public void saveAsHtml(string file)
{
    object fileName = file;
    object missing = System.Reflection.Missing.Value;
    object Format = (int) Word.WdSaveFormat.wdFormatHTML;

    oDoc.SaveAs(ref fileName, ref Format, ref missing, ref missing,
                ref missing, ref missing, ref missing,
                ref missing, ref missing, ref missing, ref missing,
                ref missing, ref missing, ref missing, ref missing,
                ref missing);
}
public void Quit()
{
    object missing = System.Reflection.Missing.Value;
    oWordApplic.Documents.Close(ref missing, ref missing,
                                ref missing);
    oWordApplic.Application.Quit(ref missing, ref missing,
                                 ref missing);
}
```

```
//
// Folgende Routine gefüllt einen DataReader mit Werten
// Übergabe : dr:DataReader,conn:SQLConnection
//
public void GetDR
         (ref SqlDataReader dr, String SQL, ref SqlConnection conn)
{
    SqlCommand cmd;
    conn = new SqlConnection(connection);
    try
    {
        cmd = new SqlCommand(SQL, conn);
        conn.Open();
        dr = cmd.ExecuteReader();
    }
    catch (Exception ex) { ex = ex; }
}


public void fillForm(string sql)
{
    SqlDataReader dr = null;
    SqlConnection conn = null;
    System.Object o1 = null;

    GetDR(ref dr, sql, ref conn);
    if (dr.Read())
    {
        for (int a = 0; a < dr.FieldCount; a++)
        {
            try
            {
                o1 = (System.Object)dr.GetName(a);
                oDoc.FormFields.get_Item(ref o1).Result = "";
                oDoc.FormFields.get_Item(ref o1).Result =
                                        dr[a].ToString();
            }
            catch (Exception e) { }
        }
    }

}

public bool executeForm
             (string templatePath, string vorlage, string sql)
{
    String  loadName,responseFile,responseFileHtml;
    bool ret = false;

    try
    {
```

```
        // Konfigurationsdaten laden
        responseFile = templatePath + "\\temp" + vorlage;
        responseFileHtml = templatePath + "\\temp" +
            Path.GetFileNameWithoutExtension(vorlage) + ".html";
        // Aktuelles Dokument kopieren, damit Word nicht im
        // Hintergrund stehen bleibt und unsichtbar nachfragt,
        // ob das Dokument geöffnet werden soll, obwohl es
        // vorher einen Fehler verursacht hat.


        loadName = templatePath + "\\" + vorlage;
        System.IO.File.Copy(loadName, responseFile, true);

        // Vorlage öffnen
        Open2003(responseFile);

        fillForm(sql);
        // Erstelltes Doc speichern mit responsenamen
        saveAs(responseFile);
        // Erstelltes HTML Speichern
        saveAsHtml(responseFileHtml);
        ret = true;

    }
    catch (Exception ex)
    {
        string ex1 = ex.Message + "\n" + templatePath + "\\" +
                                                        vorlage;
    }
    finally
    {
        try { Quit(); }
        catch (Exception exx) { exx = exx; }
    }
    return ret;
  }
}
```

Beschreibung

Im vorliegenden Sourcecode wurde auf nicht benutzte Teile aus Platzgründen verzichtet.
Diese Teile sind enthalten, um Ihnen auch andere Word-Funktionalitäten aufzuzeigen,
aber für uns an dieser Stelle nicht relevant.

Am Anfang des Listings sehen Sie das Anlegen der Arbeitsobjekte, falls Sie ein Word XP
verwenden. Diese Objekte sind in unserem Fall natürlich auskommentiert.

```
// referenz zur Word application mit Word XP
//private Microsoft.Office.Interop.Word.ApplicationClass oWordApplic;
// referenz zum doc    mit Word XP
//private Microsoft.Office.Interop.Word.Document oDoc;
```

In unserem Beispiel arbeiten wir mit Word 2003. Sollten Sie eine andere Word-Version verwenden, ist es nötig, verschiedene Programmteile anzupassen.

Als Erstes legen wir ein Word-Objekt und ein Dokument an.

```
private Word.ApplicationClass oWordApplic;
private Word.Document oDoc;
```

Mit diesen Objekten arbeiten wir im Folgenden. Damit wir einen Datenbankzugriff auf unseren Server erhalten, benötigen wir den Verbindungsstring.

```
private string connectStr =
            ConfigurationSettings.AppSettings["sqlConnection"];
```

In unserem Beispiel haben wir drei Möglichkeiten, diesen zu setzen. Die erste ist über die Datei *Web.config*. Wir haben hier die Verbindung im Abschnitt *appSettings* hinterlegt.

```
<appSettings>
    <add key="sqlConnection" value="data source=localhost;
      database=test;user id=sa;password=pwd;timeout=120"/>
</appSettings>
```

Zusätzlich können wir den Connectionstring über ein Property ändern.

```
public string connection
{
    get { return connectStr; }
    set { connectStr = value; }
}
```

Oder aber wir verwenden einen überschriebenen Konstruktor, um die Verbindung anzugeben.

```
public wordAuto(string connectionString)
{
    connection = connectionString;
    oWordApplic = new Word.ApplicationClass();
}
```

Um eine Word-Datei zu öffnen, verwenden wir die Methode *Open2003*.

```
public void Open2003(string file)
{
```

Wir übergeben dieser Methode den voll qualifizierten Dateinamen als Parameter.

Da Word-Funktionen überwiegend Objekte als Parameter bevorzugen, legt man sich ein paar Arbeitsobjekte an.

```
object readOnly = false;
object fileName = file;
object isVisible = true;
object missing = System.Reflection.Missing.Value;
```

Ganz wichtig ist hier das Objekt *missing*, wenn wir keine Werte übergeben wollen. Nun öffnen wir das Dokument und aktivieren es.

```
oDoc = oWordApplic.Documents.Open (ref fileName, ref missing,
                                   ref readOnly, ref missing,
                                   ref missing, ref missing,
                                   ref missing, ref missing,
                                   ref missing, ref missing,
                                   ref missing, ref isVisible,
                                   ref missing, ref missing,
                                   ref missing, ref missing);


oDoc.Activate();
```

Damit ist die von uns angeforderte Vorlage nun im Speicher und kann bearbeitet werden. Mit der nächsten Methode *saveAs()* speichern wir die geänderte Vorlage als Word-Dokument ab.

```
public void saveAs(string file)
```

Mit *saveAsHtml* wird, wie der Name schon sagt, das gleiche Dokument als HTML gespeichert.

```
public void saveAsHtml(string file)
```

Die Methode *Quit()* sollte Word beenden. Ich sage extra sollte, weil dies nicht immer der Fall ist. *Quit()* funktioniert zum Beispiel nicht, wenn noch Dokumente geöffnet sind. Diese müssen vorher geschlossen werden. Auch der Garbage Collector von .NET hilft hier nicht wirklich weiter, da Word partout nicht von uns scheiden will, solange es noch etwas in Verwendung hat.

```
public void Quit()
```

Die Methode *getDr()* dient dazu, einen DataReader mit Daten aus der Datenbank zu füllen.

```
public void GetDR
        (ref SqlDataReader dr, String SQL, ref SqlConnection conn)
{
    SqlCommand cmd;
    conn = new SqlConnection(connection);
    try
    {
        cmd = new SqlCommand(SQL, conn);
        conn.Open();
        dr = cmd.ExecuteReader();
    }
    catch (Exception ex) { ex = ex; }
}
```

Als Nächstes sehen wir die Methode, welche unser Word-Formular füllt.

```
public void fillForm(string sql)
```

Wir übergeben dieser Methode als Parameter einen String, der einen SQL-Befehl enthält. Dadurch lädt die Routine aus der Datenbank den entsprechenden Satz und füllt das
Formular mit den Daten. Am wichtigsten ist hier der folgende Block.

```
try
    {
    o1 = (System.Object)dr.GetName(a);
    oDoc.FormFields.get_Item(ref o1).Result = "";
    oDoc.FormFields.get_Item(ref o1).Result = dr[a].ToString();
    }
```

Dieser Block wird für jeden Satz innerhalb des DataReaders ausgeführt. Dies geschieht
in einer Schleife, die Spalte für Spalte der Tabelle durchgeht und die korrespondierenden Dokumentenfelder füllt.

Die Methode *executeForm()* sorgt für die Dateinamen und das Öffnen und Speichern
der neu erstellten Vorlage und greift auf *fillForm()* zu.

```
responseFile = templatePath + "\\temp" + vorlage;
responseFileHtml = templatePath + "\\temp" +
    Path.GetFileNameWithoutExtension(vorlage) + ".html";

loadName = templatePath + "\\" + vorlage;
System.IO.File.Copy(loadName, responseFile, true);
// Vorlage öffnen
Open2003(responseFile);

fillForm(sql);
saveAs(responseFile);
saveAsHtml(responseFileHtml);
```

Wenn alles reibungslos funktioniert hat, haben wir nach der Verarbeitung sowohl ein
gefülltes Word-Dokument als auch eine entsprechend aufbereitete HTML-Seite mit dem
Namen *tempVorlage* (*.doc/.html*).

Die Vorlage selbst beinhaltet Textformularfelder. Die Textmarken bezeichnen das
Tabellenfeld aus der Datenbank, mit welchem die Textmarke gefüllt werden soll.

Bild 3.16: Die Textmarkeneigenschaften der Dokumentenfelder

An dieser Stelle könnten Sie zum Beispiel auch Formatierungen für Datumsfelder oder Zahlenwerte angeben.

Die ausgegebene HTML-Seite sollte dann etwa aussehen wie im folgenden Screenshot.

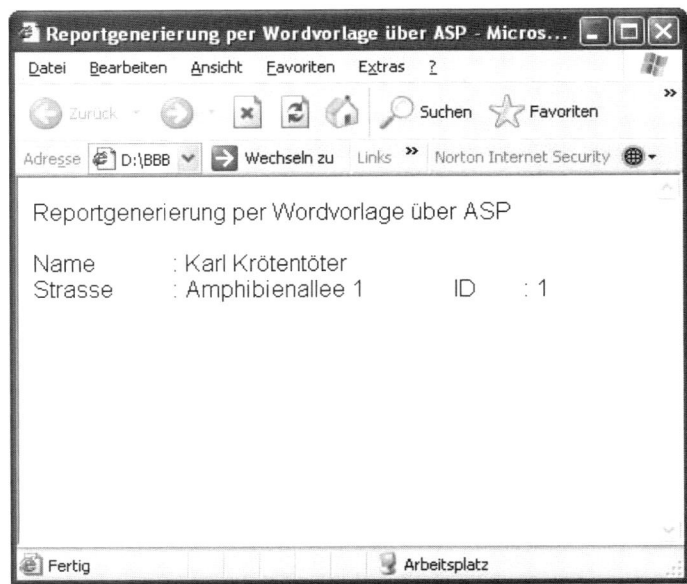

Bild 3.17: Ausgabe des ausgefüllten Reports

Damit wären wir am Ende dieses Kapitels angekommen.

Sie sollten jetzt einen Eindruck davon haben, wie man seine serviceorientierten Architekturen aufbauen kann und welche Möglichkeiten man hat. Selbstverständlich sind Webservices in serviceorientierten Architekturen sinnvoll und nicht mehr wegzudenken, aber nicht immer die optimale Lösung. Die Beispiele in diesem Kapitel sollen Ihnen zeigen, dass es manchmal auch anders geht. Nämlich ohne großen Overhead an Planung, Entwicklung und komplexen Protokollen wie SOAP. Manchmal macht ein kleines Skript, Servlet oder eine ASP-Seite durchaus genauso viel Sinn wie ein großer Webservice.

Nichtsdestotrotz werden wir in den folgenden Kapiteln aber wieder näher auf die Webservices eingehen. Damit Sie die Technik der Webservices verstehen, werden wir uns unter anderem mit SOAP als Protokoll beschäftigen. Um SOAP zu verstehen und anwenden zu können, ist aber XML eine wichtige Grundlage. Deshalb handelt das nächste Kapitel von XML und davon, wie Sie diesen Standard anwenden können. Am Anfang gibt es etwas Theorie und Nachschlagelisten, später folgen dann wieder die Beispiele.

4 XML

4.1 Wie XML entstand

Wie findet man bei einem solch komplexen Thema wie XML den idealen Einstieg? Fangen wir am besten ganz vorne an, mit etwas Geschichte. Wir wissen bereits, dass XML *Extensible Markup Language* heißt. XML ist im engeren Sinne keine eigene Beschreibungssprache, sondern ein Standard. Und zwar beschreibt dieser Standard eine Dokumentendefinition. Diese Definition kann sowohl Texte als auch Grafiken oder komplexe Objekte beschreiben. Aus diesem Grund spricht man von einem XML-Format.

XML-Definitionen sind in strengen Baumstrukturen angeordnet. Ähnlich wie bei HTML werden zur Definition der einzelnen Strukturen Tags verwendet. Die einzelnen Bezeichner der Strukturelemente (Tags) lassen sich frei wählen. Aber Achtung bei der Definition! XML ist case-sensitive! Das heißt, Groß- und Kleinschreibung muss strikt beachtet werden. Warum? XML gilt für alle Clients. Somit natürlich auch für Unix oder Linux, dort ist Case-Sensitivity seit Ewigkeiten üblich. Damit alle Rechner unsere Definitionen verstehen, ist es deshalb unumgänglich, die Vorgaben zu beachten.

XML wird auch als Metasprache bezeichnet, weil man mit ihrer Hilfe andere Sprachen definieren kann. Wie ist XML nun entstanden? Es ist eigentlich nur eine Teilmenge aus einer anderen Sprache, nämlich SGML (*Standard Generalized Markup Language*) . SGML wurde bereits 1986 (!) von der ISO (International Standardization Organization) veröffentlicht (ISO 8879). XML wurde deshalb geboren, weil SGML zu komplex für Datenübertragungen war. SGML war aber auch nicht der Urvater des Ganzen. SGML entstand aus GML, und der Grundstock für GML (was heißt wohl GML? – Richtig! *Generalized Markup Language*) wurde 1969 (!) von IBM gelegt.

Wenn Sie jetzt sagen: »Das ist ja uralt!«, muss ich ein klein wenig widersprechen. Ich wurde nämlich in diesem Jahr geboren, und 37 Jahre sind nun wirklich kein Alter! :o)

Ganz am Anfang stand also auch nicht wirklich IBM, sondern ein Herr William Tunnicliffe von der Graphics Communication Association, der 1967 die erste Idee zu einer Beschreibungssprache hatte. Auf seiner Idee baute IBM auf und entwickelte GML. Aber auch William Tunnicliffe war nicht… Nein, das war nur ein kleiner Scherz. Tunnicliffe war wirklich der Erste!

XML wurde dann schlussendlich vom World Wide Web Consortium (W3C) am 10. Februar 1998 als Standard freigegeben. Das ist für einen Standard, der momentan wieder in aller Munde ist und auf welchem ganz neue Technologien basieren, ein doch recht beachtliches Alter.

Apropos: HTML ist auch nichts anderes als ein SGML-Abkömmling, der speziell für die Gestaltung und Anzeige von Internetseiten geschaffen wurde. Aber das nur am Rande. Übrigens wird weder bei SGML noch HTML Groß-/Kleinschreibung beachtet, dies gilt nur für XML!

4.2 Der XML-Standard

Grundsätzlich ist XML ein enger Verwandter von HTML, es gibt allerdings ein paar Unterschiede.

*   Tags können zur Datendefinition frei definiert werden, XML ist also erweiterbar.

*   XML-Dokumente können eine formale Beschreibung der Struktur enthalten.

*   Komplexe Strukturen, auch Bilder oder Objekte, können abgebildet werden.

*   XML ist case-sensitive.

*   Jedes XML-Tag, das geöffnet wurde, muss auch wieder geschlossen werden.

Aufgebaut ist eine XML-Datei nach folgendem Schema:

*   Processing Instructions (Prolog)

*   Document Type Definition (DTD) oder Schema-Datei

*   Data (Daten)

Eine einfache XML-Datei, die auch von einem DataSet gelesen werden kann, weil sie von einem (.NET) DataSet erzeugt wurde, sieht aus wie im folgenden Listing:

```
<?xml version="1.0" standalone="yes"?>
<NewDataSet>
  <tblPersonen>
    <ID>0</ID>
    <Vorname>Tilo</Vorname>
    <Nachname>Tester</Nachname>
    <Strasse>TestStr. 1</Strasse>
    <PLZ>12345</PLZ>
    <Geburtstag>2000-11-10T00:00:00.0000000+01:00</Geburtstag>
  </tblPersonen>
  <tblPersonen>
    <ID>1</ID>
    <Vorname>Karl</Vorname>
    <Nachname>Kroetentoeter</Nachname>
    <Strasse>Froschallee 1</Strasse>
    <PLZ>23412</PLZ>
    <Geburtstag>1970-01-01T00:00:00.0000000+01:00</Geburtstag>
  </tblPersonen>
</NewDataSet>
```

Diese XML-Datei ist allerdings nicht komplett, da der Abschnitt mit der Document Type Definition fehlt und nicht einmal ein Encoding angegeben wurde. Sie ist aber nichtsdestotrotz von einem .NET-DataSet (sowohl Framework 1.1 als auch Framework 2.0) ohne Weiteres lesbar.

4.2.1 Prolog

Ein Prolog kann zum Beispiel folgendermaßen aussehen:

```
<?xml version="1.0" standalone="yes" ?>
```

Sie sehen, dass wir in diesem Prolog die Option *standalone="yes"* angeben. Dies bedeutet, dieses Dokument besitzt keine externe *Document Type Definition*. Eine DTD kann also auch in einer externen Datei enthalten sein und muss nicht innerhalb des XML-Dokuments beschrieben werden. Mit einer externen DTD würde der Prolog so aussehen:

```
<?xml version="1.0" standalone="no" ?>
<!DOCTYPE MyData „MyData.dtd">
```

Die Datendefinitionen würden sich in diesem Fall in einer externen Datei mit dem Namen *MyData.dtd* befinden.

4.2.2 DTD (Document Type Definition)

Die *Document Type Definition* (DTD) informiert das aufrufende System darüber, welche Elementtypen die XML-Datei beinhaltet, welche Werte diese Elementtypen annehmen dürfen, welche Attribute erlaubt sind und welche Werte diese Attribute annehmen dürfen. Ein Beispiel für Elemente:

```
<!DOCTYPE MyData [
<!ELEMENT ID (#PCDATA)
<!ELEMENT Vorname (#PCDATA)>
<!ELEMENT Nachname (#PCDATA)>
<!ELEMENT Strasse (#PCDATA)>
<!ELEMENT PLZ (#PCDATA)>
<!ELEMENT Geburtstag (#PCDATA)>
<!ELEMENT Adresse (ID,Vorname,Nachname,Strasse,PLZ,Geburtstag)>
]>
```

Man könnte das Element *Adresse* auch so definieren:

```
<!ELEMENT Adresse (Vorname?,Nachname+,Strasse,PLZ,Geburtstag)>
```

- Das *?* bedeutet, dass dieses Elementmitglied optional oder NULL sein darf.

- Ein + bedeutet, dass dieses Mitglied mindestens einmal auftreten muss.

- Ein * würde beliebig oft bedeuten.

Folgende Zeile beinhaltet das Rootelement, in welchem alle anderen Elemente enthalten sind:

```
<!DOCTYPE MyData [
```

Was bedeutet wohl dieses ominöse #PCDATA? Ganz einfach, es bedeutet Parsed Character Data und gibt an, dass der Inhalt des Elements aus Text bestehen kann.

Ein Beispiel für eine Attributdefinition in einer DTD:

```
<!ATTLIST ID typ ID #REQUIRED>
```

Dieses Attribut wird einem Element des XML-Dokuments zugewiesen. *typ ID* bezeichnet den Attributtyp. Als Attribute gültig sind:

- **CDATA:** Zeichenkette

- **ID:** Eindeutigkeitsbezeichnung. Entweder #REQUIRED oder #IMPLIED,

- **IDREF:** bezeichnet eine Zeichenkette, welche an beliebiger Stelle im Dokument eine ID definiert. Mit ID und IDREF können unterschiedliche Elemente einander zugeordnet werden.

- **IDREFS:** Liste von Referenzen. Leerzeichen trennt die Elemente.

- **ENTITY:** Der Attributwert muss mit dem Namen einer externen Entität übereinstimmen.

- **ENTITIES:** Liste von Entitäten. Leerzeichen trennen die Elemente.

- **NMTOKEN:** Entpricht in etwa CDATA.

- **NMTOKENS:** Aufzählung von NMTOKEN. Leerzeichen trennen die Elemente.

- **NOTATION:** Name einer Notation.

Sollte in einem XML-Dokument mit Angabe des Typs ID ein Attributwert für denselben fehlen, wird das Dokument ungültig! Dies passiert deshalb, weil das Attribut mit *REQUIRED* definiert wurde und deswegen benötigt wird!

Attribute können nicht nur in der DTD auftauchen, sondern natürlich auch in der eigentlichen XML-Datei. Dies könnte dann in etwa so aussehen:

```
<?xml version="1.0" standalone="yes"?>
<NewDataSet>
  <tblPersonen>
    <ID type="ID">0</ID>
    <Vorname>Tilo</Vorname>
    <Nachname>Tester</Nachname>
    <Strasse>TestStr. 1</Strasse>
    <PLZ type="inland">12345</PLZ>
    <Geburtstag>2000-11-10T00:00:00.0000000+01:00</Geburtstag>
  </tblPersonen>
```

Der Unterschied zwischen dem Attribut in der DTD und dem Attribut in unserem XML-File ist ganz einfach. Im DTD wird das Attribut definiert, im XML-File verwendet.

Attribute stellen also zusätzliche Informationen zu einzelnen Elementen bereit.

Um den Zusammenhang der Elemente, Attribute und der Eigenschaften noch einmal zu verdeutlichen, hier noch ein kleines Beispiel für eine DTD:

```
<!ELEMENT AdressListe (Adresse)*>
<!ELEMENT Adresse (ID,Vorname,Nachname,Strasse,PLZ,Geburtstag)>
<!ELEMENT ID (#PCDATA)
<!ELEMENT Vorname (#PCDATA)>
<!ELEMENT Nachname (#PCDATA)>
<!ELEMENT Strasse (#PCDATA)>
<!ELEMENT PLZ (#PCDATA)>
<!ELEMENT Geburtstag (#PCDATA)>
<!ATTLIST PLZ type (inland|Ausland)> #REQUIRED
```

Als Erstes sehen Sie die Definition der Adressliste:

```
<!ELEMENT AdressListe (Adresse)*>
```

Diese Adressliste darf Elemente enthalten, die der Definition des Elements *Adresse* entsprechen. Sehen Sie den Stern hinter *(Adresse)*? Das hatte ich auf den vorherigen Seiten bereits erwähnt. Der Stern bedeutet *beliebig oft*. Wir definieren hier also sozusagen eine Tabelle, die aus den Adresselementen besteht. Wie das Element *Adresse* aufgebaut ist, sehen wir im nächsten Sourcecode:

```
<!ELEMENT Adresse (ID,Vorname,Nachname,Strasse,PLZ,Geburtstag)>
<!ELEMENT ID (#PCDATA)
<!ELEMENT Vorname (#PCDATA)>
<!ELEMENT Nachname (#PCDATA)>
<!ELEMENT Strasse (#PCDATA)>
<!ELEMENT PLZ (#PCDATA)>
<!ELEMENT Geburtstag (#PCDATA)>
```

Als Letztes definieren wir noch ein Attribut für die Postleitzahl, die sich entweder im Inland oder im Ausland befinden kann:

```
<!ATTLIST PLZ type (inland|ausland)> #REQUIRED
```

Dieses Attribut erhält den Typ *REQUIRED*, weil wir auf jeden Fall wissen möchten, ob die Adresse im Inland oder im Ausland liegt.

Damit sollten Sie im Groben die Struktur einer DTD verstanden haben. Ich sage extra »im Groben«, weil man noch einiges mehr dazu schreiben könnte, ich es aber aus Platzgründen nicht tun werde.

Die DTD ist nämlich veraltet und wurde bereits 2001 von den XML-Schemata abgelöst. Aus diesem Grund werden wir uns auch im nächsten Abschnitt intensiver mit den XML-Schemata beschäftigen, bevor wir zum eigentlichen XML-Format vorstoßen.

4.2.3 XML-Schemata

XML-Schemata haben im Jahr 2001 die DTD-Dateien abgelöst, und zwar deshalb, weil die DTD in ihrer Struktur zu unflexibel war. Stellen Sie sich zum Beispiel vor, Sie würden in Ihrer Software einen eigenen, komplexen Typ erzeugen, zum Beispiel:

C#

```
public struct bars
    {
    public long ID;
    public double Dauer;
    public DateTime StartDate;
    public DateTime EndDate;
    public long X;
    public long Y;
    public long X1;
    public long Y1;
    }
```

Dieser Typ könnte als Rückgabe einer Werteliste fungieren oder die Daten eines Objekts füllen. Dieser Typ und vor allem noch komplexere Verschachtelungen sind mit XSD-Schemata besser und typgerechter darstellbar.

XML-Schemata sind detaillierter als unsere alten DTDs. Anhand von XML-Schemata kann man überprüfen, ob

*   Strukturen einzelner Elemente/Attribute korrekt sind,

*   Eindeutigkeit gewährleistet ist,

*   Datenwerte korrekt sind,

*   Reihenfolgen der Strukturen eingehalten wurden,

*   Datentypen korrekt zugewiesen wurden.

Eine Schema-Datei ist von der Struktur her wieder einmal HTML/XML-ähnlich, kann aber, wie auch die DTD, nur vordefinierte Bezeichner enthalten.

Im nächsten Listing sehen wir die Darstellung eines einfachen XML-Schemas:

```
<xsd:schema xmlns:xsd="http://www.w3.org/2001/XMLSchema">
  <xsd:annotation>
    <xsd:documentation xml:lang="DE">
        Beispielschema
    </xsd:documentation>
  </xsd:annotation>

<xsd:element name="Termine" type="TerminTyp"/>
<xsd:element name="Kommentar" type="xsd:string"/>

<xsd:complexType name="TerminTyp">
```

```
    <xsd:sequence>
        <xsd:element name="ID" type="xsd:string"/>
        <xsd:element name="Dauer"  type="xsd:duration"/>
        <xsd:element name="Startdate" type="xsd:date"/>
        <xsd:element name="Enddate" type="xsd:date"/>
    </xsd:sequence>
    <xsd:attribute name="active" type="xsd:boolean"/>
</xsd:complexType>

<!—Dies ist ein Kommentar -->
</xsd:schema>
```

Was Sie hier vor sich sehen, ist ein ganz einfaches, rudimentäres Beispiel einer XML-Schema-Datei. Wenn Sie jetzt gerade »das ist ja einfach!« gerufen haben – keine Angst, es wird bald etwas anspruchsvoller!

XML-Schema-Dateien können unglaublich komplex werden und sind in ihrer schlimmsten Form kaum noch von uns einfach strukturierten Menschen zu lesen. Aus diesem Grund haben wir aber .NET-Namespaces oder Java APIs mit den darin enthaltenen Klassen, die uns diese Arbeit abnehmen. Diese Klassen lernen wir später in diesem Kapitel noch kennen.

Hinweis:
XML-Schema-Dateien werden auch XSD-Schema genannt.

Wie Sie im Listing sehen, wird das XSD-Schema von folgendem Satz eingeleitet:

```
<xsd:schema xmlns:xsd="http://www.w3.org/2001/XMLSchema ">
```

Und natürlich ganz am Ende auch wieder geschlossen:

```
</xsd:schema>
```

Dies ist die äußere Struktur, bei HTML entspräche diese Struktur etwa diesem Konstrukt:

```
<HTML>
</HTML>
```

In beiden Fällen wird der Dokumentenstart und dessen Ende definiert. Im XSD-Schema wird dieses Konstrukt als Schema-Element bezeichnet. Dieses Element enthält eine Reihe von Unterelementen (Subelements). Am Anfang stehen folgende Elemente:

- (optional) annotation (Übersetzt: Anmerkung, Kommentar)

- Element

- complexType

- simpleType

Komplexe Typen *(complexType)* zeichnen sich dadurch aus, dass sie andere Elemente entweder einfacher oder komplexer Typen enthalten.

Einfache Typen *(simpleType)* enthalten nur einfache Datentypen wie Zahlen, Strings oder ein Datum.

> **Hinweis:**
> Ein grundlegender Unterschied zwischen komplexen und einfachen Typen ist, dass die komplexen Typen eigene Elemente und Attribute enthalten dürfen, die einfachen Typen jedoch nicht.

Diese Elemente bestimmen zum einen das Erscheinungsbild und zum anderen den Inhalt der Elemente im Instanzdokument. Mit anderen Worten: Sie beschreiben die Datenstruktur.

Jedes Element enthält, wie Sie sehen, das Präfix *xsd*:

```
<xsd:element name="Termine" type="TerminTyp"/>
```

Dieses Präfix wird im Schema-Element mit dem zugehörigen Namensraum assoziiert:

```
<xsd:schema xmlns:xsd="http://www.w3.org/2001/XMLSchema">
```

Durch die Assoziierung mit dem Namensraum können die benannten Elemente später eindeutig dem XML-Schema-Vokabular zugeordnet werden. Eine Verwechslung mit selbst benannten Elementen ist somit ausgeschlossen. Hier müsste nicht unbedingt *xsd* als Präfix verwendet werden, es könnte auch ein anderer Name gewählt werden. Anhand der vorgegebenen Konventionen vom W3C verwendet man aber üblicherweise den Namen *xsd*.

Einzelne Elemente können in ihrer Häufigkeit beschränkt werden. Dies entspricht in etwa den Auszeichnern **,?* und *+* in der DTD. Hierzu verwendet man die Schlüsselwörter (oder Attribute) *minOccurs* und *maxOccurs*. Zum Beispiel muss ein Element erscheinen, wenn das Attribut *minOccurs* 1 oder größer ist. Die maximale Anzahl von Elementen wird durch *maxOccurs* beschrieben. Zum Beispiel darf im Beispiel

```
<xsd:element ref="Kommentar" maxOccurs="10" />
```

das Element *Kommentar* maximal zehnmal auftreten. Werden keine Extremwerte angegeben, wird als Standard für beide 1 vorausgesetzt. Das bedeutet, ohne Angabe tritt das Element genau einmal auf. Das ist auch logisch, man denke beispielsweise an eine Tabelle, in der Spalten definiert werden: Ohne Angabe der Attribute *min* oder *max* wird jedes Element (also jede Tabellenspalte) genau einmal auftreten.

Sowohl *minOccurs* als auch *maxOccurs* können ihrerseits wieder Attribute erhalten, diese sind:

- required (benötigt)
- optional (optional)
- prohibited (verboten)

Um diese Attribute verwenden zu können, wird das Schlüsselwort *use* zur Deklaration vorangestellt.

Vorgabewerte für Attribute und Elemente werden mit dem Attribut *default* gekennzeichnet.

Zusätzlich kann für feste Werte das Attribut *fixed* verwendet werden.

Innerhalb eines XSD-Schemas können globale Elemente und Attribute erzeugt werden. Diese globalen Elemente werden natürlich durch eine Deklaration erzeugt. Die Deklaration findet innerhalb des Schema-Elements statt. Solcherart definierte globale Elemente können über das Attribut *ref* referenziert werden. Eine Deklaration, die ein globales Element referenziert, bewirkt, dass das referenzierte Element im Instanzdokument auftreten darf. Deklarationen dieser Art bewirken, dass das Element im Instanzdokument auf oberster Ebene erscheint.

Die einfachen Datentypen eines XSD-Schemas:

Boolean	Boolescher Wert entweder Ja/Nein (True/False)
DateTime	Datum und Zeit
Date	Datum
Decimal	Dezimalzahl mit Nachkommastellen (min. 18)
Double	64-Bit-Gleitkommazahl
Duration	Zeitdauer
Float	32-Bit-Gleitkommazahl
String	Zeichenketten
Time	Zeitwert
gYearMonth	Monat in einem Jahr
gYear	Jahr
gMonthDay	Tag eines Monats
gDay	Tagesangabe
gMonth	Monatsangabe
HexBinary	Hexadezimal codierte Daten
Base64Binary	Base 64-codierte binäre Daten
AnyURI	Uniform Resource Identifier
QName	XML-qualifizierte Namen
Notation	Attributtyp Notation

Aus allen diesen einfachen Datentypen können sich die komplexen Datentypen zusammensetzen. Jeder dieser Datentypen besitzt Facetten. Das sind optionale Eigenschaften, die den Wertebereich eines Datentyps einschränken können.

Dies sind im Einzelnen folgende:

String

length	Beschränkung auf eine bestimmte Anzahl Zeichen
minLength	Minimum Anzahl Zeichen
maxLength	Maximum Anzahl Zeichen
pattern	Der Wertebereich wird auf bestimmte Literale beschränkt, welche zu einem regulären Ausdruck passen
enumeration	Beschränkung auf bestimmte benannte Werte
whiteSpace	Beschränkt den Wertebereich von Typen, die von dem String abgeleitet werden (preserve, replace oder collapse)

Der Wertebereich einer Facette lässt sich durch *whiteSpace preserve, replace* und *collapse* beschränken:

- preserve : Der Wert wird nicht verändert.

- replace : Tabulator, Zeilenvorschub und Wagenrücklauf werden durch Space ersetzt.

- collapse : Führende und Nachfolgende Spaces werden entfernt, aufeinander folgende Spaces werden zu einem Space gekürzt.

Beispiel:

```
<xsd:simpleType>
    <xsd:restriction base="xsd:string">
        <xsd:whiteSpace value="preserve"/>
    </xsd:restriction>
</xsd:simpleType>
```

Boolean

pattern	Der Wertebereich wird auf bestimmte Literale beschränkt, welche zu einem regulären Ausdruck passen
whiteSpace	Beschränkt den Wertebereich von Typen, die von dem String abgeleitet werden (preserve, replace oder collapse)

Decimal

totalDigits	Maximale Anzahl von Dezimalstellen der vom Typ Decimal abgeleiteten Werte
fractionDigits	Maximale Anzahl der Nachkommastellen bei abgeleiteten Werten
pattern	Der Wertebereich wird auf bestimmte Literale beschränkt, welche zu einem regulären Ausdruck passen
enumeration	Beschränkung auf bestimmte benannte Werte
whiteSpace	Beschränkt den Wertebereich von Typen, die von dem String abgeleitet werden (preserve, replace oder collapse)

maxInclusive	Oberes inklusives Ende des Wertebereichs (z. B.: 100 oder weniger)
maxExclusive	Oberes exklusives Ende des Wertebereichs (z. B.: kleiner als 100)
minInclusive	Unteres inklusives Ende des Wertebereichs (z. B.: 100 oder mehr)
minExclusive	Unteres exklusives Ende des Wertebereichs (z. B.: mehr als 100)

Beispiel für *maxExclusive:*

```
<xsd:simpleType>
    <xsd:restriction base="xsd:decimal">
        <xsd:maxExclusive value="100"/>
    </xsd:restriction>
</xsd:simpleType>
```

Dieses Beispiel bedeutet: Der Wertebereich umfasst Dezimalzahlen und ist nach oben hin beschränkt. In diesem Fall legt *maxExclusive* fest, dass alle Werte kleiner als 100 sein müssen.

Float

pattern	Der Wertebereich wird auf bestimmte Literale beschränkt, welche zu einem regulären Ausdruck passen
enumeration	Beschränkung auf bestimmte benannte Werte
whiteSpace	Beschränkt den Wertebereich von Typen, die von dem String abgeleitet werden (preserve, replace oder collapse)
maxInclusive	Oberes inklusives Ende des Wertebereichs (z. B.: 100 oder weniger)
maxExclusive	Oberes exklusives Ende des Wertebereichs (z. B.: kleiner als 100)
minInclusive	Unteres inklusives Ende des Wertebereichs (z. B.: 100 oder mehr)
minExclusive	Unteres exklusives Ende des Wertebereichs (z. B.: mehr als 100)

Beispiel für *minInclusive:*

```
<xsd:simpleType>
    <xsd:restriction base="xsd:float">
        <xsd:minInclusive value="100"/>
    </xsd:restriction>
</xsd:simpleType>
```

Dieses Beispiel bedeutet: Alle von *Float* abgeleiteten Werte dürfen nicht beliebig klein sein. Um die Bedingung *minInclusive* zu erfüllen, müssen alle Werte entweder genau 100 oder größer als 100 sein.

Double

Pattern	Der Wertebereich wird auf bestimmte Literale beschränkt, welche zu einem regulären Ausdruck passen
Enumeration	Beschränkung auf bestimmte benannte Werte
whiteSpace	Beschränkt den Wertebereich von Typen, die von dem String abgeleitet werden (preserve, replace oder collapse)

maxInclusive	Oberes inklusives Ende des Wertebereichs (z. B.: 100 oder weniger)
maxExclusive	Oberes exklusives Ende des Wertebereichs (z. B.: kleiner als 100)
minInclusive	Unteres inklusives Ende des Wertebereichs (z. B.: 100 oder mehr)
minExclusive	Unteres exklusives Ende des Wertebereichs (z. B.: mehr als 100)

Duration, DateTime, Time, Date, gYearMonth, gYear, gMonthDay, gDay, gMonth

pattern	Der Wertebereich wird auf bestimmte Literale beschränkt, welche zu einem regulären Ausdruck passen
enumeration	Beschränkung auf bestimmte benannte Werte
whiteSpace	Beschränkt den Wertebereich von Typen, die von dem String abgeleitet werden (preserve, replace oder collapse)
maxInclusive	Oberes inklusives Ende des Wertebereichs (z. B.: 100 oder weniger)
maxExclusive	Oberes exklusives Ende des Wertebereichs (z. B.: kleiner als 100)
minInclusive	Unteres inklusives Ende des Wertebereichs (z. B.: 100 oder mehr)
minExclusive	Unteres exklusives Ende des Wertebereichs (z. B.: mehr als 100)

HexBinary, base64Binary, anyURI, qName, Notation

length	Beschränkung auf eine bestimmte Anzahl Zeichen
minLength	Minimum Anzahl Zeichen
maxLength	Maximum Anzahl Zeichen
pattern	Der Wertebereich wird auf bestimmte Literale beschränkt, welche zu einem regulären Ausdruck passen
enumeration	Beschränkung auf bestimmte benannte Werte
whiteSpace	Beschränkt den Wertebereich von Typen, die von dem String abgeleitet werden (preserve, replace oder collapse)

Basierend auf den einfachen Datentypen gibt es in XSD-Schema-Dateien auch die abgeleiteten (einfachen) Datentypen. Verwechseln Sie diese bitte nicht mit den selbstdefinierten Datentypen. Die abgeleiteten Datentypen bestehen bereits, ohne dass Sie sie definieren müssen!

Die abgeleiteten Datentypen finden Sie in der folgenden Tabelle.

normalizedString	Eine von Leerzeichen bereinigte Zeichenkette
token	In Token übersetzte Zeichenkette, Token sind alle Zeichen, mit Ausnahme von Carriage Return, Line Feed, Tabulator, führenden und nachfolgenden Leerzeichen, Leerzeichen im Inneren der Zeichenkette
language	Sprachenbezeichner nach RFC 1766
NMTOKEN	Entspricht dem NMTOKEN-Attribut
NMTOKENS	Liste von NMTOKEN

Name	XML-Namen
NCName	XML-Namen ohne Doppelpunkt
ID	Attribut ID
IDREF	Attribut IDREF
IDREFS	Liste von IDREF
ENTITY	Attribut ENTITY
ENTITIES	Liste von ENTITY
Integer	Abgeleitet von Decimal, mit fractionDigits = 0, als Ergebnis enthält der Wertebereich dieses Datentyps nur Ganzzahlen, eben Integer.
nonPositiveInteger	Abgeleitet von Integer, nicht positive, ganze Zahlen
negativeInteger	Abgeleitet von Integer, negative, ganze Zahlen
Long	Abgeleitet von Integer, große Ganzzahlen
Int	Abgeleitet von Long, Wertebereich von 0-2147483647
Short	Abgeleitet von Integer, Wertebereich von -32768-32767
Byte	Abgeleitet von Integer, Bytewert von -128-127
nonNegativeInteger	Abgeleitet von Integer, 0 -
unsignedLong	Abgeleitet von nonNegativeInteger
unsignedInt	Abgeleitet von UnsignedLong
unsignedShort	Abgeleitet von UnsignedInt
unsignedByte	Abgeleitet von UnsignedShort
positiveInteger	Abgeleitet von NonNegativeInteger

Selbstverständlich stehen die einzelnen Facetten auch den abgeleiteten, einfachen Typen zur Verfügung. Wir werden diese aber nicht auflisten, da Sie sie anhand der Ableitung einfach aus der Beschreibung des Vorgängers entnehmen können.

Wenn Sie sich mit XML-Schemata beschäftigen, werden Sie auf den Begriff atomare Typen stoßen. Diese atomaren Typen bestehen aus den allgemeinen Grundtypen. Sie entsprechen also teilweise den ordinalen Typen. Ein Teil dieser atomaren Typen ist auch in Programmiersprachen bekannt.

string	Zeichenkette
decimal	Zahl mit Nachkommastellen
integer	Ganzzahl, klein
float	Ganzzahl, groß
boolean	Boolscher Wert
date	Datumwert
time	Zeitwert

Der andere Teil der atomaren Typen ist XML-spezifisch.

QName	Qualifizierter Name
anyURI	Universal Resource Identifier
language	z. B.: de(DE), en(EN)
ID	Identifikation
IDREF	Referenz zu ID

Außer den einfachen Datentypen sind auch Listen bekannt. Listen bestehen aus einer Folge von atomaren Typen, da atomare Typen selbst nicht teilbar sind. Stellen Sie sich zur Verdeutlichung den atomaren Typ *language* vor. Dieser besteht zum Beispiel aus dem Kürzel *DE*. Der komplette atomare Typ hat nur in seiner Gesamtheit eine Bedeutung. Innerhalb einer Liste kann aber sowohl *D* als auch *E* eine eigene Bedeutung erlangen.

> **Hinweis:**
> Achten Sie bei der Verwendung des atomaren Typs *string* darauf, dass dieser Typ Leerzeichen enthalten kann! Leerzeichen definieren aber auch den Trenner von Elementen innerhalb von Listen.

Zum Beispiel erstellt folgender Code eine Liste:

```
<xsd:simpleType name="Nameneintrag">
   <xsd:restriction base="xsd:string">
     <xsd:whiteSpace value="collapse"/>
   </xsd:restriction>
</xsd:simpleType>

<xsd:simpleType name="Name">
   <xsd:list itemType="Nameneintrag"/>
</xsd:simpleType>

<Name>
    Karl Kroetentoeter
</Name>
```

In diesem Fall ist *Karl* der erste Eintrag der Liste, gefolgt von *Kroetentoeter*.

Auf Listen können die folgenden Facetten angewendet werden.

- length
- minLength
- maxLength
- enumeration

Die Facette *enumeration* beschränkt die Werte der einfachen Typen mit Ausnahme von Boolean. Mit *enumeration* werden einfache Typen auf eine bestimmte Menge zugelassener Werte beschränkt. Zum Beispiel könnte eine *enumeration* folgendermaßen aufgebaut sein, um für Wochentage nur bestimmte Einträge zuzulassen.

```
<xsd:simpleType name="Tage">
    <xsd:restriction base="xsd:string">
      <xsd:enumeration value="Montag"/>
      <xsd:enumeration value="Dienstag"/>
      <xsd:enumeratin value="Mittwoch"/>
      <xsd:enumeratin value="Donnerstag"/>
      <xsd:enumeratin value="Freitag"/>
      <xsd:enumeratin value="Samstag"/>
      <xsd:enumeratin value="Sonntag"/>
    </xsd:restriction>
</xsd:simpleType>
```

Nun könnte aus dieser *enumeration* ein Typ mit restriktiven Eigenschaften gebildet werden:

```
<xsd:simpleType name="Wochentage">
    <xsd:list itemType="Tage"/>
</xsd:simpleType>

<xsd:simpleType name="Woche">
    <xsd:restriction base="Wochentage">
    </xsd:restriction>
</xsd:simpleType
```

Innerhalb einer Liste wäre jetzt die Verwendung des restriktiven Typs *Woche* möglich, der die Einträge eines Listenelements auf die Namen der Wochentage beschränkt. Bei Verwendung eines Strings als Listentyp anstatt des restriktiven Typs können durchaus andere Werte auftreten.

Innerhalb von Schemata können auch anonyme Typen definiert werden. Durch anonyme Typen wird der Aufwand bei der Erstellung vieler einfacher Typen vereinfacht.

```
<xsd:sequence>
    <xsd:element name="Tage">
      <xsd:simpleType>
        <xsd:restriction base="xsd:positiveInteger">
            <xsd:maxExclusive value="7"/>
        </xsd:restriction>
      </xsd:simpleType>
    </xsd:element>
</xsd:sequence>
```

Der einfache, anonyme Typ *Tage* wurde von (einem positiven) Integer abgeleitet und darf maximal sieben Werte enthalten.

Aus unseren einfachen Typen können komplexe Typen abgeleitet werden. Komplexe Typen werden mit dem Element *complexType* eingeleitet.

```
<xsd:element name="Name">
  <xsd:complexType>
    ... inhalt ...
  </xsd:complexType>
</xsd:element>
```

Komplexe Typen werden innerhalb des Elements *complexType* aus einfachen Typen zusammengesetzt.

Innerhalb von Programmiersprachen existieren oftmals Typen, die alle beliebigen Werte annehmen können. Unter Visual Basic Version 6 war dies zum Beispiel der Datentyp *variant*. In anderen Programmiersprachen hatte er unterschiedliche Namen. Bei den Datentypen in einer XML-Definition kennen wir auch einen solchen allgemeinen Typ, nämlich *anyType*. Ein *anyType* kann jeden beliebigen Zahlen- oder Textwert annehmen.

```
<xsd:element name="alles" type="xsd:anyType"/>
```

Dieser Typ ist eine Abstraktion des Basistyps, von dem alle Typen abgeleitet sind (Urtyp). Wenn kein Typ in einer Definition angegeben wird, wird automatisch der *anyType* vorausgesetzt. Man könnte also auch auf die folgende Art einen Typ definieren.

```
<xsd:element name="alles"/>
```

In jeden Programmcode können Bemerkungen eingefügt werden, welche vom Compiler später nicht beachtet werden und nur zur Kommentierung dienen. Diese Kommentare werden in den gängigen Programmiersprachen wie folgt eingeleitet.

C#

```
// Kommentar
```

oder

```
/*
    Kommentar
*/
```

Visual Basic

```
' Kommentar
```

Kommentare können natürlich auch in XML-Dateien verwendet werden. Wir verwenden hierzu drei Elemente.

- documentation (für den menschlichen Leser)

- appInfo (für Applikationen, programmatisches Lesen)

- annotation (Vaterelement von documentation und appInfo)

```
<xsd:annotation>
    <xsd:documentation xml:lang="DE">
        Dies ist ein Kommentar, welcher von Menschen gelesen werden soll!
    </xsd:documentation>
</xsd:annotation>
```

Innerhalb des XML-Schemas gibt es noch einige andere Details, die im Standard des W3C festgehalten wurden. Aus Gründen des beschränkten Umfangs dieses Buchs werden wir aber an dieser Stelle nicht mehr auf spezielle Details eingehen. Für eigene

Experimente sollten die vorgestellten Grundlagen genügen. Die meisten XML-Editoren unterstützen übrigens eine Erstellung des Schemas aus dem angelegten XML-Dokument selbst. Ebenso kann zum Beispiel .NET automatisiert ein Schema erzeugen. Sie werden vermutlich selten in die Zwangslage kommen, ein eigenes Schema anlegen zu müssen. Alles, was für das Schema gilt, gilt selbstverständlich auch für XML als Beschreibungssprache.

Ein wichtiger Aspekt des XML-Schemas ist aber an dieser Stelle noch offen, nämlich unser obligatorisches kleines Beispiel. Wozu die ganze Theorie ohne praktischen Anwendungsfall? Aus diesem Grund werden Sie im folgenden Listing erfahren, wie Sie mit C# einen Validator für eine XML-Datei und ein zugehöriges Schema schreiben.

4.2.4 XML-Schema validieren

Ein C#-Client, der XML-Schematafragmente validiert

Dieser Client validiert Fragmente eines XML-Schemas. Auf die gleiche Art können auch komplette XML-Schemata validiert werden. Der Client ist unter .NET 2.0 entwickelt worden, aber abwärtskompatibel zu .NET 1.1. Aus diesem Grund können Sie in der Entwicklungsumgebung verschiedene Warnmeldungen erhalten.

Listing: cd:\Sourcen\04 XML\XMLSchema\01 Validieren

Benötigte Namespaces

System.Xml, System.Xml.Schema

Sourcecode

```
namespace Validieren
{
    public partial class Form1 : Form
    {
        public Form1()
        { InitializeComponent(); }

        private void button1_Click(object sender, EventArgs e)
        {
            validateXML();
        }
        public void validateXML()
        {
            XmlValidatingReader reader = null;
            XmlSchemaCollection schema = new XmlSchemaCollection();
            try
            {
```

```
        XmlParserContext context = new XmlParserContext
                            (null, null, "", XmlSpace.None);
        reader = new XmlValidatingReader(textBox1.Text,
                            XmlNodeType.Element, context);
        schema.Add("urn:test", Application.StartupPath+"\\schema.xsd");
        reader.ValidationType = ValidationType.Schema;
        reader.Schemas.Add(schema);

        while (reader.Read()) { }
        MessageBox.Show ("Validierung erfolgreich");
        }
    catch (Exception ex)
    {
        MessageBox.Show("Fehler bei Validierung\n" + ex.Message);
    }
    reader.Close();

    }
  }
}
```

Beschreibung

Als Erstes sehen Sie im Listing den Aufruf des Buttonevents *Click*. Hier wird die eigentliche Validierungsroutine aufgerufen: *validateXML*.

```
private void button1_Click(object sender, EventArgs e)
  {
    validateXML();
  }
```

Innerhalb unserer eigentlichen Validierungsroutine definieren wir einen Validation-Reader und eine SchemaCollection.

```
public void validateXML()
    {
        XmlValidatingReader reader = null;
        XmlSchemaCollection schema = new XmlSchemaCollection();
```

Die SchemaCollection ist unser eigentliches XML-Schema und kann sowohl das ganze Schema als auch einzelne Fragmente enthalten. Damit wir etwas zum Validieren haben, müssen wir über einen Reader das Schemafragment laden. Dazu übergeben wir den Inhalt der TextBox an den Reader.

```
reader = new XmlValidatingReader(textBox1.Text,
                            XmlNodeType.Element, context);
```

Damit die eigentliche Validierung weiß, dass sie es nur mit einem Fragment zu tun hat, teilen wir ihr dies über *XmlNodeType.Element* mit. Wollten wir zum Beispiel ein ganzes XML-Dokument validieren, würden wir hier zum Beispiel *XmlNodeType.Document* angeben. Als Nächstes benötigen wir selbstverständlich das zugehörige Schema, welches wir direkt von einem Verzeichnis laden. Vergessen Sie nicht, hier Ihren Pfad anzugeben!

```
schema.Add("urn:test", Application.StartupPath+"\\schema.xsd");
```

Der erste Parameter ist in unserem Fall der Namespace, für den das Schema gilt, der zweite Parameter bezeichnet die Datei mit vorangestelltem Pfad. Nun können wir das Schema hinzufügen.

```
reader.Schemas.Add(schema);
while (reader.Read()) { }
```

Wenn nun ein Fehler auftritt, geben wir diesen direkt aus.

```
catch (Exception ex)
    {
        MessageBox.Show("Fehler bei Validierung\n" + ex.Message);
    }
```

Tritt kein Fehler auf, geben wir die Erfolgsmeldung zurück.

```
MessageBox.Show ("Validierung erfolgreich");
```

4.3 XML in der Praxis

Denken Sie nicht, dass dieses Kapitel unnötig wäre – es ist eines der wichtigsten dieses Buchs und aus diesem Grund auch eines der größten. XML werden wir in einem der folgenden Kapitel, nämlich SOAP, noch benötigen. Dort werden Sie sehen, wie SOAP über XML umgesetzt wird. Auch wenn Sie sich zukünftig mit SOA beschäftigen, werden Sie nicht umhin kommen, sich näher mit XML zu beschäftigen. Arbeiten Sie also trotz aller Theorie dieses Kapitel halbwegs gründlich durch und versuchen Sie über die Beispiele einen Einstieg in XML zu finden.

In diesem Abschnitt kommen wir nun zum tatsächlichen XML und seiner Verwendung in der Praxis. Innerhalb von .NET, Java und anderen Sprachen werden Sie in Bezug auf XML öfter einmal dem Begriff DOM begegnen. DOM bedeutet *Document Object Model* und bezeichnet die Programmierschnittstelle für Programmiersprachen. Natürlich ist auch DOM ein W3C-Standard (wie könnte es auch anders sein, W3C everywhere…). Konkurrierend zum DOM gibt es SAX. SAX bedeutet *Simple API for XML*.

Im Gegensatz zum DOM kann bei SAX aber zum Beispiel kein XML-Dokument geschrieben werden, es dient nur zum Lesen. Andererseits kann SAX auf größere Dokumente angewendet werden. Wobei groß allerdings sehr relativ ist. Ich habe selbst bereits mit DOM- und .NET-XML-Dokumenten gearbeitet, welche größer als 5 MB waren. In der Praxis würde ich Ihnen das DOM empfehlen und gehe daher hauptsächlich auf dieses Modell ein. Unter anderem natürlich, weil das DOM überall recht einfach verfügbar ist, SAX aber nicht unbedingt in jeder Entwicklungssprache beziehungsweise Standardinstallation vorhanden ist.

Es ist nicht einfach, bei einem so riesigen Thema wie der XML-Programmierung einen geeigneten Anfang zu finden. Im folgenden Abschnitt dieses Kapitels werde ich Ihnen also am besten als erstes XML vorstellen. Die wichtigsten Grundlagen kennen Sie bereits vom Schema her. Und alles, was für das Schema galt, gilt auch für das eigentliche XML.

Wichtig für XML sind natürlich auch die Klassen für die Bearbeitung, die in verschiedenen Sprachen vorhanden sind. Auf Basis der Theorie und der Grundlagen lernen Sie anhand von Beispielen, wie man diese Klassen verwendet. Da wir uns mit einem Standard auseinandersetzen, können Sie das Erlernte fast 1:1 auf andere Sprachen umsetzen. Ich werde versuchen, Codebeispiele gleichmäßig auf C#, Java und VB aufzuteilen, damit Sie die Ähnlichkeiten der verschiedenen DOM-Implementationen selbst beurteilen können.

4.3.1   XML: Aufbau und Hintergründe

XML beschreibt Daten, Strukturen und sogar Objekte. Man spricht bei beschreibenden XML-Dateien auch von XML-Dokumenten. XML-Dokumente sind aus sogenannten Entitäten aufgebaut (Entities) , welche Abschnitte des XML-Dokuments beschreiben. Diese Abschnitte werden auch Speicherungseinheiten genannt. XML-Dokumente können, müssen aber nicht in Dateien gespeichert sein. Möglicherweise erhalten Sie, wie in den vorherigen Kapiteln, ein XML-Dokument aus einem Programm heraus geliefert, oder aber aus einer Datenbank. Aus diesem Grund wird XML auch gerne für Schnittstellen verwendet, weil praktisch jede Software diese Rückgabe einlesen und parsen kann.

Parsen bedeutet, dass die lesende Software dieses XML-Dokument anhand des Schemas oder einer vorher vereinbarten Struktur den Inhalt auf richtige Weise interpretiert und verarbeitet. Die lesende Software kann dann eine Transformation der enthaltenen Daten vornehmen und diese anzeigen. Sie kann aber auch aus den enthaltenen Daten durch Serialisierung und Deserialisierung Objekte erzeugen und diese verwenden. Möglich ist auch, auf Fremdsystemen durch Method Invocation oder Remote Method Invocation (RMI) Programmteile aufzurufen und zu verwenden.

Programme wie die gerade genannten Parser lesen und verarbeiten XML-Dokumente und werden daher auch XML-Prozessoren genannt. XML-Prozessoren sind selten alleinstehende Programme. Meist sind sie Module einer umschließenden Applikation und dienen nur zum Verarbeiten von XML-Dokumenten. XML-Dokumente sollten »wohlgeformt« sein. Das bedeutet im Idealfall, dass XML alle Regeln für die Beschreibung einhält. Im Besonderen sind dies folgende grundsätzliche Dinge:

- Es existiert ein Wurzelelement.
- Beginn- und Endtags sind auf die richtige Weise und immer korrespondierend verbunden/verschachtelt.
- Tags, die Inhalt enthalten, werden von Beginn- und Endtags umschlossen.
- Gültigkeit: Die Gültigkeit wird im Besonderen durch ein entsprechendes Schema hergestellt. Somit gehört auch ein gültiges Schema zur Wohlgeformtheit.

XML-Dokumente werden in Baumstrukturen angelegt, deshalb sind die Start- und Endtags für die Wohlgeformtheit absolut notwendig. Nicht wohlgeformte Dokumente können von den meisten XML-Klassen nicht richtig interpretiert werden. Verwechseln Sie damit nicht Ausschnitte aus XML-Dokumenten. Wohlgeformte Ausschnitte können sehr wohl interpretiert werden. Zur Wohlgeformtheit gibt es auch noch valide Dokumente. Wenn ein XML-Dokument *valid* ist, bedeutet dies, dass es zum einen wohlgeformt ist und zusätzlich ein gültiges Schema oder ein DTD enthält.

Es gibt einige Abkömmlinge von XML, die Sie schon kennen, wenn Sie sich an die ersten Abschnitte dieses Kapitels erinnern. HTML ist zum Beispiel ein XML- und somit auch ein SGML-Abkömmling. Unterschiede zwischen HTML und XML gibt es zum Beispiel aber in der Differenzierung zwischen Groß- und Kleinschreibung: Die ist XML bekannt, existiert bei HTML aber nicht.

HTML ist bei dagegen bei Weitem nicht so restriktiv wie XML und muss auch nicht wohlgeformt sein. Beide verwenden Tags und bestimmte Grundregeln. XML ist allerdings strukturierter und besitzt zur Sicherstellung der Datenkonsistenz seine Schemata und/oder die DTD. HTML wurde dagegen erfunden, um Daten anzuzeigen und zu repräsentieren. Es ist also in erster Linie ein Hilfsmittel zur Dokumentenaufbereitung. Wie bei allen Texten und textorientierten Beschreibungssprachen sind hier Datenkonsistenzen nicht erste Priorität. XML hingegen kann Daten und Objekte beschreiben, effizient speichern und lässt sich leicht übertragen. Außerdem ist durch die jeweiligen Schemata die Datenkonsistenz gewährleistet.

Sie haben verschiedene Grundelemente von XML bereits im Abschnitt über das Schema kennengelernt. Diese gelten wie bereits erwähnt natürlich auch für das eigentliche XML. Jetzt wird es langsam Zeit, dass wir etwas genauer auf die Struktur von XML-Dateien eingehen.

Ein XML-Dokument startet gewöhnlich mit dem Prolog. Der Prolog ist vergleichbar mit einer Einleitung, welche die wichtigsten Dokumenteigenschaften voranstellt.

```
<?xml version="1.0" standalone="yes" ?>
```

Alle nach dem Prolog folgenden Elemente werden im Allgemeinen als Content, also Inhalt bezeichnet.

Jedes XML-File besitzt ein Wurzelelement. Wurzelelemente sind das Äußere des Beschreibungsbaumes und können vom Namen her beliebig gewählt werden.

```
<NewDataSet>

</NewDataSet>
```

Zwischen den Tags des Wurzelelements befindet sich die Datenbeschreibung. Diese Beschreibung ist in einer hierarchischen Baumform angeordnet. Tags können wie beim Wurzelelement mit einem gleichlautenden Tag plus vorangestelltem Schrägstrich beendet werden, müssen es aber nicht. Man kann auch nur ein einzelnes Tag, zum Beispiel als Zeilentrenner, sofort wieder beenden.

```
<Data/>
```

Jedes Tag lässt sich mit Attributen versehen. Diese definieren die Eigenschaften eines Knotens genauer. Attribute sind ebenso wie Elemente frei wählbar.

```
<Data ID="1" Name="test"/>
```

Im obigen Beispiel sind sowohl *ID* als auch *Name* jeweils ein Attribut des Elements *Data*. Attribute werden durch einfache Leerzeichen voneinander getrennt.

> **Hinweis:**
> **Tags innerhalb eines XML-Dokuments werden auch »Markups« genannt.**

Innerhalb eines XML-Dokuments werden Sie oft auch eine strukturierte Darstellung sehen, wie im nächsten Codeausschnitt.

```
<?xml version="1.0"?>
<?mso-application progid="Excel.Sheet"?>
<Workbook>
    <DocumentProperties>
        <Author>H.Burbiel</Author>
        <LastAuthor>H.Burbiel</LastAuthor>
        <Created>2006-10-01T10:32:42Z</Created>
        <LastSaved>2006-10-01T10:33:46Z</LastSaved>
        <Company>-</Company>
        <Version>11.6568</Version>
    </DocumentProperties>
</Workbook>
```

Diese Darstellung ist aber nicht unbedingt nötig, sie vereinfacht nur das Lesen für den Programmierer. Folgendes Dokument wäre ebenso von einem XML-Parser lesbar.

```
<?xml version="1.0"?> <?mso-application progid="Excel.Sheet"?> <Workbook>
<DocumentProperties><Author>H.Burbiel</Author><LastAuthor>H.Burbiel</LastAuthor>
    <Created>2006-10-01T10:32:42Z</Created><LastSaved>2006-10-
01T10:33:46Z</LastSaved><Company>-</Company>        <Version>11.6568</Version>
    </DocumentProperties></Workbook>
```

Aus diesem Grund werden XML-Dokumente meist schon für das Auge wohlgeformt, also leserlich dargestellt.

Geöffnete Tags dürfen andere Tags enthalten, aber niemals falsch geschachtelt werden. Folgendes Beispiel wäre falsch.

```
<?xml version="1.0"?>
<?mso-application progid="Excel.Sheet"?>
<Workbook>
    <DocumentProperties>
      </Workbook>
</DocumentProperties>
```

Das nächste Beispiel zeigt die korrekte Reihenfolge. Die jeweils inneren Tags werden zuerst geschlossen.

```
<?xml version="1.0"?>
<?mso-application progid="Excel.Sheet"?>
<Workbook>
    <DocumentProperties>
    </DocumentProperties>
</Workbook>
```

Natürlich gibt es auch im XML-Dokument ebenso wie im Schema Bemerkungen. Diese können eingefügt werden, um dem Leser beispielsweise Hinweise zur Struktur zu geben.

```
<?xml version="1.0"?>
<?mso-application progid="Excel.Sheet"?>

<!-Dies ist eine Bemerkung -->

<Workbook>
    <DocumentProperties>
    </DocumentProperties>
</Workbook>
```

Zusätzlich zu den genannten Elementen eines XML-Dokuments können auch noch Verarbeitungsinformationen für Parser eingetragen werden. In der Praxis wird man dies relativ wenig sehen, aber es ist ein reguläres Mittel, um den verarbeitenden Programmen bestimmte Informationen zukommen zu lassen.

```
<?Ziel Instruktionen?>
```

Ziel ist die parsende Applikation, *Instruktionen* sind natürlich die entsprechenden Anweisungen an den Aufrufer. Diese Anweisungen muss das aufrufende Programm aber selbst lesen und umsetzen. Dies macht zum Beispiel dann Sinn, wenn Sie wissen, dass verschiedene Applikationen Ihre XML-Dateien lesen und verschieden verarbeiten sollen.

Wie bereits erwähnt, dient XML in erster Linie dazu, Daten abzubilden. HTML stellt Inhalte visuell dar – allerdings kann das auch XML. Hierzu dient XSL (*Extensible Stylesheet Language*). Man bezeichnet XSL auch als XSLT, dann heißt das Ganze *Extensible Stylesheet Language for Transformations*. XSL dient zum Transformieren von XML in ein beliebiges anderes Format. Zu diesen Transformationen kommen wir aber später noch genauer.

4.4 Die XML-Klassen von .NET

In diesem Abschnitt lernen Sie die relevanten Klassen von .NET (2.0) für die XML-Bearbeitung kennen. Als Erstes werde ich Ihnen die jeweiligen Namespaces und die zugehörigen Klassen vorstellen. Nach diesem Überblick sehen Sie anhand von Beispielen, wie man die XML-Klassen verwendet. Auf den .NET-Abschnitt folgt dann natürlich der Java-Abschnitt. Dort dreht sich dann alles um SAX und dessen Klassen.

Unter .NET ist der XML-Hauptnamespace natürlich *System.Xml*. Diesen Namespace lernen Sie nun kennen. Der XML-Namespace von .NET unterstützt übrigens XML in der Version 1.0, inklusive DTD. Alle folgenden Beschreibungen sowie die zugehörigen Beispiele wurden mit dem Visual Studio 2005 und .NET 2.0 erstellt und getestet. Das Betriebssystem, unter welchem die Beispiele erstellt wurden, ist Windows XP mit integriertem Service Pack 2 samt allen aktuellen Updates.

4.4.1   System.Xml

Klassen

NameTable	XmlNameTable*
XmlAttribute	Stellt ein XML Attribut dar
XmlAttributeCollection	Auflistung von Attributen
XmlCDataSection	Ein CDATA-Abschnitt, s. auch DTD
XmlCharacterData	Verschiedene Methoden zur Textbearbeitung
XmlComment	XML-Kommentar
XmlConvert	Konvertierungs-, Codierungs- und Decodierungsklasse zwischen CLR und XSD
XmlDataDocument	Klasse zum Abrufen und Bearbeiten von Daten über ein relationales DataSet
XmlDeclaration	Knoten für Grund-XML-Deklaration
XmlDocument	Ein XML-Dokument
XmlDocumentFragment	Objekt für ein XML-Fragment zum Einfügen in Strukturen
XmlDocumentType	Dokumenttypdeklarationen
XmlElement	Ein Element des XML-Baums
XmlEntity	Eintität des XML-Baums
XmlEntityReference	Entitätsverweisknoten
XmlException	Exception, tritt bei Fehlern in der XML-Klasse auf
XmlImplementation	Definiert den Kontext von XML-Dokumenten
XmlLinkedNode	Ruft die verbundenen Knoten zum aktuellen Knoten ab
XmlNamedNodeMap	Knotenauflistung, zugänglich über Index oder Name
XmlNamespaceManager	Verwaltung von Namespace-Gültigkeitsbereichen
XmlNameTable	Tabelle atomisierter Zeichenfolgenobjekte
XmlNode	XML-Knoten
XmlNodeChangedEventArgs	XML-Event-Argumente bei Änderungen
XmlNodeList	Knotenauflistung
XmlNodeReader	Ähnlich wie ein DataReader, ein Reader für schnellen, vorwärtsbezogenen Zugriff auf Nodes
XmlNotation	Notationsdeklaration
XmlParserContext	Stellt sämtliche Kontextinformationen bereit, welche ein XmlReader zum Analysieren von Fragmenten benötigt

XmlProcessingInstruction	Verarbeitungsanweisung
XmlQualifiedName	Stellt einen XML gekennzeichneten Namen dar
XmlReader	Ähnlich dem XmlNodeReader, aber für XML-Daten allgemein
XmlReaderSettings	Einstellungen für den Reader
XmlResolver	Löst URI-Informationen auf
XmlSecureResolver	Security-Wrapper für den XmlResolver
XmlSignificantWhitespace	Leerraum
XmlText	Textinhalt eines XML-Elements oder Attributs
XmlTextReader	Ähnlich XmlReader
XmlTextWriter	Schnelle Vorwärtsgenerierung von XML-Dateien oder Streams, ohne Zwischenspeicherung
XmlUrlResolver	Löst URI-Informationen auf
XmlValidatingReader	Schemavalidierung für DTD, XSD und XDR (XML Data Reduced Schema)
XmlWhitespace	Leerraum im Element
XmlWriter	Schnelle Vorwärtsgenerierung von XML-Dateien oder Streams, ohne Zwischenspeicherung
XmlWriterSettings	Einstellungen zum Writer

Der XML-Hauptnamespace enthält auch einige Schnittstellen, über welche Sie spezielle Implementationen innerhalb Ihrer eigenen Klassen realisieren können.

Schnittstellen (Interfaces)

IHasXmlNode	Ermöglicht einer Klasse die Rückgabe einer XML-Node
IXmlLineInfo	Über diese Schnittstelle werden Zeilen und Positionsinformationen zurückgegeben
IXmlNamespaceResolver	Schreibgeschützter Zugriff auf Präfix und Namespace-zuordnungen

Der XML-Namespace kennt auch einen Delegaten, mit dem der User einen eigenen Event anmelden und verwenden kann.

Delegaten (Delegates)

XmlNodeChangedEventHandler	Dieser Delegat stellt die Methode dar, die für folgende Ereignisse verwendet wird: NodeChanged, NodeChanging, NodeInserted, NodeInserting, NodeRemoved, NodeRemoving

Zusätzlich existieren verschiedene Enumerationen (Aufzählungen).

Aufzählungen (Enumerations)

ConformanceLevel	Gibt den Umfang der Ein- oder Ausgabeprüfung des XmlReader oder XmlWriter an
EntityHandling	Gilt für XmlTextReader und XmlValidatingReader. Gibt an, wie Entitäten behandelt werden
Formatting	Formatierungsoptionen für XmlTextWriter
NewLineHandling	Gibt an, wie Zeilenumbrüche behandelt werden
ReadState	Der Status des Readers
ValidationType	Validierungstyp
WhitespaceHandling	Wie werden Leerräume behandelt
WriteState	Der Status des XmlWriters
XmlDateTimeSerializationMode	Gibt an, wie die Uhrzeit beim Konvertieren behandelt wird
XmlNamespaceScope	Definiert den Namespacebereich
XmlNodeChangedAction	Typ der Knotenänderung
XmlNodeOrder	Dokumentenreihenfolge eines Knotens im Vergleich zu anderen Knoten
XmlNodeType	Knotentyp
XmlOutputMethod	Gibt die Methode zur Serialisierung der XmlWriter-Ausgabe an
XmlSpace	xml:Space Bereich
XmlTokenizedType	Stellt den XML-Typ für eine Zeichenfolge dar. Ermöglicht das Lesen einer Zeichenfolge als bestimmten XML-Typ, z. B. als CDATA-Abschnittstyp

Die gerade vorgestellten Klassen sind nur der Grundstock der XML-Bearbeitung und befinden sich im Hauptnamespace von .NET. Denken Sie nicht, damit wäre es bereits getan. Natürlich sind die einzelnen Klassen in verschiedene Hierarchien unterteilt, die ihrerseits wieder Klassen, Delegates, Enumerations und anderes enthalten. Wir werden gleich im Anschluss einige der Funktionalitäten anhand von Beispielen durcharbeiten. Einen kompletten Überblick werde ich Ihnen in diesem Buch allerdings nicht geben können. Sie werden sehen warum, wenn wir am Ende des Kapitels angekommen sind.

Die XML-Funktionalitäten innerhalb von .NET (2.0) sind in den letzten Jahren enorm angestiegen. Im nächsten Beispiel werden wir zuerst einmal ganz schlicht ein XML-Dokument öffnen und auslesen. Dies zeigt auf einfache Weise, welche Klassen Sie grundsätzlich benötigen, wenn Sie auf eine XML-Datei zugreifen.

Das folgende Beispiel lädt ein Dokument. Mehr macht es noch nicht. Wir werden allerdings in den folgenden Beispielen auf dieses Programm als Grundstock zurückgreifen und einige interessantere Dinge damit anstellen. Das XML-Dokument, welches geladen wird, wurde von Excel 2003 erstellt. Sie erkennen das, wenn Sie sich das XML-File mit einem Editor anschauen. Der Einfachheit halber wurden sowohl das XML- als auch das

Excel-File (.*XLS*) von mir im *Debug*-Ordner abgelegt. Somit kann man einfach über *Application.StartupPath* darauf zugreifen.

An dieser Stelle stoßen wir bereits auf ein erstes kleines Problem, vor allem wenn Sie schon einmal von XML-Transformationen gehört haben. Excel verwendet als Dateiendung XLS. Diese Endung ist leicht zu verwechseln mit XSL. XSL betrifft aber eine XML-Transformation, zu welcher wir später noch kommen werden. Achten Sie daher bitte darauf, wenn wir von XSL oder XLS sprechen.

4.4.2   XML-Dokumente laden

C#-Client, um ein XML-Dokument zu laden

Dieses Beispiel dient dazu, ein XML-Dokument zu laden. Es bearbeitet noch keine Daten und nimmt auch sonst keinen Einfluss auf das geladene XML. Die verwendete .NET-Version ist 2.0.

Listing: cd:\Sourcen\04 XML\01 XML Document

Benötigte Namespaces

System.Xml

Sourcecode

```
using System;
using System.Collections.Generic;
using System.ComponentModel;
using System.Data;
using System.Drawing;
using System.Text;
using System.Windows.Forms;

using System.Xml;

namespace XMLDocument
{
    public partial class Form1 : Form
    {
        private XmlDocument doc = new XmlDocument(); // Source XML

        public Form1()
        {
            InitializeComponent();
        }
```

```
private void button1_Click(object sender, EventArgs e)
{
    String fileName =
                Application.StartupPath + "\\" + textBox1.Text;
    if (LoadXML(fileName))
    {
        label3.Text = "XML geladen";
    }
    else
    {
        label3.Text = "XML konnte nicht geladen werden";
    }
}


public bool LoadXML(string sFileName)
{
    Boolean isLoaded = false;

    if (sFileName.EndsWith("xml"))
    {
        try
        {
            doc.Load(sFileName);
            isLoaded = true;
        }
        catch (Exception e)
        {
            MessageBox.Show(e.Message.ToString());
            isLoaded = false;
        }
    }
    return isLoaded;
}
```

Beschreibung

Das Wichtigste ist wohl das XML-Document, welches wir gleich zu Beginn instanziieren.

```
private XmlDocument doc = new XmlDocument(); // Source XML
```

Diese kleine Zeile bedeutet, dass wir gerade eine enorm leistungsfähige Klasse initialisiert haben, welche die komplette Struktur eines XML-Dokuments aufnehmen kann.

Beim Betätigen des Buttons wird der Pfad zu unserem XML-Dokument übergeben.

```
String fileName = Application.StartupPath + "\\" + textBox1.Text;
```

In der nächsten Zeile laden wir das Dokument über die Methode *LoadXML*. Diese Methode gibt uns einen Boolewert zurück, welcher definiert, ob das Dokument geladen werden konnte oder nicht.

```
if (LoadXML(fileName))
    {
```

Sollte kein Fehler aufgetreten sein, liefert die Methode *True* zurück und das Label auf dem Formular wird entsprechend gesetzt.

```
label3.Text = "XML geladen";
```

Die Lademethode ist in diesem Beispiel auch nicht besonders kompliziert. Sie prüft als Erstes oberflächlich, ob die zu ladende Datei die Endung *XML* enthält.

```
if (sFileName.EndsWith("xml"))
    {
```

Ist dies der Fall, wird ein *Try/Catch*-Block durchlaufen, in welchem die Datei geladen wird.

```
try
    {
        doc.Load(sFileName);
        isLoaded = true;
    }
```

Je nach Erfolg oder Misserfolg der Ladeaktion wird entweder *True* oder *False* von der Methode an den Aufrufer zurückgeliefert.

Bild 4.1: XML laden

Im nächsten Beispiel lesen wir einige der Daten des XML-Dokuments aus und zeigen sie auf dem Bildschirm an. Der Einfachheit halber verwenden wir wieder das gleiche von Excel generierte XML-Dokument, diesmal aber leicht für unsere Zwecke modifiziert. Der Zweck für die Modifikation ist das bessere Verständnis der Klassen. Im Original sind verschiedene XML-Namespaces definiert. Daher würden wir etwas komplizierter vorgehen müssen, um an unsere Elemente zu kommen. Aus diesem Grund wurde die Hierarchie abgeflacht und die einzelnen Namespaces entfernt, damit wir einen durchgängigen Baum verwenden können.

4.4.3   XML-Dokumente auslesen

C#-Client, um XML-Dokumente auszulesen

Dieses Beispiel dient dazu, verschiedene Daten über das geladene XML auszulesen und im Anschluss anzuzeigen. Die verwendete .NET-Version ist 2.0.

Listing: cd:\Sourcen\04 XML\02 XML auslesen

Benötigte Namespaces

System.Xml

Sourcecode

```
using System;
using System.Collections.Generic;
using System.ComponentModel;
using System.Data;
using System.Drawing;
using System.Text;
using System.Windows.Forms;

using System.Xml;

namespace XML_Auslesen
{
    public partial class Form1 : Form
    {
        private XmlDocument doc = new XmlDocument(); // Source XML
        Boolean isLoaded = false;

        public Form1()
        {
            InitializeComponent();
        }

        // Dokument Laden
        private void button1_Click(object sender, EventArgs e)
        {
            String fileName = Application.StartupPath + "\\" +
                                                    textBox1.Text;
            if (LoadXML(fileName))
            {
                label3.Text = "XML geladen";
                button2.Enabled = true;
                button3.Enabled = true;
                button4.Enabled = true;
```

```
        }
    else
    {
        label3.Text = "XML konnte nicht geladen werden";
    }
}

// Root anzeigen
private void button3_Click(object sender, EventArgs e)
{
    XmlElement root= getXMLRoot();
    if (root != null)
    {
        textBox2.Text = "";
        textBox2.Text = "Rootelement: "+root.Name;
    }
}


// Author anzeigen
private void button2_Click(object sender, EventArgs e)
{
    XmlNode nNode =
        getXMLNodeByXPath("//Workbook/DocumentProperties/Author");
    if (nNode != null)
    {
        textBox2.Text = "";
        textBox2.Text = "Author: "+ nNode.InnerText   ;
    }
}
// Node-List anzeigen
private void button4_Click(object sender, EventArgs e)
{
    XmlNode nNode =
                getXMLNodeByXPath("//Workbook/DocumentProperties");
    XmlNodeList nodeList = getXMLNodeList(nNode);
    textBox2.Text = "";
    foreach (XmlNode nd in nodeList)
    {
        textBox2.Text = textBox2.Text + nd.Name + ": " +
                                        nd.InnerText+"\r\n";
    }

}


public bool LoadXML(string sFileName)
{
    if (sFileName.EndsWith("xml"))
    {
        try
        {
            doc.Load(sFileName);
```

```
                    isLoaded = true;
            }
        catch (Exception e)
        {
            MessageBox.Show(e.Message.ToString());
            isLoaded = false;
        }
    }
    return isLoaded;
}

public XmlElement getXMLRoot()
{
    if (isLoaded)
    {
        XmlElement root;
        root = doc.DocumentElement;
        return root;
    }
    else
    { return null; }
}

public XmlNode getXMLNodeByXPath(string sXPath)
{
    XmlNode nNode=null;

    if (isLoaded)
    {
        try
        {
            nNode = doc.SelectSingleNode(sXPath);
        }
        catch (Exception e)
        {
            MessageBox.Show(e.Message.ToString());
            nNode = null;
        }
    }
    return nNode;
}

public XmlNodeList getXMLNodeList(XmlNode nNode)
{
    XmlNodeList nodeList=null;

    if (isLoaded)
    {
        try
        {
            nodeList = nNode.ChildNodes;
        }
        catch (Exception e)
```

```
        {
            MessageBox.Show(e.Message.ToString());
            nodeList = null;
        }
    }
    return nodeList;
}
}
}
```

Beschreibung

Ausnahmsweise ist der Sourcecode dieses Beispiels etwas umfangreicher. Ich denke es ist besser, wenn Sie das komplette kleine Programm statt nur ein Fragment vor sich sehen.

Für alle, die sich noch nicht so intensiv mit C# und/oder .NET 2.0 auskennen, betrachten wir zuerst die ersten Zeilen.

```
namespace XML_Auslesen
{
    public partial class Form1 : Form
```

Der *Namespace* bezeichnet unter .NET wie auch unter XML den Namensraum, also einen Bereich für die Sichtbarkeit des folgenden Programms. Je nach Modifikatoren der einzelnen Variablen oder Methoden innerhalb der Klassen werden diese dann den Mitgliedern des Namensraums sichtbar (oder eben nicht) gemacht.

> **Hinweis:**
> Modifikatoren sind Gültigkeitsbereiche von Variablen, Methoden, Klassen und anderen Elementen der Programmierung. Typische Modifikatoren sind zum Beispiel: private, public und protected.

In der nächsten Zeile des Programms sehen Sie einen Modifikator, nämlich *public*. Wichtiger in .NET 2.0 ist aber der *partial*-Bezeichner der Klasse. Das Schlüsselwort *partial* wurde nämlich erst mit .NET 2.0 eingeführt. Es dient dazu, einzelne Klassen aufzusplitten. Man hat somit die Möglichkeit, zum Beispiel den Code des Designers für die Oberfläche und zugehörigen Komponentencode eindeutig zu trennen. Nützlich ist dies beispielsweise auch bei automatisch generierten Codepassagen. Wenn keine *Partial*-Klasse benutzt würde, könnte ein (theoretisches) Codegenerierungstool im ungünstigsten Fall den vom Entwickler eingegebenen zusätzlichen Code löschen. *Partial*-Klassen waren unter .NET 1.1 noch nicht realisierbar.

In dieser Version des Beispielprogramms lagern wir zwei wichtige Variablen in den privaten, sichtbaren Bereich der Klasse aus.

```
    private XmlDocument doc = new XmlDocument(); // Source XML
    Boolean isLoaded = false;
```

Somit sind beide Variablen in unseren späteren Methoden sichtbar und damit auch modifizierbar.

Im *click*-Event des ersten Buttons bestimmen wir, ob die anderen Buttons betätigt werden können oder nicht.

```
if (LoadXML(fileName))
{
    label3.Text = "XML geladen";
    button2.Enabled = true;
    button3.Enabled = true;
    button4.Enabled = true;
```

Wird das XML-Dokument geladen, werden die einzelnen Buttons auf *enabled* gesetzt. Das heißt, sie werden bedienbar.

Sollte das Laden des Dokuments fehlschlagen, wird die entsprechende Meldung innerhalb eines Labels ausgegeben.

```
else
{
    label3.Text = "XML konnte nicht geladen werden";
```

Die nächste Routine stellt die Funktionalität für die Document Root, die Wurzel des Dokuments, zur Verfügung.

Da die Root ein XML-Element ist, definieren wir diese natürlich so.

```
// Root anzeigen
    private void button3_Click(object sender, EventArgs e)
    {
        XmlElement root= getXMLRoot();
```

Über die Methode *getXMLRoot* erhalten wir das Wurzelelement zurück. Das Wurzelelement ist in unserem Fall *Workbook*. *XmlElement* stellt uns einiges an Eigenschaften und Methoden zur Verfügung. Auf den nächsten Seiten sehen Sie einen Teil der Funktionalität von *XmlElement*.

Eigenschaften (Properties)

Attributes	Enthält eine Liste der Attribute des aktuellen Knotens
BaseURI	Basis-URI des aktuellen Knotens
ChildNodes	Liste der untergeordneten Knoten
FirstChild	Erstes untergeordnetes Element des aktuellen Knotens
HasAttributes	Gibt an, ob der aktuelle Knoten über Attribute verfügt
HasChildNodes	Gibt an, ob der aktuelle Knoten über Childs verfügt
InnerText	Ruft eine verkettete Liste aller, auch untergeordneter Elementwerte ab
InnerXml	Der Wert des aktuellen Elements
IsEmpty	Liest oder setzt das Tagformat
IsReadOnly	Gibt an, ob der Knoten schreibgeschützt ist
Item	Ruft ein Element des aktuellen Knotens ab

LastChild	Gibt das letzte untergeordnete Element zurück
LocalName	Lokaler Name des aktuellen Knotens
Name	Gekennzeichneter Name des Knotens
NameSpaceURI	Die URI dieses Knotens
NextSibling	Das folgende Element (Sibling=Geschwister)
NodeType	Der Typ des aktuellen Knotens
OuterXml	Das Markup, welches diesen Knoten und seine Umgebung darstellt, in unserem Fall praktisch der komplette XML Baum
OwnerDocument	Das zum Knoten gehörende XML-Dokument
ParentNode	Der übergeordnete Knoten
Prefix	Namespaceprefix des aktuellen Knotens
PreviousSibling	Vorausgehender Knoten des aktuellen Knotens
Value	Ruft den Wert des Knotens ab oder legt ihn fest

Methoden

AppendChild	Fügt ein Kindelement an den Knoten an
Clone	Erstellt ein Duplikat des Knotens
GetAttribute	Gibt für das angegebene Attribut den Wert zurück
GetAttributeNode	Gibt ein Attribut vom Typ XmlAttribute zurück
GetElementsByTagName	Gibt eine Nodeliste von Elementen zurück, die mit dem übergebenen Namen übereinstimmen
GetNamespaceOfPrefix	Gibt den Namespace des aktuellen Knotens zurück
GetPrefixOfNamespace	Gibt das Präfix des aktuellen Knotens zurück
GetType	Typ der aktuellen Instanz
HasAttribute	Gibt zurück, ob der Knoten über das angegebene Attribut verfügt
InsertAfter	Fügt einen Knoten nach dem Verweisknoten ein
InsertBefore	Fügt einen Knoten vor dem Verweisknoten ein
PrependChild	Fügt einen Knoten am Anfang der untergeordneten Knoten hinzu
RemoveAll	Löscht alle angegebenen Attribute und untergeordnete Elemente
RemoveAllAttributes	Löscht alle angegebenen Attribute des aktuellen Knotens
RemoveAttribute	Löscht ein Attribut
RemoveAttributeAt	Entfernt den per Index angegebenen Attributknoten mit dem
RemoveAttributeNode	Entfernt ein XmlAttribute
RemoveChild	Löscht das angegebene Child
ReplaceChild	Ersetzt das angegebene Child
SelectNodes	Selektiert verschiedene Knoten

SelectSingleNode	Selektiert einen Knoten
SetAttribute	Setzt ein Attribut
SetAttributeNode	Fügt ein neues XmlAttribute hinzu
WriteContentTo	Schreibt den Inhalt in einen XmlWriter
WriteTo	Speichert den aktuellen Knoten in einem XmlWriter

Wenn Sie sich unsere Beispiel-XML anschauen, sehen Sie das Wurzelelement gleich nach dem allgemeinen XML-Kopf.

```
<?xml version="1.0"?>
<?mso-application progid="Excel.Sheet"?>
<Workbook >
```

Sollte das Rootelement gefunden werden, also wenn *root* ungleich NULL ist, wird der entsprechende Text ausgegeben, ansonsten nichts.

```
            if (root != null)
            {
                textBox2.Text = "";
                textBox2.Text = "Rootelement: "+root.Name;
            }
        }
```

Die zugehörige Methode *getXMLRoot* macht im Grunde nichts Besonderes. Sie definiert eine Variable vom Typ *XmlElement* mit Namen *root*.

```
            XmlElement root;
```

Als Nächstes wird dieser Variablen der Wert der Document Root zugewiesen. Die Funktionalität hierfür versteckt sich im *DocumentElement*.

```
            root = doc.DocumentElement;
```

Nun wird nur noch dieser Wert an den Aufrufer zurückgegeben, danach kann er ganz normal verwendet werden.

```
            return root;
```

Der nächste Button zeigt den Inhalt eines beliebigen Knotens an. Beachten Sie bitte, dass der XML-Knoten *Author* in diesem Fall beliebig gewählt ist. Sie könnten ebenso jeden anderen Knoten auf diese Art auslesen. Die Routine zum Anzeigen des Autors befindet sich in der Methode des Events *button2_Click*.

Um die Eigenschaften und Methoden eines Knotens abzufragen, verwendet man das .NET-Element *XmlNode*. Mit dieser Klasse haben Sie Zugriff auf alle relevanten Ausprägungen eines XML-Knotens.

Tipp:
Mit der Ausprägung eines Objekts werden die Eigenschaften, Methoden und
hierarchisch angegliederten Klassen eines Objekts bezeichnet. Eine Ausprägung stellt
also eine der Funktionalitäten eines Objekts dar, welches aus einer entsprechenden
Klasse instanziiert wurde.

Aus diesem Grund benötigen wir zuerst ein Objekt vom Typ *XmlNode*. Dieses wird am
Anfang der Methode definiert.

```
XmlNode nNode =
```

Seinen Inhalt erhält unser Objekt von der Methode *getXMLNodeByXPath*. Zu dieser
Methode kehren wir gleich noch zurück. Zuerst besprechen wir den Aufrufer. Sollte das
zurückgegebene Node-Element gefunden und erfolgreich instanziiert worden sein,
greifen wir über die Eigenschaft *InnerText* auf den Text zu, welcher innerhalb des Start-
und Endtags des Elements definiert wurde.

```
textBox2.Text = "Author: "+ nNode.InnerText  ;
```

Innerhalb unserer XML-Datei sieht diese Passage folgendermaßen aus.

```
<Workbook>
   <DocumentProperties>
      <Author>H.Burbiel</Author>
```

Sie sehen, innerhalb der Start- und Endtags <Author> </Author> steht der Name des
Autors. Dies ist der *InnerText,* auf welchen wir zugreifen. Da diese Eigenschaft als Typ
String zurückliefert, können wir diesen einfach und ohne Casting (Typumwandlung) in
unserer TextBox ausgeben.

```
textBox2.Text = "Author: "+ nNode.InnerText  ;
```

Nun zu der Routine, die uns diesen Knoten liefert. Sie ist, wie bereits erwähnt, in der
Methode *getXMLNodeByXPath* untergebracht. Prinzipiell ist auch diese Methode recht
trivial. Sobald wir einmal ein Nodeelement von seinen Kameraden isoliert haben, haben
wir eigentlich schon gewonnen. Wir erhalten ein einzelnes Nodeelement über verschiedene Wege. Theoretisch könnten wir uns vom Rootelement nach unten durchhangeln,
indem wir auf dessen Kinder zugreifen. Beispielhaft würde dies etwa wie folgt aussehen.

```
root.ChildNodes[1].ChildNodes[0].InnerText
```

Ich denke, Sie pflichten mir bei, wenn ich sage, dass dies einerseits wirklich blöd aussieht
und andererseits unheimlich umständlich ist. Aus diesem Grund wählen wir die XPath-
Methode. Diese Art der Abfrage macht einfach mehr Spass. ;o)

Was ist XPath? Allein darüber könnte man einen eigenen Abschnitt schreiben. Und tatsächlich, Sie werden auch noch einen eigenen Abschnitt über XPath in diesem Kapitel
finden.

Für den Anfang Folgendes: XPath ist eine Abfragesprache für XML, welche Ihnen den selektiven Zugriff auf einzelne Knoten ermöglicht. Da ein XML-Dokument als Baum organisiert ist, lassen sich seine einzelnen »Äste« für gewöhnlich relativ einfach vollqualifiziert benennen. Vollqualifiziert bedeutet in diesem Zusammenhang: mit seinem kompletten Namen. Sie sehen dies im Beispiel an unserem Übergabeparameter.

```
("//Workbook/DocumentProperties/Author");
```

Eingeleitet wird die Abfrage mit einem Doppelslash //. Dies ist nicht unbedingt nötig. Der Doppelslash bedeutet, dass der Abfrageparser an den Anfang des Dokuments geht und von dort mit seiner Suche beginnt. Der Doppelslash kann bei vielen Abfragen und großen Dokumenten die Ausführung eklatant verzögern. Also etwas Vorsicht damit!

Manchmal ist es aber nötig, vom Anfang des Dokuments aus zu suchen, zum Beispiel wenn mehrere gleichlautende Knoten vorhanden sind, Sie aber explizit den ersten Knoten wünschen. Natürlich gibt es hierfür auch andere, elegantere Methoden, aber diese besprechen wir erst im XPath-Abschnitt. Anhand dieser XPath-Abfrage kann der Parser nun direkt zu dem entsprechenden Knoten navigieren und uns diesen zurückliefern.

XML:

```
<Workbook>
    <DocumentProperties>
        <Author>H.Burbiel</Author>
```

Die Methode kann nun über das Dokument auf die Methode *SelectSingleNode* zugreifen. *SelectSingleNode* kann als Parameter einen XPath-Ausdruck aufnehmen und selektiert anhand dieses Parameters einen einzelnen Dokumentknoten.

```
nNode = doc.SelectSingleNode(sXPath);
```

Sollte dies nicht funktionieren, liefert die Methode *NULL* zurück.

```
nNode = null;
```

Nun haben wir im Aufrufer ein einzelnes, isoliertes Nodeelement, auf welches wir zugreifen können.

```
textBox2.Text = "Author: "+ nNode.InnerText  ;
```

Die Klasse *XmlNode,* welche wir hier verwenden, ist sehr vielseitig. Das muss sie aber auch sein, da man andauernd mit ihr arbeitet. Da diese Klasse sehr wichtig ist, liste ich sie Ihnen auf den folgenden Seiten mit ihren wichtigsten Ausprägungen kurz auf. Die Auflistung soll nur die wichtigsten Eigenschaften/Methoden etc. aufzählen, sie ist NICHT vollständig.

Klasse XmlNode (stellt einen einzelnen Knoten dar)
Eigenschaften

Attributes	Collection mit den Attributen des aktuellen Knotens
BaseURI	Basis-URI des aktuellen Knotens
ChildNodes	Ergibt die untergeordneten Knoten, die Childs
FirstChild	Der erste untergeordnete Knoten
HasChildNodes	Sind untergeordnete Knoten vorhanden?
InnerText	Ruft die verketteten Werte des Knotens und der untergeordneten Knoten ab, oder legt diese fest
InnerXml	Markup für die untergeordneten Knoten
IsReadOnly	Gibt an, ob der Knoten schreibgeschützt ist
Item	Die untergeordnete Elemente des Knotens
LastChild	Der letzte untergeorndete Knoten
Name	Der Name des Knotens
NamespaceURI	Namespace des Knotens
NextSibling	Nächster, folgender Knoten
NodeType	Typ des aktuellen Knotens
OuterXml	Markup für diesen und alle untergeordneten Knoten
OwnerDocument	Das Dokument, zu welchem dieser Knoten gehört
ParentNode	Das übergeordnete Element für diesen Knoten, sozusagen der Vater.
Previous Sibling	Das direkt vorangehende Knotenelement
Value	Wert des Knotens

Methoden (öffentlich)

AppendChild	Fügt ein Kindelement an den Knoten an
Clone	Erstellt ein Duplikat des Knotens
InsertAfter	Fügt einen Knoten nach dem Verweisknoten ein
InsertBefore	Fügt einen Knoten vor dem Verweisknoten ein
PrependChild	Fügt einen Knoten am Anfang der untergeordneten Knoten hinzu
RemoveAll	Löscht alle untergeordneten Knoten
RemoveChild	Löscht das angegebene Child
ReplaceChild	Ersetzt das angegebene Child
SelectNodes	Selektiert verschiedene Knoten
SelectSingleNode	Selektiert einen Knoten
WriteContentTo	Schreibt den Inhalt in einen XmlWriter
WriteTo	Speichert den aktuellen Knoten in einem XmlWriter

Wenn Sie sich die Eigenschaften und Methoden von *XmlNode* und *XmlElement*
anschauen, werden Sie eine große Ähnlichkeit feststellen! Das ist aber auch verständlich,

weil *XmlElement* von *XmlLinkedNode* erbt und *XmlLinkedNode* direkt von *XmlNode* abgeleitet wurde!

Als letzte Funktionalität in unserem Beispiel haben wir den Button *Node List*. Dieser Button listet die einzelnen Unterknoten eines Knotens auf und gibt deren Inhalte aus. Hierzu benötigen wir natürlich wieder einen einzelnen Knoten als Ausgangsbasis. Wir selektieren diesen wieder wie eben.

```
XmlNode nNode =
        getXMLNodeByXPath("//Workbook/DocumentProperties");
```

Diesmal verweist der XPath-Aufruf aber auf *DocumentProperties*. Anhand dieses Knotens erstellen wir nun eine *NodeList*, also eine Auflistung der untergeordneten Knoten. Diese *NodeList* ist natürlich vom Typ *XmlNodeList*.

```
XmlNodeList nodeList = getXMLNodeList(nNode);
```

Die Liste unserer Knoten füllen wir aus der Methode *getXMLNodeList*. Als Parameter erhält die Methode unseren Basisknoten. Die grundlegende Funktionalität in der Methode *getXMLNodeList* ist die Zeile, in welcher die Child-Knoten abgerufen werden.

```
nodeList = nNode.ChildNodes;
```

In der Auflistung auf den vorigen Seiten sehen Sie, dass diese Methode die untergeordneten Knoten zurückgibt. Anhand der zurückgelieferten Liste können wir nun die einzelnen Childs mit einem *foreach*-Konstrukt durchlaufen.

```
foreach (XmlNode nd in nodeList)
{
```

Da jeder Eintrag in der **Node-List** einem einzelnen Knoten entspricht, können wir das *foreach*-Konstrukt als *XmlNode nd in nodeList* definieren. Über das damit instanziierte Objekt *nd* haben wir wieder Zugriff auf die einzelnen, untergeordneten Knoten. Wir greifen wieder auf *InnerText* zu und geben Namen sowie Inhalt der Knoten aus.

```
textBox2.Text = textBox2.Text + nd.Name + ": " + nd.InnerText+"\r\n";
```

Mit dem vorliegenden Beispiel können Sie bereits XML-Dokumente auf einfachem Wege auslesen. Auf Basis dieses Wissens fällt es uns nun relativ leicht, ein etwas komplexeres Beispiel aufzubauen, das Dokument zu bearbeiten und danach zu speichern. Genau dies werden wir in den nächsten Beispielen angehen. Damit wir in den Sprachen nicht zu einseitig werden, sind die nächsten beiden Beispiele in VB.NET.

4.4.4 XML-Attribute auslesen und ändern

VB.NET-Client, um XML-Attribute auszulesen und zu ändern

Im folgenden Beispiel werden wir Attribute innerhalb eines XML-Knotens auslesen, ändern und neue hinzufügen. Die verwendete .NET-Version ist 2.0.

Listing: cd:\Sourcen\04 XML\03 XML Attribute

Benötigte Namespaces

System.Xml

Sourcecode

```
Imports System.Xml

Public Class Form1
    Dim doc As New XmlDocument
    Dim isLoaded As Boolean = False

    Private Sub button1_Click() Handles button1.Click
        Dim fileName As String = Application.StartupPath + "\" + _
                                                    textBox1.Text

        If loadXML(fileName) Then
            label3.Text = "XML geladen"
            button2.Enabled = True
            button3.Enabled = True
            button4.Enabled = True
        Else
            label3.Text = "XML konnte nicht geladen werden"
        End If

    End Sub

    Private Sub button3_Click() Handles button3.Click
     Dim nNode As XmlNode = getXMLNodeByXPath ("//Workbook/Styles/Style")
        If Not IsNothing(nNode) Then
            textBox2.Text = ""
            textBox2.Text = "ID: " + nNode.Attributes("ID").Value + _
                        " / Name: " + nNode.Attributes("Name").Value
        End If
    End Sub

    Private Sub button2_Click() Handles button2.Click
      Dim nNode As XmlNode = getXMLNodeByXPath("//Workbook/Styles/Style")
        If Not IsNothing(nNode) Then
            nNode.Attributes("Name").Value = "geändert"
            textBox2.Text = ""
            textBox2.Text = "ID: " + nNode.Attributes("ID").Value + _
                        " / Name: " + nNode.Attributes("Name").Value
        End If
    End Sub

    Private Sub button4_Click() Handles button4.Click
    Dim nNode As XmlNode = getXMLNodeByXPath("//Workbook/Styles/Style")
    Dim newAttribute As XmlAttribute = doc.CreateAttribute(TextBox3.Text)
        If Not IsNothing(nNode) Then
            newAttribute.Value = "AttributWert"
```

```
                nNode.Attributes.Append(newAttribute)
                Button5.Enabled = True
            End If
    End Sub

    Private Sub Button5_Click() Handles Button5.Click
      Dim nNode As XmlNode = getXMLNodeByXPath("//Workbook/Styles/Style")
        If Not IsNothing(nNode) Then
            textBox2.Text = ""
            textBox2.Text = "Der Wert des neuen Attributs (" + _
            TextBox3.Text + "): " + nNode.Attributes(TextBox3.Text).Value
        End If
    End Sub

    Private Function loadXML(ByVal fileName As String) As Boolean
        If fileName.EndsWith("xml") Then
            Try
                doc.Load(fileName)
                isLoaded = True
            Catch ex As Exception
                MessageBox.Show(ex.Message.ToString())
                isLoaded = False
            End Try
        End If
        loadXML = isLoaded
    End Function

    Private Function getXMLNodeByXPath(ByVal xPath As String) As XmlNode
        Dim nNode As XmlNode = Nothing
        If isLoaded Then
            Try
                nNode = doc.SelectSingleNode(xPath)
            Catch ex As Exception
                MessageBox.Show(ex.Message.ToString())
                nNode = Nothing
            End Try
        End If
        getXMLNodeByXPath = nNode
    End Function

End Class
```

Beschreibung

Jeder Event des Sourcecodes wurde abgekürzt. Am Anfang dieses Buchs habe ich Ihnen den Grund dafür bereits erklärt. Jeder (Button-)Event in den Beispielen enthält immer die gleichen Parameter. Aus diesem Grund habe ich in der Beispieldarstellung aus Gründen der Übersichtlichkeit darauf verzichtet.

Die einzelnen Events würden tatsächlich wie folgt aussehen:

```
Private Sub button3_Click(ByVal sender As System.Object, ByVal e As System.EventArgs)
Handles button3.Click
```

Im Beispiel sehen sie aber so aus:

```
Private Sub Button5_Click() Handles Button5.Click
```

Im Beispiel auf der CD zum Buch sind natürlich funktionstüchtige Events enthalten.

Der erste Button lädt wieder das gewohnte Beispiel-XML, welches sich auf der CD im Unterverzeichnis *bin\debug* des oben genannten Beispielverzeichnisses befindet. Auch hier verwenden wir wieder unsere gewohnten Variablen *doc* und *isLoaded*.

```
Dim doc As New XmlDocument
Dim isLoaded As Boolean = False
```

Der nächste Button auf dem Formular lädt eines der Attribute aus dem Beispiel-XML. Wir haben es in unserem Fall auf die Attribute *ID* und *Name* des Knotens *Style* abgesehen. Im XML sind dies folgende Elemente.

```
<?xml version="1.0"?>
<?mso-application progid="Excel.Sheet"?>
<Workbook >
    .
    .
    .
    <Styles>
        <Style ID="Default" Name="Normal">
                <Alignment Vertical="Bottom"/>
                <Borders/>
                <Font/>
                <Interior/>
                <NumberFormat/>
                <Protection/>
        </Style>
    </Styles>
```

Wie Sie bereits wissen, sind Attribute sehr wichtige Elemente innerhalb eines XML-Dokuments. Mit Attributen kann man bestimmte Eigenschaften eines Elements genau definieren. Anhand eines entsprechenden Schemas können Sie damit eine konkrete Eigenschaft felsenfest und typsicher definieren. Mithilfe eines zugehörigen Schemas können Sie deshalb sicherstellen, dass bestimmte Eigenschaften auf bestimmte Arten gesetzt werden können oder gesetzt werden müssen. Wir verwenden den Knoten *Style*. Dieser XML-Knoten (das XML-Element) enthält als Attribut zum Beispiel *ID*. Anhand dieser Attribute können wir beispielhaft identifizieren, welcher Style verwendet wird.

Um das entsprechende Attribut einlesen zu können, benötigen wir als Erstes wieder einen XML-Knoten. Wir laden ihn über einen XPath-Ausdruck, wie bereits in den vorangegangenen Beispielen.

```
Dim nNode As XmlNode = getXMLNodeByXPath ("//Workbook/Styles/Style")
```

Die Routine *getXMLNodeByXPath* entspricht abgesehen von der Sprache exakt der Routine aus dem C#-Beispiel. Wenn die Node ohne Fehler geladen wurde, sollte sie ungleich *NULL* oder in VB ungleich *NOTHING* sein. In diesem Fall löschen wir das Textfeld und geben die Werte für ID und Namen aus.

```
textBox2.Text = "ID: " + nNode.Attributes("ID").Value + _
                " / Name: " + nNode.Attributes("Name").Value
```

Die Ausprägung *Attributes* unterhalb einer *XMLNode* ist eine (*XMLAttribute-*) Collection, also eine Liste. Aus diesem Grund können wir auf *Attributes* in der gezeigten Form zugreifen und die Eigenschaft *Value* (den Wert) ausgeben. In der folgenden Tabelle sehen Sie die am häufigsten benutzten Ausprägungen der Klasse *Attributes*.

Klasse XmlAttributeCollection

Eigenschaften

Count	Anzahl der Knoten
ItemOf	Ruft ein Attribut ab

Methoden (öffentlich)

Append	Fügt ein Attribut an
CopyTo	Kopiert alle Attribute in ein Array
GetNamedItem	Ruft das angegebene Element ab
InsertAfter	Fügt ein Attribut nach dem angegebenen Verweis ein
InsertBefore	Fügt ein Attribut vor dem angegebenen Verweis ein
Item	Ruft einen angegebenen Knoten ab
Prepend	Fügt ein Attribut als ersten Eintrag ein
Remove	Entfernt ein Attribut
RemoveAll	Entfernt alle Attribute des Knotens
RemoveAt	Entfernt ein Attribut mit angegebenem Index
RemoveNamedItem	Entfernt ein oder alle Attribute mit angegebenem Namen
SetNamedItem	Fügt einen Knoten mit angegebenem Namen hinzu
ToString	Cast

Schnittstellenimplementierungen

System.Collections.ICollection.CopyTo	
System.Collections.ICollection.Count	
System.Collections.ICollection.IsSynchronized	
System.Collections.ICollection.SyncRoot	

Im nächsten Button *Attribut setzen* ändern wir eines der Attribute ab. Dies ist ganz einfach, wir müssen nur den Attributknoten laden, anhand der Attribut-Collection das entsprechende Attribut ansprechen und über *Value* den Wert ändern.

Als Erstes definieren wir wieder unsere Node, die wir auch gleich füllen.

```
Dim nNode As XmlNode = getXMLNodeByXPath("//Workbook/Styles/Style")
```

Danach, wenn alles gut ging, setzen wir den Wert des gewünschten Attributs.

```
If Not IsNothing(nNode) Then
    nNode.Attributes("Name").Value = "geändert"
```

Um Gewissheit zu haben, dass das Attribut geändert wurde, zeigen wir es auf dem Bildschirm an.

```
textBox2.Text = "ID: " + nNode.Attributes("ID").Value + _
                " / Name: " + nNode.Attributes("Name").Value
```

Im dritten Button fügen wir dem Attributknoten einen weiteres hinzu. Auch hier benötigen wir natürlich wieder als ersten unseren XML-Knoten.

```
Dim nNode As XmlNode = getXMLNodeByXPath("//Workbook/Styles/Style")
```

Zusätzlich müssen wir nun eine Objektvariable definieren, die unsere Attributdaten aufnehmen kann.

```
Dim newAttribute As XmlAttribute = doc.CreateAttribute(TextBox3.Text)
```

Diese Objektvariable ist natürlich vom Typ *XmlAttribute*. Erstellt wird sie direkt über unser XML-Dokument. Dies ist wichtig da das Attribut später zu diesem Dokument gehört. Es ist zum Beispiel nicht ohne Weiteres möglich, ein Attribut oder einen Knoten aus einem fremden Dokument einzufügen. Der Name des Attributs wird über unsere Attribut-TextBox festgelegt.

```
Dim newAttribute As XmlAttribute = doc.CreateAttribute(TextBox3.Text)
```

Wenn die Node gültig ist, setzen wir nun die einzelnen Eigenschaften unseres neu erstellten Attributs.

```
newAttribute.Value = "AttributWert"
```

Nachdem das Attribut nun benannt und der Wert gesetzt ist, können wir es an den gewünschten Knoten anfügen. Hierzu hängen wir es an die bestehende Attributes-Collection mit *Append* an.

```
nNode.Attributes.Append(newAttribute)
```

Der letzte Button zeigt nur auf die übliche Art unser neu erstelltes Attribut an.

Um das anzuzeigende Attribut benennen zu können, wird auch hier der Text in der Attribut-TextBox verwendet. Wenn Sie also zuerst ein Attribut anlegen, dann den Namen ändern und es dann anzeigen lassen wollen, werden Sie nichts sehen.

```
textBox2.Text = "Der Wert des neuen Attributs (" + _
                TextBox3.Text + "): " + nNode.Attributes(TextBox3.Text).Value
```

Nun fehlt uns nur noch das Speichern des geänderten XML-Dokuments. Das Speichern ist im Grunde so einfach, dass sich ein Beispiel kaum lohnt. Der Komplettheit zuliebe gibt es aber trotzdem eines.

4.4.5 XML-Dokumente speichern

VB-Client, um XML-Dateien zu speichern

Das folgende Beispiel zeigt Ihnen, wie Sie veränderte Dokumente mit den XML-Klassen speichern. Die verwendete .NET-Version ist 2.0.

Listing: cd:\Sourcen\04 XML\04 Speichern

Benötigte Namespaces

System.Xml

Sourcecode

```
Imports System.Xml

Public Class Form1
    Dim doc As New XmlDocument
    Dim isLoaded As Boolean = False
    Dim fileName, filenameSave As String


    Private Sub Button1_Click() Handles Button1.Click
        fileName = Application.StartupPath + "\Mappe1.xml"
        filenameSave = Application.StartupPath + "\MappeSave.xml"

        If loadXML(fileName) Then
            label3.Text = "XML geladen"
            Button2.Enabled = True
            Button3.Enabled = True
        Else
            label3.Text = "XML konnte nicht geladen werden"
        End If
    End Sub

    Private Sub Button2_Click() Handles Button2.Click
        Dim nNode As XmlNode = getXMLNodeByXPath _
                              ("//Workbook/Styles/Style")
        If Not IsNothing(nNode) Then
            nNode.Attributes("Name").Value = "geändert"
            MessageBox.Show("ID: " + nNode.Attributes("ID").Value + _
                        " / Name: " + nNode.Attributes("Name").Value)
        End If
        If filenameSave <> "" Then doc.Save(filenameSave)
    End Sub
```

```
    Private Sub Button3_Click() Handles Button3.Click
        doc.LoadXml("<?xml version=""1.0""?>" + _
                    "<?mso-application progid=""Excel.Sheet""?>" + _
                    "<Workbook>" + _
                    "<DocumentProperties>" + _
                    "<Author>H.Burbiel</Author>" + _
                    "<LastAuthor>H.Burbiel</LastAuthor>" + _
                    "<Created>2006-10-01T10:32:42Z</Created>" + _
                    "<LastSaved>2006-10-01T10:33:46Z</LastSaved>" + _
                    "<Company>-</Company>" + _
                    "<Version>11.6568</Version>" + _
                    "</DocumentProperties>" + _
                    "</Workbook>" _
                    )
        If filenameSave <> "" Then doc.Save(filenameSave)
    End Sub

    Private Function loadXML(ByVal fileName As String) As Boolean
        If fileName.EndsWith("xml") Then
            Try
                doc.Load(fileName)
                isLoaded = True
            Catch ex As Exception
                MessageBox.Show(ex.Message.ToString())
                isLoaded = False
            End Try
        End If
        loadXML = isLoaded
    End Function

    Private Function getXMLNodeByXPath(ByVal xPath As String) As XmlNode
        Dim nNode As XmlNode = Nothing
        If isLoaded Then

            Try
                nNode = doc.SelectSingleNode(xPath)
            Catch ex As Exception
                MessageBox.Show(ex.Message.ToString())
                nNode = Nothing

            End Try
        End If

        getXMLNodeByXPath = nNode
    End Function
End Class
```

Beschreibung

Die grundsätzlichen Routinen, um ein XML zu laden, kennen Sie bereits, also lassen wir sie aus und wenden uns gleich den Routinen der einzelnen Buttons zu. Der erste Button lädt auf gewohnte Weise das Beispiel und initialisiert Dokument, Ladeflag etc.

```
If loadXML(fileName) Then
    label3.Text = "XML geladen"
    Button2.Enabled = True
    Button3.Enabled = True
```

Vor diesem Programmblock befindet sich das Initialisieren der beiden Speicherpfade mit den entsprechenden Dateinamen.

```
fileName = Application.StartupPath + "\Mappe1.xml"
filenameSave = Application.StartupPath + "\MappeSave.xml"
```

Der zweite Button holt sich zuerst einen XML-Knoten.

```
Dim nNode As XmlNode = getXMLNodeByXPath ("//Workbook/Styles/Style")
```

Dieser wird geändert und, wenn der Filename gesetzt wurde, gespeichert.

```
If filenameSave <> "" Then doc.Save(filenameSave)
```

Hierzu wird die XML-Methode *Save* verwendet. *Save* speichert das XML mit dem angegebenen Dateinamen auf dem Datenträger. Als Parameter könnten Sie direkt einen Dateinamen angeben, wie wir das im Beispiel tun. Sie könnten aber auch einen Stream angeben, einen TextWriter oder aber einen XmlWriter.

Der dritte Button startet eine andere Art der Verarbeitung. Wir laden an dieser Stelle kein XML von einem Datenträger, also kein Dokument. Wir erstellen uns ein eigenes XML über die Methode *LoadXml*. Hier können Sie als Parameter einfach ein wohlgeformtes XML oder aber ein automatisch generiertes in einem String übergeben. Die XML-Klasse lädt dann diesen Text und erstellt daraus ein DOM-konformes XML-Dokument. Gespeichert wird dann wieder auf die bekannte Art mit *Save*.

```
If filenameSave <> "" Then doc.Save(filenameSave)
```

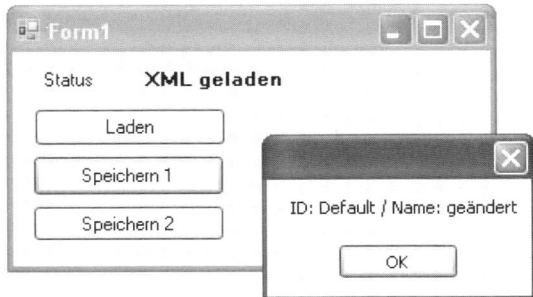

Bild 4.2: XML speichern

Das nächste XML-Beispiel unter .NET behandelt Synchronisieren. Wir wollen in diesem Beispiel ein DataSet und ein XML-Dokument miteinander synchronisieren. Das kann sehr praktisch sein, weil wir nach dem Synchronisieren entweder das DataSet oder aber das XML-Dokument ändern können. Die entsprechende Änderung taucht dann jeweils beim anderen Synchronisationspartner auf. Sie können also in einem verbundenen

XML-Dokument zum Beispiel per *XPath* Abfragen starten, eine Node oder ein Attribut ändern und erhalten die Änderung sofort im DataSet.

4.4.6   XML-Dokumente und DataSets synchronisieren

C#-Client, um XML und DataSets zu synchronisieren

Das folgende Beispiel dient dazu, Ihnen die Synchronisation zwischen einem DataSet und einem XML-Dokument zu demonstrieren. Die verwendete .NET-Version ist 2.0.

Listing: cd:\Sourcen\04 XML\05 Synchronisieren

Benötigte Namespaces

System.xml

Sourcecode

```
using System;
using System.Collections.Generic;
using System.ComponentModel;
using System.Data;
using System.Drawing;
using System.Text;
using System.Windows.Forms;

using System.Xml;

namespace Synchronisieren
{
    public partial class Form1 : Form
    {
        private DataSet dataSet = new DataSet();
        private XmlDataDocument doc;


        public Form1()
        {
            InitializeComponent();
        }

        private void button1_Click(object sender, EventArgs e)
        {
            String fileNameXSD = Application.StartupPath + "\\Mappe1.xsd";
            String fileNameXML = Application.StartupPath + "\\Mappe1.xml";
```

```
    dataSet.EnforceConstraints = false;
    dataSet.ReadXmlSchema(fileNameXSD);
    doc = new XmlDataDocument(dataSet);
    doc.Load(fileNameXML);
    dataGridView1.DataSource = dataSet;
    dataGridView1.DataMember = dataSet.Tables[0].TableName;
    dataSet.EnforceConstraints = true;
}


private void button2_Click(object sender, EventArgs e)
{
   dataSet.EnforceConstraints = false;
   XmlNode nd = getXMLNodeByXPath
                        ("//Workbook/DocumentProperties/Author");
   nd.InnerText = "Eintrag über XML";
   dataSet.EnforceConstraints = true;
   DataView dv = new DataView(dataSet.Tables[0]);
   MessageBox.Show("Inhalt des Datasets (Author): " +
                    dv[0]["Author"].ToString() +"\r\n"+
                    "Inhalt des XML Doc's (Author): " +
                    nd.InnerText.ToString()
                 );
}


 private void button3_Click(object sender, EventArgs e)
{
   dataSet.Tables[0].Rows[0].BeginEdit();
   dataSet.Tables[0].Rows[0]["Author"] = "Eintrag über DataSet";
   dataSet.Tables[0].Rows[0].EndEdit();
   DataView dv = new DataView(dataSet.Tables[0]);
   XmlNode nd = getXMLNodeByXPath
                        ("//Workbook/DocumentProperties/Author");

   MessageBox.Show("Inhalt des Datasets (Author): " +
                    dv[0]["Author"].ToString() + "\r\n" +
                    "Inhalt des XML Doc's (Author): " +
                    nd.InnerText.ToString()
                 );
}


public XmlNode getXMLNodeByXPath(string sXPath)
{
    XmlNode nNode = null;
    try
    {
        nNode = doc.SelectSingleNode(sXPath);
```

```
          }
      catch (Exception e)
      {
          MessageBox.Show(e.Message.ToString());
          nNode = null;
      }
      return nNode;
    }
  }
}
```

Beschreibung

Um DataSets mit XML-Dokumenten zu synchronisieren, benötigen wir natürlich zum einen ein DataSet und zum anderen ein XML-Dokument. Im Gegensatz zu den vorigen Beispielen verwenden wir diesmal ein *XmlDataDocument* und kein *XmlDocument*. Das DataSet, welches verbunden werden soll, wird über das *XmlDocument* gefüllt. Das *XmlDocument* wiederum erhält seine Daten aus unserem gewohnten Beispiel-XML.

Als Erstes legen wir sowohl das DataSet als auch das *XmlDataDocument* an.

```
private DataSet dataSet = new DataSet();
private XmlDataDocument doc;
```

Um beide Entitäten miteinander zu verbinden, verwenden wir den ersten Button mit der Beschriftung *Synchronisieren*. Nun erstellen wir aus dem Applikationskontext heraus den richtigen Pfad zu unserem Beispiel-XML.

```
String fileNameXSD = Application.StartupPath + "\\Mappe1.xsd";
String fileNameXML = Application.StartupPath + "\\Mappe1.xml";
```

Damit das DataSet gefüllt werden kann, müssen wir *EnforceConstraints* auf *false* setzen. *EnforceConstraints* sorgt bei Aktualisierungen dafür, dass Einschränkungen beachtet, oder nicht beachtet werden. Dies ist zum Beispiel wichtig, wenn eine Tabelle Primärschlüssel oder Verknüpfungen enthält. Wenn *EnforceConstraints* ausgeschaltet ist, können Sie Ihr DataSet bequem updaten und dann die Einschränkungen wieder aktivieren. Wenn Sie mit *EnforceConstraints* updaten, könnten Exceptions auftreten, wenn bestimmte Verknüpfungen noch nicht existieren. In unserem Fall ist es notwendig, diese Funktion explizit aus- und nach dem Update wieder einzuschalten.

```
dataSet.EnforceConstraints = false;
```

Damit das DataSet sich später aufbauen kann, ist es nötig, ein XML-Schema zu übergeben. Auf dem Schema beruht dann der innere Aufbau des DataSets.

```
dataSet.ReadXmlSchema(fileNameXSD);
```

Nun synchronisieren wir das XML-Dokument mit dem DataSet.

```
doc = new XmlDataDocument(dataSet);
```

Dies geschieht durch das Anlegen des Dokuments mit Übergabe des zu synchronisierenden DataSets als Parameter. Nun laden wir das XML-Dokument und damit das DataSet, indem wir unser Beispiel zu Hilfe nehmen.

```
doc.Load(fileNameXML);
```

Damit wir auf dem Bildschirm etwas sehen, übergeben wir das DataSet direkt als Datasource an ein *DataGridView*. Der *GridView* zeigt die Daten dann sofort an.

```
dataGridView1.DataSource = dataSet;
dataGridView1.DataMember = dataSet.Tables[0].TableName;
```

Nach dem Laden setzen wir *EnforceConstraints* wieder auf *True*.

```
dataSet.EnforceConstraints = true;
```

Im nächsten Codeabschnitt, welcher für den Button 2 gilt, ändern wir das XML-Dokument ab und betrachten die Änderungen sowohl im DataSet als auch im XML.

Damit wir Änderungen machen können, wird *EnforceConstraints* wieder abgeschaltet.

```
dataSet.EnforceConstraints = false;
```

Über unsere altbekannte Node-Funktionalität *InnerText* können wir nun den Wert unseres Autorenknotens ändern.

```
XmlNode nd = getXMLNodeByXPath
                    ("//Workbook/DocumentProperties/Author");
nd.InnerText = "Eintrag über XML";
```

Danach aktivieren wir *EnforceConstraints* wieder.

```
dataSet.EnforceConstraints = true;
```

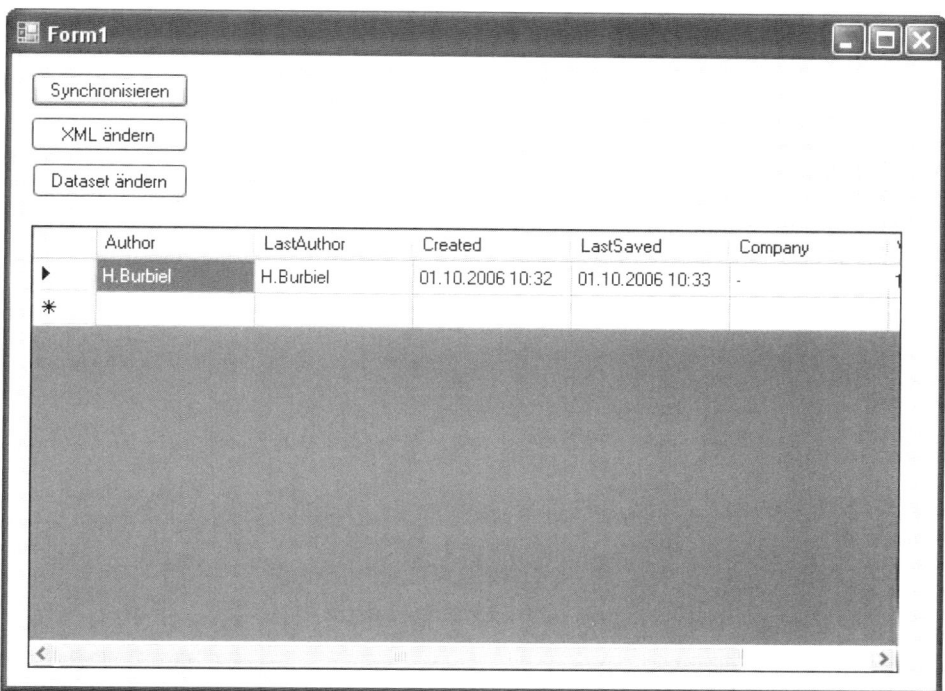

Bild 4.3: XML Und DataSets synchronisieren

In einer *MessageBox* zeigen wir zu guter Letzt die geänderten Werte an.

```
MessageBox.Show("Inhalt des Datasets  (Author): " +
                dv[0]["Author"].ToString()  +"\r\n"+
                "Inhalt des XML Doc's (Author): " +
                nd.InnerText.ToString()
               );
```

Der dritte Button macht das Gegenteil des zweiten Buttons. Hier ändern wir nicht das XML-Dokument, sondern das DataSet.

```
dataSet.Tables[0].Rows[0].BeginEdit();
dataSet.Tables[0].Rows[0]["Author"] = "Eintrag über DataSet";
dataSet.Tables[0].Rows[0].EndEdit();
```

Nun laden wir den XML-Knoten.

```
XmlNode nd = getXMLNodeByXPath
             ("//Workbook/DocumentProperties/Author");
```

Danach können wir beide Werte wieder anzeigen.

```
MessageBox.Show("Inhalt des Datasets (Author): " +
               dv[0]["Author"].ToString() + "\r\n" +
               "Inhalt des XML Doc's (Author): " +
               nd.InnerText.ToString()
               );
```

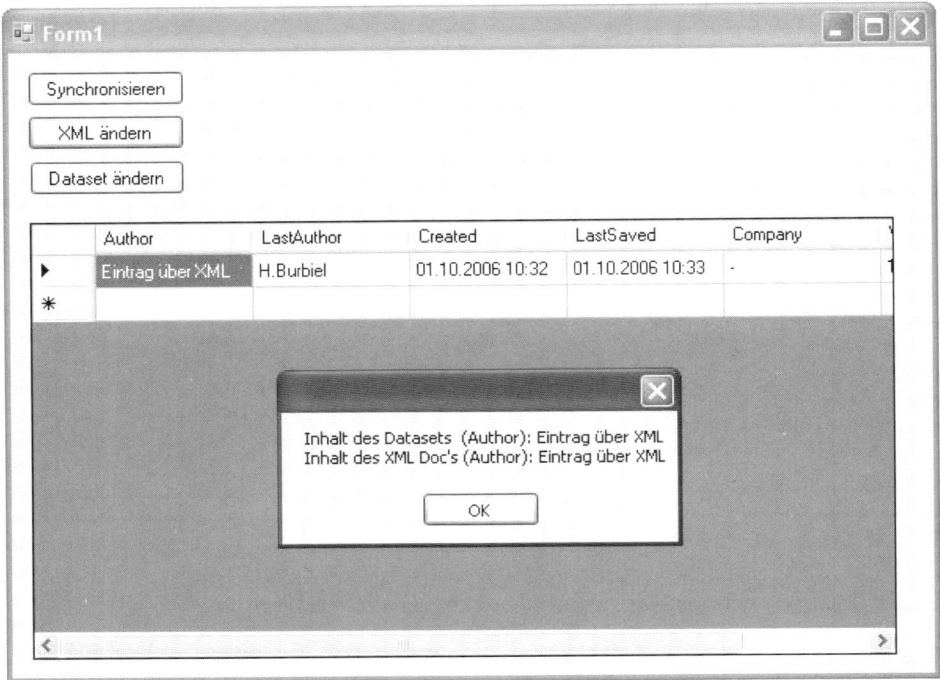

Bild 4.4: Ausgabe der synchronisierten Daten

Das *XmlDataDocument* ist etwas anders als unser »normales« *XmlDocument*. Ich könnte Ihnen natürlich eine entsprechende Tabelle zu den Methoden und Eigenschaften präsentieren, aber das macht keinen Sinn. Eigentlich sollte es aufgrund Ihres bisher erworbenen Wissens ausreichen, wenn ich Ihnen sage, dass das *XmlDataDocument* von *XmlDocument* erbt. Es besitzt also ganz ähnliche oder sogar die gleichen Ausprägungen wie ein *XmlDocument*. Ergänzt werden diese noch durch Methoden, um Daten zu bearbeiten. So enthält ein *XmlDataDocument* zum Beispiel ein DataSet.

Das letzte .NET-Beispiel zeigt Ihnen, wie Sie XML-Daten serialisieren. Serialisieren und Deserialisieren von Daten ist ein sehr gern benutzter Aspekt bei der Datenverarbeitung mit XML-Dokumenten. Vor allem später beim Kapitel über SOAP werden Sie verstehen, wofür man diese Serialisierungsgeschichten gut gebrauchen kann.

Wenn man davon redet, Daten zu serialisieren, meint man im Grunde nichts anderes als ein Objekt in ein kleines Paket zu verwandeln, das verschickt werden kann. Genau das können wir mit den XML-Klassen auch tun. Wir nehmen ein Objekt, packen es zusammen, legen es ab und warten darauf, dass es sich jemand wieder abholt und auspackt.

Das ist ungemein praktisch. Sie können zum Beispiel über das Internet ein Objekt, welches vorher serialisiert wurde, abholen und verwenden. In unserem Beispiel speichern wir ein Objekt mit Personendaten als serialisiertes XML-Dokument auf der Festplatte. Eine weitere Funktion holt sich dann dieses XML-Paket wieder ab, deserialisiert es und verwendet es, als wäre es direkt im Programmcode angelegt worden.

Bild 4.5: Objekte als XML serialisieren

4.4.7 XML-Serialisierungen auf Objekte anwenden

C#-Client, um Objekte zu serialisieren

Das folgende Beispiel serialisiert ein Objekt über XML. Die verwendete .NET-Version ist 2.0.

Listing: cd:\Sourcen\04 XML\06 Serialisieren

Benötigte Namespaces

System.Xml, System.Xml.Serialization, System.IO

Sourcecode

```
using System;
using System.Collections.Generic;
using System.ComponentModel;
using System.Data;
using System.Drawing;
using System.Text;
using System.Windows.Forms;

using System.Xml;
using System.Xml.Serialization;
using System.IO;
```

```
namespace Serialisieren
{
    public struct Struktur
    {
        public string Name;
        public string Nachname;
        public DateTime Geburtstag;
    }

    public partial class Form1 : Form
    {
        private Struktur Person = new Struktur();

        public Form1()
        {
            InitializeComponent();
            Person.Name = "Karl";
            Person.Nachname = "Kroetentoeter";
            Person.Geburtstag = new DateTime(1969, 08, 30);
            textBox1.Text += Person.Name + "\r\n" +
                             Person.Nachname + "\r\n" +
                             Person.Geburtstag.ToString();
        }

        private void button1_Click(object sender, EventArgs e)
        {
            string xml = serialize(Person);
            XmlDocument doc = new XmlDocument();
            doc.LoadXml(xml);
            doc.Save(Application.StartupPath + "\\serialisieren.xml");
            button2.Enabled = true;
            MessageBox.Show("Die Personendaten wurden serialisert und
                                              als XML abgelegt");
        }

        private void button2_Click(object sender, EventArgs e)
        {
            Struktur Person1 = new Struktur();
            Person1 = deSerialize(Application.StartupPath +
                                       "\\serialisieren.xml");
            textBox2.Text += Person1.Name + "\r\n" +
                             Person1.Nachname + "\r\n" +
                             Person1.Geburtstag.ToString();
        }

        private string serialize(Object o)
        {
            XmlSerializer serialiser = new XmlSerializer(o.GetType());
            MemoryStream mStream = new MemoryStream();

            serialiser.Serialize(mStream, o);
            StreamReader reader = new StreamReader(mStream);
            reader.BaseStream.Seek(0, SeekOrigin.Begin);
            string xml = reader.ReadToEnd();
```

```
        return xml;
    }

    private Struktur deSerialize(string xmlfile)
    {
        XmlSerializer serialiser = new XmlSerializer(Person.GetType());
        FileStream fs = new FileStream(xmlfile, FileMode.Open);
        TextReader reader = new StreamReader(fs);

        Struktur p = (Struktur)serialiser.Deserialize(reader);
        return p;
    }
}
}
```

Beschreibung

Noch vor der eigentlichen Klasse in unserem Namespace legen wir eine selbstdefinierte
Struktur an. In anderen Sprachen wird dieses Konstrukt auch *Typ* genannt. Diese
Struktur stellt eine von uns definierte Sammlung von Variablen oder Objekten dar.
Unter .NET können innerhalb einer Struktur sogar andere Ausprägungen vorhanden
sein, das ist aber momentan nicht wichtig. Unsere Struktur soll einfach ein Objekt zum
Serialisieren darstellen.

```
public struct Struktur
{
    public string Name;
    public string Nachname;
    public DateTime Geburtstag;
}
```

Innerhalb unserer Klasse legen wir ein Personenobjekt vom Typ unserer Struktur an.

```
private Struktur Person = new Struktur();
```

Im Konstruktor unserer Klasse, also beim Starten der Klasse, füllen wir unsere Struktur.

```
Person.Name = "Karl";
Person.Nachname = "Kroetentoeter";
Person.Geburtstag = new DateTime(1969, 08, 30);
```

Sobald wir auf unseren ersten Button klicken, beginnen wir mit dem Serialisieren des
Objekts. Dies geschieht über die Methode *serialize*. Von der Methode erhalten wir einen
XML-String zurück, der bereits alle Daten des Objekts enthält.

```
string xml = serialize(Person);
```

Sobald wir unser XML zurückerhalten, legen wir ein entsprechendes Dokument an und
füllen es, wie wir das bereits getan haben, über die Methode *Load*.

```
XmlDocument doc = new XmlDocument();
doc.LoadXml(xml);
```

Da wir das XML-Dokument nur benötigen, um den Inhalt gleich darauf zu speichern, tun wir in der nächsten Zeile genau das – wir speichern das Dokument.

```
doc.Save(Application.StartupPath + "\\serialisieren.xml");
```

Natürlich hätten wir den String, welcher unser eigentliches XML enthält, auch auf einige andere Arten speichern können. Im zweiten Button drehen wir das Serialisieren um und deserialisieren das gespeicherte XML-Dokument. Hierzu legen wir eine Struktur an, in der wir später unser Objekt wiederfinden möchten.

```
Struktur Person1 = new Struktur();
```

Dieses Objekt wird von der Methode *deSerialize* gefüllt. Diese Methode erhält Ihren Parameter über den Applikationspfad und beinhaltet den Namen des gespeicherten XML-Dokuments.

Nach dem Füllen des Objekts wird der Inhalt zur Kontrolle im Textfeld ausgegeben.

```
textBox2.Text += Person1.Name + "\r\n" +
                 Person1.Nachname + "\r\n" +
                 Person1.Geburtstag.ToString();
```

Nun kommen wir zu den eigentlichen Methoden zum Serialisieren und Deserialisieren unseres Objekts. Zuerst die Methode *serialize*. Diese Routine erhält als Parameter ein Objekt. Anhand dieses Objekts wird in der ersten Zeile der Methode der Typ bestimmt und ein *XmlSerializer* erstellt.

```
XmlSerializer serialiser = new XmlSerializer(o.GetType());
```

Um die Daten zu serialisieren, verwenden wir einen *MemoryStream*. Wir könnten an dieser Stelle aber auch anders vorgehen.

```
MemoryStream mStream = new MemoryStream();
```

Nun können wir über den *MemoryStream* unser Objekt serialisieren.

```
serialiser.Serialize(mStream, o);
```

Ein entsprechender *StreamReader* liest das Ergebnis aus dem *MemoryStream* und schreibt es als Text in unseren XML-String.

```
StreamReader reader = new StreamReader(mStream);
reader.BaseStream.Seek(0, SeekOrigin.Begin);
string xml = reader.ReadToEnd();
```

Damit ist unser Objekt serialisiert. Mit dieser Routine können Sie übrigens auch viele andere Objekte serialisieren, nicht nur unsere Struktur! Wichtig ist nur, dass das Objekt die Schnittstelle *ISerializable* implementiert.

Um das Ganze nun rückgängig zu machen, benötigen wir die nächste Methode, *deSerialize*. Wir übergeben einen String an diese Methode, nämlich den Dateinamen mit Pfad. Innerhalb der Routine erstellen wir als Erstes wieder einen Serializer.

```
XmlSerializer serialiser = new XmlSerializer(Person.GetType());
```

Damit wir unser Objekt wieder richtig zurückerhalten, übergeben wir als Parameter einen Typ, der unserer Struktur entspricht.

```
(Person.GetType());
```

Über einen Filestream öffnen wir unser XML-File und bereiten das Lesen vor.

```
FileStream fs = new FileStream(xmlfile, FileMode.Open);
TextReader reader = new StreamReader(fs);
```

Nun verwenden wir ein Objekt vom Typ *Struktur*, welchem wir als Wert die Rückgabe unseres Serialisierungsobjekts zuweisen. Wir verwenden hier eine explizite Typumwandlung (ein Casting) in unseren Strukturtyp, da die Methode *Deserialize* nur ein allgemeines Objekt zurückgibt.

```
Struktur p = (Struktur)serialiser.Deserialize(reader);
```

Über den Streamreader, der als Parameter übergeben wird, wird das XML geladen und durch die Methode *Deserialize* deserialisiert. Am Ende geben wir nur noch unser Objekt vom Typ *Struktur* zurück.

```
return p;
```

Zum Abschluss werde ich Ihnen in einer Tabelle noch die einzelnen Methoden und Eigenschaften der Klasse *XmlSerializer* darstellen, da diese zum einen sehr praktisch und zum anderen sehr wichtig sind.

Klasse XmlSerializer

Events

UnknownAttribute	Tritt auf, wenn ein Attribut mit unbekanntem Typ deserialisiert wird
UnknownElement	Tritt auf, wenn ein Element mit unbekanntem Typ deserialisiert wird
UnknownNode	Tritt auf, wenn ein Knoten mit unbekanntem Typ deserialisiert wird
UnreferencedObject	Tritt auf, wenn beim Deserialisieren eines SOAP-Streams ein Typ erkannt wird, der zwar bekannt ist, aber auf den nicht verwiesen oder referenziert wird

Methoden (öffentlich)

CanDeserialze	Gibt an, ob deserialisiert werden kann
Deserialize	Deserialisiert ein XML
Equals	Stellt fest, ob zwei Instanzen gleich sind
FromMappings	Gibt eine Instanz aus den angegebenen Zuordnungen zurück

FromTypes	Gibt ein XmlSerializer Object-Array zurück, enthält ein Typ-Array
GenerateSerializer	Gibt eine Assembly zurück, die typisierte Serialisierer enthält
GetHashCode	Liefert Hashfunktionen für bestimmte Typen
GetXmlSerializerAssemblyName	Gibt den Namen der Assembly zurück, die eine oder mehrere Versionen von XmlSerializer enthält
Serialize	Serialisiert ein Objekt

Methoden (geschützt)

CreateReader	Erstellt ein Reader-Objekt
CreateWriter	Erstellt ein Writer-Objekt
Deserialize	Deserialisiert ein XML
Finalize	Gibt einem Objekt die Gelegenheit, sich selbst »aufzuräumen«
MemberwiseClone	Erstellt eine abgeflachte Version eines Objekts
Serialize	Serialisiert ein XML

Mit diesem Beispiel sind wir am Ende des .NET-Abschnitts und gehen nun über zu den Klassen der Programmiersprache Java.

4.5   Die XML-Klassen von Java

Java unterscheidet sich im Bereich der XML-Implementation teilweise stark von .NET. Beide Frameworks sollten sich eigentlich nach dem DOM, dem *Document Object Model*, richten, verwenden aber jeweils zusätzliche eigene Implementationen oder Erweiterungen. Was bei Java noch erschwerend hinzukommt, ist die Vielfalt an möglichen XML-Klassen. Sie sind unter Java nicht darauf angewiesen, die Standardklassen zu verwenden, sondern können auf eine der vielen verfügbaren zugreifen. In den Beispielen dieses Buchs verwende ich allerdings die Standardklassen, die mit der Java-Version 1.5 ausgeliefert werden. Das hat natürlich einen Hintergrund. Ich möchte, dass Sie nach Installation von Entwicklungsumgebung und Framework sofort starten können. Es macht meiner Meinung nach keinen Sinn, mit Fremdklassen zu arbeiten, wenn man vor dem Start zuerst verschiedene zusätzliche Installationen durchführen muss. In bestimmt 50 % aller Fälle wird sich die Installation geändert haben, es werden andere Systemeinträge benötigt und vieles mehr. Deswegen macht es nicht viel Sinn, Beispiele mit solchen Fremdklassen zu erstellen, die nicht auf einfache Art nachvollziehbar wären. Besser ist es, Standardklassen zu verwenden, mit denen auch die Beispiele sofort ausführbar sind.

Unter Java gibt es verschiedene Wege, XML zu verarbeiten. Zwei davon sind SAX und DOM. SAX ist seriell. Beide lesen Ihr XML-File ein, überschreiben vorgegebene Methoden und liefern Ihnen vom Parser eine Rückmeldung mit den entsprechenden Werten. SAX ist leider nicht sehr flexibel, deshalb halten wir uns zuerst auch an die DOM-Implementation von Java. Unsere ersten Beispiele unter Java werden ein XML auf ähnliche Art bearbeiten wie unsere .NET-Gehversuche. Als Erstes starten wir wieder mit einem Beispiel, das zuerst ganz einfach ein XML ausliest und den Wurzelknoten ausgibt.

4.5.1   XML-Dokumente unter Java laden und auslesen

Java-Client, um XML-Dokumente auszulesen

Das erste unserer Java-Beispiele zeigt Ihnen, wie Sie ein XML-Dokument mit den DOM-Klassen auslesen und das Wurzelelement ausgeben. Die Java-Version ist 1.5, die IDE natürlich Netbeans (5.0).

Listing: cd:\Sourcen\04 XML\Java\lesen

Achten Sie bitte darauf, den Dateipfad im Beispiel auf Ihren Pfad abzuändern!

Benötigte Klassen

java.io.File, org.w3c.dom.*, javax.xml.parsers.DocumentBuilderFactory,
javax.xml.parsers.DocumentBuilder

Sourcecode

```
package lesen;

import java.io.File;
import org.w3c.dom.*;

import javax.xml.parsers.DocumentBuilderFactory;
import javax.xml.parsers.DocumentBuilder;

public class Main {

    public Main()
    {
    }

    public static void main(String[] args)
    {
        DocumentBuilderFactory docBuilderFactory =
                            DocumentBuilderFactory.newInstance();
        DocumentBuilder docBuilder=null;
        Document doc=null;
        try
        {
            docBuilder = docBuilderFactory.newDocumentBuilder();
            doc = docBuilder.parse (new File
                    ("D:\\BBB .NET goes Webservices\\Sourcen\\04
                            XML\\Java\\XMLFile1.xml"));
            System.out.println ("Das Rootelement ist: " +
```

```
        doc.getDocumentElement().getNodeName());
    } catch (Exception ex)
    {
        System.out.println("Fehler: "+ex.getMessage());
    }
  }
}
```

Beschreibung

Wenn Sie sich unser erstes Beispiel betrachten, sehen Sie bereits, dass sich Java doch etwas von .NET unterscheidet. Die syntaktische Darstellung ist natürlich ähnlich wie bei C#, die einzelnen Klassen sind aber doch ganz anders als die .NET-XML-Klassen.

Damit wir unsere XML-Dokumente bearbeiten können, benötigen wir zuerst eine *DocmentBuilderFactory*. Wir legen diese Factory in der ersten Zeile über *newInstance()* an.

```
DocumentBuilderFactory docBuilderFactory =
                DocumentBuilderFactory.newInstance();
```

Eine *Factory* bezeichnet ein bestimmtes Muster, mit dem eine Klasse aufgebaut wird. Man bezeichnet diese Muster auch als *Design Patterns*. Sie können also von nun an getrost in Ihren Lebenslauf schreiben, dass Sie bereits mit *Design Patterns* zu tun hatten. Eine *Factory* ist ein sogenanntes Erzeugungsmuster und definiert eine Schnittstelle zur Erzeugung eines Objekts. Teilweise wird ein solches Muster auch gern als virtueller Konstruktor bezeichnet. Genau dies tun wir an dieser Stelle des Programmcodes, wir erzeugen die Instanz einer Klasse, welche für uns bestimmte Konstrukte erzeugen und verwalten soll. Zur Bearbeitung unseres XML benötigen wir zusätzlich einen *DocumentBuilder* und natürlich das eigentliche Dokument.

```
DocumentBuilder docBuilder=null;
Document doc=null;
```

Da Java-Entwicklungsumgebungen recht zickig sein können, wenn die IDE merkt, dass eine Exception auftreten könnte, benötigen wir nun einen *Try/Catch*-Block, der eine kritische Funktionalität kapselt.

```
try
{
```

Nun können wir, geschützt durch das *Try/Catch*-Konstrukt, versuchen, einen *DocumentBuilder* anzulegen.

```
docBuilder = docBuilderFactory.newDocumentBuilder();
```

Wenn dies gelungen ist, versuchen wir das Dokument von der Festplatte zu laden.

```
doc = docBuilder.parse (new File
            ("D:\\BBB .NET goes Webservices\\Sourcen\\04
                    XML\\Java\\XMLFile1.xml"));
```

Fügen Sie an dieser Stelle bitte den Pfad zu Ihrem Verzeichnis ein!

Wenn das Dokument geladen wurde und keine Exception aufgetreten ist, geben wir das Rootelement aus. Dies geschieht über das Dokument mit der Methode *getDocumentElement().getNodeName()*.

```
doc.getDocumentElement().getNodeName());
```

Wenn alles gut geht, sollten Sie etwa Folgendes in Ihrem Output-Fenster sehen.

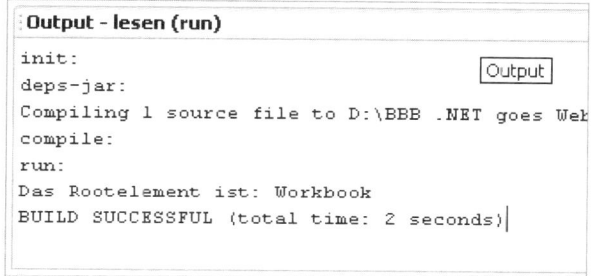

Bild 4.6: Ausgabe
des Lesevorgangs

Wie Sie sehen, ist die *DocumentBuilderFactory* eine sehr wichtige Klasse, deshalb liste ich Ihnen die einzelnen Ausprägungen kurz auf.

Klasse DocumentBuilderFactory

Methoden (öffentlich)

getAttribute(String name)	Erlaubt dem Benutzer tiefergehende Informationen zur Implementation abzufragen
getFeature(String name)	Gibt den Status des benannten Features zurück
getSchema()	Gibt das festgelegte Schema zurück, siehe auch »setSchema()«
isCoalescing()	Gibt die Konfiguration des Parsers zurück, die festgelegt, wie der Parser CDATA-Knoten konvertiert
isExpandEntityReferences()	Gibt die Konfiguration des Parsers zurück, die festgelegt, wie Entitäten-Referenzen behandelt werden
isIgnoringComments()	Gibt an, ob Kommentare ignoriert werden oder nicht
isIgnoringElementContentWhitespace()	Gibt an, ob Leerzeichen in Elementen ignoriert werden oder nicht
isNamespaceAware()	Gibt an, ob Namespaces beactet werden oder nicht

isValidating()	Gibt an, ob der XML-Content während des Parsens überprüft wird oder nicht
isXIncludeAware()	Gib den Status des XInclude-Processings an
newDocumentBuilder()	Erstellt eine neue DocumentBuilder-Instanz
newInstance()	Beschafft eine neue Instanz einer DocumentBuilderFactory
setAttribute(String name, Object value)	Setzt die entsprechenden Attribute
setCoalescing(boolean coalescing)	Setzt fest, wie Konvertierungen von CDATA Knoten behandelt werden
setExpandEntityReferences(boolean expand)	Setzt fest,wie Entitäten-Referenzen behandelt werden sollen
setFeature (String name, boolean value)	Setzt ein Feature für die Factory
setIgnoringComments(boolean ignore)	Legt fest, ob Kommentare ignoriert werden
setIgnoringElementContentWhitespace (boolean whitespace)	Legt fest, wie Leerzeichen in Elementen behandelt werden
setNamespaceAware(boolean aware)	Legt fest, ob der Namespace beachtet werden soll
setSchema(Schema schema)	Legt ein entsprechendes Bearbeitungsschema fest
setValidating(boolean value)	Legt fest, ob während des Parsens validiert wird
setXIncludeAware(boolean state)	Setzt den Status des Xinclude-Processings

Über diese Klasse kann einiges eingestellt und abgefragt werden, was später bei der Verarbeitung wichtig werden könnte. Eine weitere wichtige Klasse ist die *Document*-Klasse. Eine ganz ähnliche Implementation kennen Sie bereits von .NET. Die Java-*Document*-Klasse stellt sich wie folgt dar.

Klasse Document (Interface, das von Node erbt)

Methoden (öffentlich)

adoptNode(Node source)	Übernimmt eine Node aus einem anderen Dokument
createAttribute(String name)	Erstellt ein Attribt
createAttributeNS (String namespaceURI, String qualifiedName)	Erstellt ein Attribut mit Namespace und voll-qualifiziertem Namen
createCDATASection(String data)	Erstellt eine CDATA-Node mit Inhalt
createComment(String data)	Erstellt eine Kommentar-Node mit Daten
createDocumentFragment()	Erstellt ein leeres Dokumentenfragment
createElement(String tagName)	Erstellt ein Element

createElementNS(String namespaceURI, String qualifiedName)	Erstellt ein Element mit Namespace und voll-qualifiziertem Namen
createEntityReference(String name)	Erstellt ein Entitäten-Referenz-Objekt
createProcessingInstruction(String target, string data)	Erstellt einen Verarbeitungsinstruktions-Knoten
createTextNode(String data)	Erstellt eine Textnode
getDoctype()	Liefert die Dokumenttyp-Deklaration
getDocumentElement()	Ermöglicht den Zugriff auf die Dokumenten-wurzel
getDocumentURI()	Liefert die URI des Dokuments
getDomConfig()	Liefert die Konfiguration, die verwendet wird, wenn Document.normalizeDocument() aufge-rufen wird
getElementById(string elementId)	Gibt das Element mit der benannten ID zurück
getElementsByTagName(string tag)	Gibt eine Node-List mit allen Elementen zurück, welche auf den Übergabeparameter passen
getElementsByTagNameNS(String namespaceURI, String localName)	Wie der Vorgänger, nur mit Namespace und vollqualifiziertem Namen
getImplementation()	Das DOMImplemantation-Objekt, welches das aktuelle Dokument bearbeitet
getInputEncoding()	Ein Attribut, welches das für das aktuelle Dokument bestimmte Encoding zurückgibt
getStrictErrorChecking()	Gibt an, ob die Fehlerprüfung aktiviert oder deaktiviert ist
getXmlEncoding()	Gibt das Encoding des aktuellen Dokuments zurück, welches als Attribut innerhalb des Dokuments definiert wurde, z. B. UTF-8
getXmlStandalone()	Gibt an, ob das Dokument »standalone« ist oder nicht. Ebenso wie getXMLEncoding ein Attribut des Dokuments
getXmlVersion()	Versionsnummer des aktuellen Dokuments
importNode(Node import, boolean deep)	Importiert eine komlette Node aus einem anderen Dokumentenkontext in den aktuellen
normalizeDocument()	Wenn das Dokument geladen oder gespeichert wurde, normalisiert diese Methode das Dokument wieder
renameNode(Node n, String namespaceURI, String qualifiedName)	Benennt eine benannte Node um
setDocumentURI(String docURI)	Setzt die URI des Dokuments

setStrictErrorChecking (boolean strict)	Setzt die Fehlerüberprüfung
setXmlStandalone (boolean alone)	Setzt das Attribut Standalone
seXmlVersion(String version)	Setzt die Dokumentenversion

Das nächste Beispiel wird Ihnen einen von vielen Wegen zeigen, wie Sie unter Java auf Attribute zugreifen können.

4.5.2 XML-Attribute unter Java auslesen

Java-Client, um die Attribute eines XML-Dokuments auszulesen

Dieses Beispiel zeigt Ihnen, wie Sie mit Java die Attribute einer XML-Node auslesen. Die Java-Version ist 1.5, die IDE Netbeans (5.0).

Listing: cd:\Sourcen\04 XML\Java\attribute

Achten Sie bitte darauf, den Dateipfad im Beispiel auf Ihren Pfad abzuändern!

Benötigte Klassen

java.io.File, org.w3c.dom.Document,org.w3c.dom.*,
javax.xml.parsers.DocumentBuilderFactory, javax.xml.parsers.DocumentBuilder

Sourcecode

```
package attribute;

import java.io.File;
import org.w3c.dom.Document;
import org.w3c.dom.*;

import javax.xml.parsers.DocumentBuilderFactory;
import javax.xml.parsers.DocumentBuilder;

public class Main
{
    private static DocumentBuilderFactory docBuilderFactory =
                            DocumentBuilderFactory.newInstance();
    private static DocumentBuilder docBuilder=null;
    private static Document doc=null;

    public Main() {
    }

    public static void main(String[] args)
    {
        try
        {
```

```
            docBuilder = docBuilderFactory.newDocumentBuilder();
            doc = docBuilder.parse (new File ("D:\\BBB .NET goes
                        Webservices\\Sourcen\\04 XML\\Java\\XMLFile1.xml"));
            NodeList nd = getNodesByTagName ("Description");
            NamedNodeMap attribute = nd.item(0).getAttributes();
            String out = attribute.getNamedItem("version").getNodeValue();
            System.out.println ("Attributwert (Version): " + out );
        } catch (Exception ex)
        {
            System.out.println("Fehler: "+ex.getMessage());
        }
    }

    private static NodeList getNodesByTagName (String name)
    {
        NodeList nd = doc.getElementsByTagName(name);
        return nd;
    }
}
```

Beschreibung

Wir laden das XML-Dokument wieder und gehen dazu wie in unserem ersten Beispiel vor. Bitte beachten Sie den entsprechenden Pfad und ändern Sie ihn auf den zu Ihrer Verzeichnisstruktur passenden ab.

```
            docBuilder = docBuilderFactory.newDocumentBuilder();
            doc = docBuilder.parse (new File ("D:\\BBB .NET goes
                        Webservices\\Sourcen\\04 XML\\Java\\XMLFile1.xml"));
```

Über die Methode *getNodesByTagName* erstellen wir eine Nodeliste mit allen Nodes, deren Name unserem Übergabeparameter entspricht.

```
            NodeList nd = getNodesByTagName ("Description");
```

getNodesByTagName wird später im Sourcecode noch angelegt und ist natürlich keine implementierte Java-Methode.

Über unsere Nodeliste können wir nun auf die einzelnen Attribute zugreifen. In diesem Beispiel verwenden wir die einzelnen Items unserer Node. Jedes Item kennt eine Methode *getAttributes()*, welche eine Attributliste zurückliefert. Diese Attributliste ist vom Typ *NamedNodeMap*. Unsere Liste nennen wir im Sourcecode *attribute*.

```
            NamedNodeMap attribute = nd.item(0).getAttributes();
```

Über diese *NodeMap* können wir nun ein Attribut abfragen. Dies geschieht zum Beispiel, wie im Sourcecode, mit der Methode *getNamedItem*.

```
            String out = attribute.getNamedItem("version").getNodeValue();
```

Die Routine *getNodesByTagName* liefert wie bereits erwähnt eine Nodeliste. Zu diesem Zweck erstellt sie zuerst eine entsprechende Liste mit Namen *nd*. Während des

Instanziierens wird dieser Liste dann bereits über *getElementsByTagName* der Inhalt aus dem XML-Dokument zugewiesen.

```
NodeList nd = doc.getElementsByTagName(name);
```

Die *NodeList* wird dann im Anschluss direkt an den Aufrufer zurückgegeben.

```
return nd;
```

Anstelle der Items eines Knotens hätten wir natürlich auch eine XPath-Abfrage verwenden können. Sie müssen nicht unbedingt mit *node(x).item(y)* arbeiten. Aus Gründen der Abwechslung sehen die Beispiele unter Java aber nicht genau so aus wie die .NET-Beispiele, deshalb verwenden wir im Java-Abschnitt kein XPath. Ein entsprechendes Beispiel kommt später noch im Abschnitt über XPath.

Das nächste Beispiel ändert bestehende Attribute und fügt einen neuen Knoten in ein XML-Dokument ein.

4.5.3 XML-Attribute unter Java ändern und Nodes anlegen

Java-Client, um Attribute eines XML-Dokuments zu ändern und Knoten zu erstellen

Dieses Beispiel zeigt Ihnen, wie Sie mit Java die Attribute eines XML-Nodes auslesen und ändern sowie neue Knoten im XML-Baum anlegen. Die Java-Version ist 1.5, die IDE Netbeans (5.0).

Listing: cd:\Sourcen\04 XML\Java\schreiben

Achten Sie bitte darauf, den Dateipfad im Beispiel auf Ihren Pfad abzuändern!

Benötigte Klassen

java.io.File, org.w3c.dom.Document,org.w3c.dom.*, javax.xml.parsers. DocumentBuilderFactory, javax.xml.parsers.DocumentBuilder, javax.xml.parsers.*, javax.xml.transform.*, javax.xml.transform.dom.*, javax.xml.transform.stream.*;

Sourcecode

```
package schreiben;

import java.io.*;
import org.w3c.dom.Document;
import org.w3c.dom.*;
import javax.xml.parsers.DocumentBuilderFactory;
import javax.xml.parsers.DocumentBuilder;
import javax.xml.parsers.*;
import javax.xml.transform.*;
import javax.xml.transform.dom.*;
import javax.xml.transform.stream.*;
```

```java
public class Main
{
    private static DocumentBuilderFactory docBuilderFactory =
                                DocumentBuilderFactory.newInstance();
    private static DocumentBuilder docBuilder=null;
    private static Document doc=null;

    public Main() {
    }

    public static void main(String[] args)
    {
        try
        {
            docBuilder = docBuilderFactory.newDocumentBuilder();
            doc = docBuilder.parse (new File("D:\\BBB .NET goes
                    Webservices\\Sourcen\\04 XML\\Java\\XMLFile1.xml"));
            NodeList nd = getNodesByTagName ("Description");
            NamedNodeMap attribute = nd.item(0).getAttributes();
            String out = attribute.getNamedItem("version").getNodeValue();
            System.out.println ("Attributwert (Version): " + out );

            attribute.getNamedItem("version").setTextContent("gelöscht");
            out = attribute.getNamedItem("version").getNodeValue();
            System.out.println ("Attributwert (Version): " + out );

            Element newNode = doc.createElement("newNode");
            newNode.setTextContent("neuer Eintrag");
            nd.item(0).appendChild(newNode);

            File xmlOutputFile = new File("D:\\BBB .NET goes
                    Webservices\\Sourcen\\04 XML\\Java\\XMLFileOutput.xml");
            FileOutputStream fos;
            Transformer transformer;
            fos = new FileOutputStream(xmlOutputFile);
            TransformerFactory transformerFactory =
                                TransformerFactory.newInstance();

            transformer = transformerFactory.newTransformer();

            DOMSource source = new DOMSource(doc);
            StreamResult result = new StreamResult(fos);
            transformer.transform(source, result);
            System.out.println("XML wurde gespeichert.");
        } catch (Exception ex)
        {
            System.out.println("Fehler: "+ex.getMessage());
        }
    }

    private static NodeList getNodesByTagName (String name)
    {
```

```
        NodeList nd = doc.getElementsByTagName(name);
        return nd;
    }
}
```

Beschreibung

Der Anfang dieses Beispiels entspricht dem in den vorherigen Beispielen. Wir laden als Erstes ein Beispiel-XML.

```
        docBuilder = docBuilderFactory.newDocumentBuilder();
        doc = docBuilder.parse (new File("D:\\BBB .NET goes
            Webservices\\Sourcen\\04 XML\\Java\\XMLFile1.xml"));
```

Bitte ändern Sie auch hier wieder den Pfad entsprechend Ihrer Verzeichnisstruktur.

Als Nächstes laden wir wieder eine Attributliste über einen XML-Knoten.

```
        NodeList nd = getNodesByTagName ("Description");
        NamedNodeMap attribute = nd.item(0).getAttributes();
        String out = attribute.getNamedItem("version").getNodeValue();
        System.out.println ("Attributwert (Version): " + out );
```

Wenn wir das angezeigte Attribut ändern möchten, verwenden wir hierzu die Methode *setTextContext()*. Wir übergeben dieser Methode den neuen Wert, und dieser wird in das Attribut eingesetzt.

```
        attribute.getNamedItem("version").setTextContent("gelöscht");
```

Zur Überprüfung laden wir das Attribut wieder und geben es aus.

```
        out = attribute.getNamedItem("version").getNodeValue();
        System.out.println ("Attributwert (Version): " + out );
```

Als Nächstes möchten wir einen neuen Baumknoten in den bestehenden XML-Baum einsetzen. Aus Gründen der Bequemlichkeit setzen wir den neuen Knoten unter unseren bereits geladenen (*nd*).

Zuerst erstellen wir hierzu ein *Element*, welches aus dem aktuellen Dokumentenkontext erzeugt wird.

```
        Element newNode = doc.createElement("newNode");
```

Nun setzen wir auf die gleiche Art, wie zuvor beim Attribut, den Wert des Knotens.

```
        newNode.setTextContent("neuer Eintrag");
```

Als Letztes fügen wir den erzeugten Knoten an den bestehenden mit *appendChild()* an.

```
        nd.item(0).appendChild(newNode);
```

Zu diesem Zeitpunkt ist unser XML-Dokument im Speicher bereits verändert. Das Einzige, was uns nun noch fehlt, ist das Speichern. Wir benötigen zum Speichern, wie fast immer unter Java, einen Stream. Diesen definieren wir als *FileOutputStream*.

```
         FileOutputStream fos;
```

Mit einem Transformer wandeln wir den Speicherinhalt später in eine Datei um. Dieser Transformer wird in der nächsten Zeile instanziiert.

```
         Transformer transformer;
```

Wir erzeugen den Outputstream und damit die Zieldatei.

```
         fos = new FileOutputStream(xmlOutputFile);
```

Der Transformer wird, wie unser DocumentBuilder, über *newInstance()* in einer Factory-Klasse erzeugt.

```
         TransformerFactory transformerFactory =
                  TransformerFactory.newInstance();
```

Dieser Transformer speichert nun über den bestehenden Outputstream unser XML. Eigentlich speichert er es nicht, sondern transformiert es von einem Zustand zu einem anderen, der Effekt ist aber glücklicherweise der gleiche. Wir erhalten ein XML-File auf unserer Festplatte.

```
         transformer.transform(source, result);
```

Das entstandene File sollte etwa so aussehen wie im nächsten Listing.

```
<?xml version="1.0" encoding="UTF-8"?><Workbook>
  <Description author="H.Burbiel" version="gelöscht">
    testxml
       <newNode>neuer Eintrag</newNode>
  </Description>
</Workbook>
```

Sie sehen den geänderten Attributeintrag und den neuen XML-Knoten.

Das nächste Beispiel handelt wieder – wie könnte es auch anders sein – vom Serialisieren. Sowohl unter .NET als auch unter Java gibt es dazu mehrere Möglichkeiten. Man kann Objekte als Bytestrom serialisieren und als Datei speichern. Diese Dateien können über das Internet verschickt werden, beispielsweise als E-Mail oder Stream. Bitte beachten Sie, dass wir nur vom Serialisieren reden, nicht vom Serialisieren in ein XML-File. Der Nachteil beim Serialisieren ist, dass andere Sprachen nur schlecht, wenn überhaupt, die Datei deserialisieren und das daraus zu bildende Objekt verwenden können. XML-Serialisierung ist etwas anders. Unter .NET haben Sie diese Art Objekte zu verpacken bereits kennengelernt, jetzt wollen wir sie unter Java serialisieren.

4.5.4 XML-Serialisierung von Objekten unter Java

Java-Client, um Objekte zu serialisieren

Dieses Beispiel serialisiert eine Java-Klasse. Die Java-Version ist 1.5, die IDE Netbeans (5.0).

Listing: cd:\Sourcen\04 XML\Java\serialisieren

Benötigte Klassen

java.beans.*, java.io.*,

Sourcecode Klasse Person

```
package serialisieren;

public class Person
    {

        private String name;
        private String nachname;
        public String getName() { return name; }
        public String getNachname() { return nachname; }
        public void setName(String n) { name = n; }
        public void setNachname(String n) { nachname = n; }

    }
```

Beschreibung

Diese Klasse werden wir im Anschluss serialisieren. Sie sehen, die Klasse selbst besteht nur aus zwei Strings, nämlich Name und Nachname.

```
        private String name;
        private String nachname;
```

Wichtig ist nun, dass wir sowohl *get-* als auch *set-*Methoden implementieren. Die Standard-XML-Serialisierung funktioniert nämlich nur mit zu Java-Bean konformen Strukturen!

```
        public String getName() { return name; }
        public String getNachname() { return nachname; }
        public void setName(String n) { name = n; }
        public void setNachname(String n) { nachname = n; }
```

Als nächstes betrachten wir uns das zugehörige Programm.

Sourcecode Klasse Main

```
package serialisieren;

import java.beans.*;
import java.io.*;

public class Main {

    public Main()
    {
    }

    public static void main(String[] args) {
        try {
        FileOutputStream os = new FileOutputStream("C:/serialisiert.xml");
        XMLEncoder encoder = new XMLEncoder(os);
        Person serObject = new Person();
        serObject.setName("Karl");
        serObject.setNachname("Kroetentoeter");
        encoder.writeObject(serObject);
        encoder.close();

        FileInputStream is = new FileInputStream("C:/serialisiert.xml");
        XMLDecoder decoder = new XMLDecoder(is);
        Person serBack = (Person)decoder.readObject();
        decoder.close();

        System.out.println(serBack.getName()+ " "+
                                    serBack.getNachname()  );
        } catch (Exception ex)
        {
            System.out.println(ex.getMessage());
        }
    }
}
```

Beschreibung

Zuerst benötigen wir einen Outputstream, mit dem wir unser XML File auf Festplatte schreiben.

```
FileOutputStream os = new FileOutputStream("C:/serialisiert.xml");
```

Nun legen wir einen XMLEncoder an. Diese Klasse finden Sie unter der Hauptklasse *java.beans*. Wir legen ein Objekt vom Typ *Person* an und füllen dieses.

```
Person serObject = new Person();
serObject.setName("Karl");
serObject.setNachname("Kroetentoeter");
```

Jetzt können wir über den angelegten Encoder das serialisierte Objekt als XML schreiben.

```
        encoder.writeObject(serObject);
        encoder.close();
```

Zum Lesen benötigen wir natürlich einen Inputstream.

```
    FileInputStream is = new FileInputStream("C:/serialisiert.xml");
```

Um zu deserialisieren, wird ein Decoder anstatt einem Encoder verwendet.

```
    XMLDecoder decoder = new XMLDecoder(is);
```

Nun können wir aus dem gelesenen XML File ein passendes Objekt erstellen.

```
    Person serBack = (Person)decoder.readObject();
```

Dieses Objekt ist nun genauso verwendbar wie das im Programmcode angelegte.

```
System.out.println(serBack.getName() + " " + serBack.getNachname() );
```

Dem angelegten und in XML serialisierten Objekt liegt dieser Sourcecode zugrunde:

```
<?xml version="1.0" encoding="UTF-8"?>
<java version="1.5.0_06" class="java.beans.XMLDecoder">
 <object class="serialisieren.Person">
  <void property="nachname">
   <string>Kroetentoeter</string>
  </void>
  <void property="name">
   <string>Karl</string>
  </void>
 </object>
</java>
```

Der Nachteil bei allen Serialisierungen ist die Plattformgebundenheit. Es ist nicht einfach, ein unter Java serialisiertes Objekt unter .NET zu laden und zu verwenden oder umgekehrt. Dass es trotzdem funktioniert, verdanken wir unter anderem dem SOAP-Protokoll, welches im nächsten Kapitel zum Zuge kommen wird.

Die wichtigsten XML-Grundlagen haben Sie nun kennengelernt, allerdings fehlen uns noch zwei Kleinigkeiten. Sie erinnern sich sicher daran, dass wir bei den .NET-Beispielen XPath verwendet haben. Ich habe Ihnen auf diesen Seiten schon versprochen (angedroht?), dass wir uns noch näher mit XPath beschäftigen werden. Dieser Abschnitt blüht Ihnen jetzt. Aber keine Angst, XPath ist ein sehr interessantes Thema und wird Ihnen helfen, XML-Dateien effektiver und übersichtlicher zu beabeiten. Die andere kleine Sache ist XSLT, die Transformation von XML in ein anderes Format. Diese Transformationen werden uns nach dem XPath Abschnitt beschäftigen.

4.6 XPath

XPath dient dazu, über eine Pfadangabe einen Ausschnitt von einem XML-Baum zu adressieren. Stellen Sie sich eine solche Angabe in etwa wie einen SQL-Befehl vor. Prinzipiell tun beide das gleiche. Sowohl SQL-Query als auch eine XPath-Anweisung führen eine Abfrage durch, die als Ergebnis die Teilmenge einer Ansammlung von Daten zurückgibt. Spezielle Theorie werden wir uns in diesem Abschnitt allein schon aus Platzgründen sparen und gehen direkt zur Praxis über.

Sollten Sie Interesse an der (tiefergehenden) Theorie hinter den XPath-Abfragen haben, schauen Sie sich im Internet zum Beispiel folgende Seite an.

```
http://www.w3.org/TR/xpath
```

Starten wir am besten mit Grundsätzlichem, also der Abfrage eines XML-Knotens.

XPath-Abfragen können, müssen aber nicht, mit einem oder zwei Schrägstrichen eingeleitet werden. Ein einzelner Schrägstrich vor der Abfrage bedeutet, dass ein absoluter Pfad gewünscht wird. Zwei Schrägstriche bedeuten, dass alle folgenden passenden Elemente ausgewählt werden.

Zum Beispiel erhalten Sie als Rückgabe für folgende Abfrage die im XML-Code in gefetteter Schrift markierten Abschnitte.

```
/Workbook/DocumentProperties/Author

<?xml version="1.0"?>
<?mso-application progid="Excel.Sheet"?>
<Workbook >
    <DocumentProperties>
        <Author>H.Burbiel</Author>
        <LastAuthor>H.Burbiel</LastAuthor>
        <Created>2006-10-01T10:32:42Z</Created>
        <LastSaved>2006-10-01T10:33:46Z</LastSaved>
        <Company>-</Company>
        <Version>11.6568</Version>
    </DocumentProperties>
</Workbook>
```

Wenn noch ein Element namens *Author* unterhalb von *DocumentProperties* liegen würde, würde auch dieses ausgewählt werden.

```
<?xml version="1.0"?>
<?mso-application progid="Excel.Sheet"?>
<Workbook >
    <DocumentProperties>
        <Author>H.Burbiel</Author>
        <Author>Kroetentoeter</Author>
        <Author>Tester</Author>
        <LastAuthor>H.Burbiel</LastAuthor>
        <Created>2006-10-01T10:32:42Z</Created>
        <LastSaved>2006-10-01T10:33:46Z</LastSaved>
        <Company>-</Company>
        <Version>11.6568</Version>
    </DocumentProperties>
</Workbook>
```

Wenn innerhalb des XML ein weiterer Autor vorhanden wäre, aber nicht im angegebenen Pfad, würde dieser nicht beachtet werden.

Betrachten Sie hierzu das XML im nächsten Codebeispiel.

```
<?xml version="1.0"?>
<?mso-application progid="Excel.Sheet"?>
<Workbook >
   <DocumentProperties>
       <Author>H.Burbiel</Author>
      <Author>Kroetentoeter</Author>
      <Author>Tester</Author>
       <LastAuthor>H.Burbiel</LastAuthor>
       <Created>2006-10-01T10:32:42Z</Created>
       <LastSaved>2006-10-01T10:33:46Z</LastSaved>
       <Company>-</Company>
       <Version>11.6568</Version>
   </DocumentProperties>
   <Author>unbeachtet</Author>
</Workbook>
```

Merken Sie sich also: Alle Abfragen, die mit einem einfachen Schrägstrich beginnen, wählen nur die Elemente aus, die im angegebenen Pfad vorhanden sind. Die andere Art, Elemente auszuwählen, ist mit dem doppelten Schrägstrich. Mit einem doppelten Schrägstrich werden alle Elemente im nachfolgenden Pfad ausgewählt, die dem Suchmuster entsprechen – auch in untergeordneten Pfaden. Gestartet wird mit dem doppelten Schrägstrich am Start des Dokuments oder eben innerhalb des angegebenen Pfads.

Wenn Sie also mit folgendem Suchmuster arbeiten, aber einen zusätzlichen Schrägstrich an den Anfang setzen, erhalten Sie alle Autoren.

```
//Author
```

```
<?xml version="1.0"?>
<?mso-application progid="Excel.Sheet"?>
<Workbook >
   <DocumentProperties>
       <Author>H.Burbiel</Author>
      <Author>Kroetentoeter</Author>
      <Author>Tester</Author>
       <LastAuthor>H.Burbiel</LastAuthor>
       <Created>2006-10-01T10:32:42Z</Created>
       <LastSaved>2006-10-01T10:33:46Z</LastSaved>
       <Company>-</Company>
       <Version>11.6568</Version>
   </DocumentProperties>
   <Author>beachtet</Author>
</Workbook>
```

Wollen Sie alle folgenden Elemente auf Ihre Pfadangabe ermitteln, verwenden Sie einen * (Asterisk) im Anschluss an Ihre Abfrage.

```
/Workbook/DocumentProperties/*

<?xml version="1.0"?>
<?mso-application progid="Excel.Sheet"?>
<Workbook >
   <DocumentProperties>
        <Author>H.Burbiel</Author>
        <Author>Kroetentoeter</Author>
        <Author>Tester</Author>
        <LastAuthor>H.Burbiel</LastAuthor>
        <Created>2006-10-01T10:32:42Z</Created>
   </DocumentProperties>
   <Author>unbeachtet</Author>
</Workbook>
```

Achtung! Die Rückgabe der Knoten bezieht sich hierbei auf alle Knoten, die unterhalb von *DocumentProperties* liegen!

Anstatt an das Ende der Abfrage einen Stern zu setzen, können Sie dies auch an beliebiger Stelle des Pfads tun. Zum Beispiel würde folgender Befehl wieder unsere Autoren selektieren.

```
/Workbook/*/Author
```

Der Stern, oder Joker, steht also für einen beliebigen Platzhalter in der Pfadangabe zum gewünschten Element. Sie können den Stern an jeder Stelle verwenden. Seien Sie aber etwas vorsichtig bei der Verwendung. Sollten Sie mehrere passende Baumstrukturen selektieren, könnten die Ergebnisse von Ihrer Erwartung abweichen. Folgendes Beispiel selektiert zum Beispiel mehrere Autorenzweige. Der Grund ist, dass die Zweige *DocumentProperties* und *Andere* auf gleicher Ebene liegen und über den Joker selektiert werden.

```
/Workbook/*/Author

<?xml version="1.0"?>
<?mso-application progid="Excel.Sheet"?>
<Workbook >
   <DocumentProperties>
        <Author>H.Burbiel</Author>
        <Author>Kroetentoeter</Author>

        <Author>Tester</Author>
        <LastAuthor>H.Burbiel</LastAuthor>
        <Created>2006-10-01T10:32:42Z</Created>
   </DocumentProperties>
   <Andere>
      <Author>other</Author>
   </Andere>
</Workbook>
```

Um ein bestimmtes Element am Ende einer Liste zu selektieren, setzen Sie es in eckige Klammern.

```
/Workbook/DocumentProperties/Author[last()]

<?xml version="1.0"?>
<?mso-application progid="Excel.Sheet"?>
<Workbook >
    <DocumentProperties>
        <Author>H.Burbiel</Author>
        <Author>Kroetentoeter</Author>
        <Author>Tester</Author>
        <LastAuthor>H.Burbiel</LastAuthor>
        <Created>2006-10-01T10:32:42Z</Created>
    </DocumentProperties>
    <Andere>
        <Author>other</Author>
    </Andere>
</Workbook>
```

Nur das letzte Element zu erreichen wäre aber langweilig, deshalb können Sie auch einen Index angeben. Aus diesem Grund gibt es auch kein *[first()]*. *First* ist immer das erste Element mit Index 1. Beim letzten Element macht es aber Sinn, *Last()* anzugeben, weil das letzte Element natürlich nicht so einfach zu identifizieren ist.

```
/Workbook/DocumentProperties/Author[1]

<?xml version="1.0"?>
<?mso-application progid="Excel.Sheet"?>
<Workbook >
    <DocumentProperties>
        <Author>H.Burbiel</Author>
        <Author>Kroetentoeter</Author>
        <Author>Tester</Author>
        <LastAuthor>H.Burbiel</LastAuthor>
        <Created>2006-10-01T10:32:42Z</Created>
    </DocumentProperties>
    <Andere>
        <Author>other</Author>
    </Andere>
</Workbook>
```

Wollen Sie Elemente anhand ihres Attributs auswählen, verwenden Sie dazu das Abfrageelement @ in Verbindung mit eckigen Klammern.

```
/Workbook/DocumentProperties/Author[@buch="2"]

<?xml version="1.0"?>
<?mso-application progid="Excel.Sheet"?>
<Workbook >
    <DocumentProperties>
        <Author buch = "1">H.Burbiel</Author>
        <Author buch = "2">Kroetentoeter</Author>
        <Author buch = "3">Tester</Author>
        <LastAuthor>H.Burbiel</LastAuthor>
```

```
        <Created>2006-10-01T10:32:42Z</Created>
    </DocumentProperties>
    <Andere>
        <Author>other</Author>
    </Andere>
</Workbook>
```

Oder aber Sie möchten ALLE Knoten, die ein *buch*-Attribut enthalten. (Gilt wieder nur für den angegebenen Pfad!)

```
/Workbook/DocumentProperties/Author[@buch]
```

Sie könnten mit dem bereits bekannten Stern auch alle Elemente auswählen, die ein beliebiges Attribut enthalten.

```
/Workbook/DocumentProperties/Author[@*]
```

Das Gegenteil von allen Elementen die ein Attribut enthalten, sind Elemente, die kein Attribut beinhalten.

```
/Workbook/DocumentProperties/Author[not(@*)]
```

```
<?xml version="1.0"?>
<?mso-application progid="Excel.Sheet"?>
<Workbook >
    <DocumentProperties>
        <Author buch = "1">H.Burbiel</Author>
        <Author>Kroetentoeter</Author>
        <Author buch = "3">Tester</Author>
        <LastAuthor>H.Burbiel</LastAuthor>
        <Created>2006-10-01T10:32:42Z</Created>
    </DocumentProperties>
    <Andere>
        <Author>other</Author>
    </Andere>
</Workbook>
```

Wollen Sie direkt auf die einzelnen Attribute eines Knotens zugreifen, verwenden Sie das @-Zeichen ohne eckige Klammern.

```
/Workbook/DocumentProperties/Author/@buch
```

Bei dieser Abfrage würden Sie nun allerdings alle Attribute des Pfads erhalten.

```
<?xml version="1.0"?>
<?mso-application progid="Excel.Sheet"?>
<Workbook >
    <DocumentProperties>
        <Author buch = "1">H.Burbiel</Author>
        <Author buch = "2">Kroetentoeter</Author>
        <Author buch = "3">Tester</Author>
```

```
         <LastAuthor>H.Burbiel</LastAuthor>
         <Created>2006-10-01T10:32:42Z</Created>
   </DocumentProperties>
   <Andere>
      <Author>other</Author>
   </Andere>
</Workbook>
```

Abhilfe schafft hier wieder der Index. Mit dem Index können Sie den gewünschten Knoten selektieren.

```
/Workbook/DocumentProperties/Author[2]/@buch
```

```
<?xml version="1.0"?>
<?mso-application progid="Excel.Sheet"?>
<Workbook >
   <DocumentProperties>
        <Author buch = "1">H.Burbiel</Author>
       <Author buch = "2">Kroetentoeter</Author>
       <Author buch = "3">Tester</Author>
        <LastAuthor>H.Burbiel</LastAuthor>
         <Created>2006-10-01T10:32:42Z</Created>
   </DocumentProperties>
   <Andere>
      <Author buch="4">other</Author>
   </Andere>
</Workbook>
```

Wenn Sie alle *buch*-Attribute des gesamten Dokuments auslesen wollten, verwenden Sie den doppelten Schrägstrich.

```
//@buch
```

```
<?xml version="1.0"?>
<?mso-application progid="Excel.Sheet"?>
<Workbook >
   <DocumentProperties>
        <Author buch = "1">H.Burbiel</Author>
       <Author buch = "2">Kroetentoeter</Author>
       <Author buch = "3">Tester</Author>
        <LastAuthor>H.Burbiel</LastAuthor>
         <Created>2006-10-01T10:32:42Z</Created>
   </DocumentProperties>
   <Andere>
      <Author buch="4">other</Author>
   </Andere>
</Workbook>
```

Innerhalb von XML-Dokumenten kann es vorkommen, dass Attribute Leerzeichen enthalten. Damit Sie trotzdem das richtige Attribut erhalten, gibt es die Funktion *normalize-space()*.

```
/Workbook/DocumentProperties/Author[@buch="2"]
```

Innerhalb einer Abfrage wird *normalize-space* wie folgt verwendet:

```
<xsl:value-of select="normalize-space(.)"/>

<?xml version="1.0"?>
<?mso-application progid="Excel.Sheet"?>
<Workbook >
   <DocumentProperties>
        <Author buch = "1">H.Burbiel</Author>
      <Author buch = "2  ">Kroetentoeter</Author>
      <Author buch = "3">Tester</Author>
        <LastAuthor>H.Burbiel</LastAuthor>
        <Created>2006-10-01T10:32:42Z</Created>
   </DocumentProperties>
   <Andere>
      <Author>other</Author>
   </Andere>
</Workbook>
```

Sie sehen, das Attribut *buch* enthält als Wert "2 " mit zwei Leerstellen. Diese werden durch *normalize-space* entfernt und es wird nur der Wert 2 verwendet. Andernfalls würde der Knoten mit diesem Attributwert oder das Attribut selbst gar nicht gefunden werden.

Auch ohne Angabe eines benannten Suchwerts können Sie bestimmte Werte direkt auslesen, zum Beispiel nur diejenigen Elemente, die eine angegebene Anzahl an Kindelementen enthalten. Das folgende Beispiel wählt alle Knoten aus, die genau ein Kindelement enthalten.

```
//*[count(*)=1]
```

Da wir wieder den Doppelschrägstrich und einen Joker verwenden, geht die Suche ganz am Anfang los und listet alle Elemente innerhalb des XML-Files auf, die genau ein Kind enthalten.

```
<?xml version="1.0"?>
<?mso-application progid="Excel.Sheet"?>
<Workbook >
   <DocumentProperties>
        <Author buch = "1">H.Burbiel</Author>
      <Author buch = "2">Kroetentoeter</Author>
      <Author buch = "3">Tester</Author>
        <LastAuthor>H.Burbiel</LastAuthor>
        <Created>2006-10-01T10:32:42Z</Created>
   </DocumentProperties>
   <Andere>
      <Author>other</Author>
   </Andere>
</Workbook
```

In unserem Fall ist das der Knoten *Andere*.

Möglich ist natürlich auch eine Pfadangabe wie die folgende.

```
//Workbook/*[count(*)=1]
```

Hier werden alle Elemente ausgewählt, die sich unterhalb von *Workbook* befinden.

Sie können auch festlegen, welches Element in einer bestimmten Anzahl auftreten soll. Das funktioniert, wenn Sie den Joker durch den Namen des Elements ersetzen.

```
//Workbook/*[count(Author)=1]
```

Wenn Sie eine bestimmte Untermenge an Elementen auswählen möchten, können Sie dies zum Beispiel mit *starts-with()* tun. Angenommen, die Routine soll alle Elemente zurückliefern, die mit *A* beginnen. Hierfür können Sie folgende Abfrage verwenden.

```
//*[starts-with(name(),'A')]
```

Angewendet auf das nachfolgende XML liefert diese Abfrage Folgendes:

```
Author
Author
Author
Andere
Author
```

```
<?xml version="1.0"?>
<?mso-application progid="Excel.Sheet"?>
<Workbook >
   <DocumentProperties>
       <Author buch = "1">H.Burbiel</Author>
       <Author buch = "2">Kroetentoeter</Author>
       <Author buch = "3">Tester</Author>

       <LastAuthor>H.Burbiel</LastAuthor>
       <Created>2006-10-01T10:32:42Z</Created>
   </DocumentProperties>
   <Andere>
      <Author>other</Author>
   </Andere>
</Workbook
```

Eine ähnliche Abfrage kann mit *contains()* gebildet werden. Allerdings bekommen Sie mit *contains()* alle Elemente, die ein bestimmtes Suchmuster enthalten.

```
//*[contains(name(),'uth')]
```

Diese Abfrage liefert:

```
Author
Author
Author
LastAuthor
Author
```

Durch Angabe der Funktion *name()* beziehen wir uns übrigens auf den Namen des Elements. *Name()* gibt also den Elementnamen aus.

Eine weitere Funktion ist *string-length*. Sie liefert die Länge einer angegebenen Zeichenkette zurück. Mit dieser Funktion können Sie einen Text unter anderem auf Groß- und Kleinschreibung oder Gleichheit prüfen. Bei Groß- und Kleinschreibung prüfen Sie mit *string-length*, ob die Anzahl der Zeichen in der zu prüfenden Zeichenkette entweder größer oder kleiner als der angegebene Wert ist. Bei Gleichheit überprüfen Sie, ob die Anzahl übereinstimmt.

```
//*[string-length(name()) = 10]
```

Beim obigen Beispiel werden alle Elemente zurückgegeben, deren Namen einer Länge von zehn Zeichen entspricht.

Bei unserem Beispiel würden wir diesmal nur den *LastAuthor* zurückerhalten, da dessen Name zehn Zeichen enthält.

```
//*[string-length(name()) > 7]
```

Bei dieser Abfrage erhalten wir folgende Elemente, da deren Zeichenanzahl größer als sieben ist.

```
Workbook
DocumentProperties
LastAuthor
```

Das Gegenteil funktioniert natürlich auch. Wir können ebenso alle Elemente abfragen, deren Zeichenanzahl kleiner ist als ein bestimmter Wert.

```
//*[string-length(name()) < 7]
```

```
Author
Author
Author
Andere
Author
```

Um Abfragen zu kombinieren, können Sie ein Trennzeichen verwenden. Dieses Trennzeichen ist der gerade Strich |. Er befindet sich auf der (deutschen) Tastatur links neben dem Y. Eine einfache Kombination mit unserem Beispiel-XML sehen Sie in der nächsten Darstellung.

```
<?xml version="1.0"?>
<?mso-application progid="Excel.Sheet"?>
<Workbook >
   <DocumentProperties>
       <Author buch = "1">H.Burbiel</Author>
       <Author buch = "2">Kroetentoeter</Author>
```

```
    <Author buch = "3">Tester</Author>
      <LastAuthor>H.Burbiel</LastAuthor>
      <Created>2006-10-01T10:32:42Z</Created>
  </DocumentProperties>
  <Andere>
    <Author>other</Author>
  </Andere>
</Workbook
```

```
//*/Author[@buch='1'] | //*/Author[@buch='2']
```

Diese Abfrage wird alle Knoten zurückliefern, die ein Attribut *buch* enthalten und den Wert 1 oder 2 haben.

Die Abfrage könnte auch einfacher aufgebaut sein.

```
//*/Author | //*/Andere
```

Merken Sie sich einfach, dass Sie mit dem Trennstrich zwei Abfragen oder mehr miteinander verbinden können.

Anstatt eines oder zweier vorangestellter Schrägstriche können Sie auch eine Bestimmung über die Art durchführen. Den gleichen Effekt, den Sie mit *//Author* erreichen, bekommen Sie zum Beispiel mit

```
//child::Author
```

Diese Art der Abfrage mit dem Schlüsselwort *child* hat sich aber bisher kaum wirklich durchgesetzt. Zum einen natürlich, da sie schwerer zu lesen ist, zum anderen, weil man viel mehr schreiben muss.

Viel sinnvoller ist da eine Abfrage auf den Nachfahren des benannten Knotens mit *descendant*.

```
//DocumentProperties/descendant::*
```

Diese Abfrage würde zum Beispiel alle Nachfahren (Unterknoten) des Knotens *DocumentProperties* zurückgeben. Anstatt des Jokers (*) könnten Sie natürlich auch einen Namen angeben.

```
//DocumentProperties/descendant::Author
```

Hier würden Sie nur die Unterknoten mit dem Knotennamen *Author* erhalten. Das Gegenstück zu den Nachfahren sind die Vorfahren oder Eltern eines Knotens. Im Englischen und damit in unserer XML-Syntax heißen sie Parents. Diese erhalten Sie mit eben diesem Schlüsselwort: *parent*.

```
//DocumentProperties/parent::*
```

Bezugnehmend auf unser XML würde dies den Knoten *Workbook* zurückliefern, da dieser Knoten der Parent-Knoten von *DocumentProperties* ist.

Der Letzte im Bunde unserer Verwandten ist natürlich der Vorfahre. Er heißt auf Englisch *ancestor*. Genauso heißt auch unser Schlüsselwort, um auf den oder die entsprechenden Vorfahren eines benannten Knotens zuzugreifen.

```
//DocumentProperties/Author/ancestor::*
```

Dies liefert uns als Ergebnis folgende Knoten:

```
Workbook
DocumentProperties
```

Alle bisher besprochenen Befehle lassen sich auch kombinieren. Probieren Sie hier ruhig etwas herum. Im Internet gibt es einige XPath-Testprogramme, mit denen Sie Abfragen auf bestimmte XML-Dokumente testen können. Zum Beispiel sucht folgender Befehl alle Vorfahren, die als Namen *Workbook* enthalten.

```
//DocumentProperties/Author/ancestor::*[name()='Workbook']
```

In Verwandschaftsverhältnissen gibt es zusätzlich auch noch Geschwister, auf Englisch *sibling*. Mit Geschwistern suchen Sie nach Knoten, die mit dem angegebenen oder aktuellen Knoten auf der gleichen Ebene liegen. Dies könnte in unserem XML etwa wie folgt aussehen.

```
<?xml version="1.0"?>
<?mso-application progid="Excel.Sheet"?>
<Workbook >
    <DocumentProperties>
        <Author buch = "1">H.Burbiel</Author>
        <Author buch = "2">Kroetentoeter</Author>
        <Author buch = "3">Tester</Author>
        <LastAuthor>H.Burbiel</LastAuthor>
        <Created>2006-10-01T10:32:42Z</Created>
    </DocumentProperties>
    <Andere>
        <Author>other</Author>
    </Andere>
</Workbook
```

DocumentProperties ist ein *sibling* von »Andere«. Genauso natürlich umgekehrt. »Andere« ist ein *sibling* von *DocumentProperties*. Der Knackpunkt ist, welche Position haben die beiden? Aus diesem Grund gib es als Befehle *following-sibling* und *preceding-sibling*. Und genauso, wie man das anhand des englischen Textes vermuten würde, ist es auch. Mit *following* erhält man alle folgenden, mit *preceding* alle vorherigen Geschwister. Wären doch nur alle Familienzusammenführungen so einfach wie unter XPath.

```
//DocumentProperties/following-sibling::*
```

Ergibt:

```
Andere
```

```
/Workbook/Andere/preceding-sibling::*
```

Ergibt:

```
DocumentProperties
```

> **Hinweis:**
> Mit *following* und *preceding* erhalten Sie ALLE Geschwister zurück, nicht nur einen
> einzelnen! Es kann also sein, dass Sie eine NodeList erhalten und nicht nur eine
> einzelne Node!

Ebenso könnten Sie *following* auch alleine verwenden.

```
/Workbook/DocumentProperties/following::*
```

```
Andere
Author
```

Ebenso funktioniert das natürlich mit *preceding*.

WICHTIG: Bei der Rückgabe erhalten Sie immer nur XML-Knoten, keine Attribute
oder Namensraumknoten. Zusätzlich zu den bisher bekannten XPath-Befehlen können
Sie auch auf verschiedene Berechnungen zurückgreifen. Dies kann nützlich sein, wenn
Sie zum Beispiel bestimmte Positionen erfragen möchten.

Eine Position wird mit dem Schlüsselwort *position()* bestimmt. Beispiel: Wenn Sie alle
Positionen eines XML-Baums abfragen möchten, die dem ersten Auftreten entsprechen,
können Sie dies wie folgt erreichen:

```
//Author[position()=1]
```

Dies liefert uns folgende Werte zurück:

```
Author  (H.Burbiel)
Author  (andere)
```

Sie sehen diesmal beispielhaft nach dem eigentlichen Knotennamen den Wert zur besse-
ren Unterscheidung.

```xml
<?xml version="1.0"?>
<?mso-application progid="Excel.Sheet"?>
<Workbook >
    <DocumentProperties>
        <Author buch = "1">H.Burbiel</Author>
        <Author buch = "2">Kroetentoeter</Author>
        <Author buch = "3">Tester</Author>
        <LastAuthor>H.Burbiel</LastAuthor>
        <Created>2006-10-01T10:32:42Z</Created>
    </DocumentProperties>
    <Andere>
        <Author>andere</Author>
    </Andere>
</Workbook>
```

Wenn Sie nur ungerade Positionen erhalten möchten, verwenden Sie *mod*. Dieser Befehl liefert den Nachkomma-Anteil einer Berechnung. Zum Beispiel auf folgende Art:

```
//Author[position() mod 2 != 0]
```

Hinweis für Basic-Programmierer: != entspricht einem <> unter VB!

Damit erhalten Sie die folgenden, markierten Knoten.

```
<?xml version="1.0"?>
<?mso-application progid="Excel.Sheet"?>
<Workbook >
   <DocumentProperties>
        <Author buch = "1">H.Burbiel</Author>
        <Author buch = "2">Kroetentoeter</Author>
        <Author buch = "3">Tester</Author>
        <LastAuthor>H.Burbiel</LastAuthor>
        <Created>2006-10-01T10:32:42Z</Created>
   </DocumentProperties>
   <Andere>
      <Author>andere</Author>
   </Andere>
</Workbook>
```

Bitte beachten Sie, dass wir in der Abfrage auf *Author* eingeschränkt haben! Wir könnten statt ungerade Positionen auch gerade Positionen abfragen.

```
//Author[position() mod 2 = 0]

<?xml version="1.0"?>
<?mso-application progid="Excel.Sheet"?>
<Workbook >
   <DocumentProperties>
        <Author buch = "1">H.Burbiel</Author>
        <Author buch = "2">Kroetentoeter</Author>
        <Author buch = "3">Tester</Author>
        <LastAuthor>H.Burbiel</LastAuthor>
        <Created>2006-10-01T10:32:42Z</Created>
   </DocumentProperties>
   <Andere>
      <Author>andere</Author>
   </Andere>
</Workbook>
```

Zuletzt wollen wir noch zwei Beispiele anschauen, die XPath verwenden. Eines wird in C#, das andere in Java verfasst sein.

4.6.1 Beispiel für XPath mit C#

C# liest XML-Knoten über XPath

Dieses Beispiel liest XML-Knoten ein, die über eine XPath-Abfrage spezifiziert werden. Die verwendete .NET-Version ist 2.0.

Listing: cd:\Sourcen\04 XML\07 XPath

Benötigte Namespaces

Standard und *System.Xml*

Sourcecode

```
using System;
using System.Collections.Generic;
using System.ComponentModel;
using System.Data;
using System.Drawing;
using System.Text;
using System.Windows.Forms;

using System.Xml;

namespace _7XPath
{
    public partial class Form1 : Form
    {
        private XmlDocument doc = new XmlDocument(); // Source XML
        Boolean isLoaded = false;

        public Form1()
        {
            InitializeComponent();
        }

        private void button1_Click_1(object sender, EventArgs e)
        {
            String fileName = Application.StartupPath + "\\" +
                            textBox1.Text;
            if (LoadXML(fileName))
            {
                label3.Text = "XML geladen";
                XmlNodeList nodeList =doc.SelectNodes
                    ("//*/Author[@buch='1'] | //*/Author[@buch='2']");
                textBox2.Text = " XPath: \"//*/Author[@buch='1'] |
                                //*/Author[@buch='2']\"\r\n\r\n";
                foreach (XmlNode nd in nodeList)
                {
```

```
                    textBox2.Text =
                    textBox2.Text + nd.Name + ": " + nd.InnerText + "\r\n";
                }
            }
        else
        {
            label3.Text = "XML konnte nicht geladen werden";
        }
    }


    public bool LoadXML(string sFileName)
    {
        if (sFileName.EndsWith("xml"))
        {
            try
            {
                doc.Load(sFileName);
                isLoaded = true;
            }
            catch (Exception e)
            {
                MessageBox.Show(e.Message.ToString());
                isLoaded = false;
            }
        }
        return isLoaded;
    }
    }
}
```

Beschreibung

Als Erstes lesen wir über unsere bekannte Routine ein XML-Dokument ein.

```
        public bool LoadXML(string sFileName)
```

Wenn wir nun auf den Button im Formular klicken, lesen wir eine *NodeListe* ein, der wir als Parameter unseren XPath übergeben.

```
XmlNodeList nodeList =doc.SelectNodes
                      ("//*/Author[@buch='1'] | //*/Author[@buch='2']");
```

Das Einlesen der *NodeList* geschieht mit *SelectNodes()*. Wenn die Abfrage funktioniert hat, können wir die *NodeList* auslesen und deren Inhalt ausgeben.

```
 foreach (XmlNode nd in nodeList)
    {
        textBox2.Text =
        textBox2.Text + nd.Name + ": " + nd.InnerText + "\r\n";
    }
```

Betrachten wir nun ein ähnliches Beispiel unter Java.

4.6.2 Beispiel für XPath mit Java

Java-Client, um mit XPath-Knoten abzufragen

Dieses Beispiel verwendet XPath, um eine Abfrage zu erzeugen. Die Java-Version ist 1.5 (5.0), die IDE Netbeans (5.0).

Listing: cd:\Sourcen\04 XML\Java\XPath

Benötigte Klassen

Javax.xml.xpath.*, java.io.File, org.w3c.dom.*, javax.xml.parsers. DocumentBuilderFactory, javax.xml.parsers.DocumentBuilder

Sourcecode

```
package xpath;
import javax.xml.xpath.*;
import java.io.File;
import org.w3c.dom.*;
import javax.xml.parsers.DocumentBuilderFactory;
import javax.xml.parsers.DocumentBuilder;

public class Main {
  public Main() {
    }

    public static void main(String[] args) {
        DocumentBuilderFactory docBuilderFactory =
                              DocumentBuilderFactory.newInstance();
        DocumentBuilder docBuilder=null;
        Document doc=null;
        try
        {
            docBuilder = docBuilderFactory.newDocumentBuilder();
            doc = docBuilder.parse (new File("D:\\BBB .NET goes
                    Webservices\\Sourcen\\04 XML\\Java\\test.xml");

            XPathFactory factory = XPathFactory.newInstance();
            XPath xpath = factory.newXPath();
            String xp = "//*/Author[@buch='1']";
            Node node = (Node)xpath.evaluate
                              (xp, doc, XPathConstants.NODE);

            if (node != null)
            {
                Element element = (Element)node;
                System.out.println(element.getTextContent());
```

```
        } else {
            System.err.println("Fehler im XPath!");
        }
    } catch (Exception ex)
    {
        System.out.println("Fehler: "+ex.getMessage());
    }
  }
}
```

Beschreibung

Wir laden auch hier wieder wie in den vorigen Beispielen zuerst unser XML in ein Dokument.

```
docBuilder = docBuilderFactory.newDocumentBuilder();
doc = docBuilder.parse (new File("D:\\BBB .NET goes
        Webservices\\Sourcen\\04 XML\\Java\\test.xml"));
```

Bitte passen Sie den Pfad entsprechend Ihrer Verzeichnisstruktur an!

Nun brauchen wir eine *XPathFactory*, diese wird in der nächsten Zeile erstellt.

```
XPathFactory factory = XPathFactory.newInstance();
```

Wenn die *Factory* erzeugt wurde, können wir ein XPath-Objekt über die *Factory* instanziieren.

```
XPath xpath = factory.newXPath();
```

Damit wir die Abfrage erhalten, erzeugen wir einen String mit der entsprechenden Abfrage.

```
String xp = "//*/Author[@buch='1']";
```

Diesen String übergeben wir als Parameter an *evaluate*, einer Methode des XPath-Objekts.

```
Node node = (Node)xpath.evaluate (xp, doc, XPathConstants.NODE);
```

Diese Methode gibt uns ein Objekt zurück, das wir explizit in eine Node umwandeln (casten).

```
... (Node)xpath.evaluate ...
```

Wenn wir eine Rückgabe erhalten haben, enthält *node* nun einen Wert ungleich *null*. Deshalb kapseln wir den folgenden Block mit einer Abfrage auf *null*.

```
if (node != null)
{
```

Wir erzeugen ein Element, damit wir Zugriffsmöglichkeiten auf die Node erhalten.

```
Element element = (Element)node;
```

Nun können wir ausgeben, was wir sehen wollen, in unserem Fall den Node-Text.

```
System.out.println(element.getTextContent());
```

Das Ergebnis wird etwa dem Folgenden ähneln.

```
init:
deps-jar:
Compiling 1 source file to D:\BBB .NET goes Webservices\Sourcen\05
XML\Java\XPath\build\classes
compile:
run:
H.Burbiel
BUILD SUCCESSFUL (total time: 0 seconds)
```

Die Klasse Xpath ist erst seit der Java-Version 5.0 in den Standard-Klassen vorhanden. Wenn Sie möchten, können Sie auch Fremdklassen einbinden. Manche Fremdklassen enthalten elegantere und teilweise einfachere Abfragemöglichkeiten. Natürlich haben Sie dann aber den Nachteil des nachträglichen Verfügbarmachens. Aus diesem Grund haben wir auch hier wieder die Standardklassen verwendet.

Ich denke, Sie haben nun die wichtigsten Grundlagen der XPath-Abfragen kennengelernt. Wenn Sie mit XML-Dateien arbeiten, verwenden Sie besser XPath, bevor Sie über Indexe und Objekte Knoten adressieren. Sie werden sicherlich nach kurzer Zeit die Vorteile dieser Abfragesprache zu schätzen wissen. Damit wären wir auch schon am Ende des XPath-Abschnitts angekommen und wenden uns als Nächstes den XSL-Transformationen zu. XSL ist ebenso wie XPath eine recht eingängige und praktische Methode, XML-Daten zu verarbeiten.

4.7　XSL-Transformationen

XSL bedeutet *Extensible Stylesheet Language*. Dabei handelt es sich um eine Sammlung von skriptähnlichen Umwandlungssprachen zur Transformation von XML-Dokumenten. Meist erzeugen diese Skriptsprachen ein Dokument, das einem XML-Dialekt entspricht. Dies muss aber nicht die Regel sein! XSL kann auch in beliebige andere Formate transformieren. Die Stylesheetdefinition kann innerhalb eines XML-Dokuments angegeben werden, oder aber sie wird programmtechnisch zugewiesen. Wie dies funktioniert, werden wir bald in einem der ersten Beispiele sehen. Im Bereich XSL werden mehrere Begriffe verwendet, von denen Sie zwei bereits eben kennengelernt haben.

XSL = Extended Stylesheet Language

XSLT = Extended Stylesheet Language Transformation

XSL-FO = Extended Sylesheet Language Formatting Objects

XSLT sowie XSL-FO sind die Bestandteile von XSL, aber nicht mit XSL gleichzusetzen! Für gewöhnlich geschieht dies aber. Wenn also Programmierer von XSL reden, meinen sie oft XSLT oder aber XSL-FO. Ein weiterer Bestandteil von XSL ist XPath. XPath ist im

Kontext mit XSL eigentlich unabdingbar, um bestimmte Pfade innerhalb eines Dokuments zu definieren. Da alle drei XSL-Komponenten getrennt und voneinander unabhängig sind, können Sie zum Beispiel XPath ebenso einzeln in Ihren Programmen verwenden. Moderne Webbrowser können bereits XSL-Transformationen ausführen und zeigen Ihnen direkt das umgewandelte Ergebnis an.

Die einzelnen Transformationen folgen bestimmten Regeln, welche man Templates nennt. Jedes Template besitzt ein bestimmtes Muster, ein sogenanntes Pattern. Dieses Muster bestimmt, wofür es gilt und wie es angewendet wird. Die einzelnen Templates werden von sogenannten XSLT-Prozessoren verarbeitet/ausgeführt. Diese XSLT-Prozessoren sorgen dafür, dass durch die Umwandlung eine neue Struktur in einem Zieldokument entsteht.

XSLT hat im Normalfall zwei Anwendungsgebiete. Im ersten Fall gilt es, Daten zum Zwecke des Datenaustauschs umzuwandeln, damit das Zielsystem sie korrekt interpretieren kann. Der zweite Anwendungsfall ist das Umwandeln in ein Darstellungsformat wie zum Beispiel HTML. Ebenfalls möglich, aber nicht üblich, ist es, Daten zu gruppieren, zu sortieren oder aufzuteilen.

Lassen Sie uns als Nächstes wieder wie bei den XPath-Anweisungen kleine Praxisbeispiele anschauen. Da wir für serviceorientierte Dienste wenig XSLT benötigen, wird der XSLT-Abschnitt bei Weitem nicht alles darstellen, was XSLT ausmacht. Er wird Ihnen aber hoffentlich einen Einstieg ermöglichen und Lust auf mehr machen.

Wir verwenden für das nächste kleine Beispiel folgenden XML-Code.

```
<?xml version="1.0" encoding="UTF-8"?>
<autoren>
    <autor>
        <name>Karl Kroetentoeter</name>
        <buch>Froschverse</buch>
        <jahr>20C6</jahr>
    </autor>
    <autor>
        <name>Tilo Tester</name>
        <buch>Testreihen leicht gemacht</buch>
        <jahr>2005</jahr>
    </autor>
    <autor>
        <name>Anja Apfel</name>
        <buch>10 000 Fruchtsalate</buch>
        <jahr>2004</jahr>
    </autor>
    <autor>
        <name>Mina Maus</name>
        <buch>Die Maus und der Elephant, Phobien leichtgemacht</buch>
        <jahr>2007</jahr>
    </autor>
</autoren>
```

Damit wir nun eine XSL-Transformation erzeugen können, erstellen wir ein File mit dem Extended Style Sheet, das wie folgt aussieht.

```
<?xml version="1.0" encoding="UTF-8"?>
<xsl:stylesheet version="1.0" xmlns:xsl="http://www.w3.org/1999/XSL/Transform"
xmlns:fo="http://www.w3.org/1999/XSL/Format">
<xsl:template match="/">
   <HTML>
   <BODY>
   <TABLE BORDER="2">
    <TR BGCOLOR = "#FF0000">
        <TD>Name</TD>
        <TD>Buch</TD>
        <TD>Erscheinungsjahr</TD>
    </TR>
        <xsl:for-each select="autoren/autor">
         <TR BGCOLOR ="#E0E0E0">
           <TD>
             <xsl:value-of select="name"/>
           </TD>
           <TD>
             <xsl:value-of select="buch"/>
           </TD>
           <TD>
             <xsl:value-of select="jahr"/>
           </TD>
         </TR>
        </xsl:for-each>
   </TABLE>
   </BODY>
   </HTML>
</xsl:template>
</xsl:stylesheet>
```

Unser primäres Ziel bei dieser Umwandlung ist es, ein HTML-File zu erzeugen, das unsere Daten in Tabellenform ausgibt. Wir könnten natürlich auch ein Textfile oder zum Beispiel ein PDF-Dokument mit XML-FO erzeugen. Im XML fällt uns als Erstes auf, dass wir wieder mehrere Autoren vor uns haben, die im Knoten *Autoren* liegen.

```
<autoren>
   <autor>
...
   <autor>
...
   <autor>
</autoren>
```

Das heißt, wir müssen diese einzelnen Autorenknoten durchlaufen, die Werte auslesen und in unserem Sinne aufbereiten.

Im XSLT-File steht ziemlich am Anfang folgende Zeile:

```
<xsl:template match="/">
```

Der Ausdruck *template match="/"* legt fest, worauf sich das Auslesen beziehen soll. In unserem Fall direkt auf *Root*, also den »Wurzel«-Knoten. Wir könnten an dieser Stelle auch einen anderen Knoten in Form eines Pfads angeben. Dies würde zum Beispiel Sinn machen, wenn wir verschiedene Namespaces oder verschiedene Templates verwenden würden.

Als Nächstes definieren wir die Struktur unseres zu erzeugenden HTML-Files, genauso wie wir dies in einer normalen HTML-Datei auch tun würden. Der XSL-Prozessor kann später dann diese Zeilen direkt in das erzeugte File einsetzen.

```
<HTML>
<BODY>
<TABLE BORDER="2">
 <TR BGCOLOR = "#FF0000">
      <TD>Name</TD>
      <TD>Buch</TD>
      <TD>Erscheinungsjahr</TD>
 </TR>
```

Nun benötigen wir eine Möglichkeit, alle Autorenknoten durchzugehen und anzuzeigen. Das klappt mit einem Schleifenkonstrukt, das ähnlich wie in C#, Java oder VB mit *for-each* erzeugt wird.

```
<xsl:for-each select="autoren/autor">
```

Das Kommando *for-each* steht am Anfang der Anweisung und leitet die Schleife ein. Als Nächstes folgt das Schlüsselwort *select=""*. Dies ist die Bedingung, die erfüllt sein muss, damit die Schleife durchlaufen wird. Erst wenn es keinen Zustand mehr gibt, der diese Bedingung erfüllt, endet die Schleife. In unserem Fall ist dies *autoren/autor*. In C# würde diese Schleife etwa folgendermaßen aussehen:

```
XmlNodeList nodeList = doc.SelectNodes ("//autoren/autor");
foreach (XmlNode nd in nodeList)
```

Was man in C# mühsam in zwei Schritten löst, erledigt sich unter XSL in einer Zeile! Nun können wir im XSL weitere HTML-Befehle einfügen und unsere Tabellenstruktur aufbauen.

```
<TR BGCOLOR ="#E0E0E0">
          <TD>
```

Innerhalb der so aufgebauten Tabelle erfragen wir die einzelnen Knoten des übergeordneten Autorenknotens. Den Wert des abgefragten Knotens erhalten wir mit *value-of*.

```
<xsl:value-of select="name"/>
```

Select definiert wieder, welchen Knoten wir abfragen möchten. Diese Abfrage führen wir noch zweimal für die beiden anderen Knoten durch und haben damit alle Daten ausgelesen. In den einzelnen *Select*-Kommandos können natürlich die gültigen XPATH-Anweisungen verwendet werden. Damit haben wir hervorragende Auswahlmöglichkeiten.

```
<TD>
    <xsl:value-of select="buch"/>
</TD>
<TD>
    <xsl:value-of select="jahr"/>
</TD>
```

Als Nächstes müssen wir die *For-each*-Schleife beenden. Dies geschieht mit dem Endtag.

```
        </xsl:for-each>
```

Zum Abschluss setzen wir noch die restlichen HTML-Tags ein.

```
</TABLE>
   </BODY>
   </HTML>
```

Das Ergebnis kann sich bereits sehen lassen.

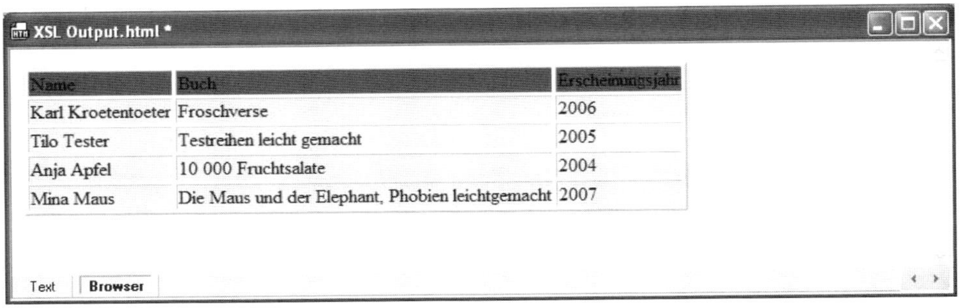

Name	Buch	Erscheinungsjahr
Karl Kroetentoeter	Froschverse	2006
Tilo Tester	Testreihen leicht gemacht	2005
Anja Apfel	10 000 Fruchtsalate	2004
Mina Maus	Die Maus und der Elephant, Phobien leichtgemacht	2007

Bild 4.7: XSLT

Wenn Sie die vorigen Seiten gelesen haben, werden Sie vielleicht sagen, schön, ich habe ein XML und ein XSL, aber wie bekomme ich das Ergebnis? Je nach Software können Sie die Umwandlung über den Kontextmenü-Eintrag *XSL-Transformation* oder über das Programmmenü starten. Oder aber Sie geben das XSL-File im XML an. Das würde dann etwa wie folgt aussehen:

```
<?xml version="1.0" encoding="UTF-8"?>
<?xml-stylesheet type="text/xsl" href="xslt-test.xsl"?>
<autoren>
    <autor>
```

Mit der fett markierten Zeile weiß der Prozessor, woher er die XSL-Informationen holen muss. Ein so gekennzeichnetes XML wandelt zum Beispiel der Internet Explorer (IE) korrekt um und zeigt es ebenso richtig an. Sollten Sie also kein geeignetes Programm zur Hand haben, tragen Sie das XSL auf diese Art in Ihr XML ein und betrachten das Ergebnis im IE.

Es folgt ein Beispiel unter Visual Basic (VB), das genau diese Umwandlung durchführt.

4.7.1 Einfach transformieren: XSLT mit VB

Wir transformieren ein XML mit einer XSL-Datei

Dieses Codebeispiel transformiert eine XML-Datei über eine vorhandene XSL-Datei in ein HTML-Ausgabeformat. Die verwendete .NET-Version ist 2.0.

Listing: cd:\Sourcen\04 XML\08 XSLT

Benötigte Namespaces

Standard, *System.Xml* und *System.Xml.Xsl*

Sourcecode

```
Imports System.Xml
imports System.Xml.Xsl

Public Class Form1
    Dim doc As New XmlDocument
    Dim isLoaded As Boolean = False

    Private Sub Form1_Load() Handles MyBase.Load
        Dim fileNameXML As String = Application.StartupPath + _
                                        "\xslt-test.xml"
        Dim fileNameXSL As String = Application.StartupPath + _
                                        "\xslt-test.xsl"
        TextBox1.Text = fileNameXML
        TextBox2.Text = fileNameXSL
    End Sub

    Private Sub Button1_Click() Handles Button1.Click
        If loadXML(TextBox1.Text) Then
            Dim xslt As New XslCompiledTransform()
            xslt.Load(TextBox2.Text)
            xslt.Transform(TextBox1.Text, Application.StartupPath + _
                                        "\transform.html")
            Process.Start("iexplore.exe", Application.StartupPath + _
                                        "\transform.html")
        Else
            MessageBox.Show("XML konnte nicht geladen werden")
        End If
    End Sub

    Private Function loadXML(ByVal fileName As String) As Boolean
        If fileName.EndsWith("xml") Then
            Try
                doc.Load(fileName)
                isLoaded = True
            Catch ex As Exception
                MessageBox.Show(ex.Message.ToString())
                isLoaded = False
```

```
            End Try
        End If
        loadXML = isLoaded
    End Function

End Class
```

Beschreibung

Sie sehen hier ein einfaches VB-Programm, das ein XML-File in ein anderes Format über XSL umwandelt. Die bereits vorgestellte Routine *loadXML*, die feststellt, ob ein XML-Dokument existiert, benötigt man hier nicht wirklich. Viel wichtiger ist, was nach dem Prüfen passiert. Wir erstellen als Erstes einen neuen XSL-Prozessor.

```
Dim xslt As New XslCompiledTransform()
```

Wie Sie sehen, geschieht dies über die Klasse *XSLCompiledTransform*. Nun können wir das XSL-File in den Speicher laden.

```
xslt.Load(TextBox2.Text)
```

Dies geschieht über die Methode *Load* unseres XSLT-Objekts. Der Parameter, der die Datei spezifiziert, wurde im Load-Event des Formulars bereits in die Textfelder geschrieben.

```
Dim fileNameXML As String = Application.StartupPath + _
                                "\xslt-test.xml"
Dim fileNameXSL As String = Application.StartupPath + _
                                "\xslt-test.xsl"

TextBox1.Text = fileNameXML
TextBox2.Text = fileNameXSL
```

Nachdem wir nun die Transformationsinformationen im Speicher haben, können wir das Dokument mittels *Transform* umwandeln. Als ersten Parameter geben wir an, wo sich das umzuwandelnde XML befindet, als zweiten Parameter definieren wir die Ausgabedatei.

```
xslt.Transform(TextBox1.Text, Application.StartupPath + _
                                "\transform.html")
```

An der obigen Befehlszeile sehen Sie auch, warum wir eigentlich kein geladenes XML-Dokument benötigen, die *loadXML*-Routine dient wirklich nur dazu festzustellen, ob das XML vorhanden ist. Wenn die Transformation stattgefunden hat, sollte eine Ausgabedatei namens *transform.html* im *Debug*-Verzeichnis stehen. Diese öffnen wir im nächsten Schritt mit dem Internet Explorer.

```
Process.Start("iexplore.exe", Application.StartupPath + _
                                "\transform.html")
```

Fertig ist die XSL-Transformation.

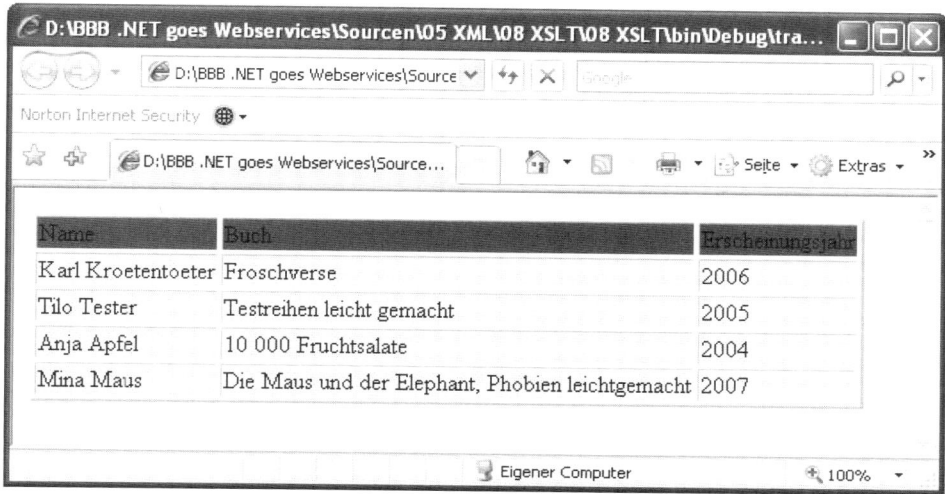

Bild 4.8: XSL-Transformation

Den ersten praktischen Anwendungsfall haben Sie nun bereits kennengelernt. Als Nächstes zeige ich Ihnen das gleiche Beispiel für Java.

4.7.2   Einfach transformieren: XSLT mit Java

Wir transformieren ein XML mit einer XSL-Datei

Dieses Beispiel transformiert eine XML-Datei über eine vorhandene XSL-Datei ins HTML-Ausgabeformat. Die Java-Version ist 1.5 (5.0), die IDE Netbeans (5.0).

Listing: cd:\Sourcen\04 XML\Java\XSLT

Benötigte Namespaces

java.io, javax.xml.transform, javax.xml.transform.stream

Sourcecode

```
package xslt;

import java.io.*;
import javax.xml.transform.*;
import javax.xml.transform.stream.*;

public class Main
{
    public Main() {}
    public static void main(String[] args)
    {
        try
```

```
    {
        File xmlOutputFile = new File("D:\\BBB .NET goes
                          Webservices\\transformed.html");
        FileOutputStream fos;
        Transformer transformer;
        TransformerFactory factory =
                          TransformerFactory.newInstance();

        fos = new FileOutputStream(xmlOutputFile);
        StreamResult result = new StreamResult(fos);

        Source xml = new StreamSource(new File
            ("D:\\BBB .NET goes Webservices\\Xslt-test.xml"));
        Source xsl = new StreamSource(new File
            ("D:\\BBB .NET goes Webservices\\Xslt-test.xsl"));

        transformer = factory.newTransformer(xsl);
        transformer.transform(xml, result);

        System.out.println("XML wurde gespeichert.");
    }
    catch(Exception ex)
    {
        System.out.println("Fehler: "+ex.getMessage());
    }
    }
}
}
```

Beschreibung

Prinzipiell weist das Java-Beispiel kaum einen Unterschied zum .NET-Beispiel auf. Die meisten Bausteine unseres Java-Programms kennen Sie sogar bereits aus den anderen Java-Beispielen. Sie erinnern sich sicher noch an den Transformer, den wir in den vorigen Java-Beispielen verwendet haben. Genau mit diesem Transformer erzeugen wir nun auch die XSL-Transformation. Zuerst benötigen wir wieder ein definiertes Ausgabefile.

```
        File xmlOutputFile = new File("D:\\BBB .NET goes
                          Webservices\\transformed.html");
```

Wir erstellen Instanzen für einen Filestream und einen Transformer sowie die gewohnte Factory.

```
        FileOutputStream fos;
        Transformer transformer;
        TransformerFactory factory =
                          TransformerFactory.newInstance();
```

Nun wird der Ausgabefilestream und daraus ein *StreamResult* erzeugt.

```
        fos = new FileOutputStream(xmlOutputFile);
        StreamResult result = new StreamResult(fos);
```

Wir benötigen sowohl für das einzulesende XML als auch für das XSL-File ein *Source*-Objekt.

```
Source xml = new StreamSource(new File
    ("D:\\BBB .NET goes Webservices\\Xslt-test.xml"));
Source xsl = new StreamSource(new File
    ("D:\\BBB .NET goes Webservices\\Xslt-test.xsl"));
```

Jetzt erzeugen wir aus dem XSL-File einen Transformer.

```
transformer = factory.newTransformer(xsl);
```

In Verbindung mit dem XML-File als Parameter können wir nun die Transformation in die Ausgabedatei leiten.

```
transformer.transform(xml, result
```

Die Ausgabe ähnelt natürlich stark der Ausgabe des VB-Clients.

4.7.3 Mehr über XSL

Sehen wir uns noch ein paar Möglichkeiten der *Extended Stylesheet Language an.* Sie haben im letzten Beispiel den Ausdruck *template match* kennengelernt. Mit diesem Ausdruck können wir noch mehr anfangen. Betrachten Sie zum Beispiel folgende XSL- und XML-Dateien.

```
<?xml version="1.0" encoding="UTF-8"?>
<xsl:stylesheet version="1.0" xmlns:xsl="http://www.w3.org/1999/XSL/Transform'
xmlns:fo="http://www.w3.org/1999/XSL/Format">
    <xsl:template match="superautor">
        <p>
            <b>
                <xsl:value-of select="name"/>
            </b>
        </p>
    </xsl:template>

    <xsl:template match="autor">
        <p>
            <xsl:value-of select="name"/>
        </p>
    </xsl:template>
</xsl:stylesheet>


<?xml version="1.0" encoding="UTF-8"?>
<autoren>
    <superautor>
        <name>Karl Kroetentoeter</name>
        <buch>Froschverse</buch>
        <jahr>2006</jahr>
    </superautor>
```

```
<autor>
    <name>Tilo Tester</name>
    <buch>Testreihen leicht gemacht</buch>
    <jahr>2005</jahr>
</autor>
<superautor>
    <name>Anja Apfel</name>
    <buch>10 000 Fruchtsalate</buch>
    <jahr>2004</jahr>
</superautor>
<autor>
    <name>Mina Maus</name>
    <buch>Die Maus und der Elephant, Phobien leichtgemacht</buch>
    <jahr>2007</jahr>
</autor>
</autoren>
```

In diesem XML haben wir normale Autoren und Superautoren. Das XSL liest diesmal zwei verschiedene Templates ein und gibt das aus, was in den einzelnen Templates definiert wird.

Das Template *Superautor* lautet wir folgt:

```
<xsl:template match="superautor">
    <p>
        <b>
            <xsl:value-of select="name"/>
        </b>
    </p>
</xsl:template>
```

Dieser Code dient dazu, alle Elemente vom Typ *Superautor* zu finden. Wenn er ein passendes Element identifiziert hat, führt er Folgendes aus:

```
<xsl:value-of select="name"/>
```

Vom Element mit Namen *Superautor* wird das (Unter-)Element *name* selektiert. Setzen wir an dieser Stelle einen Punkt (" . "), würden alle Kindknoten selektiert. Die Formatierungen um das Element herum sorgen für die entsprechende Darstellung.

```
<p>
    <b>
```

Das Ergebnis würde in etwa aussehen wie im nächsten Screenshot.

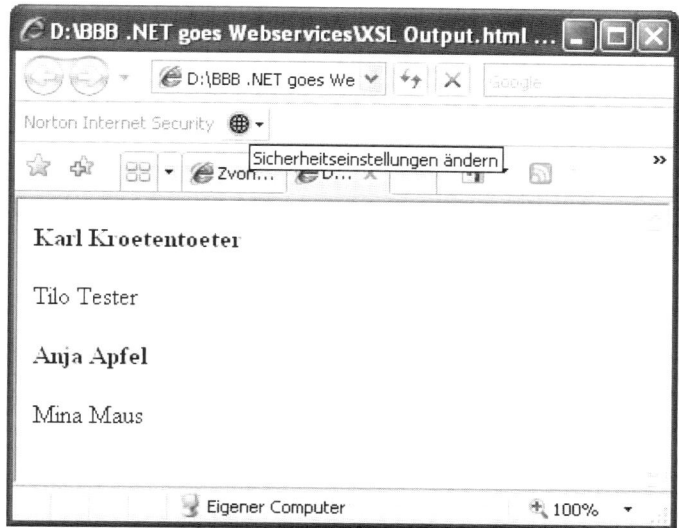

Bild 4.9: Templates

Warum zeigt das Ausgabefile nun alle Knoten? Schließlich haben wir im XSL doch keine Schleifen definiert. Ganz einfach – es liegt an der Codeverarbeitung. Ein XSL-Prozessor verarbeitet sowohl XSL als auch XML, durchläuft aber bei der Verarbeitung primär den XML-Code und sucht sich für die einzelnen Knoten die passenden XSL-Anweisungen. Deshalb wird die Ausgabe auch auf diese Art angezeigt: abwechselnd in »gefetteter« und nicht »gefetteter« Schrift. Was bei diesem Beispiel fehlt, sind *HTML-* und *BODY*-Tags, welche die transformierte Datei als HTML-File ausweisen. Wenn wir die Tags wie beim ersten Beispiel verwenden wollen, würde das nicht funktionieren.

```
<xsl:stylesheet version="1.0" xmlns:xsl="http://www.w3.org/1999/XSL/Transform"
xmlns:fo="http://www.w3.org/1999/XSL/Format">
<html>
   <body>
      <xsl:template match="superautor">
            <p>
               <b>
                     <xsl:value-of select="name"/>
               </b>
            </p>
      </xsl:template>

      <xsl:template match="autor">
            <p>
                     <xsl:value-of select="name"/>
            </p>
      </xsl:template>
   </body>
</html>
</xsl:stylesheet>
```

So geht es also nicht.

Wenn wir um die einzelnen Templates herum etwas gestalten wollen, müssen wir die nachfolgenden Templates aufrufen. Dies geschieht mit *apply-templates.* »Apply« bedeutet soviel wie anwenden. Insgesamt müsste die komplette, passende XSL-Datei wie folgt aussehen:

> **Hinweis:**
> Im Ordner *Sourcen\XSLT* finden Sie verschiedene XSLT- und dazugehörige XML-Dateien. Die Zusammengehörigkeit ergibt sich aus den einzelnen Namen. In diesem Verzeichnis finden Sie auch die Dateien für die jeweiligen Beispiele. Bitte vergessen Sie nicht, die jeweiligen Pfade in den Programmbeispielen entsprechend anzupassen!

```xml
<?xml version="1.0" encoding="UTF-8"?>
<xsl:stylesheet version="1.0" xmlns:xsl="http://www.w3.org/1999/XSL/Transform"
xmlns:fo="http://www.w3.org/1999/XSL/Format">

        <xsl:template match="/">
        <html>
          <body>
           <xsl:apply-templates/>
          </body>
        </html>
        </xsl:template>

        <xsl:template match="superautor">
                <!-- ein Kommentar -->
                <p>
                   <b>
                           <xsl:value-of select="name"/>
                   </b>
                </p>
        </xsl:template>

        <xsl:template match="autor">
                <p>
                           <xsl:value-of select="name"/>
                </p>
        </xsl:template>

</xsl:stylesheet>
```

Sie sehen, wir wenden das erste Template auf den Rootknoten an, also für alles.

```xml
<xsl:template match="/">
```

Innerhalb des Templates definieren wir die HTML-Tags für *HTML* und den *BODY*.

```xml
<html>
    <body>
```

Nach der Definition des HTML-Gerüsts wenden wir alle anderen Templates an.

```xml
<xsl:apply-templates/>
```

Sollten wir andere Verschachtelungen innerhalb anderer Templates benötigen, definieren wir diese genauso. Man kann Templates auch gezielt aufrufen; das geschieht mit *xsl:call-template.* Angewendet sieht dieser Befehl aus wie im nächsten Listing.

```
<xsl:template match="/">
     <html>
       <body>
          <xsl:call-template name="autorentemplate"/>
       </body>
     </html>
   </xsl:template>

   <xsl:template name="autorentemplate" match="autor">
      <br/>
      <xsl:if test="name='Karl Kroetentoeter' ">
         <xsl:value-of select="substring-after (name,'Kroeten')"/>
         <xsl:text> </xsl:text> von Kroeten
      </xsl:if>
      <br/>
         <xsl:apply-templates/>
   </xsl:template>
```

Sie sehen hier auch, dass Sie einzelnen Templates Namen geben können, anhand derer Sie sie später aufrufen können.

Wenn Sie einen einfachen Text in Ihre Ausgabe einbauen möchten, wie im obigen Beispiel, verwenden Sie einfach *xsl:text.* Eine entsprechende Zeile sieht so aus:

```
<xsl:text> ein text </xsl:text>
```

Selbstredend können auch in XSL Kommentare verwendet werden. Es gibt zwei Möglichkeiten: Wir können zum einen Kommentare nur für uns in den Quelltext schreiben, oder aber wir verwenden verarbeitbare Kommentare, die später auch im transformierten Inhalt auftauchen können. Der nicht übernommene Kommentar sieht wie folgt aus:

```
<!-- dieser Kommentar steht nur im Quelltext -->
```

Die andere Variante verwendet das *comment*-Tag:

```
<xsl:comment> ein Kommentar </xsl:comment>
```

Beim ersten Fall passiert im Ziel nichts. Beim zweiten passiert Folgendes:

```
xmlns:fo="http://www.w3.org/1999/XSL/Format">
<!-- ein Kommentar -->
```

Die Kommentarzeile wird HTML-konform in den Zieltext eingefügt.

Um bestimmte Knoten oder Werte zu selektieren, verwenden wir *value-of select.* Das haben wir bereits kurz angeschnitten.

```
<xsl:value-of select="name"/>
```

Auf diese Art haben wir aber bisher nur komplette Knoten selektiert und deren Inhalt ausgegeben. Wir können aber auch durchaus andere Elemente selektieren, zum Beispiel Attribute.

```
<xsl:value-of select="@status"/>
```

Ein Attribut wird ausgewählt, indem man dem Parameter ein @ voranstellt.

Sie haben bereits gesehen, dass man mit *For-each*-Schleifen programmieren kann. Da ein Programm immer nur aus drei Dingen besteht, nämlich Zuweisungen, Wiederholungen und Abfragen, fehlt uns eigentlich nur noch die Abfrage. Die können wir zum Beispiel mit *if* einleiten. Folgendes Template gibt nur noch den Autor aus, der das Attribut *status* besitzt.

```
<xsl:template match="autor">
    <xsl:if test= "@status">
    <p>
       <xsl:value-of select="name"/>
    </p>
    <p>
       <b>
          <xsl:value-of select="@status"/>
       </b>
    </p>
    </xsl:if>
</xsl:template>
```

Vergessen Sie NIE die abschließenden Schrägstriche oder Endtags!

Wir können ebenso wie in Java oder C# auch ein *case* verwenden. Dieses heißt aber unter der Extended Style Sheet Language *xsl:choose*. Die einzelnen Fälle innerhalb des *Choose*-Blocks werden mit *xsl:when* gekennzeichnet.

```
<xsl:template match="autor">
    <xsl:choose >
       <xsl:when test="@status='super'">
          <p> <xsl:value-of select="name"/> </p>
       <p><b> Guter Autor </b> </p>
       </xsl:when>
       <xsl:when test="@status='schlecht'">
          <p> <xsl:value-of select="name"/> </p>
          <p> uebler Autor! </p>
       </xsl:when>
    </xsl:choose>
</xsl:template>
```

Falls keine der Bedingungen zutrifft, kann man auch einen Defaultwert verwenden. Dazu fügt man einfach noch einen *Xsl:otherwise*-Block ein, der die Defaultaktion beinhaltet.

```
<xsl:template match="autor">
    <xsl:choose >
        <xsl:when test="@status='super'">
            <p> <xsl:value-of select="name"/> </p>
        <p><b> Guter Autor </b> </p>
        </xsl:when>
        <xsl:when test="@status='schlecht'">
            <p> <xsl:value-of select="name"/> </p>
            <p> uebler Autor! </p>
        </xsl:when>
        <xsl:otherwise>
            <p> Der Autor: <xsl:value-of select="name"/>
                wurde noch nicht bewertet!
            </p>
        </xsl:otherwise>
    </xsl:choose>
</xsl:template>
```

Natürlich hat man auch unter XSL die Möglichkeit, Variablen zu verwenden, die mit dem Ausdruck *xsl:variable* definiert und danach im jeweiligen Abschnitt verwendet werden. Die Gültigkeit einer Variablen wird durch den Abschnitt festgelegt, in welchem sie definiert wird. Wenn Sie zum Beispiel eine Variable in einem Templateblock definieren, ist sie auch nur dort gültig (sichtbar).

```
<xsl:otherwise>
    <xsl:variable name="Autorenname">
        <xsl:value-of select="name"/>
    </xsl:variable>
    <p> Der Autor:
        <xsl:value-of select="$Autorenname"/>
        wurde noch nicht bewertet!</p>
</xsl:otherwise>
```

Wenn wir die Variable definieren, kapseln wir sie in einen entsprechenden Block mit den Tags.

```
<xsl:variable name="Autorenname">
    ...
</xsl:variable>
```

Das Attribut *name* enthält den jeweiligen Variablennamen. Innerhalb des Start- und Endtags können wir definieren, was diese Variable enthalten soll. In unserem Fall entspricht der Wert der Variablen dem Inhalt des Knotens, den wir über ein *value-of select* zuweisen.

```
<xsl:variable name="Autorenname">
    <xsl:value-of select="name"/>
</xsl:variable>
```

Um nun an den Wert der Variablen heranzukommen, um diese auszugeben, verwenden wir wieder *value-of select*.

```
<xsl:value-of select="$Autorenname"/>
```

Wir könnten der Variablen auch einen bestimmten Wert zuweisen, ohne ihn speziell auszulesen. Das Vorgehen ist hier fast gleich.

```
<xsl:variable name="Autorenname">
    Unbekannt
</xsl:variable>
```

Sie haben sicherlich bemerkt, mit dem Konstrukt *Value-of-select* können Sie Variablen bestimmte Werte zuweisen oder die entsprechenden Werte direkt anzeigen. Merken Sie sich das für später, wir können nämlich auch noch ganz andere Werte zuweisen, zu denen wir gleich noch kommen werden.

Innerhalb *for-each* und *apply-templates* können Sie die auszulesenden Werte auch sortieren. Dies geschieht mit *xsl:sort*.

```
<xsl:template match="/">
<html>
  <body>
   <xsl:for-each select="autoren/autor">
        <xsl:sort select="name"/>
        <p><xsl:value-of select="name"/></p>
   </xsl:for-each>
   </body>
</html>
</xsl:template>
```

Verwenden wir zum Beispiel folgendes XML

```
<?xml version="1.0" encoding="UTF-8"?>
<?xml-stylesheet type="text/xsl" href="D:\BBB .NET goes Webservices\xslt-test3.xsl"?>
<autoren>
    <autor status="super">
        <name >Karl Kroetentoeter</name>
        <buch>Froschverse</buch>
        <jahr>2006</jahr>
    </autor>
    <autor status="schlecht">
        <name>Tilo Tester</name>
        <buch>Testreihen leicht gemacht</buch>
        <jahr>2005</jahr>
    </autor>
    <autor status="super">
        <name>Anja Apfel</name>
        <buch>10 000 Fruchtsalate</buch>
        <jahr>2004</jahr>

    </autor>
    <autor>
        <name>Mina Maus</name>
        <buch>Die Maus und der Elephant, Phobien leichtgemacht</buch>
        <jahr>2007</jahr>
    </autor>
</autoren>
```

erhalten wir nach Sortieren diese Liste:

```
Anja Apfel
Karl Kroetentoeter
Mina Maus
Tilo Tester
```

Hinweis: Achten Sie bei einzeiligen Tags auf das Abschließen! Jedes Tag MUSS durch ein Endtag oder aber den Schrägstrich abgeschlossen werden!

```
<xsl:sort select="name"/>
```

oder

```
<xsl:sort select="name">

</xsl:sort>
```

Niemals so, das würde einen Fehler erzeugen:

```
<xsl:sort select="name">
```

Nun wird es etwas kniffliger. Ebenso wie bei XPath gibt es unter XSL bestimmte Befehle und Schlüsselwörter, um bestimmte Daten abzufragen. Diese Befehle werden auch Methoden genannt. Der nächste Abschnitt handelt von diesen Methoden. Dummerweise sind diese Befehle teilweise identisch mit XPath-Begriffen. Deshalb können innerhalb eines XSL gleiche Begriffe vorkommen, die aber andere Ergebnisse liefern. Dies geschieht zum Beispiel dann, wenn eine XPath-Abfrage über einem Befehl stehen sollte. Ein Beispiel hierzu wäre *Position*. In XPath-Syntax sieht es folgendermaßen aus:

```
//Author[position() mod 2 = 0]
```

Dieser Befehl gibt die Position des XML-Knotens zurück. Der gleiche Befehl in XSL gibt die laufende Nummer des in Bearbeitung befindlichen Templates zurück! Achten Sie darauf, und versuchen Sie die einzelnen Befehle nicht durcheinanderzubringen.

Zum Beispiel können wir auf folgende Art die Ausgabe einer sortierten Liste nummerieren. Die Positionsangabe bezieht sich hierbei auf die laufende Nummer des Durchgangs der Schleife und somit auf die Anzahl der Templateaufrufe.

```
<xsl:template match="/">
    <html>
    <body>
        <xsl:for-each select="autoren/autor">
            <xsl:sort select="name">
            </xsl:sort>
            Position: <xsl:value-of select="position()"/> :
            <xsl:value-of select="name"/><br/>
        </xsl:for-each>
    </body>
    </html>
</xsl:template>
```

Ergibt in der Ausgabe:

```
Position: 1 : Anja Apfel
Position: 2 : Karl Kroetentoeter
Position: 3 : Mina Maus
Position: 4 : Tilo Tester
```

Eine ähnliche, aber dafür logische Nummerierung erhalten wir mit *xsl:number*. Dieser Befehl beachtet auch geschachtelte Templateaufrufe und erzeugt somit Unternummerierungen. *xsl:number* kennt als Zusatz noch *format*, mit dem man angibt, wie die Unternummerierungen aussehen sollen. Das nächste Beispiel verdeutlicht dies.

```xml
<?xml version="1.0" encoding="UTF-8"?>
<?xml-stylesheet type="text/xsl" href="D:\BBB .NET goes Webservices\xslt-test3.xsl"?>
<autoren>
    <autor>
        <name >Karl Kroetentoeter</name>
        <autor>
                <name >Karlchen Kroetentoeter, Coautor</name>
        </autor>
    </autor>
    <autor>
        <name>Tilo Tester</name>
        <autor>
                <name >Karlchen Kroetentoeter, Coautor</name>
        </autor>
    </autor>
    <autor>
        <name>Anja Apfel</name>
    </autor>
    <autor>
        <name>Mina Maus</name>
    </autor>
</autoren>
```

In diesem XML sehen Sie (teilweise) verschachtelte Autoren. Diese Autoren möchten wir in der Ausgabe geordnet und mit Nummerierung versehen ausgeben. Das XSLT dazu sieht wie folgt aus:

```xml
<?xml version="1.0" encoding="UTF-8"?>
<xsl:stylesheet version="1.0" xmlns:xsl="http://www.w3.org/1999/XSL/Transform"
xmlns:fo="http://www.w3.org/1999/XSL/Format">
        <xsl:template match="/">
        <html>
          <body>
            <xsl:apply-templates/>
          </body>
        </html>
        </xsl:template>
```

```
        <xsl:template match="autor">
           <br/>
          <xsl:number format="1.1" level="multiple" count="autor" />  :
                 <xsl:apply-templates/>
        </xsl:template>
</xsl:stylesheet>
```

Durch die angegebene Formatierung werden die Ausgaben entsprechend nummeriert.

```
<xsl:number format="1.1" level="multiple" count="autor" />
```

Gezählt und ausgegeben werden alle Knoten mit dem Namen *autor*. Die Ausgabe sieht dann so aus:

```
1 : Karl Kroetentoeter
1.1 : Karlchen Kroetentoeter, Coautor
2 : Tilo Tester
2.1 : Karlchen Kroetentoeter, Coautor
3 : Anja Apfel
4 : Mina Maus
```

Dem bereits bekannten *position()* ähnlich ist das Befehlswort *last()*. Es kennzeichnet die gesamte Anzahl der Templates, die im aktuellen Fall anzuwenden sind.

```
<?xml version="1.0" encoding="UTF-8"?>
<xsl:stylesheet version="1.0" xmlns:xsl="http://www.w3.org/1999/XSL/Transform"
xmlns:fo="http://www.w3.org/1999/XSL/Format">
        <xsl:template match="/">
        <html>
          <body>
                <br/>Anzahl anzuwendender Templates:
              <xsl:value-of select="last()"/> <br/>
              <xsl:apply-templates/>
          </body>
        </html>
        </xsl:template>

        <xsl:template match="autor">
           <br/>
           Anzahl anzuwendender Templates:
             <xsl:value-of select="last()"/>
           <br/>
           <xsl:number format="1.1" level="multiple" count="autor" /> :
                 <xsl:apply-templates/>
        </xsl:template>
</xsl:stylesheet>
```

Bei der Ausgabe wird klar, wie das XSL abgearbeitet wird.

```
Anzahl anzuwendender Templates: 1

Anzahl anzuwendender Templates: 4
1 : Karl Kroetentoeter
Anzahl anzuwendender Templates: 2
1.1 : Karlchen Kroetentoeter, Coautor
Anzahl anzuwendender Templates: 4
2 : Tilo Tester
Anzahl anzuwendender Templates: 2
2.1 : Karlchen Kroetentoeter, Coautor
Anzahl anzuwendender Templates: 4
3 : Anja Apfel
Anzahl anzuwendender Templates: 4
4 : Mina Maus


Anzahl anzuwendender Templates: 1
```

Zuerst wird natürlich der Wert *1* ausgegeben, weil das erste Template nur ein einziges Mal die anderen Templates mit *apply-templates* aufruft:

```
<xsl:template match="/">
       <html>
          <body>
                <br/>Anzahl anzuwendender Templates:
                <xsl:value-of select="last()"/> <br/>
          <xsl:apply-templates/>
        </body>
      </html>
      </xsl:template>
```

```
Anzahl anzuwendender Templates: 4
```

Als Nächstes kommt die Ziffer *4*, weil die Anzahl aller übergeordneter Autoren, also all derjenigen, die sich auf Ebene 1 befinden, dem Wert 4 entspricht.

```
1 : Karl Kroetentoeter
Anzahl anzuwendender Templates: 2
```

Dann wird natürlich *2* ausgegeben, da es nur zwei Unterautoren im XML gibt.

In modernen Programmiersprachen ist es üblich, einzelne Programmteile auszulagern. Man erreicht dies zum Beispiel durch Module, Klassen oder Unterteilung in verschiedene Formulare. Jedes dieser Teilfragmente ist für gewöhnlich in einer eigenen Datei untergebracht. Das macht auch Sinn, da so eine physikalische Unterteilung gewährleistet und ein Auffinden anhand des Namens vereinfacht wird.

Das Gleiche kann man auch mit XSL-Files praktizieren. Bei größeren Projekten können verschiedene Transformationen auf verschiedene Files aufgeteilt werden. Denkbar wäre auch, Teiltransformationen in eigenen Files unterzubringen. Jeweils dann, wenn eine spezielle Transformation benötigt wird, kann diese dann »nachgeladen« werden. Wie das nächste Beispiel demonstriert, erreicht man das mit *xsl:include*.

XSL-Datei 1:

```
<?xml version="1.0" encoding="UTF-8"?>
<xsl:stylesheet version="1.0" xmlns:xsl="http://www.w3.org/1999/XSL/Transform"
xmlns:fo="http://www.w3.org/1999/XSL/Format">
        <xsl:template match="/">
        <html>
          <body>
                <br/>Anzahl anzuwendender Templates:
                <xsl:value-of select="last()"/> <br/>
            <xsl:apply-templates/>
          </body>
        </html>
        </xsl:template>
        <xsl:include href="xslt-test3-template.xsl"/>
</xsl:stylesheet>
```

Sie sehen, hier wird mit *xsl:include* eine Datei in das Stylesheet eingebunden, welches weitere Templates enthält.

XSL-Datei 2:

```
<?xml version="1.0" encoding="UTF-8"?>
<xsl:stylesheet version="1.0" xmlns:xsl="http://www.w3.org/1999/XSL/Transform"
xmlns:fo="http://www.w3.org/1999/XSL/Format">
        <xsl:template match="autor">
            <br/>
            <xsl:number format="1.1" level="multiple" count="autor" /> :
            <xsl:apply-templates/>
        </xsl:template>
</xsl:stylesheet>
```

In dieser zweiten Datei befindet sich die Teillogik der Transformation, welche in der ersten Datei verwendet wird. Beim Include wird nichts anderes getan, als die beiden Dateien so im Speicher zusammenzuführen, als stünde der Skriptcode genau an der Stelle der Datei, an welcher *xsl:include* verwendet wird.

Eine ähnliche Funktion wie *xsl:include* besitzt *xsl:import*. Hauptsächliches Unterscheidungsmerkmal ist die Priorität der ausgeführten Templates oder Skriptfunktionalitäten. *xsl:include* besitzt die gleiche Priorität wie die Skriptfragmente der »Mutter«-Datei. *xsl:import* besitzt eine etwas geringere Priorität. Das heißt, sollte ein Match in der aufrufenden Datei gleich einem Match in der Importdatei sein, wird der Skriptcode der aufrufenden Datei bevorzugt.

Vielleicht fragen Sie sich jetzt, wie ein *xsl:include* behandelt wird, wenn bereits ein gleichlautendes Match in der aufrufenden Datei besteht? Das ist eigentlich ganz einfach. Bei XSL gilt das erste auftretende Template. Wenn also zwei gleichlautende Templates definiert wurden, wird das erste passende verwendet.

Auch in der XSL kennt man das Bearbeiten von Strings. Natürlich nur auf rudimentärer Basis, aber immerhin. Als kleines Beispiel wollen wir Strings zusammenfügen und Stringfragmente ausgeben.

Um Strings aneinander anzufügen, verwenden wir *xsl:concat*. Dies sieht etwa wie folgt aus:

```
<xsl:template match="autor">
    <br/>
        <xsl:value-of select="concat ('Autorenname: ',name)"/>
    <br/>
    <xsl:apply-templates/>
</xsl:template>
```

Wenn wir mehr anfügen möchten, erweitern wir einfach die Anzahl der Parameter.

```
<xsl:template match="autor">
    <br/>
        <xsl:value-of select="concat ('Autorenname: ',name,' Nachsatz')"/>
    <br/>
    <xsl:apply-templates/>
</xsl:template>
```

Um ein bestimmtes Stringfragment von einem bestehenden String zu erhalten, verwendet man die beiden XSL-Befehle *substring-before* und *substring-after*. Damit erhält man entweder den Teilstring vor dem Suchstring oder den Teilstring nach dem Suchstring.

```
<xsl:template match="autor">
    <br/>
    <xsl:if test="name='Karl Kroetentoeter' ">
      <xsl:value-of select="substring-after (name,'Kroeten')"/>
        <xsl:text> </xsl:text> von Kroeten
    </xsl:if>
    <br/>
        <xsl:apply-templates/>
</xsl:template>
```

Wenn im Beispiel der Wert des aktuellen Knotens *Karl Kroetentoeter* entspricht, wird folgender Block ausgeführt:

```
<xsl:value-of select="substring-after (name,'Kroeten')"/>
<xsl:text> </xsl:text> von Kroeten
```

Hier wird der nachfolgende Substring verwendet, der im Knoten *name* vorkommt und direkt nach dem String *Kroeten* folgt. In unserem Beispiel wäre dies *toeter*. Die Ausgabe sieht dann so aus:

```
toeter von Kroeten
Karl Kroetentoeter
```

Ähnlich, nur andersherum, funktioniert *substring-before*, deshalb verzichten wir auf ein Beispiel.

Wer daran interessiert ist, die komplette XSL-Theorie, also korrektes Bennennen einzelner Elemente und die Hintergründe der Verarbeitung erfahren will, dem sei folgende Seite ans Herz gelegt:

```
http://xml.klute-thiemann.de/w3c-de/REC-xslt-20020318/
```

Damit wären wir am Ende des XSL-Abschnitts und damit auch am Ende des XML-Kapitels angekommen. Ich denke, Sie sollten an diesem Punkt die grundlegenden Techniken von XML, XPath und XSLT so weit verstanden haben, dass Sie ohne große Probleme damit umgehen können.

Das nächste Kapitel handelt von SOAP, das auf XML basiert. Wir beschäftigen uns mit dem Übertragen unserer Webservices und sehen, wie unser Client mit den SOAP-Envelopes, also den Nachrichten, umgeht.

5   SOAP

SOAP bezeichnete ursprünglich das *Simple Object Access Protocol*. Seit 2003 wird die Bezeichnung allerdings als Eigenname verwendet. Der Grund ist, dass SOAP sich weiterentwickelt hat und neue Versionen weder simpel noch rein objektorientiert sind. SOAP ist ein XML-Derivat, basiert also auf XML.

SOAP dient als Protokoll, um Daten von einem Endpunkt zu einem anderen Endpunkt zu übermitteln. Ich spezialisiere mich hier aus gutem Grund nicht, und sage: von PC zu PC. Das mag am Anfang tatsächlich einmal so gewesen sein, zwischenzeitlich kann man aber auf alle möglichen Endgeräte treffen. Meist trifft man SOAP in Verbindung mit TCP/IP und HTTP als Transportprotokolle an. Möglich wäre aber auch jedes andere Protokoll, wie zum Beispiel SMTP.

Da die Verbindung aus TCP/IP und HTTP üblich ist, werden wir auch in diesem Kapitel beide verwenden. Weil ein SOAP-Vorläufer unter XML-RPC firmierte, stößt man auch heute noch häufig auf den Begriff XML-RPC, wenn eigentlich SOAP gemeint ist. Prinzipiell ist das nicht korrekt. XML-RPC ist ein eigenständiges Protokoll, das immer noch verwendet wird. RPC bezeichnet im Übrigen den Begriff *Remote Procedure Call* und meint den Aufruf von Methoden auf entfernten Servern. Beim XML-RPC werden Methodenparameter und Ergebnisse (wie der Name schon sagt) über XML übertragen. Bei den Datentypen ist man unter XML-RPC etwas eingeschränkt. Das heißt allerdings noch nicht, das XML-RPC nutzlos wäre. Je einfacher das Protokoll, desto weniger Probleme hat man beim Interagieren mit anderen Systemen! Aus diesem Grund finde ich persönlich zum Beispiel XML-RPC sehr praktisch, um Java mit .NET zu verbinden. Um XML-RPC zu verwenden, benötigt man eine entsprechende Bibliothek. In diesem Zusammenhang kann ich nur wärmstens die Open-Source-Library XML-RPC empfehlen, die Sie für .NET unter folgendem Link erhalten:

```
http://www.xml-rpc.net/
```

Später erfahren Sie mehr über XML-RPC und werden auch noch das eine oder andere Beispiel dazu erhalten.

SOAP verwendet zur Übermittlung der Daten sogenannte Envelopes. Diese sind Entwurfsmuster, also Design Patterns. Im Speziellen sind die SOAP-Envelopes *Head-Body-Patterns* und gehören zur Familie der *XML design patterns*. Wenn Sie sich für *XML design patterns* interessieren, schauen Sie auf folgender Seite vorbei:

```
http://www.xmlpatterns.com/
```

Ein *Head-Body-Pattern* definiert mit einem Kopf (Head) und einem Körper (Body) ein XML, zum Beispiel:

```
<header>
   ...
</header>
<body>
   ...
</body>
```

Innerhalb von SOAP-Envelopes ist das Headerelement optional, also nicht unbedingt erforderlich. Das Bodyelement ist allerdings Pflicht! Innerhalb des Bodyelements werden alle Daten untergebracht, welche die zu übertragenden Objektdaten beschreiben. Mit Objektdaten ist alles gemeint, was anfallen kann, also Methoden, Objekte, Strukturen und so weiter.

Im Kopf des Envelopes werden Sie hauptsächlich Metainformationen vorfinden, welche Verarbeitungsinformationen liefern. Metainformationen sind übrigens Informationen über zugrunde liegende Daten. Der Empfänger erhält das SOAP-Envelope und kann anhand der Informationen zum Beispiel Remote Procedure Calls durchführen, Objekte erstellen oder Datenstrukturen aufbauen.

Ein SOAP-Envelope könnte zum Beispiel so aussehen:

```
<?xml version="1.0" encoding="utf-8"?>
<soap:Envelope xmlns:xsi="http://www.w3.org/2001/XMLSchema-instance"
xmlns:xsd="http://www.w3.org/2001/XMLSchema"
xmlns:soap="http://schemas.xmlsoap.org/soap/envelope/">
  <soap:Header>
      <enc>64</enc>
      <ref>GUID:12345-abcdef-6789-ghijkl</ref>
  </soap:Header>
  <soap:Body>
    <HelloWorld xmlns="http://tempuri.org/" />
  </soap:Body>
</soap:Envelope>
```

Daran sieht man bereits, dass auch bei kleinen Webservices ein SOAP-Envelope recht umfangreich werden kann. Bei größeren oder komplexen Webservices kann sich die Größe des Envelopes erheblich auf die Performance auswirken, da Envelopes schließlich über eine Leitung hin und her geschickt werden.

Sowohl *Header* als auch *Body* können über Namensräume separiert mehrfach Anweisungsblöcke enthalten! Zum Beispiel wäre Folgendes durchaus möglich:

```
<?xml version="1.0" encoding="utf-8"?>
<soap:Envelope xmlns:xsi="http://www.w3.org/2001/XMLSchema-instance"
xmlns:xsd="http://www.w3.org/2001/XMLSchema"
xmlns:soap="http://schemas.xmlsoap.org/soap/envelope/">
  <soap:Header>
    <e:en1>
     <e:enc>64</e:enc>
```

```
    <e:ref>GUID:12345-abcdef-6789-ghijkl</e:ref>
   </e:en1>
   <n:en2>
    <n:enc>32</n:enc>
    <n:ref>GUID:54321-abcdef-9876-ghijkl</n:ref>
   </n:en2>
 </soap:Header>

 <soap:Body>
   <HelloWorld xmlns="http://tempuri.org/" />
 </soap:3ody>

</soap:Envelope>
```

SOAP-Nachrichten bestehen aus bestimmten Elementen. Die folgenden machen eine SOAP-Message aus:

*   Ein Element, welches anzeigt, dass das vorliegende XML eine SOAP-Message ist

*   Ein Fehlerelement, welches potenzielle Fehler beschreibt

*   Ein Headerelement

*   Ein Bodyelement

Ein unerlässliches Grundelement einer SOAP-Nachricht ist das Wurzelelement.

```
<soap:Envelope xmlns:xsi="http://www.w3.org/2001/XMLSchema-instance"
xmlns:xsd="http://www.w3.org/2001/XMLSchema"
xmlns:soap="http://schemas.xmlsoap.org/soap/envelope/">
```

An dieser Stelle gehen die Hersteller der verschiedenen Erstellungstools bereits getrennte Wege. Denn laut Spezifikation kann dieses Wurzelelement zum Beispiel auch einen *Encoding*-Namespace enthalten. Das obige Beispiel wurde von einem Microsoft-Tool generiert. Andere Hersteller verwenden etwas andere Inhalte, zum Beispiel:

```
<?xml version="1.0"?>
<soap:Envelope
xmlns:soap="http://www.w3.org/2001/12/soap-envelope"
soap:encodingStyle="http://www.w3.org/2001/12/soap-encoding">
</soap:Envelope>
```

In der Praxis hat dies aber wenig Auswirkungen, die einzelnen Webservices oder Clients verstehen sich trotzdem. Die SOAP-Spezifikationen (1.1 und 1.2) definieren drei zusätzliche Elemente, die im Wurzelelement auftauchen können, aber nicht müssen.

*   encodingStyle

*   actor

*   mustUnderstand

Eigene Attribute können neben diesen definierten Attributen wahlweise verwendet werden.

Das Attribut *encodingStyle* definiert, wie die Daten aus dem Bodyabschnitt interpretiert und entschlüsselt werden.

Das Attribut *actor* definiert, welcher (Durchgangs-)Knoten die Nachricht verarbeiten soll. Dies ist etwas komplizierter. Ein SOAP-Envelope kann an mehreren Knoten vorbeigeschleust werden, welche die Nachricht jeweils weiterleiten. Für jeden dieser Knoten kann ein eigener Namespace definiert werden, der spezielle Verarbeitungsinformationen enthalten kann. Damit kann jeder Knoten mit den für ihn relevanten Daten genau die Verarbeitung durchführen, welche vorgesehen war. Wurde kein *actor* definiert, gilt der Header für den ultimativen Empfänger, also den letzten Knoten in der Verarbeitungsliste.

Das Attribut *mustUnderstand* definiert, welche Headerblöcke vom verarbeitenden Prozessor auf jeden Fall beachtet werden müssen.

Wie kann ein aufrufender Client nun auf diesen Header reagieren? Unter .NET geht dies ziemlich einfach. Ein Webserviceclient unter .NET empfängt und sendet SOAP-Header. Wurde die jeweilige Proxyklasse für den Webserviceclient mit dem Tool *wsdl.exe* erzeugt, enthält sie automatisch die Informationen des Headers. Natürlich immer vorausgesetzt, der SOAP-Envelope enthält überhaupt einen entsprechenden Header oder Daten. Erinnern Sie sich: Der Header ist optional!

Vorausgesetzt, der Header ist vorhanden und enthält entsprechende Daten, werden in der Proxyklasse zugehörige Membervariablen erstellt. Auf diese Membervariablen haben Sie natürlich Zugriff. Um dies zu demonstrieren, erstellen wir unseren eigenen Header in einem .NET-Webservice und verwenden die selbstdefinierte Headervariable *Password* zum Authentifizieren.

5.1 Webservice mit Headerinformationen

Headerinformationen

Listing: cd:\Sourcen\05 SOAP\01 HeaderDienst

Dieses Beispiel zeigt Ihnen, wie Sie anhand eines SOAP-Headers in einem Webservice eine Authentifizierung übermitteln können.

Benötigte Namespaces

System.Web.Services, *System.Web.Services.Protocols* (und *Standard Assemblies*)

Sourcecode

```
using System;
using System.Web;
using System.Web.Services;
using System.Web.Services.Protocols;

[WebService(Namespace = "http://tempuri.org/")]
[WebServiceBinding(ConformsTo = WsiProfiles.BasicProfile1_1)]
public class Service : System.Web.Services.WebService
{
    public ServiceHeader header = new ServiceHeader();

    public Service () {

        //InitializeComponent();

    }

    [WebMethod]
    [SoapHeader("header")]
    public string Hello()
    {

        if (header.Password != "test")
        {
            return "Falsches Passwort!";
        }
        else
        {
            return "Hallo Welt";
        }
    }

    public class ServiceHeader : SoapHeader
    {
        public string Password;
    }
}
```

Beschreibung

Als Erstes benötigen wir dringend eine Klasse, welche von *SoapHeader* abgeleitet ist. Wir nennen diese *ServiceHeader*. Sie finden diese Klasse innerhalb der *Service*-Klasse, und zwar an deren Ende.

```
public class ServiceHeader : SoapHeader
{
    public string Password;
}
```

In dieser Klasse definieren wir unser Headerelement *Password*.

Wir instanziieren diese Klasse zu Beginn unserer Hauptklasse:

```
public ServiceHeader header = new ServiceHeader();
```

Damit haben wir nun bereits einen Header in unsererm SOAP-Envelope. Jetzt müssen wir nur noch diesen Header verwenden. Dies geschieht in der Methode *Hello*. Beachten Sie, dass diese Methode von uns das Attribut *SoapHeader* erhält, das dem Server anzeigt, dass er den Header bei dieser Methode mit übermitteln soll.

```
[WebMethod]
[SoapHeader("header")]
public string Hello()
```

Die Methode fragt intern ab, ob das Passwort einen bestimmten Wert hat, und gibt abhängig davon entweder *Hallo Welt* oder *Falsches Passwort!* aus.

```
[WebMethod]
[SoapHeader("header")]
public string Hello()
{

    if (header.Password != "test")
    {
        return "Falsches Passwort!";
    }
    else
    {
        return "Hallo Welt";
    }
}
```

Das war's schon mit unserem Webservice. Dazu jetzt fehlt uns noch der passende Client. Innerhalb des Clientverzeichnisses auf der CD liegt eine Proxyklasse passend zu diesem Webservice. Diese Proxyklasse wurde wieder, wie in Kapitel 2, mit dem Tool *wsdl.exe* erstellt. Sollten Sie nicht wissen, wie Sie eine Proxyklasse erstellen, erfahren Sie dies in Kapitel 2.

Listing: cd:\Sourcen\05 SOAP\01 Header

Dieses Beispiel zeigt Ihnen, wie ein Client Daten über einen SOAP-Header übermitteln kann.

Benötigte Namespaces

Standard Assemblies

Sourcecode

```
using System;
using System.Collections.Generic;
using System.ComponentModel;
using System.Data;
```

```
using System.Drawing;
using System.Text;
using System.Windows.Forms;

namespace Header
{
    public partial class Form1 : Form
    {
        public Form1()
        {
            InitializeComponent();
        }

        private void button1_Click(object sender, EventArgs e)
        {
            Service service = new Service();
            ServiceHeader sh = new ServiceHeader();

            sh.Password = "test";
            service.ServiceHeaderValue = sh;
            textBox1.Text = service.Hello();
        }
    }
}
```

Beschreibung

Ohne eine Instanz auf unseren Webservice geht nichts, deshalb erstellen wir als Erstes eine solche.

```
Service service = new Service();
```

Um die Daten des Headers in der richtigen Form füllen zu können, benötigen wir die Struktur des Headers. Deshalb erstellen wir auch hier eine Instanz.

```
ServiceHeader sh = new ServiceHeader();
```

Nun können wir dem Passwort einen Wert zuweisen.

```
sh.Password = "test";
service.ServiceHeaderValue = sh;
```

Wenn wir nun die Methode *Hello* aufrufen, übermitteln wir automatisch die neuen Headerdaten an unseren Webservice, der sie dann verarbeiten kann.

```
textBox1.Text = service.Hello();
```

Sollten Sie beim Erstellen des Clients eine Fehlermeldung erhalten wie

```
Der Typ oder Namespacename 'Services' ist in der Klasse oder dem Namespace
'System.Web' nicht vorhanden (fehlt ein Assemblyverweis?)
```

ist es nötig, den Verweis von Hand hinzuzufügen.

> **Hinweis:**
> Im Grunde erhalten Sie diese Fehlermeldung immer, sollten Sie den Verweis nicht bereits vorher zufällig eingefügt haben, da Sie ihn an anderer Stelle in Ihrem Programm benötigen.

Klicken Sie im Fehlerfall im Projektmappen-Explorer mit der rechten Maustaste auf *Verweise* und wählen Sie *Verweis hinzufügen*.

Der nächste Screenshot demonstriert die Vorgehensweise.

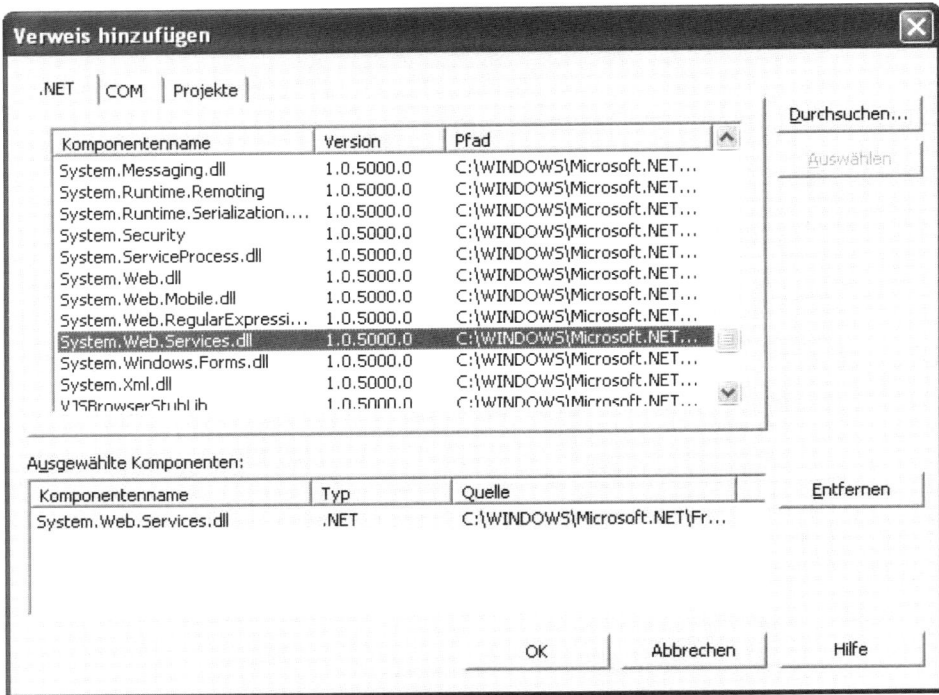

Bild 5.1: Die fehlende Assembly hinzufügen

Fügen Sie dann einfach die Assembly hinzu und bestätigen Sie mit *OK*.

Nun sollte der Client kompilier- und ausführbar sein, das Ergebnis sollte etwa wie im nächsten Screenshot aussehen.

Bild 5.2: Per Header authentifizieren

Der Header einer SOAP-Nachricht beinhaltet also, wie wir nun sehen konnten, zusätzliche Daten zu unserer SOAP-Nachricht. Wie in unserem Beispiel wird der Header gerne für Benutzerauthentifizierungen, Codierungen oder Transaktionsidentifizierungen verwendet. Genau dafür ist er ja auch vorgesehen. Die eigentlich zu verschickenden Daten stehen dann später im Body. Aus diesem Grund schauen wir uns nun den Body etwas genauer an.

Wie wir bereits wissen, ist der SOAP-Body unbedingt Pflicht. Er ist also nicht optional wie der Header. Wir können SOAP-Nachrichten auf zwei verschiedene Arten betrachten. Die eine Art ist die als Übertragungsmedium für Webservices, die andere Art wäre die als Übertragungsmedium für Daten. Zuerst betrachten wir uns SOAP als einfaches Übertragungsprotokoll für Daten.

Zum Übertragen verwenden wir C#. Im XML-Kapitel habe ich Ihnen beim Abschnitt über das Serialisieren weitere Informationen versprochen. Jetzt sind wir an dem Punkt angelangt, an dem wir genau diese Informationen benötigen. Wir werden die Daten, die wir versenden möchten, serialisieren, durch ein Formatierungsobjekt schleusen und verschicken. Der Empfänger empfängt dann die Daten, schleust sie dann durch den Formatierer, deserialisiert sie und verwendet sie.

Zum Formatieren verwenden wir hier die *SoapFormatter*-Klasse von .NET.

5.2 SOAPFormatter

Listing: cd:\Sourcen\05 SOAP\SoapFormatterSample

Dieses Beispiel serialisiert und deserialisiert über den SOAP-Formatter eine Klasse in einem SOAP-Envelope.

Benötigte Namespaces

Standard Assemblies und *System.IO, System.Runtime.Serialization, System.Runtime. Serialization.Formatters.Soap*

Sourcecode

```
using System;
using System.Collections.Generic;
using System.ComponentModel;
using System.Data;
using System.Drawing;
using System.Text;
using System.Windows.Forms;
using System.IO;
using System.Runtime.Serialization;
using System.Runtime.Serialization.Formatters.Soap;


namespace SoapFormatterSample
{
    [Serializable]
    public struct Struktur
    {
        public string Name;
        public string Nachname;
        public DateTime Geburtstag;
    }

    public partial class Form1 : Form
    {
        public Form1()
        {
            InitializeComponent();
        }

        private void button1_Click(object sender, EventArgs e)
        {
            Struktur st = new Struktur();
            Stream sw  = File.Create("c:\\SOAP.xml");

            st.Name = "Karl";
            st.Nachname = "Kroetentoeter";
            st.Geburtstag = new DateTime(1975, 10, 12);

            SoapFormatter soapFormatter = new SoapFormatter();
            soapFormatter.Serialize(sw, st);
            sw.Close();
        }

        private void button2_Click(object sender, EventArgs e)
        {
            Stream sr = File.OpenRead("c:\\SOAP.xml");
            StreamReader sr1 = new StreamReader("c:\\SOAP.xml");

            SoapFormatter soapFormatter = new SoapFormatter();
            Struktur st = (Struktur)soapFormatter.Deserialize(sr);
            sr.Close();
```

```
            textBox1.Text = "";
            textBox1.Text +=" Name      : "+st.Name+"\r\n";
            textBox1.Text +=" Nachname  : "+st.Nachname+"\r\n";
            textBox1.Text +=" Geburtstag:
                         "+st.Geburtstag.ToShortDateString()+"\r\n";

            textBox2.Text = sr1.ReadToEnd();
        }
    }
}
```

Beschreibung

Am Anfang sehen Sie das Einbinden der benötigten Assemblies. In unserem Fall benötigen wir die SOAP-Formatierungsklassen, diese befinden sich in den Serialization-Assemblies.

```
using System.IO;
using System.Runtime.Serialization;
using System.Runtime.Serialization.Formatters.Soap;
```

Die *System.IO* benötigen wir wegen der Streams.

Genau wie beim Serialisierungsbeispiel im XML-Kapitel erstellen wir eine Struktur. Diese Struktur wird später von uns serialisiert.

```
public struct Struktur
{
    public string Name;
    public string Nachname;
    public DateTime Geburtstag;
}
```

Damit der *SoapFormatter* damit zurechtkommt, erhält die Struktur das Attribut *Serializable*.

```
[Serializable]
```

Beim Serialisieren, also beim Klicken auf den ersten Button, erstellen wir ein neues Strukturobjekt und über einen Stream eine Datei.

```
Struktur st = new Struktur();
Stream sw  = File.Create("c:\\SOAP.xml");
```

In diese Datei wird später der SOAP-Envelope geschrieben. Nun füllen wir unser Strukturobjekt.

```
st.Name = "Karl";
st.Nachname = "Kroetentoeter";
st.Geburtstag = new DateTime(1975, 10, 12);
```

Diese Daten können nun über einen SoapFormatter serialisiert werden. Der SoapFormatter erzeugt beim Serialisieren der entstehenden XML-Datei das richtige SOAP-Format.

```
SoapFormatter soapFormatter = new SoapFormatter();
soapFormatter.Serialize(sw, st);
sw.Close();
```

Im zweiten Button gehen wir den umgekehrten Weg. Wir öffnen das XML mit dem SOAP-Envelope.

```
Stream sr = File.OpenRead("c:\\SOAP.xml");
```

Nun können wir das serialisierte Objekt, welches sich ja innerhalb des SOAP-Bodys befindet, deserialisieren.

```
SoapFormatter soapFormatter = new SoapFormatter();
Struktur st = (Struktur)soapFormatter.Deserialize(sr);
```

Der Rückgabe der *Deserialize*-Methode müssen wir explizit einen Typ zuweisen. Das ist anhand der zugrunde liegenden Struktur aber nur logisch. Die Methode kann nur ein untypisiertes Objekt zurückliefern, da sie ja nicht weiß, was serialisiert wurde. Mit der nun neu aufgebauten Struktur *st* können wir so verfahren, als ob das Objekt von uns angelegt worden wäre.

```
textBox1.Text +=" Name      : "+st.Name+"\r\n";
textBox1.Text +=" Nachname  : "+st.Nachname+"\r\n";
textBox1.Text +=" Geburtstag: "+st.Geburtstag.ToShortDateString()+"\r\n";
```

Das entstandene XML-File mit unserem SOAP-Envelope sieht etwa wie folgt aus.

```
<SOAP-ENV:Envelope xmlns:xsi="http://www.w3.org/2001/XMLSchema-instance"
xmlns:xsd="http://www.w3.org/2001/XMLSchema" xmlns:SOAP-
ENC="http://schemas.xmlsoap.org/soap/encoding/" xmlns:SOAP-
ENV="http://schemas.xmlsoap.org/soap/envelope/"
xmlns:clr="http://schemas.microsoft.com/soap/encoding/clr/1.0"
SOAP-ENV:encodingStyle="http://schemas.xmlsoap.org/soap/encoding/">
<SOAP-ENV:Body>
<a1:Struktur id="ref-1"
xmlns:a1="http://schemas.microsoft.com/clr/nsassem/SoapFormatterSample/
SoapFormatterSample%2C%20Version%3D1.0.0.0%2C%20Culture%3Dneutral%2C%
20PublicKeyToken%3Dnull">
<Name id="ref-3">Karl</Name>
<Nachname id="ref-4">Kroetentoeter</Nachname>
<Geburtstag>1975-10-12T00:00:00.0000000+02:00</Geburtstag>
</a1:Struktur>
</SOAP-ENV:Body>
</SOAP-ENV:Envelope>
```

Sie sehen, der Envelope sieht perfekt aus. Der nächste Screenshot zeigt Ihnen das Beispielprogramm samt Ausgabe.

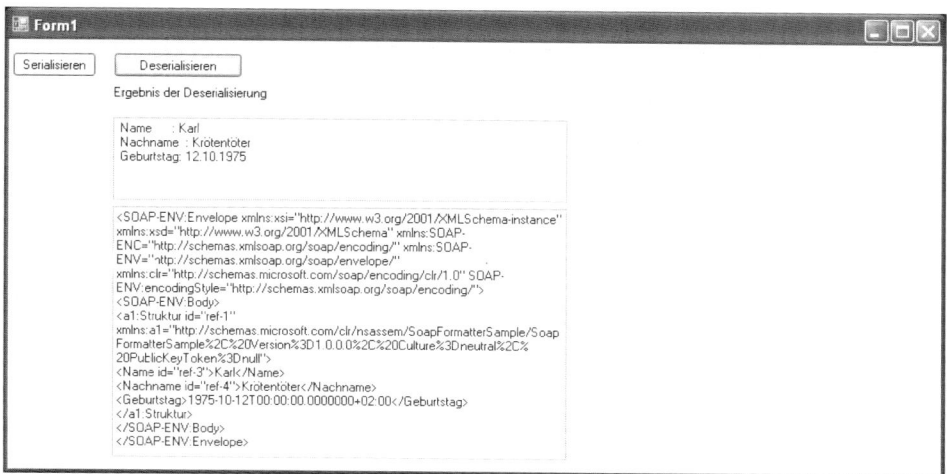

Bild 5.3: Ein Objekt serialisieren und in SOAP »verpacken«

Auch unter Java kann man natürlich mit SOAP arbeiten. Das neue Java 6 bringt eine standardisierte API mit, welche JAX-WS 2.0 implementiert. JAX-WS bedeutet *Java Api for XML based Webservices.* Zu dieser API kommt die »SOAP with Attachements API (SAAJ)« hinzu, welche dann speziell für SOAP gedacht ist. Da die neue Version von Java in Kombination mit dem neuen Netbeans 5.5 einige Vorteile für uns hat, werden wir alle weiteren Beispiele mit diesen Versionen erzeugen. Keine Angst, die alten Beispiele aus den vorigen Kapiteln sind alle trotzdem noch lauffähig.

Sollten Sie die neue Netbeans-Version noch nicht im Zuge der Umstellung auf das neue Java installiert haben, tun Sie dies bitte. Wenn Sie schon einmal dabei sind, können Sie danach auch gleich das Netbeans Enterprise Pack installieren. Mit diesem Zusatzpaket (Add-On) haben wir nämlich neue, interessante Möglichkeiten für SOA und Webservices.

Das Add-On gibt es auf der CD oder aber unter folgender Adresse:

```
http://www.netbeans.org/products/enterprise/
```

Da wir anscheinend auch unter Java eine komfortable SOAP-API haben, könnten wir doch einmal versuchen, .NET und Java zusammenzubringen. Dazu verwenden wir die Struktur aus dem vorangegangenen Beispiel und eine kleine Java-Applikation, die uns die Struktur als SOAP-Envelope zusammenstellt.

5.3 Java SOAP und .NET SOAP kombinieren

Java-Client, um einen SOAP-Envelope für .NET zu erstellen

Dieses Beispiel zeigt Ihnen, wie Sie mit einem Java-Client eine .NET-konforme Struktur erstellen, die dann von .NET eingelesen und verwendet werden kann. Die Java-Version ist 6, die IDE Netbeans (5.5).

Listing: cd:\Sourcen\05 SOAP\Java\01SOAP

Benötigte Klassen

java.io.File, javax.xml.soap.*

Sourcecode

```
package soap;

import javax.xml.soap.*;
import java.io.*;

public class Main {

    public Main() {
    }

    public static void main(String[] args) {
        try {
        SOAPFactory factory = SOAPFactory.newInstance();
        MessageFactory mFactory = MessageFactory.newInstance();
        SOAPMessage request = mFactory.createMessage();

        SOAPBody body = request.getSOAPBody();
        SOAPElement struktur = body.addChildElement("a1:Struktur");
        Name name = factory.createName("id");
        struktur.addAttribute (name,"ref-1");
        name = factory.createName("xmlns:a1");
        struktur.addAttribute
                (name,"http://schemas.microsoft.com/clr/nsassem/SoapFormatterSample/" +
                        "SoapFormatterSample%2C%20Version%3D1.0.0.0%2C%20Culture%" +
                        "3Dneutral%2C%20PublicKeyToken%3Dnull");

        SOAPElement strukturChild1 = struktur.addChildElement("Name");
        strukturChild1.addAttribute (name,"ref-3");
        strukturChild1.addTextNode("Karl, Java");
        SOAPElement strukturChild2 =
                                Struktur.addChildElement("Nachname");
        strukturChild2.addAttribute (name,"ref-4");
        strukturChild2.addTextNode("Kroetentoeter");
```

```
        SOAPElement strukturChild3 =
                            struktur.addChildElement("Geburtstag");
        strukturChild2.addAttribute (name,"ref-5");
        strukturChild3.addTextNode("1975-10-12T00:00:00.0000000+02:00");

        File SOAPOutputFile = new File("c:\\JavaSOAP.xml");
        FileOutputStream fos = new FileOutputStream(SOAPOutputFile);
        request.writeTo(fos);
    } catch (Exception ex)
    {
        System.out.println("Fehler: "+ex.getMessage() );
    }
  }
}
```

Beschreibung

In der Import-Sektion unseres kleinen Beispiels laden wir die IO und die SOAP-Klassen.

```
import javax.xml.soap.*;
import java.io.*;
```

Wir erstellen über ein Factory-Pattern eine Instanz unserer SOAP-Factory.

```
        SOAPFactory factory = SOAPFactory.newInstance();
```

Um auf einzelne Elemente zugreifen zu könne, benötigen wir ein Message-Objekt. Auch hier gehen wir einen kleinen Umweg über eine Factory.

```
        MessageFactory mFactory = MessageFactory.newInstance();
        SOAPMessage request = mFactory.createMessage();
```

Unseren SOAP-Body, in welchen wir von Hand unsere Strukturdaten schreiben werden, erhalten wir über das gerade angelegte Request-Objekt.

```
        SOAPBody body = request.getSOAPBody();
```

Nun können wir Elemente an unseren Body anfügen. Als Erstes legen wir das Hauptelement an, den *Struktur*-Knoten.

```
        SOAPElement struktur = body.addChildElement("a1:Struktur");
```

Achten Sie hier auf die Groß-/Kleinschreibung innerhalb des Stringelements!

```
        SOAPElement struktur = body.addChildElement("a1:Struktur");
```

.NET unterscheidet nämlich beim Auslesen zwischen Groß und Kleinschreibung. Sollte dieser Name später nicht mit dem verwendeten Namen innerhalb der .NET-Applikation übereinstimmen, wird es eine Exception anstatt einer Rückgabe geben.

Als Nächstes können wir die einzelnen Attribute an unser Element anhängen.

```
Name name = factory.createName("id");
struktur.addAttribute (name,"ref-1");
```

Ganz wichtig: der Assembly-Verweis auf die Struktur:

```
name = factory.createName("xmlns:a1");
struktur.addAttribute
(name,"http://schemas.microsoft.com/clr/nsassem/SoapFormatterSample/" +
    "SoapFormatterSample%2C%20Version%3D1.0.0.0%2C%20Culture%" +
        "3Dneutral%2C%20PublicKeyToken%3Dnull");
```

Dieser Verweis muss eine korrespondierende Assembly entweder auf Ihrem lokalen Computer oder aber auf einem entfernten Server besitzen! Im Beispiel habe ich der Einfachheit halber den Verweis aus der SOAP-Datei des .NET-Beispiels kopiert. .NET versucht beim Deserialisieren aus der SOAP-Datei die zu erstellende Struktur in Korrelation mit der bestehenden Assembly zu bringen. Aus diesem Grund werden Sie den vorliegenden Programmteil anpassen müssen. Fügen Sie hier also den Assembly-verweis ein, welchen Ihre .NET-Applikation erzeugt hat. Das Standardausgabeverzeichnis für die Datei mit dem Namen *SOAP.xml* ist *c:*. Schauen Sie in dieser Datei nach und übertragen Sie den richtigen Pfad. Nachdem alle Elemente erzeugt wurden und die Attribute gesetzt sind, speichern wir über einen Stream unser SOAP-Ergebnis. Dazu erzeugen wir einen File Output Stream, welchen wir der *write*-Methode unseres Request-Objekts übergeben.

```
File SOAPOutputFile = new File("c:\\JavaSOAP.xml");
FileOutputStream fos = new FileOutputStream(SOAPOutputFile);
request.writeTo(fos);
```

Damit ist nun im Verzeichnis *c:* unseres Rechners eine Datei namens *JavaSOAP.xml* erzeugt worden, die folgenden Inhalt haben sollte:

```
<SOAP-ENV:Envelope xmlns:SOAP-ENV="http://schemas.xmlsoap.org/soap/envelope/">
<SOAP-ENV:Header/>
<SOAP-ENV:Body>
  <a1:Struktur xmlns:a1="http://schemas.microsoft.com/clr/nsassem/SFS/SFS%2C%20
                  Version%3D1.0.0.0%2C%20Culture%3Dneutral%2C%20
                      PublicKeyToken%3Dnull" id="ref-1">
      <Name xmlns:a1="ref-3">Karl, Java</Name>
      <Nachname xmlns:a1="ref-5">Kroetentoeter</Nachname>
      <Geburtstag>1975-10-12T00:00:00.0000000+02:00</Geburtstag>
  </a1:Struktur>
</SOAP-ENV:Body>
</SOAP-ENV:Envelope>
```

In der Datei ist die Ausgabe allerdings ohne CR/LF, was eine etwas unschöne Darstellung verursacht. Dies tut aber der Funktionsfähigkeit keinen Abbruch.

Wenn Sie nun im .NET-Beispiel *SOAPFormatter* im Event des zweiten Buttons folgende Zeilen ändern, sollte einer Deserialisierung über SOAP nichts mehr im Wege stehen.

```
private void button2_Click(object sender, EventArgs e)
      {
          Stream sr = File.OpenRead("c:\\JavaSOAP.xml");
          StreamReader srl = new StreamReader("c:\\JavaSOAP.xml");

          SoapFormatter soapFormatter = new SoapFormatter();
          Struktur st = (Struktur)soapFormatter.Deserialize(sr);
          sr.Close();
          textBox1.Text = "";
          textBox1.Text +=" Name       : "+st.Name+"\r\n";
          textBox1.Text +=" Nachname   : "+st.Nachname+"\r\n";
          textBox1.Text +=" Geburtstag: "+
                          st.Geburtstag.ToShortDateString()+"\r\n";

          textBox2.Text = srl.ReadToEnd();
      }
```

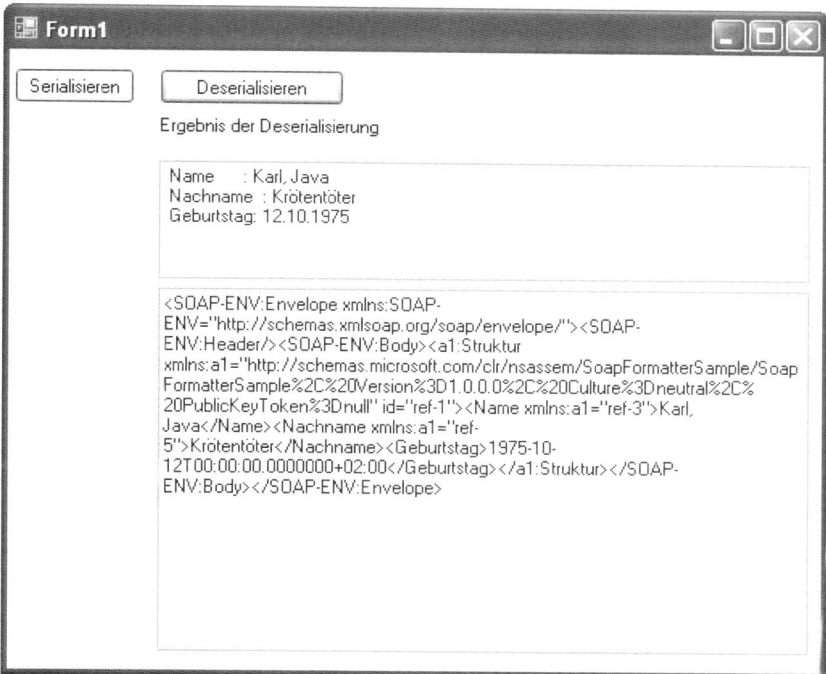

Bild 5.4: Java erzeugt einen SOAP-Envelope, .NET nutzt ihn

Statt über Dateien könnten wir nun das Java-Beispiel auch in ein Servlet verpacken und über einen Webrequest an einen .NET-Client schicken. Auf diese Art würden sich ohne Weiteres Daten von einer Programmierumgebung an die andere weiterleiten lassen, vor allem wenn wir nicht Strukturen und Objekte verschicken würden, sondern ordinale, also einfache Datentypen. Hierzu würden wir dann auch keinen Assemblyverweis benötigen, was uns die ganze Angelegenheit natürlich enorm vereinfacht. Bisher haben wir nur Daten per SOAP verschickt, der Hauptzweck von SOAP ist es aber, Remote

Procedures zu ermöglichen. Die Informationen der fernen Prozeduren erhält unser Client teilweise über das WSDL-File und teilweise über den SOAP-Envelope. Dabei gilt die Teilung WSDL = Hintergrundinformationen über die Objekte, SOAP = Daten oder Inhalte der Objekte.

Webservices per Proxyklassen aufzurufen ist immer der einfachste Weg. Leider ist dieser einfache Weg nicht sehr informativ. Angenommen, wir legen einen ganz einfachen Webservice an, der nur ein *HelloWorld* enthält. Wir können eine Proxyklasse erstellen und sie verwenden. Für den Programmierer wird es ab einem bestimmten Punkt nicht mehr ersichtlich sein, ob er nun auf eine lokale oder eine entfernte Methode zugreift. Der Grund ist die Transparenz der Klassen. Die Proxyklasse verbirgt natürlich den Ursprung der eigentlichen Methode. Wenn man nun einmal tatsächlich wissen möchte, was eigentlich im Hintergrund passiert, steht man vor einem Problem. Wie kommt man an den Datentransfer heran? Also an die Daten, die zwischen Server und Client übermittelt werden? Eine einfache Möglichkeit sind Tracer-Programme wie TcpTrace.

http://www.pocketsoap.com/tcpTrace/

Diese Programme erlauben ein Überwachen des Datenverkehrs zwischen Client und Server und Sie sehen die übermittelten Nachrichten im Klartext. Wir wollen nun »von Hand« einen SOAP-Request an einen Server schicken und von diesem einen korrespondierenden SOAP-Envelope zurückerhalten. Dazu legen wir einen Standardwebservice an, der nur ein *HelloWorld* enthält. Wenn Sie den Webservice anlegen, wählen Sie am besten den Server als Speicherort. Wenn Sie den Webservice auf der lokalen Platte anlegen, kann der verwendete Port wechseln. Dies würde beim Aufrufen zu Problemen führen, da wir die URL fest eintragen!

Wenn Sie den Standardwebservice verwenden, der automatisch angelegt wird, sollte der Sourcecode vom Server etwa wie folgt aussehen.

```
using System;
using System.Web;
using System.Web.Services;
using System.Web.Services.Protocols;

[WebService(Namespace = "http://tempuri.org/")]
[WebServiceBinding(ConformsTo = WsiProfiles.BasicProfile1_1)]
public class Service : System.Web.Services.WebService
{
    public Service () {

        //Auskommentierung der folgenden Zeile bei Verwendung von Designkomponenten
aufheben
        //InitializeComponent();
    }
```

```
[WebMethod]
public string HelloWorld() {
    return "Hello World";
}

}
```

Nun benötigen wir einen Client, der einen SOAP-Envelope an den Server schickt und die Rückgabe anzeigt.

5.4   SOAP »von Hand« übermitteln

Listing: cd:\Sourcen\05 SOAP\SoapMessage

Dieses Beispiel sendet einen SOAP-Envelope an einen Server, empfängt die Rückgabe und zeigt diese an.

Benötigte Namespaces

Standard-Assemblies und *System.IO, System.Xml, System.Net*

Sourcecode

```
using System.Data;
using System.Drawing;
using System.Text;
using System.Windows.Forms;
using System.Net;
using System.IO;
using System.Xml;


namespace SoapMessage
{
    public partial class Form1 : Form
    {
        static string soapEnvelope = @"<soap:Envelope
            xmlns:xsi='http://www.w3.org/2001/XMLSchema-instance\'
              xmlns:xsd='http://www.w3.org/2001/XMLSchema'
            xmlns:soap='http://schemas.xmlsoap.org/soap/envelope/'>
                <soap:Body>
                    <HelloWorld xmlns='http://tempuri.org/' />
                </soap:Body>
                </soap:Envelope>";
```

```
public Form1()
{
    InitializeComponent();
}

private void button1_Click(object sender, EventArgs e)
{
    string url = "http://localhost/test/Service.asmx";
    string action = "http://tempuri.org/HelloWorld";


    XmlDocument doc = new XmlDocument();
    doc.LoadXml(soapEnvelope);

    HttpWebRequest req = (HttpWebRequest)WebRequest.Create(url);
    req.Headers.Add("SOAPAction", action);
    req.ContentType = "text/xml;charset=\"utf-8\"";
    req.Accept = "text/xml";
    req.Method = "POST";
    Stream stm = req.GetRequestStream();
    doc.Save(stm);
    stm.Close();

    WebResponse webResponse = req.GetResponse();
    StreamReader reader = new
                StreamReader(webResponse.GetResponseStream());
    string soapResult = reader.ReadToEnd();
    webResponse.Close();
    textBox1.Text = soapResult;
}
}
}
```

Beschreibung

Damit ein Webservice unseren SOAP-Request versteht, müssen wir natürlich die Aufrufregeln befolgen. Aus diesem Grund stellen wir unseren SOAP-Envelope am Anfang zusammen.

```
static string soapEnvelope = @"<soap:Envelope
    xmlns:xsi='http://www.w3.org/2001/XMLSchema-instance\'
    xmlns:xsd='http://www.w3.org/2001/XMLSchema'
    xmlns:soap='http://schemas.xmlsoap.org/soap/envelope/'>
        <soap:Body>
            <HelloWorld xmlns='http://tempuri.org/' />
        </soap:Body>
        </soap:Envelope>";
```

Wir definieren einen Body, der die aufzurufende Routine enthält. Das Ganze wird natürlich innerhalb der *Envelope*-Elemente gekapselt. Wenn wir einen Header benötigen würden, wie zum Beispiel bei unserem Authentifizierungsbeispiel, würden wir diesen auch hier definieren. Beim Request würden wir dann natürlich auch die Daten innerhalb

der Elemente übergeben. Bezugnehmend auf das Authentifizierungsbeispiel würde der
Header dann etwa wie im nächsten Beispiel aussehen.

```
<soap:Header>
    <ServiceHeader xmlns='http://tempuri.org/'>
        <Password>1234</Password>
    </ServiceHeader>
</soap:Header>
```

Wenn wir in unserem Beispiel auf den Button klicken, legen wir zwei Strings an.

```
string url = "http://localhost/test/Service.asmx";
string action = "http://tempuri.org/HelloWorld";
```

Zum einen natürlich die Aufrufer-URL, zum anderen die auszuführende Aktion. Beachten Sie an dieser Stelle die Portadresse, sollten Sie Ihren Webservice nicht auf einem
Server, sondern auf Ihrem lokalen Filesystem abgelegt haben.

Nun können wir über die Klasse *XmlDocument* und unseren Envelope-String ein gültiges XML anlegen.

```
XmlDocument doc = new XmlDocument();
doc.LoadXml(soapEnvelope);
```

Wir erzeugen einen *Webrequest* auf unseren Server,

```
HttpWebRequest req = (HttpWebRequest)WebRequest.Create(url);
```

fügen die einzelnen Attribute hinzu

```
req.Headers.Add("SOAPAction", action);
req.ContentType = "text/xml;charset=\"utf-8\"";
req.Accept = "text/xml";
req.Method = "POST";
```

und schicken unseren Envelope per Stream an den Server.

```
Stream stm = req.GetRequestStream();
doc.Save(stm);
stm.Close();
```

Über ein *WebResponse*-Objekt erhalten wir die Rückgabe des Servers.

```
WebResponse webResponse = req.GetResponse();
StreamReader reader = new
                StreamReader(webResponse.GetResponseStream());
string soapResult = reader.ReadToEnd();
webResponse.Close();
```

Diese können wir zu guter Letzt dann auch ausgeben.

```
textBox1.Text = soapResult;
```

Fragen Sie sich jetzt, woher ich gewusst habe, was ich dem Server als Parameter übergeben muss? Wenn ja, kann ich Ihnen Ihre Frage ganz einfach beantworten. Rufen Sie einfach die Standardwebseite des Webservice auf. Klicken Sie dort auf *HelloWorld*. Die nächste Seite zeigt genau die Daten an, die Sie benötigen.

SOAP 1.1

Es folgt ein Beispiel für eine SOAP 1.1-Anforderung und -Antwort. Die angezeigten Platzhalter müssen durch tatsächliche Werte ersetzt werden.

```
POST /test/Service.asmx HTTP/1.1
Host: localhost
Content-Type: text/xml; charset=utf-8
Content-Length: length
SOAPAction: "http://tempuri.org/HelloWorld"

<?xml version="1.0" encoding="utf-8"?>
<soap:Envelope xmlns:xsi="http://www.w3.org/2001/XMLSchema-instance"
xmlns:xsd="http://www.w3.org/2001/XMLSchema"
xmlns:soap="http://schemas.xmlsoap.org/soap/envelope/">
  <soap:Body>
    <HelloWorld xmlns="http://tempuri.org/" />
  </soap:Body>
</soap:Envelope>
```

Das funktioniert bei allen Webservices. Hier macht es uns Microsoft wieder einmal sehr einfach.

Was wir bisher noch gar nicht beachtet haben, ist der SOAP-Fault, also die Beschreibung eines potenziellen Fehlers. Deshalb hier eine kurze Übersicht. SOAP-Faults treten als Unterelemente des Bodyelements im SOAP-Envelope auf. Sie werden definiert, wenn innerhalb des Verarbeitens des Envelopes ein Fehler auftritt. Ein SOAP-Fault tritt für gewöhnlich nur einmal in einem Envelope auf und wird nicht doppelt definiert. Sollten mehrere Fehler auftreten, werden diese innerhalb des Fault-Elements definiert. Hierzu besitzt das Fault-Element vier Subelemente.

* faultcode
* faultstring
* faultfactor
* detail

Der *Faultcode* identifiziert den Fehler, er ist also der Fehlercode.

Der *Faultstring* enthält, wie man einfach am Namen erkennen kann, die Fehlerbeschreibung.

Faultfactor definiert, wer oder welche Stelle für den Fehler verantwortlich ist.

Detail enthält applikationsspezifische Informationen über den Fehler. Meist beziehen sich diese auf das enthaltene Bodyelement.

Um standardisierte Fehlercodes zu haben, verwendet man laut Spezifikation folgende Faultcodes, um Fehler näher zu spezifizieren.

- Version Mismatch
- MustUnderstand
- Client
- Server

Version Mismatch bedeutet, es wurde ein falscher Namespace für das Envelope-Element gefunden.

Ein *MustUnderstand Fault* wird dann verwendet, wenn ein Element, das als *mustUnderstand* definiert wurde, nicht verstanden wurde.

Ein *Client Fault* wird ausgelöst, wenn der Client den Envelope nicht korrekt aufgebaut hat, oder wenn der Envelope falsche Informationen enthält.

Beim *Server Fault* hat der Server etwas verkehrt gemacht.

Auf den vorigen Seiten haben wir uns langsam aber sicher an den Hauptzweck von SOAP herangetastet: das entfernte Aufrufen von Methoden. Auf den nächsten Seiten werden wir uns genau mit diesem Thema befassen.

Wir haben bereits gesehen, wie man mit SOAP einfache Daten von einem Endpunkt an den anderen Endpunkt übermittelt. Ebenso wissen wir nun, warum man hierfür den SOAP-Envelope verwendet und wie er aufgebaut ist. Wir können sogar bereits SOAP-Envelopes selbst definieren und damit einen anderen Rechner auffordern, uns ein Ergebnis zu liefern. Dieses Ergebnis können wir dank XML auslesen und verarbeiten.

Ein echtes Remoting basiert aber darauf, dass wir tatsächlich Methoden oder Objekte von einem entfernten Endpunkt anfordern und direkt verwenden können. Mit dem Serialisieren und Deserialisieren haben wir dies auf einer primitiven Ebene bereits getan. Im Grunde machen wir auch beim Methodenaufruf nichts anderes. Damit ein solches Remoting über SOAP funktioniert, benötigen wir die richtigen Voraussetzungen. Eine der wichtigsten Voraussetzungen ist hierbei der Application-Server. Sie erinnern sich sicher an die Kapitel 2 und 3, in denen ich bereits auf dieses Thema eingegangen bin.

Es ist sehr schwierig, SOAP losgelöst von allen anderen Komponenten einer service-orientierten Umgebung zu betrachten. Wenn man nämlich SOAP einzeln betrachtet, bleibt einem als Anwendung nur genau das, was Sie bereits auf den vorigen Seiten dieses Kapitels gesehen haben: eine relativ primitive Übertragung von Daten und ein wenig Serialisierung von Objekten. SOAP erhält seine ganze Power erst in Verbindung mit den Application-Servern, WSDL und XML. Da wir XML bereits recht gut kennengelernt haben und wissen, wie wir damit effektiv Daten auslesen und verarbeiten können, sollten wir nun die anderen Komponenten betrachten.

5.5   Application-Server für SOAP

Dieser Abschnitt behandelt auf einer sehr einfachen Ebene die Verbindung von SOAP und den zugehörigen Application-Servern. Sie sollen in diesem Abschnitt nur kurz erfahren, warum Sie einen Application-Server benötigen und was er tut. Da Application-Server sehr wichtig sind, habe ich ihnen ein eigenes Kapitel gewidmet. Dort lernen Sie dann Application-Server zu installieren, zu konfigurieren und zu verwenden.

Ein Application-Server kann auf Ihrem Entwicklungsrechner beheimatet oder aber als eigenständiger Server in ein Netzwerk eingebunden sein. Der Name Application-Server kann in zweierlei Hinsicht verwendet werden. Zum einen kann der Name einen Server bezeichnen, der die Anwendungen einer Firma beinhaltet, auf die die einzelnen Clients zugreifen. Die Applikationen werden von diesem Server abgeholt und verwendet. Früher bezeichnete man gerne auf diese Art einen der zentralen Server in einem Netzwerk, in dem die lizenzierte Software lag. Ebenso gibt es zum Beispiel die Bezeichnung Fileserver für Server, die Dateien vorbehalten sind. Dort würden dann die einzelnen Daten einer Firma liegen.

Seit SOA und Webservices modern wurden, verwendet man aber die Bezeichnung Application-Server für Server, die einen bestimmten Mechanismus bereitstellen, um Clients mit Informationen zu füttern. Dies geschieht meist über SOAP oder XML-RPC, wenn es sich bei den Diensten um Webservices handelt. Ebenso kann aber ein Application-Server ein Remoting über proprietäre Protokolle durchführen. Dies geschieht zum Beispiel bei einem .NET-Remoting oder den Enterprise Services von Microsoft. Diese Protokolle erlauben dann nur einen Zugriff von Clients, die das gleiche Prokoll verstehen und verwenden, in diesem Fall also reine Microsoft-Produkte. Ähnliche Server gibt es dann zum Beispiel für CORBA oder andere RMI (Remote Method Invocation)-Dienste, wie bei den Java Enterprise Services.

Meist haben Application-Server Verbindung zu anderen Servern. Sinnvoll ist hier zum Beispiel die Anbindung an einen Fileserver und an einen Datenbankserver. Die Verwendung von Application-Servern ist eng verbunden mit dem Wunsch nach einer serviceorientierten Architektur in den Unternehmen. Erst durch die Verbindung von beiden erhalten beide ihre Daseinsberechtigung. Eine serviceorientierte Architektur zeichnet sich unter anderem dadurch aus, dass die Businesslogik eines Unternehmens in einzelnen Diensten abgebildet wird. Diese Dienste sind teils locker, teils eng miteinander verzahnt und liefern einem Anfrager entsprechende Daten zu Geschäftsabläufen. Untereinander sind diese Dienste durch einen Workflow miteinander verbunden, welcher die Businesslogik repräsentiert. Im Grunde ist dies bereits das Prinzip von SOA. Solche Dienste können nur sinnvoll auf Application-Servern untergebracht werden, womit dann schlussendlich beide ihre Bestimmung finden.

Meist beinhalten Application-Server, vor allem für Webservices, auch einen Webserver. Dadurch werden Webservices und SOA auch über das Internet oder in einem Intranet über HTTP verfügbar. Genau dieser Punkt hat den Webservices und damit eng verbunden der SOA einen Siegeszug sondersgleichen beschert. Ein guter Grund dafür ist zum Beispiel, dass einzelne Clients weder Daten noch Programme beinhalten müssen, um mit einer webbasierenden SOA-Lösung zu arbeiten. Ein einfacher Internetbrowser genügt bereits. Somit sind Mitarbeiter nicht mehr an einen starren Arbeitsplatz gebunden, um auf Daten zugreifen zu können, sondern können dies von jedem denkbaren Ort aus tun. Ebenso sind die Endgeräte zu einem reinen Werkzeug geworden, um eine (Internet-)Verbindung zu schaffen und Daten zu visualisieren. Eine browserbasierende SOA-Umgebung kann zum Beispiel von jedem Internet-fähigen Gerät abgerufen und verwendet werden. Einige kleine Beispiele hierzu: Mobiltelefone, Blackberrys, Mediastations mit Internetverbindung am heimatlichen Fernseher, Laptops an Hotspots, Palm-PCs mit UMTS und viele mehr.

Ein guter Grund für einen Application-Server ist auch, dass Anwendungen in Form von Diensten zentral gelagert und gepflegt werden können. Somit entfällt ein lästiges und fehleranfälliges Updaten der Clients. Die Clients benötigen keine spezielle Software mehr. Es kann individuell auf einzelne Clients, zum Beispiel Kunden, eingegangen werden, da die Arbeitsoberfläche auf vorhandenen Diensten basiert und nur das Benutzerinterface geändert werden muss. Theoretisch kann sogar der einzelne Endanwender sein eigenes Interface gestalten, solange er sich an die Vorgaben und Verträge des verwendeten Dienstes hält. Die Anwendung ist automatisch multiuserfähig. Einschränkungen und Rechte können einfach realisiert werden, da die Applikation im Ganzen zentralisiert ist.

Application-Server können außerdem über einfache Schnittstellen, zum Beispiel reines XML oder SOAP oder XML-RPC, an andere Applikationen oder Server angedockt werden und mit diesen kommunizieren. Der Client bemerkt von diesem Schritt in der Regel nichts. Es stehen auf einmal neue Funktionalitäten ohne Updates oder einen Eingriff beim Client zur Verfügung. Application-Server können auch in einzelnen Clustern organisiert werden und werden auf diese Art hochskalierbar. Ein Ressourcenengpass ist dann, bei entsprechenden Geldmitteln, recht unwahrscheinlich. Bei Verwendung von Application-Servern können auch einzelne SOA-Module auf andere, zum Beispiel neue Server ausgelagert werden, damit verbessert sich auf einfache Weise die Performance. Einzelne Application-Server können auch an verschiedene Datenbanksysteme oder Datenbankcluster angeschlossen werden, von denen sie Ihre Daten beziehen, diese kumulieren und gesammelt weiterleiten.

Application-Server können bei Bedarf auch ohne Betriebsausfall auf einen neuen Server migriert werden, welcher zum Beispiel ein Transaktionsmanagement beherrscht oder bessere Sicherheitsmechanismen, Load-Balancing oder dergleichen.

Ein weitere wichtiger Punkt bei SOAP ist, wie bereits erwähnt, WSDL.

5.6   WSDL und SOAP

WSDL ist eng verzahnt mit SOAP und bedeutet *Web Service Description Language*. Natürlich basiert WSDL auf XML. ;o)

WSDL ist eines von zwei Protokollen, auf denen Webservices basieren.

- SOAP
- WSDL

Da WSDL selbst ein ausgiebiges Betätigunsfeld verspricht, werde ich Ihnen auch hierüber noch ein eigenes Kapitel präsentieren. Aus diesem Grund gibt es in diesem Abschnitt wieder nur die wichtigsten Zusammenhänge und Grundlagen.

Wenn man die Funktionalität eines Dienstes nutzen möchte, der auf einem entfernten Server beheimatet ist, sollte man einiges über ihn wissen. Wenn wir uns zum Beispiel in die Lage der .NET-Laufzeitumgebung versetzen, genügt es uns nicht, nur zu wissen, wie eine Funktion heißt. Wir benötigen Informationen, welcher Art die Methode ist, die wir ausführen sollen, was für Übergabe- und Rückgabeparameter sie enthält, welche Typen erwartet werden und vieles mehr. Diese benötigten Informationen liefert uns WSDL. WSDL beschreibt, welche Struktur die Daten enthalten, mit denen wir arbeiten. Aus diesem Grund ist WSDL eine Metasprache.

> **Hinweis:**
> Eine Metasprache ist eine Beschreibung, über die eine andere Sprache, ein Objekt oder Sonstiges erklärt, beschrieben und definiert werden kann. Über die Metasprache oder über Metadaten werden Regeln für das zu beschreibende Ausgangskonstrukt festgelegt. Metadaten oder Metasprachen werden nicht nur in der Softwareentwicklung verwendet, sondern sind allgemein im wissenschaftlichen Bereich anzutreffen.

WSDL beschreibt hauptsächlich Operationen, die schlussendlich von anfragenden Endpunkten ausgeführt werden sollen. Hierzu gehört das Auflisten von Parametern und deren Typen, Rückgabeparametern und Typen sowie dem Methodenkonstrukt, eventuellen Schnittstellen und so weiter.

Über WSDL erfährt ein Client, welche Funktionen in einem Webservice verfügbar sind und wie diese aufgebaut sind. SOAP kann dann die im WSDL aufgeführten Konstrukte verwenden.

In unseren Beispielen haben wir bereits des Öfteren ein Tool namens *wsdl.exe* verwendet. Dieses Tool liest von einer Adresse ein WSDL-File ein und wandelt es in eine sogenannte Proxyklasse um. Diese Proxyklasse basiert natürlich auf den Informationen innerhalb des WSDL und bildet die Methoden und Datenstrukturen ab, welche zur Verwendung des Webservice nötig sind. Diese WSDL-Tools arbeiten sehr elegant und vollautomatisch. Sie vereinfachen uns den Zugriff auf Webservices enorm. WSDL-Umwandlungstools für Proxyklassen gibt es zum Beispiel für .NET und Java. Manchmal werden WSDL-Files auch über Assistenten eingelesen und ausgewertet. Zum Beispiel gibt es diese Funktionalität unter Netbeans und dem Microsoft Visual Studio.

Das Einbinden unter Java führt zu einem ähnlichen Resultat wie beim Erstellen von Proxyklassen über das Microsoft-WSDL-Tool. Sie erhalten später eigenständige Klassen, die über RMI entfernte Methoden aufrufen. Diese Klassen sind les- und änderbar. Das Microsoft Studio kann auch über einen Assistenten einen Verweis auf einen Webservice anlegen, arbeitet aber im Hintergrund natürlich ebenso mit den WSDL-Daten. Leider sieht man die angelegten Klassen nicht und kann sie nicht ändern. Ich persönlich bevorzuge immer das Anlegen von entsprechenden Proxyklassen, weil man über den Sourcecode eventuelle Fehler viel einfacher identifizieren und nachvollziehen kann.

WSDL-Nachrichten werden ebenso wie zum Beispiel SOAP-Envelopes in entsprechenden Patterns versendet. Diese Patterns definieren das Aussehen und die Struktur der Daten. Patterns werden auch als Design Patterns bezeichnet.

Da WSDL nur die syntaktischen Elemente eines Webservice definiert, gibt es Erweiterungen zu WSDL, wie zum Beispiel WSDL-S und WSLA. Diese liefern dann zusätzliche Informationen über einen Webservice wie erwartete Antwortzeit, sicherheitsrelevante Aspekte oder Ähnliches. Sie sehen also, ohne WSDL kommt ein Webservice über SOAP nicht zurecht. Schauen wir uns als Nächstes einmal an, wie Proxyklassen aufgebaut werden und was .NET aus einem WSDL macht.

5.7 Proxyklassen, WSDL und SOAP

Bei diesem Beispiel gehe ich von bestimmten Grundvoraussetzungen aus. Der Webservice selbst ist ein ganz einfaches *HelloWorld*. Erstellen Sie sich wie im Kapitel 2 beschrieben einen Webservice. Dieser beinhaltet automatisch eine Methode *HelloWorld*. Der Webservice selbst sollte wie folgt aussehen:

```
using System;
using System.Web;
using System.Web.Services;
using System.Web.Services.Protocols;

[WebService(Namespace = "http://tempuri.org/")]
[WebServiceBinding(ConformsTo = WsiProfiles.BasicProfile1_1)]
public class Service : System.Web.Services.WebService
{
    public Service () {

        //Auskommentierung der folgenden Zeile bei Verwendung von Designkomponenten
aufheben
        //InitializeComponent();
    }

    [WebMethod]
    public string HelloWorld() {
        return "Hello World";
    }

}
```

Sie sehen, der Webservice selbst verwendet hier drei wichtige Assemblies.

```
using System.Web;
using System.Web.Services;
using System.Web.Services.Protocols;
```

Diese Assemblies beinhalten die Klassen zur Webservicebereitstellung. Die eigentliche Webserviceklasse wurde abgeleitet von einer Urklasse namens *WebService*.

```
public class Service : System.Web.Services.WebService
```

Man kann auch auf andere Art einen Webservice erzeugen, die Vererbung der *WebService*-Klasse bietet aber verschiedene Vorteile, wie zum Beispiel den Zugriff auf den (http-) Kontext.

Wenn Sie zum Beispiel den Timestamp der aktuellen Anforderung anzeigen möchten, können Sie dies innerhalb des Webservice auf folgende Art tun.

```
return "Hello World "+Context.Timestamp.ToString() ;
```

Dies würde als Rückgabe Folgendes erzeugen:

```
<?xml version="1.0" encoding="utf-8" ?>
  <string xmlns="http://tempuri.org/">
       Hello World 09.01.2007 20:15:15
</string>
```

Die nach außen sichtbare Methode *HelloWorld* wird mit einem entsprechenden Attribut gekennzeichnet.

```
[WebMethod]
```

Was selten gemacht wird, aber auch sehr nützlich ist, ist die Konfiguration einer Methode über das *WebMethod*-Attribut.

Zum Beispiel können Sie bestimmen, ob die Antwort des Webservice gepuffert werden soll, bevor sie an den Client geschickt wird. Dies kann wertvolle Ressourcen und Zeit sparen. Außerdem werden natürlich bei großen Rückgaben eventuelle Aussetzer oder Übertragungsabbrüche reduziert.

Sie fügen die Eigenschaft auf einfache Weise innerhalb des Attributs hinzu.

VB:

```
<WebMethod(BufferResponse:=true)>
```

C#:

```
[WebMethod(BufferResponse=true)]
```

Über die Eigenschaft *CacheDuration* stellen Sie ein, wie lange Daten innerhalb des Caches gespeichert werden sollen. Das macht zum Beispiel Sinn, wenn Sie andauernd große und gleiche Datenmengen an verschiedene Clients verschicken.

Die Eigenschaft *Description* stellt einen kleinen Beschreibungstext bereit, welcher auf der Dienst-Hilfsseite angezeigt wird.

```
[WebMethod(Description = "Das ist die tolle HelloWorld Methode")]
```

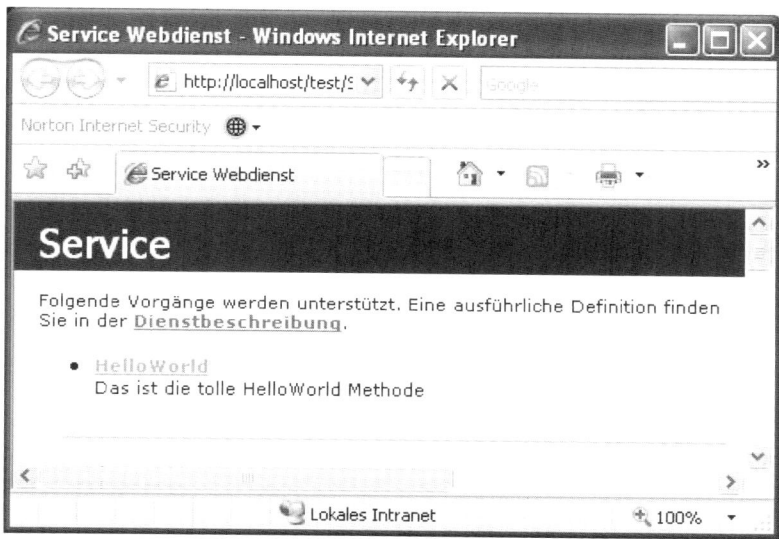

Bild 5.5: WebService Description

Die Eigenschaft *EnableSession* aktiviert den Sitzungszustand der aktuellen Session. Das bedeutet, die aktuelle Methode kann über die entsprechende Auflistung auf den aktuellen Sessionzustand zugreifen. Dies geschieht direkt über *Session*.

```
[System.Web.Services.WebMethod(EnableSession=true)]
public String Hello()
{
    Session["Aufrufe"] = (int) Session["Aufrufe"] + 1;
    return ("Hello");
}
[System.Web.Services.WebMethod(EnableSession=true)]
public int Aufrufe()
{
    return (int)Session["Aufrufe"];
}
```

Eine weitere Eigenschaft heißt *MessageName*. Diese Eigenschaft dient zur Unterscheidung anhand eines Aliases beim Überladen von Methoden. Bei der Verwendung werden SOAP-Nachrichten den Aliasnamen statt der wirklichen Methodennamen verwenden.

Die letzte Eigenschaft heißt *TransactionOption*. Sie aktiviert das Stammobjekt einer Transaktion, also jene Methode, die das Stammobjekt darstellen soll.

Wir haben also als Eigenschaften für das Attribut *WebMethod* die im Folgenden aufge-
listeten.

- BufferResponse

- CacheDuration

- Description

- EnableSession

- MessageName

- TransactionOption

Anhand dieses Webservice können Sie nun mit dem WSDL-Tool und folgendem Befehl
eine Proxyklasse erstellen.

```
wsdl http://localhost/test/Service.asmx?wsdl /o:hello.cs /l:cs
```

Beachten Sie hier bitte Ihre Pfadstruktur.

Das Ergebnis sieht dann etwa so aus:

```
using System.Diagnostics;
using System.Xml.Serialization;
using System;
using System.Web.Services.Protocols;
using System.ComponentModel;
using System.Web.Services;

[System.Diagnostics.DebuggerStepThroughAttribute()]
[System.ComponentModel.DesignerCategoryAttribute("code")]
[System.Web.Services.WebServiceBindingAttribute(Name="ServiceSoap",
Namespace="http://tempuri.org/")]
public class Service : System.Web.Services.Protocols.SoapHttpClientProtocol {

    /// <remarks/>
    public Service() {
        this.Url = "http://localhost/test/Service.asmx";
    }

    /// <remarks/>
    [System.Web.Services.Protocols.SoapDocumentMethodAttribute
("http://tempuri.org/HelloWorld", RequestNamespace="http://tempuri.org/",
ResponseNamespace="http://tempuri.org/",
Use=System.Web.Services.Description.SoapBindingUse.Literal,
ParameterStyle=System.Web.Services.Protocols.SoapParameterStyle.Wrapped)]
    public string HelloWorld() {
        object[] results = this.Invoke("HelloWorld", new object[0]);
        return ((string)(results[0]));
    }
```

```
    /// <remarks/>
    public System.IAsyncResult BeginHelloWorld(System.AsyncCallback callback, object
asyncState) {

        return this.BeginInvoke("HelloWorld", new object[0], callback, asyncState);
    }

    /// <remarks/>
    public string EndHelloWorld(System.IAsyncResult asyncResult) {
        object[] results = this.EndInvoke(asyncResult);
        return ((string)(results[0]));
    }
}
```

Das zugehörige WSDL sieht aus wie im folgenden Listing.

```
<?xml version="1.0" encoding="utf-8" ?>
- <wsdl:definitions xmlns:soap="http://schemas.xmlsoap.org/wsdl/soap/"
xmlns:tm="http://microsoft.com/wsdl/mime/textMatching/"
xmlns:soapenc="http://schemas.xmlsoap.org/soap/encoding/"
xmlns:mime="http://schemas.xmlsoap.org/wsdl/mime/" xmlns:tns="http://tempuri.org/"
xmlns:s="http://www.w3.org/2001/XMLSchema"
xmlns:soap12="http://schemas.xmlsoap.org/wsdl/soap12/"
xmlns:http="http://schemas.xmlsoap.org/wsdl/http/"
targetNamespace="http://tempuri.org/" xmlns:wsdl="http://schemas.xmlsoap.org/wsdl/">
- <wsdl:types>
- <s:schema elementFormDefault="qualified" targetNamespace="http://tempuri.org/">
- <s:element name="HelloWorld">
  <s:complexType />
  </s:element>
- <s:element name="HelloWorldResponse">
- <s:complexType>
- <s:sequence>
  <s:element minOccurs="0" maxOccurs="1" name="HelloWorldResult" type="s:string" />
  </s:sequence>
  </s:complexType>
  </s:element>
  </s:schema>
  </wsdl:types>
- <wsdl:message name="HelloWorldSoapIn">
  <wsdl:part name="parameters" element="tns:HelloWorld" />
  </wsdl:message>
- <wsdl:message name="HelloWorldSoapOut">
  <wsdl:part name="parameters" element="tns:HelloWorldResponse" />
  </wsdl:message>
- <wsdl:portType name="ServiceSoap">
- <wsdl:operation name="HelloWorld">
  <wsdl:input message="tns:HelloWorldSoapIn" />
  <wsdl:output message="tns:HelloWorldSoapOut" />
  </wsdl:operation>
```

```
      </wsdl:portType>
-   <wsdl:binding name="ServiceSoap" type="tns:ServiceSoap">
      <soap:binding transport="http://schemas.xmlsoap.org/soap/http" />
-     <wsdl:operation name="HelloWorld">
        <soap:operation soapAction="http://tempuri.org/HelloWorld" style="document" />
-       <wsdl:input>
          <soap:body use="literal" />
        </wsdl:input>
-       <wsdl:output>
          <soap:body use="literal" />
        </wsdl:output>
      </wsdl:operation>
    </wsdl:binding>
-   <wsdl:binding name="ServiceSoap12" type="tns:ServiceSoap">
      <soap12:binding transport="http://schemas.xmlsoap.org/soap/http" />
-     <wsdl:operation name="HelloWorld">
        <soap12:operation soapAction="http://tempuri.org/HelloWorld" style="document" />
-       <wsdl:input>
          <soap12:body use="literal" />
        </wsdl:input>
-       <wsdl:output>
          <soap12:body use="literal" />
        </wsdl:output>
      </wsdl:operation>
    </wsdl:binding>
-   <wsdl:service name="Service">
-     <wsdl:port name="ServiceSoap" binding="tns:ServiceSoap">
        <soap:address location="http://localhost/test/Service.asmx" />
      </wsdl:port>
-     <wsdl:port name="ServiceSoap12" binding="tns:ServiceSoap12">
        <soap12:address location="http://localhost/test/Service.asmx" />
      </wsdl:port>
    </wsdl:service>
  </wsdl:definitions>
```

In diesem WSDL findet das WSDL-Tool alles, was es benötigt, um eine entsprechende Proxyklasse aufzubauen. Auf die genauen Einzelheiten der WSDL-Datei werden wir noch im Kapitel WSDL eingehen. Momentan nur ein kleiner Abriss.

Zum Beispiel findet das WSDL-Tool hier die Definition der einzelnen, verwendeten Typen:

```
<wsdl:types>
  <s:schema elementFormDefault="qualified"
                            targetNamespace="http://tempuri.org/">
    <s:element name="HelloWorld">
      <s:complexType />
    </s:element>
http://localhost/test/Service.asmx?wsdl - #    <s:element
name="HelloWorldResponse">
http://localhost/test/Service.asmx?wsdl - #            <s:complexType>
http://localhost/test/Service.asmx?wsdl - #                <s:sequence>
```

```
                  <s:element minOccurs="0" maxOccurs="1"
                          name="HelloWorldResult" type="s:string" />
              </s:sequence>
            </s:complexType>
        </s:element>
      </s:schema>
  </wsdl:types>
```

Erinnern Sie sich noch an das Schema und seine einzelnen Elemente? Genau diese werden hier verwendet. Zum Beispiel die Rückgabe der Methode *HelloWorld*.

```
<s:element minOccurs="0" maxOccurs="1"
                       name="HelloWorldResult" type="s:string" />
```

Wir sehen hier, dass der Name *HelloWorldResult* ist und der Rückgabetyp ein String. Minimal darf er null Mal auftreten, maximal einmal. Das entspricht genau der Definition in der Proxyklasse:

```
public string HelloWorld() {
    object[] results = this.Invoke("HelloWorld", new object[0]);
    return ((string)(results[0]));
}
```

Jede der generierten Methoden enthält in der Proxyklasse drei Repräsentationen, da sie asynchron aufgerufen wird. Diese Struktur ist durch die im Hintergrund arbeitenden Klassen festgelegt.

Es gibt jeweils die eigentliche Methode, die von uns aufgerufen wird, und die *Begin-* und *End*-Methode, mit denen die Webserviceklassen im Hintergrund arbeiten.

```
public string HelloWorld() {}
public System.IAsyncResult BeginHelloWorld() {}
public string EndHelloWorld(System.IAsyncResult asyncResult) {}
```

Im folgenden Kapitel über WSDL werde ich Ihnen den Zusammenhang zwischen WSDL und der entstehenden Proxyklasse noch etwas genauer erklären. Für den Anfang und das grundlegende Verständnis von SOAP sollten die bisherigen Seiten genügen. Alles, was noch folgt, ist thematisch nicht im Kapitel zu SOAP, sondern besser im WSDL-Kapitel untergebracht. Aus diesem Grund verweise ich hier auf das Folgekapitel.

Da wir die Kommunikation über SOAP nun ausgiebig kennengelernt haben, sollten wir uns auch noch zumindest ein weiteres Protokoll betrachten.

5.8   Alternativen zu SOAP

Natürlich gibt es zu jedem bestehenden Protokoll oder zu jeder bestehenden Verfahrensweise Alternativen. Und das ist auch ganz gut so. Konkurrenz fördert und belebt ein Produkt. Bei Webservices sieht es allerdings momentan nicht so aus, als ob eines der anderen Protokolle SOAP den Rang ablaufen könnte. Man hat als ernstzunehmende Alternativen nur XML-RPC und REST. Selbstverständlich gibt es auch CORBA oder

DCOM, diese Arten des Remote Procedure Call basieren aber auf anderen Gegebenheiten, deshalb möchte ich sie nicht mit SOAP vergleichen. Warum benötigt man überhaupt ein anderes Protokoll als SOAP? SOAP ist ein mächtiges Protokoll, mit dem man sehr leistungsfähige Anwendungen erstellen kann. Manchmal benötigt man aber das ganze (und umständliche) Drumherum nicht, sondern möchte einfach einen kleinen Remote-Call starten. Hier kommen dann andere Protokolle ins Spiel, wie zum Beispiel XML-RPC.

Man kann XML-RPC durchaus als Alternative zu SOAP betrachten. Beide ermöglichen den Aufruf von entfernten Methoden. Teilweise ist XML-RPC aber eindeutig die bessere Wahl. Im Gegensatz zu SOAP wurde XML-RPC rein dazu entwickelt, entfernte Methoden aufzurufen. SOAP ist nicht speziell an ein Übertragungsprotokoll gebunden. XML-RPC dagegen benutzt nur HTTP. XML-RPC ist eindeutig schneller als SOAP, da das Protokoll an sich viel einfacher ist und mit weniger Ballast auskommt. Genau dadurch wird XML-RPC einfacher erlern- und nutzbar.

Anhand dieser Unterschiede dürften Sie bereits erkannt haben, dass XML-RPC ein einfaches, schlankes Protokoll ist. Nichtsdestotrotz kann es außerordentlich zweckdienlich sein, wenn man auf die Schnelle eine entfernte Methode verwenden möchte. Natürlich muss der Server, auf dem der angeforderte Dienst bereitgestellt wird, auch XML-RPC unterstützen. Wenn Sie ein schnelles und einfaches Protokoll suchen, ist XML-RPC genau die richtige Wahl. Damit man XML-RPC als Dienst verwenden kann, ist übrigens nicht unbedingt ein Application-Server nötig, aber das werden wir uns gleich noch genauer anschauen.

Ein großer Nachteil beim XML-RPC ist die Tatsache, dass alles von Hand geschieht. Es gab bis vor Kurzem keine Tools, die automatisiert Proxyklassen erstellen, weil es keine Schnittstellenbeschreibungen wie WSDL unter SOAP gab! Dadurch wird auch dem Serialisieren und Deserialisieren gewisse Grenzen gesetzt. Damit Sie sehen, was ich meine, werden wir als Nächstes ein wenig mit XML-RPC experimentieren.

Im Folgenden beziehe ich mich auf die XML-RPC-Implementierung für .NET, genannt *XML-RPC.NET*, welche Sie auf dieser Seite finden:

```
http://www.xml-rpc.net/
```

Entpacken Sie das Archiv in ein Verzeichnis. Innerhalb des Verzeichnisses werden Sie eine wichtige Assembly finden:

```
CookComputing.XmlRpcV2.dll
```

Diese Assembly verwenden Sie, wenn Sie .NET 2.0 verwenden, benutzen Sie ansonsten folgende Assembly:

```
CookComputing.XmlRpc.dll
```

Zuerst benötigen wir einen XML-RPC Server, welchen wir uns selbst zusammenbauen. Dieser Server kommuniziert später über HTTP und einen Port mit dem Client.

5.9   XML-RPC-Server

Listing: cd:\Sourcen\05 SOAP\XML-RPC-Server

Dieses Beispiel erzeugt einen XML-RPC-Server, der auf Clientanfragen reagiert und über XML-RPC eine Remote Method Invocation erlaubt.

Benötigte Namespaces

Standard-Assemblies und
System.Collection.Generic,CookComputing.XmlRpc, System.Runtime.Remoting,
System.Remoting.Channels, System.Remoting.Channels.Http

Sourcecode Serverklasse server.cs

```
using System;
using System.Collections.Generic;
using System.Text;

using CookComputing.XmlRpc;
using System.Runtime.Remoting;
using System.Runtime.Remoting.Channels;
using System.Runtime.Remoting.Channels.Http;

namespace XML_RPC_Server
{
    class server:MarshalByRefObject, IHello
    {
        [XmlRpcMethod]
        public string Hello(int index)
        {
            if (index == 1)
            { return "Hello in english"; }
            else
            { return "Hallo in Deutsch"; }
        }
    }
}
```

Sourcecode Interface IHello.cs

```
using System;
using System.Collections.Generic;
using System.Text;
using CookComputing.XmlRpc;
namespace XML_RPC_Server
{
    public interface IHello
    {
        [XmlRpcMethod]
        string Hello(int index);
    }
}
```

Sourcecode Formular Form1.cs

```csharp
using System;
using System.Collections.Generic;
using System.ComponentModel;
using System.Data;
using System.Drawing;
using System.Text;
using System.Windows.Forms;

using CookComputing.XmlRpc;
using System.Runtime.Remoting;
using System.Runtime.Remoting.Channels;
using System.Runtime.Remoting.Channels.Http;
using System.Collections;

namespace XML_RPC_Server
{
    public partial class Form1 : Form
    {
        public Form1()
        {
            InitializeComponent();
        }

        private void Form1_Load(object sender, EventArgs e)
        {
            IDictionary props = new Hashtable();
            props["name"] = "MyHttpChannel";
            props["port"] = 5678;
            HttpChannel channel = new HttpChannel(
                props,
                null,
                new XmlRpcServerFormatterSinkProvider()
            );
            ChannelServices.RegisterChannel(channel, false);

            RemotingConfiguration.RegisterWellKnownServiceType(
                typeof(server),
                "server.rem",
                WellKnownObjectMode.Singleton);
        }
    }
}
```

Beschreibung

Als Erstes sollten wir die Verwendung des Interface *IHello* besprechen. Dieses Interface dient dazu, die Struktur unseres Dienstes abzubilden. Eine Klasse unter .NET (und unter Java) kann nur von einer Basisklasse abgeleitet werden, es kann aber beliebig viele Interfaces beinhalten. Diese Interfaces definieren eine Struktur, die innerhalb der erbenden Klasse realisiert werden muss. Wir machen uns zunutze, dass man über die Interfacestruktur auf die definierten Methoden zugreifen kann. Sie werden gleich sehen, was ich meine.

Innerhalb des Interface definieren wir die Methode *Hello* mit dem Attribut *XmlRpcMethod*.

```
[XmlRpcMethod]
string Hello(int index);
```

Dies hat in etwa den gleichen Effekt, wie wenn wir in einem SOAP-Webservice das Attribut *WebMethod* verwenden.

Durch Verwendung dieses Interface in einer Klasse sind wir gezwungen, die definierten Methoden zu implementieren. Gleichzeitig können wir abstrakt auf diese Methode zugreifen. Abstrakt deshalb, weil wir im Grunde nur den Aufruf, den Parameter und die Rückgabe kennen. Diejenige Klasse, die uns das Ergebnis unserer Anfrage liefert, implementiert ebenso die Schnittstelle, ist aber absolut frei in der Gestaltung der eigentlichen Methode selbst. Sie sehen dies im Listing der Serverklasse.

```
[XmlRpcMethod]
public string Hello(int index)
```

Diese Serverklasse erbt von der Basisklasse *MarshalByRefObject* und implementiert das Interface *IHello*.

```
class server:MarshalByRefObject, IHello
```

Die Klasse *MarshalByRefObject* aktiviert in Programmen mit Remotingunterstützung den Zugriff auf Objekte über die Grenzen von Anwendungsdomänen hinaus.

Die aus dem Interface implementierte Methode *Hello* gibt anhand eines Indexes, der als Parameter übergeben wird, einen Text aus. Der Text ist abhängig vom Index, entweder in Deutsch oder Englisch.

```
if (index == 1)
{ return "Hello in english"; }
else
{ return "Hallo in Deutsch"; }
```

Der wichtigste Teil, nämlich der eigentliche Serverabschnitt, befindet sich im Formular *Form1*.

Wir erstellen ein Property-Objekt, mit welchem wir später einige Parameter übergeben werden.

```
IDictionary props = new Hashtable();
props["name"] = "MyHttpChannel";
props["port"] = 5678;
```

Zur Kommunikation benötigen wir einen HTTP-Channel, den wir mit den gerade erstellten Parametern instanziieren.

```
HttpChannel channel = new HttpChannel(
    props,
    null,
    new XmlRpcServerFormatterSinkProvider()
);
```

Danach können wir den Channel registrieren.

```
ChannelServices.RegisterChannel(channel, false);
```

Jetzt haben wir bereits einen eigenen Port und einen Kanal, auf dem wir mit Clients kommunizieren können. Was noch fehlt ist ein entsprechender Service, der auf diesem Kanal verfügbar ist. Diesen registrieren wir auf folgende Art:

```
RemotingConfiguration.RegisterWellKnownServiceType(
    typeof(server),
    "server.rem",
    WellKnownObjectMode.Singleton);
```

Als ersten Parameter geben wir die Art an, wie unser Service sein soll.

```
typeof(server),
```

Danach den Namen, auf den unser Service »hören« soll.

```
"server.rem",
```

Zu guter Letzt geben wir an, dass der Service ein Singleton-Objekt ist. Das bedeutet im Grunde, der Service wird einmal initialisiert und jeder, der darauf zugreift, greift auf das gleiche Objekt zu. Ein Singleton-Objekt ist im Grunde einer globalen Variablen ähnlich. Die öffentlichen Daten eines Singleton-Objekts können von außerhalb geändert werden und alle Clients, die dieses Objekt instanziiert haben, haben sofort Zugriff auf diese Änderungen.

Damit haben wir unseren Server fertiggestellt. Er wartet nun darauf, von einem Client über den definierten Port angesprochen zu werden. Schauen wir uns also als Nächstes den Client an.

5.10   XML-RPC-Client

Listing: cd:\Sourcen\05 SOAP\XML-RPC-Client

Dieses Beispiel erzeugt einen XML-RPC-Client, der über XML-RPC eine Remote Method Invocation auf einem Server durchführt.

Benötigte Namespaces

Standard-Assemblies und
System.Collection.Generic, CookComputing.XmlRpc, System.Runtime.Remoting,
System.Remoting.Channels, System.Remoting.Channels.Http

Sourcecode Interface IHello.cs

```
using System;
using System.Collections.Generic;
using System.Text;
using CookComputing.XmlRpc;

namespace XML_RPC_Client
{
    public interface IHello
    {
        [XmlRpcMethod]
        string Hello(int index);
    }
};
```

Beschreibung

Sie sehen auch hier unser Interface für die Implementation unserer Methode. Eine
Erklärung erübrigt sich, würde ich sagen.

Sourcecode Formular Form1.cs

```
using System.ComponentModel;
using System.Data;
using System.Drawing;
using System.Text;
using System.Windows.Forms;

using CookComputing.XmlRpc;
using System.Runtime.Remoting;
using System.Runtime.Remoting.Channels;
using System.Runtime.Remoting.Channels.Http;
using System.Collections;

namespace XML_RPC_Client
{
    public partial class Form1 : Form
    {
        HttpChannel chnl;
        IHello svr;

        public Form1()
        {
            InitializeComponent();
```

```
        chnl = new HttpChannel
            (null, new XmlRpcClientFormatterSinkProvider(), null);
        ChannelServices.RegisterChannel(chnl, false);

        svr = (IHello)Activator.GetObject(
        typeof(IHello), "http://localhost:5678/server.rem");
    }

    private void button1_Click(object sender, EventArgs e)
    {
        try
        {
            string ret = svr.Hello(2);
            MessageBox.Show(ret);
        }
        catch (XmlRpcFaultException fex)
        {
            MessageBox.Show(fex.Message);
        }
    }

    private void button2_Click(object sender, EventArgs e)
    {
        try
        {
            string ret = svr.Hello(1);
            MessageBox.Show(ret);
        }
        catch (XmlRpcFaultException fex)
        {
            MessageBox.Show(fex.Message);
        }
    }
  }
}
```

Beschreibung

Sie sehen gleich am Anfang die Definition unseres Nachrichten-Channels.

```
HttpChannel chnl;
```

Zum Zugriff auf unsere Methode benötigen wir ein Objekt, welches die Schnittstelle *IHello* implementiert. Aus diesem Grund legen wir ein Objekt von diesem Typ an:

```
IHello svr;
```

Nach dem Initialisieren der einzelnen Komponenten, die sich auf unserem Formular befinden, erstellen wir einen HTTP-Channel.

```
chnl = new HttpChannel
    (null, new XmlRpcClientFormatterSinkProvider(), null);
ChannelServices.RegisterChannel(chnl, false);
```

Damit unser Objekt vom Typ *IHello* einen Inhalt bekommt, muss es über einen Activator gefüllt werden. Dies kann zum Beispiel, wie in unserem Beispiel, über HTTP erfolgen. In diesem Fall natürlich über unseren Channel.

```
svr = (IHello)Activator.GetObject(
typeof(IHello), "http://localhost:5678/server.rem");
```

Wenn wir nun auf einen der Buttons klicken, können wir über unser Schnittstellen-Objekt typisiert auf einzelne Methoden zugreifen.

```
string ret = svr.Hello(2);
```

Die Kommunikation zwischen Server und Client läuft über Remoting und XML-RPC. Fertig ist der XML-RPC-Service.

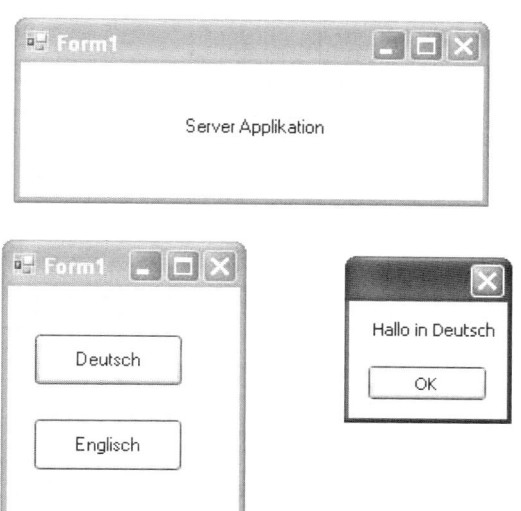

Bild 5.6: XML-RPC-Server und -Client im Dialog

Den gleichen Service kann man nun auch von Java aus ansprechen, dazu verwenden wir im nächsten Beispiel die Apache-XML-RPC-Bibliothek.

Sie erhalten diese Bibliothek entweder von der CD zum Buch oder aber hier:

```
http://ws.apache.org/xmlrpc/
```

Da Java selbst kein XML-RPC beinhaltet, weichen wir ausnahmsweise einmal auf eine externe Bibliothek aus.

Wenn Sie das Archiv entpackt haben und das Java-Beispiel ausprobieren, kann es sein, dass Sie die Bibliothek noch einmal von Hand einbinden müssen. Starten Sie hierzu Netbeans und laden Sie den Sourcecode.

Klicken Sie nun im Projektbaum mit der rechten Maustaste auf *Libraries*. Wählen Sie *Add Jar/Folder*. Suchen Sie nun im Verzeichnis mit der entpackten XML-RPC-Library folgende Files und wählen Sie diese aus:

- xmlrpc-client-3.0.jar

- xmlrpc-common-3.0.jar

- ws-common-util-1.0.1.jar

Lassen Sie uns nun den Sourcecode des Java-Clients für XML-RPC anschauen.

5.11 Java-Client für eine XML-RPC-Abfrage

Java-Client, um auf den .NET-XML-RPC-Dienst zuzugreifen

Dieses Beispiel greift auf den gleichen .NET-XML-RPC-Dienst zu wie zuvor der .NET-XML-RPC-Client. Die Java-Version ist 6, die IDE Netbeans (5.5).

Listing: cd:\Sourcen\05 SOAP\Java\XML-RPC-Client

Benötigte Klassen

java.net.*
org.apache.xmlrpc.client.XmlRpcClient
org.apache.xmlrpc.client.XmlRpcClientConfigImpl

Sourcecode

```
package xmlrpcclient;
import org.apache.xmlrpc.client.XmlRpcClient;
import org.apache.xmlrpc.client.XmlRpcClientConfigImpl;
import java.net.*;

public class Main
{
    public Main() { }

    public static void main(String[] args)
    {
        XmlRpcClientConfigImpl config = new XmlRpcClientConfigImpl();
        try
        {
            config.setServerURL(
                    new URL("http://localhost:5678/server.rem"));
```

```
        XmlRpcClient client = new XmlRpcClient();
        client.setConfig(config);
        Object[] params = new Object[]{new Integer (2)};
        String result = (String) client.execute("Hello", params);
        System.out.println("Antwort: "+result);
    } catch (Exception ex)
    { System.out.println("Fehler: "+ex.getMessage()); }
    }
}
```

Beschreibung

Man sieht auf den ersten Blick, dass unter Java ein Aufruf über XML-RPC noch viel einfacher ist als über .NET. Um den Server anzusprechen, erstellen wir als Erstes über die HTTP-Adresse unseres Dienstes eine Konfigurationsinstanz:

```
XmlRpcClientConfigImpl config = new XmlRpcClientConfigImpl();
try
{
    config.setServerURL(
            new URL("http://localhost:5678/server.rem"));
```

Jetzt benötigen wir einen XML-RPC-Client, der unsere Methode beinhalten kann, diesen erzeugen wir einfach über die Klasse *XmlRpcClient*.

```
        XmlRpcClient client = new XmlRpcClient();
```

Wir weisen ihm unsere Konfiguration und damit den Dienst-Endpunkt zu.

```
        client.setConfig(config);
```

Um Parameter an einen Apache-XML-RPC-Dienst zu übergeben, verwendet man Objekt-Arrays. Wir erzeugen also ein solches Objekt-Array und füllen es mit einem Integer, dem wir einen Wert mitgeben.

```
        Object[] params = new Object[]{new Integer (2)};
```

Nun können wir unseren Dienst aufrufen.

```
        String result = (String) client.execute("Hello", params);
```

Die Methode *execute* unseres *XmlRpcClient* reicht die Parameter durch und gibt uns ein Objekt zurück.

Da wir wissen, dass ein String zurückkommt, casten wir die Rückgabe explizit in einen String.

```
        String result = (String) client.execute("Hello", params);
```

Der erste Parameter der *execute*-Methode benennt die aufzurufende Methode, der zweite Parameter ist natürlich unser Parameter-Objekt.

Wenn alles gut geht, der Server läuft und uns kein anderer Fehler unterlaufen ist, sollten wir etwa folgende Ausgabe erhalten:

```
init:
deps-jar:
Compiling 1 source file to D:\BBB .NET goes Webservices\Sourcen\06 SOAP\Java\XML-RPC-
Client\build\classes
compile:
run:
Antwort: Hallo in Deutsch
BUILD SUCCESSFUL (total time: 0 seconds)
```

Ich denke, der Unterschied zwischen SOAP und XML-RPC ist auf den vorigen Seiten deutlich zutage getreten. Eine weitere Alternative zu diesen beiden ist REST.

5.12   REST

REST bedeutet *Representational State Transfer* und ist ein Architekturkonzept von Thomas Roy Fielding. REST greift ein ganz anderes Konzept auf als SOAP oder XML-RPC. Während sowohl SOAP als auch XML-RPC streng definierten Regeln folgen, weist REST nichts dergleichen auf. REST definiert nur, wie Webservices und Dienste funktionieren sollten. Deshalb wird REST auch als Architekturmodell und nicht als Protokoll bezeichnet. Prinzipiell beschreibt REST das Vorgehen bei großen verteilten Anwendungen und ist daher eigentlich das Grundprinzip des World Wide Web. Man könnte sich also an diesem Modell orientieren, wenn man eine dienstorientierte Architektur auf Basis anderer Dienste als Webservices entwickeln wollte.

Spätestens jetzt sind wir wieder an dem Punkt angelangt, den ich ganz am Anfang des Buchs angesprochen habe. SOA, also serviceorientierte Architekturen, bestehen auf der technischen Seite nicht nur aus Webservices, sondern können beliebige andere Dienste auf Grundlage beliebiger Sprachen oder Protokolle beinhalten. Aus diesem Grund passt REST hervorragend in das Konzept dieses Buchs. Wenn Sie nach dem REST-Modell dienstorientierte Anwendungen erstellen, richten Sie sich nach einem Schema, verwenden aber keine speziellen Schnittstellen, DesignPatterns, APIs oder Frameworks.

REST ist kein abgesegneter Standard. Es verwendet aber andere Standards und bleibt dadurch konform zu bestehenden Techniken. Zum Beispiel verwendet REST folgende Techniken:

- HTTP
- Eindeutige URL-Kodierung von Anfrage und Antwortpunkten
- XML
- HTML
- Mime Types

REST basiert auf Anfragen und Antworten über zustandslose Client/Server-Protokolle. Das bedeutet, dass weder Server noch Client zwischen den Nachrichten Daten zwischenspeichern müssen. Das macht zum Beispiel HTTP, wenn man Cookies etc. außer Acht lässt. Prinzipiell ist eine Zwischenspeicherung von Daten auch vollkommen unnötig, da sowohl Anfrager als auch Antworter jeweils komplette Nachrichtenpakete versenden, die alle Daten enthalten. Protokolle, welche zum Beispiel ein URL-Rewriting verwenden, sind nicht REST-konform, weil die URL nicht eindeutig ist. Dies ist eine der Grundlagen von REST, die Eindeutigkeit der URL.

Hinweis:
Beim URL Rewriting wird dem Anwender eine andere URL vorgegaukelt, als später tatsächlich aufgerufen wird. Dies wird zum Beispiel getan, um geschönte Links präsentieren zu können. Das Umwandeln geschieht durch entsprechende Parser, welche auf die jeweilig umzusetzende URL konfiguriert werden. Zum Beispiel kann man unter Java bei Servlets auf bestimmte URL-Patterns reagieren, diese »abfangen« und anschließend umleiten.

Eine weitere Grundlage von REST ist die Anwendung von Mechanismen wie PUT, POST und GET. Wenn Sie an der kompletten Definition des REST-Modells interessiert sind, können Sie sich auf folgender Seite die Dissertation des Erfinders anschauen:

```
http://www.ics.uci.edu/~fielding/pubs/dissertation/top.htm
```

Wollten wir also einen REST-konformen Webservice aufbauen, könnten wir das tun, indem wir in etwa so vorgehen wie in Kapitel 2 beschrieben.

Lassen Sie mich Ihnen anhand eines kleinen Beispiels das Prinzip von REST verdeutlichen.

Wir benötigen für unseren Service ein REST-konformes Protokoll. Wir entscheiden uns an dieser Stelle für eine Übertragung per GET. Wir möchten anhand eines PHP-Skripts, welches unseren Dienst repräsentiert, auf eine Anforderung reagieren.

Das PHP-Skript empfängt über HTTP eine (GET)-Anfrage und reagiert je nach Anfrage mit der Rückgabe einer XML-Antwort. Das PHP-Skript sieht somit folgendermaßen aus.

```php
<script language="PHP">
   $ID = $_GET['ID'];
   if ($ID == 1)
      {
         echo "<?xml version='1.0' encoding='UTF-8'?>\n";
         echo "<root>\n";
         echo "   <result type='string'>\n";
         echo "      Deutsche Version\n";
         echo "   </result>\n";
         echo "</root>\n";
      } else
```

```
    {
        echo "<?xml version='1.0' encoding='UTF-8'?>\n";
        echo "<root>\n";
        echo "    <result type='string'>\n";
        echo "        english version\n";
        echo "    </result>\n";
        echo "</root>\n";
    }
</script>
```

Nun benötigen wir noch einen Client, welcher die Anfrage abschicken und die Rückgabe empfangen kann. Dazu benötigen wir einen Verbindungsaufbau per HTTP/HTML über eine definierte URL. Die Anfrage muss per GET erfolgen, die Rückgabe erfolgt auch wieder über HTTP im XML-Format.

5.13   REST-Client

Listing: cd:\Sourcen\05 SOAP\REST-Client

Dieses Beispiel erzeugt einen REST-konformen Client unter Visual Basic, der über GET die XML-Daten eines Service abfragt.

Benötigte Namespaces

Standard Assemblies und *System.IO, System.NET*

Sourcecode

```
Imports System.IO
imports System.Net

Public Class Form1

    Private Sub Button1_Click() Handles Button1.Click
        Dim url As String = TextBox1.Text
        Dim req As WebRequest = WebRequest.Create(url)

        Dim response As HttpWebResponse = CType(req.GetResponse(), _
                                        HttpWebResponse)
        Dim dataStream As Stream = response.GetResponseStream()
        Dim reader As New StreamReader(dataStream)
        Dim result As String = reader.ReadToEnd()

        reader.Close()
        dataStream.Close()
        response.Close()
        TextBox2.Text = result
    End Sub
End Class
```

Beschreibung

Sie sehen, wenn wir REST-konform bleiben möchten, haben wir es im Grunde sehr einfach. Wir benutzen einfach nichts, was uns nicht bekannt vorkommt... ;o)

In diesem Beispiel verwenden wir einen Visual Basic-Client, der über einen *Webrequest* und eine fest definierte URL den PHP-Dienst abfragt. Dazu definieren wir am Anfang des Listings einen URL-String.

```
Dim url As String = TextBox1.Text
```

Dieser String erhält sofort den Inhalt des Textfeldes im Formular. Als Nächstes erzeugen wir aus der URL den *Webrequest.*

```
Dim req As WebRequest = WebRequest.Create(url)
```

Für die Rückgabe benötigen wir ein *Response*-Objekt, über das wir dann unsere Daten empfangen.

```
Dim response As HttpWebResponse = CType(req.GetResponse(), _
                                        HttpWebResponse)
```

Über einen *Stream* und einen *Streamreader* füllen wir unseren Ergebnisstring.

```
Dim dataStream As Stream = response.GetResponseStream()
Dim reader As New StreamReader(dataStream)
Dim result As String = reader.ReadToEnd()
```

Den Inhalt dieses Strings könnten wir nun in ein XML-Dokument laden, weiterverarbeiten oder aber, wie im Beispiel, einfach nur anzeigen.

```
TextBox2.Text = result
```

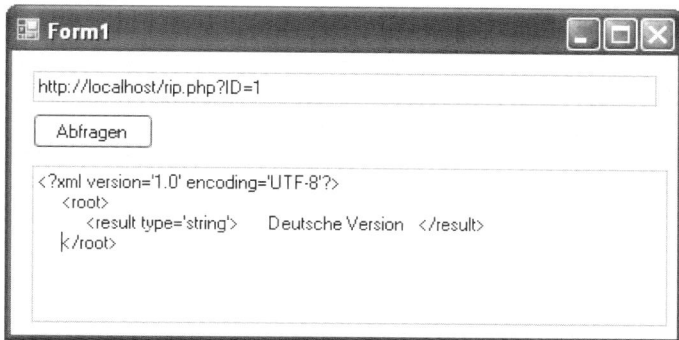

Bild 5.7: REST-Service mit HTTP/HTML und einem GET-Request

Wir sehen also, dass zum Beispiel PHP-Skripts, Servlets, CGI, ja sogar Bilder oder einfach Webseiten REST-konform aufgerufen und die Rückgabe entsprechend verarbeitet werden kann. Das Ganze ähnelt dann natürlich weniger einem Webservice als eher einer Webanwendung. Interessanterweise geht aber der Trend anscheinend genau in diese Richtung. Bei mehreren Entwicklungsumgebungen sieht man bereits Assistenten für sogenannte Web-Projects. Offensichtlich findet zukünftig eine gewisse Verschmelzung der einzelnen Technologien statt.

Unter REST werden die Dienste auch als Ressourcen bezeichnet. Das ist auch treffender, da ja zum Beispiel Bilder eigentlich keine Dienste sind. Konform zum REST-Modell sollten diese Ressourcen nicht direkt veränderbar sein. Der Zugriff erfolgt rein über die URL, die der Ressource zugewiesen ist.

Ein weiterer wichtiger Begriff unter REST sind die Repräsentationen. Eine Übertragung von Endpunkt zu Endpunkt stellt unter REST die Repräsentation einer Ressource dar. Ausgehend von der einfachsten (und größten) verteilten Anwendung, dem World Wide Web, kann von einer Repräsentation zu einer neuen Repräsentation verwiesen werden. Diesen Repräsentationen, oder im WWW den Links, kann der Client folgen. Deshalb der Name: Representational State Transfer.

Sowohl die Ressourcen als auch die Repräsentationen sind Datenelemente. Die Konnektoren wie Start und Endstellen der Kommunikation, Resolver, Caches etc. werden auch als Connectors (Konnektoren) oder Verbindungsstellen bezeichnet. Als Komponenten (Components) bezeichnet man unter REST zum Beispiel Ursprungsserver, Proxies oder Gateways.

Wenn in Verbindung mit REST von Methoden gesprochen wird, meint man die Methoden POST, GET, PUT und DELETE.

Die Übertragung von Daten wird unter REST von Messages oder Nachrichten übernommen. Ähnlich wie bei SOAP die Envelopes transportieren diese Nachrichten die Daten vom Antwortenden zum Anfragenden, und umgekehrt. Im Gegensatz zu SOAP sind diese Nachrichten aber selbstbeschreibend. Innerhalb der Nachricht muss alles vorhanden sein, damit diese Nachrichten von den Endpunkten jeweils richtig verarbeitet werden können.

Sowohl Server als auch Client wissen im Normalfall nichts vom Status des jeweils anderen, sie kennen nur den eigenen Status.

Genauso wie bei SOAP oder XML-RPC können REST-Messages über HTTP übertragen werden. Das hat natürlich den Vorteil, dass der Kommunikation zwischen Server und Client keine Firewall, Proxies oder Sonstiges im Wege stehen. Ebenso wie bei SOAP oder XML-RPC ist eine Skalierung der bestehenden Anwendungen auf einfache Art gegeben. Nachteilig ist bei REST natürlich auf jeden Fall jede zeitkritische Anwendung. Genauso wenig brauchbar ist das Modell bei einer Kommunikation zwischen datenliefernden Servern und deren verteilenden Anfragern, zum Beispiel Datenbankserver und Application-Server. Natürlich gibt es keine Unterstützung durch Frameworks oder APIs, um unter REST zum Beispiel eine Serialisierung oder Deserialisierung zu verwirklichen. Der Entwickler ist hier vollkommen auf sein eigenes Können angewiesen. Der große Vorteil von REST liegt in seiner Einfachheit und dem Verwenden von bestehenden Techniken.

Im nächsten Kapitel erfahren Sie wie versprochen mehr über WSDL und den Zusammenhang mit SOAP.

6 WSDL

Sie haben in den vorigen Kapiteln bereits einen kleinen Überblick über das Thema WSDL erhalten, in diesem Kapitel werden wir dieses Wissen noch etwas vertiefen. Ich werde auf den folgenden Seiten noch einmal kurz wiederholen und zusammenfassen, was bisher auf verschiedenen Seiten in verschiedenen Kapiteln gesagt wurde.

WSDL ist eng verbunden mit Webservices und heißt *Web Service Description Language*. WSDL basiert auf der XML-Spezifikation und ist eine Metasprache. Zur Erinnerung: Metasprachen sind beschreibende Sprachen, mit denen andere Sprachen, Protokolle, Objekte oder Sonstiges erklärt, beschrieben und definiert werden können. WSDL und SOAP sind die beiden wichtigsten Protokolle, die einen Webservice ausmachen. Im Gegensatz zum Beispiel zu REST sind SOAP-Nachrichten nicht selbstbeschreibend. Somit benötigt man eine zusätzliche Informationsquelle, welche beschreibt, wie Methoden, Parameter, Rückgaben etc. aufgebaut sind und welchen Typen diese entsprechen. Genau diese Aufgabe übernimmt WSDL. Meist erstellen entsprechende Tools aus diesen Beschreibungen sogenannte Proxyklassen, welche dann von Entwicklern verwendet werden können. Ein solches Tool für Java finden Sie zum Beispiel hier:

```
http://ws.apache.org/axis/java/user-guide.html
```

Ein anderes Hilfsprogramm zur Erstellung von Proxyklassen für .NET ist das von Microsoft mitgelieferte *wsdl.exe*. Die generierten Proxyklassen haben Sie bereits mehrfach gesehen, deshalb verzichte ich darauf, Ihnen noch ein solches Listing zu präsentieren. WSDL-Files werden in der Regel automatisch von einem Webservice an den Aufrufer zurückgegeben, wenn man hinter den jeweiligen Webserviceaufruf ein *?WSDL* hängt. Sie sehen dies zum Beispiel im Kapitel 2, wo Sie auf den ersten Seiten folgende Zeile finden:

```
http://www.nanonull.com/timeservice/timeservice.asmx?WSDL
```

Zwischenzeitlich liefert praktisch jeder Webservice die richtige Antwort auf diese Anfrage. Es kann aber auch durchaus sein, dass Sie eine Datei mit dem beschreibenden WSDL-Inhalt per Mail oder auf einem Datenträger erhalten – meist dann, wenn der Webservice nicht für jeden öffentlich zugänglich sein soll. In diesem Fall geben Sie bei der Generierung der Proxyklassen anstatt der Web-URI einfach den Dateinamen mit vorangestelltem Pfad an. Webservices unter .NET können auch per Webverweis angelegt werden und müssen nicht über Proxyklassen abgehandelt werden. Hierzu binden Sie den entsprechenden Webservice einfach als Webverweis in Ihr Projekt ein. Im Hintergrund passiert danach praktisch das Gleiche wie in der Proxyklasse, Sie sehen nur die entsprechenden Methoden nicht ohne Weiteres.

Der Weg über die Proxyklassen ist für einen Entwickler aber bei Weitem übersichtlicher und würde von mir persönlich in jedem Fall bevorzugt werden. Über Proxyklassen ist es einfacher, eventuelle Fehler zu identifizieren, nachzuvollziehen und zu analysieren. WSDL-Informationen werden ebenso wie SOAP in Nachrichten verpackt, die dann an den Anfragenden versendet werden. Das Format dieser Nachrichten entspricht sogenannten Patterns oder Design Patterns. WSDL selbst definiert allerdings nur die syntaktischen Elemente eines Webservice. Wenn Sie tiefergehende Informationen benötigen, wie zum Beispiel die erwartete Antwortzeit oder Parameter über sicherheitsrelevante Aktionen, benötigen Sie Erweiterungen zu WSDL. Für solche Informationen gibt es WSDL-S (*Web Service Semantics*) und WSLA (*Web Service Level Agreement*). Diese Protokolle liefern dann erweiterte Informationen zu einem bestimmten Webservice. Die Unterstützung für diese Protokolle in den aktuellen Entwicklungsumgebungen und den Application-Servern ist aber momentan noch recht dürftig.

6.1   WSDL-Aufbau

WSDL-Dateien haben einen bestimmten Aufbau, damit aus den zugrunde liegenden Informationen entsprechende Fernaufrufe gestartet werden können. Zu diesem Zweck gibt es verschiedene Abschnitte im XML, die die korrespondierenden Teile der Fernaufrufe darstellen. Diese Abschnitte werden auch Beschreibungselemente genannt. Momentan sind sechs Hauptelemente definiert.

* Datentypen
* Porttypen
* Bindungen
* Nachrichten
* Ports
* Dienste

Diese sechs Hauptelemente kann man unterteilen in abstrakte und konkrete Definitionen.

Abstrakte Definitionen:

```
Datentypen, Nachrichten und Ports
```

Konkrete Definitionen:

```
Bindungen und Dienste
```

Bevor wir nun diese einzelnen Elemente speziell betrachten, schauen wir uns das WSDL an, auf welches ich mich im Folgenden beziehe.

```xml
<?xml version="1.0" encoding="utf-8" ?>
<wsdl:definitions xmlns:soap=http://schemas.xmlsoap.org/wsdl/soap/
   xmlns:tm="http://microsoft.com/wsdl/mime/textMatching/"
   xmlns:soapenc="http://schemas.xmlsoap.org/soap/encoding/"
   xmlns:mime="http://schemas.xmlsoap.org/wsdl/mime/"
   xmlns:tns="http://tempuri.org/"
   xmlns:s="http://www.w3.org/2001/XMLSchema"
   xmlns:soap12="http://schemas.xmlsoap.org/wsdl/soap12/"
   xmlns:http="http://schemas.xmlsoap.org/wsdl/http/"
   targetNamespace="http://tempuri.org/"
   xmlns:wsdl="http://schemas.xmlsoap.org/wsdl/">
 <wsdl:types>
     <s:schema elementFormDefault="qualified"
                             targetNamespace="http://tempuri.org/">
        <s:element name="HelloWorld">
           <s:complexType />
        </s:element>
        <s:element name="HelloWorldResponse">
           <s:complexType>
              <s:sequence>
                 <s:element minOccurs="0" maxOccurs="1"
                    name="HelloWorldResult"
                    type="s:string" />
              </s:sequence>
           </s:complexType>
        </s:element>
     </s:schema>
 </wsdl:types>

<wsdl:message name="HelloWorldSoapIn">
    <wsdl:part name="parameters" element="tns:HelloWorld" />
</wsdl:message>

<wsdl:message name="HelloWorldSoapOut">
    <wsdl:part name="parameters" element="tns:HelloWorldResponse" />
</wsdl:message>

<wsdl:portType name="ServiceSoap">
    <wsdl:operation name="HelloWorld">
       <wsdl:input message="tns:HelloWorldSoapIn" />
       <wsdl:output message="tns:HelloWorldSoapOut" />
    </wsdl:operation>
</wsdl:portType>

<wsdl:binding name="ServiceSoap" type="tns:ServiceSoap">
   <soap:binding transport="http://schemas.xmlsoap.org/soap/http" />
      <wsdl:operation name="HelloWorld">
         <soap:operation soapAction="http://tempuri.org/HelloWorld"
                                            style="document" />
            <wsdl:input>
               <soap:body use="literal" />
            </wsdl:input>
```

```
                <wsdl:output>
                    <soap:body use="literal" />
                </wsdl:output>
        </wsdl:operation>
    </wsdl:binding>

    <wsdl:binding name="ServiceSoap12" type="tns:ServiceSoap">
        <soap12:binding transport="http://schemas.xmlsoap.org/soap/http" />
            <wsdl:operation name="HelloWorld">
                <soap12:operation soapAction="http://tempuri.org/HelloWorld"
                                                    style="document" />
            <wsdl:input>
                <soap12:body use="literal" />
            </wsdl:input>

            <wsdl:output>
                <soap12:body use="literal" />
            </wsdl:output>
        </wsdl:operation>
    </wsdl:binding>

    <wsdl:service name="Service">
        <wsdl:port name="ServiceSoap" binding="tns:ServiceSoap">
            <soap:address
                location="http://localhost:1388/WebSite1/Service.asmx" />
        </wsdl:port>
        <wsdl:port name="ServiceSoap12" binding="tns:ServiceSoap12">
            <soap12:address
                location="http://localhost:1388/WebSite1/Service.asmx" />
        </wsdl:port>
    </wsdl:service>
</wsdl:definitions>
```

Das komplette WSDL beschreibt wieder einen Standardwebservice unter .NET mit einer einzigen Beispielmethode, nämlich unserer guten, alten *HelloWorld*-Methode.

Die einzelnen Elemente bedeuten:

Datentypen (Types)

In diesem Abschnitt werden die einzelnen Datentypen definiert, welche später im Webservice verwendet werden. Die Definition erfolgt gemäß den Spezifikationen des XML-Schemas und kann aus einfachen (ordinalen) oder komplexen Datentypen bestehen.

Datentyp-Abschnitt im WSDL

```
<wsdl:types>
    <s:schema elementFormDefault="qualified"
                        targetNamespace="http://tempuri.org/">
        <s:element name="HelloWorld">
            <s:complexType />
        </s:element>
        <s:element name="HelloWorldResponse">
            <s:complexType>
                <s:sequence>
                    <s:element minOccurs="0" maxOccurs="1"
                        name="HelloWorldResult"
                        type="s:string" />
                </s:sequence>
            </s:complexType>
        </s:element>
    </s:schema>
</wsdl:types>
```

Sie sehen im äußeren XML-Knoten das Hauptelement *types* mit dem namespace *wsdl*. Im Weiteren sehen Sie die Beschreibung der einzelnen Datentypen, die gemäß unserer XML-Schema-Spezifikation definiert werden.

Nachrichten (Messages)

Innerhalb des Nachrichten-Abschnitts werden die einzelnen Nachrichten definiert, welche zwischen den Anfrage- und Antwortpunkten ausgetauscht werden. Wie Sie anhand des Beispiels sehen können, enthält dieser Bereich jeweil eine Anfrage UND eine Antwort.

Nachrichten-Abschnitt im WSDL

Anfrage:

```
<wsdl:message name="HelloWorldSoapIn">
    <wsdl:part name="parameters" element="tns:HelloWorld" />  </wsdl:message>
```

Antwort:

```
<wsdl:message name="HelloWorldSoapOut">
    <wsdl:part name="parameters" element="tns:HelloWorldResponse" />
</wsdl:message>
```

Porttypen (Port-Type)

Die einzelnen Porttypen definieren Schnittstellen nach außen. Über diese Schnittstellen kommuniziert der Webservice mit dem Client.

```
<wsdl:portType name="ServiceSoap">
    <wsdl:operation name="HelloWorld">
        <wsdl:input message="tns:HelloWorldSoapIn" />
        <wsdl:output message="tns:HelloWorldSoapOut" />
    </wsdl:operation>
</wsdl:portType>
```

Innerhalb dieses Abschnitts können vier Arbeitsschritte abgearbeitet werden. In unserem Beispiel wird eine Operation mit einer *Input-Message* verknüpft.

```
        <wsdl:input message="tns:HelloWorldSoapIn" />
```

Ebenso mit einer *Output-Message*:

```
        <wsdl:output message="tns:HelloWorldSoapOut" />
```

Möglich sind in diesem Abschnitt folgende Arbeitsschritte:

- One-Way (nur eine Input-Message)
- Request/Response (Input und Output) – wie in unserem Beispiel
- Solicit Response (Output des Dienstes mit Warten auf Antwort)
- Notification (nur ein Endpunkt versendet eine Nachricht)

Bindung (Binding)

Hier wird festgelegt, welches Protokoll zum Übertragen der Nachrichtendaten verwendet werden soll. Möglich wären hier zum Beispiel:

- SMTP
- HTTP (GET oder POST)
- MIME
- SOAP

In unserem Beispiel erhalten wir zwei Abschnitte, nämlich den ersten Abschnitt für SOAP-Version 1.0 den zweiten für SOAP-Version 1.2

```
<wsdl:binding name="ServiceSoap" type="tns:ServiceSoap">
    <soap:binding transport="http://schemas.xmlsoap.org/soap/http" />
        <wsdl:operation name="HelloWorld">
            <soap:operation soapAction="http://tempuri.org/HelloWorld"
                                                    style="document" />
                <wsdl:input>
                    <soap:body use="literal" />
                </wsdl:input>
```

```
        <wsdl:output>
            <soap:body use="literal" />
        </wsdl:output>
    </wsdl:operation>
</wsdl:binding>
```

Sie sehen die Definition des (Übertragungs-)Protokolls innerhalb des Elements *transport*. In unserem Fall ist es HTTP. Das Element *style* gibt an, in welchem Format die Daten folgen. Hier kann zum Beispiel *document* oder *rpc style* definiert werden. *document* bedeutet, nur die Daten gehen an den Server. Bei *rpc style* werden Methodendefinitionen und Parameter gesendet.

```
<wsdl:binding name="ServiceSoap12" type="tns:ServiceSoap">
    <soap12:binding transport="http://schemas.xmlsoap.org/soap/http" />
        <wsdl:operation name="HelloWorld">
          <soap12:operation soapAction="http://tempuri.org/HelloWorld"
                                          style="document" />
            <wsdl:input>
                <soap12:body use="literal" />
            </wsdl:input>

            <wsdl:output>
                <soap12:body use="literal" />
            </wsdl:output>
        </wsdl:operation>
</wsdl:binding>
```

In unserem Fall sehen beide Abschnitte gleich aus. Bei komplexeren Typdefinitionen oder in anderen Fällen können die Abschnitte aber voneinander abweichen. Je nach empfangendem Client und dessen SOAP-Version kann dieser dann entsprechend reagieren. Über das Element *operation* wird festgelegt, welche Methode welche Aktionen enthält (*input/output*).

```
        <wsdl:operation name="HelloWorld">
          <soap12:operation soapAction="http://tempuri.org/HelloWorld"
                                          style="document" />
            <wsdl:input>
                <soap12:body use="literal" />
            </wsdl:input>

            <wsdl:output>
                <soap12:body use="literal" />
            </wsdl:output>
```

Je nach Definition wird dann die Operation zu einer der folgenden:

- One-Way (nur eine Input-Message)

- Request/Response (Input und Output) – wie in unserem Beispiel

- Solicit Response (Output des Dienstes mit Warten auf Antwort)

- Notification (einfach Benachrichtigung des Servers an den Client)

Ports und Dienste (Ports und Services)

Ports und Services werden zusammengefasst. Es befinden sich eine oder mehrere Definitionen für Ports innerhalb des Service-Elements. In unserem Beispiel existieren auch hier wieder zwei Definitionen, weil zur Abwärtskompatibilität jeweils Soap 1.0 und SOAP 1.2 definiert werden.

```
<wsdl:service name="Service">
    <wsdl:port name="ServiceSoap" binding="tns:ServiceSoap">
        <soap:address
            location="http://localhost:1388/WebSite1/Service.asmx" />
    </wsdl:port>
    <wsdl:port name="ServiceSoap12" binding="tns:ServiceSoap12">
        <soap12:address
            location="http://localhost:1388/WebSite1/Service.asmx" />
    </wsdl:port>
</wsdl:service>
```

Wie Sie sehen, entspricht ein Port der Adresse des jeweiligen Dienst-Endpunktes und definiert unter anderem die Zugriffsart.

Zusätzlich zu den vorgestellten Elementen kann auch ein Element *Documentation* auftreten, mit welchem man Kommentare oder eben Dokumentationen einfügen kann. Diese Kommentare machen natürlich am meisten Sinn, wenn sie innerhalb der anderen Elemente auftauchen. Zum Beispiel auf folgende Art:

```
<wsdl:service name="Service">
  <documentation>Toller Webservice!<documentation>
    <wsdl:port name="ServiceSoap" binding="tns:ServiceSoap">
        <soap:address
            location="http://localhost:1388/WebSite1/Service.asmx" />
    </wsdl:port>
    <wsdl:port name="ServiceSoap12" binding="tns:ServiceSoap12">
        <soap12:address
            location="http://localhost:1388/WebSite1/Service.asmx" />
    </wsdl:port>
</wsdl:service>
```

Wie Sie auf den letzten Seiten sehen konnten, ist es nicht ganz einfach, ein WSDL-File für einen Webservice von Hand zu erstellen. Gott sei Dank ist das auch nie wirklich nötig, da die einzelnen Webservices einem im Allgemeinen entsprechende WSDL-Dokumente zurückliefern. Damit Sie bei den einzelnen Elementen später einfach nachschlagen können, folgt auf den restlichen Seiten dieses Kapitels eine Auflistung der möglichen WSDL-Elemente.

6.1.1 WSDL-Elemente

binding

Spezifiziert das Daten und das Protokollformat für Operationen und Nachrichten.

definitions

Jedes WSDL ist eine Sammlung von *definitions*-Abschnitten.

documentation

Definiert einen Kommentar innerhalb eines beliebigen Elements.

fault

Definiert Fehler innerhalb von Nachrichten.

import

Über *import* und *location* können Namespaces mit Dokumenten verbunden werden.

input

Definiert den Input einer Nachricht.

message

Definiert die einzelnen Teile der Nachrichtendaten.

operation

Definiert einen Vorgang, eine *Operation*.

output

Definiert die Ausgabe einer Nachricht.

part

Unterteilt Nachrichten (*messages*) in überschaubare, gegliederte Abschnitte.

port

Spezifiziert die Adresse des Endpunktes einer Kommunikationsverbindung.

portType

Sammlung von abstrakten Operationen, jede Operation bezieht sich auf *Input*- und/ oder *Output*-Nachrichten. Bezieht sich auf die Nachrichtendefinitionen im *message*-Abschnitt.

service

Wird verwendet, um Ports in einem Abschnitt zusammenzufassen. Gibt somit die Anschlussadressen einzelner Bindungen an.

types

Definiert die Datentypen der zu übermittelnden Nachricht.

6.1.2 Binding-Typen

Insgesamt gibt es unter WSDL drei verschiedene Bindingtypen. Die Elemente dieser drei Typen lernen Sie auf den folgenden Seiten kennen. Die drei Typen sind:

- SOAP binding
- HTTP binding
- MIME binding

6.1.3 SOAP-Binding-Elemente

Element: binding (Namespace wsdl, also wsdl:binding)

Spezifiziert das Daten und das Protokollformat für Operationen und Nachrichten.

```
<element name="binding" type="wsdl:bindingType"/>
```

Innerhalb von *wsdl:binding* können folgende Elemente verwendet werden:

soap:address

Das *soap:address*-Element wird verwendet, um einem Port eine Adresse zuzuweisen. Diese Adresse korrespondiert mit dem Element *transport* in *soap:binding*.

```
<element name="address" type="soap:addressType"/>
```

soap:binding

Das Element *soap:binding* dient zum Festlegen des jeweiligen Protokolls, welches zur Übertragung verwendet wird. Möglich wäre hier zum Beispiel *http*.

```
<element name="binding" type="soap:bindingType"/>
```

soap:body

Das Element *soap:body* spezifiziert, wie die einzelnen Nachrichtenteile innerhalb des SOAP Bodys auftreten.

```
<element name="body" type="soap:bodyType"/>
```

soap:fault

Definiert den Inhalt innerhalb des SOAP-Fault-Elements.

```
<element name="fault" type="soap:faultType"/>
```

soap:header

soap:header und *soap:headerfault* erlauben die Definition von Headern und entsprechenden Fehlerabschnitten, die innerhalb des Headerelements des SOAP-Envelopes übermittelt werden.

```
<element name="header" type="soap:headerType"/>
```

soap:headerfault

soap:headerfault erlaubt die Definiton des Fehlerabschnitts im Header des SOAP-Envelopes.

```
<element name="headerfault" type="soap:headerfaultType"/>
```

soap:operation

soap:operation stellt Informationen über Ein-/Ausgabe und Fehlerinformationen bereit.

```
<element name="operation" type="soap:operationType"/>
```

6.1.4 MIME-Binding-Elemente

Definiert die MIME-Typen für einzelne Nachrichtenteile. MIME bedeutet *Multipurpose Internet Mail Extension* und bezeichnet den Content-Type eines Datenanhangs. Ursprünglich war MIME, wie der Name schon sagt, als Format für Mailanhänge gedacht. Zwischenzeitlich unterstützen aber sehr viele Protokolle diese Anhänge. Unter anderem kann man zum Beispiel bei einem Web-Response einen MIME-Typ definieren, auf welchen dann der Empfänger entsprechend reagieren kann. Ebenso ist ein MIME-Typ bei WSDL gängige Praxis.

Beispiele für MIME-Typen sind etwa: *text/html* oder *multipart/related*.

Näheres finden Sie zum Beispiel auf dieser Seite:

http://de.selfhtml.org/diverses/mimetypen.htm

mime:content

mime:content wird verwendet, wenn keine anderen Informationen über das Format verfügbar sind als der eigentliche MIME-String.

```
<mime:content type="text/xml"/>
```

mime:mimeXml

mime:Xml wird verwendet, um ein spezielles Schema für Nachrichtenteile zu definieren.

```
<mime:mimeXml part="nmtoken"?/>
```

mime:part

Definiert die einzelnen Abschnitte einer *multipartRelated*-Message.

```
<mime:multipartRelated>
    <mime:part
    </mime:part>
</mime:multipartRelated>
```

mime:multipartRelated

Umgibt die Abschnitte einer *multipartRelated*-Message.

```
<mime:multipartRelated>
    <mime:part
    </mime:part>
</mime:multipartRelated>
```

6.1.5 HTTP-Binding-Elemente

Diese Elemente definieren die Eigenschaften des HTTP-Protokolls bei der Übertragung.

http:address

Definiert die Basis-URI eines Ports.

```
<element name="address" type="http:addressType"/>
```

http:binding

Gibt an, dass dieses Binding HTTP als Protokoll verwendet. Über das Attribut *verb* kann die Art des Requests definiert werden.

```
<http:binding verb="GET"/>
```

Die Attribute sind case-sensitive. Sowohl GET als auch POST werden jeweils groß geschrieben!

http:operation

Gibt in Verbindung mit *location* die relative URI der Operation an. Diese URI wird mit der korrespondierenden URI im Element *http:address* zu einer vollen URI verknüpft. Muss relativ sein!

```
<http:operation location="uri"/>
```

http:urlEncoded

Bestimmt, dass alle Nachrichtenteile mit dem Standard-URI-Encoding gebildet werden. Dies wäre zum Beispiel: *name=Karl&nachname=Kroetentoeter*. Bei GET-Anfragen wird das benötigte *?* automatisch eingesetzt:

?name=Karl&nachname=Kroetentoeter

```
<http:urlEncoded/>
```

http:urlReplacement

Bestimmt, dass alle URI-Nachrichtenteile nach bestimmten Regeln in andere URIs umgewandelt werden.

```
<http:urlReplacement/>
```

6.1.6 Operations

Operationen sind Vorgänge, welche aus Eingabe, Ausgabe und Fehlerinformationen bestehen können. Operationen können in vier verschiedene Grundtypen aufgeteilt werden.

- notification operation

- one-way operation

- request-response operation

- solicit-response operation

Die Bedeutung ist wie folgt:

One-Way: Es wird nur eine Input-Message verwendet. Die Kommunikation erfolgt also nur zu einem Endpunkt hin.

Request/Response (Input und Output): Es erfolgt eine Kommunikation von Endpunkt 1 zu Endpunkt 2 mit einer Antwort von Endpunkt 2 zurück an Endpunkt 1.

Solicit response (Output des Dienstes mit Warten auf Antwort): Hier schickt der Dienst eine Nachricht und wartet dann, bis eine Antwort eintrifft.

Notification (ein Endpunkt sendet eine Benachrichtigung): Nur EIN Endpunkt sendet eine Nachricht. Es wird nicht auf eine Antwort gewartet.

6.1.7 Zum Abschluss des Kapitels

Auf den vorigen Seiten haben Sie den Aufbau eines WSDL-Dokuments grob kennengelernt. Da ein WSDL-Dokument von Natur aus ein XML-Dokument ist, gelten auch hier wieder alle XML- und die XML-Schema-Regeln. Was ich auf den vorangegangenen Seiten nicht explizit angesprochen habe, sind zum Beispiel die komplexen und ordinalen

Datentypen. Beide folgen den Regeln der XML-Schema-Spezifikation und können im Kapitel 4, »XML«, nachgelesen werden.

Sie werden, wie bereits erwähnt, in den seltensten Fällen in die Notlage kommen, ein WSDL Dokument von Hand anzulegen. Heutige Webservices liefern in der Regel ein entsprechendes Dokument automatisch zurück. Manchmal kann es allerdings sein, dass Sie zur Nachforschung ein WSDL-Dokument interpretieren müssen. Zu diesem Zweck, und natürlich um gewisse Grundlagen aufzubauen, ist das vorliegende Kapitel gedacht. Genauere und weit detailliertere Informationen erhalten Sie zum Beispiel auf der W3C-Seite zu WSDL:

```
http://www.w3.org/TR/wsdl
```

Das nächste Kapitel widmet sich dem Dienst UDDI.

7 UDDI

7.1 UDDI-Informationen

Als das Prinzip der Webservices angefangen hat sich durchzusetzen, machte man sich natürlich auch Gedanken darüber, wie man solche Dienste im Intra- oder Extranet aufspüren konnte. Zu diesem Zweck wurde UDDI entworfen. UDDI bedeutet *Universal Description, Disovery and Integration*. Im eigentlichen Sinne ist UDDI ein Verzeichnisdienst, welcher bestimmte Informationen über serviceorientierte Dienste zur Verfügung stellt. UDDI kann also für dynamische Webservices benutzt werden und stellt ein Register dar, das einem zugreifenden Client erlaubt, Informationen über angebotene Services zu erhalten. UDDI verwendet als zugrunde liegenden Techniken XML, WSDL und SOAP. UDDI transportiert die angeforderten Informationen natürlich über das HTTP-Protokoll und verwendet WSDL, um die Schnittstellen zu beschreiben. UDDI besteht aus zwei großen Hauptteilen:

- Registry mit den Metadaten von Webservices

- Schnittstellendefinitionen

Wozu benötigt man nun einen solchen Informationsdienst? Stellen Sie sich vor, Sie schreiben eine Anwendung im Bereich Enterprise Resource Planning. Die Anwendung unterstützt das Verwalten von Artikeln, den Verkauf und das Abrechnungswesen. Da diese gedachte Applikation im EDV-Bereich angesiedelt ist, beziehen sich die einzelnen Artikel auf den Bereich Computerhardware. Die Artikelpflege selbst nimmt somit einen großen Teil der täglichen Arbeit ein, da alle Artikel ständig auf dem neuesten Stand gehalten werden müssen.

Angenommen Sie wüssten, dass die meisten Ihrer Lieferanten Webservices und entsprechende UDDI-Dienste anbieten, dann könnten Sie zur Artikelpflege auf diese Dienste zugreifen. Da Ihre Lieferanten sich an die Spezifikationen halten und UDDI bereitstellen, können Sie daraus alle benötigten Informationen extrahieren und Ihre Webserviceclients entwickeln. Natürlich kann man sich bei der Entwicklung von serviceorientierten Architekturen und den zugehörigen Clients auch untereinander absprechen. Schwierig werden solche Absprachen aber, wenn der Dienstanbieter ein Unternehmen wie zum Beispiel eBay, Google oder Amazon ist. Solche Firmen werden in den seltensten Fällen einen Mitarbeiter für Sie bereitstellen, der Ihnen Ihre Fragen beantwortet und Ihnen mit Rat und Tat zur Seite steht. Aus diesem Grund gibt es WSDL, das den Dienst beschreibt und UDDI, das Ihnen sagt, welche Dienste Sie vorfinden. Wenn man diese Sichtweise noch ausdehnt, wird UDDI aber dazu verwendet, eine große Anzahl von verschiedenen Diensten verschiedenster Webservice-Anbieter aufzulisten.

UDDI kann also zusammengefasst folgenden Zwecken dienen:

- Finden von angebotenen Diensten
- Abrufen von Schemata für gegenseitige Kommunikation
- Automatisierte Neukundenakquisition
- Business-to-Business Connections

UDDI ist also äußerst wirtschaftsorientiert, kann aber durchaus auch nur in einem Intranet, zum Beispiel für einzelne Abteilungen, verwendet werden.

Insgesamt waren mehr als 200 verschiedene Firmen am UDDI-Projekt beteiligt, darunter so bekannte Namen wie Microsoft, IBM, SUN, Intel, HP, Dell, Oracle und SAP. Anhand dieser Liste kann man sehr gut erkennen, dass UDDI durchaus bereits als Industriestandard bezeichnet werden konnte.

Damit jeder potenzielle Benutzer über UDDI Zugriff auf angebotene Webservices bekommen konnte, gab es früher öffentliche Server. Beispiele hierfür waren unter anderem:

```
Microsoft: uddi.microsoft.com
iBM: uddi.ibm.com
SAP: uddi.sap.com
```

Um sich bei einem solchen Server zu registrieren, musste man als Anbieter verschiedene Informationen über sich herausgeben. Zu diesem Zweck gab es so etwas Ähnliches wie Telefonbücher, nämlich drei verschiedene Informationsregister:

- White Pages
- Yellow Pages
- Green Pages

White Pages

Die Kontaktinformationen eines Unternehmens, das Webservices anbietet. Hierzu gehörten unter anderem Name des Unternehmens, Adresse, Kontaktinformtionen, Handelsregistereintrag etc.

Yellow Pages

Geschäftskategorie, in welche der Anbieter eingeordnet werden konnte. Hier waren auch Industriezweige, Servicerichtung und geografische Einordnungen möglich.

Green Pages

Die technischen Informationen über einen angebotenen Webservice. Diese Information wird als Servicetyp, praktischerweise als WSDL, bereitgestellt. Hier finden sich aber auch SOA-spezifische Informationen wie zum Beispiel Informationen über Geschäftsprozesse oder das Geschäftsmodell des Anbieters.

Wenn ein Webservice eingetragen ist, kann im Register dann auf verschiedene Art danach gesucht werden. Zum Beispiel kann man nach Namen, Ort, Industriezweig oder dem Servicetyp suchen.

Wenn der jeweilige Dienst gefunden wurde, kann man anhand der Daten aus den Green Pages an dessen Verwendung gehen. Heutzutage sind Firmen meist selbst für die Bereitstellung der UDDI-Dienste zuständig. Aus diesem Grund gibt es Serversoftware der einzelnen Anbieter, auf welche die Unternehmen zurückgreifen können.

7.1.1   UDDI-Unterstützung

Praktisch alle gängigen, modernen Programmiersprachen unterstützen auf die eine oder andere Art UDDI. Es gibt entsprechende UDDI-Server und APIs/Assemblies, welche das Abfragen der Dienste unterstützen.

7.1.2   UDDI-Server

Sie haben verschiedene Möglichkeiten, UDDI-Dienste anzubieten. Unter anderem sind dies zum Beispiel:

- IBM Websphere mit UDDI-Komponente

- Microsoft Server (zum Beispiel Microsoft Server 2003)

- OracleAS Service Registry

Heutzutage ist UDDI leider eine sterbende Technologie, die zwar noch in verschiedenen Servern angeboten und unterstützt, aber leider kaum noch verwendet wird. Es ist gut zu wissen, was UDDI ist und wie man an mehr Informationen kommt, aber praktischen Nutzen hat es leider kaum noch. Aus diesem Grund werden wir uns auch nicht mit unnötigen Beispielen belasten, sondern gehen direkt zum nächsten Kapitel über, dem Remoting unter .NET und Java.

8 Remoting

Dieses Kapitel ist dem *Remoting* gewidmet. Es ist etwas schwer, den richtigen Begriff und vor allem Titel für dieses Kapitel zu finden. Ich habe *Remoting* gewählt, weil dieser Begriff dem Inhalt am nächsten kommt. Remoting ist unter anderem ein Begriff für RMI (Remote Method Invocation) und RPC (Remote Procedure Call) und bedeutet, dass Objekte aus einem entfernten Kontext aufgerufen werden. Diese Objekte können auf einem anderen Rechner liegen, sich in einem anderen Prozess befinden oder aber in einer anderen Anwenderdomäne liegen. Selbstverständlich können diese Objekte auch auf dem eigenen Rechner vorhanden sein. Remoting bezeichnet die Technologie der Kommunikation zwischen den einzelnen Remote-Objekten und der eigenen Applikation. Unsere (meine? ;o)) Favoriten unter den Programmiersprachen, Java und C#, beherrschen beide Remoting. Als Erstes werden wir uns in diesem Kapitel deshalb mit dem .NET-Remoting beschäftigen.

8.1 .NET Remoting

Bevor Microsoft die .NET-Remoting-Klassen entwickelte, gab es bereits eine Technik, um entfernte Methoden aufzurufen, nämlich DCOM. DCOM bedeutet Distributed COM. DCOM ist ein Protokoll für die Kommunikation zwischen einzelnen Komponenten innerhalb eines Netzwerks. Vielleicht erinnern Sie sich noch an einen gewissen Internet-Wurm namens *W32.Blaster*? Dieser Wurm hat DCOM in die Schlagzeilen gebracht, weil er sich über einen Bug im entsprechenden DCOM-Dienst vermehrt hat. Wie konnte der Wurm sich fortpflanzen? Ganz einfach, er startete einen TFTP-Server und versuchte dann weitere Systeme zu infizieren. Dazu verwendete er die Ports 135 und 4444. Das zeigt auch schon eine der großen Schwachstellen von DCOM, nämlich die Kommunikation über bestimmte Ports. Diese (und viele andere) Ports werden eben wegen solcher Bedrohungen wie dem Blaster-Wurm heutzutage von Firewalls und Systemtools standardmäßig geblockt. Damit ist DCOM wenig geeignet für eine Kommunikation über die Grenzen des eigenen Netzwerks hinaus. DCOM hieß in seinen Anfangstagen auch *Network OLE* und beinhaltet Erweiterungen von COM und OLE.

Der richtige Begriff für das .NET-Remoting ist Remoting Services. Im gleichen Kontext steht auch der Begriff Enterprise Services. Was ist der Unterschied zwischen Enterprise Services und Remoting Services? Die Enterprise Services stellen unter .NET die entsprechenden Zugriffsklassen für die COM+-Infrastruktur zur Verfügung. COM+ und die Enterprise Services stellen im Grunde nichts anderes als einen Application-Server dar. Die COM+-Architektur basiert auf der früheren COM-Struktur, mit der zum Beispiel auch Komponenten entwickelt wurden (und werden). Natürlich erweitert COM+ die alten Strukturen und hat diese weiter vorangetrieben.

Das .NET-Remoting hingegen ist ein Framework für die Kommunikation zwischen Objekten. Zu diesem Zweck unterstützt es natürlich auch verschiedene Protokolle. Einen Anwendungszweck haben wir ja bereits kennengelernt: Remoting über XML beim XML-RPC. Die Kommunikation kann, muss aber nicht über XML erfolgen. Wenn eine gewisse Kompatibilität zu anderen Sprachen gefordert wird, sollte natürlich auf XML zurückgegriffen werden. Insgesamt gibt es also drei verschiedene Techniken für ein Remoting unter .NET:

- Web Services (System.Web.Services)

- Remoting Services (System.Runtime.Remoting)

- Enterprise Services (System.EnterpriseServices) für COM+-Dienste

Bei den Remoting Services sind verschiedene Begriffe und Techniken wichtig und erklärungsbedürftig.

Marshaling

Bezeichnet das Versenden eines Programmcodeaufrufs über eine entsprechend strukturierte Nachricht. Dadurch wird die Verwendung von Objekten auf einer gemeinsamen Ebene möglich, obwohl die einzelnen Objekte keinen gemeinsamen Speicher verwenden.

Wichtig im Zusammenhang mit Remoting Services ist die Klasse *MarshalByRefObject*.

Proxies

Proxies ermöglichen die Kommunikation mit den einzelnen Remoteobjekten, ähnlich den Proxyklassen für die Webservices. Wenn ein Proxyobjekt erstellt wird, ist es praktisch ein Abbild des aufgerufenen Objekts. Es leitet die lokalen Aufrufe an das wirkliche Remotingobjekt weiter, wenn Zugriffe erfolgen.

Messages (Nachrichten)

Messages sind die codierten Prozeduraufrufe, die zwischen den Endpunkten verschickt werden.

Channels (Transportkanäle)

Über Channels werden die einzelnen Messages transportiert und gelangen zu den jeweiligen Endpunkten. Channels sind also sowohl auf Clients als auch auf den Servern vorhanden. Diese Channels wissen, wohin die einzelnen Nachrichten geroutet werden müssen. Es könnte schließlich sein, dass einzelne Objekte an verschiedene Endpunkte gesandt werden müssen. Maßgeblich sind hier *TcpChannel* und *HTTP*-Channel.

Formatters

Sie übernehmen das Ver- und Entschlüsseln der Messages zwischen den Endpunkten einer Übertragung. Möglich sind hier zum Beispiel eine SOAP- oder eine Binary-Formatierung.

AppDomain, Application Domain

Im Grunde nichts anderes als ein Windows-Prozess.

objRef

Enthalten alle relevanten Informationen für die Erzeugung eines Proxys. Dieses Objekt dient dazu, die Informationen für die Erstellung eines Proxys über Prozessgrenzen (AppDomains) hinweg weiterzuleiten. Beim *Marshaling* wird ein *objRef*-Objekt erzeugt, das Gegenteil ist das *unmarshaling*, bei welchem ein Proxy aus einem *objRef*-Objekt erzeugt wird.

Single Call

Single-Call-Objekte sind, wie der Name bereits sagt, Objekte, die genau eine Anfrage eines Clients bearbeiten. Diese Objekte können keine Statusinformationen speichern oder weiterleiten.

Singleton

Singleton-Objekte haben Sie bereits kennengelernt. Singletons können von verschiedenen Clients angesprochen werden und Daten zwischen diesen austauschen. Das heißt, alle Clients greifen innerhalb des Singletons auf eine gemeinsame Datenbasis zurück. Sie können Singletons wie globale Variablen betrachten, nur eben auf Objektbasis.

Client Activated Objects (CAO)

Client Activated Objects sind Objekte auf Serverseite, welche von einem Client aktiviert werden (entspricht der COM-Klassenaktivierung). Die Lebenszeit wird hier vom Client kontrolliert.

Wenn bei .NET-Remoting Objekte übergeben werden, kann dies auf verschiedene Weise geschehen:

* Als Parameter in Methoden

* Als Rückgabewerte von Methoden

* Als Werte eines Propertys oder Feldzugriffs

Mit einem Pseudocode ausgedrückt würde dies dann wie folgt aussehen:

Als Parameter in Methoden

```
public void myMethod(object param)
```

Als Rückgabe

```
public object myMethod(object param)
```

Als Property oder Feldzugriff

```
myMethod.intZugriff
```

Server Activated Objects (SAO)

Server-aktivierte Objekte sind Objekte auf der Serverseite, deren Lebenszeit vom Server selbst kontrolliert wird.

Wenn Sie bereits etwas programmiert haben, dürfte Ihnen bekannt sein, dass Parameter in Methoden auf verschiedene Arten übergeben werden können. Zum einen wäre dies per value, also auf Deutsch in etwa per Wert, und per reference, also per Referenz. Was bedeutet das? Wenn man einen Wert übergibt, erhält die aufgerufene Methode zum Beispiel nur den Wert einer Variablen, hat aber ansonsten keinerlei Zugriff auf die eigentliche Variable. Wenn hingegen eine Variable mit einer Referenz übergeben wird, verweist der Aufruf intern direkt per Pointer auf den Speicherbereich der jeweiligen Variablen oder des Objekts. Das bedeutet, dass der Aufgerufene direkten Zugriff auf die Variable hat und diese nach Bedarf verändern kann! Das gleiche Prinzip existiert beim .NET-Remoting. Hier definiert man die Aufrufe ähnlich, nämlich per:

* MarshalByValue

* MarshalByReference

Im ersten Fall, bei *MarshalByValue*, wird eine Kopie des Objekts erstellt, wenn es von einem Endpunkt zum anderen gereicht wird.

Im zweiten Fall, bei *MarshalByReference*, wird ein Verweis erstellt. Dieser Verweis entspricht dem *objRef*, also der Objektreferenz. Wenn dieser Verweis beim Empfänger ankommt, wird er dort in einen Proxy umgewandelt und kann verwendet werden.

Schauen wir uns als Nächstes ein kleines Beispiel an, welches über HTTP ein *Hello World*-Remoting realisiert.

8.2   .NET-Remoting-Server

.NET-Remoting via HTTP

Listing: cd:\Sourcen\08 Remoting\HttpRemotingServer

Dieses Beispiel erstellt einen einfachen .NET-Remoting-Server, der über HTTP mit seinen Clients kommuniziert.

Benötigte Namespaces

System.Runtime.Remoting, System.Runtime.Remoting.Channels,
System.Runtime.Remoting.Channels.Http (und *Standard-Assemblies*)

Sourcecode

```csharp
using System;
using System.Collections.Generic;
using System.ComponentModel;
using System.Data;
using System.Drawing;
using System.Text;
using System.Windows.Forms;

using System.Runtime.Remoting;
using System.Runtime.Remoting.Channels;
using System.Runtime.Remoting.Channels.Http;

namespace HttpRemotingServer
{
    public partial class Form1 : Form
    {
        public Form1()
        {
            InitializeComponent();
        }

        private void Form1_Load(object sender, EventArgs e)
        {
            try
            {
                IChannel channel = new HttpChannel(8000);
                ChannelServices.RegisterChannel(channel,false);
                RemotingConfiguration.RegisterWellKnownServiceType(typeof(helloObject),
                    "HelloWorld", WellKnownObjectMode.Singleton);

                label1.Text = "Server ist gestartet";
            }
            catch (Exception ex)
            {
                label1.Text = "Server konnte nicht gestartet werden!\r\n"+
                    ex.Message;
            }
        }
    }

    public class helloObject : MarshalByRefObject
    {
        public String HelloWorld(String s)
        {
            MessageBox.Show("Server wird abgefragt");
            return "Hallo Welt "+s;
        }
    }
}
```

Beschreibung

In unserer Serverapplikation verwenden wir zwei Klassen. Die eine Klasse enthält unsere zu veröffentlichende Methode, die andere dient der Bereitstellung des Übertragungskanals.

Zuerst erzeugen wir eine Instanz der Dienstklasse.

```
helloObject _helloObject = new helloObject();
```

Nun können wir im Load-Event unseres Formulars (der Übertragungs-Klasse) einen HTTP-Kanal erzeugen.

```
try
{
    IChannel channel = new HttpChannel(8000);
    ChannelServices.RegisterChannel(channel,false);
```

Wie Sie sehen, legen wir den Kanal auf Port 8000. Dort sollte er eigentlich nicht stören. Mit *RegisterChannel* wird dieser Kanal danach bekannt gemacht.

Nun können wir unseren Service als *Singleton*-Objekt registrieren und somit veröffentlichen.

```
RemotingConfiguration.RegisterWellKnownServiceType(typeof(helloObject),
                "HelloWorld", WellKnownObjectMode.Singleton);
```

Der erste Parameter in *RegisterWellKnownServicetype* entspricht dem Typ des Dienstes, in unserem Fall natürlich einem *HelloObject*-Typ.

Der zweite Parameter ist die URI zu unserer Methode, in unserem Fall einfach der Methodenname. Der letzte Parameter schließlich gibt an, was für eine Instanz wir erzeugen möchten, hier ein *Singleton*-Objekt.

Zum Abschluss zeigen wir noch an, ob der Server gestartet werden konnte oder nicht.

```
label1.Text = "Server ist gestartet";
```

Den Dienst selbst leiten wir ab von *MarshalByRefObject*:

```
public class helloObject : MarshalByRefObject
```

Diese Klasse stellt uns alle Basisfunktionalitäten für verteilte Objekte zur Verfügung.

Innerhalb der einzigen Methode in dieser Klasse passiert nichts Besonderes, es wird nur ein übergebener String mit einer Meldung zurückgegeben. Bevor wir diesen String zurückgeben, wird eine MessageBox aufgerufen, die anzeigt, dass der Server tatsächlich kontaktiert wurde.

```
MessageBox.Show("Server wird abgefragt");
```

Das war bereits alles. Interessant ist, dass .NET-Remoting-Objekte, die über HTTP kommunizieren, auf ihre Funktionalität abgefragt werden können.

Starten Sie hierzu den Server, starten Sie dann einen Internetbrowser, und geben Sie
Folgendes ein:

```
http://localhost:8000/HelloWorld?wsdl
```

Wenn alles funktioniert, wird Ihnen der Remoting-Server eine XML-Datei mit allen
servicerelevanten Informationen zurückgeben.

```
<message name="helloObject.HelloWorldInput">
    <part name="s" type="xsd:string" />
</message>
<message name="helloObject.HelloWorldOutput">
    <part name="return" type="xsd:string" />
</message>
<portType name="helloObjectPortType">
   <operation name="HelloWorld" parameterOrder="s">
      <input name="HelloWorldRequest" message="tns:helloObject.HelloWorldInput" />
      <output name="HelloWorldResponse" message="tns:helloObject.HelloWorldOutput" />
   </operation>
</portType>
<binding name="helloObjectBinding" type="tns:helloObjectPortType">
    <soap:binding style="rpc" transport="http://schemas.xmlsoap.org/soap/http" />
    <suds:class type="ns0:helloObject" rootType="MarshalByRefObject" />
http://localhost:8000/HelloWorld?wsdl - #    <operation name="HelloWorld">
    <soap:operation
soapAction="http://schemas.microsoft.com/clr/nsassem/HttpRemotingServer.helloObject/H
ttpRemotingServer#HelloWorld" />
  <suds:method attributes="public" />
  <input name="HelloWorldRequest">
     <soap:body use="encoded"
encodingStyle="http://schemas.xmlsoap.org/soap/encoding/"
namespace="http://schemas.microsoft.com/clr/nsassem/HttpRemotingServer.helloObject/Ht
tpRemotingServer" />
   </input>
http://localhost:8000/HelloWorld?wsdl - #  <output name="HelloWorldResponse">
     <soap:body use="encoded"
encodingStyle="http://schemas.xmlsoap.org/soap/encoding/"
namespace="http://schemas.microsoft.com/clr/nsassem/HttpRemotingServer.helloObject/Ht
tpRemotingServer" />
   </output>
   </operation>
 </binding>
<service name="helloObjectService">
<port name="helloObjectPort" binding="tns:helloObjectBinding">
  <soap:address location="http://localhost:8000/HelloWorld" />
</port>
</service>
```

Hinweis:

Der Namespace *System.Runtime.Remoting* wird nicht automatisch vom Studio eingebunden. Binden Sie den Verweis daher manuell über die Verweise im Projektmappen-Explorer ein.

Als Nächstes schauen wir uns den zugehörigen Client an, der auf diesen Service abgestimmt ist.

8.3   .NET-Remoting-Client

.NET-Remoting via HTTP

Listing: cd:\Sourcen\08 Remoting\HttpRemotingClient

Dieses Beispiel erstellt einen einfachen .NET-Remoting-Client, der über HTTP mit einem Server kommuniziert.

Benötigte Namespaces

System.Runtime.Remoting, System.Runtime.Remoting.Channels,
System.Runtime.Remoting.Channels.Http (und *Standard-Assemblies*)

Sourcecode

```
using System;
using System.Collections.Generic;
using System.ComponentModel;
using System.Data;
using System.Drawing;
using System.Text;
using System.Windows.Forms;

using System.Runtime.Remoting;
using System.Runtime.Remoting.Channels;
using System.Runtime.Remoting.Channels.Http;

namespace HttpRemotingClient
{
    public partial class Form1 : Form
    {
        public Form1()
        {
            InitializeComponent();
        }
        private void button1_Click(object sender, EventArgs e)
        {
            IChannel channel = new HttpChannel();
            ChannelServices.RegisterChannel(channel, false);
```

```
        HttpRemotingServer.helloObject obj =
            (HttpRemotingServer.helloObject)Activator.GetObject
            (typeof(HttpRemotingServer.helloObject),
            "http://localhost:8000/HelloWorld");

        MessageBox.Show( obj.HelloWorld (" mit .NET Remoting") );
    }
  }
}
```

Beschreibung

Wie Sie sehen, ist der Client ziemlich klein. Wir benötigen für die einzelnen Zugriffe auch hier wieder einen Verweis auf den Namespace *System.Runtime.Remoting*. Zusätzlich benötigen wir einen Verweis auf unser Serverobjekt! Klicken Sie hierzu im Projektmappen-Explorer auf *Verweis zufügen* und suchen Sie das EXE-File, das durch Kompilieren des Server-Sourcecodes entstanden ist. Im Allgemeinen finden Sie dieses File unter *Verzeichnisroot\bin\debug*.

Wir benötigen diesen Verweis, damit die Remoting-Umgebung einen Proxy unseres Serverobjekts anlegen kann.

Auch im Client legen wir einen Channel an. Dieser Channel braucht allerdings nicht benannt zu werden, da die Umgebung für das Auffinden sorgt.

```
        IChannel channel = new HttpChannel();
        ChannelServices.RegisterChannel(channel, false);
```

Jetzt können wir auf dem umgekehrten Weg über den Server eine Instanz des Dienstes anlegen.

```
        HttpRemotingServer.helloObject obj =
            (HttpRemotingServer.helloObject)Activator.GetObject
            (typeof(HttpRemotingServer.helloObject),
            "http://localhost:8000/HelloWorld");
```

Sie sehen hier die Verwendung der Serverklasse für die Definition des Objekttyps.

```
        (typeof(HttpRemotingServer.helloObject),
```

Der angeforderte Dienst selbst wird über den letzten Parameter der *GetObject*-Methode spezifiziert.

```
        "http://localhost:8000/HelloWorld");
```

Die Proxyinstanz selbst wird über die Activator-Klasse erzeugt. Mit dieser Klasse können Objekte entweder lokal oder aber remote erstellt und abgerufen werden.

Zum Abschluss geben wir aus, was wir vom Server erhalten, und fügen noch einen Zusatz an.

```
        MessageBox.Show( obj.HelloWorld (" mit .NET Remoting") );
```

8.4   Metadaten

Wenn Sie den vorangegangenen Text aufmerksam gelesen und das Beispiel vielleicht
sogar eingegeben haben, haben Sie sicherlich bemerkt, dass wir einen Verweis auf die
Server.exe erstellt haben. Diesen Verweis benötigen wir, um Informationen, die soge-
nannten Metadaten, über unser Serverobjekt zu erhalten und um den Proxy zu erstellen.
Das mag ja ganz gut funktionieren, solange wir auf Server und Client Zugriff haben.
Was machen wir aber, wenn der Dienstanbieter sich zum Beispiel im Internet befindet?
An dieser Stelle können wir einfach wieder auf die WSDL-Daten zugreifen, die uns der
Server liefert. Aus den Beschreibungen, die im WSDL enthalten sind, können wir eine
DLL erzeugen, in der die Metadaten festgehalten wurden. Das Tool dazu liefert uns
Microsoft. Es heißt *SoapSuds.exe*. Öffnen Sie hierzu in Ihrem Dateiexplorer *Programme*,
dann *Microsoft Visual Studio 2005*, gehen Sie in das Verzeichnis *Visual Studio Tools*« und
öffnen Sie dort den *Visual Studio Command Prompt*. Wechseln Sie nun in das Verzeichnis, in dem Sie die Metadaten erstellen möchten, und geben Sie Folgendes ein:

```
soapsuds -url:http://localhost:8000/HelloWorld?wsdl -nowp -oa:meta.dll
```

Selbstverständlich muss der Server vorher gestartet werden! Wenn alles klappt, erhalten
Sie in Ihrem Zielverzeichnis eine Datei mit Namen *meta.dll*. Diese Datei kann als Verweis in Ihr Projekt eingebunden werden und erfüllt den gleichen Zweck wie eine Referenz auf die *Server.exe*. Wenn Sie lieber eine Klasse erzeugen möchten, geht auch dies
mit dem *SoapSuds*-Tool. Geben Sie dazu Folgendes im Command-Prompt ein:

```
soapsuds -url:http://localhost:8000/HelloWorld?wsdl -nowp -gc
```

Dies würde eine Datei erzeugen, die so wie der Server heißt, also in unserem Fall
HttpRemotingServer.cs. Der Inhalt würde etwa wie folgt aussehen:

```
using System;
using System.Runtime.Remoting.Messaging;
using System.Runtime.Remoting.Metadata;
using System.Runtime.Remoting.Metadata.W3cXsd2001;
using System.Runtime.InteropServices;
namespace HttpRemotingServer {
    [Serializable, SoapType(XmlNamespace=@"http://schemas.
microsoft.com/clr/nsassem/HttpRemotingServer/HttpRemotingServer%2C%20Version%3D1.0.0.
0%2C%20Culture%3Dneutral%2C%20PublicKeyToken%3Dnull",
XmlTypeNamespace=@"http://schemas.microsoft.com/clr/nsassem/HttpRemotingServer/HttpRe
motingServer%2C%20Version%3D1.0.0.0%2C%20Culture%3Dneutral%2C%20PublicKeyToken%3Dnull
")][ComVisible(true)]
    public class helloObject : System.MarshalByRefObject
    {
        [SoapMethod(SoapAction=@"http://schemas.microsoft.com/clr/
nsassem/HttpRemotingServer.helloObject/HttpRemotingServer#HelloWorld")]
        public String HelloWorld(String s)
        {
            return((String) (Object) null);
        }
    }
}
```

An dieser Datei sehen wir auch, dass .NET-Remoting standardmäßig über SOAP kommuniziert. Wir sind mit unserem Remoting also ganz nah an den Webservices.

8.5 Leasing

Für jedes von uns über Remoting erstellte Objekt, das außerhalb unserer Anwendung transportiert wird, wird ein Lease erstellt. Diese Leases haben eine Lebensdauer, eine sogenannte Leasedauer. Das macht auch durchaus Sinn, damit der Server nach einer gewissen Zeit über die Garbage Collection nicht mehr benötigte Objekte freigeben und löschen kann. Alle Objekte haben eine Standardlebensdauer, wir können aber auf verschiedenen Wegen für eine Verlängerung sorgen.

• Wir können direkt über die Serverapplikation die Leasedauer auf unendlich setzen.

• Wir können auf der Clientseite aus der Klasse *RemotingServices* die Methode *GetLifetimeService* verwenden.

• Über einen Leasemanager kann der Client einen Rückruf erhalten, der eine Aufforderung zur Erneuerung beinhaltet.

• Das Lease-Objekt kann eine Eigenschaft *RenewOnCallTime* verwenden, um bei einem Aufruf des Remoteobjekts eine Erneuerung durchzuführen.

Die einzelnen Lease-Objekte (ILease) werden beim Instanziieren der serverseitigen *MarshalByRefObjects* automatisch erzeugt. Die so erzeugten Objekte enthalten einen Standardwert für ihren Lebenszyklus. Alle paar Sekunden verringert ein Hintergrundthread diesen Wert, bis er bei 0 ankommt und das Objekt aus dem Speicher entfernt werden kann. Die RenewOnCallTime wird ebenso standardmäßig belegt. Diese Zeit sagt aus, um wie viel sich der jeweilige Lease verlängert, wenn das Objekt von einem Client aus ausgerufen wurde. Wenn Sie diesen Lebenszyklus (auf unendlich) verlängern möchten, können Sie zum Beispiel die jeweilige Methode *InitializeLifetimeService()* überschreiben und *null* zurückgeben.

```
public class helloObject : MarshalByRefObject
    {
        public String HelloWorld(String s)
        {
            MessageBox.Show("Server wird abgefragt");
            return "Hallo Welt "+s;
        }

        public override object InitializeLifetimeService()
        {
            return null;
        }
    }
```

Oder aber Sie setzen einen neuen Wert für die einzelnen Eigenschaften.

```
public override object InitializeLifetimeService()
{
    Ilease leaseTime = (ILease)base.InitializeLifetimeService();
    leaseTime.InitialLeaseTime = TimeSpan.FromMinutes(100);
    return leaseTime;
}
```

8.6   Hosting

In unserem gerade behandelten Beispiel haben wir als Übertragungsweg HTTP verwendet. Zu diesem Zweck haben wir eine EXE-Datei erstellt, die den Host darstellte. Man kann Remoting-Objekte aber auch über den IIS (Internet Information Server) hosten (anbieten). Wenn Sie Remoting-Objekte über den IIS hosten, werden diese Remoting-Objekte zu Webdiensten. Aber warum sollten wir über Remoting einen Webservice auf einem IIS hosten? Im Prinzip muss man das nicht, Sie haben ja selbst gesehen, dass man einen eigenen, schlanken Server aufbauen kann, der auf einem speziellen Port auf Anfragen wartet. Der IIS allerdings hat natürlich alles, was einen Webserver ausmacht, inklusive Sicherheitsmechanismen, Verzeichnisverwaltung, virtuelle Verzeichnisse etc. Aus diesem Grund stelle ich Ihnen kurz schematisch dar, wie Sie einen Remotingdienst auf einem IIS hosten.

Alle Remoting-Objekte, die durch einen IIS gehostet werden, empfangen Ihre Nachrichten über einen HTTP-Channel. Um einen Dienst erfolgreich zu hosten, erstellen Sie auf dem IIS ein virtuelles Stammverzeichnis. Kopieren Sie in dieses Stammverzeichnis eine Konfigurationsdatei namens *remoting.cfg.* Der jeweilige Dienst selbst, der entweder als Assembly oder als ausführbare EXE-Datei vorliegen kann, wird in das *bin*-Verzeichnis kopiert, welches unterhalb des Stammverzeichnisses liegt. Dabei MUSS der Name des Stammverzeichnisses mit dem Namen der Anwendung übereinstimmen, den Sie in der Konfiguration angegeben haben!

Eine solche Konfigurationsdatei könnte in etwa (schematisch) wie folgt aussehen:

```
<configuration>
  <system.runtime.remoting>
    <application name="HelloWorld">
      <service>
        <wellknown mode="Singleton"
                  type="HttpRemotingServer.helloObject, HelloWorld"
                  objectUri="HelloWorld" />
      </service>
      <channels>
        <channel port="8000" type="System.Runtime.Remoting.Channels.Http.HttpChannel,
                                    System.Runtime.Remoting" />
```

```
      </channels>
    </application>
  </system.runtime.remoting>
</configuration>
```

Wie Sie sehen, enthält diese Datei verschiedene Informationen zum gehosteten Objekt. Möglich sind zum Beispiel: Objektnamen, URIs, Channelinformationen und Leasedauer von Objekten. Der klare Vorteil der Konfigurationsdateien liegt in der Tatsache, dass nur diese geändert werden müssen, aber nicht die Informationen innerhalb des Quellcodes eines Dienstes. Wenn man also mal schnell den Port ändern muss, kann dies über die Konfigurationsdatei geschehen. Mehr zum Hosting von Remotingobjekten werden Sie im Kapitel über Application-Server erfahren. Dort werde ich auch noch einmal detailliert auf dieses Beispiel eingehen.

8.7 .NET TCP-Remoting

Auf den vorangegangenen Seiten haben wir im Grunde nichts anderes getan, als einen verkappten und rudimentären Webservice zu erstellen und zu verwenden. Dieser Service verwendete HTTP als Übertragungsprotokoll, wie wir das bisher gewohnt waren. Standardmäßig verwendet der HTTP-Kanal SOAP zur Übertragung. Wie Sie ja bereits wissen, ist SOAP ein XML-Derivat, und einer seiner größten Nachteile ist dadurch die Übetragungsdauer und Datengröße bei großen Informationsmengen. Wenn man diese Nachrichtendaten schlanker halten möchte, zum Beispiel wegen einer langsamen Verbindung des Clients, kann man auch per TCP ein Remoting erzeugen. TCP hat den Vorteil, dass die Daten binär versendet werden. Natürlich hat TCP dadurch gleichzeitig den Nachteil, dass die Daten binär übertragen werden. :o) Ich glaube, Sie verstehen, worauf ich hinaus will. Nämlich auf die Tatsache, dass zum einen zwar die Übertragung schneller vonstatten geht, andererseits wir aber durch das Format auf reine .NET-Clients beschränkt bleiben. Den Transportmechanismus für die Nachrichten stellen in beiden Fällen die Channel Services bereit.

Es ist auch möglich, statt HTTP- oder TCP-Kanälen benutzerdefinierte Kanäle zu verwenden, die selbst entwickelt wurden.

Da die Transformierung der Nachrichten über eine Serialisierung und anschließende Deserialisierung erfolgt, benötigt die Remotingtechnik auch hier Formatter. Zu diesem Zweck gibt es den SOAP-Formatter und den Binary-Formatter, die die Nachrichten jeweils entsprechend formatieren. Wenn Sie einen eigenen Channel schreiben möchten, verwenden Sie über die Schnittstelle *IRemotingFormatter* einen diesen Formatter.

Um Ihnen sowohl einen TCP-Server als auch einen TCP-Client zu demonstrieren, folgen die entsprechenden Beispiele auf den nächsten Seiten. Wir verwenden hier wieder einen Standardchannel, und die Formatierung erfolgt wie auch bei den vorigen Beispielen automatisch.

8.8   TCP .NET-Remoting-Server

.NET-Remoting via TCP

Listing: cd:\Sourcen\08 Remoting\TcpRemotingServer

Dieses Beispiel erstellt einen einfachen .NET-Remoting-Server, der über TCP mit seinen Clients kommuniziert.

Benötigte Namespaces

System.Runtime.Remoting, System.Runtime.Remoting.Channels,
System.Runtime.Remoting.Channels.Tcp (und *Standard-Assemblies*)

Sourcecode

```
using System;
using System.Collections.Generic;
using System.ComponentModel;
using System.Data;
using System.Drawing;
using System.Text;
using System.Windows.Forms;

using System.Runtime.Remoting;
using System.Runtime.Remoting.Channels;
using System.Runtime.Remoting.Channels.Tcp;

namespace TcpRemotingServer
{
    public partial class Form1 : Form
    {
        public Form1()
        {
            InitializeComponent();
        }

        private void Form1_Load(object sender, EventArgs e)
        {
            try
            {
                IChannel channel = new TcpChannel(8000);
                ChannelServices.RegisterChannel(channel,false);
                RemotingConfiguration.RegisterWellKnownServiceType(typeof(helloObject),
                    "HelloWorld", WellKnownObjectMode.Singleton);

                label1.Text = "Server ist gestartet";
            }
            catch (Exception ex)
            {
                label1.Text = "Server konnte nicht gestartet werden!\r\n"+
                    ex.Message;
```

```
            }
        }
    }

    public class helloObject : MarshalByRefObject
    {
        public String HelloWorld(String s)
        {
            MessageBox.Show("Server wird abgefragt");
            return "Hallo Welt "+s;
        }
    }
}
```

Beschreibung

Wie Sie in diesem Beispiel sehen, ist der einzige Unterschied zum HTTP-Server folgende Zeile:

```
IChannel channel = new TcpChannel(8000);
```

Wir erstellen hier einen TCP-Channel statt einem HTTP-Channel. Aus diesem Grund binden wir als Assembly auch folgende ein:

```
using System.Runtime.Remoting.Channels.Tcp;
```

Der Client unterscheidet sich ein klein wenig mehr von seinem HTTP-Pendant.

8.9   TCP .NET-Remoting-Client

.NET-Remoting via TCP

Listing: cd:\Sourcen\08 Remoting\TcpRemotingClient

Dieses Beispiel erstellt einen einfachen .NET-Remoting-Client, der über TCP mit einem Server kommuniziert.

Benötigte Namespaces

System.Runtime.Remoting,System.Runtime.Remoting.Channels,
System.Runtime.Remoting.Channels.Tcp (und *Standard-Assemblies*)

Sourcecode

```
using System;
using System.Collections.Generic;
using System.ComponentModel;
using System.Data;
using System.Drawing;
using System.Text;
using System.Windows.Forms;
```

```
using System.Runtime.Remoting;
using System.Runtime.Remoting.Channels;
using System.Runtime.Remoting.Channels.Tcp;

namespace TcpRemotingClient
{
    public partial class Form1 : Form
    {
        public Form1()
        {
            InitializeComponent();
        }

        private void button1_Click_1(object sender, EventArgs e)
        {
            IChannel channel = new TcpChannel();
            ChannelServices.RegisterChannel(channel, false);
            TcpRemotingServer.helloObject obj =
                (TcpRemotingServer.helloObject)Activator.GetObject
                (typeof(TcpRemotingServer.helloObject),
                "tcp://localhost:8000/HelloWorld");
            if (obj != null)
            {
                MessageBox.Show(obj.HelloWorld(" mit .NET Remoting"));
            }
            else
            {
                MessageBox.Show("Server wurde nicht gefunden!");
            }
        }
    }
}
```

Beschreibung

Auch im Client verwenden wir logischerweise einen TCP-Channel.

```
IChannel channel = new TcpChannel();
```

Um auf die Metadaten des aufzurufenden Objekts zuzugreifen und daraus einen Proxy bilden zu können, benötigen wir wieder einen Verweis auf den Server. Dieses Serverobjekt heißt *TcpRemotingServer*. Aus diesem Grund sehen Sie als vollqualifizierten Pfad *TcpRemotingServer.helloObject*. Interessant wird es bei der URI der Methode.

```
"tcp://localhost:8000/HelloWorld");
```

Hier verweisen wir nämlich auf *tcp* als Protokoll! Wenn Sie sowohl den Server als auch den Client starten und den Client durch einen Klick auf den Button aktivieren, erhalten Sie das gleiche Ergebnis wie beim HTTP-Beispiel.

Das nächste Beispiel geht etwas näher auf die Eigenheiten der *Singleton*-Objekte ein, damit Sie ein Gefühl für den Unterschied zu *Single-Call*-Objekten bekommen. Außerdem ist das nächste Beispiel unter Visual Basic realisiert, damit wir nicht zu einseitig werden. Das folgende Beispiel verwendet das *Singleton*-Objekt auf dem Server, um Daten zwischen den einzelnen Clients auszutauschen.

8.10   TCP-Chatserver unter VB

Listing: cd:\Sourcen\08 Remoting\TcpChatServer

Dieses Beispiel erstellt ein *Singleton*-Objekt als Server, um eine Kommunikation zwischen mehreren Clients zu ermöglichen. Alle Event-Parameter wurden aus Platzgründen gestrichen.

Benötigte Namespaces

System.Runtime.Remoting, System.Runtime.Remoting.Channels, System.Runtime.Remoting.Channels.Tcp (und *Standard-Assemblies*)

Sourcecode

```
Imports System.Runtime.Remoting
imports System.Runtime.Remoting.Channels
imports System.Runtime.Remoting.Channels.Tcp

Public Class Form1
    Private Sub Button1_Click() Handles Button1.Click
        Try
            Dim _chatServer As New chatServer
            Dim chnl As IChannel
            chnl = New TcpChannel(8000)
            ChannelServices.RegisterChannel(chnl, False)

            RemotingConfiguration.RegisterWellKnownServiceType _
                    (_chatServer.GetType, "ChatServer", WellKnownObjectMode.Sirgleton)
            Label1.Text = "Server läuft"
        Catch ex As Exception
            MessageBox.Show("Server konnte nicht gestartet werden")
        End Try
    End Sub
End Class


Public Class chatServer
    Inherits MarshalByRefObject

    Dim strText As String

    Public Function addText(ByVal text As String)
        strText = strText + text + Chr(13) + Chr(10)
        addText = strText
    End Function

End Class
```

Beschreibung

Am Anfang unserer Chatserverklasse binden wir natürlich wieder die benötigten Namespaces der Assemblies ein.

```
Imports System.Runtime.Remoting
imports System.Runtime.Remoting.Channels
imports System.Runtime.Remoting.Channels.Tcp
```

Auch hier müssen Sie wieder über die Projektverweise die *System.Runtime.Remoting Assembly* von Hand anmelden!

Danach können wir unser Serverobjekt instanziieren und den Channel definieren.

```
Dim _chatServer As New chatServer
Dim chnl As IChannel
chnl = New TcpChannel(8000)
```

Nun registrieren wir unseren Übertragungskanal.

```
ChannelServices.RegisterChannel(chnl, False)
```

Sobald der Kanal erzeugt wurde, registrieren wir das Serverobjekt in der Remoting-Umgebung.

```
RemotingConfiguration.RegisterWellKnownServiceType _
    (_chatServer.GetType, "ChatServer", WellKnownObjectMode.Singleton)
```

Die Klasse, die wir als Remoting-Objekt bereitstellen, wird natürlich auch diesmal von *MarshalByRefObject* abgeleitet.

```
Public Class chatServer
    Inherits MarshalByRefObject
```

Unsere Kommunikationsmethode erhält als Parameter den zu verschickenden Text, fügt diesen an den bestehenden Text an und gibt alles wieder an den Client zurück. Alle zwischengespeicherten Daten befinden sich in der Variablen *strText*.

```
Public Function addText(ByVal text As String)
    strText = strText + text + Chr(13) + Chr(10)
    addText = strText
End Function
```

8.11   TCP-Chatclient unter VB

Listing: cd:\Sourcen\08 Remoting\TcpChatClient

Dieses Beispiel verwendet ein *Singleton*-Objekt auf einem Remoting-Server zur Kommunikation mit anderen Clients. Alle Event-Parameter wurden aus Platzgründen gestrichen.

Benötigte Namespaces

System.Runtime.Remoting,System.Runtime.Remoting.Channels,
System.Runtime.Remoting.Channels.Tcp (und *Standard-Assemblies*)

Sourcecode

```
Imports System.Runtime.Remoting
imports System.Runtime.Remoting.Channels
imports System.Runtime.Remoting.Channels.Tcp

Public Class Form1
    Dim chnl As IChannel
    Dim server As TcpChatServer.chatServer

    Private Sub Form1_Load() Handles MyBase.Load
        chnl = New TcpChannel
        server = New TcpChatServer.chatServer
        ChannelServices.RegisterChannel(chnl, False)
        server = CType(Activator.GetObject(server.GetType, _
                    "tcp://localhost:8000/ChatServer"), TcpChatServer.chatServer)
    End Sub

    Private Sub Button1_Click() Handles Button1.Click
        If TextBox3.Text = "" Then TextBox3.Text = "NoName"
        TextBox1.Text = server.addText(TextBox3.Text + " : " + TextBox2.Text)
    End Sub

End Class
```

Beschreibung

Sie sehen in der Button-Klick-Methode, dass einfach der Text aus der Eingabetextbox an den Server übermittelt wird.

```
    TextBox1.Text = server.addText(TextBox3.Text + " : " + TextBox2.Text)
```

Der zurückgelieferte Text vom Server wird dann wieder der Anzeigetextbox zugewiesen. Da das Serverobjekt ein *Singleton* ist, behält es die Daten aus der Kommunikation und kann sie an alle verbundenen Clients senden. Jeder verbundene Client erhält im Prinzip so den Inhalt der gleichen Variablen, nämlich unseres Textes. Man könnte *Singleton*-Objekte also durchaus als globale Objekte bezeichnen, auf die verschiedene und vollkommen voneinander unabhängige Clients gleichberechtigten Zugriff erhalten. Natürlich ist der vorliegende Chat nicht annähernd komplett! Wir haben zum Beispiel keine automatische Aktualisierung des Textes. Eine entsprechende Aktualisierung erfolgt immer nur, wenn einer der Clients einen Text verschickt. Ebenso erfolgt keine Fehlerabfrage innerhalb der Clients. Wenn also kein Server gestartet wurde, bemerkt der Client dies nicht, bevor er nicht eine Nachricht versendet.

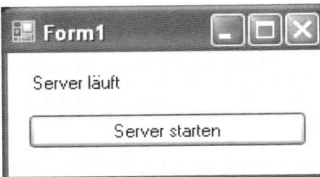

Bild 8.1: Chatserver

Bild 8.2: Chatclients

Die bisherigen Beispiele haben jedes Mal ein *Singleton*-Objekt auf der Serverseite verwendet. Diese Objekte werden auch serverseitig aktivierte Objekte, SAO genannt. Im nächsten Beispiel verwenden wir dagegen ein clientaktiviertes Objekt (CAO). Der Unterschied der Sourcecodes ist nicht gravierend, aber die Details sorgen für ein verschiedenes Verhalten.

8.12 TCP .NET-Remoting-Server mit CAO

.NET-Remoting via TCP mit clientaktivierten Objekten

Listing: cd:\Sourcen\08 Remoting\RemotingCAOServer

Dieses Beispiel erstellt einen einfachen .NET-Remoting-Server, der über TCP mit seinen Clients kommuniziert. Die Objekte werden vom Client aktiviert.

Benötigte Namespaces

System.Runtime.Remoting,System.Runtime.Remoting.Channels,
System.Runtime.Remoting.Channels.Tcp (und *Standard-Assemblies*)

Sourcecode

```
using System;
using System.Collections.Generic;
using System.ComponentModel;
using System.Data;
using System.Drawing;
using System.Text;
using System.Windows.Forms;

using System.Runtime.Remoting;
using System.Runtime.Remoting.Channels;
using System.Runtime.Remoting.Channels.Tcp;

namespace RemotingCAOServer
{
    public partial class Form1 : Form
    {
        public Form1()
        {
            InitializeComponent();
        }

        private void Form1_Load(object sender, EventArgs e)
        {
            try
            {
                IChannel channel = new TcpChannel(8000);
                ChannelServices.RegisterChannel(channel, false);
RemotingConfiguration.RegisterActivatedServiceType(typeof(helloObject));
                label1.Text = "Server ist gestartet";
            }
            catch (Exception ex)
            {
                label1.Text = "Server konnte nicht gestartet werden!\r\n" +
                    ex.Message;
            }
        }

    }

    public class helloObject : MarshalByRefObject
    {
        public String HelloWorld(String s)
        {
            MessageBox.Show("Server wird abgefragt");
            return "Hallo Welt " + s;
        }
    }
}
```

Beschreibung

Der einzige Unterschied zu unserem serveraktivierten Objekt ist folgende Zeile im Server:

```
RemotingConfiguration.RegisterActivatedServiceType(typeof(helloObject));
```

Hier registrieren wir das Serverobjekt mit *RegisterActivatedServiceType*. Dieser Methode übergeben wir nur den Typ des Serverobjekts. Zur Erinnerung: Unser Objekt wird in dieser Klasse erstellt:

```
public class helloObject : MarshalByRefObject
{
    public String HelloWorld(String s)
    {
        MessageBox.Show("Server wird abgefragt");
        return "Hallo Welt " + s;
    }
}
```

Der Client sieht aus wie im folgenden Abschnitt.

8.13 TCP .NET-Remoting-Client mit CAO

.NET-Remoting via TCP mit clientaktivierten Objekten

Listing: cd:\Sourcen\08 Remoting\RemotingCAOClient

Dieses Beispiel erstellt einen einfachen .NET-Remoting-Client, der über TCP mit seinem Server kommuniziert. Die Objekte des Servers werden vom Client aktiviert.

Benötigte Namespaces

System.Runtime.Remoting, System.Runtime.Remoting.Channels, System.Runtime.Remoting. Channels.Tcp (und *Standard-Assemblies*)

Sourcecode

```
using System;
using System.Collections.Generic;
using System.ComponentModel;
using System.Data;
using System.Drawing;
using System.Text;
using System.Windows.Forms;
```

```
using System.Runtime.Remoting;
using System.Runtime.Remoting.Channels;
using System.Runtime.Remoting.Channels.Tcp;
using RemotingCAOServer;


namespace RemotingCAOClient
{
    public partial class Form1 : Form
    {
     public Form1()
        {
            InitializeComponent();
        }


        private void button1_Click(object sender, EventArgs e)
        {
            IChannel channel = new TcpChannel();
            ChannelServices.RegisterChannel(channel, false);

            RemotingConfiguration.RegisterActivatedClientType(
                typeof(helloObject), "tcp://localhost:8000");


            helloObject server= new helloObject();
            if (server != null)
            {
                MessageBox.Show(server.HelloWorld(" mit .NET Remoting"));
            }
        }
    }
}
```

Beschreibung

Jetzt wird es interessant! Nachdem Sie wieder die Verweise auf die Remoting-Assembly und die *Server.exe* angelegt haben, legen wir los.

Wir legen einen Channel an und registrieren ihn.

```
            IChannel channel = new TcpChannel();
            ChannelServices.RegisterChannel(channel, false);
```

Als Nächstes bereiten wir über den Channel das Aktivieren unseres Objekts vor.

```
            RemotingConfiguration.RegisterActivatedClientType(
                typeof(helloObject), "tcp://localhost:8000");
```

Der Typ *HelloObject* ist in diesem Fall wieder über den Verweis auf die *Server.exe* bekannt! Beim Angeben der URL benötigen wir diesmal keinen abschließenden Klassennamen unseres Serverobjekts.

Durch das anschließende Instanziieren unserer Objektvariablen erstellen wir direkt auf dem Server das zugehörige Objekt.

```
helloObject server= new helloObject();
```

Jetzt können wir das Objekt vom Server genauso verwenden wie alle anderen Objekte.

```
if (server != null)
{
  MessageBox.Show(server.HelloWorld(" mit .NET Remoting"));
}
```

Anhand der bisherigen Seiten des aktuellen Kapitels sollten Sie jetzt einen ersten Überblick über das .NET-Remoting erhalten haben. Natürlich gibt es noch verschiedene Details, auf die ich nicht eingegangen bin, aber für einen Start und vor allem für ein erstes Verständnis sollten die bisherigen Seiten genügen.

Auf den restlichen Seiten dieses Kapitels betrachten wir uns Java und finden heraus, wie SUN das Remoting gelöst hat.

8.14   Java-Remoting (RMI)

Das Remoting auf der Java-Seite funktioniert prinzipiell nach den gleichen Verfahrensweisen wie das .NET-Remoting. Die Begriffe, die Sie bisher kennengelernt haben, können praktisch eins zu eins übernommen werden. Vor der Version 5 von Java war es noch nötig, für Remotingobjekte *Stubs* und *Skeletons* anzulegen. Das Stub befand sich auf der Clientseite. Stub bedeutet Stumpf oder Stummel und bezeichnet nichts anderes als einen Proxy oder Platzhalter. Der Stub steht als Ersatz für einen bestimmten Programmcode, der sich unter anderem auch auf einem entfernten Rechner befinden kann. Ein Stub ist außerdem ein Designpattern. Skeletons sind generierte Strukturen, die vom Entwickler selbst ausgebaut werden können. Skeletons (beim Remoting) befinden sich üblicherweise auf der Serverseite, Stubs auf Clientseite.

Zum Anlegen der Stubs und Skeletons verwendete man vor der Version 5 noch ein Tool namens *rmic*, den *Remote Method Invocation Compiler*. Dieser Compiler generierte aus den vorliegenden Klassen die jeweils zugehörigen Stellvertreter, also die Stubs und Skeletons. Ebenso wie unter .NET müssen entfernte Objekte vor ihrer Verwendung bei einer Registry angemeldet werden, damit der Clients sie verwenden kann. Eine Remotinganwendung kann entweder von Hand über ein Tool namens *rmiregistry* angemeldet werden, oder aber, einfacher, über den Programmcode. Wir werden unsere Beispiele (natürlich!) über den Sourcecode anmelden.

Sun war eine der ersten Firmen, die ein RMI-Konzept verwirklichten (RPC, RFC 707, 1976). Um sich an andere Standards anzupassen, hat SUN seit einiger Zeit bereits den CORBA-Standard integriert. Im Gegensatz zu Microsoft kann beim Java-Remoting das Inter-ORB-Protokoll zur Übertragung gewählt werden. Damit werden Java-Remoting-Anwendungen CORBA-kompatibel. Standard zur Übertragung ist allerdings das Java Remote Method Protocol (JRMP). Ebenso können Remotingobjekte über HTTP getunnelt werden. Der Ablauf einer Kommunikation beim Java-Remoting ist im Grunde nicht anders als unter .NET. Ein Serverobjekt stellt Methoden und Objekte bereit. Die Remoting-Registry ist der Dienst, der Anfragen entgegennimmt und weiterleitet. Das Serverobjekt registriert sich an diesem Registrydienst, der Client fragt den Dienst ab. Der Client selbst verwendet Proxies, um über den Registrydienst mit dem Serverobjekt zu kommunizieren. Die einzelnen Serverobjekte besitzen ebenso wie unter .NET eine Leasedauer, die die Verfallszeit der Objekte angibt. Kommuniziert wird über die Channels. Auf Clientseite spricht man ebenso von Proxies, die die entfernten Klassen abbilden. Sie müssen also in Bezug auf die Begrifflichkeiten nichts Neues mehr lernen.

Lassen Sie uns als Erstes ein kleines Beispiel betrachten, in dem wir auf die Grundlagen eingehen. Die Folgebeispiele werden auf die gleiche Art erstellt und ausgeführt, wie in diesem Beispiel beschrieben.

8.15 Java-Remoting-Server

Java-Remoting-Server

Dieses Beispiel zeigt, wie ein RMI-Server über Java angelegt und ausgeführt wird.

Listing: cd:\Sourcen\08 Remoting\Java\RemotingServer

Benötigte Klassen

java.rmi.registry.LocateRegistry, java.rmi.registry.Registry, java.rmi.server.RemoteServer, java.rmi.server.UnicastRemoteObject

Sourcecode Main

```
package remoting.server;

import java.rmi.registry.LocateRegistry;
import java.rmi.registry.Registry;
import java.rmi.server.RemoteServer;
import java.rmi.server.UnicastRemoteObject;

public class Main
{
    public static void main(String[] args)
    {
        System.out.println("Läuft");
        try {

        Hello HelloObject = new Hello();
```

```
IHello stub = (IHello)UnicastRemoteObject.exportObject(HelloObject,0);
RemoteServer.setLog(System.out);
LocateRegistry.createRegistry(1099);
Registry reg = LocateRegistry.getRegistry();

reg.rebind("HelloServer",stub);
System.out.println("Server wurde registriert ...\r\n Wartet auf Anfragen");
} catch (Exception ex)
{
    System.out.println("Server konnte nicht registriert
                                        werden!\r\n"+ex.getMessage() );
}
  }
}
```

Sourcecode Interface IHello

```
package remoting.server;

import java.rmi.Remote;
import java.rmi.RemoteException;

public interface IHello extends Remote
{
    String HelloMethod (String input) throws RemoteException;
}
```

Sourcecode-Implementation des Interface in Klasse Hello

```
package remoting.server;

import java.rmi.registry.LocateRegistry;
import java.rmi.registry.Registry;
import java.rmi.server.RemoteServer;
import java.rmi.server.UnicastRemoteObject;

public class Hello implements IHello
{
    public String HelloMethod (String input)
    {
        System.out.println("Server wird aufgerufen: "+input);
        return "Hallo vom Server: "+input ;
    }
}
```

Beschreibung

Wir rollen diesmal das Feld von hinten auf. Lassen Sie uns als Erstes betrachten, wie der Server kompiliert und ausgeführt wird. Dieser Vorgang ist wichtig für das Verständnis des Clients.

Wenn Sie das Serverprojekt und das Clientprojekt gleichzeitig unter Netbeans geladen haben, gehen Sie folgendermaßen vor:

Klicken Sie im Projektbaum mit der rechten Maustaste auf das Serverprojekt und wählen Sie im Kontextmenü *Set Main project.*

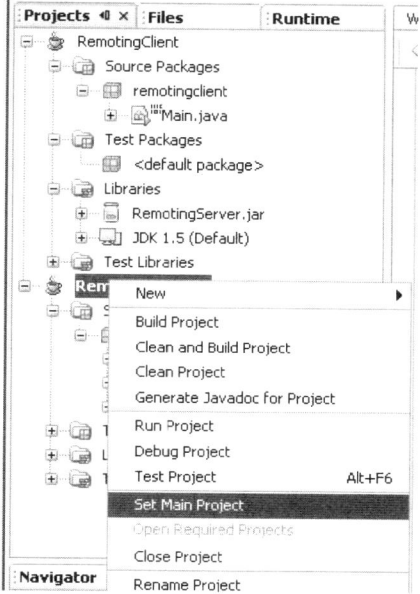

Bild 8.3: Main Project setzen

Dieser Vorgang ist wichtig, da wir ein Jar-File benötigen, welches wir später im Client
einbinden! Damit dieses Jar-File automatisch über die IDE gebaut wird, müssen wir das
Hauptprojekt setzen. Wenn Sie das Hauptprojekt festgelegt haben, klicken Sie im Menü
Build auf *Clean and Build Main Project.*

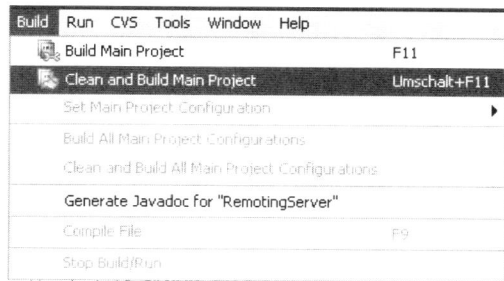

Bild 8.4: Clean and Build

Nun sollte im Hauptverzeichnis des Projekts *RemotingServer* ein Unterverzeichnis
namens *dist* auftauchen. In diesem Verzeichnis finden Sie das Jar-File *RemotingSer-
ver.jar.* Dieses Jar-File enthält die Schnittstelle *IHello*, die wir später beim Client benötigen.

Nun zum Sourcecode. Das Interface *IHello* enthält die Definition der Servermethode, welche wir später sowohl im Client als auch im Server verwenden möchten. Falls Sie sich nicht mit Java Interfaces und auskennen, sollte Folgendes als Erklärung genügen.

Interfaces definieren gemeinsame Signaturen, also Ausprägungen von Klassen. Wenn ein Interface eingebunden wird, ist die einbindende Klasse dazu gezwungen, die definierten Methoden auszubilden, also zu definieren. Die Methoden müssen nicht mit Code gefüllt sein, aber der Methodenrumpf muss, genauso wie im Interface beschrieben, vorhanden sein. Der Vorteil dabei ist, dass ein Aufrufer ein zurückgegebenes Objekt auf den Typ der Schnittstelle casten kann und somit einen Zugriff auf die implementierten Methoden erhält. Genau diesen Zustand machen wir uns später zunutze.

In unserem Interface erbt *IHello* von *Remote*, dadurch kann die Methode in der Implementation später als Remotingobjekt veröffentlicht werden.

```
public interface IHello extends Remote
{
```

Die eigentlich definierte Methode gibt einen String zurück und erhält als Eingabeparameter einen Input-String.

```
    String HelloMethod (String input) throws RemoteException;
}
```

Die Implementationsklasse *Hello* implementiert unser Interface.

```
public class Hello implements IHello
```

Damit wird sie, wie bereits erwähnt, gezwungen, die im Interface definierte Methode anzulegen.

```
    public String HelloMethod (String input)
    {
        System.out.println("Server wird aufgerufen: "+input);
        return "Hallo vom Server: "+input ;
    }
```

Wir geben bei einem Aufruf einen String in der Standardausgabe aus, damit die Kommunikation verfolgt werden kann. Danach geben wir einen String sowie die Eingabe zurück an den Client.

Jetzt können wir die Implementation unseres Interface in der Serverklasse verwenden. Dazu instanziieren wir ein Objekt vom Typ unserer Implementationsklasse *Hello*.

```
    Hello HelloObject = new Hello();
```

Jetzt wird es interessant, wir exportieren unsere Methode über *UnicastRemoteObject*. Die Methode *exportObject* erwartet als ersten Parameter das Remoteobjekt, als zweiten den Port, auf welchem das Objekt abgerufen werden kann.

```
UnicastRemoteObject.exportObject(HelloObject,0);
```

Die Methode selbst gibt anschließend ein unbestimmtes Objekt zurück, welches vom Server geliefert wird. Da wir wissen, welches Objekt wir erhalten, casten wir es in den von uns gewünschten Typ.

```
(IHello)UnicastRemoteObject.exportObject(HelloObject,0);
```

Das zurückerhaltene Objekt instanziiert eine von uns angelegte Objektvariable vom Typ *IHello*.

```
IHello stub = (IHello)UnicastRemoteObject.exportObject(HelloObject,0);
```

Jetzt haben wir einen Stub bzw. einen Proxy, den wir registrieren können. Um mitzubekommen, was auf dem Server passiert, loggen wir die Ausgaben direkt in die Systemstandardausgabe.

```
RemoteServer.setLog(System.out);
```

Damit wir unser Objekt registrieren können, benötigen wir eine Registryinstanz. Eine solche Instanz kann entweder über *rmiregistry* angelegt werden, oder so wie bei unserem Sourcecode über *createRegistry*.

```
LocateRegistry.createRegistry(1099);
```

Der angegebene Parameter ist der Remoteport. Wenn man den Standardport 1099 verwendet, könnte dieser Parameter auch weggelassen werden, aber mit Portangabe ist es einfach übersichtlicher. Nachdem die Registryinstanz angelegt wurde, holen wir uns diese Instanz als Objekt.

```
Registry reg = LocateRegistry.getRegistry();
```

Über dieses Registryobjekt können wir den Dienst nun binden.

```
reg.rebind("HelloServer",stub);
```

Rebind bedeutet, dass der Dienst angelegt wird, auch wenn bereits ein gleichlautender Dienst vorhanden wäre. Wenn Sie statt *rebind* nur *bind* verwenden, kann ein bestehender Dienst nicht überschrieben werden!

Falls alles funktioniert hat und wir an einer Exception vorbeigekommen sind, gibt der Server eine Meldung aus.

```
System.out.println("Server wurde registriert ...\r\n Wartet auf Anfragen");
```

Falls nicht, ebenso, allerdings im negativen Sinne.

Wenn alles gutgegangen ist, sollten Sie in etwa folgende Meldung in der Netbeans-Ausgabe vorfinden:

```
init:
deps-jar:
Compiling 3 source files to D:\Sourcen\09 Remoting\Java\RemotingServer\build\classes
compile:
run:
Läuft
07.02.2007 21:57:50 sun.rmi.server.UnicastServerRef logCall
FEINER: RMI TCP Connection(1)-10.129.128.176: [10.129.128.176:
sun.rmi.registry.RegistryImpl[0:0:0, 0]: void rebind(java.lang.String,
java.rmi.Remote)]
07.02.2007 21:57:50 sun.rmi.server.UnicastServerRef logCall
FEINER: RMI TCP Connection(2)-10.129.128.176: [10.129.128.176:
sun.rmi.transport.DGCImpl[0:0:0, 2]: java.rmi.dgc.Lease
dirty(java.rmi.server.ObjID[], long, java.rmi.dgc.Lease)]
Server wurde registriert ...
 Wartet auf Anfragen
```

Lassen Sie uns als Nächstes den zugehörigen Client betrachten.

8.16   Java-Remoting-Client

Java-Remoting-Client

Im folgenden Beispiel erfahren Sie, wie ein RMI-Client über Java angelegt wird.

Listing: cd:\Sourcen\08 Remoting\Java\RemotingClient

Benötigte Klassen

*java.rmi.registry.LocateRegistry, java.rmi.registry.Registry, java.rmi.server.RemoteServer,
java.rmi.server.UnicastRemoteObject*

Sourcecode Main

```
package remoting.client;

import java.rmi.registry.LocateRegistry;
import java.rmi.registry.Registry;
import remoting.server.*;

public class Main {

    public Main() {
    }

    public static void main(String[] args)
    {
```

```
    try{
        Registry registry = LocateRegistry.getRegistry();
        String methods[] = registry.list();
        for(int a = 0; a < methods.length;a++)
        {System.out.println("Server Objects: " + methods[a]  ); }

        IHello HelloObject = (IHello) registry.lookup( "HelloServer" );

        String back = HelloObject.HelloMethod(" kommt frisch aus dem Client") ;
        System.cut.println(back);
    } catch(Exception ex)
    {
        System.out.println( "Exception: \r\n"+ex.getMessage() );
        ex.printStackTrace();
    }
  }
}
```

Beschreibung

Beim Client ist es wichtig, dass wir zuvor den Serverbuild durchgeführt haben, damit wir das daraus entstandene Jar-File verwenden können. Der Grund dafür ist, dass wir die Schnittstelle *IHello* benötigen, die der Client natürlich nicht kennt. Damit die Schnittstelle bekannt wird, klicken Sie im Projektabschnitt des Clients mit der rechten Maustaste auf *Libraries*. Wählen Sie dann den Kontextmenüpunkt *Add Jar/Folder*. Damit binden wir das Serverpackage ein und haben Zugriff auf die Schnittstelle sowie auf die Implementationsklasse.

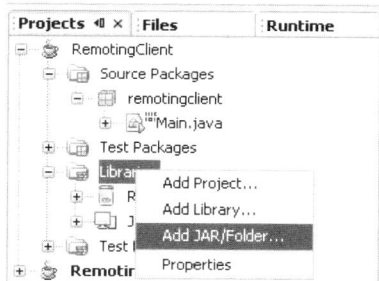

Bild 8.5: Library zufügen

Damit die Klassen des Packages bekannt werden, melden wir diese am Anfang an.

```
import remoting.server.*;
```

Nun benötigen wir das Serverobjekt, damit wir innerhalb des Programmcodes darauf zugreifen können. Aus diesem Grund legen wir uns zuerst eine Instanz der lokalen Registry an.

```
        Registry registry = LocateRegistry.getRegistry();
```

Für Testzwecke ist die folgende Zeile gedacht, die alle Serverobjekte abfragt, die auf der angeforderten Registry vorhanden sind.

```
String methods[] = registry.list();
```

Mit einer Schleife geben wir die angemeldeten Objekte in der Standardausgabe aus.

```
for(int a = 0; a < methods.length;a++)
{System.out.println("Server Objects: " + methods[a]  ); }
```

Jetzt sind wir an der Stelle angekommen, an welcher wir unsere Schnittstelle aus dem Serverpackage benötigen. Ebenso wie im Server selbst, erstellen wir eine Instanz vom Typ *IHello* und versuchen über ein Lookup das passende Objekt zu erhalten.

```
IHello HelloObject = (IHello) registry.lookup( "HelloServer" );
```

Zuletzt rufen wir die Methode selbst auf und weisen die Rückgabe einer Stringvariablen zu.

```
String back = HelloObject.HelloMethod(" kommt frisch aus dem Client") ;
```

Das letzte Beispiel war durch Verwendung der Klasse *UnicastRemoteObject* automatisch ein Singleton-Objekt und serveraktiviert. Wir könnten also ebenso wie unter .NET mit zwei Clients auf zwischengespeicherte Daten zugreifen. Wenn wir ein Client Activated Object (CAO) verwenden möchten, ist es nötig, dass wir auf andere Klassen zugreifen.

Der Unterschied zwischen beiden Objektarten ist einfach dargestellt. Bei einem serveraktivierten Objekt wird das Objekt bereits beim Anmelden auf dem Server erzeugt und wartet dann, ressourcenverbrauchend, auf einen Clientzugriff. Beim CAO wird das Objekt erst erzeugt (und verbraucht Speicherplatz), wenn es von einem Client angesprochen wird. Danach kann es wieder schlafen geschickt werden. Ein Vorteil dabei ist, dass auch hier die Daten zwischengespeichert werden. Die benötigte Klasse heißt *java.rmi.activation*.

Im nächsten Kapitel erfahren Sie, wie versprochen, endlich mehr über die Application-Server, welche unsere (Web-)Dienste hosten.

9 Application-Server

Früher wurden Server als Application-Server bezeichnet, wenn diese Server dem Anwender einzelne Applikationen zur Verfügung gestellt haben. Diese Applikationen wurden vom Client direkt auf dem Server gestartet und dann meist lokal ausgeführt.

Zwischenzeitlich hat sich der Begriff Application-Server für eine andere Art von Server eingebürgert. Nämlich für jene Server, die mit bestimmten Schnittstellen Objekte und Methoden bereitstellen, die clientseitig verwendet werden können. Im Bezug auf Application-Server werden gerne zwei Bezeichnungen für den Client verwendet:

- Thin-Client
- Fat-Client

Bei einem Thin-Client, also einem dünnen Client, dient der Client praktisch nur dazu, die Daten vom Server anzuzeigen. Ein gutes Beispiel ist hierfür eine Webapplikation, die in einem Internetbrowser läuft. Der Browser dient als Schnittstelle zur Anzeige und Dateneingabe. Alle Dialogmasken und Bearbeitungen werden aber auf dem Server selbst erzeugt und ausgeführt.

Ein Fat-Client besitzt eine eigene Dialogoberfläche und erhält nur Daten vom Server. Ein Fat-Client kann serverbasierende Methoden nutzen, deren Funktionalitäten auf dem Server ausgeführt werden, oder aber er verarbeitet nur die Daten.

Die einzelnen Prozesse der Verarbeitung werden in Schichten (Layer) unterteilt. Wir unterscheiden hier zwischen Präsentationsschicht, Geschäftslogik und Datenhaltungsschicht. Aus der Definition geht bereits fast hervor, wo die einzelnen Schichten zum Einsatz kommen. Die Präsentationsschicht ist natürlich am sinnvollsten auf dem Client untergebracht, damit der Anwender die Dialoge sieht. Die Geschäftslogik wird bei SOA oder Webservices natürlich auf dem Server implementiert sein. Die Datenhaltungsschicht macht am meisten Sinn, wenn sie dort liegt, wo die Daten verarbeitet werden, also auf dem Server. Diese Umgebungen werden auch Multi-Tier-Umgebungen genannt, wobei das Tier natürlich kein lebendes, pelziges Etwas ist, sondern der englische Begriff für Schicht.

Die Geschäftslogik und die Datenhaltungsschicht kommunizieren meist über ein internes Netzwerk miteinander, also im Allgemeinen über TCP/IP im LAN. Die Geschäftslogik und die Präsentationsschicht sind relativ frei in der Verwendung eines geeigneten Protokolls. Wichtig sind natürlich die Geschwindigkeit und die Sicherheit. Gerade in Bezug auf sensible Daten spielt natürlich der Sicherheitsaspekt eine große Rolle. Für die Kommunikation stehen natürlich HTTP und HTTPS an erster Stelle. Mit diesen Protokollen lassen sich schon einfache Webapplikationen aufbauen. Durch die Verwendung von Cascading Style Sheets, Serverskripts, Servlets und Applets lassen sich bereits recht anspruchsvolle serviceorientierte Architekturen aufbauen. Bei Webservices gibt es dann natürlich SOAP und XML-RPC, die uns in diesem Kapitel auch keine neuen Begriffe mehr sind. Auf der Remoting-Ebene ohne Webservices gibt es zum Beispiel TCP, RMI, CORBA und DCOM. Wir haben also die Qual der Wahl. Üblich sind zurzeit SOAP und XML-RPC, weil diese Protokolle zurzeit sehr gut von vielen Entwicklungsumgebungen und den zugehörigen Sprachen verstanden werden.

Heutzutage erhalten Application-Server diesen Namen, wenn sie in der Lage sind, Objekte und Methoden für Thin- oder Fat-Clients zu hosten. Oft sind diese Application-Server auch in der Lage, als normale Webserver zu dienen, da sie meist aus diesen entstanden sind. Beispiele für Application-Server sind:

*   IIS (Internet Information Server, Microsoft)

*   SUN Application-Server

*   JBOSS

*   Apache Tomcat mit Axis

*   IBM Websphere

In diesem Kapitel werden Sie drei der gebräuchlichsten Server und ihre grundsätzliche Bedienung kennenlernen. Ich habe mich hier für den IIS, Tomcat und den JBOSS entschieden, da Sie in der Praxis sehr oft auf diese drei stoßen werden.

9.1 IIS-Application- und Webserver

Der *Internet Information Server* entstand aus einem einfachen Webserver. Nach und nach kamen Funktionalitäten zum Ausführen von Skripts, Shellsprachen, Remoting-Services und Webservices hinzu. Zwischenzeitlich hat sich der IIS vom Internet Information Server zu den Internet Information Services gewandelt, weil die Zahl der angebotenen Dienste zusammengefasst wurde. Angeboten werden mittlerweile zusätzlich FTP, Maildienste und Indexdienste. Früher gab es noch ein paar zusätzliche Funktionalitäten, auf die teilweise verzichtet wurde, weil sie veraltet sind.

Der IIS wird im Allgemeinen auf einem Serverbetriebssystem ausgeführt, kann aber auch durchaus auf einem Clientrechner verwendet werden. Wenn der Server allerdings auf einem Betriebssystem wie zum Beispiel Windows 2000 oder Windows XP ausgeführt wird, ist er etwas eingeschränkt, genügt aber für einen Entwickler zum Testen seiner Applikationen. Wenn ein entsprechendes Framework installiert ist, ist der Server natürlich in der Lage, ASP- und ASP.NET-Seiten anzuzeigen und »Codebehind« auszuführen. Schauen wir uns den Server etwas genauer an.

Sollten Sie noch keinen IIS installiert haben, können Sie dies nachholen, indem Sie *Start / Einstellungen / Systemsteuerung / Software / Windows-Komponenten hinzufügen* wählen.

Bild 9.1: Software

Wählen Sie nun die *Internet-Informationdienste* aus und installieren Sie diese.

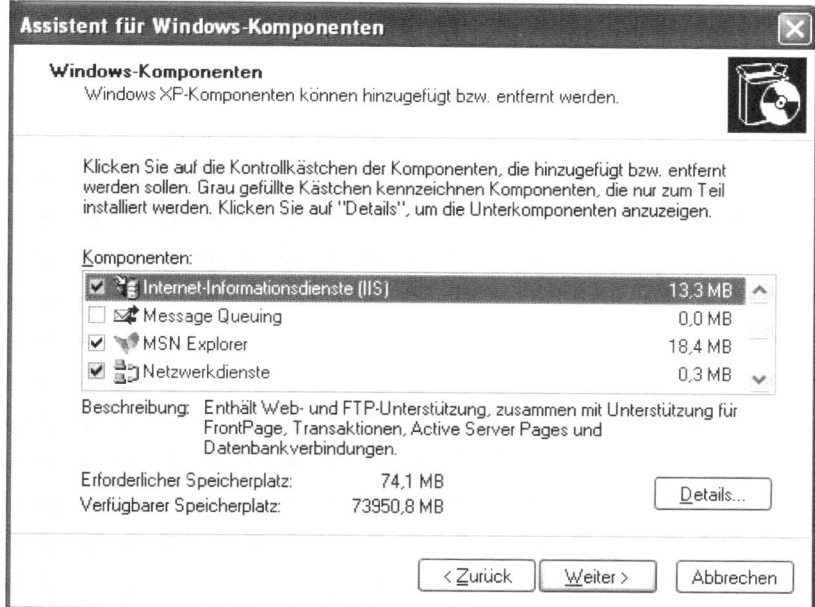

Bild 9.2: Die IIS installieren

Nach der Installation stehen die IIS grundsätzlich zur Verfügung und können bereits Webseiten hosten und an den Client übermitteln.

Sie können dies testen, wenn Sie Folgendes in einem Internetbrowser eingeben:

```
http://localhost/
```

Je nach installierter Version öffnen sich nun entweder ein oder mehrere Browserfenster mit Informationen über den IIS.

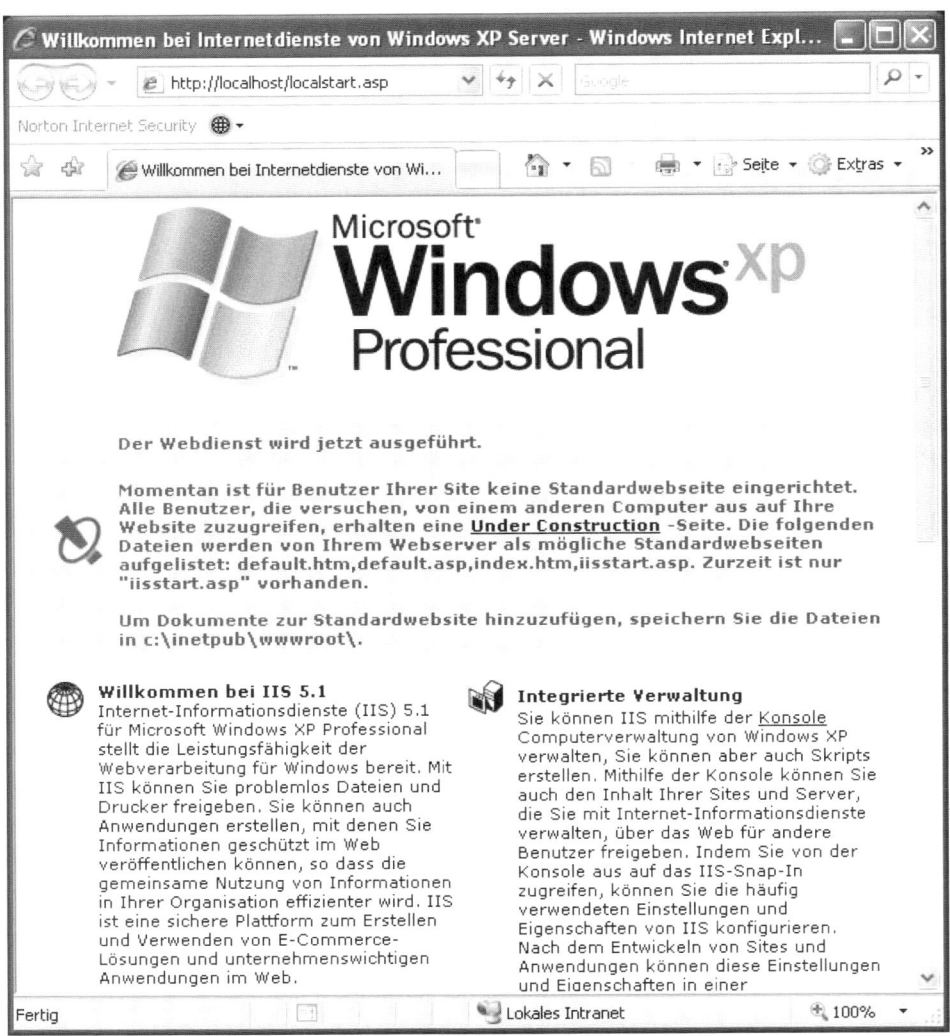

Bild 9.3: IIS-Begrüßungsfenster

Nun könnten Sie zum Beispiel Perl, PHP oder andere Skriptinterpreter installieren. ASP-Seiten sind ebenso wie reine HTML-Seiten sofort lauffähig. Um ASP.NET-Seiten auszuführen, kann es nötig sein, das ASP-Installationstool auszuführen. Sie erhalten in diesem Fall eine Fehlermeldung, dass ASP.NET 1.1/2.0 nicht installiert ist, wenn eine entsprechende Seite aufgerufen wird. Wechseln Sie in diesem Fall über die .NET-Kommandozeile in das gewünschte .NET-Verzeichnis und führen Sie *aspnet_regiis.exe* aus. Da mehrere Versionen des .NET-Frameworks vorhanden sein können, müssen Sie die gewünschte Version selbst aussuchen. Aus diesem Grund ist es nötig, in das entsprechende Versionenverzeichnis zu wechseln und dort die Installation auszuführen. Beispielsweise könnte dies so aussehen:

```
C:\WINDOWS\Microsoft.NET\Framework\v1.1.4322\aspnet_regiis.exe /i
```

Der Parameter *i* gibt an, dass die angegebene Version installiert werden soll. Der Parameter */u* würde das Gegenteil erzeugen, also eine Deinstallation. Anhand von PHP werde ich Ihnen beispielhaft auf den folgenden Seiten zeigen, wie Sie eine Skriptsprache zur Verwendung mit IIS installieren.

9.1.1 PHP mit dem IIS

Laden Sie als Erstes den aktuellsten PHP-Installer von folgender Webseite, oder verwenden Sie die auf CD beiliegende Version.

http://www.php.net/downloads.php

Hinweis:
Verwenden Sie den INSTALLER der Downloadseite, nicht das .zip-File für die Installation! Der Installer konfiguriert gleichzeitig den IIS.

Der Installer legt unter anderem ein File namens *php.ini* im Windows-Verzeichnis an. In diesem File stehen die Konfigurationsdaten für Ihren Rechner. Zu dieser Datei erhalten Sie später noch nähere Informationen.

Wenn Sie den Installer geladen haben, führen Sie bitte die Datei mit einem Doppelklick aus. Sie erhalten dann einen Hinweis, wie im folgenden Screenshot gezeigt.

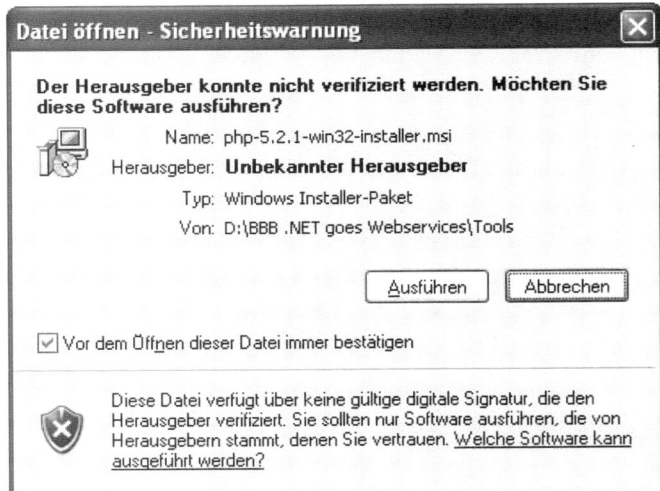

Bild 9.4: Installation einer Skriptsprache am Beispiel PHP

Bestätigen Sie bitte diesen Hinweis mit *Ausführen*, damit die Installation startet. Im nächsten Fenster folgt eine Information des Installers, dass PHP auf Ihrem Rechner installiert werden soll. Bitte bestätigen Sie hier mit *next*.

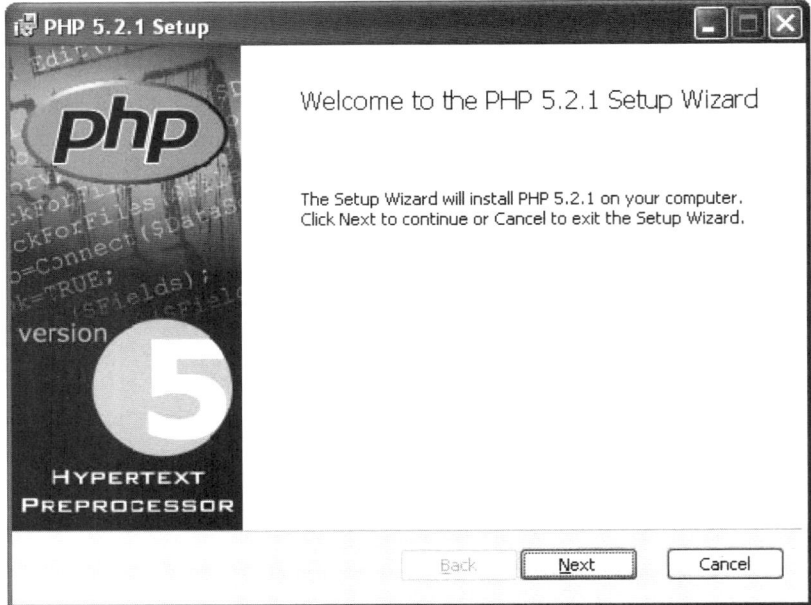

Bild 9.5: Installationsstart

Akzeptieren Sie die Lizenzvereinbarung.

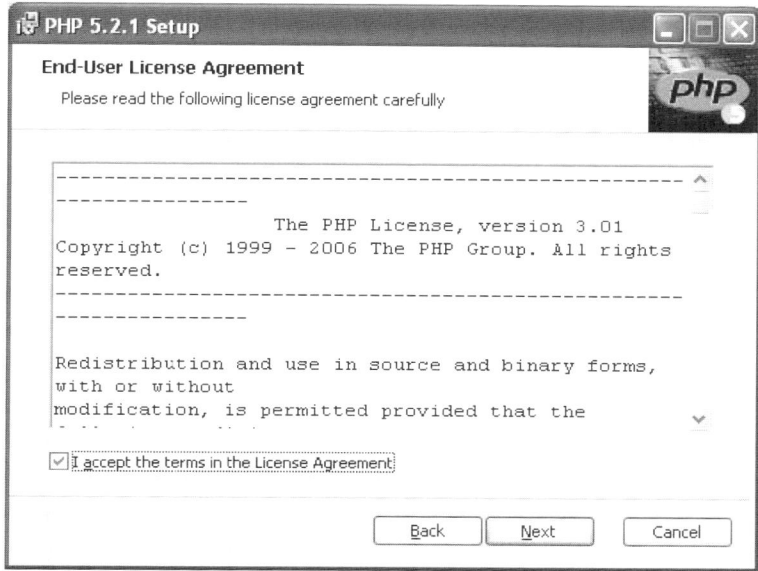

Bild 9.6: Akzeptieren der Lizenzvereinbarung

Wählen Sie als Nächstes das Installationsverzeichnis. Ich empfehle Ihnen die Standardvorgabe zu übernehmen, dann haben Sie es beim Umsetzen von Beispielen, sowohl hier im Buch als auch aus dem Internet, wesentlich einfacher.

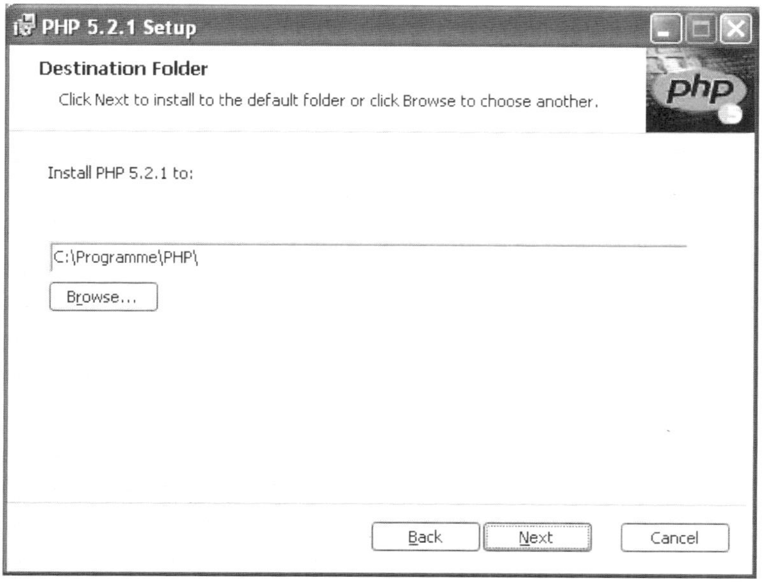

Bild 9.7: Verzeichnis für PHP wählen

Nun haben Sie die Wahl bei der Installation, nämlich als integriertes Modul oder als CGI-Unterstützung. Wählen Sie hier (für die Kompatibilität zum Buch) *IIS CGI*. Dadurch wird PHP als ausführbarer, zusätzlicher Interpreter installiert.

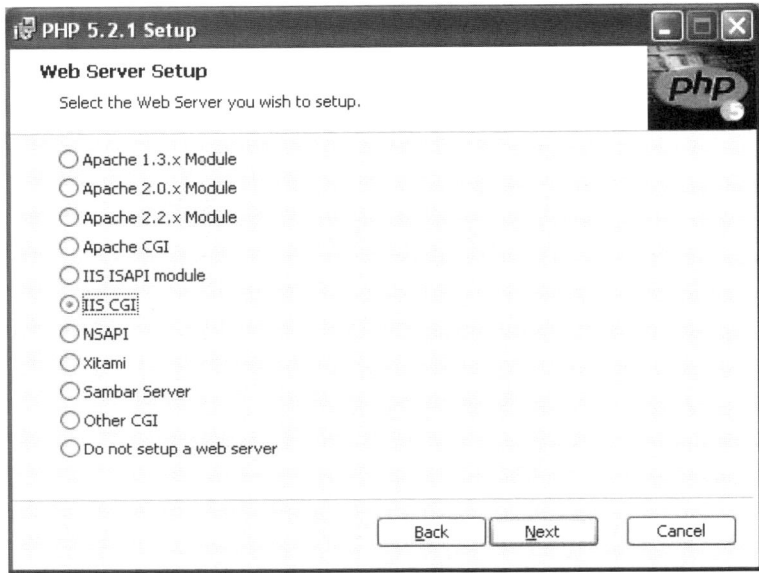

Bild 9.8: Auswahl des zu konfigurierenden Webservers

Wählen Sie im nächsten Fenster unterhalb von *Program* sowohl die Option *Skript Executable* als auch *Register *.php files to open automatically* zur Installation auf der Festplatte. Ebenso macht es Sinn, das PHP-Handbuch auf der Festplatte zu installieren. Diese Option liegt unter *Extras*.

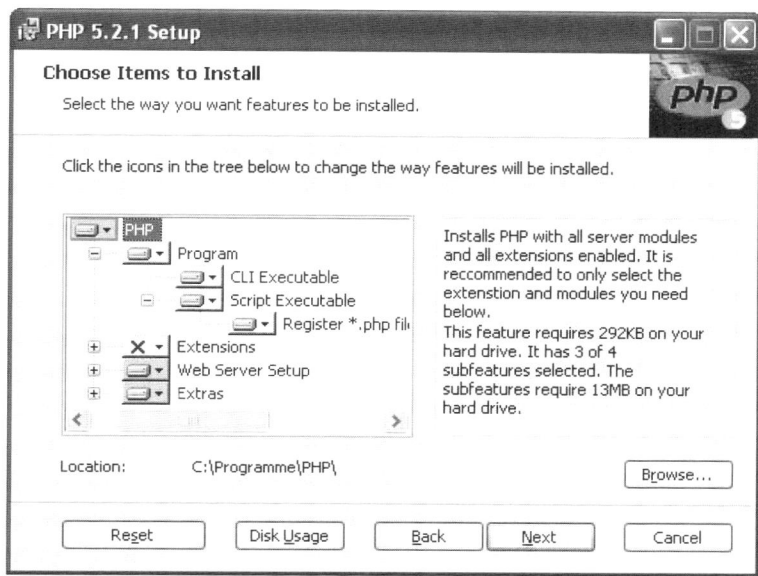

Bild 9.9: Einstellungen

Sobald Sie im nächsten Fenster auf *Next* Klicken, startet die Installation.

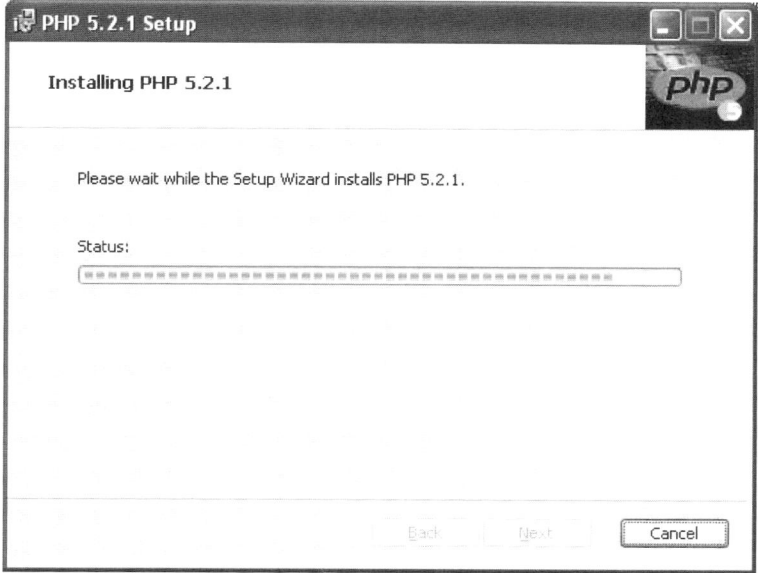

Bild 9.10: Installation von PHP

Nach der Installation sollte auf Ihrem PC je nach Verzeichniswahl das PHP-Verzeichnis erscheinen. Bei einer Standardinstallation liegt PHP zwischenzeitlich unter

\Programme\PHP

Zum Testen, ob PHP überhaupt funktioniert, starten Sie nun bitte ein Command-Promp, geben Folgendes ein und bestätigen mit der ⌷Return⌷-Taste.

```
php -v
```

Wenn Sie eine Ausgabe wie folgende erhalten, ist die Installation gelungen.

```
PHP 5.2.1 (cli) (built: Feb  7 2007 23:11:26)
Copyright (c) 1997-2007 The PHP Group
Zend Engine v2.2.0, Copyright (c) 1998-2007 Zend Technologies
```

Öffnen Sie im nächsten Schritt einen Texteditor und geben Sie Folgendes ein:

```
<script language="PHP">
    phpInfo();
</script>
```

Alternativ können Sie auch das Skript auf der CD unter *Sourcen\09 Applicationserver\ PHP* mit Namen *test.php* verwenden.

Speichern Sie dieses Skript als *test.php* unter:

C:\Inetpub\wwwroot\test.php

Öffnen Sie nun einen Internetbrowser und geben Sie ein:

http://localhost/test.php

Sofern alles richtig installiert ist und Sie den Anweisungen gefolgt sind, sollten Sie nun eine Menge Informationen über Ihren Rechner und das installierte PHP erhalten.

Mit der Installation von PHP wurde vom Installer die bereits erwähnte Datei *php.ini* im Windows-Verzeichnis angelegt. Diese Datei konfiguriert PHP für die Verwendung mit dem IIS (oder einem anderen Webserver).

Wichtig ist diese Datei zum Beispiel, wenn Sie MySQL als Datenbankserver mit PHP verwenden möchten. Hierzu ist es nötig, dass Sie zum einen natürlich MySQL als Server installieren und zum anderen eine Verbindung herstellen können. Für die Verbindung mit einem neueren MySQL-Server benötigen Sie den MySQL-Connector. Sie finden diesen entweder auf der CD zum Buch oder auf folgender Seite:

http://dev.mysql.com/downloads/connector/php/

Wenn Sie MySQL und den zugehörigen Connector verwenden möchten, ist es nötig, den Abschnitt für die Module in der *php.ini* anzupassen.

Innerhalb der *php.ini* gibt es folgenden Abschnitt:

```
; Windows Extensions
; Note that ODBC support is built in, so no dll is needed for it.
; Note that many DLL files are located in the extensions/ (PHP 4) ext/ (PHP 5)
; extension folders as well as the separate PECL DLL download (PHP 5).
; Be sure to appropriately set the extension_dir directive.

;extension=php_mbstring.dll
;extension=php_bz2.dll
;extension=php_curl.dll
;extension=php_dba.dll
;extension=php_dbase.dll
;extension=php_exif.dll
;extension=php_fdf.dll
;extension=php_filepro.dll
;extension=php_gd2.dll
;extension=php_gettext.dll
;extension=php_ifx.dll
;extension=php_imap.dll
;extension=php_interbase.dll
;extension=php_ldap.dll
;extension=php_mcrypt.dll
;extension=php_mhash.dll
;extension=php_mime_magic.dll
;extension=php_ming.dll
;extension=php_mssql.dll
;extension=php_msql.dll
;extension=php_mysql.dll
;extension=php_oci8.dll
;extension=php_openssl.dll
;extension=php_oracle.dll
;extension=php_pgsql.dll
;extension=php_shmop.dll
;extension=php_snmp.dll
;extension=php_sockets.dll
;extension=php_sqlite.dll
;extension=php_sybase_ct.dll
;extension=php_tidy.dll
;extension=php_xmlrpc.dll
;extension=php_xsl.dll
```

Entfernen Sie das Semikolon vor *extension=php_mysql.dll*. Kopieren Sie die entsprechende Datei aus dem MySQL-Verzeichnis entweder in das Windows-Verzeichnis oder erweitern Sie die Umgebungsvariable *Path* um das Verzeichnis, in welchem sich dieses File befindet. Damit sollte auch der Zugriff auf MySQL funktionieren. Ebenso können Sie mit den entsprechenden Erweiterungen für den Microsoft SQL Server zum Beispiel einen SQL-Server von Microsoft ansprechen.

9.1.2 IIS-Administrationskonsole

Natürlich gibt es eine Administrationskonsole für den IIS. Man findet sie nur nicht sofort. Ein Weg, diese Konsole zu öffnen, ist über *Start / Ausführen* und Eingabe von *inetmgr*. Nach dem Drücken der Eingabetaste startet die Managementkonsole. Ein anderer Weg ist folgender: Klicken Sie mit der rechten Maustaste auf Ihr Arbeitsplatz-Icon. Wählen Sie aus dem Kontextmenü *Verwalten*. Nun sollten Sie die Computerverwaltung vor sich sehen. Erweitern Sie den Knoten *Dienste und Anwendungen*

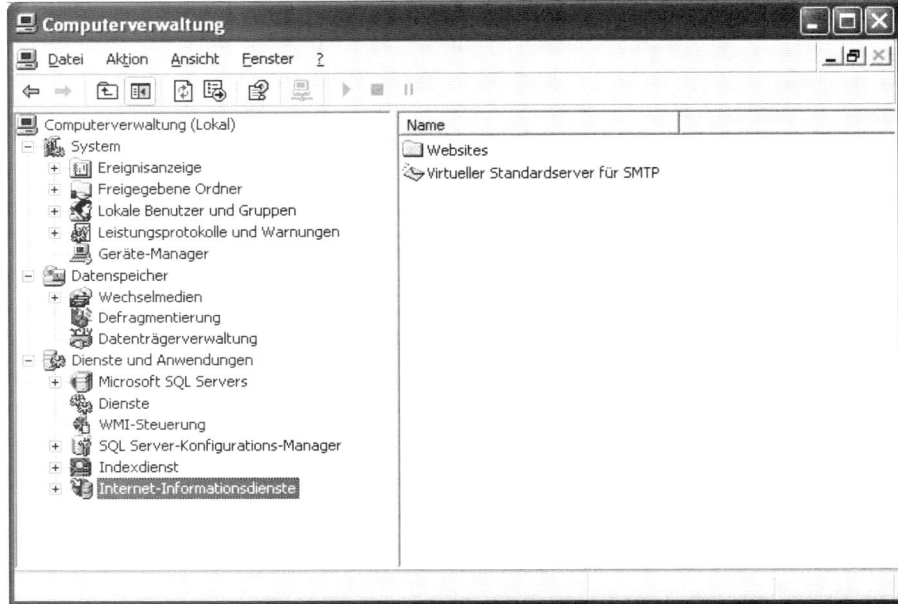

Bild 9.11: Computerverwaltung

Hier sollten Sie einen Eintrag Namens *Internet Informationsdienste* sehen. Öffnen Sie diesen Knoten.

Unter diesem Knoten sehen Sie einen Ordner Namens *Websites*. In diesem Verzeichnis liegt Ihre Standardwebseite sowie die entsprechenden CGI/PHP/Perl-Skripts oder ASP-Seiten. Wenn Sie mit der Maus auf einen Knoten klicken, sehen Sie im rechten Fenster die zugehörigen Informationen zum Knoten. Über einen rechten Mausklick auf den Knoten erhalten Sie ein Kontextmenü zur Konfiguration.

Über das Kontextmenü wechseln Sie mit *Eigenschaften* in den Dialog zur Änderung der Einstellung des jeweiligen Knotens. Beispielsweise erhalten Sie auf der rechten Seite folgende Anzeige, wenn Sie auf *Websites* klicken.

Beschreibung	Zustand	Hostheadername	IP-Adresse	Anschluss	Status
Standardwebsite	Wird ausgeführt		* Keine zugeord...	80	

Bild 9.12: Knoteninformationen

Wenn Sie auf dem Knoten *Websites* das Kontextmenü aufrufen und hier *Eigenschaften* wählen, erhalten Sie einen Dialog wie im nächsten Screenshot.

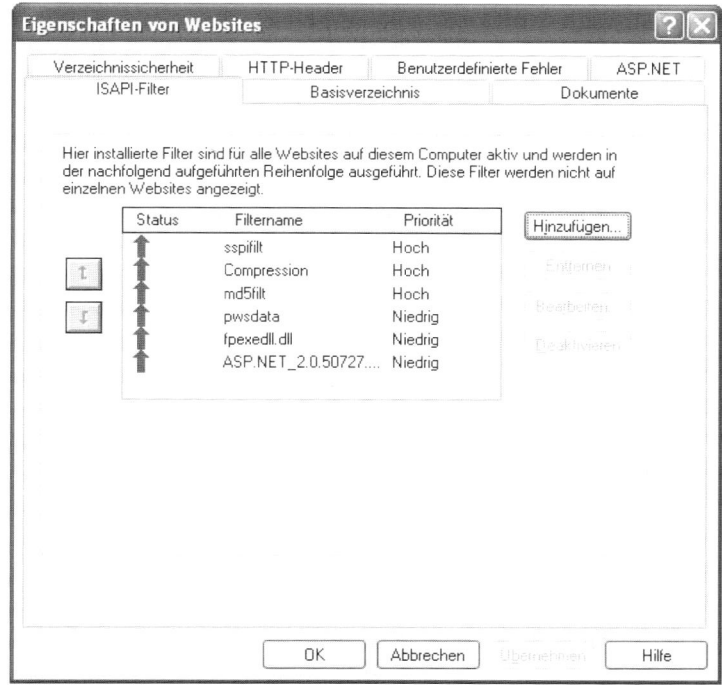

Bild 9.13: Knoten-Eigenschaften

Hier können Sie verschiedene Eigenschaften konfigurieren, die die Websites allgemein betreffen. Wenn Sie auf einen der Unterknoten von *Websites* klicken, erhalten Sie die Einstellungen für die jeweils speziell ausgewählte Seite.

Genau mit diesen Einstellungen beschäftigen wir uns auf den nächsten Seiten. Fangen wir mit dem Grundsätzlichen an, wir legen ein virtuelles Verzeichnis mit einer Webseite an. Der Vorteil eines virtuellen Verzeichnisses ist der, dass die physikalischen Inhalte an einem komplett anderen Ort liegen können. Die Inhalte werden nur über das virtuelle Verzeichnis in Ihre eigentliche Webseite gespiegelt. Erstellen Sie hierzu ein Verzeichnis auf Ihrer Festplatte. Im Grunde ist der Ort für das Verzeichnis egal, es macht aber in unserem Beispiel Sinn, das Verzeichnis unter Ihrem *Inetpub*-Verzeichnis anzulegen.

Innerhalb des *Inetpub*-Verzeichnisses sieht es in etwa so aus:

```
C:\Inetpub
- - - - - - - - - - - - - - - - - - - - - - - - - -
AdminScripts
iisamples
Mailroot
Scripts
wwwroot
```

Legen Sie ein Verzeichnis namens *wwwrootneu* an. Kopieren Sie in dieses Verzeichnis die Datei *index.html* aus dem Verzeichnis *\Sourcen\09 Applicationsserver\Virtuelles Verzeichnis* auf der CD oder aber eine von Ihnen selbst erstellte Indexdatei. Achten Sie bei den folgenden Operationen darauf, dass Sie Administrationsrechte auf dem zu konfigurierenden Rechner besitzen! Um das angelegte Verzeichnis sichtbar zu machen, haben wir drei verschiedene Möglichkeiten:

*   mit der Managementkonsole,

*   mit dem Explorer,

*   mit einem Verwaltungsskript.

Wir wählen in unserem Fall die Managementkonsole. Öffnen Sie diese, wenn Sie nicht schon geöffnet ist. Klicken Sie mit der rechten Maustaste auf Ihre Standardwebseite und wählen Sie aus dem Kontextmenü *Neu / Virtuelles Verzeichnis*.

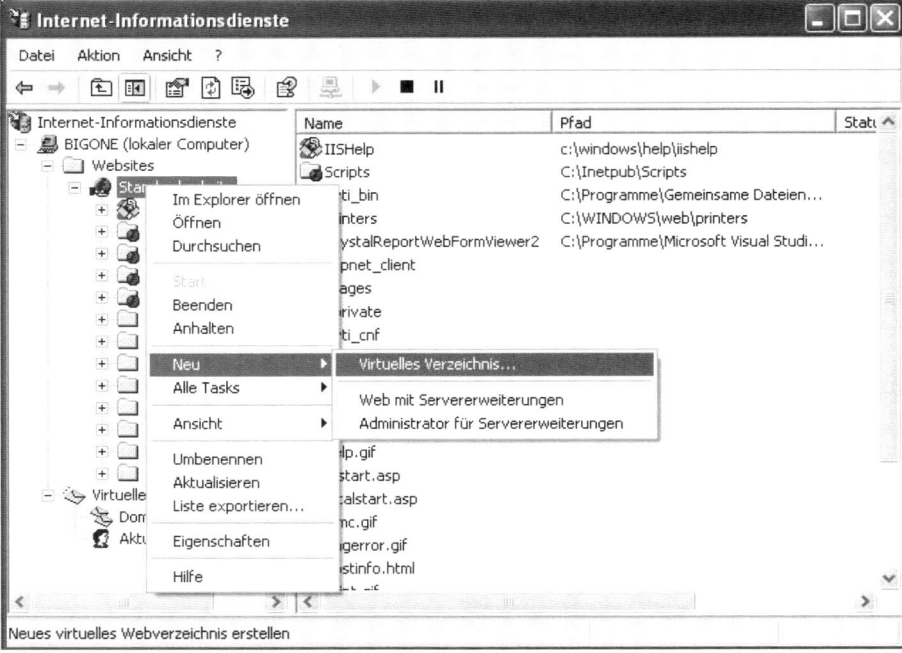

Bild 9.14: Virtuelles Verzeichnis anlegen

Wenn Sie den Menüeintrag angeklickt haben, werden Sie aufgefordert, einen Alias für das Verzeichnis anzugeben. Dieser Alias vereinfacht später als Platzhalter den Zugriff auf Ihre Seite. Geben Sie hier einfach *test* ein.

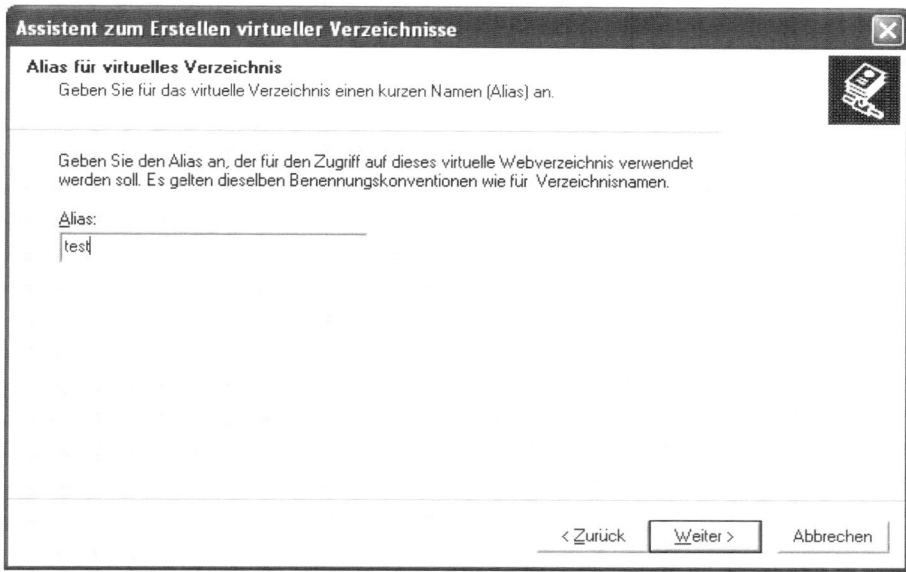

Bild 9.15: Einen Alias vergeben

Wählen Sie als jetzt den physikalischen Speicherort für das anzulegende virtuelle Verzeichnis.

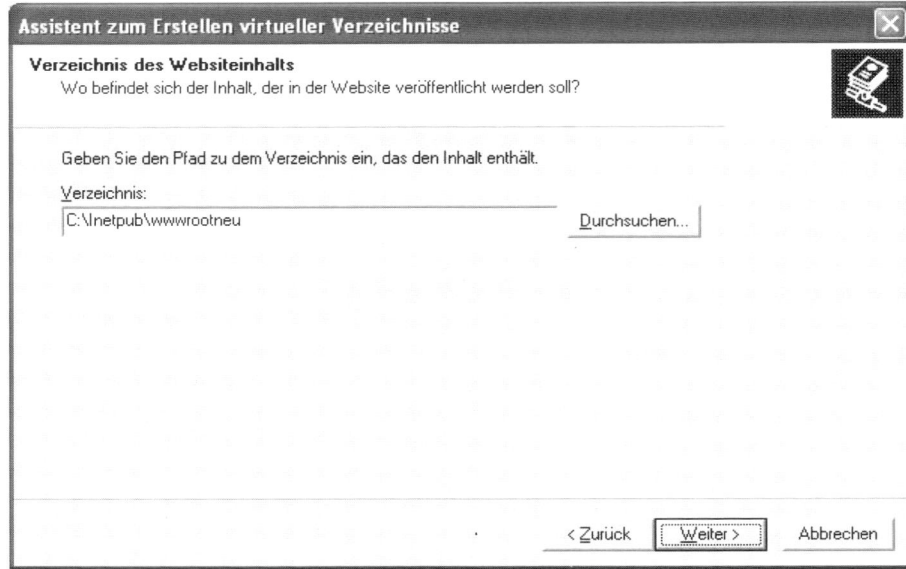

Bild 9.16: Speicherort des Verzeichnisses

Nun legen Sie die Zugriffsrechte für das Verzeichnis fest. Wählen Sie hier zuerst einmal alle Rechte, da wir mit diesem Verzeichnis noch etwas experimentieren werden.

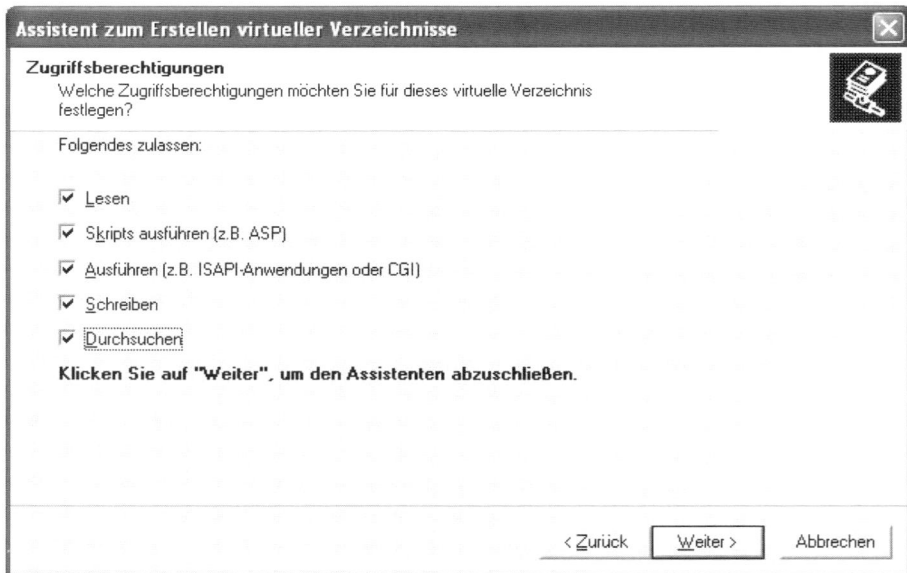

Bild 9.17: Rechte vergeben

Bestätigen Sie danach die eventuell auftauchenden Dialogfenster und beenden Sie den Assistenten.

Wenn Sie nun einen Internetbrowser öffnen und folgende Zeile eingeben, erhalten Sie nicht genau das, was wir erwarten:

```
http://localhost/test/
```

Erscheinen wird:

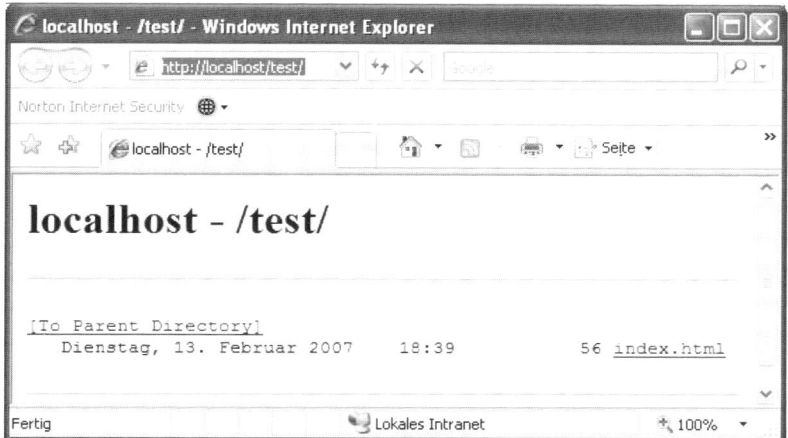

Bild 9.18: Unerwartete Ausgabe

Warum? Normalerweise sollte doch *index.html* angezeigt werden? Dies geschieht deshalb, weil die IIS standardmäßig auf folgende Dateien als Default-Startseiten konfiguriert sind:

- Default.htm
- Default.asp
- Index.htm
- Iistart.asp
- Default.aspx

Unser *index.html* wird also nicht als Startseite erkannt! Um diese Seite für die IIS erkennbar zu machen, gehen wir wie folgt vor:

Wechseln Sie in der Managementkonsole in Ihr Stammverzeichnis. Dort sollten Sie nun ein (virtuelles) Verzeichnis namens *test* sehen. Klicken Sie mit der rechten Maustaste auf dieses Verzeichnis und wählen Sie aus dem Kontextmenü *Eigenschaften*.

Wählen Sie im nun geöffneten Dialog den Reiter *Dokumente*. Klicken Sie auf den Button *Hinzufügen*.

Eigenschaften von test ☐ ? ☒

| HTTP-Header | Benutzerdefinierte Fehler | ASP.NET |
| Virtuelles Verzeichnis | Dokumente | Verzeichnissicherheit |

☑ Standarddokument aktivieren

↑ ↓
Default.htm
Default.asp
index.htm
iisstart.asp
Default.aspx

Hinzufügen...

Entfernen

☐ Dokumentfußzeile aktivieren

Durchsuchen...

OK · Abbrechen · Übernehmen · Hilfe

Bild 9.19: Startseite bekannt machen

Geben Sie nun den Namen Ihrer zusätzlichen Default-Startseite an.

Dieser Name sollte natürlich mit dem Namen der Startseite übereinstimmen, also in unserem Fall *index.html.*

Standarddokument hinzufügen ☒

Name des Standarddokuments:

index.html

OK · Abbrechen

Bild 9.20: Neue Startseite angeben

Klicken Sie im Dialog mit den Reitern auf *Übernehmen*, und versuchen Sie erneut, die Startseite aufzurufen.

Jetzt sollte die neue Startseite in Ihrem virtuellen Verzeichnis funktionieren.

Der Vorteil der virtuellen Verzeichnisse liegt klar auf der Hand. Es können verschiedene Verzeichnisse mit eigenen Inhalten unter Ihrer normalen Webseite gesammelt werden. Der Zugriff erfolgt über den Namen Ihres virtuellen Verzeichnisses. Jede virtuelle Seite kann von anderen Administratoren gepflegt und erweitert werden. Bestehende virtuelle Verzeichnisse können sehr einfach ausgetauscht, geändert oder verschoben werden.

Vermutlich ist Ihnen beim Anlegen des virtuellen Verzeichnisses die Option *Web mit Servererweiterungen* aufgefallen. Diese Option würde beim Anlegen Verzeichnisse mit Frontpage-Servererweiterungen unterstützen.

Wenn Sie ein virtuelles Verzeichnis über den Explorer anlegen möchten, legen Sie ebenso zuerst ein Verzeichnis an. Kopieren Sie wieder die *index.html* in dieses Verzeichnis. Öffnen Sie nun den Datei-Explorer.

Wechseln Sie in das Verzeichnis, welches Ihr neu angelegtes Verzeichnis enthält. Klicken Sie mit der rechten Maustaste auf Ihr neues Verzeichnis und wählen Sie *Eigenschaften*. Hier finden Sie nun unter *Webfreigabe* alle benötigten Einstellungen zum Anlegen des Verzeichnisses als virtuelles Verzeichnis.

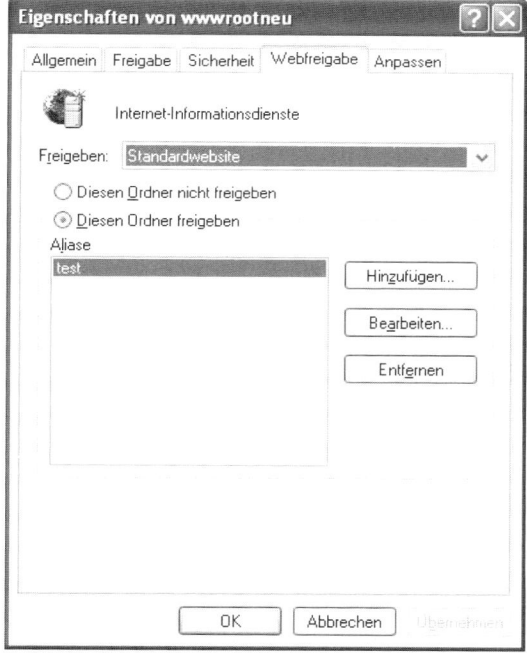

Bild 9.21: Virtuelles Verzeichnis über den Explorer anlegen

Durch die Rechtevergabe, die wir bereits beim Anlegen eingestellt haben, könnten Sie jetzt bereits PHP und sonstige Skripts ausführen. Ähnlich ist es mit ASP.NET-Seiten. Fast genauso einfach ist es, wenn Sie einen Webservice veröffentlichen möchten. Es genügt beinahe, diesen einfach in das Verzeichnis zu kopieren.

Auf der CD liegt in folgendem Verzeichnis eine ASP.NET-Datei, die wir ausführen möchten.

CD\Sourcen\09 Applicationserver\ASP.NET-Seite

Die Datei *Default.aspx* kopieren wir einfach in das gewünschte Verzeichnis. Wir verwenden hierzu wieder unser Testverzeichnis von gerade eben. Löschen Sie vorher die

Indexseite, damit es nicht zu Konflikten mit unserer Seite kommt. Ohne die jeweils verfügbare *.cs*-Datei und die zugehörige *web.config* werden wir allerdings Probleme bekommen, deshalb kopieren wir diese beiden auch in das Verzeichnis. Jetzt können wir mit einem einfachen Aufruf die ASP.NET-Seite starten.

http://localhost/test/

Grundsätzlich ist es natürlich nicht geschickt, den Sourcecode, also die *.cs*-Dateien zu veröffentlichen. Aus diesem Grund sollten ASP.NET-Seiten in eine Assemblydatei (*.dll*) kompiliert werden, die dann mitkopiert wird. Sie haben verschiedene Einstellmöglichkeiten für eine Kompilierung im Visual Studio unter: *Erstellen / Website veröffentlichen.*

In dieser Seite sehen Sie auch den Speicherort der einzelnen Assemblies.

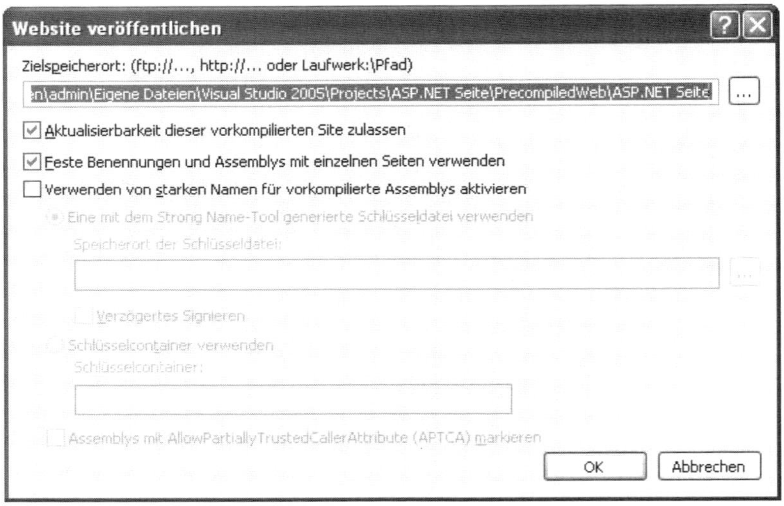

Bild 9.22: Einstellungen, um ASP-Seiten zu kompilieren

Schauen wir nun an, welche Möglichkeiten uns der Eigenschaftendialog noch bietet.

Im Reiter *Verzeichnissicherheit* konfigurieren wir die Zugriffsmöglichkeiten, die unser Ordner nach außen hin bietet. Wir steuern hier also unsere Zugriffsrechte.

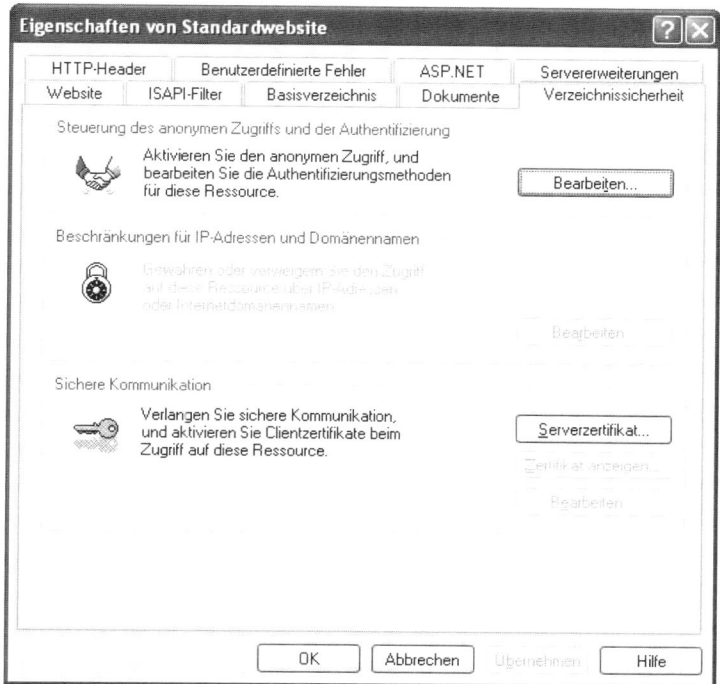

Bild 9.23:
Zugriffsrechte

Wir sehen drei Abschnitte in diesem Dialog. Im ersten Abschnitt können wir den anonymen Zugriff steuern. Wir stellen hier ein, ob, wie und auf welcher Ebene ein Client Zugriff erhält. Klicken Sie auf *Bearbeiten,* erhalten Sie einen Konfigurationsdialog für den anonymen Zugriff.

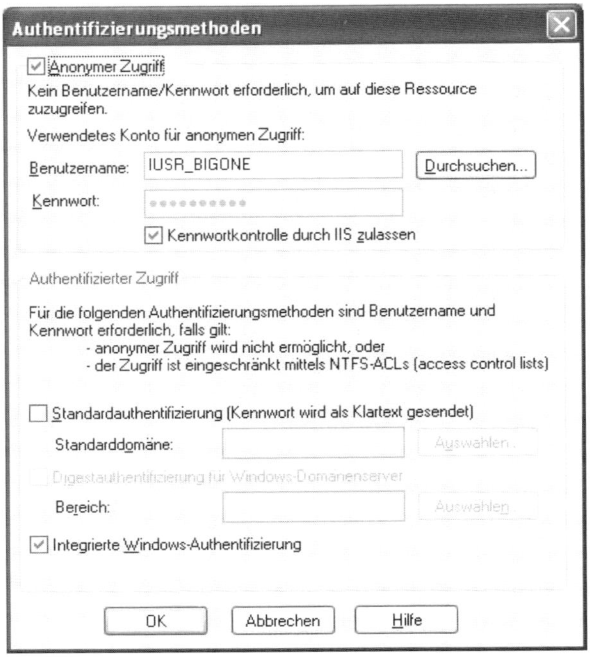

Bild 9.24: Zugriffssteuerung

Der Hauptzweck dieses Dialogs ist es, den Webserver so zu konfigurieren, dass die Identität des Benutzers überprüft wird. Auf diese Art können zum Beispiel Benutzergruppen Zugriffsrechte erhalten und andere ausgeschlossen werden. Wenn der Zugriff anonym erfolgen soll, also ohne Authentifizierung, wählen wir die Checkbox *anonym* und markieren diese. Nun müssen wir ein Benutzerkonto angeben, über das der Zugriff erfolgen soll. Im Allgemeinen ist dies *IUSR*, ein »_« und nachfolgend der Name des jeweiligen Computers, auf dem die IIS gestartet werden. Dieses Konto hat standardmäßig sehr eingeschränkte Rechte, damit eventuelle Eindringlinge bereits an den restriktiven Userrechten scheitern. Sie könnten hier auch einen anderen Benutzer angeben, was allerdings nicht empfehlenswert ist – es sei denn, Sie richten einen Benutzer ein, der noch weniger Rechte besitzt.

Wenn Sie speziellen Benutzern den Zugriff erlauben möchten, ist es nötig, den anonymen Zugriff auszuschalten und den authentifizierten Zugriff zu aktivieren. Bei der Standardauthentifizierung wird das Kennwort als Klartext in einer Base64-Codierung über die Netzwerkleitung verschickt. Das heißt, dass man mit einem Netzwerk-Sniffer, einem Überwachungsprogramm für den Netzwerkverkehr, diese Passwörter auslesen könnte. Bei der Digestauthentifizierung werden statt eines Kennworts im Klartext Hashwerte versendet. Dies ist auf jeden Fall sicherer als die Standardauthentifizierung und verhindert, dass Hobbyhacker oder Skript-Kiddies Ihre Passwörter erfahren. Allerdings sind die jeweiligen Hashwerte NICHT verschlüsselt! Die integrierte Windows-Authentifizierung sendet verschlüsselte Informationen bezüglich der Anmeldedaten. Die Anmeldeinformationen der Benutzer werden in jedem Verfahren zur Anmeldung direkt vom

Hostrechner bezogen. Sie müssen also die entsprechenden Benutzer lokal anlegen und die jeweiligen Berechtigungen vergeben.

Bei der anonymen Authentifizierung erhalten die jeweils zugreifenden Benutzer Zugriff auf alle öffentlichen Bereiche Ihres freigegebenen Webservers. Wenn diese Methode aktiviert ist, hat sie zuerst einmal Vorrang vor allen anderen, da sie die niedrigsten Benutzerrechte enthält. Eine Authentifizierung ist nicht nötig, da alles über ein Standardkonto mit eingeschränkten Rechten läuft.

Die Standardauthentifizierung entspricht dem Industriestandard für den Zugriff und das Authentifizieren von Benutzern. Bei Aktivierung dieser Option (und nicht aktivierter anonymer Authentifizierung!) wird Ihr Webserver den jeweiligen zugreifenden Clients einen Dialog mit Name und Passwort präsentieren. Über diesen Dialog ist der Benutzer gezwungen, seine Anmeldedaten einzugeben, um Zugriff auf Ihren Server zu erhalten. Die Anmeldedaten werden nicht verschlüsselt, sondern nur mit Hilfe einer Base64-Codierung versendet. Diese Daten können von einem versierten Benutzer relativ einfach decodiert und somit im Klartext angezeigt werden. Diese Methode ist nicht besonders empfehlenswert, genügt aber für einfache, interne Intranetseiten.

Die Digestauthentifizierung bietet ähnliche Funktionalität wie die Standardauthentifizierung. Der große Vorteil ist die Art der Versendung als MD5-Hash. In diesem Fall können die Benutzerdaten nicht einfach aus dem Datenstrom extrahiert werden. Ein MD5-Hash versendet verschlüsselte Informationen mithilfe eines HTTP-Headers innerhalb eines Netzwerks. MD5-Hashes sind relativ sicher, und es werden bereits größeres Fachwissen und ausgefeiltere Hilfstools benötigt, um diese Verschlüsselung zu knacken. Wichtig bei dieser Art der Authentifizierung ist, dass sie auf dem HTTP 1.1-Protokoll beruht. Der Client sollte also diese Version unterstützen. Zwischenzeitlich gibt es eigentlich keinen Client mehr, der diese Version noch nicht unterstützen würde. Die Digestauthentifizierung verlangt Folgendes:

* HTTP 1.1-Unterstützung

* Benutzer und IIS müssen Mitglieder der selben Domäne sein

* Die Domäne muss einen Domänencontroller aufweisen

* Das Betriebssystem, auf dem die IIS laufen, MUSS Windows 2000 oder höher sein

Die erweiterte Digestauthentifizierung basiert auf der Digestauthentifizierung und erweitert diese im sicherheitsrelevanten Bereich.

Unter anderem werden die Anmeldeinformationen auf dem Domänencontroller als MD5-Hash gespeichert. Bei dieser Art der Zugriffssteuerung muss der entsprechende Server entweder unter Windows XP oder höher laufen.

Auch die integrierte Windows-Authentifizierung arbeitet mit einer recht sicheren Verschlüsselung der Anmeldedaten. Entweder wird hier Kerberos v5 oder aber NTLM als Verschlüsselungsmethode verwendet. Bei dieser Art des Logins wird zuerst versucht, über die Anmeldeinformationen des anfragenden Benutzers eine Verbindung herzustellen. Sollte dies nicht gelingen, wird ein entsprechender Dialog zur Eingabe angezeigt. Diese Methode funktioniert nur in Einzelfällen über eine Proxyverbindung.

Im nächsten Abschnitt des Dialogreiters *Beschränkung für IP Adressen und Domänennamen* kann man konfigurieren, welche IP-Adressen Zugriff erhalten oder abgelehnt werden und welche Domänen erlaubt sind oder nicht. Hier könnte man beispielsweise die Buchhaltung vom Bereich der Entwickler fernhalten. Diese Funktionalität steht nur bei einer Serverinstallation zur Verfügung und ist daher nicht besonders interessant für uns als Entwickler. Dieser Bereich ist eher den Administratoren unseres späteren Servers vorbehalten.

Im Abschnitt *Sichere Kommunikation* können Sicherheitszertifikate erstellt werden. Dazu mus ein gültiges Zertifikat installiert werden. Ich werde auch hierauf nicht detailliert eingehen, da auch dies für uns keine große Rolle spielt, sondern eher den Administratoren vorbehalten bleibt.

Um die Sicherheitseinstellungen zu konfigurieren, gibt es einen weiteren Weg, nämlich den über einen Assistenten. Um diesen Assistenten zu starten, klicken Sie in Ihrem IIS-Manager mit der rechten Maustaste auf ein Webverzeichnis und wählen aus dem Kontextmenü den Eintrag *Alle Tasks*, dann *Berechtigungsassistent*.

Es wird sich ein Dialog öffnen, mit welchem Sie ziemlich komfortabel und geführt die Rechte für das ausgewählte Verzeichnis erstellen können.

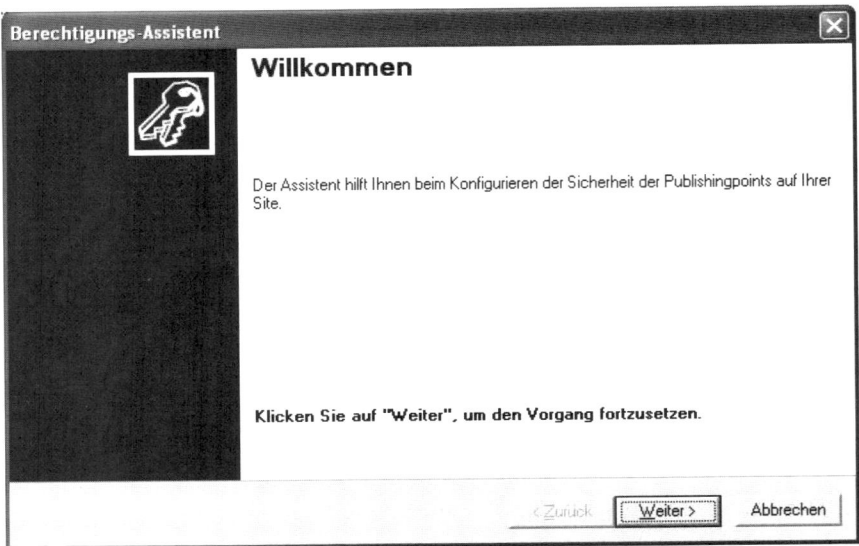

Bild 9.25: Berechtigungs-Assistent

Dieser Dialog ist ziemlich selbsterklärend und wird von mir daher nicht extra im Detail aufgeführt. Wenn Sie eine Webseite einrichten, versuchen Sie einfach mal den Assistenten zur Konfiguration der Rechte zu benutzen. Sie werden sehen, die Bedienung ist sehr einfach.

Über die ASP.NET-Eigenschaftenseite des Eigenschaftendialogs können wir verschiedene ASP-Eigenschaften einstellen. Auf der Startseite des Dialogs sehen wir die verwendete Version, den Speicherort und andere Informationen.

Bild 9.26: ASP.NET-Eigenschaften

Wenn Sie auf den Button *Konfiguration bearbeiten* klicken, gelangen Sie in den eigentlichen Konfigurationsdialog.

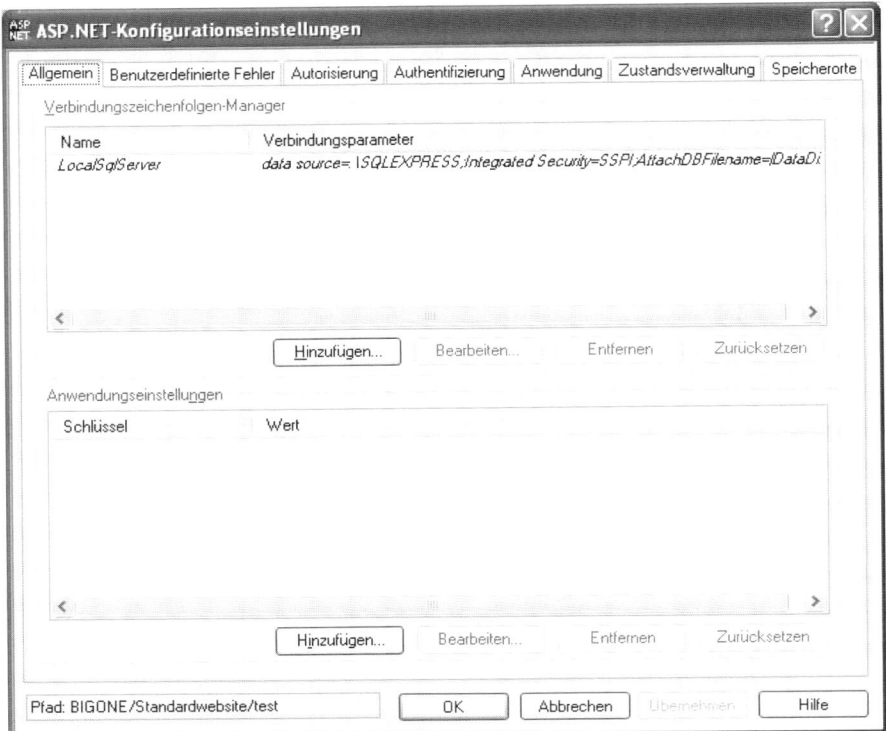

Bild 9.27: ASP.NET-Konfigurieren

Ich möchte Ihnen im Folgenden einen kurzen Abriss über die einzelnen Dialogreiter geben. Er soll Ihnen eine gewisse Orientierung verschaffen, damit Sie bei Bedarf wissen, nach was Sie suchen müssen, und Ihnen einen Überblick über die einzelnen Möglichkeiten geben.

Registerkarten

Allgemein

Unter diesem Reiter werden die allgemeinen Konfigurationseinstellungen verwaltet. Sie können hier beispielsweise Verbindungszeichenfolgen für Datenbanken eintragen.

Ebenso können Sie Anwendungseinstellungen eintragen. Diese Eintragungen folgen dem Prinzip Name/Wert. Über eine zugehörige Webanwendung kann dann auf diese Einstellungen zugegriffen werden. Zu den Zugriffsmöglichkeiten auf diese Anwendungseinstellungen lernen Sie im Kapitel »ASP.NET« mehr.

Benutzerdefinierte Fehler

Wenn innerhalb einer Webanwendung ein Fehler auftritt, werden normalerweise Standardfehler angezeigt.

Diese Fehler können folgende Bereiche betreffen:

- Kompilierungsfehler

- Interpretationsfehler (Parserfehler)

- Konfigurationsfehler

- Laufzeitfehler

Wenn Sie eigene Fehler konfigurieren, können Sie bestimmen, wie ASP.NET auf auftretende Fehler reagieren soll. Dies macht eigentlich nur Sinn, wenn die Anwendung bereits in einem Auslieferungsstatus funktionsfähig ist. Im Standardmodus erhält ein jeweiliger Anwender ansonsten zu viel Information, die ihn eigentlich nichts angeht.

Die ASP.NET-Fehlerseiten haben nichts mit reinen Server- oder HTTP-Fehlern zu tun und werden daher in einem solchen Fall auch nicht aufgerufen!

Autorisierung

In diesem Dialog konfigurieren Sie die Autorisierungseinstellungen für Webanwendungen. Dies kann nötig sein, wenn zum Beispiel bestimmte Rechte für Verarbeitungen nötig sind. Allerdings lassen sich solche Zugriffsberechtigungen auch anders konfigurieren. Näheres dazu werden Sie im Kapitel »ASP.NET« kennenlernen.

Die Einstellungen auf diesem Dialog gelten für die Seite, die ausgewählt wurde, bevor der Dialog aufgerufen wurde.

Authentifizierung

Hier werden die Authentifizierungsregeln für ASP.NET eingestellt. Dies entspricht in etwa dem Bereich Authentifizierung für das jeweilige Webverzeichnis, allerdings auf Ebene von ASP.NET.

Anwendung

Über diese Registerkarte werden die Konfigurationseinstellungen für die Anwendung festgelegt. Im Einzelnen sind dies:

- Kompilierungs-, Seiten- und Laufzeiteinstellungen

- Identitätseinstellungen

- Globalisierungseinstellungen

Zum Beispiel betrifft die Globalisierung die jeweilige Standardsprache Ihrer Webanwendung. Identitätseinstellungen sind die Identität des Benutzers, unter der die Webanwendung ausgeführt wird. Bei den Seiteneinstellungen, Kompilierungs- und Laufzeiteinstellungen kann festgelegt werden, wie der Debugvorgang Ihrer Webanwendung abläuft, wie Standarddesign und Hauptseite Ihrer Anwendung gestaltet sein sollen und nach welcher Dauer zum Beispiel eine Anfrage an eine Seite beendet werden soll (Timeout).

Zustandsverwaltung

Hier werden Einstellungen vorgenommen, die bestimmen, wie die Webanwendung Zustands- oder Seiteninformationen verwaltet und wo. Dies ist zum Beispiel nützlich, wenn die Daten eines Benutzers von der Webanwendung mitgeführt und die jeweiligen Schritte nachvollzogen werden sollen – vergleichbar mit Sessioninformationen unter PHP und Cookies.

Speicherorte

Hier geht es um die Möglichkeit zum Einbetten von Konfigurationseinstellungen in einer Konfigurationsdatei.

Dialogfelder

Verbindungszeichenfolge bearbeiten/hinzufügen

(Reiter *Allgemein / Hinzufügen*)

Hier können die Verbindungen zu Datenbanken konfiguriert werden. Grundsätzlich entsprechen diese Verbindungen Connection-Strings. Wenn Sie bereits mit Datenbanken unter .NET gearbeitet haben, wissen Sie, was gemeint ist. Falls nicht, wird später noch das eine oder andere Beispiel folgen, das sich mit Connectionsstrings befasst.

Anwendungseinstellungen bearbeiten/hinzufügen

(Reiter *Allgemein / Anwendungseinstellungen / Hinzufügen*)

Hier können Sie benutzerdefinierte Einstellungen in der Art Name/Wert eintragen, auf die Sie später in Ihrer Applikation zugreifen können. Wir können diese Werte auch auf andere Art eintragen, dazu später mehr im Kapitel »ASP.NET«.

Benutzerdefinierte Fehlerhandler bearbeiten/hinzufügen

(Reiter *Benutzerdefinierte Fehler / Hinzufügen / Bearbeiten*)

Hier werden die jeweiligen Fehlercodes bestimmten Fehlerseiten zugewiesen. Hier können Sie zum Beispiel bestimmen, auf welchen Fehlercode Ihre selbstdefinierten Fehlerseiten reagieren sollen.

Regel bearbeiten

(Reiter *Autorisierung / Hinzufügen*)

Hier können entweder neue Autorisierungsregeln angelegt oder bestehende bearbeitet werden.

Speicherort zufügen

(Reiter *Speicherorte / Hinzufügen*)

Hier werden neue Speicherorte zugefügt.

Damit sind wir am Ende dieser Registerkarte angelangt. Leider konnte ich für die ASP.NET-Einstellungen nicht ins Detail gehen, aber als Orientierung sollten sie genug erfahren haben. Lassen Sie uns nun wieder zurückgehen und unsere Eigenschaftenseite betrachten.

Wenden wir uns der Registerkarte *Benutzerdefinierte Fehler* zu. Diese Registerkarte ist wieder im Eigenschaftendialog, nachdem Sie mit der rechten Maustaste ein Webverzeichnis angeklickt haben.

Hier definieren Sie nun, welche Fehlernummer welcher (HTTP-)Fehlerseite zugewiesen ist. Sie können hier eigene Fehlerseiten definieren, die aufgerufen werden, wenn ein HTTP- oder Serverfehler auftritt.

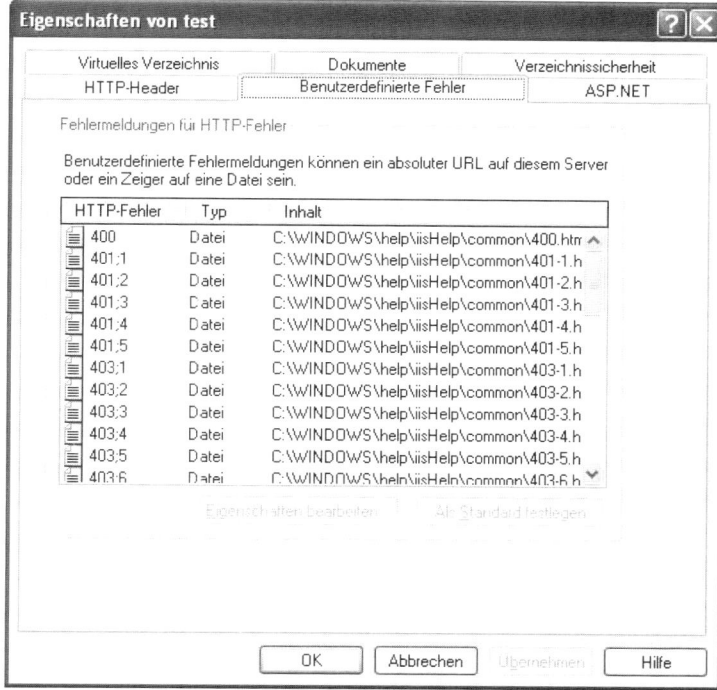

Bild 9.28:
Benutzerdefinierte
Fehler

Der letzte Reiter betrifft den HTTP-Header. Er sieht aus wie folgt.

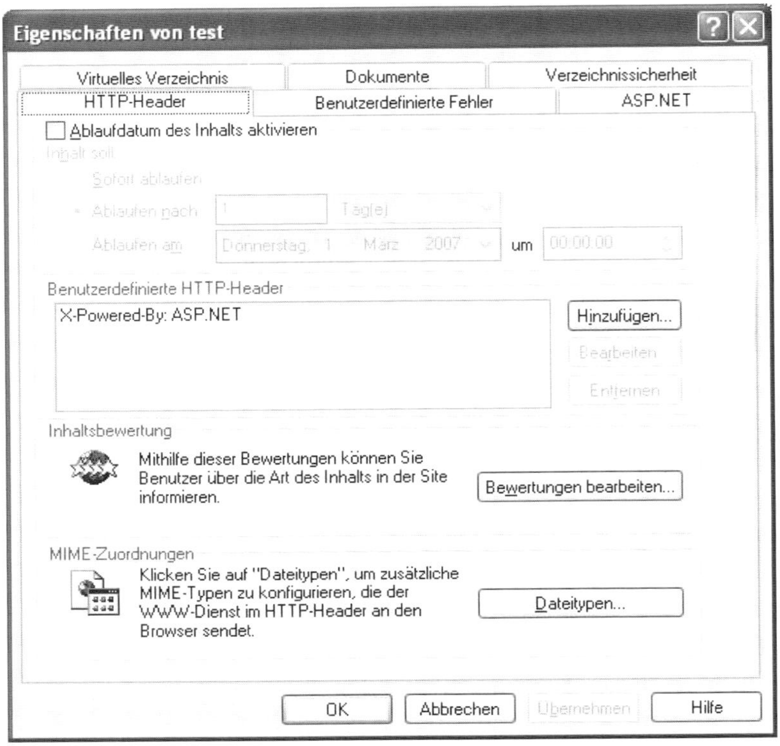

Bild 9.29: HTTP-Header

Wir haben hier vier verschiedene Abschnitte zur Konfiguration. Schauen wir uns den ersten an.

Ablaufdatum des Inhalts

Bestimmte Inhalte enthalten ein Ablaufdatum. Zum Beispiel könnten dies Angebote oder Ereignisse sein. Die hier eingegebenen Werte werden vom Browser später mit den Daten seines Caches verglichen und bei Bedarf aktualisiert.

Benutzerdefinierte HTTP-Header

Hier kann ein vom Standard abweichender HTTP-Header definiert werden, der vom Server beim Seitenversenden verwendet wird. Zum Beispiel könnten hier zusätzliche Informationen versendet werden, die noch nicht in einer aktuellen Spezifikation enthalten oder von Browserherstellern umgesetzt wurden. Ebenso könnten Sie hier Copyrightinformationen oder Ähnliches unterbringen.

Inhaltsbewertung

Hier können Beschreibungen definiert werden, die zur Inhaltsbewertung dienen. Aufgrund dieser Beschreibungen können Browser zum Beispiel Content sperren, der für Kinder nicht geeignet wäre.

MIME-Zuordnungen

In diesem Abschnitt definieren Sie die Zuordnung von Dateitypen, die von der Webapplikation an den Client zurückgegeben werden können. Dies kann aber auch auf andere Art erfolgen, wenn entsprechende Dateien unter Verwendung eines Headers und unter Angabe des MIME-Typs erfolgen. Sie werden in Kürze noch erfahren, wie man dies programmtechnisch umsetzen kann.

Meistens werden Ihre Webseiten auch ohne zusätzliche Einstellungen funktionieren, einfach indem Sie sie in Ihr Webverzeichnis kopieren. Allerdings ist es manchmal nötig, feinere Einstellungen vorzunehmen. Dafür dienen die auf den bisherigen Seiten vorgestellten Dialoge und Registerkarten.

Falls Sie einen Webservice auf Ihrem IIS zum Laufen bringen wollen, gehen Sie prinzipiell genauso vor, wie wenn Sie eine normale Internetseite oder eine ASP.NET-Seite veröffentlichen. Kopieren Sie Ihre Dateien (*.asmx, web.config, bin-Ordner etc.) einfach in Ihr virtuelles Verzeichnis und rufen Sie die Seite mit dem Webservice auf. Die Webservice-Seite wird durch die Endung .asmx gekennzeichnet. Geben Sie also zum Beispiel ein:

http://localhost/test/service.asmx

Wenn alles kopiert wurde, erhalten Sie eine Testseite, die automatisch generiert wird. Ebenso wäre der Webservice nun bereit, von passenden Clients verwendet zu werden, wie wir im nächsten Screenshot sehen.

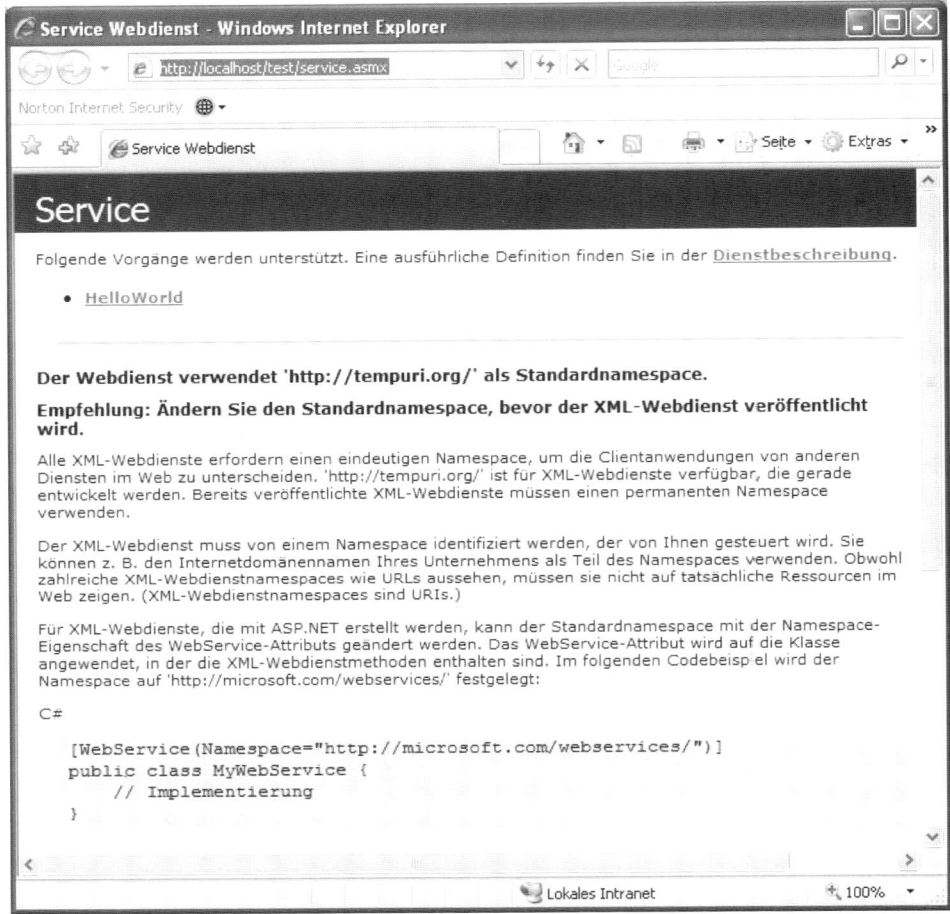

Bild 9.30: Webservice aus einem virtuellen Verzeichnis aufrufen

9.2 JBOSS-Application-Server

Der JBOSS-Application-Server entspricht dem J2EE-Standard. Unter dem Label JBOSS werden eine ganze Reihe von Produkten gepflegt. Unter anderem eben der Application-Server, der wohl am bekanntesten geworden ist, da er in der Java-Community neben vier weiteren weit verbreitet ist. (JBOSS, Apache/Axis/Tomcat, Websphere und SUN Application-Server)

Der JBOSS-Application-Server wird auch als Bestandteil des JBOSS-Middleware-Frameworks bezeichnet. Diese Software war übrigens die erste Open-Source-Software, die tatsächlich von SUN nach der Compatibility Test Suite für J2EE 1.4 zertifiziert wurde.

Auf den folgenden Seiten werden Sie lernen, wie man den JBOSS-Application-Server installiert, Webservices oder Servlets einspielt und »deployed«. Deployed bedeutet in der SOA- und Webservice-Sprache soviel wie Veröffentlichen, also der Allgemeinheit zugänglich machen. Als Erstes ist es natürlich sinnvoll, wenn Sie die Installationsdateien herunterladen. Alternativ können Sie auch die Installationsdateien auf der CD zum Buch verwenden. Sie finden JBOSS im Internet unter:

http://labs.jboss.com/portal/

Das Projekt, nach dem wir suchen, heißt *JBOSS AS.*

Laden Sie hier bitte den *Installer.* Ich gehe im Folgenden davon aus, dass Sie JBOSS auf einem Windows-Rechner installieren und ausführen. Aus Platzgründen kann ich leider die Linux-Variante nicht beschreiben.

Der Installer hat die stolze Größe von 71 MB, wenn Sie also eine langsame Internetverbindung benutzen, empfehle ich Ihnen die Version von der CD. Die auf der CD vorhandene Version ist die Version 4.0.5, obwohl zum Erscheinungsdatum des Buchs bereits 5.0.0 verfügbar ist. Da sich die Version 5.0.0 allerdings noch im Betastadium befindet, empfehle ich die Vorgängerversion.

Für die spätere Installation sind die Prerequisites wichtig, also die Voraussetzungen für die Installation. JBOSS arbeitet mit Java. Aus diesem Grund benötigen wir mindestens die Version 1.4 der J2SE auf unserem Zielrechner, besser ist allerdings die Version 5.0. (1.5) Ich beziehe mich im Folgenden auf die Version 5.0, da auch alle anderen Beispiele des Buchs für Java ab dieser Version funktionstüchtig sind.

Wenn Sie nicht wissen sollten, welche Version auf Ihrem Zielsystem läuft, öffnen Sie eine Kommandozeile und geben Folgendes ein:

```
Java -version
```

Vorausgesetzt, Java ist installiert, erhalten Sie eine Ausgabe in folgender Form:

```
C:\>java -version
java version "1.6.0"
Java(TM) SE Runtime Environment (build 1.6.0-b105)
Java HotSpot(TM) Client VM (build 1.6.0-b105, mixed mode, sharing)
```

Wenn Sie noch kein Java installiert haben, holen Sie dies bitte nach. Sie finden eine neue Version von Java (6.0/1.6.0) im Bundle mit Netbeans auf der CD zum Buch. Diese Version ist für Windows und hat den Namen:

jdk-6-nb-5_5-win.exe

Verwenden Sie aber bei einem JBoss, wie in unserem Beispiel, besser die Java-Version 1.5, warum erfahren Sie später noch. Beim Installieren des Servers ist es später grundsätzlich egal, wohin Sie das Verzeichnis in Ihrem System legen. Da das Installationsfile ein Jar-File ist, benötigen wir für die Installation zusätzlich ein Java Runtime Environment (JRE). Wenn alles komplett ist, starten Sie die Installation durch einen Doppelklick auf den Installer.

jems-installer-1.2.0.GA.jar

Nun sollte der erste Dialog der Installation erscheinen, in welchem Sie die gewünschte Sprache einstellen können. Ich beschreibe im Folgenden die Installation in Deutsch.

Bild 9.31: JBOSS AS-Installation: Sprache wählen

Klicken Sie im nächsten Screen auf *Weiter*.

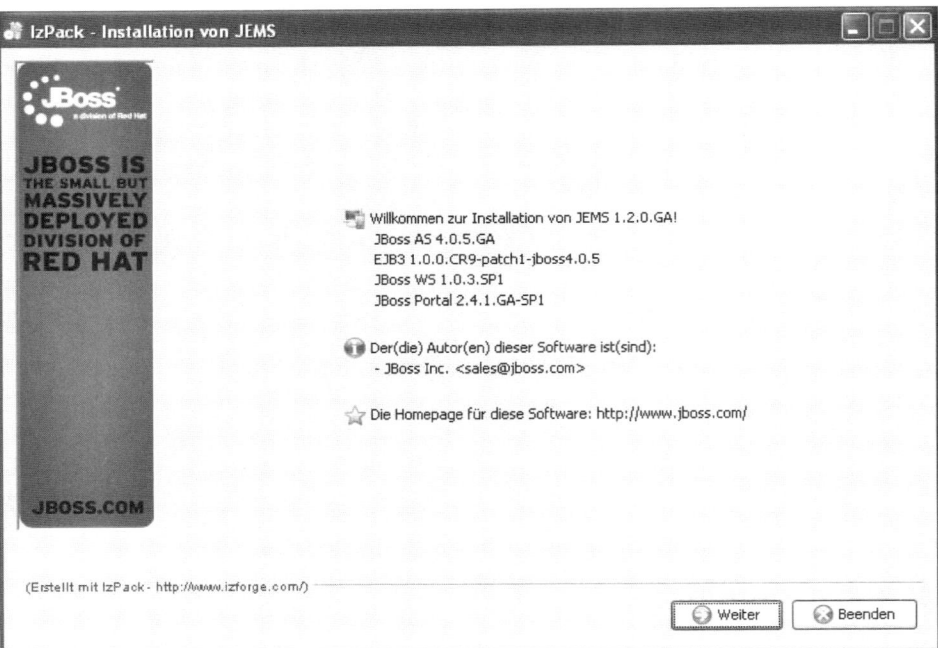

Bild 9.32: JBOSS AS-Installation

Im nächsten Dialog erscheinen die Lizenzbestimmungen. Die Lizenz des JBOSS beruht auf der GNU Lesser General Public License. Näheres über diese Lizenzierungsart können Sie auf der JBOSS-Seite selbst nachlesen, sollten Sie daran Interesse haben.

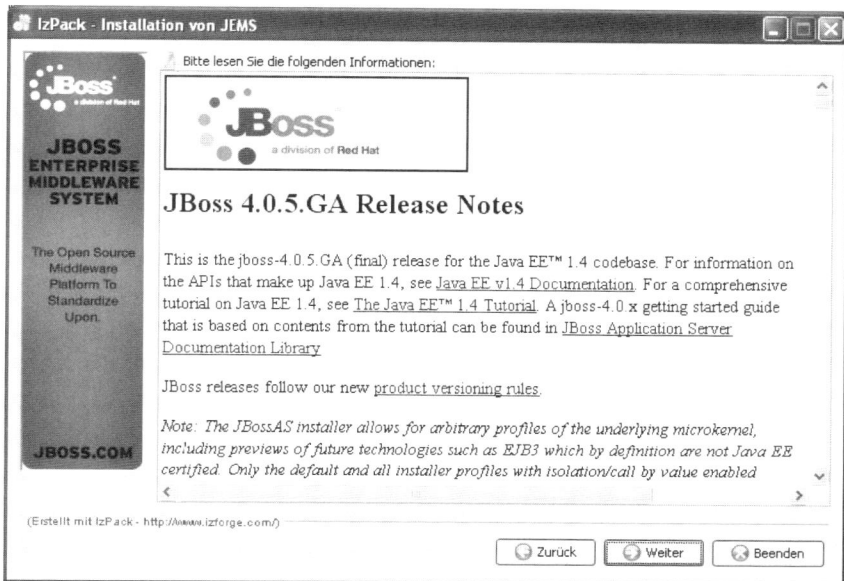

Bild 9.33: Lizenz

Klicken Sie bitte auch hier auf *Weiter*. Als Nächstes erscheint der Dialog für die Lizenz-vereinbarung. Bestätigen Sie hier bitte, dass Sie den Vereinbarungen zustimmen, und klicken Sie auf *Weiter*.

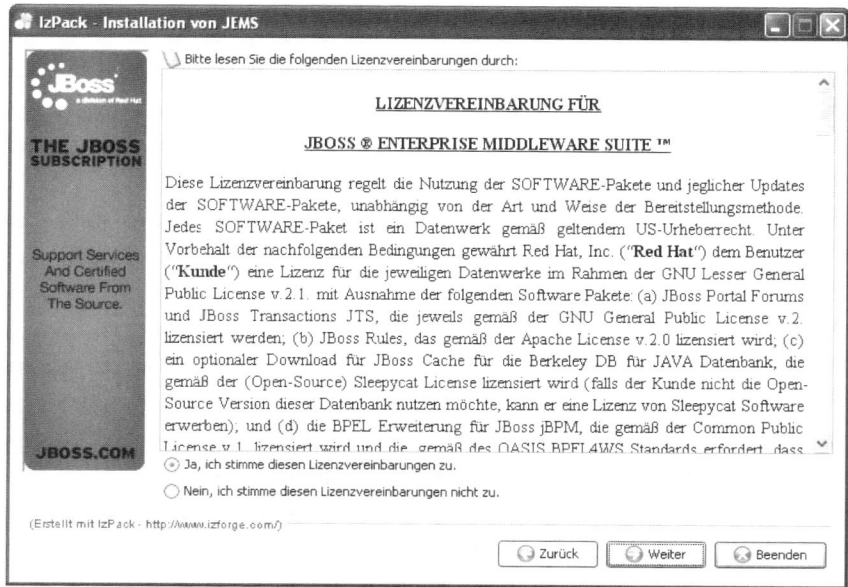

Bild 9.34: Lizenz akzeptieren

Sie erhalten den Dialog für die Verzeichnisauswahl. Wie bereits erwähnt, ist es egal, wohin Sie den JBOSS AS installieren. Ich empfehle allerdings, um mit den folgenden Beschreibungen konform zu bleiben, das Standardverzeichnis.

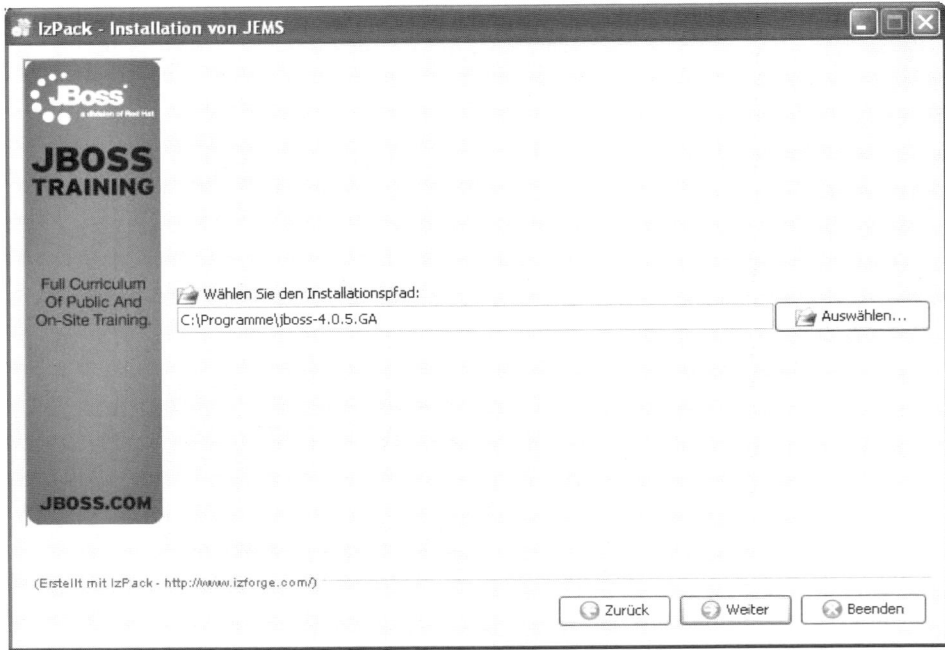

Bild 9.35: Installationsverzeichnis

Wenn Sie mit *Weiter* bestätigen, erfolgt ein Hinweis, dass das Verzeichnis angelegt wird. Danach erhalten Sie einen Dialog, in dem Sie den Installationsumfang auswählen können. Wählen Sie hier *all*.

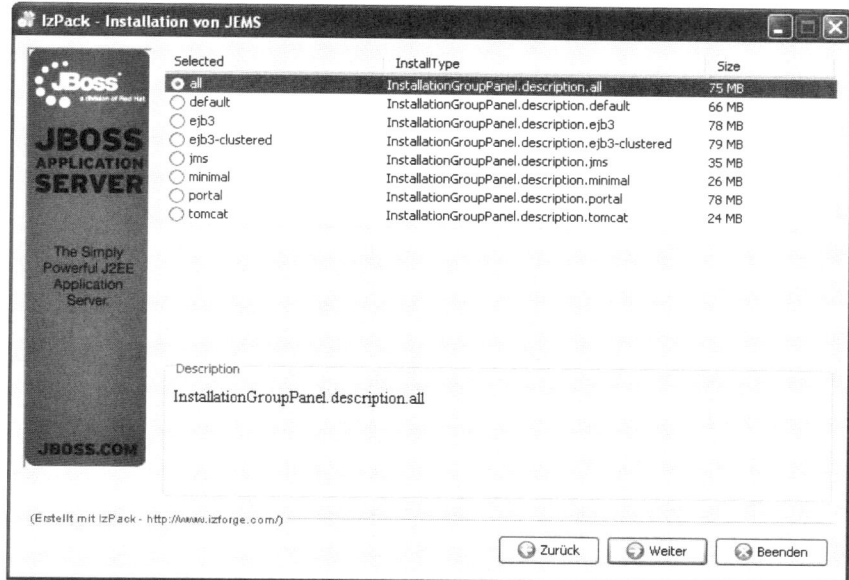

Bild 9.36: Installationsumfang

Sollten noch Abhängigkeiten fehlen, wählen Sie diese im folgenden Screen aus und bestätigen mit *Weiter*. Die benötigten abhängigen Pakete werden bereits voreingestellt!

Bild 9.37: Installationsabhängigkeiten

Wählen Sie im nächsten Dialog die Option *Standard*. Bestätigen Sie diesen und den folgenden Dialog.

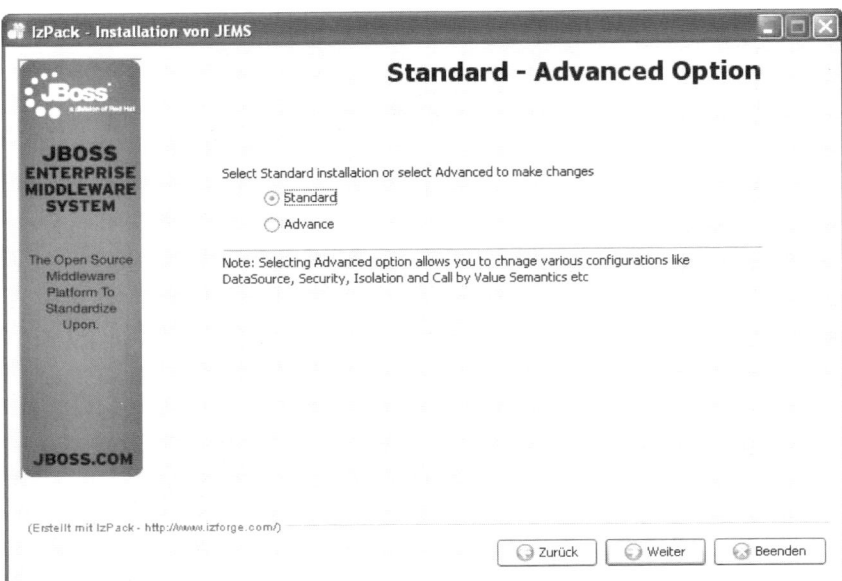

Bild 9.38: Installationsart

Jetzt sollte endlich die Installation starten.

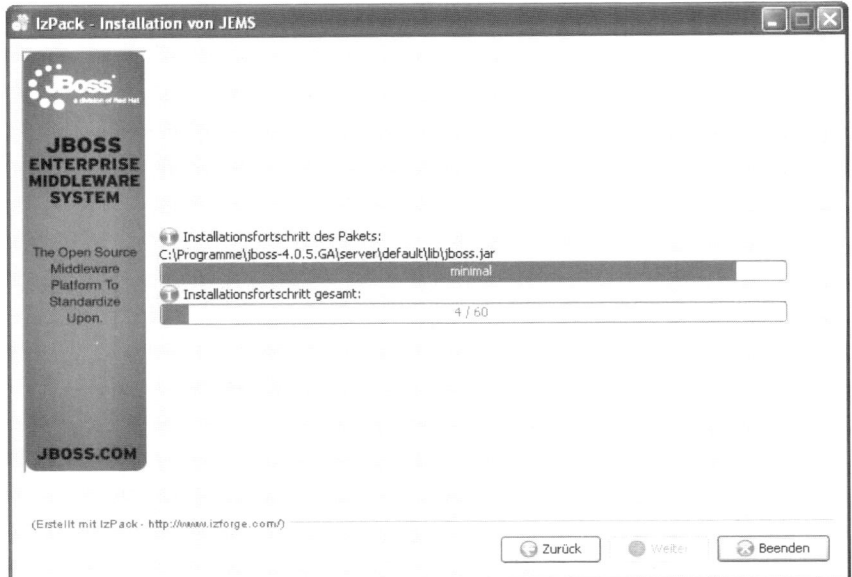

Bild 9.39: Installation gestartet

Für eine eventuelle, spätere Deinstallation wurde im gewählten Ausgabeverzeichnis eine Deinstallationsroutine abgelegt.

Nun haben wir alles auf unserem Zielrechner, was wir benötigen. Schauen wir uns kurz die angelegte Verzeichnisstruktur an.

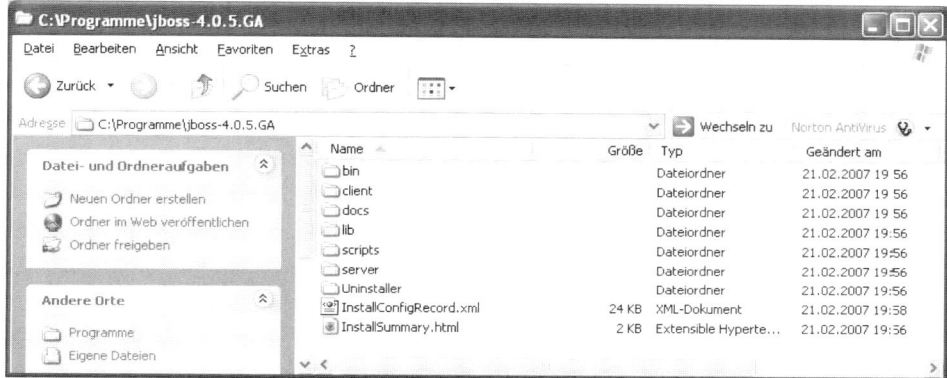

Bild 9.40: JBOSS AS-Verzeichnis

Innerhalb des Verzeichnisses *bin* finden wir die Startskripts zum Ausführen des JBOSS, falls wir nicht einen JBOSS-Dienst verwenden.

Im Verzeichnis *client* befinden sich alle benötigten Pakete zum Ausführen von Clients, die außerhalb von JBOSS laufen.

Unter *docs* finden wir einige interessante Dokumente, die einem in schweren Zeiten des Deployments teilweise ganz gut weiter helfen. Außerdem befinden sich hier verschiedene Lizenzdateien und Schema-Dateien.

Unter *libs* befinden sich, ähnlich wie im *client*-Verzeichnis, zusätzliche, benötigte Bibliotheken. Diese Bibliotheken sind allerdings für den JBOSS-Server reserviert. Meiden Sie also dieses Verzeichnis und verwenden Sie es nicht, um eigene Programme abzulegen.

Im Verzeichnis *server* schließlich befindet sich der eigentliche JBOSS-Application-Server.

Durch die Verwendung des Installers haben wir den Vorteil, dass unser JBOSS bereits zur Verwendung vorkonfiguriert wurde und wir uns auf das Wichtigste konzentrieren können, das Veröffentlichen von Servlets und Webservices.

Versuchen wir testweise den JBOSS-Server zu starten. Wechseln Sie hierzu in das *bin*-Verzeichnis und starten Sie die Datei *run.bat* mit einem Doppelklick.

Es kann sein, dass nun ein Fehler auftritt:

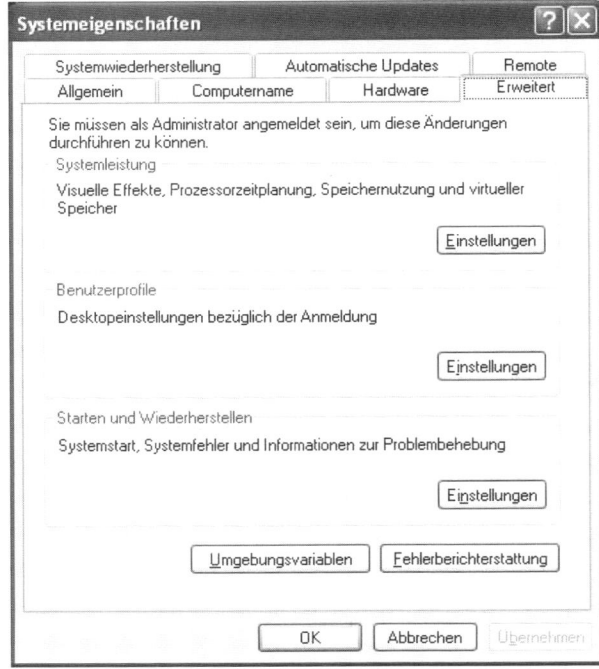

Bild 9.41: Fehler beim Starten

Wie man sehen kann, liegt dieser Fehler daran, dass kein Java-Homeverzeichnis gesetzt wurde. Um dieses Verzeichnis zu veröffentlichen, öffnen Sie bitte die Systemsteuerung und von dort den Systemdialog.

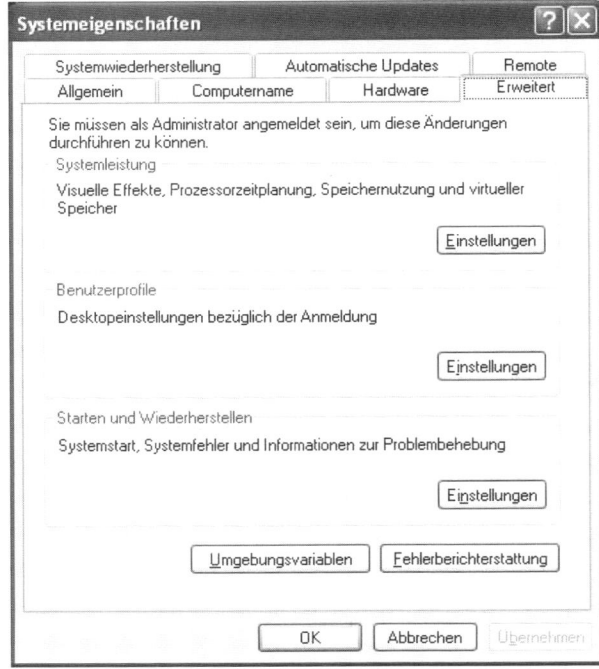

Bild 9.42:
Umgebungsvariablen eintragen

Klicken Sie auf den Button *Umgebungsvariablen*. Wählen Sie den Abschnitt *Systemvariablen* und klicken Sie auf den Button *Neu*. Fügen Sie eine neue Variable mit dem Namen *JAVA_HOME* hinzu. Geben Sie ihr als Wert den Pfad zu Ihrem Java-Verzeichnis, in welchem sich Ihr JDK befindet.

Bild 9.43: Umgebungsvariable setzen

Achten Sie bitte darauf, dass Sie das richtige Verzeichnis wählen, wenn Sie mehrere Java-Versionen installiert haben!

Beenden Sie das alte Kommandofenster, in dem Sie versucht haben, den JBOSS zu starten, und starten Sie *run.bat* erneut.

Nun sollten im Kommandofenster eine Menge Meldungen erscheinen, die etwa mit Folgendem enden:

```
20:54:44,156 INFO  [testQueue] Bound to JNDI name: queue/testQueue
20:54:44,218 INFO  [UILServerILService] JBossMQ UIL service available at : /0.0.
0.0:8093
20:54:44,265 INFO  [DLQ] Bound to JNDI name: queue/DLQ
20:54:44,406 INFO  [ConnectionFactoryBindingService] Bound ConnectionManager 'jb
oss.jca:service=ConnectionFactoryBinding,name=JmsXA' to JNDI name 'java:JmsXA'
20:54:44,468 INFO  [TomcatDeployer] deploy, ctxPath=/jmx-console, warUrl=.../dep
loy/jmx-console.war/
20:54:45,234 INFO  [Http11BaseProtocol] Starting Coyote HTTP/1.1 on http-0.0.0.0
-8080
20:54:45,546 INFO  [ChannelSocket] JK: ajp13 listening on /0.0.0.0:8009
20:54:45,562 INFO  [JkMain] Jk running ID=0 time=0/172  config=null
20:54:45,562 INFO  [Server] JBoss (MX MicroKernel) [4.0.5.GA (build: CVSTag=Bran
ch_4_0 date=200610162339)] Started in 50s:594ms
```

Zu diesem Zeitpunkt sollte Ihr persönlicher JBOSS Application-Server laufen.

Als Nächstes richten wir auf dem JBOSS ein Servlet ein, welches wir über eine Webseite oder aber über einen Client ansprechen können.

Um das Servlet von Hand zu erstellen, folgen Sie dem Beispiel aus Kapitel 3 »Serverseitige Dienste«. Auf den folgenden Seiten stelle ich Ihnen nur den Sourcecode eines Beispielservlets dar.

9.2.1 Servlets auf dem JBOSS

Ein Beispielservlet für den JBOSS

Dieses Servlet reagiert auf einfache Parameter in seiner URL und gibt daraufhin verschiedene Strings aus.

Listing: cd:\Sourcen\09 Applicationserver\Java Servlet\HelloServlet

Dieses Beispiel zeigt Ihnen, wie Sie ein Servlet erstellen, das wir gleich danach auf dem JBOSS AS deployen.

Benötigte Klassen

Nur Standardklassen, die Netbeans automatisch einfügt

Sourcecode Java Server Page (index.jsp)

```
<%@page contentType="text/html"%>
<%@page pageEncoding="UTF-8"%>

<!DOCTYPE HTML PUBLIC "-//W3C//DTD HTML 4.01 Transitional//EN"
    "http://www.w3.org/TR/html4/loose.dtd">

<html>
    <head>
        <meta http-equiv="Content-Type" content="text/html; charset=UTF-8">
        <title>Servlet auf einem JBOSS</title>
    </head>
    <body>

    <h1>Servlet Infoseite</h1>
    <BR>
    <BR>
    <h2>HelloServlet</h2>
    <B>Servletaufruf: Hello</B><BR>
    <A HREF ="http://localhost:8080/HelloServlet/Hello"> Servlet aufrufen mit:
"http://localhost:8080/HelloServlet/Hello" </A>

    </body>
</html>
```

Sourcecode Servlet (Hello.java)

```
import java.io.*;
import java.net.*;

import javax.servlet.*;
import javax.servlet.http.*;

public class Hello extends HttpServlet
{
    /** Processes requests for both HTTP <code>GET</code> and <code>POST</code> methods.
     * @param request servlet request
     * @param response servlet response
     */
    protected void processRequest
                        (HttpServletRequest request, HttpServletResponse response)
                        throws ServletException, IOException
    {
        response.setContentType("text/html;charset=UTF-8");
        PrintWriter out = response.getWriter();
        /* TODO output your page here */
        out.println("<html>");
        out.println("<head>");
        out.println("<title>Servlet Test</title>");
        out.println("</head>");
        out.println("<body>");
        out.println("<h1>Servlet Test</h1><BR>");
        out.println("Das Testservlet läuft jetzt auf dem JBOSS!");
        out.println("</body>");
        out.println("</html>");
        out.close();
    }
}
```

Beschreibung

Ich führe bei diesem Servlet extra die Java Server Page mit auf, da wir in dieser Seite einem potenziellen Anwender hervorragend unser eigentliches Servlet erklären können.

Innerhalb der Serverpage führen wir deshalb gleich zu Beginn auf, wie der Aufruf für unser Servlet aussehen muss:

```
<B>Servletaufruf: Hello</B><BR>
```

Danach bieten wir einem potenziellen Benutzer einen direkten Link zu unserem Servlet:

```
<A HREF ="http://localhost:8080/HelloServlet/Hello"> Servlet aufrufen mit:
"http://localhost:8080/HelloServlet/Hello" </A>
```

Wir verwenden an dieser Stelle ganz normale HTML-Befehle, um einen Link zu erzeugen. Dieser Link verweist auf den lokalen Server, verwendet den Port 8080 (JBOSS Standard) und benutzt den Pfad, der in unserem Servlet festgelegt ist.

Wenn wir diese Seite aufrufen, erhalten wir im Browser eine Ausgabe wie im nächsten Screenshot.

Über diese Seite weiß der Anwender nun genau, wie er das Servlet aufrufen kann. Natürlich sollte man zusätzlich eine kleine Beschreibung auf der Webseite unterbringen, die den Zweck und die Verwendung dokumentiert.

Für unsere Belange genügen aber die dargestellten Informationen.

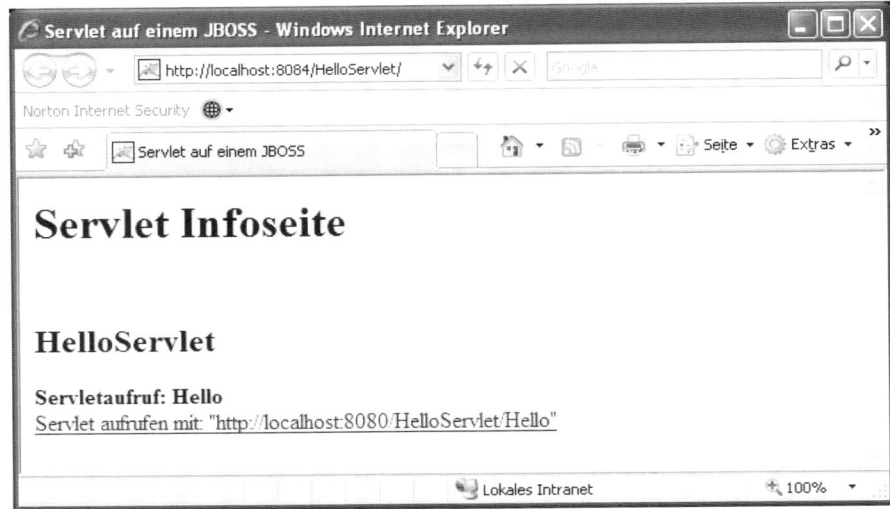

Bild 9.44: Java Server Page mit Servletinformationen

Das Servlet selbst, das eigentlich aufgerufen werden soll, enthält kaum Funktionalität. Ich habe nur ein klein wenig zusätzlichen Text in den vom Assistenten eingefügten Code eingebaut.

```
response.setContentType("text/html;charset=UTF-8");
        PrintWriter out = response.getWriter();
        /* TODO output your page here */
        out.println("<html>");
        out.println("<head>");
        out.println("<title>Servlet Test</title>");
        out.println("</head>");
        out.println("<body>");
        out.println("<h1>Servlet Test</h1><BR>");
        out.println("Das Testservlet läuft jetzt auf dem JBOSS!");
        out.println("</body>");
        out.println("</html>");
        out.close();
```

Nun wird es interessanter. Wir benötigen ein Komplettpaket mit Serverpage und Servlet, das verfügbar gemacht werden kann. Wenn Sie das Servlet unter Netbeans starten, wird es automatisch entweder auf dem Tomcat oder dem Application-Server von Sun veröffentlicht. Je nach Ihrer Auswahl beim Erstellen des Servlets wird natürlich der zugehörige Application-Server gestartet. Wir möchten unser Servlet aber auf dem JBOSS starten! Hierzu ist es wichtig, zu wissen, wie unter Java Servlets deployed werden. Es gibt einige Dateien, die ein Application-Server unter Java benötigt, um zu wissen, welche Dateien zu einem Servlet gehören und wo die Pfade liegen. Die wichtigste Datei hierfür ist die Datei *web.xml*. Sie finden diese Datei im Servletverzeichnis unter *web\WEB-INF*. Diese Datei wird auch *Deployment-Descriptor* genannt, sie enthält die Metainformationen des Servlets.

```xml
<?xml version="1.0" encoding="UTF-8"?>
<web-app version="2.4" xmlns="http://java.sun.com/xml/ns/j2ee"
xmlns:xsi="http://www.w3.org/2001/XMLSchema-instance"
xsi:schemaLocation="http://java.sun.com/xml/ns/j2ee
http://java.sun.com/xml/ns/j2ee/web-app_2_4.xsd">
    <servlet>
        <servlet-name>Hello</servlet-name>
        <servlet-class>Hello</servlet-class>
    </servlet>
    <servlet-mapping>
        <servlet-name>Hello</servlet-name>
        <url-pattern>/Hello</url-pattern>
    </servlet-mapping>
    <session-config>
        <session-timeout>
            30
        </session-timeout>
    </session-config>
    <welcome-file-list>
    <welcome-file>
            index.jsp
        </welcome-file>
    </welcome-file-list>
</web-app>
```

Sie sehen, innerhalb des Deployment-Descriptors sind alle relevanten Informationen über unser Servlet enthalten. Unter anderem steht hier, welche Datei als Willkommenseite verwendet wird. In unserem Fall natürlich unsere *index.jsp*.

```xml
<welcome-file>
        index.jsp
</welcome-file>
```

Diese Datei, die benötigten Klassen und alles, was sonst für das Servlet vorhanden sein muss, wird von Netbeans automatisch in eine Datei verpackt. Diese Datei hat den Namen des Servlets und als Endung *.war*. Im Grunde ist diese Datei nichts anderes als ein Jar-File, nur mit einer anderen Endung. Sie können diese Datei mit jedem ZIP-Programm entpacken und anschauen, da Jar-Files eigentlich ZIP-Files sind.

Sie finden das erstellte File im Servletverzeichnis unter *\dist*. In unserem Beispiel heißt die Datei *HelloServlet.war*.

Sollte Netbeans noch laufen, beenden Sie die Entwicklungsumgebung jetzt und starten Ihren JBOSS AS.

Öffnen Sie einen Arbeitsplatz oder einen Datei-Explorer und wechseln Sie in das Verzeichnis *deploy* im JBOSS-Verzeichnis. Der volle Pfad zum *deploy*-Verzeichnis ist in der Standardinstallation folgender:

C:\Programme\jboss-4.0.5.GA\server\default\deploy

Dieses Verzeichnis ist das Veröffentlichungsverzeichnis von JBOSS AS. Jedes *war*-File, das Sie hierher kopieren, wird automatisch veröffentlicht. Versuchen Sie es, kopieren Sie jetzt das *HelloServlet.war* in das *deploy*-Verzeichnis und beobachten Sie das JBOSS-Ausgabefenster.

```
18:25:32,109 INFO  [TomcatDeployer] deploy, ctxPath=/Servlet1, warUrl=.../tmp/de
ploy/tmp2220Servlet1-exp.war/
18:25:32,437 INFO  [TomcatDeployer] deploy, ctxPath=/jmx-console, warUrl=.../dep
loy/jmx-console.war/
18:25:33,250 INFO  [Http11BaseProtocol] Starting Coyote HTTP/1.1 on http-0.0.0.0
-8080
18:25:33,484 INFO  [ChannelSocket] JK: ajp13 listening on /0.0.0.0:8309
18:25:33,500 INFO  [JkMain] Jk running ID=0 time=0/32  config=null
18:25:33,515 INFO  [Server] JBoss (MX MicroKernel) [4.0.5.GA (build: CVSTag=Bran
ch_4_0 date=200610162339)] Started in 49s:94ms
18:29:25,031 INFO  [TomcatDeployer] deploy, ctxPath=/HelloServlet, warUrl=.../tm
p/deploy/tmp2223HelloServlet-exp.war/
```

Sie sehen, nach einem kurzen Moment erkennt JBOSS das neu hinzugefügte Servlet und kann es anhand des Deployment-Descriptors veröffentlichen.

Öffnen Sie nun einen Internetbrowser und rufen Sie das Servlet auf:

http://localhost:8080/HelloServlet/

Sie sollten nun unsere Willkommenseite sehen. Klicken Sie auf den Link, wird das Servlet ausgeführt.

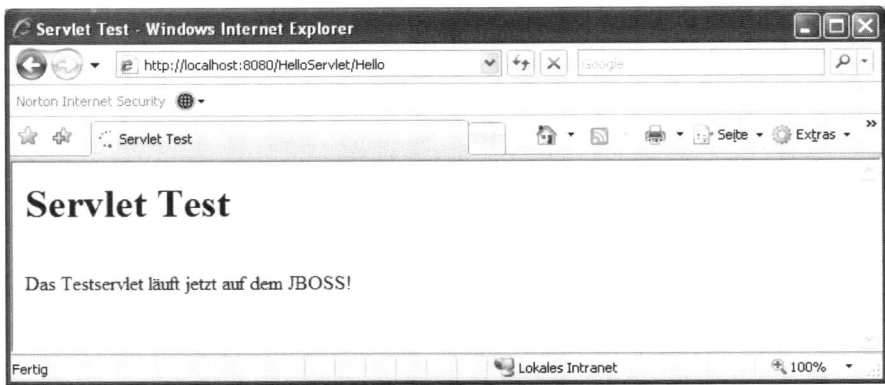

Bild 9.45: Aufruf des Servlets über die Willkommenseite

Damit haben wir erfolgreich ein Servlet auf dem JBOSS veröffentlicht. Als Nächstes werden wir einen Webservice veröffentlichen.

9.2.2 Webservices mit Java auf dem JBOSS

Mit dem JBOSS können wir leider nicht auf unseren Webservice zurückgreifen, den wir zum Beispiel im Kapitel 2 verwendet haben. JBOSS 4.0.5 versteht auch nicht die neueste Java-Version, sondern nur die Version 1.5. Aus diesem Grund müssen wir ein wenig tricksen.

Wir erstellen als Erstes einen Webservice mit Netbeans 5.5 und Java 1.5 für den JBOSS AS in der Version 4.0.5.

Starten Sie hierzu Netbeans und legen Sie ein neues Webapplikation-Projekt an. Geben Sie dem Projekt den Namen *ServiceServer* und wählen Sie ein Zielverzeichnis. Als Server tragen Sie vorerst den *Bundled Tomcat* ein. Entfernen Sie den Haken aus der Checkbox *Set Source Level to 1.4*. Klicken Sie nun auf *Finish*.

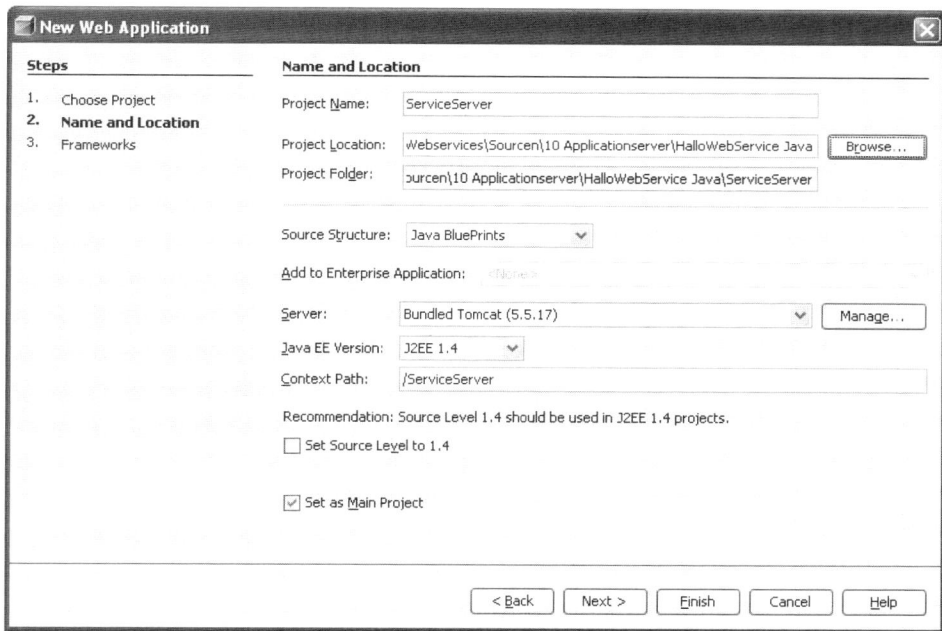

Bild 9.46: Ein Webservice mit Netbeans und JBOSS

Nachdem Netbeans nun das Grundgerüst für unseren Webservice angelegt hat, klicken Sie mit der rechten Maustaste in den Projektbaum und wählen: *New / WebService.*

Nennen Sie den Webservice einfach *WS* und vergeben Sie ein Package.

Klicken Sie dann auf *Finish*. Nun wird unser Webservice-Grundgerüst angelegt. Sollten Sie eine andere Java-Version als 1.5 verwenden, müssen wir die Version nun umstellen oder eventuelle Inkompatibilitäten riskieren.

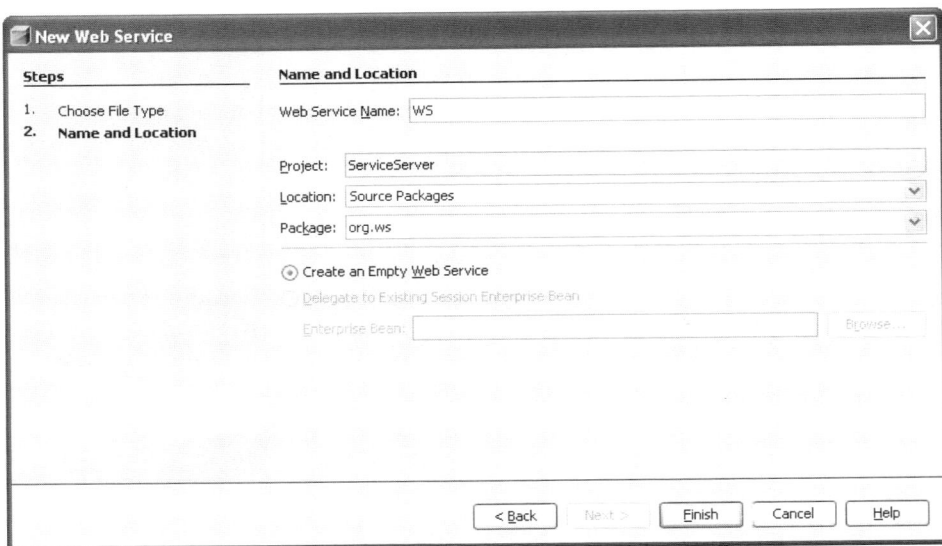

Bild 9.47: Webservice erstellen

Wenn Sie die Version ändern möchten, klicken Sie in den Projektbaum und wählen *Properties.*

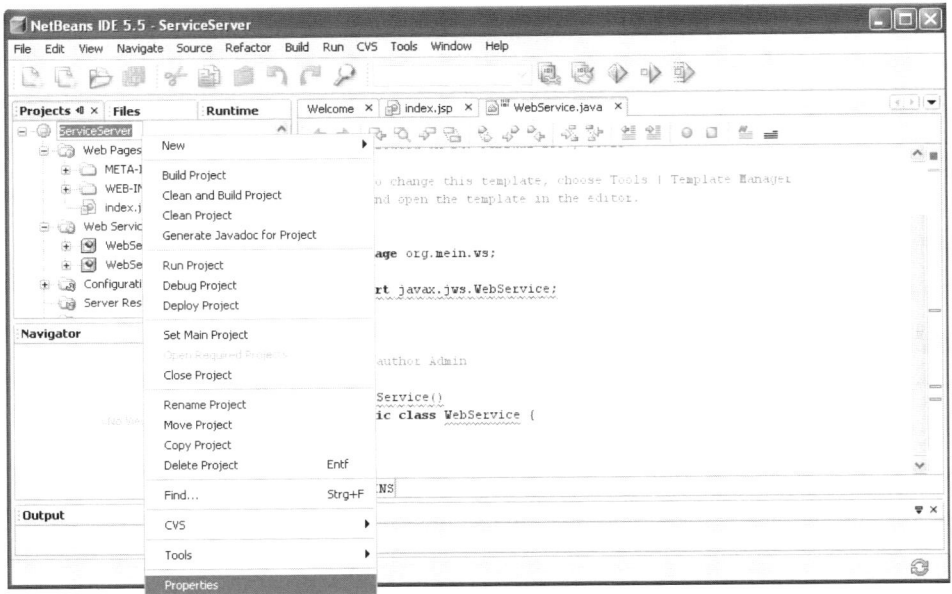

Bild 9.48: Java-Version ändern

Wählen Sie nun im Baum des Dialogs den Eintrag *Libraries*. Hier können Sie alle regist-
rierten Plattformversionen einstellen. Zuerst müssen Sie aber vermutlich die gewünschte
Version anmelden.

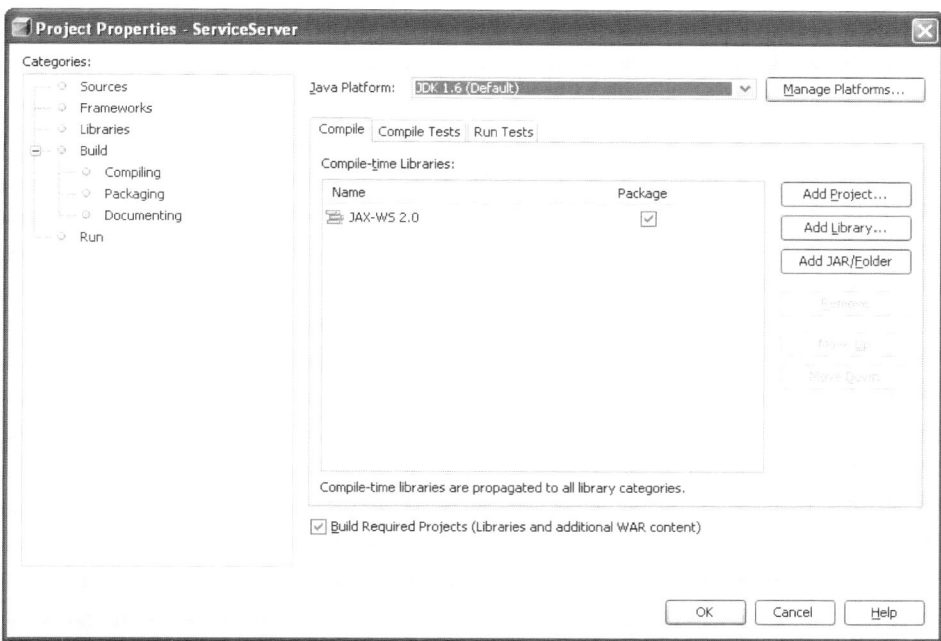

Bild 9.49: Libraries einstellen

Um eine alte, neue oder andere Version anzumelden, klicken Sie auf den Button *Manage
Platforms*.

Wählen Sie hier, links unten, den Button *Add Platform*.

Wählen Sie im nächsten Dialog den Eintrag *Java 2 Standard Edition* und klicken Sie auf
Next. Suchen Sie nun Ihr Java-Verzeichnis und wählen Sie die Java-Version 1.5. Bei
einer Standardinstallation liegt das Java-Verzeichnis unter *\Programme\Java*. Klicken Sie
auf *Next*, dann auf *Finish*.

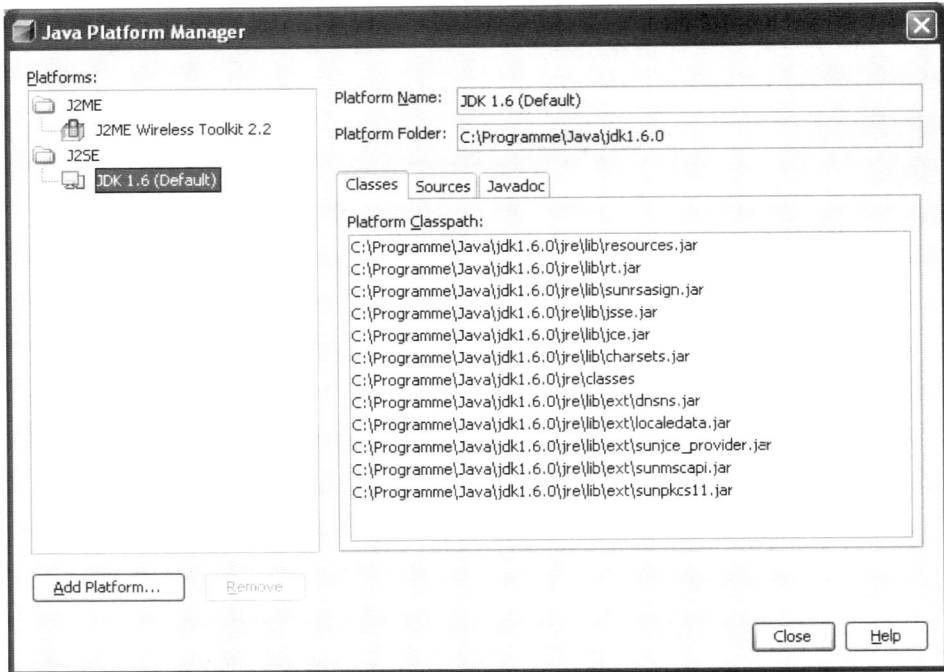

Bild 9.50: Auswahl der Plattform

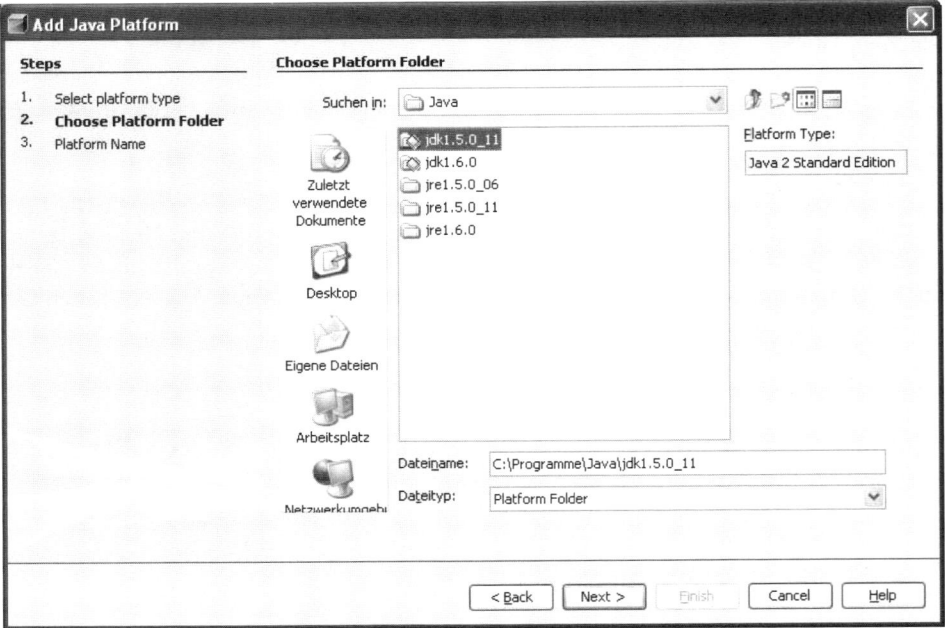

Bild 9.51: Java-Version auswählen

Wählen Sie nun die Plattform aus und schließen Sie den Auswahldialog mit *Close*

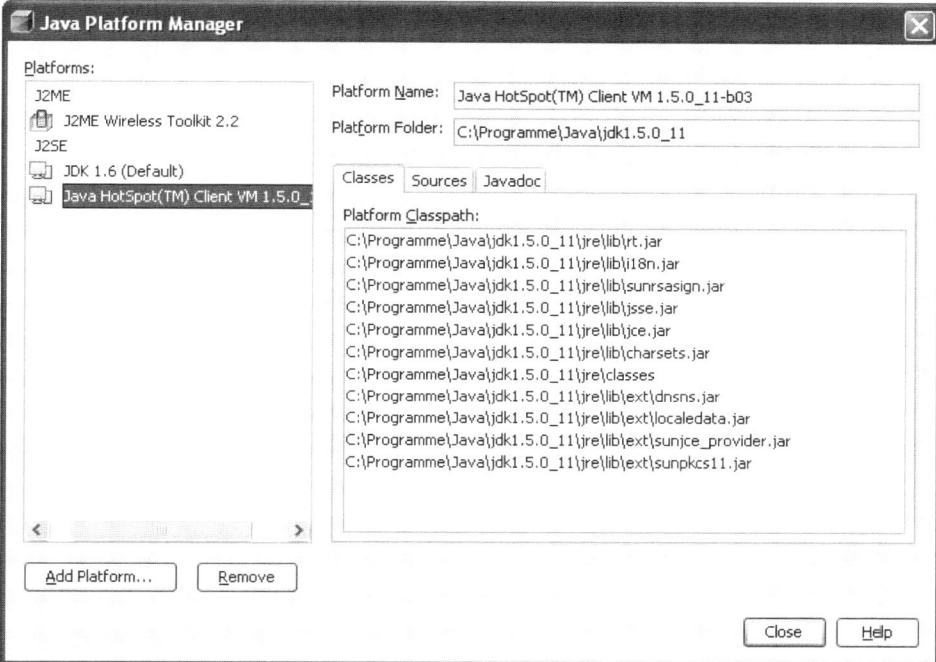

Bild 9.52: Plattformauswahl

Möglicherweise erhalten Sie beim Wechseln der Plattform eine Meldung, dass der Sourcelevel inkompatibel sei. Bestätigen Sie in diesem Fall mit *Change Platform*, dass Sie tatsächlich diese Plattform auswählen möchten.

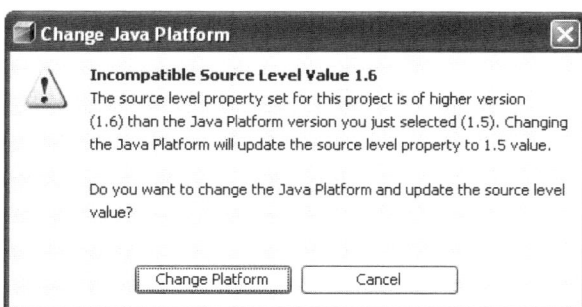

Bild 9.53: Plattformwechsel

Nach dem Scannen und Anpassen des Projekts ist Netbeans wieder bereit für unsere Eingaben.

Netbeans zeigt nun als Erstes einen Fehler im Sourcecode an, um den wir uns aber erst später kümmern werden. Wählen Sie zuerst über den Projektbaum und die *Properties* den Eintrag *Run / Server*. Wählen Sie hier als Server *JBOSS AS*.

Sollte der JBOSS AS nicht vorhanden, aber bereits installiert sein, müssen wir ihn zuerst ebenso wie eine andere Java-Version bekannt machen.

Die Stelle, um Application-Server einzutragen, ist im Hauptmenü unter *Tools*.

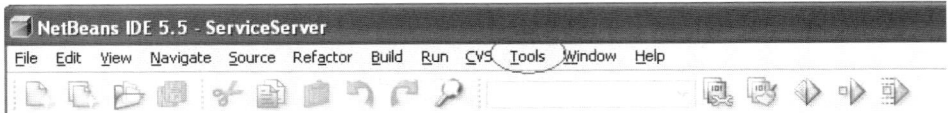

Bild 9.54: Appplicationserver eintragen

Wählen Sie hier *Server Manager* und klicken Sie auf den Button *Add Server*.

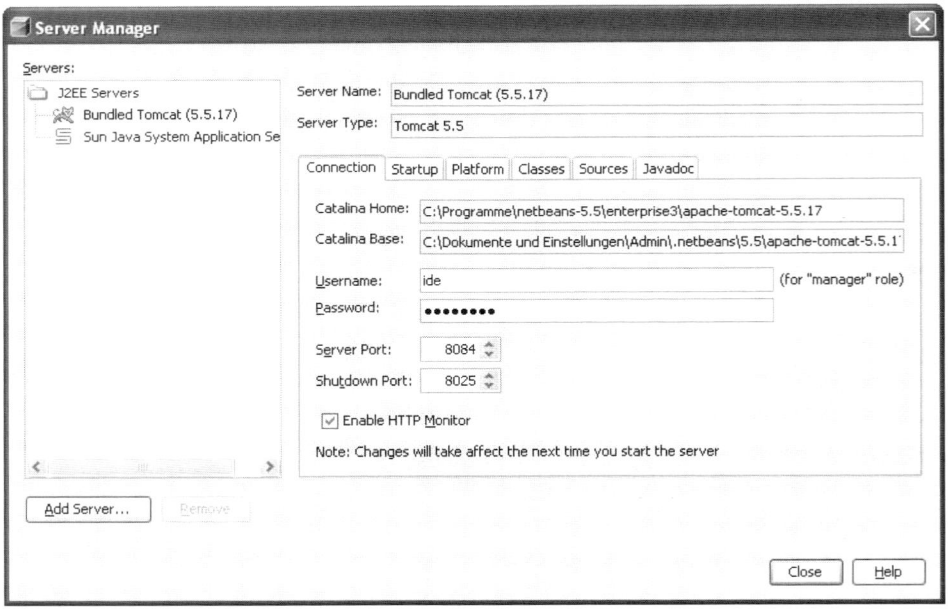

Bild 9.55: Application-Server zufügen

Im nächsten Dialog entscheiden wir uns (natürlich!) für den JBOSS AS. Bestätigen Sie nach der Auswahl mit *Next*. Nun möchte Netbeans wissen, wo sich der JBOSS befindet. Klicken Sie hierzu auf *Browse* und wählen Sie das JBOSS-Verzeichnis aus.

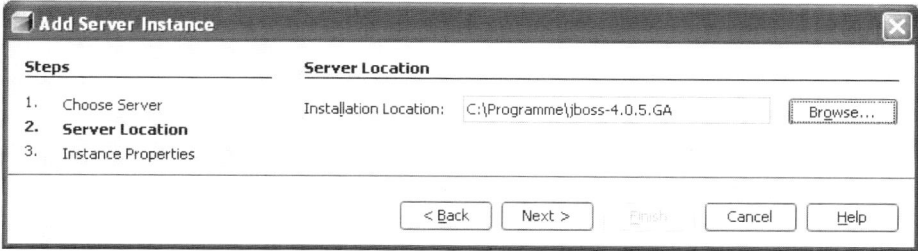

Bild 9.56: JBOSS als Server eintragen

Verwenden Sie im darauffolgenden Dialog den Standard und bestätigen Sie mit *Finish.*

Schließen Sie nun den Server Manager. Nun Sollten Sie in den *Properties* im Projektbaum unter *Run / Server* auch den JBOSS zur Auswahl haben. Wählen Sie ihn aus und
bestätigen Sie Ihre Auswahl mit *OK.*

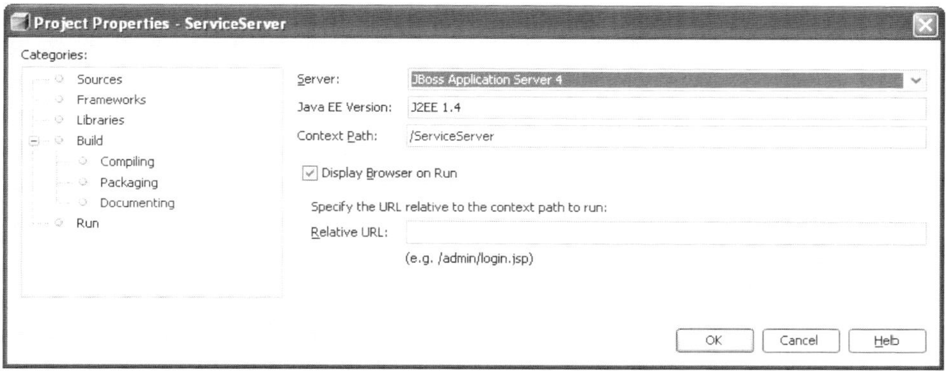

Bild 9.57: JBOSS eintragen

Innerhalb des *Properties*-Dialogs müssen wir nun noch umstellen, dass wir keinen JAX-
WS Webservice verwenden möchten. Der Grund hierfür ist, dass Netbeans nur JAX-
RPC Webservices auf einem JBOSS unterstützt. JAX-WS wird (oder wurde) zum Zeit-
punkt der Erstellung dieses Buchs noch nicht unterstützt.

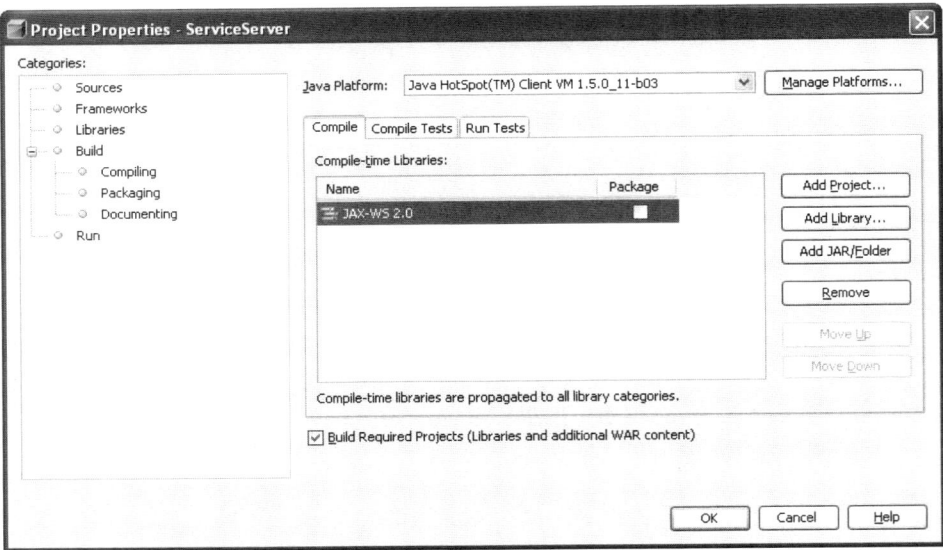

Bild 9.58: JAX-WS entfernen

Jetzt bearbeiten wir unseren eigentlichen Webservice innerhalb des Sourcecodes. Öffnen Sie also das entsprechende File in Ihrem Editorfenster. In unserem Beispiel heißt es *WS.java.*

Wir sehen einen Fehler, weil ein Webservice mindestens eine Operation haben muss. OK, das sollten wir ja wohl noch hinbekommen. Legen wir eine Operation an.

Klicken Sie hierzu im Projektexplorer mit der rechten Maustaste auf den Knoten *WS* und wählen Sie aus dem Kontextmenü den Eintrag *Add Operation.*

Vergeben Sie den Namen *Hallo* und fügen Sie einen Inputparameter hinzu. Bestätigen Sie dann mit *OK.*

Jetzt enthält unser Sourcecode eine Webservice-Operation und die Fehler sollten verschwunden sein.

Wir ändern den Sourceode ein wenig ab, indem wir eine Meldung anhand des Übergabeparameters zurückgeben.

```
public String Hallo(@WebParam(name = "InputParameter") String InputParameter) {
    // TODO implement operation
    return "Webservice von JBOSS meldet: " +InputParameter;
}
```

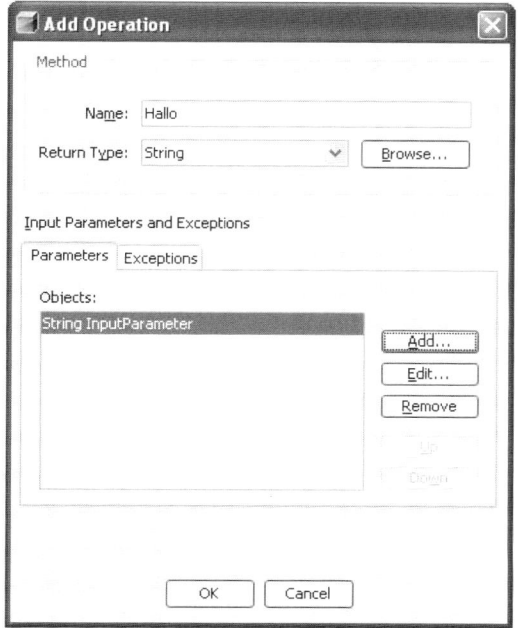

Bild 9.59: Operation zufügen

Innerhalb unseres Sourcecodes wären wir nun erst einmal fertig. Nun müssen wir den Service-Endpunkt bearbeiten. Normalerweise müssen wir das nicht, aber da wir den JBOSS verwenden, sind wir dazu gezwungen.

Hierzu müssen wir unsere *web.xml*, den Deployment-Descriptor bearbeiten.

Sie finden unseren Deployment-Descriptor im Projektbaum unter *Configuration Files*. Wählen Sie hier mit einem Doppelklick die *web.xml*. Klicken Sie für eine *Raw*-Anzeige auf den Reiter *XML*.

```
<?xml version="1.0" encoding="UTF-8"?>
<web-app version="2.4" xmlns="http://java.sun.com/xml/ns/j2ee"
xmlns:xsi="http://www.w3.org/2001/XMLSchema-instance"
xsi:schemaLocation="http://java.sun.com/xml/ns/j2ee
http://java.sun.com/xml/ns/j2ee/web-app_2_4.xsd">
    <listener>
        <listener-class>
        com.sun.xml.ws.transport.http.servlet.WSServletContextListener
        </listener-class>
    </listener>
    <servlet>
        <servlet-name>WS</servlet-name>
        <servlet-class>com.sun.xml.ws.transport.http.servlet.WSServlet</servlet-
class>
```

```
        <load-on-startup>1</load-on-startup>
        </servlet>
    <servlet-mapping>
        <servlet-name>WS</servlet-name>
        <url-pattern>/WS</url-pattern>
    </servlet-mapping>
    <session-config>
        <session-timeout>
            30
        </session-timeout>
    </session-config>
    <welcome-file-list>
    <welcome-file>
            index.jsp
        </welcome-file>
    </welcome-file-list>
</web-app>
```

Wir entfernen komplett die *Listener*-Node und bearbeiten die Node *Servlet-class*. Wir tragen an dieser Stelle eine andere Servletklasse ein, nämlich unsere eigene.

```
<?xml version="1.0" encoding="UTF-8"?>
<web-app version="2.4" xmlns="http://java.sun.com/xml/ns/j2ee"
xmlns:xsi="http://www.w3.org/2001/XMLSchema-instance"
xsi:schemaLocation="http://java.sun.com/xml/ns/j2ee
http://java.sun.com/xml/ns/j2ee/web-app_2_4.xsd">
    <servlet>
        <servlet-name>WS</servlet-name>
        <servlet-class>org.ws.WS</servlet-class>
        <load-on-startup>1</load-on-startup>
        </servlet>
    <servlet-mapping>
        <servlet-name>WS</servlet-name>
        <url-pattern>/WS</url-pattern>
    </servlet-mapping>
    <session-config>
        <session-timeout>
            30
        </session-timeout>
    </session-config>
    <welcome-file-list>
    <welcome-file>
            index.jsp
        </welcome-file>
    </welcome-file-list>
</web-app>
```

Wenn Sie diese Änderungen gemacht haben, speichern Sie bitte alles. Nun sind wir bereit, unser Projekt zum ersten Mal zu veröffentlichen. Klicken Sie im Projektbaum mit der rechten Maustaste auf den ersten Knoten (das Projekt selbst, *ServiceServer*) und wählen Sie *Deploy Project*.

Wenn Sie statt *Deploy Project* den Startbutton von Netbeans drücken, wird das Projekt auch deployed und danach ein Browser mit der Adresse des Webservice aufgerufen.

Hier sollte dann unsere Java-Serverpage erscheinen. Diese Seite erscheint nicht, wenn Sie nur auf *Deploy* drücken!

Bild 9.60: Erster Aufruf des Webservice

Wenn der JBOSS-Server Fehlermeldungen bringt, liegt es vermutlich an der Umgebungsvariablen *JAVA_HOME*. Überprüfen Sie, ob der Wert richtig auf eine SDK-Version 1.5 gesetzt wurde. Womöglich hat der JBOSS auch Schwierigkeiten beim Starten, weil Ports belegt sind. Zum Beispiel sperrt Outlook sehr gerne die RMI-Ports. Sollte das geschehen, beenden Sie Outlook und starten den JBOSS erneut. Manchmal muss man auch den kompletten Rechner neu starten, bis alles zur Zufriedenheit läuft. Wenn Sie dauerhaft verhindern möchten, dass Outlook Ihnen dazwischenfunkt, gehen Sie (für Windows XP) so vor:

Starten Sie Ihren Registry-Editor über *Start / Ausführen*. Geben Sie in der Eingabezeile *regedit.exe* ein und bestätigen Sie mit der ⟨Return⟩-Taste.

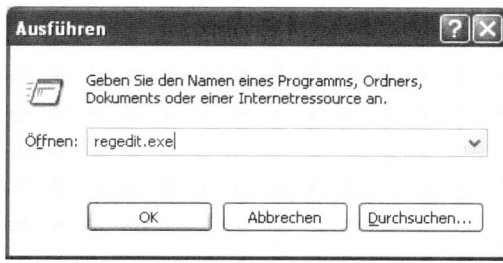

Bild 9.61: Registryeditor starten

Wechseln Sie in den Knoten:

HKEY_LOCAL_MACHINE\SYSTEM\CurrentControlSet\Services\Tcpip\Parameters

Prüfen Sie, ob es einen Eintrag namens *ReservedPorts* gibt. Normalerweise besteht dieser Eintrag bereits. Falls nicht, klicken Sie mit der rechten Maustaste auf *Parameters* und wählen den Eintrag *Neu* aus dem Kontextmenü.

Wählen Sie unter *Neu* den Eintrag *Zeichenfolge*. Geben Sie nun dem neu aufgetauchten Eintrag den Namen *ReservedPorts*. Fahren Sie genauso fort, als hätte der Eintrag bereits bestanden:

Klicken Sie wieder mit der rechten Maustaste auf den Eintrag *ReservedPorts* und wählen Sie aus dem Kontextmenü *Ändern*.

Unter Windows XP mit dem ServicePack 2 steht als Wert in diesem Feld: 1433-1434. Geben Sie hier ein: *1090-1434*. Damit sperren wir explizit die Ports für Outlook, die der JBOSS verwendet. Unter Windows 2000 ist das Vorgehen dasselbe, bis auf den Umstand, dass die einzutragende Zeichenkette nicht vom Typ *Zeichenkette* ist, sondern vom Typ *REG_MULTI_SZ*.

Ein normaler Startvorgang des JBOSS AS sieht in etwa wie folgt aus:

```
===============================================================================

 JBoss Bootstrap Environment

 JBOSS_HOME: C:\Programme\jboss-4.0.5.GA\bin\\..

 JAVA: C:\Programme\Java\jdk1.5.0_11\\bin\java

 JAVA_OPTS:  -Dprogram.name=run.bat -server -Xms128m -Xmx512m -
Dsun.rmi.dgc.client.gcInterval=3600000 -Dsun.rmi.dgc.server.gcInterval=3600000

 CLASSPATH: C:\Programme\Java\jdk1.5.0_11\\lib\tools.jar;C:\
Programme\jboss-4.0.5.GA\bin\\run.jar


===============================================================================

15:34:17,250 INFO  [Server] Starting JBoss (MX MicroKernel)...
15:34:17,250 INFO  [Server] Release ID: JBoss [Zion] 4.0.5.GA (build:
CVSTag=Branch_4_0 date=200610162339)
15:34:17,250 INFO  [Server] Home Dir: C:\Programme\jboss-4.0.5.GA
15:34:17,250 INFO  [Server] Home URL: file:/C:/Programme/jboss-4.0.5.GA/
15:34:17,250 INFO  [Server] Patch URL: null
15:34:17,250 INFO  [Server] Server Name: default
15:34:17,250 INFO  [Server] Server Home Dir: C:\Programme\jboss-
4.0.5.GA\server\default
15:34:17,250 INFO  [Server] Server Home URL: file:/C:/Programme/jboss-
4.0.5.GA/server/default/
15:34:17,250 INFO  [Server] Server Log Dir: C:\Programme\jboss-
4.0.5.GA\server\default\log
15:34:17,250 INFO  [Server] Server Temp Dir: C:\Programme\jboss-
4.0.5.GA\server\default\tmp
```

```
15:34:17,250 INFO  [Server] Root Deployment Filename: jboss-service.xml
15:34:17,625 INFO  [ServerInfo] Java version: 1.5.0_11,Sun Microsystems Inc.
15:34:17,625 INFO  [ServerInfo] Java VM: Java HotSpot(TM) Server VM 1.5.0_11-b03,Sun
Microsystems Inc.
15:34:17,625 INFO  [ServerInfo] OS-System: Windows XP 5.1,x86
15:34:18,640 INFO  [Server] Core system initialized
15:34:22,406 INFO  [WebService] Using RMI server codebase: http://toxic:8083/
15:34:22,421 INFO  [Log4jService$URLWatchTimerTask] Configuring from URL:
resource:log4j.xml
15:34:28,531 INFO  [ServiceEndpointManager] WebServices: jbossws-1.0.3.SP1
(date=200609291417)
15:34:29,890 INFO  [SnmpAgentService] SNMP agent going active
15:34:30,296 INFO  [InterceptorChainFactory] interceptor chain is:
class org.jboss.cache.interceptors.CallInterceptor
class org.jboss.cache.interceptors.PessimisticLockInterceptor
class org.jboss.cache.interceptors.UnlockInterceptor
class org.jboss.cache.interceptors.ReplicationInterceptor
class org.jboss.cache.interceptors.TxInterceptor
class org.jboss.cache.interceptors.CacheMgmtInterceptor
15:34:30,562 INFO  [STDOUT]
-----------------------------------------------------------
GMS: address is toxic:1175
-----------------------------------------------------------
15:34:32,593 INFO  [TreeCache] viewAccepted(): [toxic:1175|0] [toxic:1175]
15:34:32,593 INFO  [TreeCache] TreeCache local address is toxic:1175
15:34:32,593 INFO  [TreeCache] State could not be retrieved (we are the first member
in group)
15:34:32,593 INFO  [TreeCache] parseConfig(): PojoCacheConfig is empty
15:34:33,125 INFO  [DefaultPartition] Initializing
15:34:33,437 INFO  [STDOUT]
-----------------------------------------------------------
GMS: address is toxic:1178 (additional data: 17 bytes)
-----------------------------------------------------------
15:34:35,437 INFO  [DefaultPartition] Number of cluster members: 1
15:34:35,437 INFO  [DefaultPartition] Other members: 0
15:34:35,437 INFO  [DefaultPartition] New cluster view for partition DefaultPartition
(id: 0, delta: 0) : [192.168.0.15:1099]
15:34:35,437 INFO  [DefaultPartition] Fetching state (will wait for 30000
milliseconds):
15:34:35,437 INFO  [DefaultPartition] State could not be retrieved (we are the first
member in group)
15:34:35,437 INFO  [DefaultPartition] I am (192.168.0.15:1099) received
membershipChanged event:
15:34:35,437 INFO  [DefaultPartition] Dead members: 0 ([])
15:34:35,437 INFO  [DefaultPartition] New Members : 0 ([])
15:34:35,437 INFO  [DefaultPartition] All Members : 1 ([192.168.0.15:1099])
15:34:35,484 INFO  [HANamingService] Started ha-jndi bootstrap jnpPort=1100,
backlog=50, bindAddress=/0.0.0.0
```

```
15:34:35,500 INFO  [DetachedHANamingService$AutomaticDiscovery] Listening on
/0.0.0.0:1102, group=230.0.0.4, HA-JNDI address=192.168.0.15:1100
15:34:36,359 INFO  [CorbaNamingService] Naming:
[IOR:000000000000002B49444C3A6F6D672E6F72672F436F734E616D696E672F4E616D696E67436F6E74
6578744578743A312E300000000
0000200000000000000000E800010200000000D3139322E3136382E302E313500000DC8000000114A426F73
732F4E616D696E672F726F6F740000000000000500000000000000008000000004A414300000
000010000001C0000000000001000100000001050100010001010900000001050100010000002100000060
000000000000000100000000000000024000000200000007E000000000000000010000000D313
9322E3136382E302E313500000DC90040000000000000000000010040100C8060667810201010100000000
00000000000000000000000000000000000000000020000000040000000000001F00000004000
000030000001000000200000000000000020000002000000004000000000000001F0000000400000003]
15:34:36,453 INFO  [CorbaTransactionService] TransactionFactory:
[IOR:00000000000000003049444C3A6F72672F6A626F73732F746D2F69696F702F5472616E73616374696F6F
6E46616374
6F72794578743A312E3000000000002000000000000000E800010200000000D3139322E3136382E302E313
500000DC8000000144A426F73732F5472616E73616374696F6E732F4600000005000J000000
000008000000004A414300000000010000001C0000000000001000100000001050100010001010900000000
10501000100000210000006000000000000000100000000000024000000200000007E00
0000000000001000000D3139322E3136382E302E313500000DC9004000000000000000000001000401000
80606678102010101000000000000000000000000000000000000002000000000400
0000000000001F00000004000000030000001000000200000000000000020000002000000004000000
00000001F0000000400000003]
15:34:37,109 INFO  [Embedded] Catalina naming disabled
15:34:37,187 INFO  [ClusterRuleSetFactory] Unable to find a cluster rule set in the
classpath. Will load the default rule set.
15:34:37,187 INFO  [ClusterRuleSetFactory] Unable to find a cluster rule set in the
classpath. Will load the default rule set.
15:34:37,718 INFO  [Http11BaseProtocol] Initializing Coyote HTTP/1.1 on http-0.0.0.0-
8080
15:34:37,718 INFO  [Catalina] Initialization processed in 515 ms
15:34:37,718 INFO  [StandardService] Starting service jboss.web
15:34:37,734 INFO  [StandardEngine] Starting Servlet Engine: Apache Tomcat/5.5.20
15:34:37,765 INFO  [StandardHost] XML validation disabled
15:34:37,812 INFO  [Catalina] Server startup in 94 ms
15:34:38,000 INFO  [TomcatDeployer] deploy, ctxPath=/invoker, warUrl=.../deploy/http-
invoker.sar/invoker.war/
15:34:38,359 INFO  [WebappLoader] Dual registration of jndi stream handler: factory
already defined
15:34:38,953 INFO  [TomcatDeployer] deploy, ctxPath=/, warUrl=.../deploy/jbossweb-
tomcat55.sar/ROOT.war/
15:34:39,203 INFO  [TomcatDeployer] deploy, ctxPath=/jbossws,
warUrl=.../tmp/deploy/tmp20966jbossws-context-exp.war/
15:34:39,781 INFO  [TomcatDeployer] deploy, ctxPath=/jbossmq-httpil,
warUrl=.../deploy/jms/jbossmq-httpil.sar/jbossmq-httpil.war/
15:34:41,109 INFO  [TomcatDeployer] deploy, ctxPath=/web-console,
warUrl=.../deploy/management/console-mgr.sar/web-console.war/
15:34:41,984 INFO  [MailService] Mail Service bound to java:/Mail
15:34:42,296 INFO  [RARDeployment] Required license terms exist, view META-INF/ra.xml
in .../deploy/jboss-ha-local-jdbc.rar
```

```
15:34:42,375 INFO  [RARDeployment] Required license terms exist, view META-INF/ra.xml
in .../deploy/jboss-ha-xa-jdbc.rar
15:34:42,406 INFO  [RARDeployment] Required license terms exist, view META-INF/ra.xml
in .../deploy/jboss-local-jdbc.rar
15:34:42,484 INFO  [RARDeployment] Required license terms exist, view META-INF/ra.xml
in .../deploy/jboss-xa-jdbc.rar
15:34:42,609 INFO  [RARDeployment] Required license terms exist, view META-INF/ra.xml
in .../deploy/jms/jms-ra.rar
15:34:42,656 INFO  [RARDeployment] Required license terms exist, view META-INF/ra.xml
in .../deploy/mail-ra.rar
15:34:43,765 INFO  [WrapperDataSourceService] Bound ConnectionManager
'jboss.jca:service=DataSourceBinding,name=DefaultDS' to JNDI name 'java:DefaultDS'
15:34:44,062 INFO  [A] Bound to JNDI name: queue/A
15:34:44,062 INFO  [B] Bound to JNDI name: queue/B
15:34:44,062 INFO  [C] Bound to JNDI name: queue/C
15:34:44,062 INFO  [D] Bound to JNDI name: queue/D
15:34:44,062 INFO  [ex] Bound to JNDI name: queue/ex
15:34:44,093 INFO  [testTopic] Bound to JNDI name: topic/testTopic
15:34:44,093 INFO  [securedTopic] Bound to JNDI name: topic/securedTopic
15:34:44,093 INFO  [testDurableTopic] Bound to JNDI name: topic/testDurableTopic
15:34:44,093 INFO  [testQueue] Bound to JNDI name: queue/testQueue
15:34:44,171 INFO  [UILServerILService] JBossMQ UIL service available at :
/0.0.0.0:8093
15:34:44,218 INFO  [DLQ] Bound to JNDI name: queue/DLQ
15:34:44,375 INFO  [ConnectionFactoryBindingService] Bound ConnectionManager
'jboss.jca:service=ConnectionFactoryBinding,name=JmsXA' to JNDI name 'java:JmsXA'
15:34:44,781 WARN  [EndpointMetaData] Cannot obtain style, using default: document
15:34:45,687 INFO  [TomcatDeployer] deploy, ctxPath=/ServiceServer,
warUrl=.../tmp/deploy/tmp21004ServiceServer-exp.war/
15:34:46,000 INFO  [WSDLFilePublisher] WSDL published to: file:/C:/Programme/jboss-
4.0.5.GA/server/default/data/wsdl/ServiceServer.war/WSService21005.wsdl
15:34:46,703 INFO  [Http11BaseProtocol] Starting Coyote HTTP/1.1 on http-0.0.0.0-8080
15:34:46,875 INFO  [ChannelSocket] JK: ajp13 listening on /0.0.0.0:8009
15:34:46,875 INFO  [JkMain] Jk running ID=0 time=0/32  config=null
15:34:46,890 INFO  [Server] JBoss (MX MicroKernel) [4.0.5.GA (build:
CVSTag=Branch_4_0 date=200610162339)] Started in 29s:640ms
```

Fehlermeldungen sollten nicht auftauchen!

Um den Webservice zu prüfen, können wir uns das WSDL ausgeben lassen:

http://localhost:8080/ServiceServer/WS?WSDL

Was uns nun noch fehlt ist ein passender Client. Wir werden diesen Client unter .NET mit C# anlegen. Sie erinnern sich vielleicht aus dem Kapitel 2 an den Webserviceclient für Java, der unter .NET geschrieben war. Ich bin an dieser Stelle nicht auf die Details eingegangen, das werde ich aber im folgenden Beispiel wie versprochen nachholen.

9.2.3 Webserviceclient unter .NET für den JBOSS

Erstellen Sie ein neues Projekt für C#. Fügen Sie dann über den Projektmappen-Explorer einen *Webverweis* hinzu.

Als URL verwenden wir unseren Verweis auf das WSDL-File in unserem Webservice.

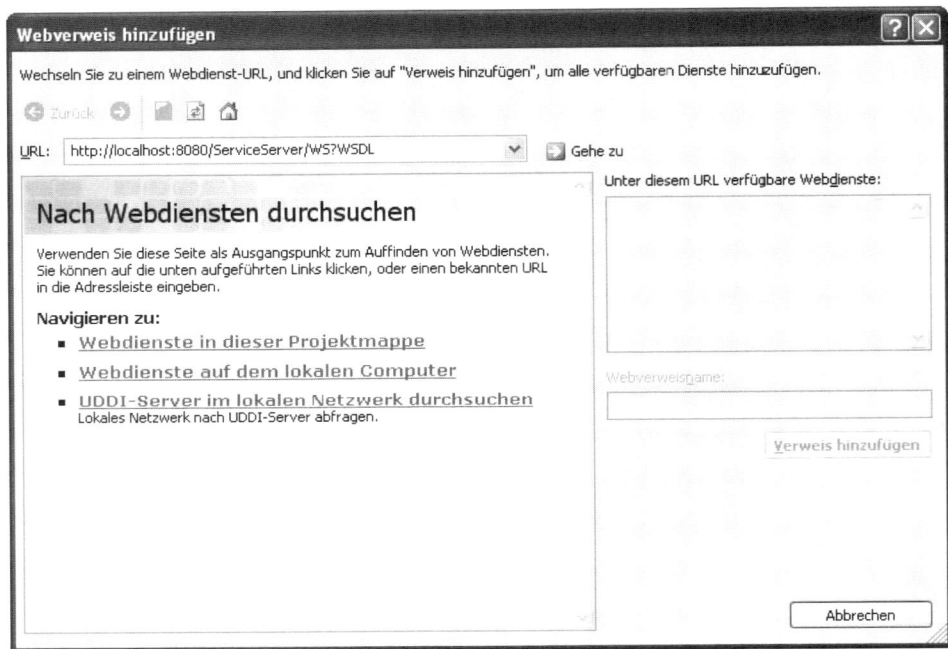

Bild 9.62: Webverweis anlegen

Klicken Sie nun auf *Gehe zu*. Das WSDL-File wird vom Studio abgeholt, verarbeitet und ein Proxy daraus erstellt.

Vergeben Sie einen Webverweisnamen und klicken Sie auf den Button *Verweis hinzufügen*.

Jetzt haben wir einen Proxy, der den Webservice abbildet. Diesen Proxy können wir genauso ansprechen wie einen Proxy, den wir von Hand erzeugt haben. Genau dies ist der nächste Schritt. Wir instanziieren ein Objekt von unserem Proxy und können diesen dann innerhalb unseres Programms verwenden. Da wir einen Java-Webservice vorliegen haben, müssen wir allerdings bestimmte Dinge beachten. Wir können nicht einfach auf den Webservice zugreifen, wie wir das von .NET gewohnt sind, sondern müssen die Struktur des Java-Webservice beachten.

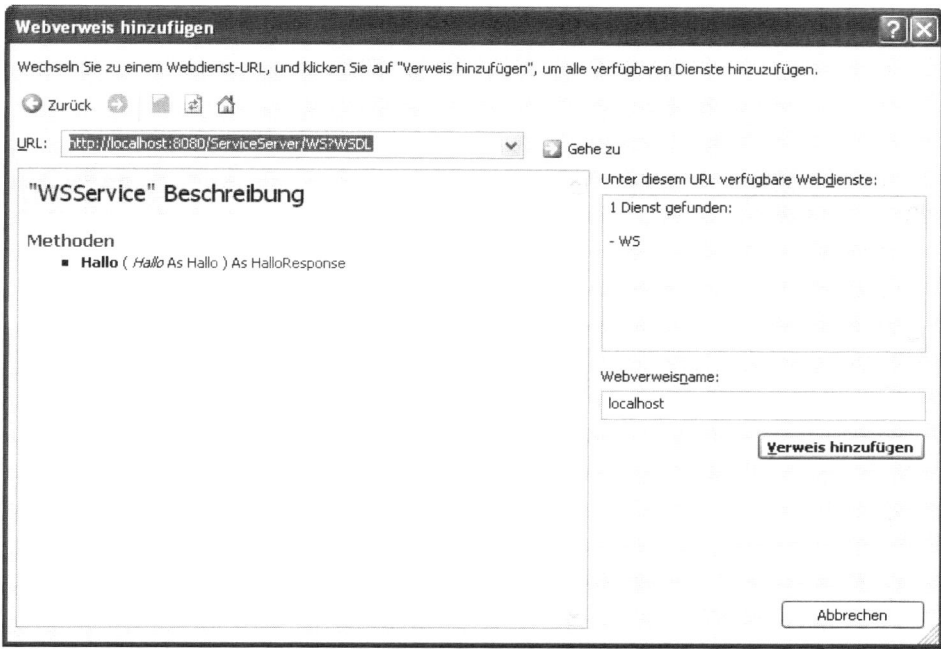

Bild 9.63: Webverweis einbinden

In unserem Formular bringen wir einen einzelnen Button unter. In der Routine für diesen Button tragen wir Folgendes ein:

```
private void button1_Click(object sender, EventArgs e)
{
    localhost.Hallo input = new client.localhost.Hallo();
    localhost.HalloResponse response = new client.localhost.HalloResponse();
    localhost.WSService service = new client.localhost.WSService();

    input.InputParameter = " Webservice wurde vom Client aufgerufen";

    response = service.Hallo(input);

    MessageBox.Show(response.result);
}
```

Sie sehen, als Erstes erzeugen wir ein Objekt vom Typ »Hallo«. Dieses Objekt wird als Parameter erwartet, wenn wir den Webservice aufrufen.

```
localhost.Hallo input = new client.localhost.Hallo();
```

Wir benötigen ebenso ein Rückgabeobjekt. Dieses ist vom Typ »HalloResponse«.

```
localhost.HalloResponse response = new client.localhost.HalloResponse();
```

Um den Service selbst aufzurufen, erzeugen wir eine Instanz des Webservice.

```
localhost.WSService service = new client.localhost.WSService();
```

Nun müssen wir das Eingabeobjekt mit einem String füllen.

```
input.InputParameter = " Webservice wurde vom Client aufgerufen";
```

Wir rufen den Webservice auf und übergeben die Rückgabe an unser Response-Objekt.

```
response = service.Hallo(input);
```

Dieses Response-Objekt enthält eine Eigenschaft namens *result*. Diese Eigenschaft repräsentiert die Rückgabe des Webservice. Da sie als String definiert ist, können wir sie einfach in einer MessageBox ausgeben.

```
MessageBox.Show(response.result);
```

Wenn wir das Projekt starten und auf den Button drücken, sollten wir die Rückgabe des Webservice zu sehen bekommen.

Bild 9.64: Rückgabe des Webservice auf dem JBOSS AS

Der komplette Sourcecode sieht wie folgt aus.

Webserviceclient für einen JBOSS-Java-Webservice

Listing: cd:\Sourcen\09 Applicationserver\NET-Client\Client

Dieses Beispiel zeigt Ihnen, wie Sie einen Webservice unter Java ansprechen, der auf einem JBOSS veröffentlicht wurde. Das Beispiel verwendet automatisch generierte Proxyklassen, die über einen Webverweis referenziert werden.

Benötigte Namespaces

Werden automatisch vom Studio 2005 eingefügt.

Sourcecode

```
using System;
using System.Collections.Generic;
using System.ComponentModel;
using System.Data;
using System.Drawing;
using System.Text;
using System.Windows.Forms;

namespace client
{
    public partial class Form1 : Form
    {
        public Form1()
        {
            InitializeComponent();
        }

        private void button1_Click(object sender, EventArgs e)
        {
            localhost.Hallo input = new client.localhost.Hallo();
            localhost.HalloResponse response = new client.localhost.HalloResponse();
            localhost.WSService service = new client.localhost.WSService();

            input.InputParameter = " Webservice wurde vom Client aufgerufen";

            response = service.Hallo(input);

            MessageBox.Show(response.result);
        }
    }
}
```

Beim Erstellen des Java-Webservice dürfte Ihnen aufgefallen sein, dass wir diesen Service anders angelegt haben als bei unseren ersten Versuchen.

```
@WebMethod
public String Hallo(@WebParam(name = "InputParameter") String InputParameter) {
    // TODO implement operation
    return "Webservice von JBOSS meldet: "+InputParameter;
}
```

Das liegt daran, dass wir diesmal ohne Umweg über eine Java Enterprise Bean zu unserem Webservice vorgestoßen sind. Das Beispiel zu unserem Java-Webservice finden Sie übrigens unter:

CD\Sourcen\09 Applicationserver\HalloWebservice\ServiceServer

Was noch im Abschnitt über den JBOSS erwähnenswert wäre, ist die Weboberfläche. Wenn Sie den JBOSS gestartet haben, können Sie über einen Browser auf diese Oberfläche zugreifen.

Geben Sie hierfür einfach Folgendes ein:

http://localhost:8080/

Wenn alles richtig eingerichtet ist und der JBOSS keine Fehler gemeldet hat, sollten Sie den Startscreen sehen.

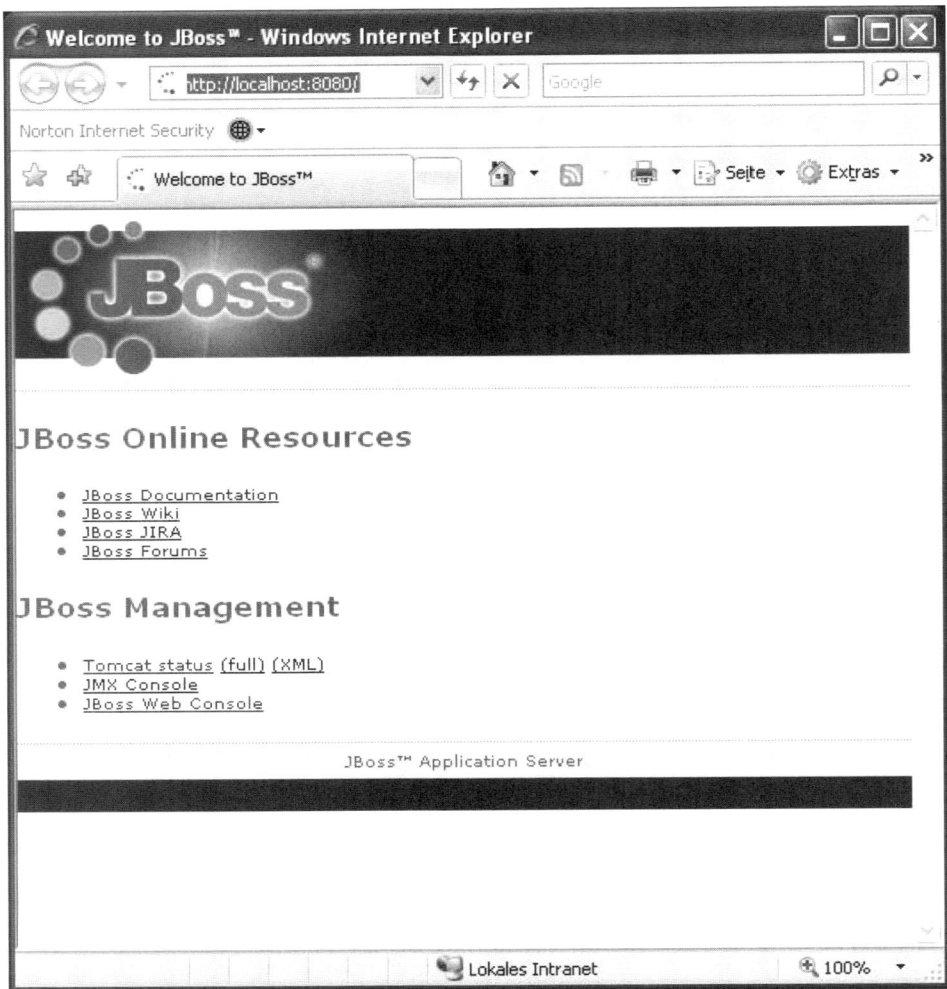

Bild 9.65: JBOSS-Weboberfläche

Über diese Oberfläche haben Sie Zugriff auf verschiedene Anzeigen, die Ihnen Aufschluss über den Status geben.

Wenn Sie den Webservice, den wir erstellt haben, auf einen anderen JBOSS deployen möchten, gehen Sie genauso vor wie beim Veröffentlichen eines Servlets. Kopieren Sie das *.war*-File, welches erzeugt wurde, einfach in das *deploy*-Verzeichnis des JBOSS-

Servers. JBOSS wird dann automatisch nach einer gewissen Zeit feststellen, dass es etwas Neues gibt, und versuchen den Webservice zu veröffentlichen.

Damit hätten wir auch die Grundlagen des JBOSS Application-Servers zu Genüge behandelt und gehen nun im nächsten Abschnitt zum heimlichen Liebling unter den Web- und Application-Servern über, dem Apache.

9.3 Apache mit Tomcat und Axis

Unser dritter Application-Server ist von Haus aus eigentlich ein Webserver, nämlich der Apache. Ein Gerücht besagt, dass der Name eine Verballhornung von *A Patchy Server* sei, was aber laut FAQ auf Apache.org nicht stimmt. Ursprünglich war der Apache nur eine Erweiterung des Webservers NCSA httpd. Irgendwann hat der Apache dann ein Eigenleben entwickelt und wurde zu einem der beliebtesten Webserver überhaupt. Schon früh wurde der Apache auf alle möglichen Plattformen portiert und konnte so seine Stellung behaupten. Zwischenzeitlich gibt es den Apache unter anderem für Linux/Unix und Windows. Eine Portierung für andere Systeme hat teilweise schon stattgefunden oder könnte ohne größere Schwierigkeiten stattfinden. Der Apache nimmt laut einer Studie 70 % aller Installationen im Webserverbereich ein und ist damit stärker vertreten als alle anderen Webserver zusammen.

Ebenso wie beim JBOSS werden zwischenzeitlich unter dem Apache-Label eine ganze Menge Projekte verwirklicht. Wenn Sie sich für die einzelnen Beschreibungen interessieren, schauen Sie auf der Apache-Homepage vorbei unter:

http://www.apache.org

Damit aus dem einfachen Webserver Apache ein vollwertiger Application-Server wird, benötigt er zwei Zusätze: Tomcat und Axis.

Tomcat besteht aus einem Servlet-Container namens *Catalina*, und einem Connector, der *Coyote* genannt wird. Coyote unterstützt durch diverse Protokolle die Anbindung an verschiedene Server, nicht nur an den Apache.

Wenn wir uns zum Beispiel das Startprotokoll des JBOSS anschauen, sehen wir unter anderem Folgendes:

```
15:34:37,718 INFO  [Http11BaseProtocol] Initializing Coyote HTTP/1.1 on http-0.0.0.0-
8080
15:34:37,718 INFO  [Catalina] Initialization processed in 515 ms
15:34:37,718 INFO  [StandardService] Starting service jboss.web
15:34:37,734 INFO  [StandardEngine] Starting Servlet Engine: Apache Tomcat/5.5.20
```

Und ganz interessant für uns:

```
15:34:41,109 INFO  [TomcatDeployer] deploy, ctxPath=/web-console,
warUrl=.../deploy/management/console-mgr.sar/web-console.war/
```

Diese Auszüge zeigen uns, dass auch JBOSS Tomcat verwendet, um Servlets bereit-zustellen. Im zweiten Abschnitt sehen Sie den Start des Deploymentvorgangs für even-tuell vorhandene Servlets oder Webservices.

Wofür benötigt man denn nun noch Axis? Nun, ich bin mir fast sicher, dass Sie es an dieser Stelle des Buchs bereits erraten könnten. Axis ist grundlegend für Webservices über SOAP. Es stellt die SOAP-Engine bereit, mit der Webservices ihre Envelopes über-mitteln. Axis ist eine direkte Weiterentwicklung des Apache SOAP-Projekts. Axis selbst ist ein Servlet und benötigt deshalb einen Servlet-Container wie den Catalina. Damit lösen sich nun auch die Abhängigkeiten der drei Einzelprodukte logisch auf. Apache ist der Webserver, der Webseiten darstellen kann. Tomcat benötigt den Apache als Umge-bung und bietet die Grundlage für Servletoperationen. Axis ist ein Servlet und sorgt für SOAP-Unterstützung bei Webservices.

9.3.1 Apache, Tomcat und Axis

Ich beschreibe im Folgenden die Installationen anhand von Beispielen unter Windows. Unter Linux/Unix unterscheidet sich die Installation plattformabhängig.

Als Erstes benötigen wir natürlich wieder ein Java-SDK auf unserem Rechner. Ich gehe wieder davon aus, dass Sie dieses bereits installiert haben. Ebenso wie beim JBOSS müssen wir die Environment-Variablen richtig setzen. Wir benötigen Folgendes:

JAVA_HOME = "C:\Programme\Java\jdk1.6.0\"

(Diese Variable kann bei Ihnen abweichen, prüfen Sie, wo Ihr SDK liegt!)

Fügen Sie außerdem Folgendes zu Ihrer *PATH*-Variablen zu:

%JAVA_HOME%\bin

Nun installieren wir den Apache. Laden Sie hierzu entweder die Installation von der Apache-Seite oder verwenden Sie die Version auf der CD zum Buch.

apache_2.2.4-win32-x86-no_ssl.msi

Starten Sie die Installation mit einem Dopplklick auf den Windows-Installer.

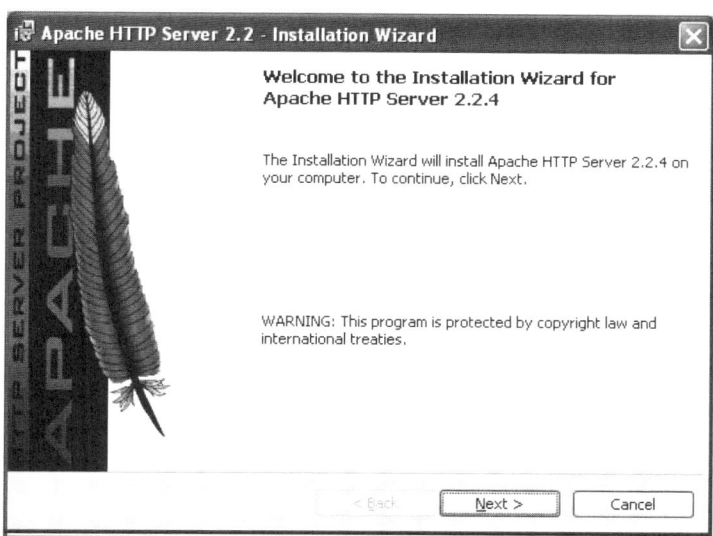

Bild 9.66: Apache-
Installation

Klicken Sie auf *Next*. Nun erhalten Sie den Bestätigungsdialog für die Lizenzvereinbarung. Bestätigen Sie die Vereinbarung und klicken Sie auf *Next*.

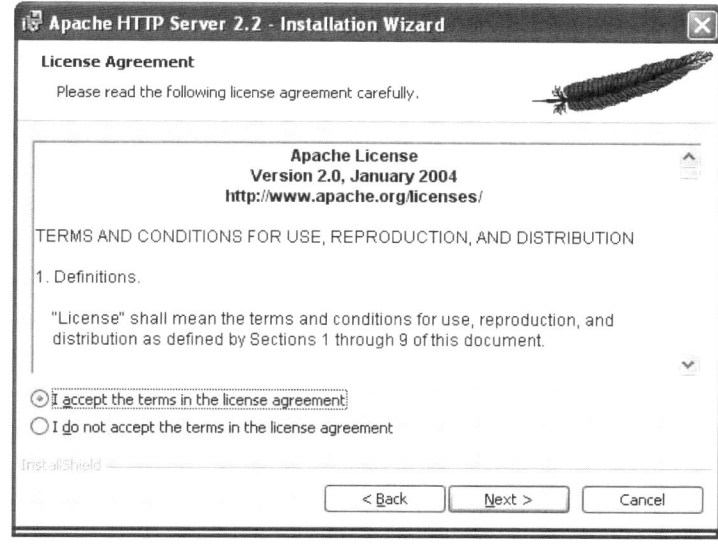

Bild 9.67:
Lizenzvereinbarung
bestätigen

Als Nächstes erhalten Sie eine Informationsseite. Lesen Sie diese und bestätigen Sie mit
Next.

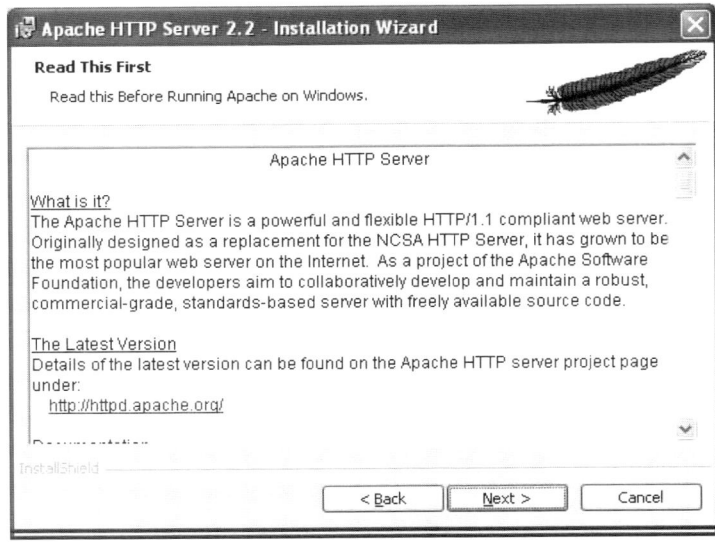

Bild 9.68:
Informationen zum
Apache unter
Windows

Im nächsten Fenster können Sie bestimmen, ob der Apache als Dienst oder nur manuell gestartet wird. Wir wählen hier manuell, obwohl es in der Praxis besser ist, den Apache als Dienst zu starten.

Tragen Sie eine Domäne, den Servernamen und Ihre E-Mail ein.

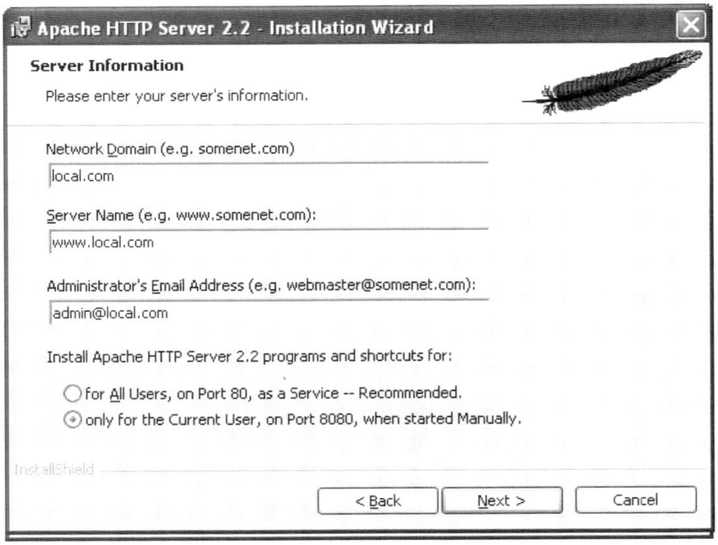

Bild 9.69:
Serverinformationen

Wählen Sie im nächsten Dialog *Custom* als Installationsart.

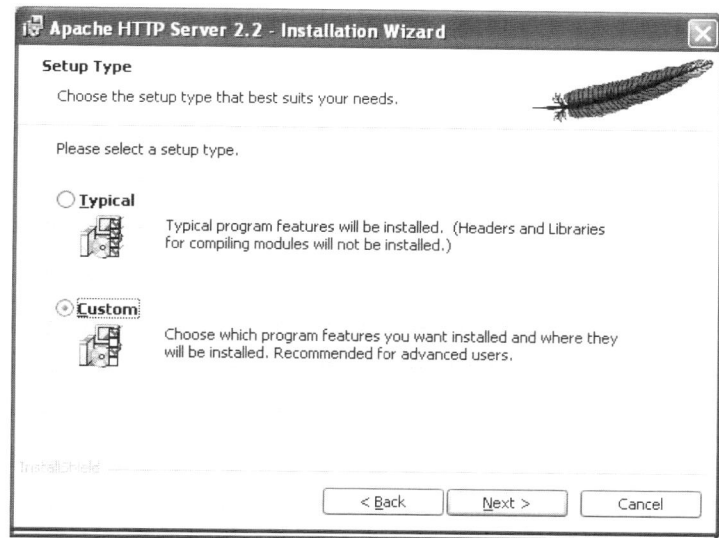

Bild 9.70:
Installationsart
bestimmen

Wählen Sie alle Pakete aus.

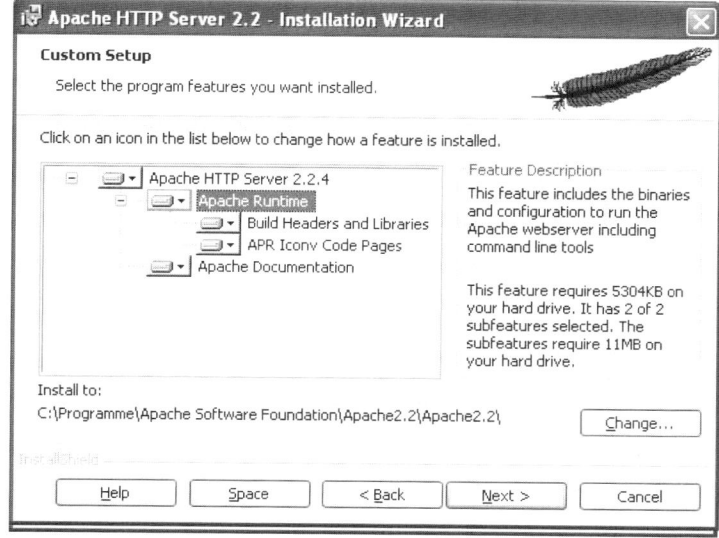

Bild 9.71: Apache-
Pakete auswählen

Klicken Sie auf *Next* und starten Sie im nächsten Dialog die Installation.

Um den Apache zu testen, starten wir ihn manuell und rufen die Standardwebseite des Servers auf.

Gehen Sie über das Startmenü in *Programme* zu *Apache HTTP Server / Control Apache Server / Start Apache in Console*.

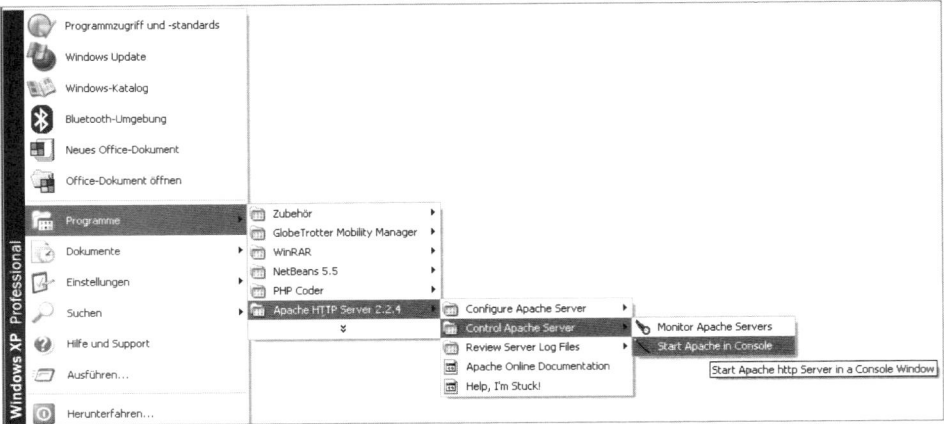

Bild 9.72: Apache manuell starten

Sollte der Apache nicht starten (Fehlermeldungen im Kommandofenster, Fenster schließt sich etc.) prüfen Sie, ob vielleicht noch ein anderer Server (IIS!) als Dienst läuft. Wenn ja, beenden Sie diesen Serverdienst. Der IIS zum Beispiel heißt *WWW-Publishing*. Sie finden die Dienste unter *Systemsteuerung / Verwaltung / Dienste*.

Testen Sie nun, ob der Apache Ihnen eine Seite liefert, indem Sie einen Browser öffnen und Folgendes eingeben:

http://localhost:8080/

Wenn Sie eine Webseite mit der profanen Information »It Works!« zurückbekommen, funktioniert der Apache. Mit dieser Installation könnten Sie nun ohne Weiteres Webseiten veröffentlichen, indem Sie die erstellten Seiten in das *htdocs-* Verzeichnis des Apache kopieren. Mit dieser Installation können Sie allerdings noch keine Servlets oder Webservices verwenden. Hierfür würden Sie einen Apache-Tomcat benötigen.

Wenn wir den Tomcat installieren, installieren wir nur einen Tomcat. Sie benötigen also zusätzlich eine vorherige Apache-Installation, wenn Sie Webseiten anzeigen möchten.

Laden Sie entweder den Apache-Tomcat von der Apache-Webseite oder verwenden Sie die Version von der CD.

apache-tomcat-6.0.9.exe

Doppelklicken Sie auf den Installer und starten Sie ihn.

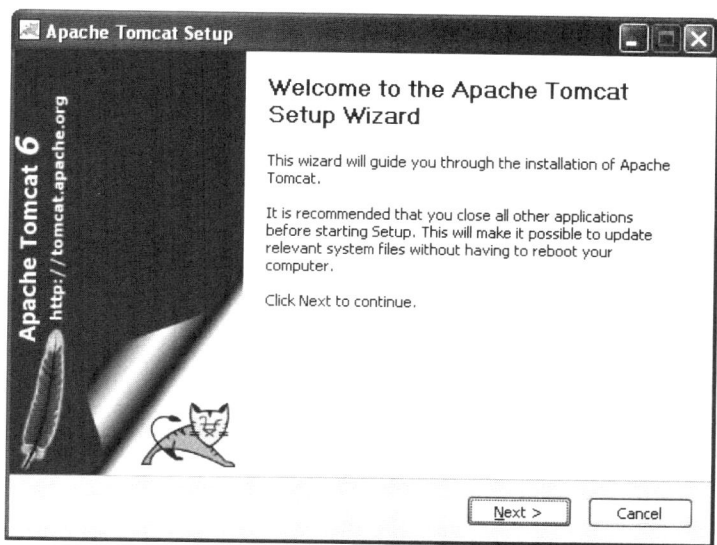

Bild 9.73: Apache-Tomcat installieren

Klicken Sie auf *Next*. Akzeptieren Sie die Lizenzvereinbarung.

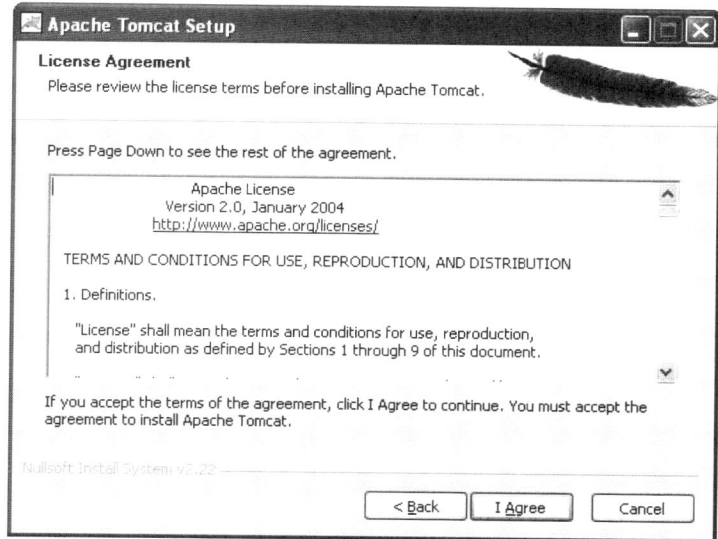

Bild 9.74: Lizenzvereinbarung akzeptieren

Bestätigen Sie die Lizenzvereinbarung, indem Sie auf *I Agreee* klicken. Im nächsten Dialog werden Sie aufgefordert, den Installationsumfang auszuwählen. Wählen Sie alle Installationspakete aus.

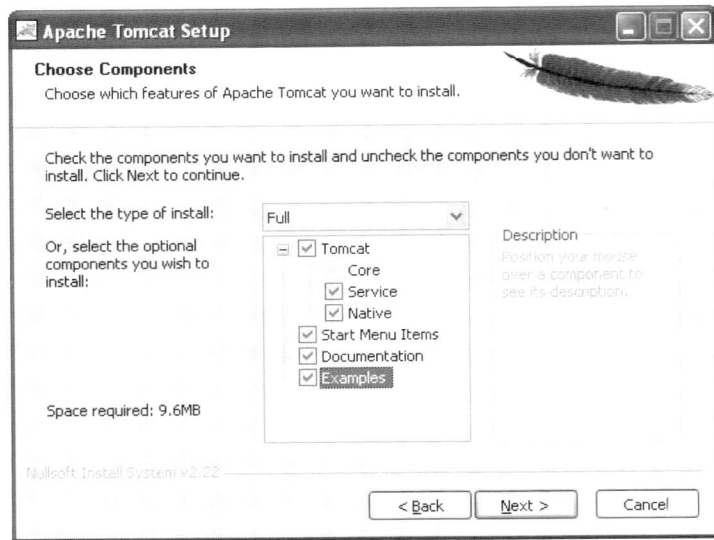

Bild 9.75:
Installationspakete
auswählen

Klicken Sie auf *Next* und übernehmen Sie im folgenden Dialog den Standardpfad.

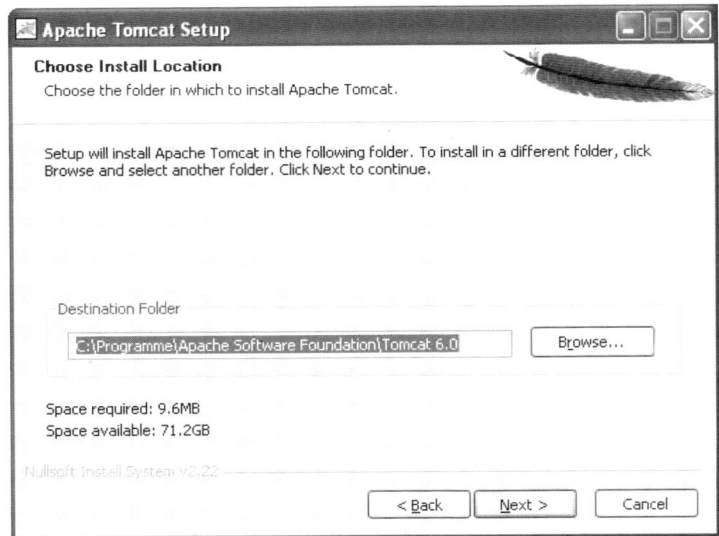

Bild 9.76:
Installations-
verzeichnis wählen

Belassen Sie es im nächsten Screen bei den Standardeinstellungen. Sollten Sie einen anderen HTTP-Port als 8080 bevorzugen, ändern Sie den Port des Tomcat entsprechend ab!

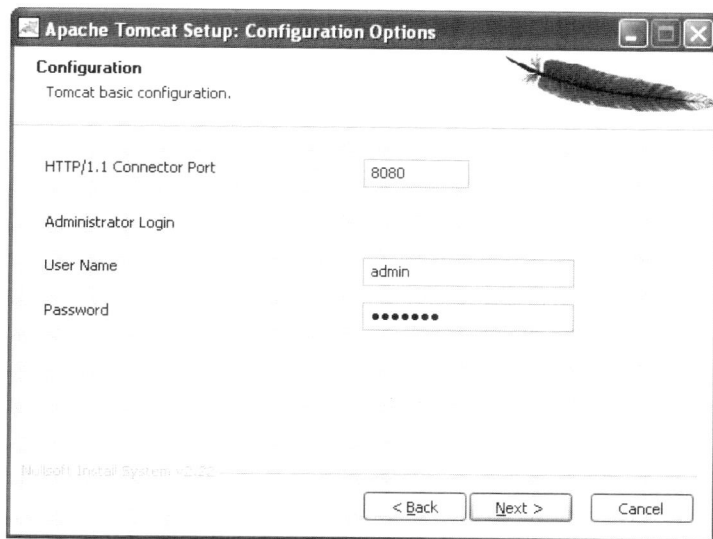

Bild 9.77:
Konfiguration

Vergeben Sie ein passendes Passwort für die Administration und klicken Sie auf *Next*.

Nun kann es sein, dass Sie einen passenden Pfad zu Ihrem Java Runtime Environment eingeben müssen.

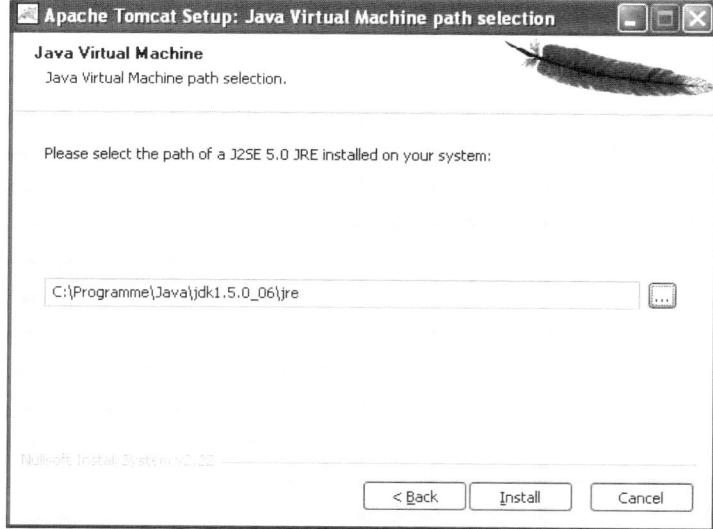

Bild 9.78: Java JRE
eintragen

Nun wird der Tomcat installiert.

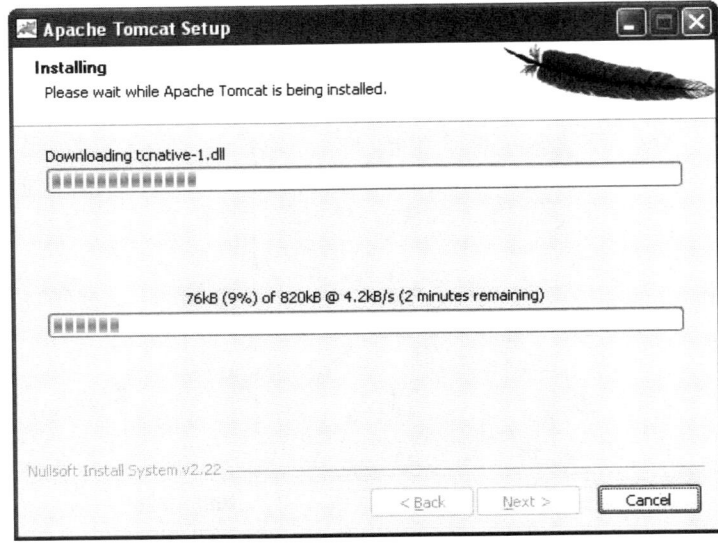

Bild 9.79:
Installation

Wenn alles beendet ist, erlauben Sie im letzten Dialog den Start von Tomcat.

Sie sollten eine Tomcat-Seite sehen. Ihr Servlet-Container und Webserver läuft nun. Lassen Sie uns ein paar Tests durchführen, um zu sehen, ob alles funktioniert.

Auf der Standardseite des Tomcat sehen Sie links unten *Servlet Examples*. Klicken Sie auf den Link.

Sie sind nun eng auf einer Seite, auf der verschiedene Servlets angeboten werden, die als Beispiele installiert wurden. Klicken Sie auf *Execute* und auf eines dieser Servlets, zum Beispiel *Hello World*.

Wenn nun eine *Hello World*-Seite erscheint, haben wir alles richtig installiert.

Als Nächstes möchten wir unser Beispielservlet aus dem JBOSS-Beispiel veröffentlichen.

Verwenden Sie hierfür das *HelloServlet* aus dem JBOSS-Beispiel. Um unser Servlet zu deployen, klicken Sie zuerst auf der Tomcat-Startseite auf *Tomcat Manager*. Geben Sie Namen und Passwort ein. Nun sollten Sie eine Managementseite sehen. Scrollen Sie nach unten und wählen Sie im Abschnitt *WAR file to deploy* den *Durchsuchen*-Button.

Wählen Sie das *.war*-File, welches das gewünschte Servlet repräsentiert, und klicken Sie auf *Deploy* in der Managementseite.

Wenn Sie nun als Rückgabe die gleiche Seite mit einem *Messagefenster* erhalten, in welchem *OK* steht, hat das Veröffentlichen funktioniert.

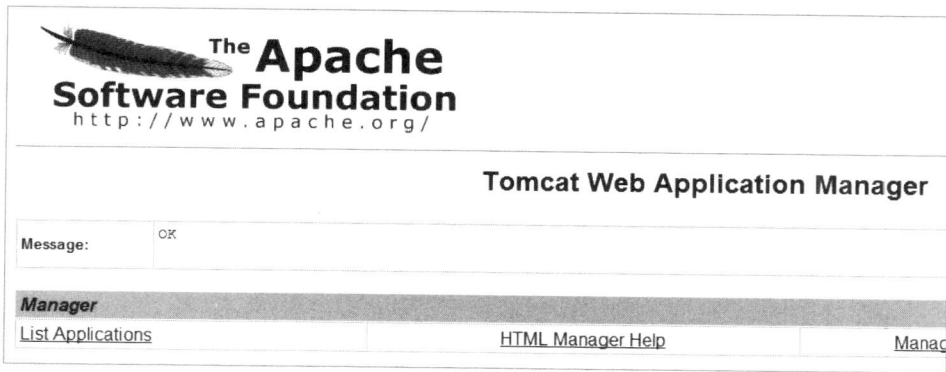

Bild 9.80: Servlet deployen

Gleichzeitig taucht unser Servlet in der Liste der veröffentlichten Anwendungen auf. Sie können hier Anwendungen gezielt starten/stoppen, neu laden, wenn zwischendurch deployed wurde, und Servlets entfernen.

Sie sehen außerdem, ob das Servlet läuft und wie viele Sessions für einzelne Servlets aktiv sind.

Applications							
Path	**Display Name**	**Running**	**Sessions**	**Commands**			
/	Welcome to Tomcat	true	0	Start	Stop	Reload	Undeploy
/HelloServlet		true	0	Start	Stop	Reload	Undeploy
/docs	Tomcat Documentation	true	0	Start	Stop	Reload	Undeploy
/examples	Servlet and JSP Examples	true	0	Start	Stop	Reload	Undeploy
/host-manager	Tomcat Manager Application	true	0	Start	Stop	Reload	Undeploy
/manager	Tomcat Manager Application	true	2	Start	Stop	Reload	Undeploy

Bild 9.81: Servlet-Stati

Rufen Sie unser Servlet auf, indem Sie Folgendes eingeben:

http://localhost:8080/HelloServlet/

Wir sollten die gewohnte Seite sehen; natürlich stimmt der Titel momentan nicht, da wir nicht auf dem JBOSS veröffentlicht haben, sondern auf dem Tomcat!

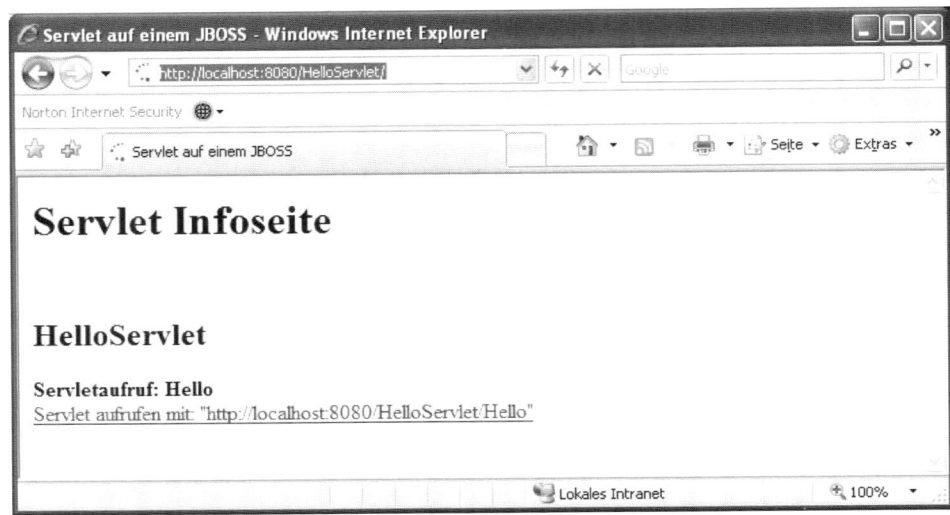

Bild 9.82: Servlet auf dem Tomcat aufrufen

Wenn Sie nun auf den Link in der Java Server Page klicken, startet unser eigentliches Servlet.

Standardmäßig wird der Tomcat automatisch gestartet (als Dienst). Wenn Sie diese Einstellung ändern möchten, doppelklicken Sie in Ihrer Taskleiste auf das Tomcat-Dienstmanager-Icon:

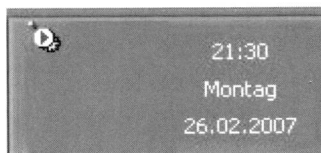

Bild 9.83: Tomcat-Icon

Im sich daraufhin öffnenden Dialog können Sie den Tomcat-Dienst konfigurieren.

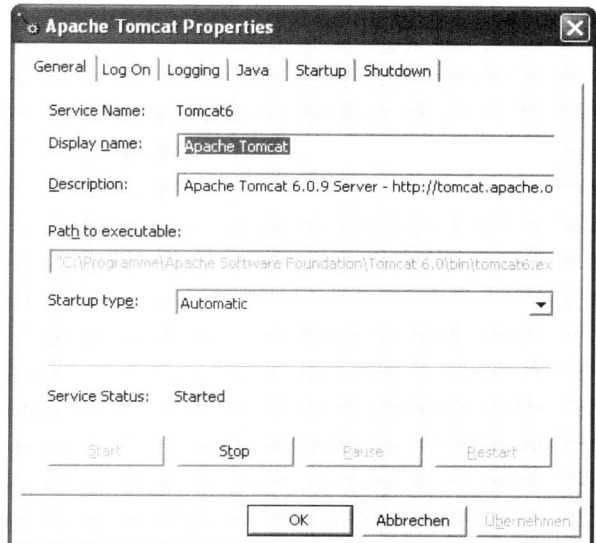

Bild 9.84: Tomcat-
Dienstkonfiguration

Jetzt schauen wir uns an, wie wir mit dem Apache/Tomcat und Axis Webservices ansprechen können. Wir starten wieder mit der Installation von Axis.

Laden Sie die Axis-Installationsfiles vom Apache-Server:

http://apache.mirroring.de/ws/axis/1_4/

Natürlich können Sie auch hier wieder die Installationsdateien von der Buch-CD verwenden.

Entpacken Sie das Installationsverzeichnis. Auf Ihrer Festplatte sollte nun die Axis-Struktur in Verzeichnisform vorliegen. Nun müssen wir als Erstes ein paar Umgebungsvariablen setzen. Ich gehe hier von der Standardinstallation aus. Das heißt, wir verwenden den gleichen Pfad, den auch Tomcat benutzt. Dies ist in der Standardvariante:

C:\Programme\Apache Software Foundation\Tomcat 6.0

Setzen Sie folgende Umgebungsvariablen:

AXIS_HOME = "C:\Programme\Apache Software Foundation\Tomcat 6.0\Axis-1_4"

AXIS_LIB= %AXIS_HOME%\lib

AXISCLASSPATH=%AXIS_LIB%\axis.jar;%AXIS_LIB%\commons-discovery-0.2.jar;%AXIS_LIB%\commons-logging-1.0.4.jar;%AXIS_LIB%\jaxrpc.jar;%AXIS_LIB%\saaj.jar;%AXIS_LIB%\log4j-1.2.8.jar

Kopieren Sie nun das Axis-Verzeichnis (Axis-1_4) direkt in das Tomcat-Rootverzeichnis. Prüfen Sie genau, ob die Pfade wie in den Umgebungsvariablen angegeben lauten.

Laden Sie nun das Java Beans Activation Framework oder verwenden Sie die Datei von der CD.

http://java.sun.com/products/javabeans/glasgow/jaf.html

```
jaf-1_1-fr.zip
```

Entpacken Sie das Archiv und kopieren Sie die Datei *activation.jar* nach:

```
C:\Programme\Apache Software Foundation\Tomcat 6.0\axis-1_4\webapps\axis\WEB-INF\lib
```

Um Axis zu registrieren, müssen wir eine XML-Datei anlegen. Erstellen Sie eine Datei namens *axis.xml* im Verzeichnis:

C:\Programme\Apache Software Foundation\Tomcat 6.0\conf\Catalina\!ocalhost

Die Datei enthält nur den Startup-Path für Axis selbst:

```
<Context docBase="C:\Programme\Apache Software Foundation\Tomcat 6.0\axis-1_4\
webapps\axis"/>
```

Beenden Sie einen eventuell laufenden Tomcat und starten Sie ihn neu. Alternativ können Sie auch Ihren Rechner neu booten.

In unserem Beispiel unterstützen wir keine Attachments und keine Security. Sollten Sie diese beiden Features benötigen, installieren Sie die Pakete *mail.jar* aus *javamail-1.4.zip* und *xmlsec-1.3.0.jar* von *xml-security-bin-1_3_0.zip*.

Wenn Sie nun die Axis-Testseite laden, sollte Axis keine Fehler melden. Er wird nur bemängeln, dass sowohl Security wie auch Attachements nicht funktionieren, da die Pakete nicht gefunden wurden.

http://localhost:8080/axis/happyaxis.jsp

Nun möchten wir einen Webservice veröffentlichen, hierzu haben wir zwei Möglichkeiten. Die erste nennt sich *Instant Deployment* und ist äußerst einfach.

9.3.2 Webservices und Instant-Deployment

Erstellen Sie ein neues Projekt. Nennen Sie es einfach *instant*. Erstellen Sie danach eine Klasse namens *hello*. Erzeugen Sie in der Klasse eine Funktion mit einem String als Rückgabe. Sie finden den Sourcecode unter:

CD\Sourcen\09 Applicationserver\Axis-Instant

Sourcecode Main.java

```
/**
 *
 * @author admin
 */
```

```
public class Main {

    /** Creates a new instance of Main */
    public Main() {
    }

    /**
     * @param args the command line arguments
     */
    public static void main(String[] args) {
        // TODO code application logic here
    }
}
```

Sourcecode hello.java

```
/**
 *
 * @author admin
 */
public class hello {

    /** Creates a new instance of hello */
    public hello() {
    }

    public String Hallo()
    {
        return "hallo vom Axis!";
    }
}
```

Die Klasse Main.java können wir beruhigt außer Acht lassen, wir interessieren uns an dieser Stelle nur für die Datei *hello.java*.

Kopieren Sie diese Datei in das Verzeichnis:

C:\Programme\Apache Software Foundation\Tomcat 6.0\axis-1_4\webapps\axis

Benennen Sie die Datei um in *hello.jws*.

Starten Sie einen Browser und geben Sie ein:

http://localhost:8080/axis/hello.jws

Nun sollten Sie eine Webseite sehen ähnlich der im nächsten Screenshot. Wir haben also einen Webservice und können uns das WSDL dazu anschauen.

Bild 9.85: Webservice unter Axis

Klicken Sie auf den Link und schauen Sie sich das WSDL-File an. Über dieses WSDL können Sie den Webservice auch von einem Client aus ansprechen!

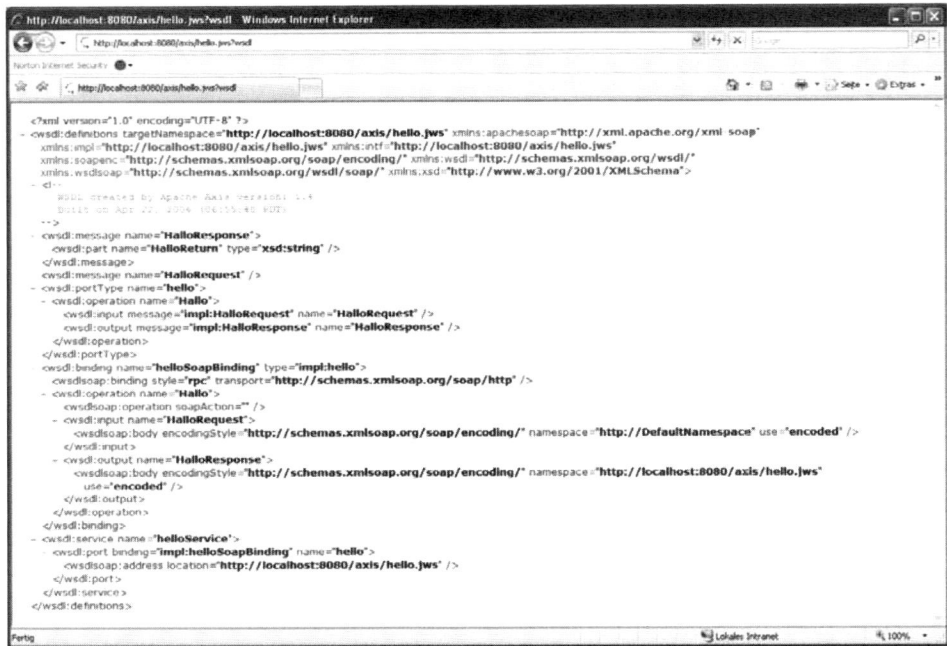

Bild 9.86: WSDL

Wenn Sie den Webservice direkt ansprechen möchten, verwenden Sie folgenden Aufruf:

http://localhost:8080/axis/hello.jws?method=Hallo

Wichtig ist der Aufruf der Methode mit *?method=*. Dies ist eine Extrafunktionalität für Entwickler, um Webservices auf die Schnelle zu testen.

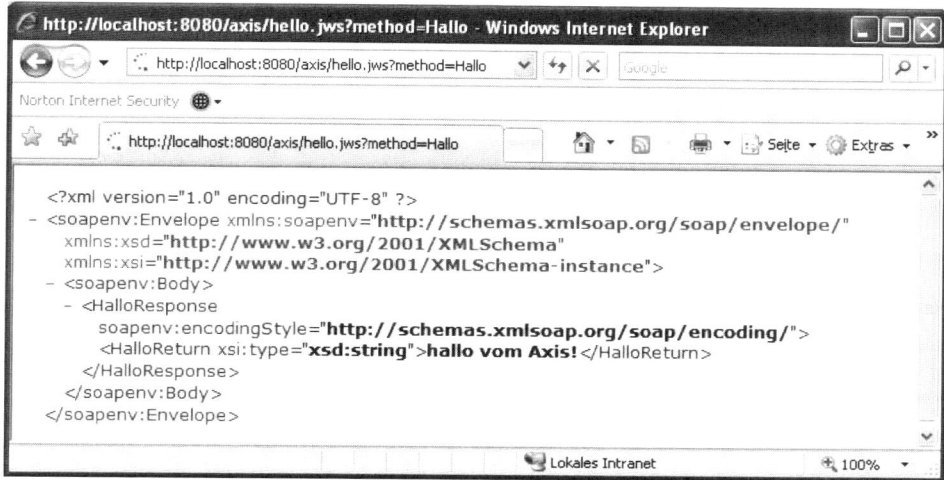

Bild 9.87: Aufruf des Webservice

Axis sorgt offensichtlich automatisch dafür, dass wir unser WSDL erhalten, und regelt auch den Datenaustausch über das SOAP-Protokoll.

Schauen wir uns als Nächstes einen kleinen Client unter .NET für dieses Beispiel an.

9.3.3 Webserviceclient für Axis mit Instant-Deployment

Der Client arbeitet der Einfachheit halber wieder mit einem Proxy, der über einen Webverweis generiert wurde.

Webserviceclient unter C# für den Axis mit Instant-Deployment

Listing: cd:\Sourcen\09 Applicationserver\Axis-instant-client

Dieses Beispiel zeigt Ihnen, wie Sie unter C# ein Instant-Deployment des Axis ansprechen.

Benötigte Namespaces

Werden automatisch eingefügt.

Sourcecode

```
using System;
using System.Collections.Generic;
using System.ComponentModel;
using System.Data;
using System.Drawing;
using System.Text;
```

```
using System.Windows.Forms;

namespace WindowsApplication1
{
    public partial class Form1 : Form
    {
        public Form1()
        {
            InitializeComponent();
        }

        private void button1_Click(object sender, EventArgs e)
        {
            localhost.helloService service = new
                              WindowsApplication1.localhost.helloService();
            String response = service.Hallo();

            MessageBox.Show(response);
        }
    }
}
```

Beschreibung

Um den Webservice anzusprechen, legen wir wieder einen Webverweis an, welcher dann automatisch eine Proxyklasse für unseren Webservice generiert. Als Webverweis-URL geben Sie Folgendes an:

http://localhost:8080/axis/hello.jws?WSDL

Jetzt müssen wir eine Instanz unserer Proxyklasse generieren, Sie sehen den benötigten Code in der ersten Zeile des Button-Klick-Ereignisses.

```
localhost.helloService service = new WindowsApplication1.localhost.helloService();
```

Im Vergleich zu einem Webservice mit Enterprise Beans haben wir es sehr viel einfacher. Wie Sie sehen, benötigen wir nur einen einfachen Verweis auf unseren Service *helloService*. Über das instanziierte Objekt haben wir nun Zugriff auf die kompletten freigegebenen Methoden des Webservice. Da wir es mit einer reinen Java-Klasse zu tun haben und eben nicht mit einer Enterprise-Bean, fehlt das komplexe Gerüst mit Ein- und Ausgabeobjekten.

Aus diesem Grund benötigen wir auch nur einen einzigen Aufruf ohne das Drumherum, wie es zum Beispiel beim JBOSS nötig war.

```
String response = service.Hallo();
```

Nachdem wir die Rückgabe erhalten haben, geben wir diese einfach in einer MessageBox aus:

```
MessageBox.Show(response);
```

Das war schon alles.

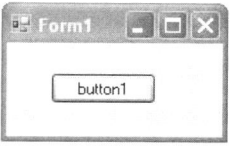

Bild 9.88: Webserviceclient unter Axis mit Instant-Deployment

Lassen Sie uns nun einen Webservice erstellen, der auf normalem Weg auf dem Axis veröffentlicht wird. Dieser Vorgang nennt sich Custom-Deployment.

9.3.4 Webservices und Custom-Deployment

Das Beispielprojekt wurde als Webapplikation angelegt und hat den Namen *ServiceClass*.

Beenden Sie vor den folgenden Operationen den Tomcat.

Erstellen Sie nun den Build des Projekts und kopieren Sie das entstandene Klassen-File in das Axis-Verzeichnis:

C:\Programme\Apache Software Foundation\Tomcat 6.0\axis-1_4\webapps\axis\WEB-INF\classes

Nun benötigen wir einen Webservice Deployment-Descriptor (WSDD), den wir von Hand anlegen müssen. Erstellen Sie dazu folgende Datei:

Service.wsdd

In diese Datei wird eingetragen, welcher Service veröffentlicht wird und welche Methoden erlaubt sind:

```
<deployment xmlns="http://xml.apache.org/axis/wsdd/"
    xmlns:java="http://xml.apache.org/axis/wsdd/providers/java">
 <service name="ServiceClass" provider="java:RPC">
  <parameter name="className" value="Service"/>
  <parameter name="allowedMethods" value="*"/>
 </service>
</deployment>
```

Kopieren Sie den Descriptor nach:

C:\Programme\Apache Software Foundation\Tomcat 6.0\axis-1_4\webapps\axis\WEB-INF

Öffnen Sie nun eine Kommandozeilenumgebung und wechseln Sie in das Verzeichnis mit dem Webservice Deployment Descriptor.

Geben Sie ein:

java org.apache.axis.client.AdminClient Service.wsdd

Wenn Sie nun eine Fehlermeldung erhalten, die besagt, dass eine Klasse nicht gefunden wurde, könnte dies an Ihrer *CLASSPATH*-Umgebungsvariablen liegen. Diese Variable sollte das Gleiche enthalten wie die Umgebungsvariable *AXISCLASSPATH*.

```
Microsoft Windows XP [Version 5.1.2600]
(C) Copyright 1985-2001 Microsoft Corp.

C:\Programme\Apache Software Foundation\Tomcat 6.0\axis-1_4\webapps\axis\WEB-INF
>java org.apache.axis.client.AdminClient Service.wsdd
Exception in thread "main" java.lang.NoClassDefFoundError: org/apache/axis/clien
t/AdminClient
```

Tragen Sie im Fehlerfall die Umgebungsvariable ein, nachdem Sie die Kommandozeilenumgebung geschlossen haben.

CLASSPATH=%AXIS_LIB%\axis.jar;%AXIS_LIB%\commons-discovery-0.2.jar;% AXIS_LIB%\commons-logging-1.0.4.jar;%AXIS_LIB%\jaxrpc.jar;%AXIS_LIB%\ saaj.jar;%AXIS_LIB%\log4j-1.2.8.jar

Öffnen Sie nun eine neue Kommandozeilenumgebung, wechseln Sie in das Verzeichnis des Deployment-Descriptors und geben Sie erneut ein:

java org.apache.axis.client.AdminClient Service.wsdd

Wenn Sie in etwa diese Ausgabe erhalten, ist der Descriptor verarbeitet worden:

```
java org.apache.axis.client.AdminClient Service.wsdd
Processing file Service.wsdd
<Admin>Done processing</Admin>
```

Etwaige Meldungen wegen fehlender Mail-, Security- oder Logger-Klassen, können wir momentan ignorieren. Nun können wir unseren Webservice über den im Deployment-Descriptor angegebenen Namen ansprechen:

```
<deployment xmlns="http://xml.apache.org/axis/wsdd/"
    xmlns:java="http://xml.apache.org/axis/wsdd/providers/java">
 <service name="ServiceClass" provider="java:RPC">
  <parameter name="className" value="Service"/>
  <parameter name="allowedMethods" value="*"/>
 </service>
</deployment>
```

Geben Sie in einen beliebigen Browser Folgendes ein:

http://localhost:8080/axis/services/ServiceClass

Sie erhalten eine Meldung wie im folgenden Screenshot.

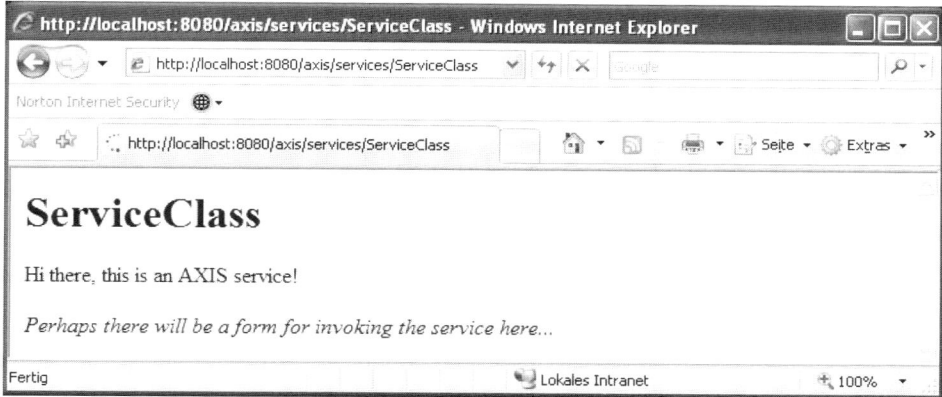

Bild 9.89: Webservice aufrufen

Wenn Sie die Methode selbst aufrufen möchten, die wir im Webservice angelegt haben, geben Sie diesen Aufruf ein:

http://localhost:8080/axis/services/ServiceClass?method=Hello

Beachten Sie bei allen Aufrufen, dass wir einen Zwischenteil in unserer URL verwenden.

`http://localhost:8080/axis/`**`services`**`/ServiceClass?method=Hello`

Dieses *services* muss bei allen Aufrufen von Webservices vorhanden sein, die per Custom-Deployment veröffentlicht wurden!

Ein potenzieller Webclient unter C# könnte dann aussehen wie im nächsten Beispiel.

9.3.5 Webserviceclient für Axis mit Custom-Deployment

Der Client arbeitet der Einfachheit halber auch diesmal wieder mit einem Proxy, der über einen Webverweis generiert wurde.

Webserviceclient unter C# für den Axis mit Custom-Deployment

Listing: cd:\Sourcen\09 Applicationserver\Axis Custom Client

Dieses Beispiel zeigt Ihnen, wie Sie unter C# ein Custom-Deployment des Axis ansprechen.

Benötigte Namespaces

Werden automatisch eingefügt.

Sourcecode

```
using System;
using System.Collections.Generic;
using System.ComponentModel;
using System.Data;
using System.Drawing;
using System.Text;
using System.Windows.Forms;

namespace WindowsApplication1
{
    public partial class Form1 : Form
    {
        public Form1()
        {
            InitializeComponent();
        }

        private void button1_Click(object sender, EventArgs e)
        {
            localhost.ServiceService service =
                new WindowsApplication1.localhost.ServiceService();
            String response =
                        service.Hello(" Aufruf eines Custom Deployed Webservices");
            MessageBox.Show(response);
        }
    }
}
```

Beschreibung

Wir rufen diesen Webservice im Grunde genauso auf wie im letzten Beispiel. Allerdings übergeben wir in diesem Beispiel einen Parameter an den Webservice. Wie Sie sehen, macht dies aber keinen Unterschied beim Aufruf. Auch in diesem Beispiel benötigen wir keine speziell angelegten Objekte zur Übergabe oder für die Rückgabe des Webservice.

```
String response = service.Hello(" Aufruf eines Custom Deployed Webservices");
```

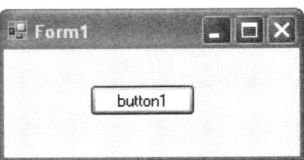

Bild 9.90: Webserviceclient unter Axis mit einem Custom-Deployment

Axis kennt auch eine Methode, um Jar-Files zu veröffentlichen, allerdings gehe ich aus Platzgründen nicht mehr auf diese Version ein. Die Methoden, um Webservices zu veröffentlichen, die Sie bis hierher kennengelernt haben, sollten genügen, um selbstständig experimentieren zu können.

Jeder angesprochene Application-Server in diesem Kapitel hat natürlich noch viel mehr Funktionen und Konfigurationsmöglichkeiten zu bieten, als ich hier vorstellen konnte. Es gibt nicht umsonst komplette Bücher über jeweils einen Application-Server. Allein über den Apache-Webserver wurden und werden ständig verschiedene Bücher geschrieben. Natürlich kann ich nicht in einem Kapitel ALLES über drei verschiedene Application-Server abdecken, aber ich denke, Sie haben die wichtigsten Grundlagen gelernt. Sie sollten nun eine Vorliebe für einen Server entwickeln und sich speziell in diesen einlesen. Wie erwähnt, gibt es hierfür verschiedenste Bücher und Internetressourcen zum Thema.

Im nächsten Kapitel beschäftigen wir uns mit ASP.NET, dem neuen Webseitenkonzept von Microsoft.

10 ASP.NET

Wie Sie wissen, werden die Informationen im Internet hauptsächlich über Webseiten ausgetauscht. Ganz am Anfang des Internetzeitalters waren dies recht einfache Textseiten mit einer möglichen Verlinkung auf andere Seiten. Das Ziel dabei war, einen Datenaustausch zwischen Universitäten und anderen Einrichtungen herzustellen. Das Internet in seiner ganzen Komplexität ist mehr als nur das World Wide Web. Das Internet selbst wurde bereits Anfang der siebziger Jahre ins Leben gerufen, das World Wide Web, wie wir es kennen, wurde allerdings erst 1989 »erfunden«. Den Siegeszug konnte es deshalb antreten, weil es durch einen Browser namens Mosaic visuell und grafikfähig wurde.

Entwickelt wurden die ersten Seiten mit normalen Texteditoren, ohne visuelles Design oder Entwicklungsunterstützung. Es gab kein Syntax-Highlighting, keine Codemakros, Intellisense oder sonstige Hilfen. Es gab nur den reinen Text. Meine ersten Webseiten habe ich zum Beispiel Ende der achziger Jahre auf dem Texteditor von Windows geschrieben. Es gab eine sehr rudimentäre Form von HTML ohne Cascading Style Sheets, Code Behind oder Flash. Es war ein Abenteuer, mit CGI-Skripts einen einfachen Counter zu erzeugen oder eine grafische Ansicht des Serverlogs zu generieren. Ich habe mich lange Zeit strikt geweigert, auf einen grafischen WYSIWYG-Editor umzusteigen.

Irgendwann gab es dann Java und Applets, um auf Clientseite Code auszuführen. Das war bereits revolutionär. Flash kam dazu, Cascading Stylesheets, Perl als Skriptsprache, das Shell-Skripts ersetzt hat. Später hat dann PHP Perl ersetzt, es wurden Datenbanken geschrieben, die für Webanwendungen optimiert waren und HTML-Tools mitbrachten. Alles richtete sich immer mehr auf die grafische Darstellung von Webseiten im Internet ein. Und irgendwann hat auch Microsoft bemerkt, dass hier etwas Neues, Revolutionäres entstand. Zuerst wurde von Microsoft der Internet-Explorer gepusht, bis er auf etwa 90 % aller im Internet vertretenen Rechnern lief. Es wurden Internetserver entwickelt und ActiveX internetfähig gemacht. Es gab Frontpage-Erweiterungen, und jegliche Software wurde zu kleinen Internetclients. Und irgendwann wurde ASP entwickelt.

ASP bedeutet Active Server Pages. Diese ASP sind im Grunde ähnlich wie die Java Server Pages. Mit ASP waren bereits sehr interessante, erweiterte Webseiten möglich. Leider konnten früher nur Microsoft-Internetserver diese Seiten interpretieren und ausführen. Zwischenzeitlich wurden allerdings auch Erweiterungen für andere Webserver geschaffen, die nun diese speziellen Seiten anzeigen können. ASP ist allerdings eine sterbende, wenn nicht bereits tote Technologie. Microsoft entwickelt diese Technologie nicht mehr weiter. Der Nachfolger von ASP ist ASP.NET.

Die momentane Version ist ASP.NET 2.0, vom Nachfolger gibt es aber bereits Betaversionen zum Testen und Kennenlernen. Diese Version unterstützt nicht nur ein einfaches Scripting, sondern deckt einen Riesenbereich der Programmierung ab. Spätestens mit ASP.NET wird es praktisch unmöglich, größere Projekte ohne Entwicklungsumgebung zu realisieren. Sie bemerken sicherlich bereits, mit ASP.NET schreibt man nicht nur einfache Webseiten, sondern kann große und komplexe Webapplikationen erzeugen. Und dies im wahrsten Sinne des Wortes, da diese Applikationen sehr einfach alle Datenbanken ansprechen können, eine grafische Oberfläche enthalten und tatsächlich ausgeführt werden. Wie Sie bereits wissen, kann man auch Webservices, also Dienste unter ASP.NET ausführen.

Wenn man alle Möglichkeiten kombiniert, können auf diese Art leistungsfähige Thin-Clients entstehen, die als einzige Voraussetzung einen Webbrowser benötigen. Früher wurden Webseiten erzeugt, indem man den Programmcode direkt innerhalb der Webseite unterbrachte. Interaktion wurde durch Links erzeugt, die entweder auf andere Seiten oder aber auf serverseitige Skripts verwiesen. Mit ASP.NET 2.0 wurde ein anderes Konzept verfolgt. Durch Code Behind erben Webseiten von Klassen, die im Hintergrund bereitliegen und ausgeführt werden können. Diese Code Behind-Klassen werden schon vor dem ersten Aufruf einer Seite vorkompiliert und sind so außerordentlich schnell in der Ausführung ihrer Funktionalität. Innerhalb der einzelnen ASP.NET-Seiten kann immer noch ganz gewöhnlicher HTML-Code bereitliegen, welcher allerdings komplett von einer eventuellen Klasse unabhängig ist. Auf diese Art trennt man Layout und ausführbare Programmteile.

Innerhalb von ASP.NET-Seiten kann man grafische Controls verwenden, dadurch lässt sich eine Webseite bereits bei der Erstellung perfekt an das spätere Aussehen anpassen. Natürlich ist es auch möglich, selbst entsprechende Controls zu entwickeln, falls einem die bestehenden nicht genügen sollten. Wie etwa unter PHP ist es unter ASP.NET möglich, Sessionstates zwischenzuspeichern und bei Bedarf wieder abzufragen.

Wir werden unsere ASP.NET-Seiten mit dem Visual Studio 2005 und natürlich .NET 2.0 entwickeln. Aber keine Angst, wenn Sie bereits etwas in C# oder Java programmiert haben, wird Ihnen die Webentwicklung nicht besonders schwerfallen. Die Grundlagen für eine erfolgreiche Entwicklung von Webapplikationen werden Sie in diesem Kapitel kennenlernen. Selbstredend kann ich nicht ins Detail gehen, aber es wird ausreichend Information für eigene Experimente vorhanden sein.

Bevor wir uns ein erstes einfaches Beispiel anschauen, werde ich kurz die Voraussetzungen für eine ASP/ASP.NET-Seite erläutern.

Um ASP-Seiten darstellen zu können, sind praktisch alle Windows-Betriebssysteme geeignet. Zwischenzeitlich funktionieren ASP-Seiten natürlich auch auf Linux-Systemen, da verschiedene Firmen bereits plattformunabhängige ASP-Kits entwickelt haben. Sie benötigen auf jeden Fall einen entsprechenden Application- und Internetserver, der die Seiten liefern kann, zum Beispiel den IIS. Für ASP.NET benötigen Sie eine entsprechende .NET-Version, ich benutze in den Beispielen die Version 2.0. Unter Linux können Sie für ASP.NET-Seiten Mono verwenden. Mono liefert zum Beispiel auch einen entsprechenden Application-Server mit, der ASP.NET-Seiten darstellen kann. ASP.NET-Seiten unter Mono unterscheiden sich im Übrigen praktisch nicht von Microsoft ASP.NET-Seiten.

Hierzu kann ich Ihnen wärmstens das Buch *.NET goes Mono* von Kaan Candar empfehlen, welches ebenfalls beim Franzis Verlag erscheinen wird.

ISBN-10: 3772371051, ISBN-13: 978-3-7723-7105-9

Im folgenden Abschnitt geht es nun um die Grundlagen einfacher ASP-Seiten. Diese Beispiele sind ASP-Seiten, die auf Basic-ähnlichen Skripts (VBskript) basieren.

10.1 ASP

10.1.1 Hello World mit ASP

Um ein einfaches *Hello World* mit ASP auszugeben, genügt es völlig, wenn Sie eine Seite anlegen, die *Hello.asp* heißt und folgenden Sourcecode implementiert.

```
<%
   Response.Write "Hello World!"
%>
```

Sie finden dieses kleine Beispiel auch auf der CD:

CD:\Sourcen\10 ASP\HelloWorld

Sie kopieren entweder die bestehende Datei in Ihr Webserververzeichnis oder Sie erstellen die Datei neu und kopieren sie dann.

Wenn Sie die Standardpfade und einen IIS verwenden, kopieren Sie die Datei in folgendes Verzeichnis:

C:\Inetpub\wwwroot

Starten Sie nun die Webseite, indem Sie folgenden Text in der Adresszeile eines geöffneten Browsers eingeben:

http://localhost/Hello.asp

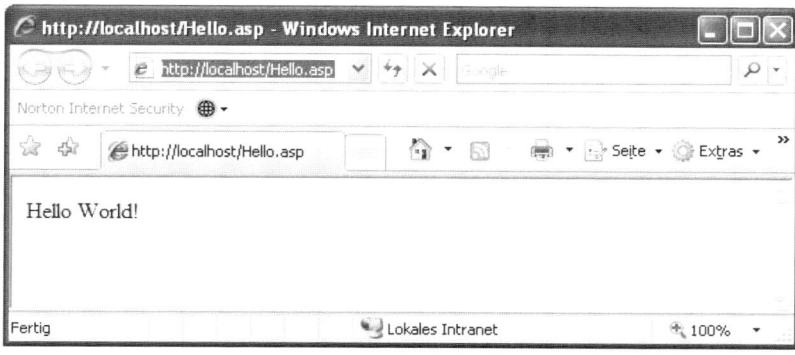

Bild 10.1: Hello World mit ASP

Sie sehen im Beispiel, dass der eigentliche Code des Skripts mit folgendem Text eingeleitet wird:

```
<%
```

Ebenso wird das Skript auch wieder beendet:

```
%>
```

Über ein Response-Objekt können wir die Ausgabe auf einer Webseite realisieren:

```
Response.Write "Hello World!"
```

ASP ist sehr einfach in seinem Aufbau und lässt sich bis zu einem gewissen Grad sogar mit einem einfachen Editor realisieren. Schauen wir uns ein weiteres Beispiel an, diesmal die Abfrage einer Datenbank unter Access.

10.1.2 Ansprechen einer Access-Datenbank

Eine Access-Datenbank mit ASP auslesen

Dieses Beispiel zeigt Ihnen, wie Sie mit ASP eine Access-Datenbank ansprechen und die Daten auslesen können.

Listing: cd:\ Sourcen\10 ASP\Access SQL

Sourcecode

```
<%@ language = "vbscript" %>
<html>
<body>

<%
   Response.write ("<b>SQL Abfrage</b><br><br>"+chr(13)+chr(10))

   Response.Write("Pfad zur Datenbank: " & Server.MapPath ("/test.mdb")
                                "<br><br>"+chr(13)+chr(10))

   strConnection = "Provider=Microsoft.Jet.OLEDB.4.0;Data Source=" &
                                Server.MapPath ("/daten.mdb") & ";"

   strSQL = "SELECT * from Adressen"

   Set rs = Server.CreateObject("ADODB.Recordset")
   rs.open strSQL, strConnection
   Response.Write("ID        : " & rs(0) & "<BR>"+chr(13)+chr(10))
   Response.Write("Vorname   : " & rs(1) & "<BR>"+chr(13)+chr(10))
   Response.Write("Nachname  : " & rs(2) & "<BR>"+chr(13)+chr(10))
   Response.Write("Strasse   : " & rs(3) & "<BR>"+chr(13)+chr(10))
   Response.Write("PLZ       : " & rs(4) & "<BR>"+chr(13)+chr(10))
   rs.close
   Set rs = Nothing
```

```
%>
</html>
</body>
```

Beschreibung

Wir leiten unsere ASP-Seite diesmal mit der Definition der Sprache ein und bestimmen, dass wir VBSkript verwenden.

```
<%@ language = "vbscript" %>
```

Innerhalb einer ASP-Seite können wir direkt HTML-Tags mit Code vermischen. Um eine regelrechte HTML-Seite zu erzeugen, definieren wir einen Body und einen HTML-Abschnitt.

```
<html>
<body>
```

Nun starten wir wieder einen Skriptblock, den wir wie beim ersten Beispiel mit

```
<%
```

einleiten.

Die nächsten beiden Zeilen dürfen im Gegensatz zur Buchversion keinen Zeilenumbruch enthalten! Der komplette Text einer Zeile steht also hintereinander. Leider ist eine Buchseite kleiner und erfordert so einen Umbruch.

```
Response.Write("Pfad zur Datenbank: " & Server.MapPath ("/test.mdb")
                       "<br><br>"+chr(13)+chr(10))
```

Wie beim ersten Beispiel verwenden wir *Response.Write,* um über ein Response-Objekt Text an den Client zurückzugeben. Der *Server.MapPath* definiert den Pfad des Webserververzeichnisses.

Der einfachste Weg, eine Datenbank abzufragen, geht über einen SQL-Befehl und eine Verbindung. Aus diesem Grund erstellen wir als Erstes einen Verbindungsstring, der die Verbindung bestimmt.

```
strConnection = "Provider=Microsoft.Jet.OLEDB.4.0;Data Source="
                     Server.MapPath ("/daten.mdb") & ";"
```

Der Provider stellt im Grunde den Treiber dar, welchen wir verwenden, um Zugriff auf die Daten zu erhalten. In unserem Fall ist es ein Jet-OLEDB-Treiber, der für gewöhnlich bei Access-Datenbanken zum Zuge kommt.

Wir verwenden wieder den *Server.MapPath,* um unsere Datenbank zu finden. Hierzu ist es natürlich nötig, dass die Access-Datenbank im gleichen Webverzeichnis liegt wie unser ASP-Skript.

Nun können wir über das Serverobjekt ein ADODB-Recordsetobjekt anlegen.

```
Set rs = Server.CreateObject("ADODB.Recordset")
```

Wir verbinden dieses Recordset über unseren Verbindungsstring mit der Datenbank.

```
rs.open strSQL, strConnection
```

Da die Verbindung jetzt aufgebaut sein sollte, können wir direkt die einzelnen geladenen Felder auf der Rückgabeseite ausgeben.

```
Response.Write("ID        : " & rs(0) & "<BR>"+chr(13)+chr(10))
Response.Write("Vorname   : " & rs(1) & "<BR>"+chr(13)+chr(10))
Response.Write("Nachname  : " & rs(2) & "<BR>"+chr(13)+chr(10))
Response.Write("Strasse   : " & rs(3) & "<BR>"+chr(13)+chr(10))
Response.Write("PLZ       : " & rs(4) & "<BR>"+chr(13)+chr(10))
```

Um das Beispiel auszuprobieren, kopieren Sie entweder wieder die Dateien aus dem Verzeichnis der CD in das Webverzeichnis Ihres IIS oder Sie erstellen die entsprechenden Dateien passsend zum Beispiel. Rufen Sie dann einen Browser auf und fragen Sie die Seite ab:

http://localhost/access.asp

Die Ausgabe Ihres Webbrowsers sollte in etwa dem folgenden Screenshot gleichen.

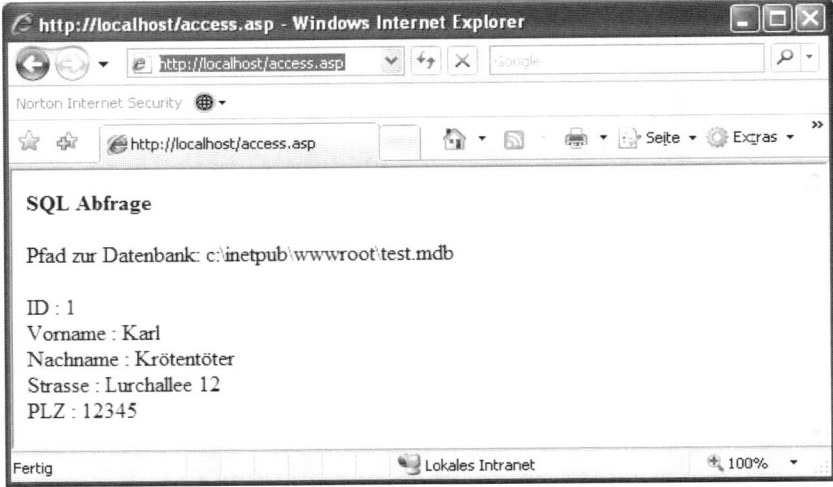

Bild 10.2: Accessdatenbanken mit ASP

Als Quelltext dieser Seite erhalten wir Folgendes:

```
<html>
<body>

<b>SQL Abfrage</b><br><br>
Pfad zur Datenbank: c:\inetpub\wwwroot\test.mdb<br><br>
iD       : 1<br>
Vorname  : Karl<br>
Nachname : Krötentöter<br>
Strasse  : Lurchallee 12<br>
PLZ      : 12345<br>

</html>
</body>
```

Der ausgegebene HTML-Code entspricht reinem HTML ohne unser zuvor eingegebenes Skript!

Im Bereich Client/Server des Internets ist es oftmals nötig, auf verschiedene Servervariablen zuzugreifen. Man kann aus den meisten Skriptsprachen wie zum Beispiel PHP oder Perl direkt auf diese Variablen zugreifen und auf diese Art Informationen verschiedenster Art sammeln. Auch mit ASP können wir auf diese Servervariablen zugreifen.

10.1.3 ASP und Servervariablen

Mit ASP Servervariablen auslesen

Dieses Beispiel liest einige Servervariablen aus und zeigt sie anschließend an.

Listing: cd:\ Sourcen\10 ASP\Verbindungstest

Sourcecode

```
<%@ language = "vbscript" %>
<html>
<body>

<%
dim sServer
dim sIP

sServer = request.servervariables ("SERVER_NAME")
sIP = request.servervariables ("REMOTE_ADDR")
response.write ("Server: "+sServer+" eigene IP: "+sIP)
%>

</html>
</body>
```

Beschreibung

Sie sehen sicher bereits im vorliegenden Sourcecode, dass die Schnittstelle zu den Servervariablen über die *request*-Klasse und die Methode *servervariables* hergestellt wird.

```
sServer = request.servervariables ("SERVER_NAME")
```

Wenn wir die entsprechenden Variablen ausgelesen haben, geben wir sie einfach wieder über das Response-Objekt aus:

```
response.write ("Server: "+sServer+" eigene IP: "+sIP)
```

Auf meiner Testumgebung erscheint zum Beispiel beim Aufruf Folgendes:

```
Server: localhost eigene IP: 127.0.0.1
```

Sinn machen diese Abfragen natürlich im Grunde nur, wenn tatsächlich Seiten aus dem Internet abgerufen werden. Hier kann man dann IP-Adressen in einem Log speichern, feststellen, woher Aufrufe kamen, und vieles mehr.

Wenn Sie sich für alle Servervariablen interessieren, versuchen Sie es einfach einmal mit folgendem Skript.

10.1.4 Servervariablen abfragen und anzeigen

Mit ASP Servervariablen auslesen

Dieses Beispiel liest alle Servervariablen aus und zeigt sie anschließend an.

Listing: cd:\ Sourcen\10 ASP\variablen

Sourcecode

```
<%@ language = "vbscript" %>
<html>
<body>

<%
response.write "<b>Alle ServerVariablen</b>"
response.write "<br>"
response.write "<br>"
response.write "<br>"
response.write "<table>"
 for each e in request.servervariables()
  response.write "<tr><td valign='top'>"
  response.Write "<b>"+e+"</b>"
  response.Write "</td><td valign='top'>" & request.servervariables(e) & "</td></tr>"
 next
response.write "</table>"
%>

</html>
</body>
```

An der Ausgabe dieses Beispiels sehen Sie, wie viele Variablen es auf der Serverseite so gibt. Die meisten sind allerdings erst gefüllt, wenn sie auch benötigt werden, wie zum Beispiel *AUTH_PASSWORD*.

Als letztes Beispiel werden wir nun noch eine Abfrage auf einen Microsoft SQL Server starten, damit Sie noch kurz sehen, wie ein SQL-Server angesprochen wird.

Voraussetzung für dieses Beispiel ist eine Microsoft SQL-Datenbank, die eine Verbindung über Benutzer und Passwort zulässt.

10.1.5   SQL-Server über Benutzer und Passwort abfragen

SQL-Server abfragen

Dieses Beispiel verbindet sich mit einem SQL-Server und fragt die Northwind-Datenbank ab.

Listing: cd:\ Sourcen\10 ASP\SQL Abfrage

Sourcecode

```
<%@ language = "vbscript" %>
<html>
<body>
<%
response.write "<b>SQL Abfrage</b>"

    strServer = "LocalServerName"
    strDatabase = "Northwind"
    strUserName = "admin"
    strPassword = "XXXXX"

    strConnection = "Provider=SQLOLEDB;Data Source=" & strServer & _
        ";" & "Initial Catalog=" & strDatabase & ";User ID=" & _
        strUserName & ";" & "Password=" & strPassword & ";"

    strSQL = "SELECT CustomerID, EmployeeID, OrderDate, " & _
        "ShipName, ShipCountry FROM Orders " & _
        "WHERE OrderID=10555"

    Set rs = Server.CreateObject("ADODB.Recordset")
    rs.open strSQL, strConnection
    Response.Write("CustomerID: "  & rs(0) & "<BR>")
    Response.Write("EmployeeID: "  & rs(1) & "<BR>")
    Response.Write("OrderDate: "   & rs(2) & "<BR>")
    Response.Write("ShipName: "    & rs(3) & "<BR>")
    Response.Write("ShipCountry: " & rs(4) & "<BR>")
    rs.close
    Set rs = Nothing
%>
</html>
</body>
```

Passen Sie in diesem Beispiel sowohl den Servernamen als auch den Benutzer und das Passwort an Ihren Server an.

10.1.6 ASP-Grundlagen

Variablen

Wenn Sie unter ASP Webseiten entwickeln, haben Sie es im Bereich Variablen sehr leicht. Es gibt grundsätzlich nur einen Datentyp, nämlich den Variant. Ein Variant kann alle Werte aufnehmen, egal ob String, Double, Integer oder Sonstiges. Es ist nicht unbedingt nötig, Variablen unter ASP zu definieren, aber es ist sehr empfehlenswert, da es die Übersichtlichkeit erhöht. Definiert werden Variablen mit dem Schlüsselwort *Dim*.

```
Dim strString
```

Zuweisungen erfolgen wie praktisch in jeder Programmiersprache mit =. Damit wird der Wert der rechten Seite der Variablen auf der linken Seite zugewiesen.

Wie unter Visual Basic kann man auch für das VB-Skript unter ASP explizit die Variablenverwendung festlegen. Dies geschieht mit *Option Explicit*.

```
<%
   Option Explicit

   Dim strString

%>
```

Wenn Sie nun im Programmcode eine nicht definierte Variable verwenden, erhalten Sie beim Ausführen eine entsprechende Meldung.

Die Gültigkeitsbereiche von Variablen sind entweder global, wenn außerhalb von Methoden angemeldet, oder aber lokal, wenn innerhalb von Methoden deklariert. Hierbei überschreiben lokale Variablen den Gültigkeitsbereich von globalen Variablen.

Obwohl Variablen eigentlich nur Variant als Datentyp kennen, repräsentieren diese intern allerdings dennoch einen speziellen Typ. Die einzelnen Typen, die ein Variant aufnehmen kann, sind:

- Bool
- Byte
- Currency
- Double
- Date (und Time)
- Error
- Empty

- Integer
- Long
- NULL
- Object
- Single
- String

Konstanten

Konstanten sind nicht veränderliche Werte. Definiert werden Konstanten mit dem Schlüsselwort *Const*.

```
Const festerWert = „Konstante"
```

Wenn eine Konstante einmal definiert wurde, behält sie für die komplette Laufzeit des Skripts Ihren Wert und kann nicht mehr geändert werden.

Operatoren

Mit Operatoren werden Operationen auf Werte angewendet. Das heißt, Sie können mathematische Operationen, logische Operationen, vergleichende oder verbindende Operationen auf Programmkonstrukte anwenden.

Mathematische Operatoren dienen zum Rechnen:

- + (Addition)
- - (Subtraktion)
- / (Division)
- \ (ganzzahlige Division ohne Rest)
- * (Multiplikation)
- ^ (Exponential)
- Mod (Modulo)

Mit vergleichenden Operatoren prüfen Sie auf bestimmte Zustände (Größer, Kleiner etc.)

- = (Gleich)
- < (Kleiner als)
- > (Größer als)
- <> (Ungleich)
- <= (Kleiner oder Gleich)
- >= (Größer oder Gleich)

Logische Operatoren führen zu einem Ergebnis, das entweder Wahr oder Falsch ist. (True oder False)

*   And (Und)

*   Or (Oder)

*   Not (Nicht)

Verbindende Operatoren verknüpfen zwei Werte, meist Strings, oder unter ASP Varianten vom Typ String.

*   + (Addition)

*   & (Aneinander anfügen)

Wenn Sie Zahlenwerte mit einem + verbinden, werden die beiden Einzelwerte addiert. Strings werden aneinandergefügt.

Arrays

Arrays sind Wertetabellen und nehmen mehrere Einzelwerte innerhalb einer Variablen auf.

Arrays können entweder ein- oder mehrdimensional sein. Arrays werden definiert, indem man in einer Klammer hinter der Variablen die Anzahl der Arraygröße angibt.

```
Dim intZahlen(5)
```

Nun kann dieses Array verwendet werden, indem man die einzelnen Werte über ihren Index abfrägt oder festlegt:

```
intZahlen(0) = 10

a = intZahlen(0)
```

Wenn ein Array neu dimensioniert werden soll, verwendet man das Schlüsselwort *ReDim*.

```
ReDim intZahlen(10)
```

Leider werden bei der Verwendung von *ReDim* alle bestehenden Werte gelöscht. Um dies zu verhindern, verwenden Sie *Preserve*:

```
ReDim Preserve intZahlen(10)
```

Methoden unter ASP

Methoden unter ASP können entweder Prozeduren oder Funktionen darstellen.

Der Unterschied besteht darin, dass Prozeduren im Gegensatz zu Funktionen keine Rückgabe liefern. Beide können Übergabeparameter erhalten.

```
Function addIt (ByVal a, ByVal b)
    Dim c
    c = a+b
    addIt = c
End Function
```

Die entstandene Rückgabe bei dieser Funktion wird direkt an den Funktionsnamen übergeben, damit erhält der Aufrufer über den Funktionsnamen den Rückgabewert.

Sie sehen die Definition der Eingabeparameter mit dem Schlüsselwort *ByVal*. Dies bedeutet, die Variablen werden als *Value* übergeben, also als Wert. Dies ist wichtig, denn man kann Variablen auch als Referenz übergeben. Der Unterschied ist, dass Variablen, die per Referenz übergeben werden, in aufgerufenen Methoden geändert werden können. Wenn Sie eine Übergabe per Referenz verwenden, können Sie auch in Prozeduren Rückgaben realisieren.

```
Sub addIt (ByVal a, ByVal b, ByRef result)
    Dim c
    c = a+b
    result = c
End Sub
```

Nach dem Rücksprung aus dieser Routine enthält die Variable *result* den berechneten Wert.

Allgemein

ASP-Seiten werden meist mit VBSkript erzeugt. Das heißt, Sie können prinzipiell die gleichen Befehle verwenden, wie Sie es unter VBSkript tun würden. Wenn Sie also schon einmal Word oder Excel mit VBSkript erweitert haben, wird Ihnen der Einstig in ASP sehr leicht fallen. Prinzipiell können ASP-Seiten aber auch mit anderen Sprachen erstellt werden, welche die Active Skripting-Architektur implementieren. Natürlich konnte ich Ihnen in den letzten Abschnitten dieses Kapitels nur einen kleinen Auszug aus dem ASP-Bereich vorstellen, aber ich hoffe, er hat Ihnen Lust auf mehr gemacht, vor allem auf ASP.NET, welches von seinen Möglichkeiten her bei Weitem umfangreicher ist als das frühere ASP.

Der nächste Abschnitt beschäftigt sich aus diesem Grund mit ASP.NET. Im Vergleich zu ASP hat man mit ASP.NET ganz neue, interessante Möglichkeiten.

10.2 ASP.NET

ASP.NET basiert auf dem .NET-Framework von Microsoft und kann sowohl server-seitige als auch (beschränkt) clientseitige Aktionen ausführen. Anstatt einfacher Web-seiten können mit ASP.NET komplette Webanwendungen realisiert werden, die in ihrer Funktionalität kaum normalen Programmen nachstehen. Meist wird als zugrunde liegende Sprache C# verwendet, allerdings sind theoretisch alle CLR (Common Language Runtime)-kompatiblen Sprachen verwendbar.

> **Hinweis:**
>
> CLR = Common Language Runtime, die virtuelle Maschine von .NET
>
> CIL = Common Intermediate Language, bytecodebasierende Übersetzung des Sourcecodes
>
> CTS = Common Type System, Teil der CLR, definiert die ausführ- und inter-pretierbaren Typen
>
> CLI = Common Language Infrastructure, Bezeichnung des von Microsoft initiierten Standards

Zu diesen Sprachen gehören zum Beispiel: C#, VB.NET, Delphi (.NET), F# und Managed C++.

Der größte Unterschied zum alten ASP ist der Ansatz des *Code Behind*. Mit dieser Technik werden einzelnen ASP.NET-Seiten Klassen zugewiesen, welche der Server später ausführt. Die jeweilige ASP.NET-Seite erbt von ihrer Klasse die benötigten Funktionali-täten. Diese Klassen werden bereits vor der Ausführung kompiliert und können somit sehr schnell ausgeführt werden. Grundsätzlich steht einem Entwickler mit Code Behind ein riesiges Spektrum an Möglichkeiten sowohl auf der Server- als auch auf der Client-seite offen. Das Prinzip von Code Behind kann allerdings vom Entwickler umgangen werden, indem er seinen Programmcode direkt in eine ASP.NET-Seite einbettet. Großen Sinn würde dies natürlich nicht machen, aber nichtsdestotrotz ist es durchaus noch möglich.

Mit ASP.NET-Seiten ist es zudem möglich, sogenannte *Webcontrols* zu verwenden, die sich ähnlich verhalten wie Controls auf Forms. Dem Entwickler steht es natürlich auch offen, eigene Webcontrols zu entwickeln und in seine Seite einzubinden. Jedes Webcontrol wird vom Server verarbeitet und als HTML-Text an den Client geschickt, wenn es ein HTML-Server-Steuerelement ist. Der Client selbst erhält in diesem Fall also immer eine HTML-Seite. Wenn das Steuerelement ein sogenanntes Webserver-Steuer-element ist, erfolgt die Rückgabe an den Client mit HTML und verschiedenen Skript-umsetzungen. Vorteilhafter zum Entwickeln, da flexibler, sind Webserver-Steuer-elemente. Diese Controls unterstützen zum Beispiel unter anderem Ereignisweiter-leitungen und automatische Browsererkennung. Anhand des nächsten kleinen Beispiels werde ich Ihnen noch ein wenig mehr über ASP.NET und *Code Behind* erzählen.

Das erste Beispiel werde ich noch Schritt für Schritt erklären, bei den folgenden verzichte ich allerdings darauf.

10.2.1 Hello World mit ASP.NET

ASP.NET-Seiten können auf alle möglichen Arten erzeugt werden. Eine der komfortableren Möglichkeiten ist allerdings das Visual Studio. In unserem aktuellen Beispiel und den folgenden verwenden wir das Visual Studio 2005 und das .NET-Framework 2.0.

Das Beispiel selbst finden Sie auf der CD zum Buch unter:

CD:\Sourcen\10 ASP\ASPNET\Hello

Öffnen Sie das Studio und legen Sie ein neues Projekt an. Klicken Sie hierzu auf *Datei / Neu* und wählen Sie den Eintrag *Webseite.*

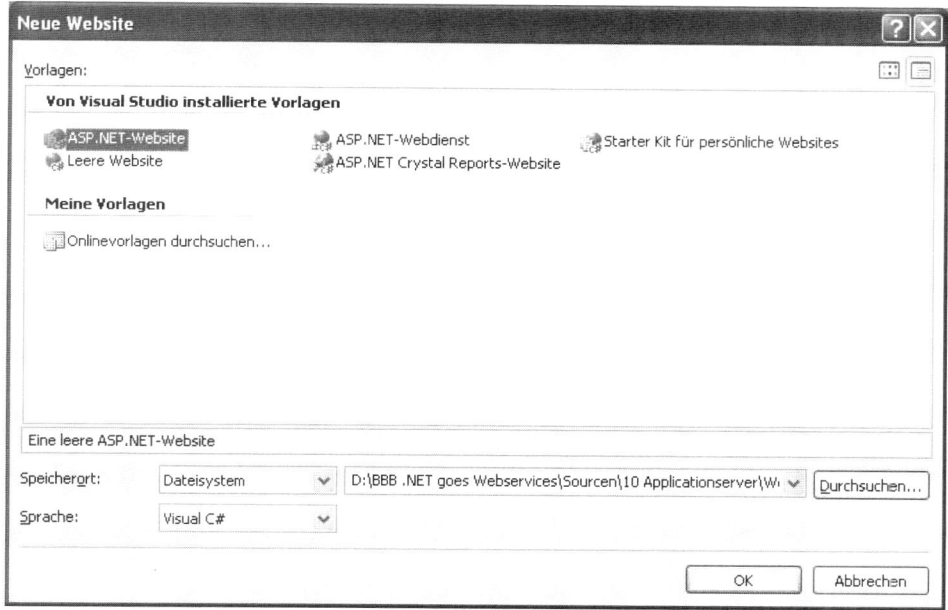

Bild 10.3: ASP.NET-Projekt anlegen

Wählen Sie einen geeigneten Speicherort und klicken Sie auf *OK.* Mit der ComboBox *Sprache* können Sie einen zugrunde liegenden Sprachtyp für Ihr Projekt wählen. Zur Verfügung stehen hier C#, Visual Basic oder J#. (Wählen Sie bitte *C#*).

Als Erstes sehen Sie nun in der Entwicklungsumgebung den HTML-Code der ASPX-Seite:

```
<%@ Page Language="C#" AutoEventWireup="true" CodeFile="Default.aspx.cs"
Inherits="_Default" %>

<!DOCTYPE html PUBLIC "-//W3C//DTD XHTML 1.0 Transitional//EN"
"http://www.w3.org/TR/xhtml1/DTD/xhtml1-transitional.dtd">

<html xmlns="http://www.w3.org/1999/xhtml" >
<head runat="server">
    <title>Unbenannte Seite</title>
</head>
<body>
    <form id="form1" runat="server">
    <div>

    </div>
    </form>
</body>
</html>
```

Im Projektmappen-Explorer wurde unterhalb der Datei *Default.aspx*, welche unsere Seite darstellt, eine weitere Datei angelegt: *Default.aspx.cs*. Beachten Sie das *.cs* am Ende! Diese Datei stellt unsere spätere *Code Behind*-Datei dar.

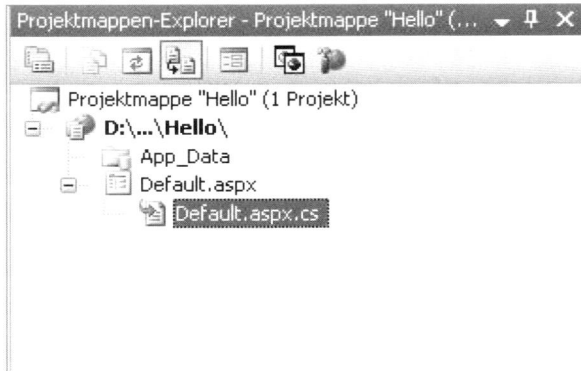

Bild 10.4: Die C# Code Behind-Datei

Klicken Sie im Explorer mit der rechten Maustaste auf diese Datei und wählen Sie aus dem Kontextmenü *Öffnen*. Sie sehen folgenden Programmcode:

```
using System;
using System.Data;
using System.Configuration;
using System.Web;
using System.Web.Security;
using System.Web.UI;
```

```
using System.Web.UI.WebControls;
using System.Web.UI.WebControls.WebParts;
using System.Web.UI.HtmlControls;

public partial class _Default : System.Web.UI.Page
{
    protected void Page_Load(object sender, EventArgs e)
    {

    }
}
```

Wir haben einen hübschen C#-Code vor uns, den wir nun mit Funktionalität und Methoden füllen können.

Wenn Sie nun noch einmal mit der rechten Maustaste auf die *.cs* Datei klicken, diesmal aber *Ansicht Designer* wählen, öffnet sich der visuelle Editor des Studios.

Ziehen Sie aus der Toolbox ein Label auf die geöffnete Seite im Designmodus.

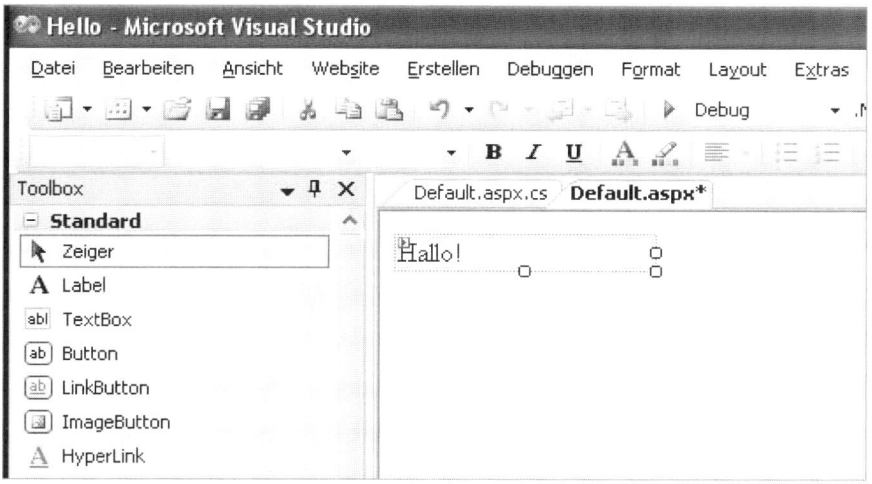

Bild 10.5: Label einfügen

Vergeben Sie, wie auf dem Screenshot zu sehen, der Eigenschaft *Text* des Labels den Wert *Hallo!*

Wenn Sie diese Seite starten, erhalten Sie vermutlich eine Nachfrage des Studios bezüglich des Debugmodus. Bestätigen Sie hier, dass eine Webconfig-Datei hinzugefügt werden soll.

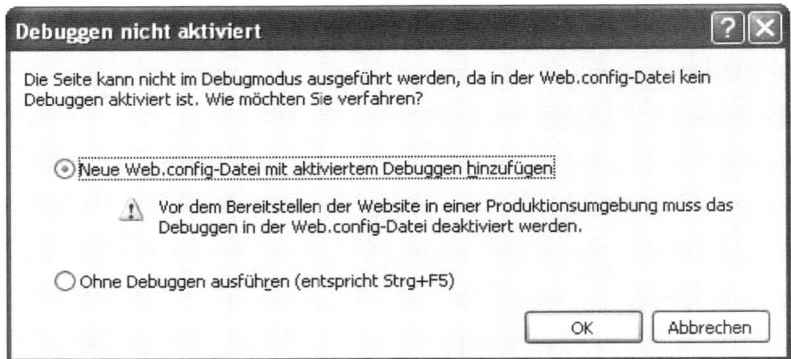

Bild 10.6: Webconfig

Anschließend wird automatisch ein Browserfenster geöffnet und unser *Hello World* ausgeführt.

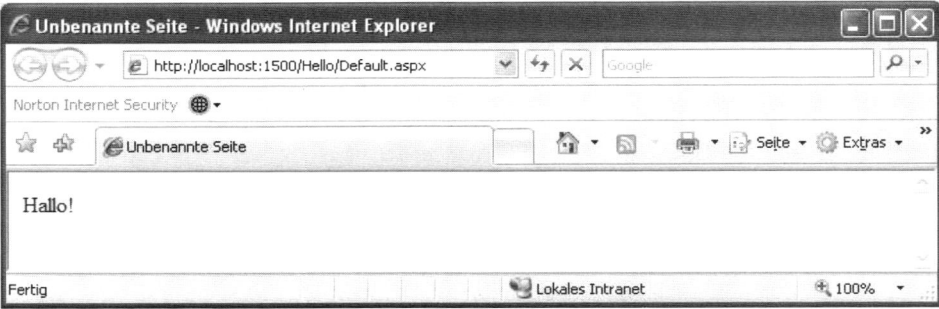

Bild 10.7: Hello World im Browser

Wenn Sie sich nun den Quelltext der HTML-Seite über einen Rechtsklick in den Browser und anschließendes Anwählen des Menüpunktes *Quelltext anzeigen* anzeigen lassen, sehen Sie diesen HTML-Code:

```
<!DOCTYPE html PUBLIC "-//W3C//DTD XHTML 1.0 Transitional//EN"
"http://www.w3.org/TR/xhtml1/DTD/xhtml1-transitional.dtd">

<html xmlns="http://www.w3.org/1999/xhtml" >
<head><title>
   Unbenannte Seite
</title></head>
<body>
    <form name="form1" method="post" action="Default.aspx" id="form1">
<div>
<input type="hidden" name="__VIEWSTATE" id="__VIEWSTATE"
value="/wEPDwUJODExMDE5NzY5ZGQOIDJWFgtRIxbggYx4DOC20r56aA==" />
</div>
```

```
<div>
    <span id="Label1" style="display:inline-
block;width:146px;">Hallo!</span></div>
 ·  </form>
</body>
</html>
```

Um die momentane Ausgabe zu erzeugen, wurde noch kein Code Behind benötigt! Die Darstellung des Labels erfolgt rein in der ASPX-Seite:

```
<%@ Page Language="C#" AutoEventWireup="true"  CodeFile="Default.aspx.cs"
Inherits="_Default" %>

<!DOCTYPE html PUBLIC "-//W3C//DTD XHTML 1.0 Transitional//EN"
"http://www.w3.org/TR/xhtml1/DTD/xhtml1-transitional.dtd">

<html xmlns="http://www.w3.org/1999/xhtml" >
<head runat="server">
    <title>Unbenannte Seite</title>
</head>
<body>
    <form id="form1" runat="server">
    <div>
        <asp:Label ID="Label1" runat="server" Text="Hallo!"
                                        Width="146px"></asp:Label></div>
    </form>
</body>
</html>
```

Wir könnten nun aber über die *cs*-Klasse den Wert unseres Labels beim Starten direkt ändern. Fügen Sie dazu Folgendes in die *Page_Load*-Methode ein:

```
using System;
using System.Data;
using System.Configuration;
using System.Web;
using System.Web.Security;
using System.Web.UI;
using System.Web.UI.WebControls;
using System.Web.UI.WebControls.WebParts;
using System.Web.UI.HtmlControls;

public partial class _Default : System.Web.UI.Page
{
    protected void Page_Load(object sender, EventArgs e)
    {
        Label1.Text = "Hallo Welt!";
    }
}
```

Wenn Sie nun starten, erhalten Sie diese Ausgabe:

Bild 10.8: Code Behind in Hallo Welt

Der HTML-Quelltext sieht nun so aus:

```
<!DOCTYPE html PUBLIC "-//W3C//DTD XHTML 1.0 Transitional//EN"
"http://www.w3.org/TR/xhtml1/DTD/xhtml1-transitional.dtd">

<html xmlns="http://www.w3.org/1999/xhtml" >
<head><title>
   Unbenannte Seite
</title></head>
<body>
    <form name="form1" method="post" action="Default.aspx" id="form1">
<div>
<input type="hidden" name="__VIEWSTATE" id="__VIEWSTATE"
value="/wEPDwUJODExMDE5NzY5D2QWAgIDD2QWAgIBDw8WAh4EVGV4dAULSGFsbG8gV2VsdCFkZGQVdtxfzV
JFGMLejj+rwGDxRM2CFw==" />
</div>
  <div>
   <span id="Label1" style="display:inline-block;width:146px;">Hallo Welt!</span>
  </div>
  </form>
</body>
</html>
```

Dagegen sieht unsere ASPX-Seite immer noch genauso aus wie vorher.

```
<%@ Page Language="C#" AutoEventWireup="true"  CodeFile="Default.aspx.cs"
Inherits="_Default" %>

<!DOCTYPE html PUBLIC "-//W3C//DTD XHTML 1.0 Transitional//EN"
"http://www.w3.org/TR/xhtml1/DTD/xhtml1-transitional.dtd">

<html xmlns="http://www.w3.org/1999/xhtml" >
<head runat="server">
   <title>Unbenannte Seite</title>
</head>
<body>
```

```
    <form id="form1" runat="server">
    <div>
        <asp:Label ID="Label1" runat="server" Text="Hallo!"
                                        Width="146px"></asp:Label></div>
    </form>
</body>
</html>
```

Wir verwenden nun also tatsächlich die Klasse *Default.aspx.cs,* um mit Code Behind den Text des Labels zu ändern. Ein großer Vorteil dabei ist, dass niemand sieht, was wir tun! Unser Code bleibt also verborgen.

Schauen wir uns nun genauer an, wie unsere ASPX-Seite eigentlich funktioniert und welche Tags innerhalb der Seite und des Skripts wichtig sind.

In der ersten Zeile der ASPX-Seite sehen wir folgende Attribute:

```
<%@ Page Language="C#" AutoEventWireup="true"  CodeFile="Default.aspx.cs"
Inherits="_Default" %>
```

Mit *Page Language* wird natürlich die jeweilig verwendete Sprache festgelegt, in unserem Fall *C#. AutoEventWireup* legt fest, ob Ereignisse der Seite automatisch aktiviert werden, in unserem Fall ist dies so, da die Eigenschaft des Attributs auf *true* steht. Der auszuführende Programmcode, der mit unserer Seite verbunden ist, findet sich im Attribut *CodeFile.* Das letzte Attribut *Inherits* definiert, von welcher Basisklasse unsere ASPX-Seite erbt.

Diese erste Zeile ist das Page-Element einer ASPX-Seite und definiert das Verhalten der Seite mit entsprechenden Attributen. Mögliche Attribute sind hier zum Beispiel:

asyncTimeout	Legt die Sekunden fest, wie lange auf die Beendigung eines asynchronen Aufrufs gewartet wird
autoEventWireup	Legt fest, ob Seitenereignisse automatisch aktiviert werden
buffer	Gibt an, ob die (URL) Ressource eine Antwortpufferung verwendet
compilationMode	Legt fest, ob zur Laufzeit kompiliert werden soll oder nicht
enableEventValidation	Betrifft Postback und Rückrufereignisse; gibt an, ob diese behandelt werden oder nicht
enableSessionState	Sitzungszustand der Ressource
enableViewState	Legt fest, ob der Ansichtszustand über Seitenanforderungen hinweg erhalten bleibt
enableViewStateMac	Legt fest, ob der Ansichtzustand überprüft werden soll; hierzu wird der Nachrichtenauthentifizierungscode (Message Authentication Code, MAC) geprüft, um die Authentizität sicherzustellen
maintainScrollPositionOnPostBack	Legt fest, ob der Aufrufer an die gleiche Position wie vor dem Postback gesetzt werden soll

masterPageFile	Legt den Masterseitenpfad fest
maxPageStateFieldLength	Maximale Anzahl Zeichen für das Zustandsfeld der Seite
pageBaseType	Die zu verwendende Basisklasse bei ausschließlich eigenständigen Seiten, wird von Inherits überschrieben
pageParserFilterType	Typname des Filters, der für die Zulassung von Elementen während der Analyse verwendet wird
smartNavigation	Gibt an, ob die »intelligente Navigation« im Browser aktiviert ist
styleSheetTheme	Gibt den Namen des Ordners an, in dem sich die Styles befinden, die verwendet werden, bevor Steuerlemente deklariert werden.
theme	Legt den Namen des Designs nach der Deklaration von Steuerlementen für Seiten fest
userControlBaseType	Verwendete Basisklasse bei ausschließlich eigenständigen Seiten, z. B.: System.Web.UI.UserControl
validateRequest	Überprüft die jeweilige Anforderung auf potenziell gefährliche Daten
viewStateEncryptionMode	Verschlüsselungsmodus des Ansichtenzustands

Sehr wichtig für ASP.NET-Seiten ist zum Beispiel auch das folgende Tag:

```
<head runat="server">
    <title>Unbenannte Seite</title>
</head>
```

Dieses Tag ist ein Server-Steuerelement. Inhalte dieser Tags werden nicht direkt an den Client übergeben, sondern zuerst vom Server bearbeitet. Der Server entscheidet anhand verschiedener Kriterien, was der Client zurückerhält. Die Rückgabe ist dann entweder einfaches HTML, HTML mit Skripts, cHTML oder Sonstiges.

Bei der Verwendung von *server* im *runat*-Attribut bleibt der Inhalt eines POST-Vorgangs an den Server erhalten. Serverseitig wird dies realisiert, indem ein verstecktes Feld mit Namen __VIEWSTATE automatisch eingefügt wird.

10.2.2 Grundlegendes zu ASP.NET

Aufteilung

Webforms bestehen grundsätzlich aus zwei getrennten Abschnitten: dem Design und dem Anweisungscode. Die ASPX-Seite, die das Design definiert, ist eng verwoben mit dem entsprechenden Hintergrundcode, der zum Beispiel auch Events auslösen oder verarbeiten kann. Die eigentlichen ASPX-Seiten werden auf dem Server verarbeitet und in Form von HTML an den Client zurück gesendet.

Konfiguration

Webforms sowie die Umgebung von ASP.NET können auf verschiedenste Weise konfiguriert und angepasst werden. Eine Möglichkeit haben Sie bereits kennengelernt, das Page-Element. Zusätzlich gibt es zum Beispiel die Datei *Web.config*, in welcher verschiedene Einstellungen gemacht werden können. Die Konfiguration unseres Beispiels sieht aus wie folgt:

```
<?xml version="1.0"?>
<!--
    Hinweis: Alternativ zur manuellen Bearbeitung dieser Datei
    können Sie auch mit dem Webverwaltungstool die Einstellungen
    für Ihre Anwendung konfigurieren. Verwenden Sie die Option
    "Website->ASP.NET-Konfiguration" in Visual Studio. Eine
    vollständige Liste aller Einstellungen und Kommentare befindet
    sich in "machine.config.comments", im Allgemeinen unter
"\Windows\Microsoft.Net\Framework\v2.x\Config".
-->
<configuration>
    <appSettings/>
    <connectionStrings/>
    <system.web>
        <!--
            Legen Sie beim Kompilieren debug="true" fest, um
            Debugsymbole in die kompilierte Seite einzufügen.
            Da dies die Leistung beeinträchtigt, sollte der
            Wert nur beim Entwickeln auf "True" gesetzt werden.
        -->
        <compilation debug="true"/>
        <!--
            Der Abschnitt <authentication> ermöglicht die Konfiguration
            des Sicherheitsauthentifizierungsmodus, mit dem
            ASP.NET eingehende Benutzer identifiziert.
        -->
        <authentication mode="Windows"/>
        <!--
            Der Abschnitt <customErrors> ermöglicht die Konfiguration
            der Vorgehensweise bei unbehandelten Fehlern während
            der Anforderungsausführung. Insbesondere können
            Entwickler HTML-Fehlerseiten konfigurieren, die anstelle
            einer Fehlerstapelüberwachung angezeigt werden.
        -->
        <customErrors mode="RemoteOnly" defaultRedirect="GenericErrorPage.htm">
            <error statusCode="403" redirect="NoAccess.htm" />
            <error statusCode="404" redirect="FileNotFound.htm" />
        </customErrors>
        -->
    </system.web>
</configuration>
```

Als Erstes fällt natürlich auf, dass diese Konfiguration, wie zurzeit alle Konfigurationen, in XML gestaltet wurde. Anfangs wird uns auch mitgeteilt, dass man diese Datei nicht umständlich in einem Editor von Hand bearbeiten muss, sondern das Studio dazu verwenden kann.

```
Hinweis: Alternativ zur manuellen Bearbeitung dieser Datei
können Sie auch mit dem Webverwaltungstool die Einstellungen
für Ihre Anwendung konfigurieren. Verwenden Sie die Option
"Website->ASP.NET-Konfiguration" in Visual Studio. Eine
vollständige Liste aller Einstellungen und Kommentare befindet
sich in "machine.config.comments", im Allgemeinen unter
"\Windows\Microsoft.Net\Framework\v2.x\Config".
```

Praktischerweise erhalten wir hier auch gleich einen Hinweis, wo wir eine Datei finden, in der es noch mehr Einstellmöglichkeiten gibt.

```
Eine vollständige Liste aller Einstellungen und Kommentare befindet
    sich in "machine.config.comments", im Allgemeinen unter
"\Windows\Microsoft.Net\Framework\v2.x\Config".
```

Die *web.config* kann jeweils für jede einzelne Webapplikation (auch mehrfach!) definiert werden. Beim Aufruf der Seite über einen Client wird diese Datei geparst und die Einstellungen entsprechend übernommen. Webkonfigurationen können mehrfach für eine Anwendung auftreten. In jedem Unterverzeichnis einer Webanwendung kann theoretisch eine eigene Konfiguration vorhanden sein. Die *web.config* ist grundsätzlich ein Ableger der Datei *machine.config* und von dieser abgeleitet. Im Gegensatz zur *web.config* existiert die *machine.config* nur einmalig auf Ihrem System. Verwechseln Sie die Dateien *machine.config* und *machine.config.comments* nicht miteinander! Die *machine.config* enthält die Standardeinstellungen für den jeweiligen Clientrechner, wohingegen die *web.config* eine speziell angepasste Version für einzelne Anwendungen ist, die im Bedarfsfall die Einstellungen der *machine.config* überschreibt.

Die Webkonfiguration kann unter anderem Folgendes definieren:

- Applikationseinstellungen
- Authentifikation und Autorisierung
- Datenbankverbindungen
- Browsereinstellungen
- Webserviceeinstellungen
- Remotingeinstellungen
- Debugkonfigurationen
- Ablaufverfolgung

Wie unter XML üblich, werden die einzelnen Abschnitte der Konfiguration in Baumbereiche unterteilt. Diese Bereiche werden *Sections* oder Sektionen genannt. Das Hauptelement heißt *configuration*. Unter diesem Element können verschiedene Einstellungen gemacht werden (nicht vollständig):

appSetting	Benutzerdefinierte Einträge
authentication	Authentifizierung eines Benutzers
authorization	Zuweisung des Userbereichs auf einer Seite
browserCaps	Browserspezifische Einstellungen
caching	Konfiguriert den Cache für die Anwendung
compilation	Kompilierungsoptionen
connectionStrings	Verbindungszeichenfolge für Datenbankzugriffe
customErrors	Benutzerdefinierte Fehlermeldungen
globalization	Dient den länderspezifischen Einstellungen
httpHandlers	Hier werden Anfragen auf bestimmte Handler umgeleitet
httpModules	http-Module einer Anwendung
httpRuntime	Einstellungen für die HTTP-Runtime
identity	Application Identity, Benutzerkennung für die Applikation
machineKey	Einstellung für das Erstellen von Schlüsseln
pages	Webseitenspezifische Einstellungen
sessionState	Dient der Konfiguration des Sessionstates des http-Modules
trace	Dient dem Debugging
trust	Dient der Bestimmung von Zugriffsrechten
webServices	Einstellungen für Webservices

Wenn Sie sich für die genauen und kompletten Möglichkeiten der Section-Handler interessieren, empfehle ich Ihnen die Microsoft MSDN-Seite:

http://msdn2.microsoft.com/de-de/library/dayb112d(VS.80).aspx

ViewState, Statusmanagement

Webforms speichern bei der Ausführung einen sogenannten *ViewState*. Dieser View-State dient dazu, Informationen aufzunehmen, die den Status der Seite repräsentieren, also den Zustand von Controls, Werten, Eigenschaften etc.

Der ViewState sorgt für die Verfügbarkeit der benötigten Informationen, die Sie (oder .NET) zur Laufzeit benötigen, und ist ein wichtiger Bestandteil der Verarbeitung der Seite.

Wenn Sie zum Beispiel eine Seite neu aufrufen, weil ein Button gedrückt wurde, dient der ViewState dazu, den Inhalt von geänderten Attributen persistent zu halten. Er speichert also ein Abbild des aktuellen Zustands einer Seite.

Postback-Prinzip

Wenn man eine ASPX-Seite schreibt, verfällt man leicht in den Glauben, man arbeite in einer normalen Entwicklungsumgebung. Dem ist aber nicht so. Microsoft hat die Erstellung von Webanwendungen bereits sehr vereinfacht, aber man muss immer noch einige Kleinigkeiten im Hinterkopf behalten. Ganz wichtig ist das Client/Server-Prinzip. Wenn Sie Webanwendungen entwickeln, können Sie nicht von einer Persistenz (Dauerhaftigkeit) Ihrer Daten ausgehen. Das folgende Beispiel bezieht sich auf den Sourcecode der CD:

CD:\Sourcen\10 ASP\ASPNET\Postback

Im Beispiel wurde eine Webseite angelegt und ein Label und ein Button platziert.

```
using System;
using System.Data;
using System.Configuration;
using System.Web;
using System.Web.Security;
using System.Web.UI;
using System.Web.UI.WebControls;
using System.Web.UI.WebControls.WebParts;
using System.Web.UI.HtmlControls;

public partial class _Default : System.Web.UI.Page
{
    int a = 0;

    protected void Page_Load(object sender, EventArgs e)
    {

    }
    protected void Button1_Click(object sender, EventArgs e)
    {
        a++;
        Label1.Text = a.ToString();
    }
}
```

Im Event des Buttons sehen Sie, dass der Wert der Variablen *a* eigentlich kontinuierlich erhöht werden sollte, wenn der Button gedrückt wird.

Wenn Sie diese Applikation aufrufen, wird sie brav den Wert 0 hochzählen und eine 1 ausgeben. Allerdings bleibt es auch dabei. Höher wird der Wert niemals steigen. Dies liegt an der Art der Seitenverarbeitung, dem Client/Server-Prinzip.

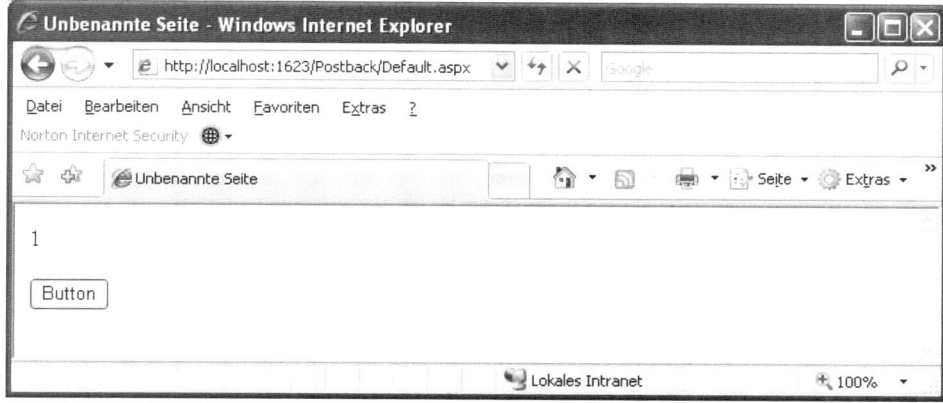

Bild 10.9: Noch kein Postback

Wenn der Button gedrückt wird, findet unser Programm die globale Variable *a*.

```
int a = 0;
```

Der Wert wird erhöht und dem Label zugewiesen.

```
a++;
Label1.Text = a.ToString();
```

Der Klick auf den Button löst das Verschicken der Seite an den Server aus, der dem Client dann das Ergebnis präsentieren kann. Da die Variable mit Null initialisiert wird, wird das Ergebnis immer 1 sein, da die Seite jedes Mal neu aufgerufen wird. Aus diesem Grund gibt es das Postback. Über den *Page_Load*-Event können wir abfragen, ob die Seite gerade neu verschickt wurde, und Parameter auslesen.

Betrachten wir uns hierzu das nächste Beispiel:

CD:\Sourcen\10 ASP\ASPNET\Postback1

```
using System;
using System.Data;
using System.Configuration;
using System.Web;
using System.Web.Security;
using System.Web.UI;
using System.Web.UI.WebControls;
using System.Web.UI.WebControls.WebParts;
using System.Web.UI.HtmlControls;

public partial class _Default : System.Web.UI.Page
{
    Int32 a = 0;
```

```
public Int32 intA
{
    get { return (int)ViewState["intA"]; }
    set { ViewState.Add("intA", value);  }
}
protected void Page_Load(object sender, EventArgs e)
{
    if (Page.IsPostBack)
    {
        a = intA;
    }
    else
    {
        intA = a;
    }
}
protected void Button1_Click(object sender, EventArgs e)
{
    a++;
    intA = a;
    Label1.Text = a.ToString();
}
}
```

Um das Variablenproblem zu umgehen, verwenden wir in diesem Beispiel den ViewState der Applikation. Wir definieren eine Variable *a*. Diese Variable hält unseren aktuellen Wert.

```
Int32 a = 0;
```

Um einen einfachen Zugriff auf den ViewState zu erhalten und ihn gleichzeitig zu abstrahieren, legen wir eine Eigenschaft für unseren Wert an:

```
public Int32 intA
{
    get { return (int)ViewState["intA"]; }
    set { ViewState.Add("intA", value);  }
}
```

Wenn wir auf die Eigenschaft *intA* lesend zugreifen, erhalten wir den Wert aus dem ViewState:

```
get { return (int)ViewState["intA"]; }
```

Äquivalent dazu schreiben wir den Wert:

```
set { ViewState.Add("intA", value);  }
```

Wenn der Button gedrückt wird, erhöhen wir den Wert der Variablen und schreiben ihn (über unsere Eigenschaft *intA*) in den ViewState.

```
protected void Button1_Click(object sender, EventArgs e)
{
    a++;
    intA = a;
    Label1.Text = a.ToString();
}
```

Beim Laden der Seite fragen wir ab, ob es einen Postback gibt, also ob die Seite gerade neu zurückgeschickt und geladen wurde.

```
protected void Page_Load(object sender, EventArgs e)
{
    if (Page.IsPostBack)
    {
```

Wenn ja, füllen wir unsere Variable *a* mit dem Wert aus dem ViewState, da dieser ja gerade vorher gefüllt worden sein muss.

```
        a = intA;
    }
```

Ansonsten initialisieren wir den ViewState, damit ein Wert vorhanden ist.

```
    else
    {
        intA = a;
    }
```

Jetzt funktioniert das Übertragen der Werte, wie wir im nächsten Screenshot sehen.

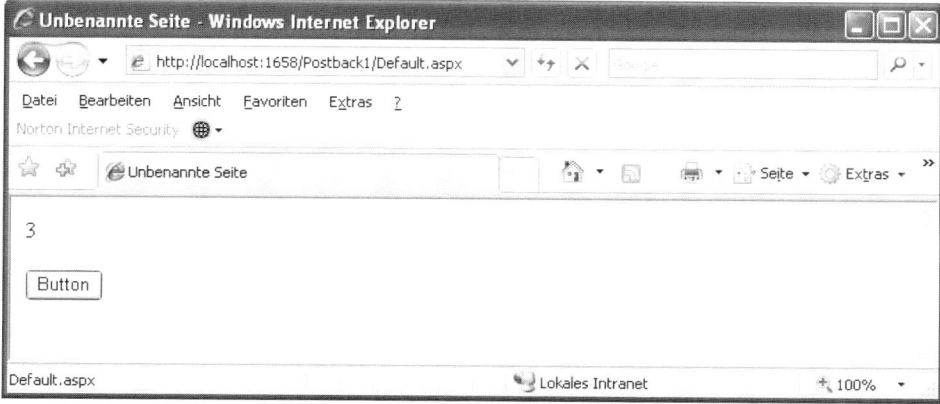

Bild 10.10: Postback und ViewState arbeiten zusammen

Eine weitere Möglichkeit, einen Wert von einem in einen anderen Zustand zu überführen, wäre der Session State. Im nächsten Beispiel, dem Tracing, sehen Sie den folgenden Programmauszug im Kontext zum Ganzen.

```
public Int32 intA
{
    get { return (int)Session["intA"]; }
    set { Session.Add("intA", value); }
}
```

Tracing

Wenn Sie eine ASP.NET-Anwendung schreiben, wird (automatisch) relativ schnell der Punkt erreicht sein, an welchem ein Fehler auftritt. Damit wir nun nicht über eine Bildschirmausgabe Fehler ausgeben müssen, gibt es das Tracing. Tracing erlaubt uns unter anderem ein Überwachen der Performance von einzelnen Codeabschnitten.

Das nächste Beispiel dient nur dazu, das Tracing zu verdeutlichen, und hat ansonsten keinen großen Daseinszweck.

CD:\Sourcen\10 ASP\ASPNET\Tracing

Wir verwenden in diesem Listing ein einfaches Tracing pro Seite. Aus diesem Grund melden wir das Tracing selbst direkt im Page-Element der ASPX-Seite an:

```
<%@ Page Language="C#" AutoEventWireup="true"  CodeFile="Default.aspx.cs"
Inherits="_Default" Trace="true" %>

<!DOCTYPE html PUBLIC "-//W3C//DTD XHTML 1.0 Transitional//EN"
"http://www.w3.org/TR/xhtml1/DTD/xhtml1-transitional.dtd">

<html xmlns="http://www.w3.org/1999/xhtml" >
<head runat="server">
    <title>Unbenannte Seite</title>
</head>
<body>
    <form id="form1" runat="server">
    <div>
        <asp:Label ID="Label1" runat="server" Text="-" Width="175px"></asp:Label>
        <br />
        <br />
        <br />
        <asp:Button ID="Button1" runat="server" OnClick="Button1_Click" Text="Start"
/></div>
    </form>
</body>
</html>
```

Unser Sourcecode sieht diesmal so aus:

```
using System;
using System.Data;
using System.Configuration;
using System.Web;
using System.Web.Security;
using System.Web.UI;
using System.Web.UI.WebControls;
using System.Web.UI.WebControls.WebParts;
using System.Web.UI.HtmlControls;

public partial class _Default : System.Web.UI.Page
{
    Int32 a = 0;

    public Int32 intA
    {
        get { return (int)Session["intA"]; }
        set { Session.Add("intA", value); }
    }
    protected void Page_Load(object sender, EventArgs e)
    {
        if (Page.IsPostBack)
        {
            a = intA;
        }
        else
        {
            intA = a;
        }
    }
    protected void Button1_Click(object sender, EventArgs e)
    {
        a++;
        intA = a;
        Label1.Text = a.ToString();
    }
}
```

Sie sehen hier die Verwendung des gerade besprochenen Session State:

```
    public Int32 intA
    {
        get { return (int)Session["intA"]; }
        set { Session.Add("intA", value); }
    }
```

Wenn wir die Anwendung nun starten, erhalten Sie eine Anzeige, die dem folgenden Screenshot ähneln sollte.

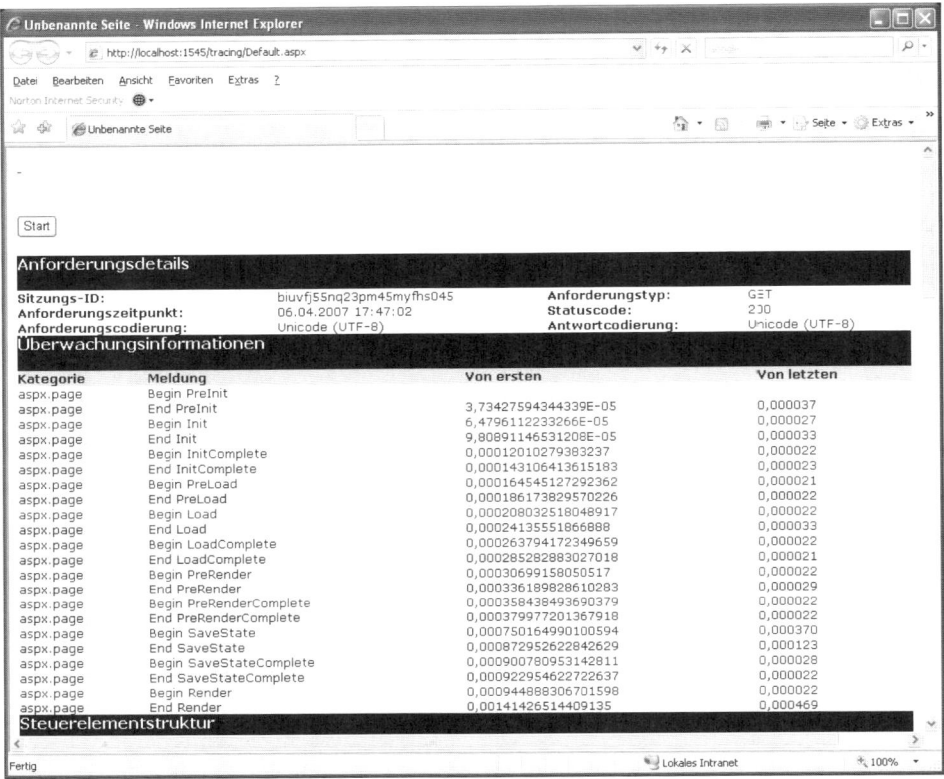

Bild 10.11: Tracinginformationen

Sie sehen hier als Erstes die Requestdetails (Anforderungsdetails) und die Geschwindigkeit, mit der die einzelnen Methoden abgearbeitet wurden (Überwachungsinformationen).

Die Anforderungsdetails zeigen Ihnen, welche Art von Anforderung gestellt wurde, in unserem Fall zum Beispiel eine GET-Anfrage. Sie erhalten die Sitzungs-ID (diese wechselt natürlich!), den Anforderungszeitpunkt etc.

Die Zeitanzeigen definieren in der ersten Spalte den Gesamtzeit-Fortschritt und in der zweiten Spalte die einzelne Ausführungszeit.

Viel interessanter sind allerdings die noch folgenden Angaben des Trace-Protokolls:

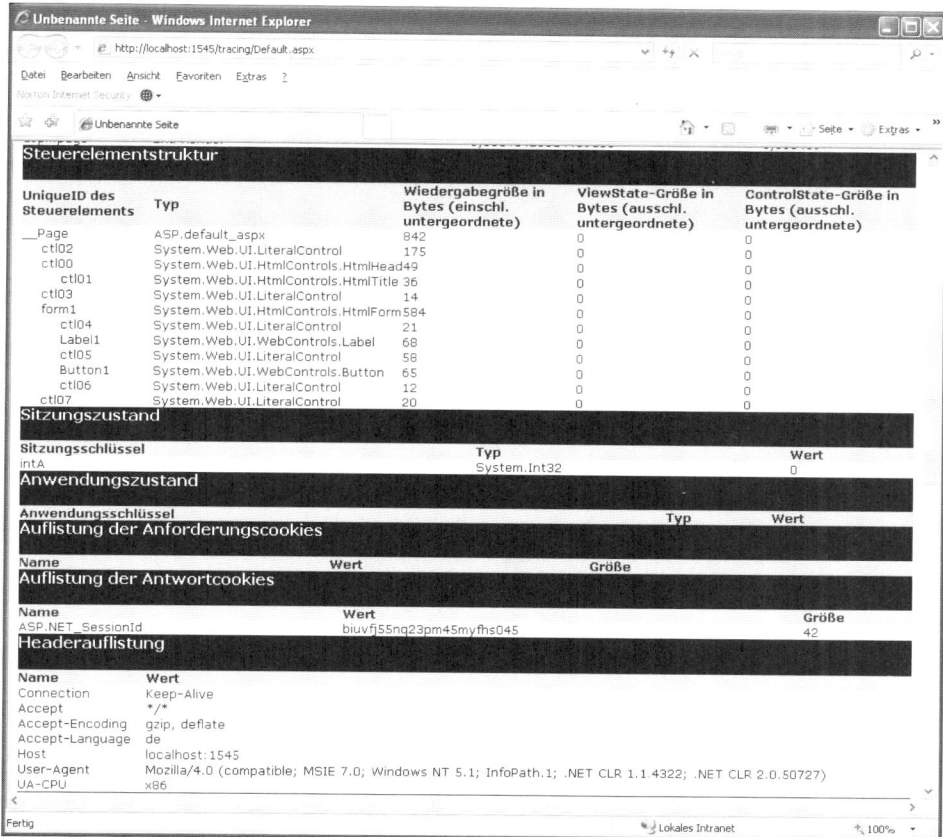

Bild 10.12: Mehr Tracinginformationen

Hier sehen Sie zum Beispiel im Abschnitt *Sitzungszustand* den aktuellen Wert der einzelnen Einträge.

Weiterhin sehen Sie im Protokoll (nächster Screenshot) die Auflistung der Antwortheader und die Servervariablen. Alles in allem sehr hilfreich bei der Suche nach eventuellen Fehlern.

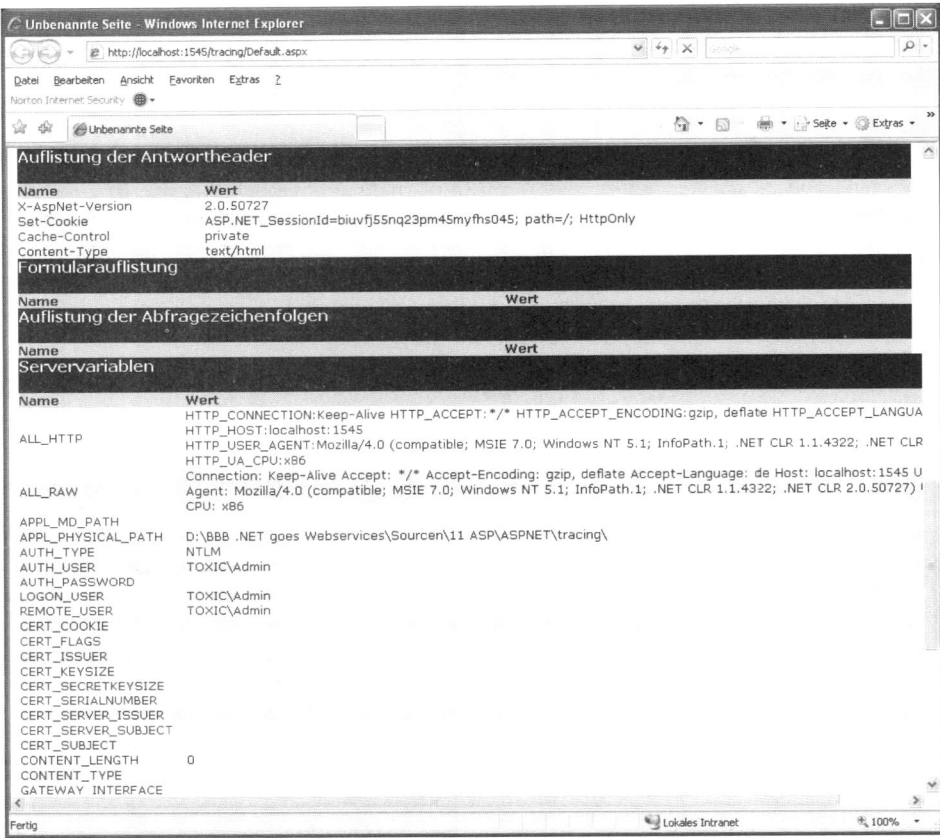

Bild 10.13: Noch mehr Tracing

Nach einem erneuten Aufruf ändern sich die Werte entsprechend, betrachten Sie hierzu beispielhaft den Auszug der Headerauflistung.

Headerauflistung

Name	Wert
Cache-Control	no-cache
Connection	Keep-Alive
Content-Length	155
Content-Type	application/x-www-form-urlencoded
Accept	image/gif, image/x-xbitmap, image/jpeg, image/pjpeg, application/vnd.ms-excel, application/vnd ms-powerpoint, application/msword, application/x-shockwave-flash, */*
Accept-Encoding	gzip, deflate
Accept-Language	de
Cookie	ASP.NET_SessionId=biuvfj55nq23pm45myfhs045
Host	localhost:1545
Referer	http://localhost:1545/tracing/Default.aspx
User-Agent	Mozilla/4.0 (compatible; MSIE 7.0; Windows NT 5.1; InfoPath.1; .NET CLR 1.1.4322; .NET CLR 2.0.50727)
UA-CPU	x86

Bild 10.14: Änderung des Headers im Protokoll

Wenn Sie eine andere Auflistung der Traceinformationen wünschen, können Sie diese mit *TraceMode="SortByCategory"* anfordern. Die Anzeige ändert sich dann, indem die Reihenfolge der Events bei der Ausgabe beachtet wird. Die Ausgabe erfolgt also genau so, wie die Events ausgeführt werden.

Kategorie	Meldung	Von ersten	Von letzten
	Überwachungsinformationen		
aspx.page	Begin PreInit		
aspx.page	End PreInit	5,05269683818971E-05	0,000051
aspx.page	Begin Init	8,68497890126592E-05	0,000036
aspx.page	End Init	0,000128062316261024	0,000041
aspx.page	Begin InitComplete	0,0001553056816591	0,000027
aspx.page	End InitComplete	0,0001843589384663692	0,000029
aspx.page	Begin LoadState	0,000211852288862668	0,000027
aspx.page	End LoadState	0,000311076335419875	0,000099
aspx.page	Begin ProcessPostData	0,000344889306641602	0,000034
aspx.page	End ProcessPostData	0,000390176589404636	0,000045
aspx.page	Begin PreLoad	0,000419064856108634	0,000029
aspx.page	End PreLoad	0,000447483151010939	0,000028
aspx.page	Begin Load	0,000480281183129012	0,000033
aspx.page	End Load	0,000874172549647021	0,000394
aspx.page	Begin ProcessPostData Second Try	0,000918784872907626	0,000045
aspx.page	End ProcessPostData Second Try	0,000950282983021019	0,000031
aspx.page	Begin Raise ChangedEvents	0,00107159070455773	0,000121
aspx.page	End Raise ChangedEvents	0,00110848849069056	0,000037
aspx.page	Begin Raise PostBackEvent	0,00114019658820471	0,000032
aspx.page	End Raise PostBackEvent	0,00165974541527508	0,000520
aspx.page	Begin LoadComplete	0,00170852248865068	0,000049
aspx.page	End LoadComplete	0,00173988560686359	0,000031
aspx.page	Begin PreRender	0,00176937383756975	0,000029
aspx.page	End PreRender	0,00181033138011719	0,000041
aspx.page	Begin PreRenderComplete	0,0018410545367278	0,000031
aspx.page	End PreRenderComplete	0,00187043777373358	0,000029
aspx.page	Begin SaveState	0,00236056836589805	0,000490
aspx.page	End SaveState	0,00279106253624783	0,000430
aspx.page	Begin SaveStateComplete	0,00282977021378717	0,000039
aspx.page	End SaveStateComplete	0,00286010839349639	0,000030
aspx.page	Begin Render	0,00288934663920165	0,000029
aspx.page	End Render	0,00409012959222447	0,001201

Bild 10.15: Traceanzeige nach der Reihenfolge der Events

Zusätzlich zum Tracing per Seite ist es möglich, ein Tracing für die komplette Applikation anzuzeigen. Hierzu tragen Sie den Trace-Befehl direkt in die Datei *web.config* ein. Beachten Sie dabei, dass Sie die *web.config* aus Ihrem Rootverzeichnis verwenden!

Löschen Sie die Trace-Anweisung als Erstes aus Ihrer Seite, da sie sonst wieder anspringen würde.

```
<%@ Page Language="C#" AutoEventWireup="true"  CodeFile="Default.aspx.cs"
Inherits="_Default"  %>
```

Nun öffnen Sie die *web.config* in Ihrem Rootverzeichnis oder über den Projektmappen-Explorer und fügen Sie folgende Werte ein:

```
<?xml version="1.0"?>
<configuration>
   <appSettings/>
   <connectionStrings/>
   <system.web>
    <trace enabled="true" requestLimit="40"/>

    <compilation debug="true"/>
        <authentication mode="Windows"/>
   </system.web>
</configuration>
```

Der Eintrag gilt nun global für die gesamte Anwendung. Aus Übersichtlichkeitsgründen habe ich alle Bemerkungen aus dem Sourcecode entfernt.

Wenn Sie nun Ihre Anwendung starten, sehen Sie zuerst einmal nur die eigentliche Seite, ohne Trace-Protokoll:

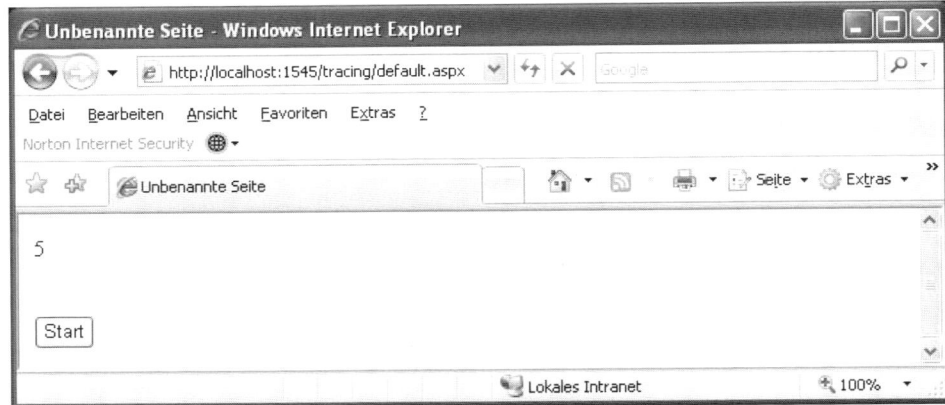

Bild 10.16: Globales Tracing

Geben Sie nun in die Browserzeile Folgendes ein:

http://localhost:1545/tracing/trace.axd

Jetzt wird eine Seite angezeigt, die automatisch im Hintergrund von .NET selbst erzeugt und mitgeführt wird.

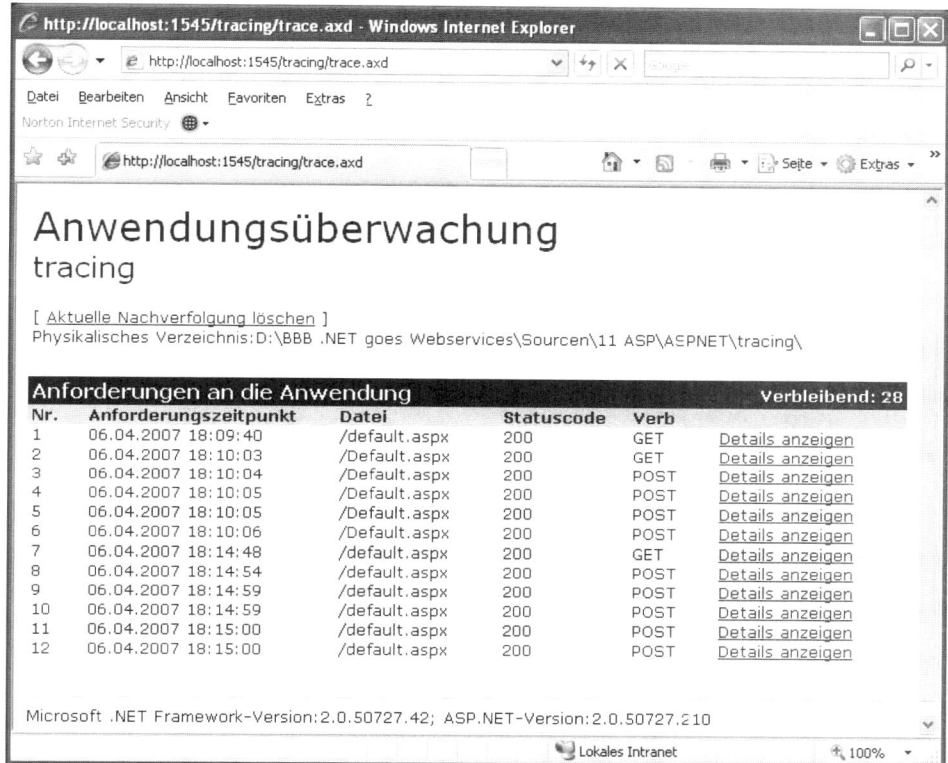

Bild 10.17: Globales Tracing

Mit einem Klick auf die angezeigten Links können Sie nun sehr komfortabel die einzelnen Aufrufe nachvollziehen.

Sie können natürlich auch in dieser Version das Tracing konfigurieren, hierzu stehen Ihnen folgende Parameter zur Verfügung:

enabled	True oder False, also An oder Aus
localOnly	Hiermit bestimmen Sie, wo die Seite sichtbar ist True bedeutet, die Seite ist nur lokal sichtbar, False würde bedeuten, auch nicht lokale Rechner können diese abrufen.
pageOutput	An Seite angehängt (True) oder Separat (False)
requestLimit	Anzahl zu speichernder Anfragen
traceMode	SortByTime oder SortByCategory

Wenn Sie eigene Meldungen während eines Tracings ausgeben möchten, ist das über *Trace.Write* und *Trace.Warn* möglich.

```
protected void Button1_Click(object sender, EventArgs e)
    {
        Trace.Warn("ACHTUNG! Eigene Warnmeldung");
        a++;
        intA = a;
        Label1.Text = a.ToString();
    }
```

Der Unterschied der beiden Varianten ist eigentlich nur, dass die Ausgabe bei *Trace.Warn* in Rot erfolgt.

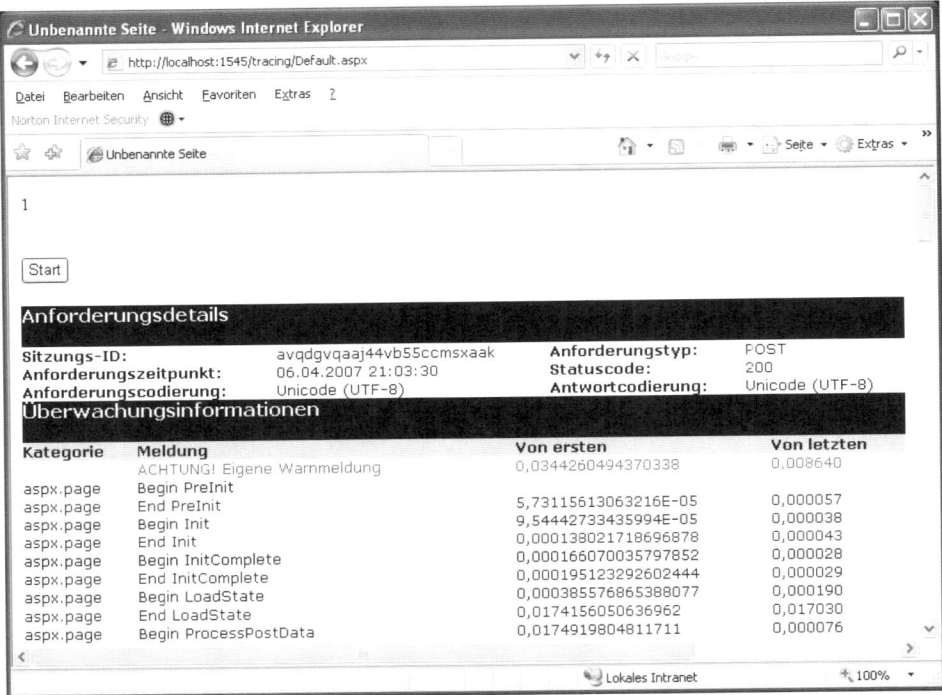

Bild 10.18: *Trace.Warn*

Die Klasse *Trace* kennt noch andere Funktionalitäten, die einem ganz nützlich sein können. Trace gehört übrigens zum Namespace *Diagnostics*.

Debugging

Anwendungen können auf verschiedene Arten fehlerhaft sein, es gibt einfache (oder komplexere) Schreibfehler, die der Compiler bereits beim Kompilieren findet. Es gibt Fehler, die nicht sofort ersichtlich sind und einen logischen Hintergrund haben. Mit anderen Worten, das Programm macht einfach nicht das, was es soll. Außerdem gibt es

Fehler, die erst zur Laufzeit auftreten, da zum Beispiel Werte nicht so sind wie vorgesehen. Typische Vertreter hierfür sind *Null Exception* und *Divide by Zero*. Aus diesem Grund ist es geschickt, wenn die Entwicklungsumgebung zum einen detaillierte Fehlermeldungen liefert und uns zum anderen beim Beseitigen unterstützt. .NET und das Visual Studio können beides relativ gut.

Beim Visual Studio ist für das Debugging der Visual Debugger zuständig, der normalerweise in das Studio eingebettet verwendet wird. Man kann ihn aber auch extern starten und einen Prozess von Hand verbinden. Manchmal ist dieses Vorgehen nützlich, wenn zum Beispiel ein Fehler beim Öffnen eines visuellen Designers innerhalb des Visual Studios auftritt. Dann kann der Debugger zeigen, an welcher Stelle im Studio es hängt.

Um einen Fehler im Programmablauf zu finden, geht man die kritische Stelle am besten Schritt für Schritt durch und beobachtet die Anwendungsumgebung. Hierfür verwendet man sogenannte Breakpoints. Wenn im Programmablauf einer ASP.NET-Seite ein Fehler auftritt und der Debugger abgeschaltet ist, meldet der Browser dies mit einem entsprechenden Protokoll im Browserfenster. Wenn Sie beim Starten bestätigt haben, dass die *web.config* mit Debug-Informationen angelegt werden soll, starten Sie Ihr Projekt einfach mit der Tastenkombination STRG + F5, das verhindert den Start des Debuggers.

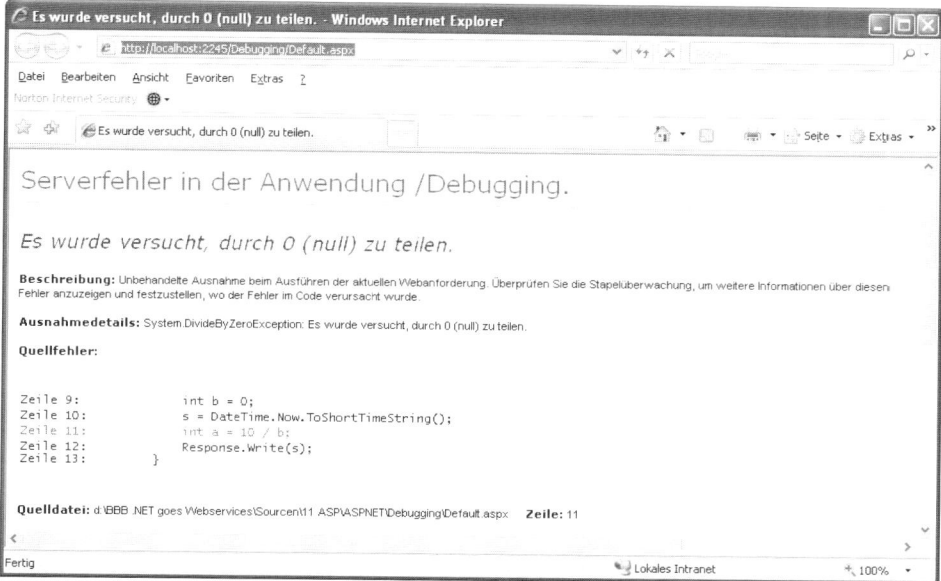

Bild 10.19: Debugmeldung im Browser

Wenn Sie die Anwendung mit aktiviertem Debugging starten (F5 oder *Starten* anklicken), erhalten Sie eine Meldung im Editor des Studios vom integrierten Debugger, und nicht im Browserfenster.

```
    string s;
    int b = 0;
    s = DateTime.Now.ToShortTimeString();
    int a = 10 / b;
    Response.Write(s);
}
```

⚠ **DivideByZeroException wurde nicht von Benutzercode behandelt.**   ✕

Es wurde versucht, durch 0 (null) zu teilen.

Hinweise zur Fehlerbehebung:

Der Wert des Nenners darf vor dem Ausführen einer Division nicht 0 sein

Für diese Ausnahme die allgemeine Hilfe aufrufen.

Weitere Hilfeinformationen online suchen...

Aktionen:

Details anzeigen...

Ausnahmedetail in die Zwischenablage kopieren

Bild 10.20: Interner Debugger

Angenommen, der Fehler wäre nicht so offensichtlich, könnten Sie nun in einer der Zeilen oberhalb der markierten Zeile einen Breakpoint setzen und im Einzelschrittmodus die Fehlerquelle suchen.

Einzelne Verarbeitungen im Code sind unter anderem mit ⎡F11⎤ (Einzelschritt) oder ⎡F10⎤ (Prozedurschritt) möglich. Der Einzelschritt verzweigt auch in Methodenaufrufe, der Prozedurschritt nicht.

Um einen Breakpoint zu setzen, haben Sie mehrere Möglichkeiten. Die einfachste ist mit der Maus vor die Zeile in den grauen Bereich zu klicken. Dadurch wird automatisch ein Breakpoint angelegt. Im Screenshot sehen Sie die Stelle zum Anklicken genau dort, wo der Breakpoint ist.

```
21   string s;
22       int b = 0;
23       s = DateTime.Now.ToShor
24       int a = 10 / b;
25       Response.Write(s);
26       }
27
28   └ }
```

Bild 10.21: Breakpoint setzen

In Verbindung mit dem Tracing, der Browseranzeige oder dem integrierten Debugger haben Sie zwei mächtige Werkzeuge zur Hand, um Ihre Fehler auszumerzen.

Ereignisse in ASP.NET

Grundsätzlich gibt es zwei Arten von Ereignissen innerhalb einer ASP.NET-Anwendung. Beide erfolgen serverseitig und NICHT auf dem Client, obwohl sie teilweise vom Client ausgelöst werden. Eine Art erfolgt beim Abarbeiten einer Seite auf dem Server, die andere bei clientseitigen Aktionen und Zustandsänderungen. Ereignisse werden nicht immer zeitgleich mit der Aktion selbst ausgelöst, sondern teilweise etwas verspätet.

Die Übertragung der Daten an den Server wird auch Roundtrip genannt und erfolgt zum Beispiel beim Klick auf einen Button. Dieses Verhalten ist allerdings bei einigen Controls konfigurierbar, ein Klick auf eine Checkbox kann etwa einen Roundtrip auslösen, obwohl er dies standardmäßig nicht tut. Steuern kann man dieses Verhalten über das Attribut *AutoPostBack*, welches sich innerhalb der einzelnen Elementdefinitionen der ASPX-Seite befindet.

```
<%@ Page Language="C#" AutoEventWireup="true"  CodeFile="Default.aspx.cs"
Inherits="_Default" %>

<!DOCTYPE html PUBLIC "-//W3C//DTD XHTML 1.0 Transitional//EN"
"http://www.w3.org/TR/xhtml1/DTD/xhtml1-transitional.dtd">

<html xmlns="http://www.w3.org/1999/xhtml" >
<head runat="server">
    <title>Unbenannte Seite</title>
</head>
<body>
    <form id="form1" runat="server">
    <div>
        <asp:RadioButtonList ID="RadioButtonList1" runat="server" AutoPostBack="true">
            <asp:ListItem Selected="True">Eintrag 1</asp:ListItem>
            <asp:ListItem>Eintrag 2</asp:ListItem>
            <asp:ListItem>Eintrag 3</asp:ListItem>
        </asp:RadioButtonList> </div>
    </form>
</body>
</html>
```

In diesem Beispiel verwenden wir eine Radiobutton-Liste, die einen Roundtrip auslöst, wenn eines ihrer Elemente angewählt wird.

Sie finden das Beispiel hierzu auf der CD unter:

CD:\Sourcen\10 ASP\ASPNET\ereignisse

Sehr wichtig in allen ASPX-Seiten ist das Ereignis, das ausgelöst wird, wenn die Seite geöffnet wird: der *Page_Load*-Event. Dieser Event wird jedes Mal aufgerufen, wenn die Seite frisch geladen wurde. Stellen Sie sich vor, Sie laden den Inhalt einer Seite jedes Mal beim Seitenaufruf aus einer Datenbank. Stellen Sie sich jetzt weiterhin vor, diese ASPX-Seite liegt auf einem Webserver und tausend Benutzer greifen gleichzeitig darauf zu. Ohne Überprüfung, ob die Daten geladen werden müssen oder nicht, wird Ihrem Server ziemlich schnell die Luft ausgehen. Um dies zu umgehen, haben wir innerhalb des *Page_Load*-Events die Möglichkeit zur Abfrage, ob ein Postback erfolgte.

CD:\Sourcen\10 ASP\ASPNET\Ereignisse1

```
using System;
using System.Data;
using System.Configuration;
using System.Web;
using System.Web.Security;
using System.Web.UI;
using System.Web.UI.WebControls;
using System.Web.UI.WebControls.WebParts;
using System.Web.UI.HtmlControls;

public partial class _Default : System.Web.UI.Page
{
    protected void Page_Load(object sender, EventArgs e)
    {
        if (Page.IsPostBack)
        {
            Label1.Text = "PostBack erfolgt";
        }
    }
}
```

Wenn die Eigenschaft *IsPostBack* des Objekts *Page* wahr ist, ist ein Postback erfolgt und wir können darauf reagieren. Dies tritt zum Beispiel ein, wenn ein *Submit*-Button betätigt wird.

Der *Page_Load*-Event ist beispielsweise ein serverseitig ausgelöstes Ereignis, da der Client hierauf keine Einflussmöglichkeiten hat.

Wenn wir hingegen das Ereignis eines Buttons verwenden, wird das Ereignis zwar vom Client initiiert, aber trotzdem auf dem Server ausgeführt und bearbeitet.

10.2.3 ASP.NET-Controls

Das nächste Beispiel soll Ihnen helfen zu verstehen, wie man (Web-)Controls auf einer ASPX-Seite verwendet.

Controls auf einer ASP.NET-Seite verwenden

Dieses Beispiel zeigt Ihnen, wie Sie mit ASP.NET-Controls verwenden und diese innerhalb Ihres Programmcodes manipulieren.

CD:\Sourcen\10 ASP\ASPNET\Controls

Sourcecode

```
using System;
using System.Data;
using System.Configuration;
using System.Web;
using System.Web.Security;
using System.Web.UI;
```

```
using System.Web.UI.WebControls;
using System.Web.UI.WebControls.WebParts;
using System.Web.UI.HtmlControls;

public partial class _Default : System.Web.UI.Page
{
    public string Status
    {
        get { return (string)ViewState["Status"]; }
        set { ViewState.Add("Status", value); }
    }

    protected void Page_Load(object sender, EventArgs e)
    {
        if (Page.IsPostBack)
        {
            if (Status == "refresh")
            {
                foreach (ListItem item in RadioButtonList1.Items)
                {
                    if (item.Selected)
                    {
                        TextBox1.Text = item.Text;
                    }
                }
            }
            Label4.Text = dateTimeAusgeben();
        }
        else
        {
          // Status initialisieren
          Status = "refresh";
        }
    }

    public string dateTimeAusgeben()
    {
        string s;
        s = DateTime.Now.ToShortTimeString();
        return s;
    }

    protected void Button2_Click(object sender, EventArgs e)
    {
        foreach (ListItem item in RadioButtonList1.Items)
        {
            item.Selected = false;
        }
        RadioButtonList1.Items[0].Selected = true;
        TextBox1.Text = "";
        Label4.Text = "-:-";
        Status = "delete";
    }
    protected void Button1_Click(object sender, EventArgs e)
```

```
    {
        Status = "refresh";
    }
}
```

Beschreibung

Aus Gründen der Übersicht verwenden wir in diesem Beispiel einige schon bekannte Codeblöcke. Innerhalb des Webforms befinden sich zwei Anzeigen, ein Label und eine TextBox, einmal der Auswahlzeitpunkt und einmal die Auswahl, die der Benutzer getroffen hat.

Zusätzlich gibt es eine Radiobutton-Liste und zwei Buttons. Einer der Buttons dient zum Absenden der Bestätigung, der andere zum Löschen der Eingabe.

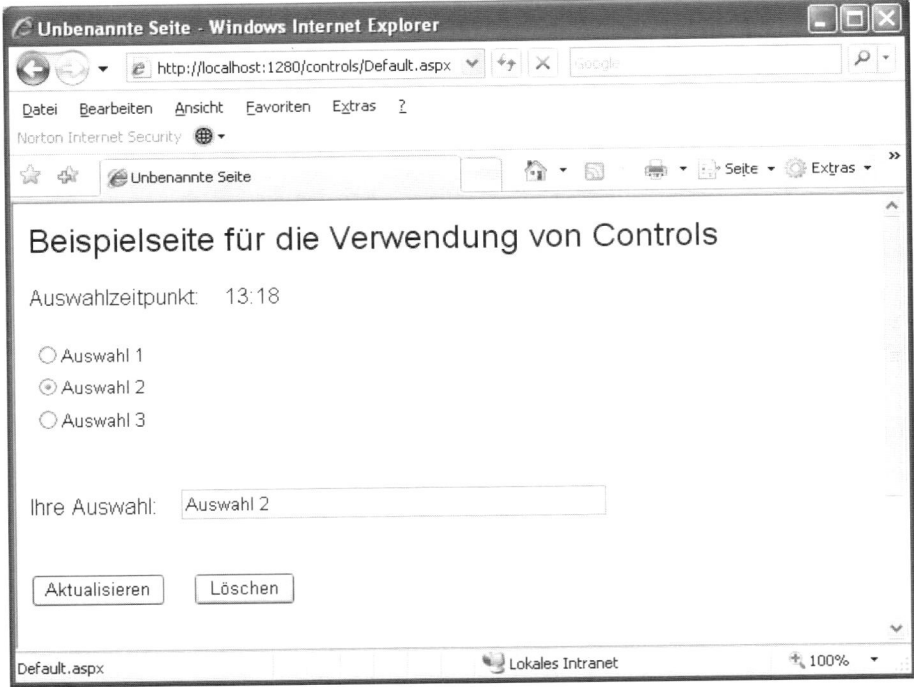

Bild 10.22: Controls verwenden

Um den Status der Bearbeitung zu speichern, verwenden wir den ViewState, den wir ja bereits kennen.

```
public string Status
{
    get { return (string)ViewState["Status"]; }
    set { ViewState.Add("Status", value); }
}
```

Im Ereignis *Page_Load* fragen wir diesen Status ab, wenn klar ist, dass ein Postback erfolgte.

```
if (Page.IsPostBack)
{
    if (Status == "refresh")
    {
```

Wenn ein reiner Refresh und kein Löschen erfolgen soll, durchlaufen wir alle Items der Radiobutton-Liste und prüfen, welches angeklickt wurde. Der Name des angeklickten Items wird dann in die Ausgabe-TextBox geschrieben.

```
foreach (ListItem item in RadioButtonList1.Items)
        {
            if (item.Selected)
            {
                TextBox1.Text = item.Text;
            }
        }
    }
```

Danach wird die Zeit aktualisiert.

```
        Label4.Text = dateTimeAusgeben();
    }
```

Falls kein Postback erfolgte, also zum Beispiel beim ersten Aufruf, wird der Status zur Initialisierung auf *Refresh* gesetzt.

```
    else
    {
      // Status initialisieren
      Status = "refresh";
    }
```

Als Nächstes sehen Sie im Sourcecode die Methode zur Abfrage der Zeit, die als String zurückgeliefert wird.

```
public string dateTimeAusgeben()
{
    string s;
    s = DateTime.Now.ToShortTimeString();
    return s;
}
```

Interessanter wird die Routine des *Löschen*-Buttons. Hier müssen wir nämlich zuerst alle Items der Radiobutton-Liste auf *nicht selektiert* setzen, bevor wir danach den ersten Eintrag auswählen können.

```
    foreach (ListItem item in RadioButtonList1.Items)
    {
        item.Selected = false;
    }
    RadioButtonList1.Items[0].Selected = true;
```

Wir löschen die Auswahl und die Zeitangabe.

```
TextBox1.Text = "";
Label4.Text = "-:-";
```

Nun setzen wir noch den richtigen Status für das nächste Aktualisieren.

```
Status = "delete";
```

Der Event des *Refresh*-Buttons ist noch einfacher, er setzt einfach nur den richtigen Status.

```
protected void Button1_Click(object sender, EventArgs e)
{
    Status = "refresh";
}
```

Im nächsten Beispiel möchte ich Ihnen zeigen, wie Sie eine Access-Datenbank ansprechen und ein GridView-Control verwenden. Zur Abwechslung ist das folgende Beispiel mal wieder in Visual Basic.

10.2.4 ASP.NET-Access-Datenbanken mit GridViews

Das nächste Beispiel verwendet eine Access-Datenbank und zeigt den Inhalt in einem GridView an.

Access-Datenbank zur Laufzeit an ein GridView binden

Dieses Beispiel zeigt Ihnen, wie Sie mit ASP.NET eine Access-Datenbank ansprechen und diese zur Laufzeit an ein GridView binden.

CD:\Sourcen\10 ASP\ASPNET\Access

Sourcecode

```
Imports System.Data.OleDb
imports System.Data

Partial Class _Default
    Inherits System.Web.UI.Page
    Dim strConnect As String = _
        "Provider=Microsoft.Jet.OLEDB.4.0;Data Source='D:\BBB .NET goes " + _
        "Webservices\Sourcen\11 ASP\ASPNET\Access\App_Data\test.mdb'"
    Private Sub Page_Load(ByVal Sender As Object, ByVal E As EventArgs) _
                                            Handles MyBase.Lcad

        Dim dataSetGrid As New DataSet()
        dataSetGrid.Merge(getDataSet _
                        ("select * from Adressen", "dataSetAdressen", "Adressen"))
```

```
        If dataSetGrid.Tables.Count > 0 Then
            GridView1.DataSource = dataSetGrid
            GridView1.DataBind()
        End If

    End Sub

    Public Function getDR(ByRef dr As OleDbDataReader, _
                    ByVal SQL As String, ByRef conn As OleDbConnection) As Boolean
        Dim cmd As OleDbCommand = Nothing
        conn = New OleDbConnection(strConnect)
        Try
            cmd = New OleDbCommand(SQL, conn)
            conn.Open()
            dr = cmd.ExecuteReader()
            Return True
        Catch ex As Exception
            Label2.Text = ex.Message
            Return False
        End Try
    End Function

    Public Function getDataSet(ByVal SQL As String, _
                ByVal dataSetName As String, ByVal tableName As String) As DataSet

        Dim cmd As OleDbCommand = Nothing
        Dim conn As OleDbConnection
        Dim back As New DataSet
        Dim da As OleDbDataAdapter

        conn = New OleDbConnection(strConnect)
        Try
            conn.Open()
            da = New OleDbDataAdapter(SQL, conn)
            da.Fill(back, tableName)
            Return back
        Catch ex As Exception
            Label2.Text = ex.Message
            Return New DataSet()
        End Try
    End Function

End Class

Beschreibung
```

Am Anfang der Klasse binden wir die benötigten Namespaces für Access-Datenbanken ein, diese sind *System.Data* und *System.Data.OleDb*.

```
Imports System.Data.OleDb
imports System.Data
```

Um die Datenbank ansprechen zu können, benötigen wir den kompletten Pfad zur Datenbank. Ändern Sie diesen in einen zu Ihrem Filesystem passenden Pfad ab.

```
Dim strConnect As String = _
    "Provider=Microsoft.Jet.OLEDB.4.0;Data Source='D:\BBB .NET goes " + _
    "Webservices\Sourcen\11 ASP\ASPNET\Access\App_Data\test.mdb'"
```

Im *Page_Load*-Event benötigen wir ein DataSet, welches wir nach dem Befüllen mit dem GridView verbinden werden. Wir definieren es als neues, leeres DataSet.

```
Dim dataSetGrid As New DataSet()
```

Dieses DataSet wird über die Methode *Merge* gefüllt. Die Hauptarbeit dabei übernimmt unsere eigene Funktion *getDataSet*.

```
dataSetGrid.Merge(getDataSet _
                 ("select * from Adressen", "dataSetAdressen", "Adressen"))
```

Wenn die Anzahl der Tabellen nicht null ist, setzen wir die DataSource des GridViews und binden den View an unser DataSet.

```
If dataSetGrid.Tables.Count > 0 Then
    GridView1.DataSource = dataSetGrid
    GridView1.DataBind()
End If
```

Die Funktion *getDR* zeigt, wie man einen DataReader füllen kann. Wir verwenden sie in diesem Beispiel allerdings nicht. Die Methode soll Sie aber zum Experimentieren anregen.

Die Parameter *dr* für einen DataReader und *conn* als OleDbConnection werden per Referenz übergeben, das heißt, wir erhalten nach dem Aufruf gefüllte Variablen zurück.

```
Public Function getDR(ByRef dr As OleDbDataReader, _
                ByVal SQL As String, ByRef conn As OleDbConnection) As Boolean
```

Um Daten aus einer Datenbank zu laden, benötigen wir ein Command-Objekt. In unserem Falle natürlich ein OleDbCommand-Objekt.

```
Dim cmd As OleDbCommand = Nothing
```

Ebenso eine Connection.

```
conn = New OleDbConnection(strConnect)
```

Da an dieser Stelle einiges schiefgehen kann, kapseln wir den folgenden Block in einem Try/Catch-Konstrukt.

```
Try
```

Wir erstellen das *Command*-Objekt neu und übergeben als Parameter einen SQL-Befehl und unsere Connection.

```
cmd = New OleDbCommand(SQL, conn)
```

Nun können wir die Connection öffnen.

```
conn.Open()
dr = cmd.ExecuteReader()
Return True
```

Wenn wir nun das Kommando-Objekt mit *ExecuteReader* ausführen, liefert uns dieses einen DataReader zurück.

Im Fehlerfall übergeben wir die Fehlermeldung aus der Exception an das Label, damit wir wissen, warum der Aufruf gescheitert ist.

```
Catch ex As Exception
    Label2.Text = ex.Message
    Return False
End Try
```

Die Methode, um ein DataSet zurückzugeben (*getDataSet*), ist etwas anders, aber nicht komplizierter, als einen DataReader zu füllen.

Wir benötigen eine Connection.

```
conn = New OleDbConnection(strConnect)
```

Statt eines *Commando*-Objekts verwenden wir einen DataAdapter, der aus dem SQL-Befehl gespeist wird.

```
da = New OleDbDataAdapter(SQL, conn)
```

Mit diesem DataAdapter können wir nun unser zurückzugebendes DataSet füllen.

```
da.Fill(back, tableName)
Return back
```

Auch hier geben wir eine eventuelle Fehlermeldung an das Info-Label zurück.

```
Catch ex As Exception
    Label2.Text = ex.Message
    Return New DataSet()
End Try
```

Das war schon alles. Im Browser sehen wir dann beim Ausführen dies:

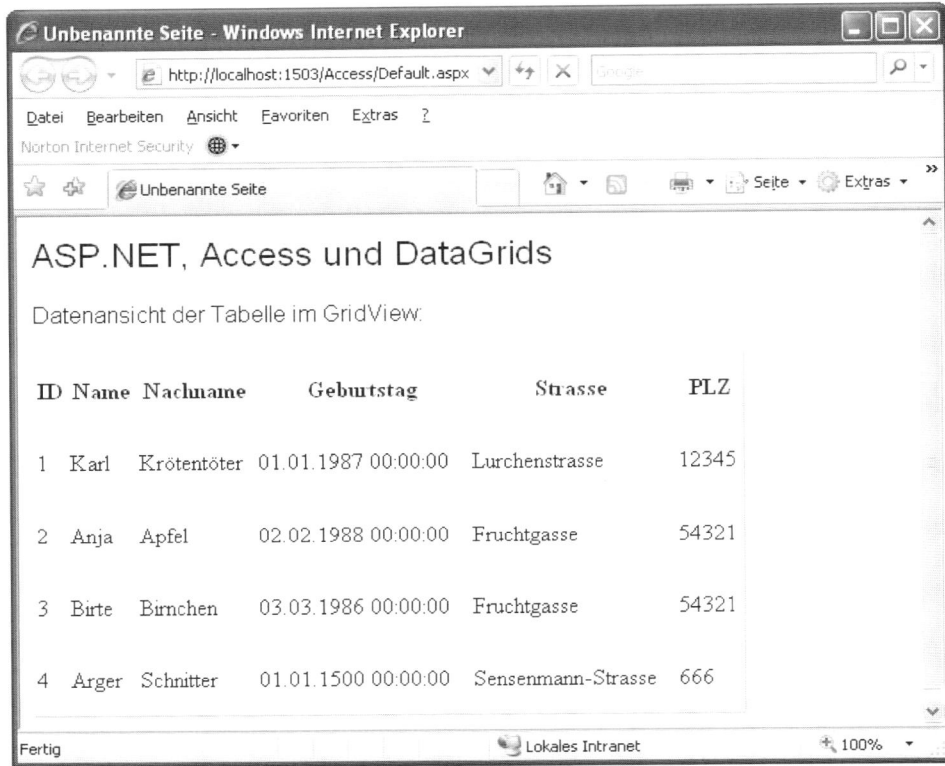

Bild 10.23: GridView und Access unter ASP.NET

Sollte etwas nicht stimmen, zum Beispiel der Pfad zur Datenbank falsch sein, sieht unsere Ausgabe in etwa so aus:

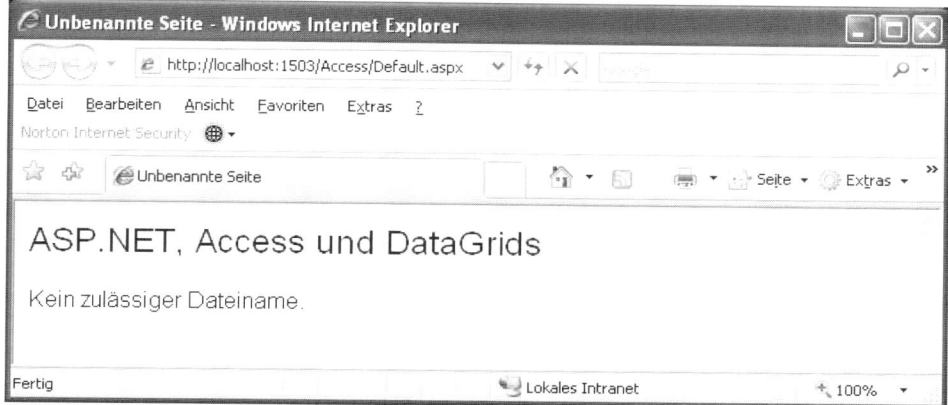

Bild 10.24: Fehler beim Anzeigen

10.2.5 ASP.NET umleiten und selbst HTML ausgeben

In unserem letzten Beispiel dieses Kapitels möchte ich Ihnen zeigen, wie Sie selbst HTML innerhalb Ihrer ASPX-Seite ausgeben können und wie man zu einer anderen URL umleitet.

HTML ausgeben und Seitenumleitung

CD:\Sourcen\10 ASP\ASPNET\AusgebenUmleiten

Sourcecode

```
Partial Class _Default
    Inherits System.Web.UI.Page

    Private Sub Page_Load(ByVal Sender As Object, ByVal E As EventArgs) _
                                                    Handles MyBase.Load

        If Page.IsPostBack = True Then
            Response.Write("<H2><FONT FACE='Arial'>Tabelle:</FONT></H2>")
            Response.Write("<TABLE BORDER='1'>")
            Response.Write("<TR>")
            Response.Write("<TH>")
            Response.Write("Kopf-Spalte 1")
            Response.Write("</TH>")
            Response.Write("<TH>")
            Response.Write("Kopf-Spalte 2")
```

```
                Response.Write("</TH>")
                Response.Write("</TR>")
                Response.Write("<TR>")
                Response.Write("<TD>")
                Response.Write("Spalte 1, Zeile 1")
                Response.Write("</TD>")
                Response.Write("<TD>")
                Response.Write("Spalte 2, Zeile 1")
                Response.Write("</TD>")
                Response.Write("</TR>")
                Response.Write("<TR>")
                Response.Write("<TD>")
                Response.Write("Spalte 1, Zeile 2")
                Response.Write("</TD>")
                Response.Write("<TD>")
                Response.Write("Spalte 2, Zeile 2")
                Response.Write("</TD>")
                Response.Write("</TR>")
                Response.Write("")
                Response.Write("")
                Response.Write("")
                Response.Write("")
                Response.Write("")
                Response.Write("")
                Response.Write("</TABLE>")
        End If

    End Sub

    Protected Sub Button1_Click(ByVal sender As Object, ByVal e As System.EventArgs) _
                                                         Handles Button1.Click

    End Sub

    Protected Sub Button2_Click(ByVal sender As Object, ByVal e As System.EventArgs) _
                                                         Handles Button2.Click

        Response.Redirect("http://www.google.de")
    End Sub

End Class
```

Beschreibung

Für beide Arten von Aktionen, also für eine eventuelle Umleitung und eine eigene Ausgabe von HTML-Code, verwenden wir ein bestimmtes Objekt, nämlich das *Response*-Objekt.

Auf unserem Formular befinden sich zwei Buttons, jeweils einer für eine bestimmte Aktion. Wenn wir den Button für eine dynamisch erzeugte Tabelle drücken, sehen wir, dass innerhalb des Buttons gar nichts passiert.

Der Button dient nur zum Auslösen des erneuten Ladens der Seite, also für einen Postback.

```
Protected Sub Button1_Click(ByVal sender As Object, ByVal e As System.EventArgs) _
                                        Handles Button1.Click

End Sub
```

Innerhalb des *Page_Load*-Events fragen wir deshalb ab, ob ein Postback erfolgt ist.

```
        If Page.IsPostBack = True Then
```

Wenn ja, nutzen wir die Methode *Write* des Objekts *Response,* um einen Text in die aktuelle Seite einzufügen.

```
        Response.Write("<H2><FONT FACE='Arial'>Tabelle:</FONT></H2>")
        Response.Write("<TABLE BORDER='1'>")
```

Wie Sie sehen, bauen wir uns im Folgenden aus ganz normalem HTML eine Tabelle auf.

Mit *Response.Write* können wir also direkten Einfluss auf die aktuelle Seite nehmen.

Der Umleitungs-Button sorgt für eine entsprechende Aktion. Auch hier verwenden wir wieder das *Response*-Objekt, diesmal die Methode *Redirect*.

```
Protected Sub Button2_Click(ByVal sender As Object, ByVal e As System.EventArgs) _
                                        Handles Button2.Click
        Response.Redirect("http://www.google.de")
End Sub
```

Im nächsten Screenshot sehen Sie unser Beispiel in seinen verschiedenen Zuständen.

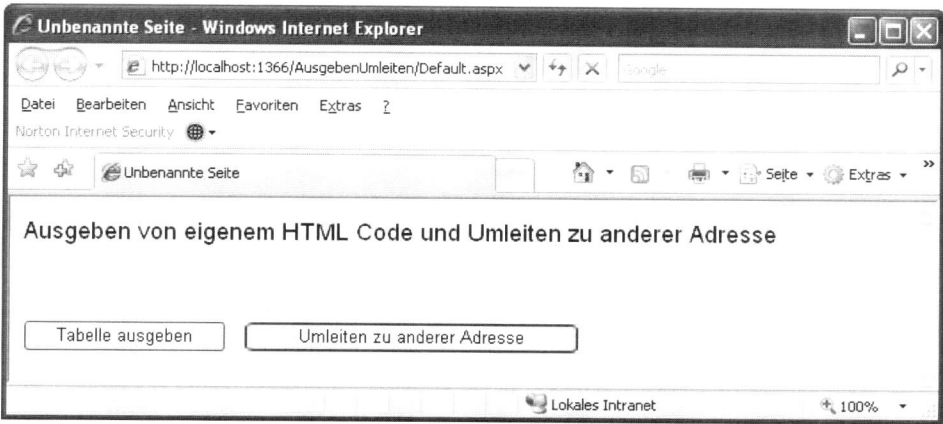

Bild 10.25: Ausgeben und Umleiten mit Response.X

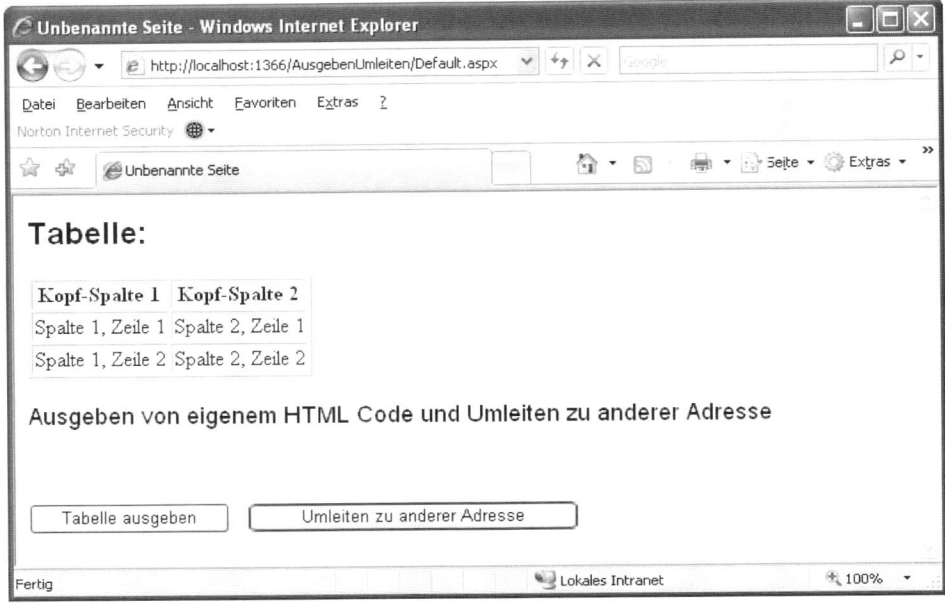

Bild 10.26: Tabelle dynamisch erzeugen

Damit wären wir nun auch glücklich am Ende des ASP-Kapitels angekommen. Das vorliegende Kapitel ist natürlich wieder einmal bei Weitem nicht vollständig, aber es hat zumindest die wichtigsten Grundlagen erklärt, auf welchen Sie mit eigenen Experimenten aufbauen können.

Im nächsten Kapitel werde ich Ihnen SOA als Konzept näherbringen, damit sich im letzten Kapitel die Praxis mit der Theorie verbinden kann.

11 SOA

11.1 Serviceorientierte Architekturen

Gerade in den letzten Jahren hat ein Konzept von sich reden gemacht, das so neu gar nicht ist. Anhand der Überschrift dieses Kapitels wissen Sie natürlich, dass ich serviceorientierte Architekturen meine. Wenn man von SOA redet, redet man im Grunde von zwei verschiedenen Bereichen. Es gibt zum einen das Systemarchitekturkonzept, das die Dienste an sich enthält, also die Entwicklungsseite, abgebildet als Sourcecode. Das Managementkonzept auf der anderen Seite bildet die Struktur der Geschäftslogik, welcher das Systemarchitekturkonzept folgt. Wenn man sich diese beiden Aspekte anschaut, sieht man bereits Parallelen zu anderen Konzepten, zum Beispiel dem ERP. ERP bedeutet Enterprise Resource Planning und beinhaltet ebenso wie SOA einen Workflow, der auf einer Geschäftslogik basiert, sowie eine softwareseitige Umsetzung dieser Logik. Anders als beim SOA-Konzept besteht ein ERP-System zumeist aus einem homogenen Ganzen, einem monolithischen Konzept, welches oftmals in einer nicht heterogenen Systemumgebung entwickelt wurde. SOA-Anwendungen hingegen sind durch ihren Modulaufbau, eben die Services, geradezu prädestiniert für eine heterogene und systemübergreifende Client/Server-Architektur.

11.2 Das Systemarchitekturkonzept

Wie Sie schon im Ansatz sehen können, ist SOA eigentlich ein Lernprozess aus mehreren Jahrzenten Softwareentwicklung, basierend auf verteilten Systemen. Auch frühere sowie aktuelle Entwurfsprinzipien fließen in das SOA-Konzept mit ein, zum Beispiel Kapselung, Abstraktion und das Konzept der Schnittstellen.

Serviceorientierte Architekturen zeichnen sich unter anderem durch die Unabhängigkeit der einzelnen Services aus. Somit muss jeder Service eine definierte Schnittstelle zur Kommunikation nach außen (Abstraktion) und eine abgegrenzte Funktionalität nach innen enthalten (Kapselung). Alle Dienste einer serviceorientierten Architektur sind untereinander durch einen Workflow verbunden, der die Geschäftslogik darstellt. Die Definition eines Dienstes in einer serviceorientierten Architektur ähnelt somit stark dem Prinzip der Softwarekomponente. Sie können sich also einen solchen Dienst durchaus wie ein .NET-Control vorstellen, welches grundsätzlich ähnlichen Vorgaben folgt.

Moderne SOA-Systeme nutzen oft Webservices für die Vernetzung von Server und Client, was aber nicht die Grundlage von SOA ist. Grundsätzlich kann eine serviceorientierte Architektur auch andere serverseitige Dienste nutzen, die zum Beispiel mit PHP oder Perl verwirklicht wurden.

Der Anbieter solcher Services, also meist der Server oder Host, wird in einer SOA-Umgebung *Service Provider* oder auch nur *Provider* genannt, der Konsument des Dienstes *Service Consumer* oder nur *Consumer*. Die einzelnen Services sind nicht an einen zentralen Server gebunden, sondern können auf unterschiedlichen Systemen lokalisiert sein. Die (serviceorientierte) Architektur selbst legt dabei die Schnittstellen und den Workflow fest. Da die einzelnen Hostplattformen der Dienste unabhängig in der Wahl ihrer Betriebssysteme sind, wird eine heterogene Systemarchitektur mit all ihren Stärken begünstigt.

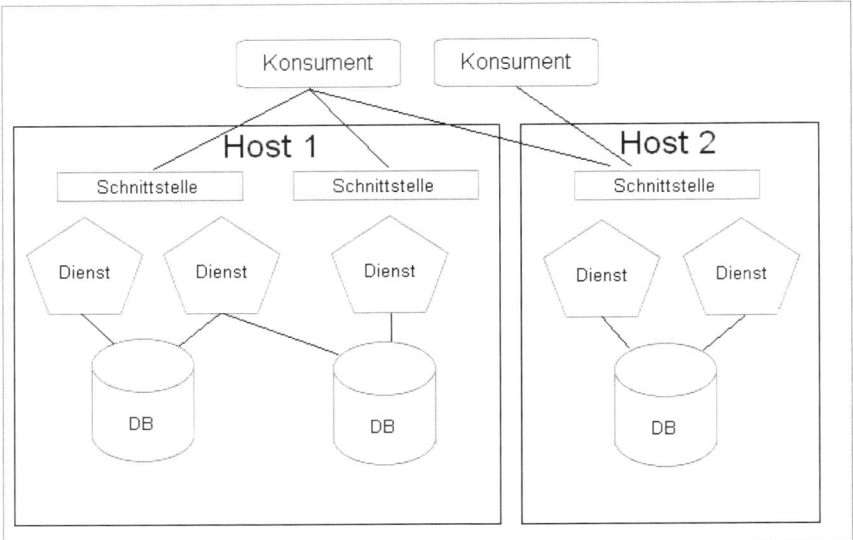

Bild 11.1: Serviceorientierte Architektur

Beispielsweise könnten sensible Schnittstellen nach außen relativ viren- und trojanersicher gemacht werden, wenn der Host für diese Services aus einem Linux- oder Unix-System besteht. Dienste, die in einer inneren Schicht liegen und nur über Schnittstellen mit der äußeren Schicht kommunizieren, könnten aus leicht wartbaren Windows-Systemen bestehen. Damit die einzelnen Dienste von allen Konsumenten einfach abgefragt und verwendet werden können, sollten sie mit offenen Standards erstellt werden.

Offene Standards sind zum Beispiel HTML, WSDL, XML, SOAP etc. Damit grenzen wir unsere Vielfältigkeit in der Verwendung von Entwicklungswerkzeugen und Sprachen zwar ein klein wenig ein, aber vervielfältigen unsere Schnittstellenverwendbarkeit. Wenn Sie (nach diesem Buch) weitergehende Recherchen zu SOA betreiben, kann es gut sein, dass Sie andere Definitionen oder sogar widersprüchliche Beschreibungen finden. Das liegt in der Natur der Auslegung des jeweils Verantwortlichen. Grundsätzlich meinen alle das Gleiche, es wird nur verschieden ausgedrückt. Aus diesem Grund finde ich dieses Kapitel sehr wichtig. Ich versuche Ihnen damit das grundsätzliche Prinzip von SOA ohne Ballast in seiner Ursprünglichkeit darzustellen.

Durch die Verwendung von offenen Standards kommen auch wieder unsere Skriptsprachen wie zum Beispiel PHP ins Spiel. So seltsam dies in einer Zeit der Webservices, Enterprise Remoting-Anwendungen und Java Enterprise-Applikationen anmutet, haben diese trotz allem noch ihre Berechtigung. Auch wenn man sich nach der allgemeinen Definition eines Dienstes richtet, sind PHP-Skripts diesen durchaus zuzurechnen. Ein Dienst hat folgende Charakteristika:

• Eine eindeutige Schnittstelle

• Kapselung und Abstraktion der Daten

• Verwendung einer offenen Schnittstelle

• Teil eines Workflows oder einer gewissen Businesslogik

• Fähig zum Nachrichtenaustausch mit Konsumenten

Er MUSS NICHT als Webservice implementiert sein oder SOAP unterstützen. Ein einfaches Protokoll wie HTTP und XML genügt vollkommen. Natürlich sind Webservices viel eleganter, stabiler und vermutlich in 90 % aller Fälle die erste Wahl, aber theoretisch geht es auch anders!

Ein Dienst in einer serviceorientierten Architektur sollte natürlich hochverfügbar sein, dies kann normalerweise nicht mit einem einzigen Server realisiert werden. Wenn Sie eine Client/Server-Architektur realisieren möchten, in der sehr viele Clients einen konstanten Zugriff erfordern, ist es auf jeden Fall besser, zum Beispiel ein gespiegeltes System zu planen. Gespiegelte Systeme bestehen aus mindestens zwei voneinander unabhängigen Servern, die ihre Daten gegenseitig synchronisieren. Meist ist einer der Server in Verwendung, während der andere einspringt, wenn der Primärserver ausfällt. Um eine Spiegelung zweier Server zu erreichen, haben Sie verschiedene Möglichkeiten. Manche Systeme unterstützen das Spiegeln direkt über das Betriebssystem. Sie können aber ebensogut eine externe Software zum Spiegeln verwenden. In einfachen Systemen genügt sogar teilweise eine automatische Datenbankreplikation oder ein wöchentliches Kopieren per Skript oder von Hand.

Ein vernünftiges, ausfallsicheres System mit vielen Benutzern sollte außerdem ein Loadbalancing unterstützen. Hierzu sind aber auch mindestens zwei gleichzeitig betriebene Server notwendig, die die Last des Netzwerkverkehrs gleichmäßig verteilen. Wenn ein Zugriff per Internet erfolgen soll, verwendet man meist eine Hauptstandleitung und eine redundante Zweitleitung. Die Zweitleitung sollte natürlich nicht vom gleichen Anbieter sein! Für Sicherheitsfreaks, die auf alles vorbereitet sein möchten, empfehle ich zusätzlich eine gebündelte ISDN-Leitung und eine UMTS-Flatrate, die bei Bedarf einspringen können. Wenn man zwei Standleitungen oder DSL-Leitungen zur Verfügung hat, ist auch ein Loadbalancing innerhalb des Netzwerks für den Zugriff nach außen möglich, ebenso natürlich umgekehrt. Der Router kümmert sich dann darum, dass der Zugriff auf beide Leitungen gleichmäßig verteilt wird. Die redundanten Systeme springen dann ein, wenn eine Technologie ausfällt.

Unerlässlich in hochverfügbaren Systemen ist natürlich eine unterbrechungsfreie Stromversorgung (USV). Diese Systeme springen zum einen ein, wenn es einen Stromausfall gibt, und überbrücken diesen Ausfall per Batterie. Zum anderen filtern sie Stromspannungsspitzen, wie zum Beispiel Blitzeinschläge bei Gewittern. Diese USV gibt es in nahezu allen Größen mit Überbrückungszeiten von mehreren Minuten. Große Firmen betreiben außerdem ein Notstromaggregat, welches bei einem Stromausfall automatisch einspringt und für mehrere Tage Ersatzstrom liefern kann.

Die einzelnen Dienste sollten im Workflow so geplant werden, dass jeder Dienst für sich arbeitet und nicht von anderen Diensten abhängig ist. Auf diese Art wird das gesamte System einfacher wartbar, da durch den Austausch einzelner Dienste (im Normalfall) kein Gesamtausfall entsteht. Bei monolithischen Anwendungen hängen einzelne Programmteile teilweise stark von anderen Teilen ab. Somit können Fehler in einer ausgetauschten Struktur starke Auswirkungen auf die komplette Applikation haben. Dies wird in einer serviceorientierten Architektur weitgehend vermieden.

Die einzelnen Dienste sollten mit einer offenen Schnittstelle ausgestattet sein, damit Clients mit beliebigen Betriebssystemen Zugriff erhalten. Da die meisten Dienste heutzutage wohl über das Internet einen Datenaustausch anstreben, bieten sich Protokolle wie HTTP und Datenbeschreibungssprachen wie XML an. Für Webservices ist momentan SOAP Standard. Wenn man sich an diese drei Technologien hält, schöpft man zur Zeit vermutlich das größtmögliche Potenzial aus.

Dienste sollten natürlich so unabhängig von ihrer Umgebung sein wie möglich. Bedenken Sie beim Planen Ihres Dienstes, dass dieser vom ursprünglichen Server auf einen anderen verlegt werden könnte. Aus diesem Grund sollten Sie auch keine hartcodierten Ausgaben oder feste Pfade verwenden. Verwenden Sie stattdessen besser sprachabhängige Ressource-Files und relative Pfade, wenn unbedingt nötig.

Da Sie nicht absehen können, wo Ihr Dienst später ausgeführt wird, sollte dieser konfigurierbar sein. Sehr komfortabel ist eine administrative Oberfläche über eine überall verfügbare Internetseite, von welcher alle Dienste konfiguriert werden können. Zum Beispiel wird sich mit relativ großer Wahrscheinlichkeit im Laufe der Zeit auch die zugrunde liegende Netzwerktopologie verändern, dann ist es sehr praktisch, wenn der Dienst per Konfiguration angepasst werden kann.

Obwohl Dienste an sich nur locker miteinander verbunden sind und über den zugrunde liegenden Workflow gesteuert werden, sind diese natürlich gemäß der Businesslogik voneinander abhängig. Bedenken Sie dies bei der Planung!

Stellen Sie sich vor, Sie möchten eine Auftragsbearbeitung als serviceorientierte Architektur darstellen.

Sie benötigen einen oder mehrere Dienste, die den Zugriff auf Auswahldaten zur Verfügung stellen. Diese Daten müssen in einem Formular oder abstrakt als Datenmenge an den Client übermittelt werden. Wenn die Daten vom Benutzer eingegeben, geprüft und für gut befunden wurden, wird das Ergebnis wieder an den Server übermittelt, der nun den nächsten Schritt ausführen kann. Der Auftrag wird auf die Ausführbarkeit geprüft und der Client unterrichtet. Je nachdem, ob der Auftrag möglich ist oder nicht, muss der Client die Daten nachbearbeiten und wieder an den Server übermitteln. Schlussendlich kann der Auftrag dann ausgeführt werden und die Ware wird (beispielsweise) bestellt.

Die einzelnen Services, die diesem Konzept zugrunde liegen, agieren jeder für sich und sind nicht von den anderen funktionell abhängig. Allerdings sind sie sehr wohl vom Ergebnis des vorausgehenden Service abhängig! Sollte zum Beispiel der Bearbeitungsservice signalisieren, dass der Auftrag nicht ausgeführt werden kann, kann der Auftragsservice diesen nicht auf einen aktiven Status setzen. Dies verdeutlicht die Bedeutung des Workflows. Der Workflow regelt die Verbindung und Reihenfolge der einzelnen Services, erlaubt oder verbietet die Ausführung und sorgt für eine Bearbeitung im Sinne der zugrunde liegenden Businesslogik.

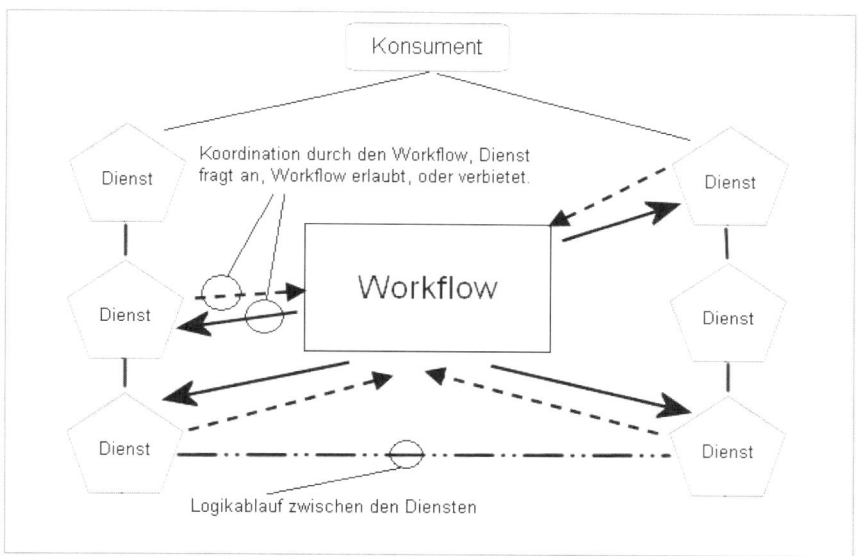

Bild 11.2: Stilisierte Darstellung einer Workflow-gesteuerten Architektur

Typischerweise sind Dienste umso leichter wart-, austausch- und verknüpfbar, je feiner sie granuliert werden. Das heißt, je mehr eine Problemstellung in einzelne, für sich nutzbare Dienste aufgefächert wird, desto einfacher können diese später weiterverwendet und gewartet werden. Je weniger Funktionalität ein Dienst enthält, desto einfacher ist er natürlich auch überschaubar und somit wartbar. Mit kleinen, schlanken Diensten kann man sich nach einem Baukastenprinzip seine Anwendung zusammenstellen.

Bei der Entwicklung von Diensten sollte man darauf achten, dass die Schnittstellen nach außen möglichst klein gehalten werden. Sollten sich diese Schnittstellen ändern, muss dem Konsumenten die Möglichkeit geboten werden, zumindest eine gewisse Zeit auf die alten Schnittstellen zu zugreifen. Der Konsument selbst sollte unabhängig von internen Änderungen Zugriff auf die Funktionalität des Service behalten. Je weniger Schnittstellen ein Dienst nach außen besitzt, desto leichter ist eine Kontinuität im Zugriff gewährleistet. Stellen Sie sich vor, ein Dienst besitzt zehn verschiedene Schnittstellen nach außen. Die zugrunde liegenden Methoden, die die Schnittstellen bedienen, greifen intern auf gleiche Basismethoden zu. Sollte sich nun an einer Stelle etwas ändern, kann dies Auswirkungen auf verschiedene der Schnittstellen nach sich ziehen. Wenn der Dienst nur eine Schnittstelle besitzt, ist das Handling sehr viel einfacher und vor allem überschaubarer.

Ein Dienst sollte nur über definierte Nachrichten mit seinem Konsumenten kommunizieren. Je weniger der Konsument vom eigentlichen Dienst weiß, desto besser für die Weiterentwicklung. Stellen Sie sich folgendes Szenario vor: Ihre Webanwendung wird von ca. 1000 Konsumenten verwendet. Jeder dieser Konsumenten kennt den genauen Aufbau Ihrer Dienste. Innerhalb der Schnittstellen werden Objekte übergeben, von denen die Konsumenten aber die zugrunde liegenden Typen kennen. Nun richten einige der Konsumenten ihre Software starr und unflexibel auf diese zugrunde liegenden Typen aus. Von nun an sind Sie festgelegt auf diese Konsumenten, eine Änderung der Methodenlogik wird immer schwieriger.

Wenn die Konsumenten hingegen nur wüssten, dass die Schnittstellen Objekte übergeben, würden sie ihre Software dementsprechend gestalten. Sie würden zum Beispiel damit rechnen, dass ein Objekt NULL sein kann oder sich sein Grundtyp in nicht vorhersehbarer Weise ändern könnte.

Wenn Dienste angesprochen werden, sollte dies unabhängig von ihrem Speicherort geschehen. Ein grober Fehler wäre, Dienste über statische Aufrufe anzusprechen, zum Beispiel innerhalb eines Intranets über einen festen Serverpfad.

\\server\c$\dienste\dienst1.php

Der Dienst kann und wird sich mit großer Wahrscheinlichkeit nicht immer an diesem Ort befinden. Verwenden Sie stattdessen dynamisch adressierbare URIs, da Sie diese leicht auf einen anderen Server oder ein anderes Verzeichnis mit neuen Dienstversionen umbiegen können.

http://domain/dienste/dienst1.php

Application-Server können teilweise so konfiguriert werden, dass sie auf gewisse Pattern bei Anfragen von außen reagieren und intern automatisch den Zugriff umleiten. Man könnte etwa als Aufruf folgende Adresse eingeben:

http://domain/bilder/bild?nr=1

Der Server würde das Pattern (bei entsprechender Konfiguration) erkennen und eine Umleitung durchführen. Der Konsument selbst weiß also nicht mehr, wo sich der eigentliche Dienst befindet, und das ist auch gut so. Der Konsument soll die Schnittstelle zum Dienst immer an der gleichen Adresse vorfinden, egal, wo auf dem Server er sich befindet.

Damit die einzelnen Dienste in einer serviceorientierten Architektur stabil bleiben, sollte es vermieden werden, auf gemeinsame Klassen zuzugreifen. Eine serviceorientierte Architektur orientiert sich nicht an der klassischen, objektorientierten Programmierung. Jeder Dienst ist für sich selbst autonom und kann im schlimmsten Fall für sich allein funktionieren. Er darf in seiner Funktionalität nicht oder nur gering von anderen

Diensten abhängig sein. Es kann natürlich sein, dass ein Dienst das Ergebnis oder die Ausführung eines anderen Dienstes abwarten muss. Auf keinen Fall darf aber zum Beispiel ein Dienst einen anderen Dienst als Teil einer Berechnung verwenden. Gehen Sie immer davon aus, dass jeder Teil Ihrer Architektur aus verschiedenen Gründen versagen kann. Jeder Dienst sollte so autonom sein wie möglich. Nur dann kann gewährleistet werden, dass bei einem Teilausfall Dienste etwa ausgelagert oder ausgetauscht werden, ohne dass andere Dienste davon betroffen sind. Durch dieses Prinzip vereinfacht sich natürlich auch die Wartbarkeit der Architektur insgesamt.

Damit Dienste und Konsumenten miteinander kommunizieren können, sind sogenannte Verträge nötig. Diese Verträge vereinbaren unter anderem, wie die Nachrichten aufgebaut sind, mit denen kommuniziert wird. Verträge definieren auch das Format der Nachrichten und das zugrunde liegende Vertragsmuster. Wenn man zum Beispiel davon ausgeht, dass die Dienste Webservices mit SOAP und die Nachrichten XML-basierend sind, könnte man folgende Definition festlegen:

*   Nachrichtenformate werden durch ein XML-Schema definiert

*   Nachrichtenmuster werden durch WSDL dargestellt

*   Die Nachrichten selbst werden durch XML repräsentiert

Sollte der Dienst kein Webservice sein, können die Nachrichten trotz allem auf XML basieren und das Format durch ein Schema definiert sein. Das Nachrichtenmuster ist in diesem Fall allerdings nicht so flexibel wie bei einem WSDL-Muster, sondern so, wie es von Anfang an festgelegt wurde.

Verträge sollten gut durchdacht und flexibel sein, da sie später nur sehr schwer änderbar sind. Verträge sollten klar und deutlich definiert werden, damit es nicht zu Missverständnissen in der Verwendung kommt. Interne Datendarstellungen sollten den Konsumenten nicht zugänglich gemacht werden, es genügt, wenn die öffentlichen Definitionen verfügbar sind (Kapselung und Abstraktion). Es kann sein, dass sich im Verlauf der Verwendung eines Vertrages herausstellt, dass dieser erweitert oder geändert werden muss. Dann sollte es dem Konsumenten möglich sein, ebenso wie bei geänderten Schnittstellen, zumindest eine gewisse Zeit auf Dienstversionen alter Verträge zuzugreifen. Eine Versionierung sowohl von Verträgen als auch von Diensten ist somit sinnvoll, wenn nicht sogar unumgänglich.

Für das Erstellen von Diensten können Entwurfsmuster angewendet werden, die eine gewisse Struktur vorgeben. Der Mensch an sich denkt und handelt im Allgemeinen gern nach bestimmten Mustern. Aus diesem Grund sind uns (Entwurfs-)Muster oder Design-Patterns ebenso wie der objektorientierte Ansatz relativ leicht zugänglich und schnell vertraut.

Stellen Sie sich vor, wie Sie gelernt haben, Tee, Kaffee oder Kakao zu trinken. Nachdem Sie sich die ersten Male die Zunge verbrannt haben, sind Sie sicherlich dazu übergegangen, vorher das heiße Getränk durch Pusten abzukühlen. Auch wenn uns allen dies nicht mehr wirklich bewusst wird, handeln wir immer noch nach diesem Muster. Wenn wir in Gedanken versunken eine Tasse zum Mund führen und beispielsweise Kaffee riechen oder ein heißes Getränk vermuten, pusten wir zuerst, um uns nicht zu verbrennen.

Design-Patterns bieten ebenso diesen Vorteil des Verstehens und intuitiven Anwendens.

Ein Muster beschreibt eine Vorgehensweise, an die man sich bei der Verwirklichung von Problemlösungen immer zu halten hat. Es macht zum Beispiel Sinn, ein Muster in folgende Schritte aufzuteilen:

- Beschreibender Name
- Kontextbeschreibung über die Funktion des Musters
- Problemdefinition, hier wird das zu lösende Problem beschrieben
- Voraussetzungen für die Anwendung des Musters
- Lösungsbeschreibung
- Konsequenzen, welche vor oder nach der Verwendung des Musters berücksichtigt werden müssen

Ein Entwurfsmuster kann zusätzlich zum Beispiel durch eine Schnittstelle definiert oder erweitert werden, die innerhalb des Sourcecodes implementiert werden muss. Möglich wäre auch die Definition von zu implementierenden Ausprägungen oder Verhaltensweisen ohne Schnittstellen. Eine Schnittstelle (Interface) zwingt aber den ausführenden Entwickler dazu, die vorgeschriebenen Methoden (wenn auch nur als leeren Rumpf) zu implementieren. Es gibt bereits für alle möglichen Anwendungsfälle vordefinierte Design-Patterns, unter anderem ganze Bücher über dieses Thema.

> **Hinweis:**
> Entwurfsmuster sind, mit anderen Worten, Schablonen, um gleichartige Probleme mit gleichartigem Design zu lösen. Sie vereinfachen bei konsequenter Verwendung das Verständnis des zugrunde liegenden Problems und minimieren die Entwicklungszeit. Auch im Fehlerfall vereinfachen Entwurfsmuster das Auffinden und Beseitigen von Fehlern, da die zugrunde liegende Logik für die Problemlösung klar definiert ist.

So wie es Entwurfsmuster gibt, die beschreiben, wie ein zugrunde liegendes Problem gelöst werden könnte, gibt es auch Antimuster.

Antimuster beschreiben, wie ein Problem NICHT angegangen werden sollte und warum es nicht auf diese Art gelöst werden kann.

Beispiel für Entwurfsmuster in der Softwareentwicklung sind zum Beispiel:

- Factory Design Patterns
- Adapter
- Bridges
- Facades

- Services (beispielsweise als zugrunde liegende Ausführungsschicht von Facades)

- Singleton

Ein Entwurfsmuster sollte immer einen beschreibenden Namen besitzen, damit bei Gesprächen zum Design oder der Ausführung die einzelnen Muster exakt benannt werden können. Dies vereinfacht das Verständnis der involvierten Gesprächspartner.

Die beschriebenen Konstrukte dieses Abschnitts sind gute, aber nicht unumstößliche Grundlagen für das Entwerfen von Diensten. Ebenso wie zum Beispiel bei der Normalisierung von Datenbankentwürfen können und müssen manchmal bestimmte Regeln umgangen, angepasst oder vereinfacht werden. Zum Beispiel werden wir bestimmte Methoden für alle unsere Dienste im Beispielkapitel verwenden, da die Wiederverwendbarkeit in diesem Fall die Dienstautonomität überwiegt. Es spricht nichts gegen diese Vorgehensweise, wenn die verwendeten Basismethoden grundlegend und stabil sind. In unserem Fall werden dies unter anderem Datenbankzugriffe sein.

Wir werden uns im nächsten Kapitel die Definition von Entwurfsmustern anhand eines Beispiels noch näher ansehen. Dort wird auch die Erstellung und die Verwendung von Design-Patterns in Bezug auf Dienste deutlicher beschrieben. Als nächsten Abschnitt in diesem Kapitel betrachten wir das Managementkonzept, auf welchem das Systemarchitekturkonzept beruht.

11.3 Das Managementkonzept

Das Managementkonzept steht vor dem eigentlichen Systemarchitekturkonzept und bestimmt dessen Verhaltensweisen. Das Managementkonzept beinhaltet das Business Process Management (BPM), das den Ablauf der Geschäftsprozesse definiert.

Der oder die mit der Umsetzung der Entwicklung einer SOA betrauten Mitarbeiter sind im Normalfall nicht die Menschen, welche die Prozessabläufe in ihrer Logik festgelegt und ausgearbeitet haben. Umso wichtiger ist die zugrunde liegende Planung der späteren Entwicklung und die daraus resultierenden logischen Abläufe. Jede nach betriebswirtschaftlichen Strukturen ausgerichtete Firma funktioniert nach ihrer eigenen Logik. Grob kann man diese Strukturen teilweise auf andere, gleichartige Organisationen abbilden, meist leider nicht. Vor allem wenn eine Struktur im Laufe der Zeit gewachsen und eng auf bestimmte Gegebenheiten ausgelegt ist, ist es meist nicht möglich, diese Struktur einer anders aufgebauten, aber gleichartigen Organisation aufzupressen.

Aus diesem Grund wird der Prozess der Lösungsfindung für ein BPM in jedem Falle ein individueller sein. Die Planung des Managementkonzepts wird einen guten Teil der kompletten Entwicklungszeit verschlingen. Um herauszufinden, was später programmiert werden soll, muss als Erstes eine Analyse der Betriebsstrukturen stattfinden. Die analysierten Abläufe müssen danach in einzelne Abschnitte aufgeteilt werden, die einer bestimmten Logik folgen. Diese Abschnitte können schlussendlich in einzelne Dienste zerlegt werden, die dann als Sourcecode umzusetzen sind.

Wie Sie bereits erfahren haben, folgen die einzelnen Dienste später einem Workflow, der bestimmte Abläufe vorschreibt. Dieser Workflow entsteht natürlich aus der Analyse der verschiedenen Prozessabläufe.

Warum steht vor der eigentlichen Entwicklung eine solche aufwendige Vorarbeit? Grundsätzlich wissen Sie dies teilweise schon, wenn Sie dieses Kapitel bisher aufmerksam verfolgt haben.

- Die einzelnen Dienste unserer SOA sollen robust und ausfallsicher werden

- Die Dienste sollen weitgehendst unabhängig sein

- Die Dienste sollen einem Workflow (Businesslogik) und somit einem Regelwerk folgen

- Die Architektur soll die internen Prozesse optimieren und sicher machen

- Die Architektur muss bestimmte, interne Eigenheiten berücksichtigen und (womöglich erst zukünftig) absichern und strukturieren.

- Die internen Abläufe, also die Geschäftsprozesse und die Struktur der Organisation müssen sauber dokumentiert sein.

- Die Leistungsfähigkeit und Wertschöpfung der Organisation soll erhöht werden

Um diese Vorgaben zu erreichen, ist es unerlässlich, als Erstes die einzelnen Geschäftsprozesse herauszuarbeiten, zu dokumentieren und Verfahrensweisen festzulegen. Dies ist grundsätzlich nicht Aufgabe der IT-Abteilung, sondern der Managementebene. Wenn die Organisation klar herausgearbeitet wurde, finden sich IT-Abteilung und Management zusammen und arbeiten zusammen an der theoretischen Umsetzung der Dienststruktur. Das Management wird nur so lange benötigt, wie die Struktur und der Workflow für die einzelnen Services abgebildet werden müssen. Danach sind die IT-Leitung oder aber die entsprechenden Projektmanager dafür zuständig, dass ihre speziellen Projektbausteine umgesetzt werden. Jeder Beteiligte hat sich ab diesem Zeitpunkt streng an die ausgearbeiteten Vorgaben zu halten. Änderungen im Konzept können an diesem Punkt bereits weitreichende Folgen haben. Aus diesem Grund ist die vorherige Planung immens wichtig. Nach dem Start der Entwicklung wird eine strukturelle Änderung mit jedem Tag und jeder Programmzeile schwieriger.

Die Praxis hat mir persönlich bisher gezeigt, dass, sobald ein Managementkonzept vorliegt und die einzelnen Prozesse klar werden, sich praktisch immer ein Optimierungspotenzial offenbart. Erst wenn man einen detaillierten Überblick über eine Organisation erhält, sieht man, welche Stellen optimiert werden können. Im Anschluss an eine Optimierung ist meist ein dickes Fell des Managements und der IT nötig, weil der Optimierung die Bestimmung von Verfahrensweisen folgt oder sogar vorangehen. Diese Verfahrensweisen legen Richtlinien für eine neue, optimierte Bearbeitung und Strukturierung fest, denen die einzelnen Mitarbeiter in Zukunft folgen müssen. Sie können sich sicher vorstellen, wie die einzelnen Mitarbeiter darauf reagieren, wenn sie sich neu organisieren und teilweise einem anderen Arbeitsablauf unterwerfen müssen. Die meisten der Angestellten werden sich nach einer kurzen Übergangszeit in ihr neues

Schicksal fügen und verstehen, dass ihnen die neue Struktur Vorteile bringt. Ein Teil wird allerdings bis zum Sankt Nimmerleinstag murren und maulen. Es kann auch sein, dass dieser Teil der Belegschaft passive Sabotage an der IT-Abteilung und am Konzept betreibt, indem Sie grundsätzlich alles als langsamer, schlechter, fehleranfälliger etc. bezeichnet. Gewöhnen Sie sich bereits im Vorfeld an den Gedanken, das diese Mitarbeiter Ihnen noch längere Zeit große Freude machen werden.

Sie sehen also, die Planung einer serviceorientierten Architektur ist der wichtigste Schritt im kompletten Entwicklungsprozess. Grundsätzlich kann man nach folgendem Schema vorgehen.

Management, Erfassung der Struktur der Organisation

- Darstellung des Wertschöpfungsprozesses

- Aufsplittung nach Abteilungen

- Definition des Ziels

- Darstellen des Workflows, also des Zusammenhangs und der Abfolge von Prozessen innerhalb der einzelnen Arbeitsschritte und Abteilungen mit detaillierten Beschreibungen. Damit die späteren Entwickler den Prozess an sich verstehen können. Hierzu sind im Allgemeinen verschiedene und ausführliche Spezifikationen in schriftlicher Form nötig.

- Ausarbeiten der einzelnen Arbeitsprozesse, zum Beispiel in Verbindung mit den Angestellten, somit können Ideen und Anregungen übernommen werden. Außerdem werden die Angestellten einbezogen und sehen sich somit als Teil des Ganzen

- Priorisierung der Arbeitsprozesse und Segmentierung derselben

- Festlegung der sicherheistrelevanten Aspekte in Bezug auf die einzelnen Arbeitsschritte

- Wünsche und Ideen für zum Beispiel Erweiterungen, Optimierungen oder Verbesserungen. Festlegen einer Nomenklatur (Begriffserklärung und Richtlinie zur Verwendung der Begriffe)

Management und IT

- Planung der Infrastruktur des neuen IT-Systems

- Festlegen der Hard und Softwareanforderungen

- Wenn nötig, Anschaffung neuer Hard- und Software

- Wenn nötig Neuaufbau der Netzwerkstruktur, Gruppenrechte, Einzelrechte und sonstigen Netzwerkrelevanter Grundlagen. Eine Überarbeitung und Neustrukturierung ist in vielen Fällen sinnvoll!

- Planung des Workflows nach IT-relevanten Belangen

- Planung der Client/Server Architekturen, daraus ergibt sich:

- Festlegung der Verwendung von Thin und/oder Fat-Clients

- Planung der Verträge (Richtlinien), um mit externen Konsumenten Daten/Objekte/Strukturen auszutauschen

- Festlegen der zu verwendenden Dienste, deren Hierarchie, Abhängigkeiten und Dienstarchitektur

- Erstellen eines Projektplans mit einzelnen Meilensteinen, die fest umrissene Ziele zu bestimmten Zeitpunkten definieren

- Bestimmung der einzelnen Projektverantwortlichen, Bilden von Arbeitsgruppen und Entwicklerteams

- Verteilung der Entwicklungsverantwortlichkeiten

IT-Leitung

- Festlegen der Coding-Guidelines, damit jeder Entwickler sich an bestimmten, grundsätzlichen Vorgaben orientieren kann, zum Beispiel Verwendung von Ungarischer Notation bei der Benennung von Variablen und Konstanten, Verwendung von Design-Patterns und Befolgen von festgelegten Strukturen.

- Erstellung der grundsätzlichen Strukturen für die Anwendungsentwicklung

- Technische Spezifikation und Beschreibung der Dienste sowie der Infrastruktur, zum Beispiel der Netzwerktopologie oder der Benutzerrechte

- Bestimmen der zugrunde liegenden Architekturkonzepte und Entwicklungssprachen

- Erstellen und Beschreiben der verwendeten Entwurfsmuster (Design-Patterns)

- Einteilung der Entwickler in Arbeitsgruppen

- Softwareseitige Umsetzung der Dienste basierend auf dem Workflow

- Überwachung des Projektplans in Bezug auf die Meilensteine und zu erreichenden Ziele

- Koordinieren des Informationsflusses zwischen den Entwicklern, der Managementebene und der IT-Abteilung

- Regelmäßiger Abgleich zwischen Management, Anwendern, möglichen Konsumenten und der IT

Anhand dieser ganzen Punkte sehen Sie bereits ziemlich deutlich, dass einer SOA ein sehr gründlicher Planungsprozess vorangehen muss. Jeder einzelne dieser Schritte beinhaltet natürlich bei Weitem mehr als nur die kurze Beschreibung, die ich Ihnen präsentiert habe. Teilweise könnte man ganze Abschnitte über diese Einzelpunkte verfassen, aber das ist Projektmanagement und nicht SOA. Grundsätzlich sollte Ihnen dieses Kapitel einen ausreichenden Überblick verschafft haben, was SOA ist, aus welchen Teilen es besteht und wie man sie umsetzen könnte. Ich schreibe extra »könnte«, da jeder seinen eigenen Stil bevorzugt. Betrachten Sie also meine Auflistung als Vorschlag, den Sie entsprechend anpassen können.

Im nächsten Kapitel werden wir nun alles verwenden, was in den vorangegangenen elf Kapiteln besprochen wurde. Wir werden ein Managementkonzept erarbeiten, die daraus resultierenden Dienststrukturen, einen Workflow und eine serviceorientierte Architektur.

Anhand dieses letzten Kapitels – natürlich in Verbindung mit den vorangegangenen Kapiteln – sollten Sie später in der Lage sein, Ihre eigenen serviceorientierten Architekturen zu planen, zu entwickeln und anschließend umzusetzen.

12 Beispielanwendung

Alle bisherigen Kapitel dieses Buchs betrafen die Grundlagen für den Aufbau einer serviceorientierten Architektur. Manches Kapitel, wie zum Beispiel das Kapitel über die verschiedenen Versionen des Remotings, dienten dazu, Ihnen zugrunde liegende Techniken aufzuzeigen, die unmittelbar mit Webservices oder einer SOA zusammenhängen oder auf welchen diese basieren. Sie haben erfahren, woraus eine serviceorientierte Architektur besteht und dass diese nicht nur über Webservices realisiert werden kann. Sie haben bereits eigene, kleine Dienste und Webservices kennengelernt, ausprobiert und (hoffentlich) damit experimentiert. Sie wissen, wie man vorgeht, um in heterogenen Systemen auf Technologien und Webservices verschiedener Hersteller zuzugreifen, und wie man diese kombinieren könnte. Sie kennen die zugrunde liegenden Protokolle zur Kommunikation und sollten sich mit den Grundlagen der Datenmodellierung mit XML vertraut gemacht haben. Im letzten Kapitel haben Sie dann die Grundlagen der Planung einer SOA kennengelernt.

An diesem Punkt wird es höchste Zeit, dass Sie Ihr Wissen in die Praxis umsetzen. In diesem letzten Kapitel nehme ich Sie noch einmal kurz an die Hand und werde alles aus den vorigen Kapiteln in einem Beispiel zusammenfassen. Wir werden Schritt für Schritt eine kleine Beispielanwendung aufbauen, die zeigt, wie die einzelnen Bausteine kombiniert und eingesetzt werden können. Sicherlich könnte die Umsetzung der Beispielanwendung auch anders erfolgen, aber da ich versuche, das Beispiel so klein und übersichtlich wie möglich zu halten, fällt es eben so aus, wie es ist. ;o)

Ich werde das Beispiel ungefähr so strukturieren, wie ich den Aufbau einer SOA im letzten Kapitel beschrieben habe. Allerdings werden wir uns nicht stur an alle Schritte halten können, da uns bestimmte Teile naturgemäß einfach fehlen. Grundsätzlich macht das aber nichts, da diese Teile auch in der Praxis sehr wohl auftauchen können, aber nicht unbedingt müssen. Als Beispiele seien hier die zugrunde liegende Infrastruktur oder die Hardwareanforderungen genannt. Wir verwenden für unsere Anwendung einen einzigen Entwicklungsrechner, auf dem später sowohl der Application-Server als auch die Webservices implementiert werden. Ebenso läuft natürlich unser Client auf diesem Rechner. Wenn ich dieses Kapitel umfassend auf allen Grundlagen basierend ausgearbeitet hätte, wäre vermutlich ein zweites Buch statt eines Kapitels dabei herausgekommen. Innerhalb dieses Kapitels werde ich nicht mehr detailliert auf bestimmte Programmiertechniken, Objektorientierung usw. eingehen, sondern die Entwicklung einer serviceorientierten Architektur herausarbeiten. Ich setze also voraus, dass Ihre Programmierkenntnisse zumindest durchschnittlich und Ihnen die grundlegenden Techniken vertraut sind.

12.1 Planungsphase

Die Planungsphase ist, wie Sie bereits wissen, sehr wichtig. Aus diesem Grund planen wir nun als Erstes die Grundlagen unserer Architektur aus der Sicht des Managements.

12.1.1 Management

In unserem Beispiel fangen wir beim Darstellen des Workflows unserer geplanten Anwendung an, da wir weder einen Wertschöpfungsprozess noch verschiedene Abteilungen haben, auf welche wir Rücksicht nehmen müssten. Zuvor definieren wir kurz unsere Zielsetzung. Im Falle komplexerer Anwendungen ist die Zielsetzung sehr viel umfangreicher und muss teilweise sehr genaue Definitionen und Spezifikationen enthalten.

Zieldefinition

Zielsetzung der Anwendung ist es, einen Terminplaner zu entwickeln, mit dem sich eine Zeitplanung realisieren lässt. Verschiedene Mitarbeiter sollten in einer Datenbank geführt werden und Zugriff über ein Login erhalten. Sobald ein Mitarbeiter angemeldet ist, kann er Termine eintragen und abfragen. Wenn dieser Mitarbeiter über den Scheduler anderen Mitarbeitern Zugriff auf seine Daten gewährt, können diese ebenso auf seine Termine zugreifen und sie abfragen und ändern.

Workflow

Unser Workflow ist sehr überschaubar, da unsere Anwendung selbst sehr klein sein wird. Wir verwenden der Übersichtlichkeit halber wirklich nur die einfachste Art eines Workflows. In der Praxis hat man hier natürlich die Möglichkeit, zusätzlich sehr viele ergänzende Schritte, Ausschlusskriterien, Verbindungen und Verzweigungen zu implementieren. In unserem Workflow definieren wir nur zwei logische Verzweigungsregeln. Zum einen darf ein Benutzer anderen Benutzern Zugriff einräumen. Benutzer können also entweder auf bestimmte Datensätze zugreifen oder aber eben nicht. Zusätzlich kann ein Benutzer, also der Besitzer eines Accounts bestimmte Datensätze für andere Benutzer sperren. Wenn ein Datensatz gesperrt wurde, kann nur noch der Hauptbenutzer ihn ändern.

Eigenschaften, die der Workflow unterstützen sollte:

- Neue Benutzer können sich direkt am System selbst anmelden, ein Administrator wird nicht benötigt.

- Jeder neue Benutzer ist zwar sofort sichtbar für andere, seine Daten sind aber persönlich und nicht von anderen änderbar.

- Jeder Benutzer kann über seine persönliche Administration anderen Benutzern schreibenden Zugriff auf die eigene Planung erlauben.

- Termine müssen angelegt und gelöscht werden können.

- Bestimmte Termine dürfen nur vom Besitzer des Accounts geändert werden.

- Zugriffe können gleichzeitig erfolgen, die Daten des zuletzt schreibenden werden verwendet.

- Der Zugriff muss über verschiedene Endgeräte und Techniken erfolgen können.

Reihenfolge die der Workflow überwachen muss:

- Anmeldung

- Zugriffsgewährung des Benutzers

- Zugriffsgewährung für andere Benutzer

- Terminanlage oder Änderung

- Terminsperrung

Dies bedeutet:

- Eine Anmeldung ist erforderlich.

- Solange ein Benutzer sich nicht angemeldet hat, hat er keinerlei Zugriff auf Funktionalitäten oder das Abrufen von Ansichten. Der Zugriff kann erst gewährt werden, wenn der Benutzer eine gültige Anmeldung vollzogen hat.

- Erst wenn der Benutzer angemeldet ist und einen gültigen Account besitzt, kann er die Berechtigung an andere Benutzer erteilen, schreibend auf seine Daten zuzugreifen.

- Gleich nach der Anmeldung kann der Benutzer Termine eintragen, ändern und löschen.

- Ebenso kann der Benutzer gleich nach der Anmeldung eine Sperre auf angelegte, gültige Termine legen. Diese Sperre darf nur auf Termine in seinem eigenen Pool erfolgen.

Wenn in unserer fiktiven Firma einzelne Abteilungen bestehen würden, könnten wir den Workflow nun zum Beispiel noch daraufhin erweitern, dass bestimmte Abteilungen Zugriff auf andere Abteilungen erhalten. Jeder einzelne Schritt im Workflow könnte nun, bei komplexerer Problemstellung, noch genauer ausgearbeitet und etwa als Spezifikation abgelegt werden.

Ausarbeiten der Arbeitsprozesse

An dieser Stelle wird definiert, wie die einzelnen Arbeitsschritte ablaufen sollten. Aus diesem Grund macht es in der Praxis Sinn, die beteiligten Mitarbeiter hinzuzuziehen.

Anmeldung:

Im Anmeldefenster wird ein Benutzername und ein Passwort eingegeben. Der Benutzer benötigt außerdem die Möglichkeit, an dieser Stelle anzugeben, dass sein Eintrag ein

Neueintrag ist. Als Möglichkeiten zur Auslösung einer Aktion stehen dem Benutzer drei Buttons zur Auswahl: *Anmelden, Abbrechen* und *Anlegen*.

Nach der Anmeldung wird der Hauptdialog des Terminplaners angezeigt, ein Formular mit der Möglichkeit zur Termineingabe, Terminabfrage und Rechteerteilung.

Zugriffsgewährung des Benutzers:

Innerhalb des Hauptdialogs befindet sich eine Terminliste und eine TextBox für die Anzeige von Terminen eines bestimmten Benutzers. Neben der Liste befindet sich eine Auswahl mit den Benutzern, die dem aktuellen Benutzer Zugriff auf ihre Termine gewährt haben. Sollte einer dieser Benutzer ausgewählt werden, wechselt die Anzeige auf die Terminansicht dieses Benutzers. Standardanzeige ist eine leere Liste.

Terminanlage und Änderung:

Innerhalb des Hauptdialogs hat der Benutzer sofort nach der Anmeldung die Möglichkeit, eigene Termine einzugeben. Hierzu gibt es eine TextBox, in welcher ein Datum und eine Uhrzeit eingegeben werden können. Unter der TextBox befindet sich ein Textfeld mit einer Beschreibung des Termins und daneben ein Button *Termindaten eintragen*. Unterhalb des *Eintragen*-Buttons befindet sich der *Löschen*-Button. Wenn innerhalb der Terminliste ein Termin ausgewählt wird, werden die Textfelder entsprechend gefüllt und der Anwender hat die Möglichkeit, die Eigenschaften des Termins über diese Felder zu ändern oder den aktuellen Termin zu löschen. Diese Funktionalität besteht auch für Fremdtermine, wenn der Zugriff gewährt wurde.

Zugriffsgewährung für andere Benutzer

Innerhalb des Hauptdialogs erhält der Benutzer eine Liste mit anderen Usern, welche Zugriff auf seine Daten haben. Zu Beginn ist diese Liste noch leer. Neben der Liste ist eine ComboBox mit allen Benutzern, aus welcher Zugriffsberechtigte gewählt werden können. Unterhalb der ComboBox befinden sich zwei Buttons, *Zulassen* und *Löschen*. Über diese Buttons werden Rechte entweder erteilt oder entzogen.

Terminsperrung

Für die Terminsperrung existiert eine Checkbox innerhalb des Hauptdialogs mit der Beschriftung *Gesperrt*. Wenn diese Checkbox aktiviert wird, ist der Termin nur noch für den Hauptbenutzer änderbar. Gespeichert wird der Zustand durch Drücken des allgemeinen Buttons *Termindaten eintragen*.

Priorisierung der Arbeitsschritte

In unserem Fall gibt es keine Priorisierung, da wir nicht explizit festlegen müssen, welche Prozesse Vorrang vor anderen haben oder welche Prozesse andere in ihrer Wichtigkeit überdecken. Eine Unterteilung der Prozesse, also eine Segmentierung, wird bei der vorliegenden Struktur auch nicht benötigt.

Sicherheitsrelevante Aspekte

In unserem Fall gibt es keine sicherheitsrelevanten Aspekte, allerdings wäre es zu überlegen, ob nicht in einer späteren Version der Anwendung eine Verschlüsselung bei der Übertragung über das Internet stattfinden sollte.

Wie Sie sehen, ist in diesem Teil der Planungsphase einzig und allein das ganze Drumherum wichtig. Hier wird das Ziel definiert, es wird beschrieben, was passieren soll und wie sich das Management den Ablauf vorstellt. Aus diesem Grund wird hier auch noch kein Mitarbeiter aus dem IT-Bereich benötigt. Die IT schaltet sich erst im nächsten Schritt ein, wenn Management und IT zusammen die nächsten Schritte ausarbeiten.

12.1.2 Management und IT-Leitung

Nach der Definition der Grundlagen und des gewünschten Ziels durch das Management geht das Projekt in die zweite Phase der Planung. In dieser Phase arbeiten Management und IT-Abteilung eng zusammen, um grundsätzliche technische Strukturen zu definieren und zu erarbeiten.

Planung der Infrastruktur

An dieser Stelle wird definiert, auf welchen Grundlagen das neue IT-System funktionieren soll. Eine Infrastruktur in der IT ist die Gesamtheit aller zugehörigen Komponenten. Hierzu gehören auch Kommunikationsmittel wie kabelgebundene Netzwerke, kabellose Netzwerke, Software und vieles mehr.

Wir legen für unser Beispiel Folgendes fest:

*   Es wird ein Netzwerk auf Basis von TCP/IP verwendet

*   Das Netzwerk ist hauptsächlich kabelgebunden, aber teilweise ein Funknetzwerk

*   Die Systemumgebung ist Windows ab XP

*   Als Application-Server wird ein IIS unter Windows verwendet

*   Webservices werden mit dem Visual Studio 2005 und dem .NET-Framework entwickelt

*   Andere Dienste werden (nur) mit PHP umgesetzt

*   Als Rechner werden normale PCs erwartet, also nicht etwa eine Workstation, die eine Verbindung zu einem Server aufbaut und Serverapplikationen ausführt

*   Um Daten per Internetbrowser (Thin-Client) abzurufen, wird ein Internet Explorer benötigt

*   Für einen Fat-Client wird das .NET-Framework vorausgesetzt

Mit dieser Auflistung haben wir nun festgelegt, in welcher Umgebung wir unser Projekt erstellen werden. Als Nächstes legen wir detaillierter fest, welche Hard- und Software zum Einsatz kommen soll.

Hard- und Softwareanforderungen

- Das Netzwerk ist ein kabelgebundenes 100-MBit-Netzwerk, verbunden mit einem Router und einem Netzwerkswitch für Clients

- Das Netzwerk ist über einen Funkrouter (108 MBit, autofallback) auf kabellose Clients vorbereitet

- Der Netzwerkserver unterstützt Raid 0,1 und 5

- Die Serversoftware ist Windows Server 2003

- Der Application-Server ist ein IIS ab einer Version 5.0 oder höher

- Auf dem Server läuft eine PHP-Version ab 5.14

- Der Server liefert Webservices auf Basis von ASP.NET 2.0

- Das verwendete .NET-Framework ist die Version 2.0

- Für Thin-Clients wird ein Internet Explorer ab Version 6 vorausgesetzt

- Webservices und der Thin-Client werden mit dem .NET-Framework umgesetzt (ASP.NET)

- Clientrechner sind mindestens 2 GHZ schnell und haben mindestens 1 GB Speicher

- Clients werden unter Windows XP und höher betrieben

Diese Anforderungsliste sollte in einer ernstzunehmenden Planung sehr viel umfangreicher ausfallen, da bestimmte Dinge spezifiziert und festgehalten werden müssen (auch in Bezug auf die Kosten). Auf Grundlage dieser Definitionen werden später die Planungen zu den einzelnen Webservices, Diensten und Clients umgesetzt. Daher ist es wichtig, dass die späteren Planer wissen, mit welcher Umgebung sie rechnen können.

Falls an dieser Stelle der Planung Schwachstellen zutage treten, kann darüber entschieden werden, ob neue Hard-/Software angeschafft werden muss. Ebenso kann es nötig werden, dass bestimmte Netzwerkstrukturen neu aufgebaut werden müssen. Zum Beispiel könnte dies der Fall sein, wenn bisher kein Funknetzwerk vorgesehen war, aber die Anwendungsdefinition einen Zugriff außerhalb des Gebäudes ohne Kabelgebundenheit erfordert. Dies könnte eine neue Festlegung von sicherheitsrelevanten Aspekten erfordern, zum Beispiel die Absicherung des Netzwerks durch Verschlüsselung.

Planung des Workflows nach IT-relevanten Gesichtspunkten

Meist ist der Workflow, den ein Mangement ausarbeitet, nicht gerade optimal dazu geeignet, in Software umgesetzt zu werden. Aus diesem Grund wird an dieser Stelle geprüft, ob die IT-Struktur die Planung des Mangements umsetzen kann. Wenn nicht, muss ein Weg gefunden werden, wie eine Umsetzung gelingt, wenn nötig durch Änderung des Management-Workflows.

In unserem Fall sollte der Umsetzung des Workflows nichts im Wege stehen. Aus diesem Grund müssen wir an dieser Stelle nichts umplanen.

Eine wichtige Frage stellt sich allerdings an dieser Stelle noch: Wie setzen wir den Workflow innerhalb unserer Anwendung um?

Auch hierzu gibt es verschiedene Möglichkeiten. Eine Möglichkeit ist natürlich das Überwachen des (definierten) Workflows innerhalb der einzelnen Dienste über bestimmte Zustandsmarker. Ein anderer Weg ist seit Neuestem die *Windows Workflow Foundation*, ein Framework für .NET und speziell für Workflows. Die Windows Workflow Foundation ist ein sehr interessantes Framework und praktisch die Antwort auf verschiedene Anforderungen im Softwareentwicklungsbereich der letzten Jahre. Unter Java gibt es beispielsweise *Bossa*, eine Workflow-Engine unter Open-Source-Lizenz, oder *Twister* oder *con:cern* und andere.

Da wir nicht mit Kanonen auf unsere kleinen (Terminplanungs-) Spatzen schießen wollen, lösen wir unser Workflowproblem innerhalb des Sourcecodes selbst mit Zustandsmarkern.

Client/Server-Architektur

An dieser Stelle definieren Sie, welche Server-Architektur welcher Client-Architektur gegenübersteht. Teilweise haben wir das bereits getan. An dieser Stelle könnten Sie eine genaue Definition der einzelnen Punkte herausarbeiten. Etwa so:

Wir verwenden einen Server mit einem Windows Server 2003-Betriebssystem, einem IIS ab Version 5.0 und einem installierten PHP. Der Server bietet Webservices und andere Dienste für Konsumenten an. Dem fremden Konsumenten bleibt es selbst überlassen, wie er die empfangenen Daten aufbereitet und systemkonform wieder zurückgibt. Dies kann mit einem Fat-Client auf Basis einer Entwicklung seines Betriebssystems erfolgen, oder aber über einen Thin-Client, der von uns angeboten wird. Der Thin-Client wird über einen Internet-Explorer abgerufen. Die Funktionsweise mit anderen Browsern wird von uns nicht gewährleistet. Die Eigenentwicklung eines Fat-Clients für die internen Mitarbeiter wird aus Performancegründen durchgeführt.

Planung der Verträge (Richtlinien) für den Datenaustausch

Hier wird festgelegt, wie die Webservices und Dienste mit den Konsumenten kommunizieren.

- Die serviceorientierte Architektur steht 24 Stunden am Tag zur Verfügung

- Daten der Webservices werden mit dem aktuellsten SOAP-Protokoll übertragen

- Der Konsument muss mit .NET-Datenstrukturen und Typen arbeiten

- Wenn komplexe Inhalte übertragen werden, geschieht dies mit einem entsprechenden Objekt und unter Verwendung von XML oder mit serialisierten DataSets

- Exportfunktionalitäten erfolgen grundsätzlich mit XML

- Dienstschnittstellen verwalten selbstständig ihren Zustand und folgen ohne Anweisung von außen dem vorgegebenen Workflow. Dies gewährleistet die Autonomie der einzelnen Dienste.

- Dienstschnittstellen durchlaufen bei Änderungen drei Stufen: *active, obsolete* und *deprecated*. Alle mit *active* bezeichneten Dienste sind Dienste, die momentan in Verwendung und Aktiv sind. *Obselete* Dienste sind Dienste mit nicht mehr gebräuchlichen Schnittstellen oder Inhalten. Es wird empfohlen, Dienste mit der Kennzeichnung *obsolete* nicht mehr in neuen Strukturen zu verwenden und alte Strukturen mit dieser Verwendung anzupassen. *Deprecated* bezeichnet die nächste Stufe. Diese Dienste sind zwar noch vorhanden, wurden aber aussortiert und werden bald entfernt.

Hinweis:
Die Definition der Dienste mit active, obsolete und deprecated wird an dieser Stelle von uns und beispielhaft festgelegt! In der Praxis können Sie dies auch gerne anders umsetzen, beispielsweise mit einem Verfallsdatum.

Festlegen der Dienstarchitektur

Die Dienstarchitektur beschreibt, welche Dienste vorhanden sind und in welchen Abhängigkeiten sie zueinander stehen. Hier wird auch deutlich, ob bestimmte Gegebenheiten nicht oder ungenügend berücksichtigt wurden. Wenn dem so ist, müssen vorherige Punkte in der Planung angepasst werden.

Es macht Sinn, wenn die einzelnen Dienste zuvor in der ungefähren Reihenfolge des Workflows aufgelistet und danach in einem Diagramm, Programmablaufplan oder UML-Diagramm abgebildet werden.

Dienste:

- Anmeldedienst

- Terminabrufe (Liste)

- Termine speichern

- Termine löschen

- Benutzerauswahl (Liste)

- Berechtigungen abrufen (Liste)

- Berechtigung setzen

- Berechtigung löschen

- Termin sperren

- Termin freigeben

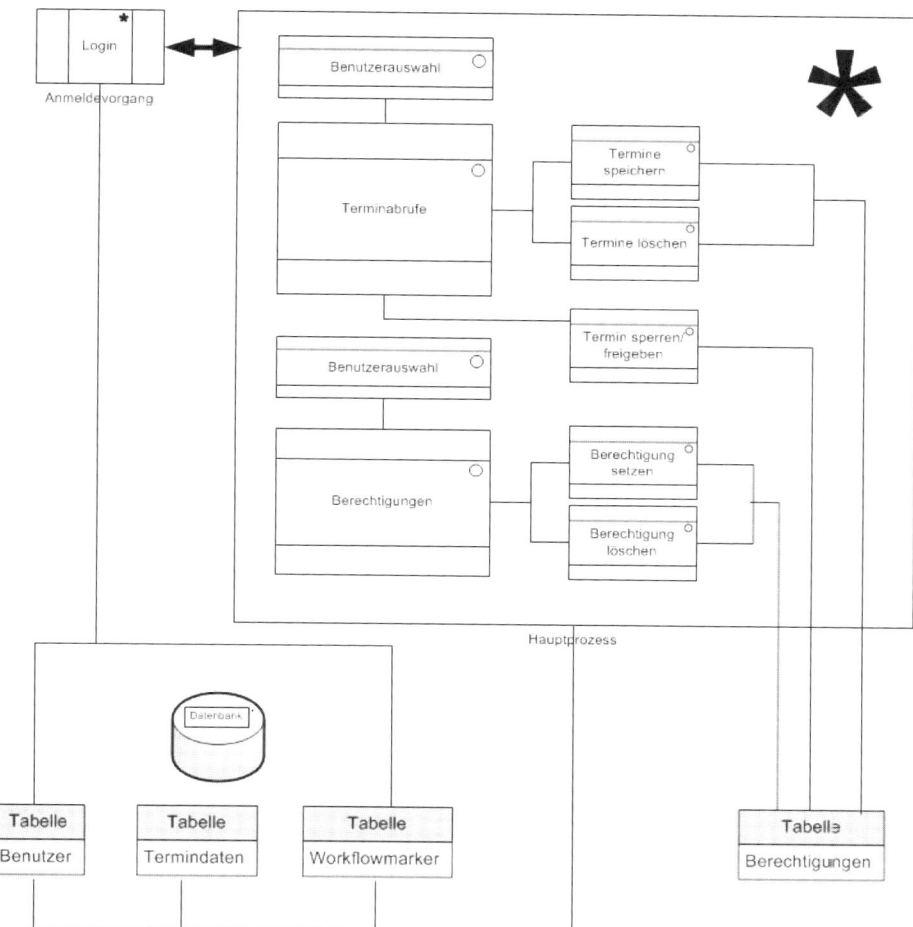

Bild 12.1: Architekturdiagramm

Das vorliegende Diagramm soll Ihnen nur als grobes Beispiel dienen, es ist weder ein richtiger Programmablaufplan noch ein wirkliches UML-Diagramm. Es stellt einfach die Dienste mit ihren Verbindungen grafisch dar. In unserem Fall genügt dies auch vollkommen.

Damit dieses Diagramm nicht zu unübersichtlich wird, legen wir die Abhängigkeiten in einem reinen Textabschnitt fest. Natürlich könnten Sie die Abhängigkeiten auch in einem Diagramm oder einem Ablaufplan unterbringen. Bei größeren Projekten und Ausschnittplänen macht dies beispielsweise sehr viel mehr Sinn.

• Alle Vorgänge sind vom Login abhängig, ohne Login kann kein Dienst ausgeführt werden.

- Benutzerauswahlen sind grundsätzlich unabhängig vom Login. Es macht aber trotzdem Sinn, nur angemeldeten Benutzern Zugriff auf diese Funktion zu bieten. Ansonsten könnte jeder Außenstehende zumindest den Benutzernamen der Anwender sehen und hätte so bereits 50 % der Informationen für ein unbefugtes Eindringen.

- Die Terminliste ist abhängig vom jeweils ausgewählten Benutzer, sollte aktuell kein Benutzer ausgewählt sein, liefert diese Liste keine Daten.

- Das Speichern und Löschen von Terminen wirkt sich unmittelbar auf die Terminliste aus, somit müssen beide Dienste mit der Terminliste verbunden werden. Das Löschen ist einfacher, hierzu benötigen wir nur eine Terminlisten-Referenz. Beim Speichern benötigen wir aber, zumindest bei neuen Terminen, die Verbindung zum Benutzer und eine Referenz auf die Terminliste. Bei bestehenden Terminen erhalten wir beides aus der Liste selbst, bei neuen Terminen benötigen wir eine neue Primärschlüssel-Kennung und den Benutzer.

- Terminsperrungen sind abhängig von der Terminliste, ist kein Termin ausgewählt, oder angelegt, kann diese Funktion nicht arbeiten.

- Die Berechtigungsliste definiert die Benutzer, die Zugriff auf die eigenen Daten besitzen.

- Berechtigungen auf die Berechtigungsliste können nur gesetzt werden, wenn ein entsprechender Benutzer ausgewählt wurde.

- Berechtigungen können nur gelöscht werden, wenn in der Liste ein Benutzer selektiert wurde.

Zwischenzeitlich bekommen wir ein recht genaues Bild davon, wie unsere Anwendung später funktionieren soll und was wir alles beachten müssen. Beispielsweise wird zu diesem Zeitpunkt schon klar, dass wir bestimmte Daten bei einem Thin-Client zwischenspeichern müssen, um zum Beispiel die aktuellen Auswahlen persistent zu machen.

Zu diesem Zweck werden wir die Tabelle *Workflowmarker* verwenden. In dieser Tabelle könnten wir später die Zustände unserer einzelnen Dienste speichern. Wie wir diese Tabelle definieren, sehen Sie in Kürze.

Erstellen des Projektplans

An diesem Punkt der Planung haben wir schon einen recht genauen Überblick über die einzelnen benötigten Schritte zur Entwicklung unserer Architektur. Jetzt kann der leitende IT-Verantwortliche einen Projektplan erstellen, in welchem die zeitliche Planung für die Vorbereitung, Grundlagenforschung und Entwicklung festgehalten wird. Wichtig zur Überprüfung des Projektfortschritts sind mehrere kleine Meilensteine im Zeitfenster. Diese Meilensteine bestimmen einen Zeitpunkt und die Fertigstellung eines Entwicklungsabschnitts. Wenn der Meilenstein erreicht wird, und die jeweilige Entwicklung der Planung entspricht, liegen wir im Zeitplan. Selbstverständlich können wir für unser Beispiel keinen Projektplan anlegen.

Bestimmen der Projektverantwortlichen

Im Falle einer serviceorientierten Architektur können hervorragend einzelne Arbeitsgruppen gebildet werden, die jeweils für bestimmte Projektteile zuständig sind. Eine SOA kommt durch ihren Aufbau dem Prinzip der verteilten Entwicklung in günstigster Weise entgegen. Durch die Unabhängigkeit der einzelnen Dienste voneinander kann theoretisch jeder Dienst unabhängig von den anderen entwickelt werden. Die einzelnen Entwickler benötigen nur die jeweiligen Schnittstellen und die Workflowbeschreibung der Dienste, auf die sie entweder zugreifen oder von denen sie abhängig sind.

Die Projektverantwortlichen sollten von der IT-Leitung und vom Management gemeinsam bestimmt werden und kleine Projektgruppen erhalten. Jeder (Teil-)Projektleiter ist für seinen Abschnitt verantwortlich und hat die Projektplanung zu berücksichtigen. Sollten die Projektleiter bereits vorher bestimmt worden sein, macht es Sinn, diese an der Projektplanung selbst teilhaben zu lassen.

Verteilen der Entwicklungsverantwortlichkeiten

Jeder Teilprojektleiter untersteht dem Projektleiter eines Projekts, jeder Projektleiter wiederum untersteht dem IT-Leiter und dieser meist dem höchsten Chef der Managementebene. Grundsätzlich sollten die Teilprojektleiter die Verantwortlichkeiten für bestimmte Entwicklungen an ihre Projektmitglieder verteilen. Manchmal geschieht dies auch in Zusammenarbeit mit dem übergeordneten Projektleiter oder IT-Leiter. Die Verantwortlichkeiten sollten in jedem Fall klar festgelegt werden. Damit werden spätere Konflikte vermieden.

12.1.3 IT-Leitung

Zwischenzeitlich wurde alles geplant und vorbereitet, was theoretisch möglich war – in der Praxis natürlich etwas ausführlicher als auf den letzten Seiten!

Wenn ein Außenstehender sich in die Prozessstruktur einarbeiten müsste, würde er anhand der einzelnen Dokumentationen und Spezifikationen bereits einen guten Überblick über das erwünschte Ergebnis erhalten. In diesem Abschnitt wird nun die Vorbereitung zur eigentlichen Entwicklung getroffen. Hier wird geplant, wie und was entwickelt wird. Die Managementebene hat hier prinzipiell nichts mehr verloren – wobei Ausnahmen natürlich immer wieder vorkommen, zum Beispiel beim Erkennen massiver Probleme, die auch das Mangement betreffen. Ein solcher Fall könnte eintreten, wenn bemerkt wird, dass die Netzwerkkapazität nicht ausreicht und zusätzliche Server angeschafft werden müssen oder die verwendete Software nicht ausreicht, was alles Geld kostet. Was Chefs nämlich gar nicht mögen ist, wenn die kalkulierten Kosten im Laufe des Projekts immer höher werden. Planen Sie also lieber vorher (überall!) mit etwas Luft. Chefs lieben es, wenn ein Projekt billiger wird oder wenn es schneller beendet wird als geplant.

Coding-Guidelines

Bei Projekten im Softwareentwicklungsbereich ist es wichtig, bestimmte grundsätzliche Strukturen vorzugeben. Dies vereinfacht später das Fehlersuchen, die Weiterentwicklung sowie das Einarbeiten von neuen Mitarbeitern. Hierzu gehören unter anderem folgende Punkte:

- Vorgaben zur Definition von Variablen, Konstanten, Objekten, Formularen, Klassen und Ressourceneinträgen

- Vorgaben zur Benennung von Interfaces und deren Verwendung

- Vorgaben zur Verwendung von bestimmten Klassen und Basisklassen

- Vorgaben zur Verwendung von Designpatterns

- Vorgaben zum Datenaustausch und Datenzugriff

- Vorgaben zum Datenbankzugriff

- Vorgaben zum strukturellen Aufbau von Projektabschnitten

Je besser definiert die einzelnen Vorgaben sind, desto einfacher ist später die Übersicht über das Innenleben des Projekts. Voraussetzung ist natürlich, dass diese Vorgaben von den Entwicklern auch eingehalten werden.

In unserem kleinen Beispiel erübrigen sich diese Vorgaben natürlich, in einem realen Projekt sind sie aber absolut empfehlenswert.

Erstellung der grundsätzlichen Strukturen

Dieser Punkt der Planung stellt dar, wie die einzelnen Abschnitte verwirklicht werden sollen. Dieser Abschnitt kann recht umfangreich werden. Aus diesem Grund zeige ich Ihnen anhand eines Beispiels kurz, was gemeint ist.

------------------------------------Beispiel---

Name: Login

Zweck:

Das Login dient dazu, einen Benutzer am System anzumelden, ohne Login ist kein Zugriff auf andere Ausprägungen der Anwendung möglich.

Umgesetzt als:

Webservice (oder Dienst, Funktion oder Prozedur)

Verwendete Programmiersprache:

C#

Verwendetes Framework:

.NET 2.0 (oder Java Version 5.0 etc.)

Darstellung der Verwendung:

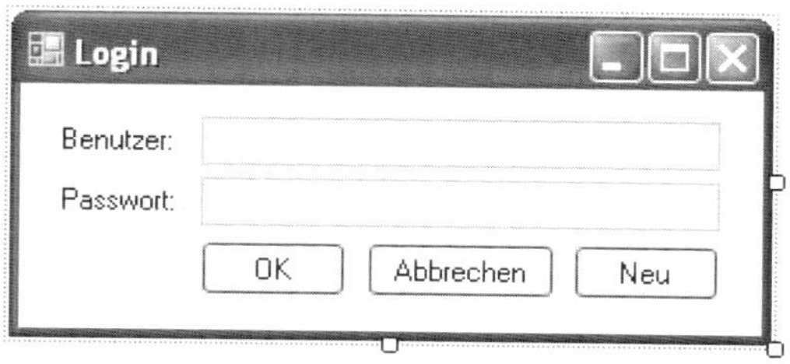

Bild 12.2: Login

Abhängigkeiten:

Keine

Funktionsweise

Beim Login wird der Anwender innerhalb der Datenbank gesucht. Sollte kein entsprechender Benutzer vorhanden sein, scheitert das Login und der Dienst liefert entweder eine entsprechende Fehlernummer oder *True/False* zurück.

Bei einem erfolgreichen Login wird geprüft, ob innerhalb der Workflowtabelle bereits Zustandswerte gespeichert wurden. Wenn ja, werden diese verwendet. Wenn nicht, wird eine Zeile für den jeweiligen Benutzer angelegt. Es wird niemals mehr als eine Zeile in der Workflowtabelle pro Benutzer gespeichert. Dies hat den Vorteil, dass auch nach einem Absturz oder einem Leitungsabbruch der aktuelle Zustand bestehen bleibt.

Der Button *OK* steuert innerhalb des Dienstes das Auslösen des Anmeldens.

Der Button *Abbrechen* löst innerhalb des Dienstes einen Abbruch aus.

Der Button *Neu* löst innerhalb des Dienstes ein Neuanlegen des Benutzers aus.

Verwendete Tabellen:

Benutzer, Workflowmarker

--Beispiel--

Ebenso sollten in diesem Abschnitt einzelne Ausprägungen wie Methoden oder Basisklassen vordefiniert werden. Wenn Sie sich bei diesem Abschnitt entsprechend Mühe geben, wird später die Entwicklung sehr viel reibungsloser vonstatten gehen.

Erstellen von Designpatterns (Entwurfsmustern)

Damit die Entwickler später genau das entwickeln, was gewünscht ist, gibt es Vorgaben. Wir haben dies bereits bei den Coding-Guidelines gesehen. Entwurfsmuster sind solche Vorgaben, allerdings bezogen auf die Problemlösung von bekannten Problemstellungen. In Kapitel 11 vergleiche ich diese Entwurfsmuster auch mit Schablonen. Genau so sollten Sie diese Entwurfsmuster auch sehen. Sie können bereits vordefinierte Designpatterns verwenden oder aber Ihre eigenen entwickeln. Wenn Sie vordefinierte Entwurfsmuster bevorzugen, empfehle ich Ihnen weiterführende Literatur in Form von Büchern und Internetforen zu diesem Thema.

Bei der Definition von Entwurfsmustern gehen wir ähnlich vor wie bei der Erstellung der grundsätzlichen Struktur. Wir benötigen einen Rahmen zur Beschreibung des Designpatterns. Definieren Sie Abschnitte, in welchen Sie die grundsätzlichen Ausprägungen des Entwurfsmusters festhalten. Sehr gut gefällt mir persönlich zum Beispiel die Definition der Struktur, wie Sie in einem MSDN-Artikel beschrieben wird. Eine solche Definition könnte wie folgt aussehen:

Name:

Eindeutiger, beschreibender Name für das Entwurfsmuster

Kontext:

Situationsbeschreibung für den Anwendungsfall des Entwurfsmusters

Problemstellung:

Welches Problem soll mit diesem Entwurfsmuster gelöst werden?

Auch Beispiele, die konkrete Algorithmen zur Problemlösung darstellen

Voraussetzungen:

Zusätzliche zu berücksichtigende Aspekte für dieses Entwurfsmuster

Lösung:

Eine Beschreibung des Lösungswegs, aufgeteilt in die benötigten Schritte, kein konkretes Design

Symptome und Konsequenzen:

Bei Entwurfsmustern wird hier aufgeführt, was beachtet werden muss, welche Voraussetzungen zutreffen müssen, was bei der Verwendung beachtet werden muss und was zu einem kritischen Zustand führen könnte, zum Beispiel: Laufzeitverhalten, Speicherplatzbedarf etc.

Bei Antimustern werden die Konsequenzen aufgelistet, die bei einer solchen Vorgehensweise auftreten können, ebenso zum Beispiel die Auswirkungen auf spätere Aktionen oder das Erzeugen von inkonsistenten Zuständen.

Grundsätzlich machen selbstdefinierte Entwurfsmuster nur dann Sinn, wenn dem Verwendungszweck noch keine Repräsentation in einem allgemein definierten und bekannten Entwurfsmuster zugrunde liegt. Sparen Sie sich also eine Menge Arbeit und definieren Sie nur solche Entwurfsmuster, die Probleme innerhalb Ihrer Entwicklung betreffen, für die es keine allgemeinen Muster gibt. Betrachten wir uns als Nächstes kurz ein Beispiel für ein Entwurfsmuster, obwohl wir in unserem Beispiel keine speziellen Muster verwenden werden.

Beispiel für ein Entwurfsmuster auf Basis einer Singleton-Beschreibung:

Name:

Singleton

Kontext:

Sie möchten eine einzige Instanz eines Objekts für den Zugriff von vielen Aufrufern definieren. Diese Instanz soll einen klar definierten globalen Zugriffspunkt bieten. Ein Anwendungsfall wäre etwa ein Druckserver oder ein Formularmanager.

Problemstellung:

Beim Erzeugen von vielen Instanzen eines Objekts werden zu viele Ressourcen verbraucht. Es ist nicht möglich, die gespeicherten Zustände auf einfachem Weg über die Speicher- oder Instanzgrenzen hinweg weiterzugeben. Es wird eine Klasse benötigt, die garantiert, dass sie nur einmal instanziiert und global verwendet werden kann.

Voraussetzungen:

Es muss sichergestellt sein, dass die verwendete Klasse nur einmal instanziiert wird und dass Anwendungsdaten trotzdem über Instanzgrenzen hinweg geteilt werden können.

Lösung:

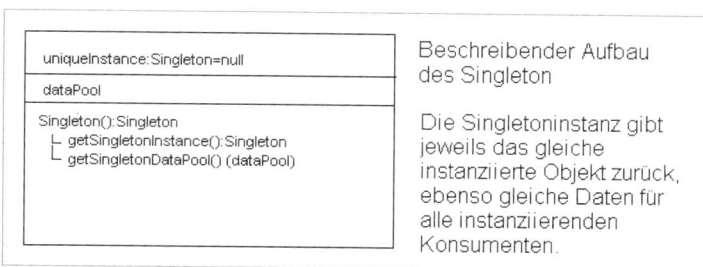

Bild 12.3: Beschreibender Aufbau der Singletonstruktur

Symptome und Konsequenzen:

- Kontrollierter Zugriff auf die einzige Instanz der Klasse

- Erweiterung der Ausprägungen ist möglich

- Flexibel durch dynamische Bindung, leicht erweiterbar

Technische Spezifikation und Beschreibung der Dienste

In diesem Abschnitt werden die einzelnen Dienste von der technischen Seite aus spezifiziert und beschrieben. Man formuliert hier im Grunde die Vorgaben für den jeweiligen Entwickler, damit dieser weiß, wie der Dienst realisiert werden soll. Ich zeige Ihnen dies an einem Beispiel.

Name:

Login

Zweck:

Erlaubt es einem Benutzer, sich am System anzumelden.

Verwendete Tabellen:

Benutzer, Workflowmarker

Schnittstellendefinition:

- benutzerName : String

- passwort : String

- aktion : Integer

Parameterbeschreibung:

Der Benutzername ist der Name, unter welchem sich ein Benutzer anmelden möchte. Er wird als einfacher Text in der Datenbank gespeichert und ebenso ausgelesen. Dieses Feld stellt für die Abfrage den eindeutigen Schlüssel dar, der eigentliche Primärschlüssel wird durch das Feld *ID* in der Tabelle *Benutzer* repräsentiert. Wird in einer späteren Version durch eine Abfrageliste, bezogen auf die ID, ausgetauscht.

Das Passwort wird als einfacher Text in der Datenbank gespeichert und einfach auf Textbasis mit der Eingabe verglichen. Es wird in einer späteren Version verschlüsselt gespeichert.

Der Parameter *aktion* definiert die Aktion, die vom Service ausgelöst werden soll. Dies sind:

- 1 = OK

- 2 = Abbruch

- 3 = Neuanlegen des Benutzers

Zu beachten:

Der Dienst muss so aufgebaut sein, dass einem späteren Umbau auf die zusätzliche Abfrage einer (Benutzer-ID-) Liste nichts im Wege steht. Der Dienst sollte zusätzlich in einer späteren Version seine Daten verschlüsselt übertragen.

Bestimmen der zugrunde liegenden Architekturkonzepte und Sprachen

Legen Sie hier fest, welche Sprachen für welche Dienste verwendet werden und wie die Architektur der Anwendung aufgebaut werden soll. Ein Architekturkonzept beschreibt die zugrunde liegenden Softwarekomponenten und die Interaktion zwischen ihnen. Ein Architekturkonzept geht nicht ins Detail, dies geschieht in der *Erstellung der grundsätz-lichen Strukturen*. Das Bestimmen der Architekturkonzepte ist sinngemäß eng verwandt mit den Punkten *Festlegen der Dienstarchitektur* und *Festlegen der Dienste, Hierarchie und Abhängigkeiten* im Abschnitt *Management und IT*.

Im reinen IT-Bereich, also dem aktuellen Abschnitt, werden die einzelnen Komponenten ausgearbeitet und das Zusammenspiel konkret festgelegt. Legen Sie hierzu ein UML-Diagramm (oder einen Programmablaufplan) der einzelnen Klassen, Dienste und sonstiger Softwarekomponenten an. Definieren Sie, wie die einzelnen Komponenten tatsächlich zusammenarbeiten, welchen Regeln das Zusammenspiel folgt und über welche Schnittstellen dies geschieht. Grundsätzlich könnte dieser Punkt der Planung auch mit den Punkten *Festlegen der Dienstarchitektur* und *Festlegen der Dienste, Hierarchie und Abhängigkeiten* im Abschnitt *Management und IT* zusammengelegt werden. Bei allen drei Punkten ist der Übergang relativ fließend und keineswegs streng abgegrenzt.

Einteilen der Entwickler in Arbeitsgruppen

Da die eigentliche Einteilung der jeweiligen Entwickler bereits vorher mit dem Management besprochen und locker festgelegt wurde, kann nun eine konkrete Zuweisung erfolgen. Es obliegt natürlich dem Leiter der IT, diese Zuweisungen vorzunehmen, da er für seine Abteilung zuständig und verantwortlich ist. Für eine spätere Projektplanung ist es notwendig, dass der Abteilungsleiter Rückmeldungen seiner Projektleiter über den Zustand der einzelnen Ressourcen erhält. Sollte einer oder mehrere Entwickler beispielsweise krankheitsbedingt, durch Entlassung oder durch Urlaub ausfallen, muss eventuell umgeplant werden.

Bedenken Sie aus diesem Grund, dass eine Wissensteilung immer unerlässlich ist. Niemals sollte der Fall eintreten, dass nur ein einziger Entwickler das Hintergrundwissen eines Programmteils oder einer Architektur besitzt. Dies würde unweigerlich früher oder später zu massiven Problemen führen. Beachten Sie beim Einteilen auch die verschiedenen Sympathien unter den Entwicklern. Wenn verschiedene Entwickler sich gegenseitig nicht ausstehen können, sollten sie natürlich in verschiedenen Teams untergebracht werden.

Überwachen der softwareseitigen Umsetzung der Dienste, basierend auf dem Workflow

Damit die Entwicklung nicht aus dem Ruder läuft, muss die Umsetzung natürlich regelmäßig überprüft werden. Zuerst sollte der Entwickler seinen erstellten Sourcecode einem persönlichen Test unterwerfen und die Funktionalität prüfen. In regelmäßigen Abständen ist der Projektleiter dazu angehalten, die einzelnen Softwarekomponenten und die Gesamtheit des Zusammenspiels zu überprüfen. Nach dem Übertragen der Entwicklungsumgebung in die Testumgebung sollten entsprechend ausgebildete Tester einen Endtest durchführen. Diese Tests sollten nach festgelegten Schemata und mit genau ausgearbeiteten Testprotokollen durchgeführt werden. Unterstützend können auch automatisierte Tests per Skript oder mit Unit-Tests durchgeführt werden, um die Qualität der Software bereits in diesem Stadium zu erhöhen. Der IT-Leiter sowie die Projektleiter sollten in regelmäßigen Abständen Meetings abhalten, um die Einhaltung des Workflows und der Architektur sicherzustellen. Sollten während der Entwicklung

Schwierigkeiten auftreten, werden diese in solchen Meetings zur Sprache gebracht und ein eventueller Lösungsweg ausgearbeitet. Je nach Integration oder eben Nichtintegration der Projektleiter in den reinen Entwicklungsprozess kann es teilweise sinnvoll sein, involvierte Entwickler hinzuzuziehen.

Überwachung des Projektplans

Ebenso wie eine Überprüfung der geleisteten Entwicklungsarbeit in Bezug auf die Architektur und den Workflow unerlässlich ist, ist es natürlich nötig, der Projektverlauf zu kontrollieren. Für diesen Zweck wurde ein zeitlicher Ablauf festgelegt und Meilensteine bestimmt. Zu bestimmten Zeitpunkten müssen also bestimmte Abschnitte der Entwicklung fertiggestellt sein. Eine Überwachung dieser Problematik obliegt natürlich zum einen den Projektleitern, die für ihre Projektgruppen verantwortlich sind. Die IT-Leitung hat zu überprüfen, ob die gesamte Entwicklung im Zeitrahmen liegt. Je nach Verantwortlichkeit hat die IT-Leitung die Einhaltung gegenüber dem Management zu rechtfertigen oder aber die einzelnen Projektleiter gegenüber der IT-Leitung.

Koordinieren des Informationsflusses und Abgleich

An dieser Aufgabe sind grundsätzlich alle Mitarbeiter beteiligt. Entwickler melden Probleme ihren Projektleitern, Projektleiter ihrer IT-Leitung. Die IT-Leitung interagiert mit dem Management. Konsumenten der Anwendung sollten ihre Wünsche und Fehlermeldungen an einen zentralen Punkt melden. Diese Informationen gehen über die IT-Leitung und die Projektleiter entsprechend koordiniert und kanalisiert zurück an die Entwickler. Eine eventuelle Testabteilung wird wie Konsumenten in diesen Prozess eingebunden. Unregelmäßigkeiten müssen umgehend kommuniziert werden, egal von welcher Stelle.

12.1.4 Schlussbemerkungen zur Planungsphase

Anhand des vorliegenden Abschnitts sehen Sie, dass die Planung einer serviceorientierten Architektur nicht gerade trivial ist. Dabei habe ich auf den vorangegangenen Seiten die meisten Punkte der Planung nur angeschnitten. Tatsächlich können die einzelnen Abschnitte sehr viel umfangreicher werden. Bei normalen Projekten im Bereich der serviceorientierten Architekturen fände ich eine Planung in Schriftform von etwa zwei- bis dreihundert Seiten nicht besonders außergewöhnlich.

Viele der Planungspunkte, die ich aufgeführt habe, können genauso in eine normale Projektplanung aufgenommen werden und sind nicht unbedingt SOA-spezifisch. Manch ein Projektleiter würde andere Punkte aufnehmen und bestimmte Punkte meiner Planung außer Acht lassen. Was Sie auf den vorangegangenen Seiten gelesen haben, ist aber ein grundsätzlicher Weg, der von Ihnen ausgebaut und verändert werden kann. Bedenken Sie, dass Anforderungen an ein Projekt sehr unterschiedlich ausfallen können und immer recht individuell sind. Aus diesem Grund sind auch die zugehörigen Planungen meist sehr individuell.

Übernehmen Sie also nicht einfach die Vorgaben aus meinem Buch, sondern überdenken Sie die einzelnen Punkte kritisch und passen Sie sie an Ihre Bedürfnisse an. Oft genügt ein Teil der Planungsstruktur, vor allem bei kleineren Projekten wie in unserem Beispiel. Im Detailbereich ausbaufähig sind sicherlich die meisten der von mir aufgeführten Punkte. Entscheiden Sie je nach Projekt, dessen Anforderungen und der jeweiligen Projektgröße, welche Inhalte sie granularer darstellen und welche Sie überhaupt verwenden. Unerlässlich sind für eine SOA allein der Workflow der Anwendung, die Beschreibung der Dienste, deren Zusammenwirken und ihre gegenseitigen Abhängigkeiten.

Alles Drumherum lässt sich sicherlich auch mit weniger ausführlichen Planungen realisieren, wird dann aber unklarer in der Umsetzung. Ich persönlich finde es wichtig, dass bei einem Projekt, egal ob SOA oder nicht, die Struktur herausgearbeitet und die Details dargestellt werden. Auf diese Art weiß man bei Beginn eines Projekts sehr genau, was auf einen zukommt, und kann Irritationen im Projektablauf besser begegnen. Ebenso kennt man die einzelnen Projektschritte und kann auf Änderungen in der Ressourcenverfügbarkeit besser reagieren.

Auf den nun folgenden Seiten werde ich Ihnen das Projekt *Terminplaner* von der Sourcecodeseite aus darstellen. Wir betrachten als Erstes die eigentlichen Webservices, die der Übersichtlichkeit halber in einer Datei zusammengefasst wurden. Danach werden wir einen Fat-Client betrachten, der auf unseren Webservices basieren. Ich habe versucht, das gesamte Projekt möglichst klein und übersichtlich zu gestalten. Aus diesem Grund ist der Sourcecode auch nicht unbedingt sicher, stabil und in jeder Hinsicht umfangreich abgesichert.

Also, auf zum Endspurt…

12.2   Entwicklungsphase

Im ersten Schritt der Beispielanwendung entwickeln wir die eigentlichen Webservices. Der Einfachheit halber werden diese innerhalb einer einzigen Klasse umgesetzt. Beachten Sie bitte, dass Sie zum Ausprobieren der Service den Pfad zur Datenbankdatei entsprechend Ihrer Verzeichnisstruktur anpassen!

Zuerst werde ich Ihnen, wie immer, den kompletten Sourcecode auflisten, danach erhalten Sie die detaillierten Beschreibungen zu den einzelnen Methoden und Abschnitten.

12.2.1   Terminplanung Webdienste

C#-Webservices zur Umsetzung einer serviceorientierten Terminplanung

Der nachfolgende Sourcecode demonstriert die Erstellung eines Webservice auf Basis des .NET-Frameworks. Die verwendete .NET-Version ist 2.0.

Listing: cd:\Sourcen\12 Beispielanwendung

Benötigte Namespaces

System, System.Web, System.Web.Services, System.Web.Services.Protocols, System.Data, System.Data.OleDb,System.Xml, System.IO, System.Text

Sourcecode

```
using System;
using System.Web;
using System.Web.Services;
using System.Web.Services.Protocols;
using System.Data.OleDb;
using System.Data;
using System.Xml;
using System.IO;
using System.Text;

[WebService(Namespace = "http://tempuri.org/")]
[WebServiceBinding(ConformsTo = WsiProfiles.BasicProfile1_1)]
public class Service : System.Web.Services.WebService
{
    private string connStr = "Provider=Microsoft.Jet.OLEDB.4.0;Data Source='" +
                        "D:\\BBB .NET goes Webservices\\Sourcen\\12
                        Beispielanwendung\\Terminplanung.mdb'";
    public Service ()
    {
        //InitializeComponent();
    }

    #region Webservices

    // Login
    // Parameter: BenutzerName, Passwort und Aktion
    // Rückgabe : Benutzer-ID des angemeldeten Benutzers, oder -1 für Fehlschlag/Abbruch
    // Werte für parameter Aktion: 1 = OK, 2 = Abbruch, 3 = Neu Anlegen
    [WebMethod]
    public int LoginService(string benutzerName, string passwort, byte aktion)
    {
        int returnValue = -1;
        OleDbDataReader drBenutzer = null;
        OleDbDataReader drWorkflow = null;

        OleDbConnection cnBenutzer = null;
        OleDbConnection cnWorkflow = null;

        int newID  = 0;
        int result = 0;
```

```
switch (aktion)
{
    case 1:
        returnValue = -1;
        getDr(ref drBenutzer, "select * from Benutzer where Benutzername='" +
                benutzerName + "' and passwort= '"+passwort+"'",
                ref cnBenutzer);

        if (drBenutzer.Read())
        {
            getDr(ref drWorkflow, "select * from WorkflowMarker where
                        Benutzer_ID=" +
                        drBenutzer["ID"].ToString(), ref cnWorkflow);

            if (!drWorkflow.Read())
            {
                newID = getNewID("WorkflowMarker");
                result = executeSQL("Insert into workflowMarker
                        (ID,Benutzer_ID) Values (" +
                        newID.ToString() + "," +
                        drBenutzer["ID"].ToString() + ") ");
                if (result != 0)
                {
                    returnValue = Convert.ToInt32(drBenutzer["ID"]);
                }
            }
            else
            {
                returnValue = Convert.ToInt32(drBenutzer["ID"]);
            }
        }

        break;
    case 2:
        returnValue = -1;
        break;
    case 3:
        returnValue = -1;
        newID = getNewID("Benutzer");
        result = executeSQL("Insert into Benutzer (ID,BenutzerName, Passwort)
                    Values (" + newID.ToString() + ",'" +
                            benutzerName + "','" + passwort +"') ");
        if (result != 0)
        {
            returnValue = newID;
        }
        break;
}
return returnValue;
}
```

```
// Benutzerliste
// Parameter: Keiner
// Rückgabe : DataSet als XMLDocument mit den Benutzern
[WebMethod]
public XmlDocument BenutzerlisteXML()
{
    XmlDocument doc = new XmlDocument();
    DataSet Benutzer = new DataSet();
    MemoryStream memoryStream = new MemoryStream();

    doc.LoadXml("<BenutzerSet />");
    Benutzer = getDataSet("select ID, Benutzername from Benutzer", "BenutzerSet",
                          "Benutzer");
    if (Benutzer != null)
    {
        Benutzer.WriteXml(memoryStream);
        UTF8Encoding encoding = new UTF8Encoding();
        string xml = encoding.GetString(memoryStream.ToArray());
        doc.LoadXml(xml);
    }


    return doc;
}
// Benutzerliste
// Parameter: Keiner
// Rückgabe : DataSet mit den Benutzern
[WebMethod]
public DataSet Benutzerliste()
{
    DataSet Benutzer = new DataSet();
    Benutzer = getDataSet("select ID, Benutzername from Benutzer", "BenutzerSet",
                          "Benutzer");
    return Benutzer ;
}


// Terminabrufliste
// Parameter: Benutzer-ID
// Rückgabe : DataSet als XMLDocument mit den Terminen des Benutzers
[WebMethod]
public XmlDocument TerminabrufeXML (string benutzerID )
{
    XmlDocument doc = new XmlDocument();
    doc.LoadXml("<TerminSet />");

    if (benutzerID == "") return doc;

    OleDbDataReader drBenutzer = null;
    OleDbConnection cnBenutzer = null;

    DataSet Termine = new DataSet();
    MemoryStream memoryStream = new MemoryStream();
```

```
        getDr(ref drBenutzer, "select * from Benutzer where ID=" +
                        benutzerID, ref cnBenutzer);

    if (drBenutzer.Read())
    {
        Termine = getDataSet("select * from Termindaten where Benutzer_ID=" +
                            benutzerID,"TerminSet","Termine");
        if (Termine != null)
        {
            Termine.WriteXml(memoryStream);
            UTF8Encoding encoding = new UTF8Encoding();
            string xml = encoding.GetString(memoryStream.ToArray());
            doc.LoadXml(xml);
        }
    }


    return doc;
}
// Terminabrufliste
// Parameter: Benutzer-ID
// Rückgabe : DataSet mit den Terminen des Benutzers
[WebMethod]
public DataSet Terminabrufe(string benutzerID)
{
    OleDbDataReader drBenutzer = null;
    OleDbConnection cnBenutzer = null;

    DataSet Termine = new DataSet();
    if (benutzerID == "") return Termine;

    getDr(ref drBenutzer, "select * from Benutzer where ID=" +
                    benutzerID, ref cnBenutzer);

    if (drBenutzer.Read())
    {
        Termine = getDataSet("select * from Termindaten where Benutzer_ID=" +
                            benutzerID, "TerminSet", "Termine");
    }

    return Termine;
}


// Berechtigungsabrufliste
// Parameter: Benutzer-ID
// Rückgabe : DataSet als XMLDocument mit den Berechtigungen der Benutzer
[WebMethod]
public XmlDocument BerechtigungenAbrufenXML(string benutzerID)
{
    XmlDocument doc = new XmlDocument();
    doc.LoadXml("<BerechtigungSet />");
```

```
    if (benutzerID == "") return doc;

    OleDbDataReader drBenutzer = null;
    OleDbConnection cnBenutzer = null;

    DataSet Berechtigungen = new DataSet();
    MemoryStream memoryStream = new MemoryStream();
    string SQL = "SELECT Berechtigungen.ID as ID, Benutzer_1.ID as Benutzer_ID,
                Benutzer_1.Benutzername as Benutzername " +
            "FROM (Berechtigungen INNER JOIN Benutzer ON
            Berechtigungen.Benutzer_ID = " +
            "Benutzer.ID) INNER JOIN Benutzer AS Benutzer_1 ON " +
            "Berechtigungen.BerechtigterBenutzer_ID = Benutzer_1.ID " +
            "WHERE (((Benutzer.ID)="+benutzerID+"))";

    getDr(ref drBenutzer, "select * from Benutzer where ID=" +
                benutzerID, ref cnBenutzer);

    if (drBenutzer.Read())
    {
        Berechtigungen = getDataSet(SQL , "BerechtigungSet", "Berechtigungen");
        if (Berechtigungen != null)
        {
            Berechtigungen.WriteXml(memoryStream);
            UTF8Encoding encoding = new UTF8Encoding();
            string xml = encoding.GetString(memoryStream.ToArray());
            doc.LoadXml(xml);
        }
    }
    return doc;
}


// Berechtigungsabrufliste
// Parameter: Benutzer-ID
// Rückgabe : DataSet als XMLDocument mit den Berechtigungen der Benutzer
[WebMethod]
public DataSet BerechtigungenAbrufen(string benutzerID)
{
    OleDbDataReader drBenutzer = null;
    OleDbConnection cnBenutzer = null;

    DataSet Berechtigungen = new DataSet();
    if (benutzerID == "") return Berechtigungen;

    string SQL = "SELECT Berechtigungen.ID as ID, Benutzer_1.ID as Benutzer_ID,
                Benutzer_1.Benutzername as Benutzername " +
            "FROM (Berechtigungen INNER JOIN Benutzer ON
            Berechtigungen.Benutzer_ID = " +
            "Benutzer.ID) INNER JOIN Benutzer AS Benutzer_1 ON " +
            "Berechtigungen.BerechtigterBenutzer_ID = Benutzer_1.ID " +
            "WHERE (((Benutzer.ID)=" + benutzerID + "))";
```

```
    getDr(ref drBenutzer, "select * from Benutzer where ID=" +
                      benutzerID, ref cnBenutzer);

    if (drBenutzer.Read())
    {
        Berechtigungen = getDataSet(SQL, "BerechtigungSet", "Berechtigungen");
    }
    return Berechtigungen;
}


// Berechtigungen speichern
// Parameter: ID, Login ID, Benutzer-ID, Benutzer-ID des berechtigten Benutzers
// Rückgabe : True für erfolgreiche Aktion, False für Fehlgeschlagene Aktion
[WebMethod]
public bool BerechtigungSpeichern(string ID, string loginID, string benutzerID,
                              string berechtigterBenutzerID)
{
    bool returnValue = false;
    OleDbDataReader drBenutzer = null;
    OleDbConnection cnBenutzer = null;

    int newID = 0;
    int result = 0;
    bool permission = false;

    if (benutzerID == "" || berechtigterBenutzerID == "" || loginID == "")
        return returnValue;

    // Berechtigungen prüfen
    if (benutzerID == loginID) permission = true;
    // Berechtigungen prüfen Ende

    getDr(ref drBenutzer, "select * from Benutzer where ID=" +
                      benutzerID, ref cnBenutzer);
    if (permission == true)
    {
        if (drBenutzer.Read())
        {
            if (ID == "")
            {
                newID = getNewID("Berechtigungen");
                result = executeSQL("insert into Berechtigungen
                            (ID,Benutzer_ID,BerechtigterBenutzer_ID) values" +
                            "(" + newID.ToString() + "," + loginID + "," +
                            berechtigterBenutzerID + ")");
            }
            else
            {
                result = executeSQL("update Berechtigungen set Benutzer_ID = " +
                            loginID + "," + "BerechtigterBenutzer_ID = " +
                            berechtigterBenutzerID + " where ID=" +
                            ID);
            }
        }
    }
}
```

```
    if (result != 0) returnValue = true;

    return returnValue;
}


// Berechtigung Löschen
// Parameter: (Berechtigungs-) ID, Login-ID
// Rückgabe : True für erfolgreiche Aktion, False für fehlgeschlagene Aktion
[WebMethod]
public bool BerechtigungLoeschen(string ID, string loginID)
{
    OleDbDataReader drBerechtigung = null;
    OleDbConnection cnBerechtigung = null;

    bool returnValue = false;
    int result = 0;

    bool permission = false;

    // Berechtigungen prüfen
    if (getDr(ref drBerechtigung, "select * from Berechtigungen where ID=" +
                            ID, ref cnBerechtigung))
    {
        if (drBerechtigung.Read())
        {
            if (drBerechtigung["Benutzer_ID"].ToString() == loginID)
                permission = true;
        }
    }
    // Berechtigungen prüfen Ende

    if (ID == "") return returnValue;
    if (permission == true)
    {
        result = executeSQL("delete from Berechtigungen where ID=" + ID);
    }
    if (result != 0) returnValue = true;

    return returnValue;
}


// Termin speichern
// Parameter: Termindaten, Beschreibung, Benutzer-ID, Termin-ID, Login-ID
// Rückgabe : True für erfolgreiche Aktion, False für Fehlgeschlagene Aktion
[WebMethod]
public bool TerminSpeichern(DateTime termin, string beschreibung,
                            string benutzerID, string terminID,
                            string loginID)
{
    bool returnValue = false;
    OleDbDataReader drBenutzer = null;
    OleDbConnection cnBenutzer = null;

    OleDbDataReader drTermin = null;
    OleDbConnection cnTermin = null;
```

```
    OleDbDataReader drBerechtigung = null;
    OleDbConnection cnBerechtigung = null;

    int newID = 0;
    int result = 0;
    bool permission = false;

    if (benutzerID == "") return returnValue;

    // Berechtigungen prüfen
if (getDr(ref drTermin, "select * from Termindaten where ID=" +
                                terminID, ref cnTermin))
{
    if (drTermin.Read())
    {
        if (drTermin["Benutzer_ID"].ToString() == loginID) permission = true;
    }
}

    getDr(ref drBerechtigung, "select * from Berechtigungen where Benutzer_ID=" +
                        benutzerID + " and BerechtigterBenutzer_ID=" +
                        loginID, ref cnBerechtigung);
    if (drBerechtigung.Read()) permission = true;
    // Berechtigungen prüfen Ende

    getDr(ref drBenutzer, "select * from Benutzer where ID=" +
                    benutzerID, ref cnBenutzer);

    if (drBenutzer.Read())
    {
        if (terminID == "")
        {
            newID = getNewID("Termindaten");
            if (permission == true)
            {
                result = executeSQL("insert into Termindaten
                                (ID,Datum,Beschreibung,Benutzer_ID) values" +
                                "(" + newID.ToString() + ",'" +
                                termin.ToString() + "','" + beschreibung +
                                "'," + benutzerID + ")");
            }
            else
            {
                result = executeSQL("insert into Termindaten
                                (ID,Datum,Beschreibung,Benutzer_ID) values" +
                                "(" + newID.ToString() + ",'" +
                                termin.ToString() + "','" + beschreibung +
                                "'," + loginID + ")");
            }
        }
        else
        {
            if (permission == true)
```

```
            {
                result = executeSQL("update Termindaten set Datum = '" +
                                termin.ToString() + "'," +

                                "Beschreibung = '" + beschreibung +
                                "',Benutzer_ID = " + benutzerID + " where ID=" +
                                terminID);
            }
        }
    }

    if (result != 0) returnValue = true;

    return returnValue;
}


// Termin Löschen
// Parameter: Termin-ID, Benutzer-ID, Login-ID
// Rückgabe : True für erfolgreiche Aktion, False für Fehlgeschlagene Aktion
[WebMethod]
public bool TerminLoeschen(string terminID, string benutzerID, string loginID)
{
    OleDbDataReader drTermin = null;
    OleDbConnection cnTermin = null;

    OleDbDataReader drBerechtigung = null;
    OleDbConnection cnBerechtigung = null;

    bool returnValue = false;
    int result = 0;

    bool permission = false;

    if (benutzerID == "") return returnValue;

    // Berechtigungen prüfen
    if (getDr(ref drTermin, "select * from Termindaten where ID=" +
                                terminID, ref cnTermin))
    {
        if (drTermin.Read())
        {
            if (drTermin["Benutzer_ID"].ToString() == loginID) permission = true;
        }
    }

    getDr(ref drBerechtigung, "select * from Berechtigungen where Benutzer_ID=" +
                                benutzerID + " and BerechtigterBenutzer_ID=" +
                                loginID, ref cnBerechtigung);
    if (drBerechtigung.Read()) permission = true;
    // Berechtigungen prüfen Ende
```

```
    if (permission == true)
    {
        result = executeSQL("delete from Termindaten where ID=" + terminID);
    }
    if (result != 0) returnValue = true;

    return returnValue;
}

// Termin sperren/freigeben
// Parameter: Termin-ID, Benutzer-ID, Login-ID, sperren = true oder false
// Rückgabe : True für erfolgreiche Aktion, False für Fehlgeschlagene Aktion
[WebMethod]
public bool TerminStatus(string terminID, string benutzerID,
                         string loginID, bool sperren)
{
    OleDbDataReader drTermin = null;
    OleDbConnection cnTermin = null;

    bool returnValue = false;
    int result = 0;
    if (terminID == "") return returnValue;

    bool permission = false;

    if (benutzerID == "") return returnValue;

    // Berechtigungen prüfen
    if (getDr(ref drTermin, "select * from Termindaten where ID=" +
                                terminID, ref cnTermin))
    {
        if (drTermin.Read())
        {
            if (drTermin["Benutzer_ID"].ToString() == loginID) permission = true;
        }
    }
    // Berechtigungen prüfen Ende

    if (permission == true)
    {
        if (sperren)
        {
            result = executeSQL("update Termindaten set gesperrt = true
                            where ID=" + terminID);
        }
        else
        {
```

```
                    result = executeSQL("update Termindaten set gesperrt = false
                                where ID=" + terminID);
            }
        }
    if (result != 0) returnValue = true;

    return returnValue;
}

#endregion Webservices


#region Basic Methods

#region New ID
// Nächste ID einer Tabelle zurückgeben
// Parameter: Tabellenname
// Rückgabe : Zu verwendende neue ID
private Int32 getNewID(string table)
{
    OleDbDataReader dr = null;
    OleDbConnection cn = null;
    Int32 ret = 1;

    getDr(ref dr, "select max (id) as MaxId from " + table, ref cn);
    if (!dr.Read())
    { return 1; }
    else
    {
        try
        {
            ret = ((Int32)dr["MaxId"]) + 1;
            return ret;
        }
        catch (Exception)
        {
            return ret;
        }
    }
}
#endregion getNewID

#region getDr
// DataReader eines Datensatzes oder einer Datensatzgruppe zurückgeben
// Direktzugriff auf Access
// Parameter: DataReader,SQL,Connection
// Rückgabe : Entweder True, wenn Aufruf funktioniert hat, oder False,
//            wenn Aufruf scheiterte
private Boolean getDr(ref OleDbDataReader dr, string sql, ref OleDbConnection conn)
```

```
    {
        OleDbCommand cmd = null;
        conn = new OleDbConnection(connStr);
        try
        {
            cmd = new OleDbCommand(sql, conn);
            conn.Open();
            dr = cmd.ExecuteReader();
        }
        catch (Exception) { return false; }
        return true;
    }
    #endregion getDr

    #region getDataSet
    // Liefert ein DataSet anhand eines SQL Befehls aus einer Access-Tabelle
    // Parameter SQL= SQL Anweisung, dataSetName = Name des DataSets, tableName =
    // Tabellenname
    // Rückgabe : DataSet
    private DataSet getDataSet(String SQL, String dataSetName, String tableName)
    {
        DataSet Back = new DataSet(dataSetName);
        OleDbConnection cn = new OleDbConnection(connStr);

        try
        {
            cn.Open();
            OleDbDataAdapter da = new OleDbDataAdapter(SQL, cn);
            da.Fill(Back, tableName);

        }
        catch (Exception) { return null; }
        return Back;
    }
    #endregion getDataSet

    #region executeSQL
    // Führt einen SQL-Befehl aus, liefert keine Rückgabe
    // Parameter: SQL-Anweisung
    private int executeSQL(String SQL)
    {
        // Access
        OleDbCommand cmd = null;
        OleDbConnection cn = new OleDbConnection(connStr);
        cn.Open();
        try
        {
            cmd = new OleDbCommand(SQL);
            cmd.Connection = cn;
            int a = cmd.ExecuteNonQuery();
            cn.Close();
```

```
        return a;
    }
    catch (Exception)
    {
        cn.Close();
        return 0;


    }
}
#endregion

#endregion Basic Methods
}
```

Beschreibung

Bei einem richtigen Webservice, der in der Praxis verwendet wird, ändern Sie bitte den Namespace passend zu Ihrer Anwendung ab:

```
[WebService(Namespace = "http://tempuri.org/")]
```

Global für alle Routinen verfügbar, definieren wir am Anfang der Klasse die Verbindungszeichenfolge für den Datenbankzugriff.

```
private string connStr = "Provider=Microsoft.Jet.OLEDB.4.0;Data Source='" +
                "D:\\BBB .NET goes Webservices\\Sourcen\\12
                Beispielanwendung\\Terminplanung.mdb'";
```

Ändern Sie diesen Pfad entsprechend Ihrer Verzeichnisstruktur!

Um die einzelnen thematischen Abschnitte der Klasse auseinanderzuhalten, werden diese über Regions getrennt. Damit wir nicht in einzelnen Abschnitten ertrinken, gibt es zwei große Hauptabschnitte:

```
#region Webservices
```

und

```
#region Basic Methods
```

In den Webservices sind natürlich alle benötigten Dienste, während im Abschnitt *Basic Methods* die zugrunde liegenden Basismethoden abgebildet wurden. In der Praxis würde es Sinn machen, hierfür eine Basisklasse oder noch besser eine Klasse für Basisdienste anzulegen, auf die jede separate Dienstklasse Zugriff erhält.

Unser erster Dienst ist der Login-Dienst. Wir übergeben diesem Dienst alle benötigten Daten, die wir zum Login oder aber zum Neuanlegen eines Benutzers benötigen.

```
public int LoginService(string benutzerName, string passwort, byte aktion)
{
```

Dieser Dienst gibt einen Integer-Wert zurück, welcher die ID des angemeldeten Benutzers repräsentiert. Sollte das Login nicht funktioniert haben, wird eine *-1* zurückgegeben.

Zur Unterscheidung der einzelnen Aktionen wird der Parameter *Aktion* verwendet. Innerhalb eines *switch{}*-Konstrukts steuert dieser die folgenden Verarbeitungen.

```
switch (aktion)
{
    case 1:
```

Damit wir auf jeden Fall einen definierten Zustand zugrunde legen können, initialisieren wir den Rückgabewert mit *-1*.

```
returnValue = -1;
```

Danach prüfen wir, ob es überhaupt einen Benutzer gibt, den wir als Parameter übergeben bekommen haben, und ob das Passwort stimmt.

```
getDr(ref drBenutzer, "select * from Benutzer where Benutzername='" +
        benutzerName + "' and passwort= '"+passwort+"'",
            ref cnBenutzer);

if (drBenutzer.Read())
```

Damit wir in einem potenziellen Thin-Client die vorangegangenen Zustände verwenden könnten, füllen wir die Tabelle *Workflowmarker*, falls nötig.

```
getDr(ref drWorkflow, "select * from WorkflowMarker where
                Benutzer_ID=" +
                drBenutzer["ID"].ToString(), ref cnWorkflow);

if (!drWorkflow.Read())
{
    newID = getNewID("WorkflowMarker");
    result = executeSQL("Insert into workflowMarker
            (ID,Benutzer_ID) Values (" +
            newID.ToString() + "," +
            drBenutzer["ID"].ToString() + ") ");
```

Wenn alles gutgegangen ist, setzen wir den Wert der Rückgabevariablen auf den aktuellen, angemeldeten Benutzer.

```
if (result != 0)
{
    returnValue = Convert.ToInt32(drBenutzer["ID"]);
}
```

Die zweite Aktion behandelt das Abbrechen des Logins. Hier geben wir direkt eine *-1* zurück.

```
case 2:
    returnValue = -1;
    break;
```

Der dritte Fall versucht, einen neuen Benutzer in die bestehende Tabelle einzufügen.

```
case 3:
    returnValue = -1;
    newID = getNewID("Benutzer");
    result = executeSQL("Insert into Benutzer (ID,BenutzerName, Passwort)
                         Values (" + newID.ToString() + ",'" +
                             benutzerName + "','" + passwort +"') ");
    if (result != 0)
    {
        returnValue = newID;
    }
```

Zum Abschluss geben wir die Rückgabevariable an den Aufrufer zurück.

```
return returnValue;
```

Der nächste Dienst hat zwei Versionen, die der Unterscheidung wegen explizit durch die Benennung getrennt wurden. Dieser Dienst liefert eine Benutzerliste zur Verarbeitung durch den Client. Die erste Version gibt ein XmlDocument zurück, welches grundsätzlich einer XmlNode entspricht.

```
public XmlDocument BenutzerlisteXML()
```

Um die XML-Struktur liefern zu können, benötigen wir einen Datenbankzugriff und natürlich ein XML-Dokument zum Füllen mit unseren Daten.

```
XmlDocument doc = new XmlDocument();
DataSet Benutzer = new DataSet();
```

Im XML-Kapitel haben Sie bereits gelernt, wie Sie ein XML-Dokument aus einer Datei füllen. Wir möchten aber keinen Umweg über einen Festplattenzugriff , sondern einen reinen Speicherzugriff. Aus diesem Grund verwenden wir einen Stream. In unserem Falle einen Memorystream.

```
MemoryStream memoryStream = new MemoryStream();
```

Sollten wir keine Werte erhalten, füllen wir unser Dokument sicherheitshalber mit einem Default.

```
doc.LoadXml("<BenutzerSet />");
```

Schließlich wird unser DataSet über eine Methode mit Werten gefüllt.

```
Benutzer = getDataSet("select ID, Benutzername from Benutzer", "BenutzerSet",
                      "Benutzer");
```

Wenn das DataSet nach dieser Aktion nicht leer ist, füllen wir den Memorystream mit Werten und laden das Dokument über den Stream.

```
if (Benutzer != null)
{
    Benutzer.WriteXml(memoryStream);
    UTF8Encoding encoding = new UTF8Encoding();
    string xml = encoding.GetString(memoryStream.ToArray());
    doc.LoadXml(xml);
}
```

Danach geben wir das Dokument nur noch an den Aufrufer zurück.

```
return doc;
```

Die zweite Version des Service liefert die Benutzerliste direkt als DataSet an den Aufrufer zurück. Naturgemäß enthält diese Version weniger Code und ist damit sehr übersichtlich.

```
public DataSet Benutzerliste()
{
    DataSet Benutzer = new DataSet();
    Benutzer = getDataSet("select ID, Benutzername from Benutzer", "BenutzerSet",
                          "Benutzer");
    return Benutzer ;
}
```

Dies funktioniert natürlich bestens, wenn die Konsumenten mit .NET arbeiten, aber nicht, wenn der Client beispielsweise unter Java realisiert wird. Aus diesem Grund bestehen diese Dienste aus zwei Versionen: Wir haben einmal reines .NET (DataSet), zum anderen XML als Rückgabe. Bei der XML-Rückgabe müsste man allerdings für eine wirkliche Java-Kompatibilität vielleicht einen String oder eine Struktur zurückgeben. Java kann mit einem (.NET-) XML-Dokument nicht wirklich etwas anfangen!

Die Terminabrufe funktionieren grundsätzlich nach dem gleichen Prinzip wie der Abruf der Benutzer.

```
MemoryStream memoryStream = new MemoryStream();

getDr(ref drBenutzer, "select * from Benutzer where ID=" +
                benutzerID, ref cnBenutzer);

if (drBenutzer.Read())
{
    Termine = getDataSet("select * from Termindaten where Benutzer_ID=" +
                    benutzerID,"TerminSet","Termine");
    if (Termine != null)
    {
        Termine.WriteXml(memoryStream);
        UTF8Encoding encoding = new UTF8Encoding();
        string xml = encoding.GetString(memoryStream.ToArray());
        doc.LoadXml(xml);
    }
```

Genauso der Abruf der Berechtigungslisten.

```
OleDbDataReader drBenutzer = null;
OleDbConnection cnBenutzer = null;

DataSet Berechtigungen = new DataSet();
if (benutzerID == "") return Berechtigungen;

string SQL = "SELECT Berechtigungen.ID as ID, Benutzer_1.ID as Benutzer_ID,
                Benutzer_1.Benutzername as Benutzername " +
                "FROM (Berechtigungen INNER JOIN Benutzer ON
                Berechtigungen.Benutzer_ID = " +
                "Benutzer.ID) INNER JOIN Benutzer AS Benutzer_1 ON " +
                "Berechtigungen.BerechtigterBenutzer_ID = Benutzer_1.ID " +
                "WHERE (((Benutzer.ID)=" + benutzerID + "))";

getDr(ref drBenutzer, "select * from Benutzer where ID=" +
                benutzerID, ref cnBenutzer);

if (drBenutzer.Read())
{
    Berechtigungen = getDataSet(SQL, "BerechtigungSet", "Berechtigungen");
}
return Berechtigungen;
```

Damit ein Fremdzugriff auf eigene Daten erfolgen kann, benötigen wir laut unserer Planung einen Dienst, um Berechtigungen zu speichern. Dieser Dienst muss intern beachten, dass der eigentliche Workflow nicht durchbrochen wird. Das heißt zum Beispiel, dass ein Benutzer nicht einfach Berechtigugnen für einen anderen Benutzer speichern oder löschen darf. Aus diesem Grund benötigen wir bei den meisten folgenden Routinen die Benutzer- ID und die Login-ID des Anfragers.

```
public bool BerechtigungSpeichern(string ID, string loginID, string benutzerID,
                            string berechtigterBenutzerID)
```

Innerhalb des Dienstes werden diese mit der Datenbank gegengeprüft. Erst nach dem Feststellen der Berechtigung für eine bestimmte Aktion wird der angeforderte Request verarbeitet.

```
if (permission == true)
{
    if (drBenutzer.Read())
    {
        if (ID == "")
        {
            newID = getNewID("Berechtigungen");
            result = executeSQL("insert into Berechtigungen
                        (ID,Benutzer_ID,BerechtigterBenutzer_ID) values" +
                        "(" + newID.ToString() + "," + loginID + "," +
                        berechtigterBenutzerID + ")");
```

```
            }
            else
            {
                result = executeSQL("update Berechtigungen set Benutzer_ID = " +
                               loginID + "," + "BerechtigterBenutzer_ID = " +
                               berechtigterBenutzerID + " where ID=" +
                               ID);
            }
        }
    }
    if (result != 0) returnValue = true;

    return returnValue;
```

Der Benutzer erhält bei den Diensten eine Erfolgsrückgabe in Form eines booleschen Werts, also entweder *True* oder *False* für Erfolg oder Misserfolg der jeweiligen Aktion.

Der Dienst, um Berechtigungen zu entfernen, benötigt nur die Login-ID und die ID des zu entfernenden Satzes, da nur Besitzer Berechtigungen löschen dürfen.

```
public bool BerechtigungLoeschen(string ID, string loginID)


            if (drBerechtigung["Benutzer_ID"].ToString() == loginID)
                permission = true;
```

Das Speichern eines Termins kann entweder von einem Besitzer oder aber von einem anderen Benutzer erfolgen, wenn dieser Rechte zugewiesen bekommen hat. Aus diesem Grund benötigen wir wieder das volle Parameterprogramm.

```
public bool TerminSpeichern(DateTime termin, string beschreibung,
                       string benutzerID, string terminID,
                       string loginID)
```

Es gibt drei mögliche Verzweigungen. Entweder ist der Benutzer der Besitzer des Termins, oder der Benutzer besitzt Zugriffsberechtigung. Der dritte Fall beinhaltet die Möglichkeit, dass der Benutzer keinen Zugriff auf den Datensatz erhält.

```
            if (drTermin["Benutzer_ID"].ToString() == loginID) permission = true;


    getDr(ref drBerechtigung, "select * from Berechtigungen where Benutzer_ID=" +
                       benutzerID + " and BerechtigterBenutzer_ID=" +
                       loginID, ref cnBerechtigung);
    if (drBerechtigung.Read()) permission = true;
```

Grundsätzlich gibt es noch einen Prüffall, den ich aber bewusst nicht beachtet habe, obwohl er in der Planungsphase definiert wurde. Ich wollte Ihnen die Möglichkeit geben, etwas zu experimentieren und diesen Fall selbst zu implementieren. Ich spreche vom Fall der Terminsperrung. Wir haben innerhalb der Termine ein Feld namens *Gesperrt*. Der Wert dieses Feldes kann im Fat-Client gesetzt und gelöscht werden. Versuchen Sie, die Bedingung, welche dieses Flag repräsentiert, in den Sourcecode der einzelnen Routinen zu implementieren (*TerminSpeichern, TerminLoeschen*).

Die Logik für die Bearbeitung des Dienstes *TerminLoeschen* entspricht grundsätzlich der Logik des Dienstes *TerminSpeichern*.

```
if (drTermin.Read())
{
    if (drTermin["Benutzer_ID"].ToString() == loginID) permission = true;
}


getDr(ref drBerechtigung, "select * from Berechtigungen where Benutzer_ID=" +
                benutzerID + " and BerechtigterBenutzer_ID=" +
                loginID, ref cnBerechtigung);
if (drBerechtigung.Read()) permission = true;
```

Damit der Terminstatus in gesperrt oder freigegeben geändert werden kann, wird geprüft, ob der Benutzer dem Besitzer entspricht.

```
if (drTermin["Benutzer_ID"].ToString() == loginID) permission = true;
```

Niemand außer dem Besitzer darf Terminsperrungen ausführen.

Je nach Modus, Sperren oder Freigeben, wird der jeweilige Status gesetzt.

```
if (sperren)
{
    result = executeSQL("update Termindaten set gesperrt = true
                where ID=" + terminID);
}
else
{
    result = executeSQL("update Termindaten set gesperrt = false
                where ID=" + terminID);
}
```

Das waren bereits alle Dienste, die wir zur Erstellung unserer Clients benötigen. Alle diese Dienste basieren auf wenigen, einfach aufgebauten Methoden. Um einen neuen Satz in eine Tabelle einzufügen, benötigen wir eine neue, eindeutige ID. Zu diesem Zweck existiert die Methode *getNewID*. Mit dem Parameter *Tabelle* definieren wir, aus welcher Tabelle der neue Index gezogen werden soll.

```
private Int32 getNewID(string table)
```

Damit wir einen neuen höchsten Index erhalten, verwenden wir den SQL-*Max()*-Befehl.

```
getDr(ref dr, "select max (id) as MaxId from " + table, ref cn);
```

Sollte der DataReader nicht gefüllt worden sein, gehen wir davon aus, dass die Tabelle noch leer ist, und geben eine 1 als Indexwert zurück.

```
if (!dr.Read())
{ return 1; }
```

Sollte beim Konvertieren des Tabellenfeldes kein Fehler auftreten (NULL-Wert etc.), erhöhen wir den aktuell höchsten Index um 1 und geben diesen zurück.

```
ret = ((Int32)dr["MaxId"]) + 1;
return ret;
```

Im Fehlerfall geben wir eine 1 zurück.

```
catch (Exception)
{
    return ret;
}
```

Um einen Datareader zu erhalten, verwenden wir die Methode *getDR()*.

```
private Boolean getDr(ref OleDbDataReader dr, string sql, ref OleDbConnection conn)
{
```

Sollte der Aufruf fehlgeschlagen sein, liefert diese Funktion ein *False* zurück, im Erfolgsfall ein *True*. Sowohl den DataReader als auch die Connection übergeben wir als referenzierte Parameter, um sie später verwenden zu können.

Die eigentliche Logik ist sehr einfach. Wir erstellen ein Kommando aus dem übergebenen SQL-Befehl und führen es aus.

```
cmd = new OleDbCommand(sql, conn);
conn.Open();
dr = cmd.ExecuteReader();
```

Für unsere Listen benötigen wir ein Datset. Dieses DataSet wird mit der Methode *getDataSet()* erzeugt.

```
private DataSet getDataSet(String SQL, String dataSetName, String tableName)
```

Da ein DataSet mehrere Tabellen beinhalten kann, vergeben wir einen DataSet-Namen und einen Tabellennamen, welche später verwendet werden können.

```
private DataSet getDataSet(String SQL, String dataSetName, String tableName)
```

Der Parameter *SQL* beinhaltet die auszuführende SQL-Anweisung. Ein DataSet zu erstellen ist grundsätzlich nicht schwieriger als einen DataReader zu erzeugen.

```
cn.Open();
OleDbDataAdapter da = new OleDbDataAdapter(SQL, cn);
da.Fill(Back, tableName);
```

Sollte das Erzeugen nicht funktionieren, geben wir einen NULL-Wert zurück.

```
catch (Exception) { return null; }
```

Um unsere Daten auch in den einzelnen Tabellen speichern zu können, benötigen wir eine Methode. Der Einfachheit halber verwenden wir einen direkten SQL-Befehl. Die einzelnen Befehle werden über die Methode *executeSQL()* abgesetzt.

```
{
    cmd = new OleDbCommand(SQL);
    cmd.Connection = cn;
    int a = cmd.ExecuteNonQuery();
    cn.Close();
    return a;
}
```

Zurückgegeben wird die Anzahl der betroffenen Datensätze.

12.2.2 Terminplanung Fat-Client

Damit wir auf unsere Dienste zugreifen können, benötigen wir einen Client. Grundsätzlich ist es uns ziemlich egal, welchen Weg wir einschlagen, da sowieso die Dienste die ganze Arbeit erledigen. Ich habe mich aber für einen Fat-Client entschieden, weil dieser einen direkteren Weg verwenden kann als ein browserbasierender Thin-Client.

C# Fat-Client für den Terminplanerdienst

Der nachfolgende Client (Konsument) verwendet unsere Beispieldienste für die Terminplanung. Die verwendete .NET-Version ist 2.0.

Listing: cd:\Sourcen\12 Beispielanwendung Clients\Fat-Client

Benötigte Namespaces

System, *System.Collections.Generic*, *System.Data.OleDb*, *System.Xml* und alle grundsätzlichen Namespaces.

Sourcecode Loginformular

```
using System;
using System.Collections.Generic;
using System.ComponentModel;
using System.Data;
using System.Drawing;
using System.Text;
using System.Windows.Forms;

namespace WindowsApplication1
{
    public partial class Login : Form
    {
        private string _loginID = "-1";
        public string LoginID { get { return _loginID; } }
```

```
public Login()
{
    InitializeComponent();
}

private void buttonOK_Click(object sender, EventArgs e)
{
    TerminplanerDienst.Service tService = new TerminplanerDienst.Service();

    if ( (_loginID = tService.LoginService(textBoxBenutzer.Text,
                    textBoxPasswort.Text, 1).ToString() ) != "-1"  )
    {
        this.DialogResult = DialogResult.OK;
    }
    else
    {
        this.DialogResult = DialogResult.No;
    }
    this.Close();
}

private void buttonAbbruch_Click(object sender, EventArgs e)
{
    this.DialogResult = DialogResult.Abort;
    this.Close();
}

private void buttonNeu_Click(object sender, EventArgs e)
{
    TerminplanerDienst.Service tService = new TerminplanerDienst.Service();
    if ( (_loginID = tService.LoginService(textBoxBenutzer.Text,
                    textBoxPasswort.Text, 3).ToString() ) != "-1"  )
    {
        this.DialogResult = DialogResult.Yes;
    }
    else
    {
        this.DialogResult = DialogResult.Abort;
    }
    this.Close();
}
    }
}
```

Beschreibung Loginformular

Das Loginformular dient nur dazu, die Logindaten des Benutzers aufzunehmen und entsprechend an den Aufrufer weiterzugeben. Aus diesem Grund benötigen wir eine Variable, die die User-ID aufnimmt, ein Property, welches diese Variable an den Aufrufer zurückgeben kann.

```
private string _loginID = "-1";
public string LoginID { get { return _loginID; } }
```

Auf dem eigentlichen Formular befinden sich drei Buttons, *OK, Abbrechen* und *Neu anlegen.*

Der *OK*-Button erstellt eine Instanz des Terminplanerdienstes, den wir als Verweis in das Projekt eingebunden haben.

```
TerminplanerDienst.Service tService = new TerminplanerDienst.Service();
```

Der Dienst selbst wurde so konfiguriert, dass er eine feste Portadresse verwendet. Sollte dieser Port bei Ihnen nicht zur Verfügung stehen, ändern Sie ihn bitte entsprechend ab.

Beim Login wird über den entsprechenden Dienst (*LoginService()*) geprüft, ob der angegebene Benutzer existiert. Die Login-ID des Benutzers wird im Anschluss an den Aufrufer zurückgegeben. Sollte etwas schiefgehen, wird eine *-1* zurückgeliefert.

```
if ( (_loginID = tService.LoginService(textBoxBenutzer.Text,
        textBoxPasswort.Text, 1).ToString() ) != "-1"  )
```

Abhängig von der Rückgabe wird das DialogResult des Formulars gesetzt.

```
{
    this.DialogResult = DialogResult.OK;
}
else
{
    this.DialogResult = DialogResult.No;
}
```

OK bedeutet, das Login hat funktioniert, *No* bedeutet, das Login ist fehlgeschlagen.

Beim Abbrechen des Logins benötigen wir unseren Service nicht, obwohl er darauf vorbereitet wäre. Die Funktionalität wurde trotzdem im Service vorbereitet, weil es nötig werden könnte, bestimmte Zustände zu setzen. Dann müssten wir in der Abbruchroutine natürlich den Service auch aufrufen.

```
private void buttonAbbruch_Click(object sender, EventArgs e)
{
    this.DialogResult = DialogResult.Abort;
    this.Close();
}
```

In der Methode des *Neu*-Buttons wird versucht, einen neuen Benutzer anzulegen. Auch hier wird die Login-ID entsprechend gesetzt und die DialogResults korrespondierend angepasst.

```
if ( (_loginID = tService.LoginService(textBoxBenutzer.Text,
                textBoxPasswort.Text, 3).ToString() ) != "-1"  )
{
    this.DialogResult = DialogResult.Yes;
}
else
{
    this.DialogResult = DialogResult.Abort;
}
```

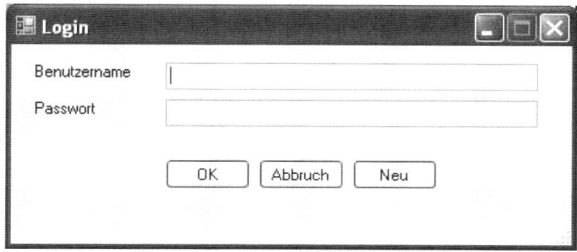

Bild 12.4: Das Loginfenster des Fat-Clients

Der nächste Abschnitt bezieht sich auf das Hauptfenster, in dem die ganze Konsumentenlogik untergebracht wurde.

Sourcecode Hauptfenster

```
using System;
using System.Collections.Generic;
using System.ComponentModel;
using System.Data;
using System.Drawing;
using System.Text;
using System.Windows.Forms;
using System.Data.OleDb;
using System.Xml;

namespace WindowsApplication1
{
    public partial class Hauptfenster : Form
    {
        private TerminplanerDienst.Service tService = new TerminplanerDienst.Service();
        private string loginID = "";

        public Hauptfenster()
        {
            InitializeComponent();
        }
```

```csharp
private void Hauptfenster_Load(object sender, EventArgs e)
{
    Form frmLogin = new Login();
    DialogResult result = frmLogin.ShowDialog();
    loginID = (frmLogin as Login).LoginID;

    if (result == DialogResult.Abort)
    {
        MessageBox.Show("Abbruch!");
        this.Close();
    }

    if (result == DialogResult.No)
    {
        MessageBox.Show("Falsches Login!");
        this.Close();
    }

    if (result == DialogResult.OK)
    {
        MessageBox.Show("Login erfolgreich!");

        DataSet benutzer = tService.Benutzerliste();
        fillCombo(benutzer, ref comboBoxBenutzerTermine, "ID", "Benutzername");
        fillCombo(benutzer, ref comboBoxBenutzerBerechtigungen, "ID",
                  "Benutzername");
    }

    if (result == DialogResult.Yes)
    {
        MessageBox.Show("Neuer benutzer eingetragen\n\rBitte neu Anmelden!");
        this.Close();
    }
}

private void comboBoxBenutzerTermine_SelectedIndexChanged(object sender,
                                                          EventArgs e)
{
    textBoxBerechtigungID.Text = "";
    textBoxTerminID.Text = "";

    try
    {
        int val = Convert.ToInt32(comboBoxBenutzerTermine.SelectedValue);

        textBoxBenutzerID.Text = val.ToString();
        DataSet ds = tService.Terminabrufe(textBoxBenutzerID.Text);
        fillListView(ds, ref listViewTermine);

        DataSet ds1 = tService.BerechtigungenAbrufen(textBoxBenutzerID.Text);
        fillListView(ds1, ref listViewBerechtigungen);
    }
    catch (Exception)
    { }
```

```
    }

    private void listViewTermine_Click(object sender, EventArgs e)
    {
        textBoxTerminID.Text = listViewTermine.SelectedItems[0].SubItems[0].Text;
        textBoxTermin.Text = listViewTermine.SelectedItems[0].SubItems[1].Text;
        textBoxBeschreibung.Text =
                            ListViewTermine.SelectedItems[0].SubItems[2].Text;
    }

    private void buttonLoeschen_Click(object sender, EventArgs e)
    {
        if (textBoxTerminID.Text != "")
        {
            tService.TerminLoeschen(textBoxTerminID.Text, textBoxBenutzerID.Text,
                                loginID);
            DataSet ds = tService.Terminabrufe(textBoxBenutzerID.Text);
            fillListView(ds, ref listViewTermine);
        }
    }

    private void buttonEintragen_Click(object sender, EventArgs e)
    {
        if (textBoxBenutzerID.Text != "")
        {
            try
            {
                DateTime dt = Convert.ToDateTime(textBoxTermin.Text);
                tService.TerminSpeichern(dt, textBoxBeschreibung.Text,
                                    textBoxBenutzerID.Text,
                                    textBoxTerminID.Text, loginID);
                DataSet ds = tService.Terminabrufe(textBoxBenutzerID.Text);
                fillListView(ds, ref listViewTermine);
            }
            catch (Exception) { }
        }
    }

    private void listViewBerechtigungen_Click(object sender, EventArgs e)
    {
        textBoxBerechtigungID.Text =
                        listViewBerechtigungen.SelectedItems[0].SubItems[0].Text;
    }

    private void buttonSperren_Click(object sender, EventArgs e)
    {
        if (textBoxTerminID.Text != "" && textBoxBenutzerID.Text != "")
        {
            tService.TerminStatus(textBoxTerminID.Text, textBoxBenutzerID.Text,
                                loginID, true);
            DataSet ds = tService.Terminabrufe(textBoxBenutzerID.Text);
            fillListView(ds, ref listViewTermine);
        }
    }
```

```
private void buttonFreigeben_Click(object sender, EventArgs e)
{
    if (textBoxTerminID.Text != "" && textBoxBenutzerID.Text != "")
    {
        tService.TerminStatus(textBoxTerminID.Text, textBoxBenutzerID.Text,
                              loginID, false);
        DataSet ds = tService.Terminabrufe(textBoxBenutzerID.Text);
        fillListView(ds, ref listViewTermine);
    }
}


private void comboBoxBenutzerBerechtigungen_SelectedIndexChanged(object sender,
                                                                 EventArgs e)
{
    textBoxBenutzerBerechtigungID.Text = "";

    try
    {
        int val = Convert.ToInt32(comboBoxBenutzerBerechtigungen.SelectedValue);
        textBoxBenutzerBerechtigungID.Text = val.ToString();
    }
    catch (Exception)
    {  }
}


private void buttonBerechtigungZuweisen_Click(object sender, EventArgs e)
{
    if (textBoxBenutzerID.Text != "" &&
        textBoxBenutzerBerechtigungID.Text != "")
    {
        tService.BerechtigungSpeichern(textBoxBerechtigungID.Text, loginID,
                                       textBoxBenutzerID.Text,
                         textBoxBenutzerBerechtigungID.Text);
        DataSet ds = tService.BerechtigungenAbrufen(textBoxBenutzerID.Text);
        fillListView(ds, ref listViewBerechtigungen);
    }
}


private void buttonBerechtigungLoeschen_Click(object sender, EventArgs e)
{
    if (textBoxBerechtigungID.Text != "")
    {
        tService.BerechtigungLoeschen(textBoxBerechtigungID.Text, loginID);
        DataSet ds = tService.BerechtigungenAbrufen(textBoxBenutzerID.Text);
        fillListView(ds, ref listViewBerechtigungen);
    }
}

// Allgemeine Methoden
```

```
#region fillListView
        // Füllt eine ListView mit Daten
        // Parameter: DataSet, Listview
  private long fillListView(DataSet ds, ref ListView listView)
        {
            ListViewItem lItem = null;
            ListViewItem.ListViewSubItem lSubItem = null;
            ColumnHeader columnHeader = null;
            DateTime dateTime = new DateTime();
            Boolean isFirst = true;

            listView.Clear();
            listView.View = View.Details;
            listView.FullRowSelect = true;
            listView.GridLines = true;

            foreach (DataRow row in ds.Tables[0].Rows)
            {
                if (isFirst)
                {
                    isFirst = false;
                    for (int a = 0; a < row.Table.Columns.Count; a++)
                    {
                        columnHeader = new ColumnHeader();
                        columnHeader.Text =
                                    row.Table.Columns[a].ColumnName.ToString();
                        listView.Columns.Add(columnHeader);
                        listView.Columns[a].Width = -2;
                    }
                }

                lItem = new ListViewItem(row[0].ToString().Trim(), 0);

                for (int a = 1; a < row.Table.Columns.Count; a++)
                {
                    if (row.Table.Columns[a].DataType != typeof(DateTime))
                    {
                        lSubItem = lItem.SubItems.Add(row[a].ToString().Trim());
                    }
                    else
                    {
                        if (row[a].ToString() != "")
                        {
                            string dtOut = "";
                            try { dateTime = Convert.ToDateTime(row[a].ToString());
                            }
                            catch (Exception ex) { dtOut = " "; }
                            finally { dtOut = dateTime.ToString
                                               ("dd.MM.yyyy HH:MM:ss"); }

                            lSubItem = lItem.SubItems.Add(dtOut);
                        }
```

```
                                  else
                                  { lSubItem = lItem.SubItems.Add(""); }
                            }
                      }
                      listView.Items.Add(lItem);
                }

                for (int a = 0; a < listView.Columns.Count - 1; a++)
                {
                      listView.Columns[a].Width = -2;
                }
                listView.Visible = true;
                return 0;
          }
#endregion

#region fillCombo
          // Füllt eine ComboBox mit Daten
          // Parameter: DataSet, ComboBox, ID Feld und DatenFeld
          private long fillCombo(DataSet ds, ref ComboBox comboBox, string idField,
                                  string dataField)
          {

                String[] dataFields = null;

                // Split Parameter
                dataFields = dataField.Split(new char[] { ',' });

                Boolean isFirst = true;
                System.Data.DataView dv = null;
                System.Data.DataTable dt = null;
                System.Data.DataRow rw = null;

                dt = new System.Data.DataTable();
      dt.Columns.Add(dataField,System.Type.GetType("System.String") );
           dt.Columns.Add("ID", System.Type.GetType("System.Int32"));

                rw = dt.NewRow();
                rw[dataField] = (System.Object) " ";
                rw["ID"] = (System.Object) 0;
                dt.Rows.Add(rw);

                comboBox.DataSource = null;
                comboBox.Items.Clear();
                comboBox.BeginUpdate();

                foreach (DataRow row in ds.Tables[0].Rows)
                {
                      if (isFirst)
                      {
                            isFirst = false;
                      }

                      String targetFieldValue = "";
```

```
        foreach (string s in dataFields)
        {
            if (row[s].ToString() != "")
            {
                targetFieldValue += row[s].ToString() + " ";
            }
        }

        rw = dt.NewRow();
        rw[dataField] = targetFieldValue;
        rw["ID"] = row[idField].ToString();
        dt.Rows.Add(rw);

    }
    dv = new System.Data.DataView(dt);
    comboBox.DataSource = dv;
    comboBox.DisplayMember = dataField;
    comboBox.ValueMember = idField;


    comboBox.EndUpdate();
    comboBox.SelectedText = "";
    comboBox.SelectedValue = 0;

    return 0;
    }
    #endregion
}
}
```

Beschreibung Hauptfenster

Im kompletten Fat-Client fällt auf, dass wir keinerlei Routinen für eine Datenbank-abfrage benötigen. Alle benötigten Schreib- und Leseoperationen erfolgen natürlich über unsere Webdienste.

Aus diesem Grund ist unser Fat-Client schön schlank und übersichtlich. Man bemerkt sofort den enormen Vorteil, den diese Art der Entwicklung bietet. Der Sourcecode wird logisch getrennt in Client- und Serverroutinen. Der Client verwendet die benötigten Dienste, sieht aber nicht, was diese tun. Dies entlastet den Entwickler enorm, da er sich auf seinen eigenen, überschaubaren Sourcecode konzentrieren kann. Wenn Änderungen in der Logik der Dienste erforderlich werden sollten, ist es dem Entwickler des Clients relativ egal, solange die Aufrufschnittstellen und die Verträge der Dienste nicht geändert werden.

Im Hauptfenster erzeugen wir als Erstes eine Instanz auf den Service und erstellen eine Variable für das Halten der Logininformationen.

```
private TerminplanerDienst.Service tService = new TerminplanerDienst.Service();
private string loginID = "";
```

Wenn das Hauptfenster geladen wird, starten wir die Loginroutine, damit sich ein Benutzer anmelden kann.

```
private void Hauptfenster_Load(object sender, EventArgs e)
{
    Form frmLogin = new Login();
    DialogResult result = frmLogin.ShowDialog();
```

Wir weisen einer DialogResult-Variablen das Ergebnis des Logindialogs zu, damit wir unterscheiden können, was beim Login passiert ist. Gleichzeitig setzen wir unsere Login-ID:

```
loginID = (frmLogin as Login).LoginID;
```

Anhand der verschiedenen Zustände, die wir im Logindialog gesetzt haben, können wir nun unterscheiden, was der Logindienst zurückgemeldet hat. Aus diesem Grund habe ich im Logindialog verschiedene DialogResults für eigentlich die gleiche Aktionen verwendet!

```
if (result == DialogResult.Abort)
{
    MessageBox.Show("Abbruch!");
    this.Close();
}

if (result == DialogResult.No)
{
    MessageBox.Show("Falsches Login!");
    this.Close();
}

if (result == DialogResult.OK)
{
    MessageBox.Show("Login erfolgreich!");
```

Da dies eine Testapplikation zum Experimentieren ist, gebe ich für jedes Loginereignis eine entsprechende Meldung per MessageBox aus.

Wenn das Login erfolgreich war, also ein DialogResult mit dem Wert *OK* zurückgeliefert wird, werden die ComboBoxen des Formulars mit den Wertelisten gefüllt. Hierzu verwenden wir ein DataSet und natürlich den Service für die Benutzerliste.

```
DataSet benutzer = tService.Benutzerliste();
fillCombo(benutzer, ref comboBoxBenutzerTermine, "ID", "Benutzername");
fillCombo(benutzer, ref comboBoxBenutzerBerechtigungen, "ID",
        "Benutzername");
```

Wenn ein Neueintrag erfolgte, wird die Applikation beendet, damit der Benutzer sich anmelden kann.

```
if (result == DialogResult.Yes)
{
    MessageBox.Show("Neuer benutzer eingetragen\n\rBitte neu Anmelden!");
    this.Close();
}
```

Wenn innerhalb der Benutzer-ComboBox für die Terminliste ein neuer Index ausgewählt wird, setzen wir die ID-Felder auf unserem Formular entsprechend der aktuellen Auswahl. Um einen definierten Zustand für die Listen zu erhalten, löschen wir die Terminlisten-ID und die Berechtigungslisten-ID.

```
textBoxBerechtigungID.Text = "";
textBoxTerminID.Text = "";

try
{
    int val = Convert.ToInt32(comboBoxBenutzerTermine.SelectedValue);

    textBoxBenutzerID.Text = val.ToString();
```

Wenn die Konvertierung des ComboBoxwerts einen Zahlenwert erzeugt hat, laden wir ein DataSet mit der aktuellen Terminliste für den ausgewählten Benutzer.

```
DataSet ds = tService.Terminabrufe(textBoxBenutzerID.Text);
fillListView(ds, ref listViewTermine);
```

Zusätzlich rufen wir über den zugehörigen Dienst die Berechtigungsliste für den ausgewählten Benutzer ab.

```
DataSet ds1 = tService.BerechtigungenAbrufen(textBoxBenutzerID.Text);
fillListView(ds1, ref listViewBerechtigungen);
```

Wenn der Benutzer einen Termin in der Liste anklickt, benötigen wir für eine spätere Verarbeitung die ID dieses Termins. Wir speichern diese ID in der ID-TextBox.

```
private void listViewTermine_Click(object sender, EventArgs e)
{
    textBoxTerminID.Text = listViewTermine.SelectedItems[0].SubItems[0].Text;
```

Da wir einen ausgewählten Termin auch bearbeiten möchten, übergeben wir die Termindaten in zwei TextBoxen.

```
textBoxTermin.Text = listViewTermine.SelectedItems[0].SubItems[1].Text;
textBoxBeschreibung.Text =
        ListViewTermine.SelectedItems[0].SubItems[2].Text;
```

Wenn wir einen Termin löschen möchten, genügt es, die Logindaten, den Benutzer und die Termin-ID zu übergeben. Der Webservice kümmert sich um die Einhaltung der Regeln und des Workflows.

```
private void buttonLoeschen_Click(object sender, EventArgs e)
{
    if (textBoxTerminID.Text != "")
    {
        tService.TerminLoeschen(textBoxTerminID.Text, textBoxBenutzerID.Text,
                                loginID);
```

In diesem Fall interessiert uns gar nicht, ob die Rückgabe des Webservice *True* oder *False* ist, wir laden einfach die Anzeigeliste neu und zeigen sie an.

```
DataSet ds = tService.Terminabrufe(textBoxBenutzerID.Text);
fillListView(ds, ref listViewTermine);
```

Das Eintragen eines Termins ist nicht besonders kompliziert, da uns natürlich auch hier unser Webservice die Arbeit abnimmt. Wir übergeben nur die Daten, um den Rest kümmert sich der Dienst.

```
try
{
    DateTime dt = Convert.ToDateTime(textBoxTermin.Text);
    tService.TerminSpeichern(dt, textBoxBeschreibung.Text,
                             textBoxBenutzerID.Text,
                             textBoxTerminID.Text, loginID);
```

Nach dem Ausführen füllen wir wieder die Anzeigeliste, damit das aktualisierte Resultat angezeigt wird.

```
DataSet ds = tService.Terminabrufe(textBoxBenutzerID.Text);
fillListView(ds, ref listViewTermine);
}
```

Wenn in der Liste für Berechtigungen, die der aktuelle Benutzer vergeben hat, ein Eintrag angeklickt wird, speichern wir die entsprechende ID wieder in einem ID-Feld auf dem Formular.

```
private void listViewBerechtigungen_Click(object sender, EvertArgs e)
{
    textBoxBerechtigungID.Text =
            listViewBerechtigungen.SelectedItems[0].SubItems[0].Text;
```

Beim Sperren eines Termins benötigen wir sowohl die Termin-ID als auch den Benutzer, deshalb prüfen wir zuerst, ob diese gesetzt wurden.

```
private void buttonSperren_Click(object sender, EventArgs e)
{
    if (textBoxTerminID.Text != "" && textBoxBenutzerID.Text != "")
    {
```

Wenn alles in Ordnung ist, sperren wir den gewählten Termin, indem wir dem Dienst als letzten Parameter ein *True* übergeben.

```
tService.TerminStatus(textBoxTerminID.Text, textBoxBenutzerID.Text,
                        loginID, true);
```

Danach wird die abhängige Liste aktualisert.

```
DataSet ds = tService.Terminabrufe(textBoxBenutzerID.Text);
fillListView(ds, ref listViewTermine);
```

Das Freigeben eines Termins funktioniert genauso, nur mit einem *False* als Parameter.

```
private void buttonFreigeben_Click(object sender, EventArgs e)
{
    if (textBoxTerminID.Text != "" && textBoxBenutzerID.Text != "")
    {
        tService.TerminStatus(textBoxTerminID.Text, textBoxBenutzerID.Text,
                                loginID, false);
        DataSet ds = tService.Terminabrufe(textBoxBenutzerID.Text);
        fillListView(ds, ref listViewTermine);
    }
}
```

Wenn ein Benutzer für die Berechtigungen aus der ComboBox ausgewählt wird, setzen wir auch hier zuerst einen definierten Zustand fest.

```
textBoxBenutzerBerechtigungID.Text = "";
```

Danach füllen wir die ID-TextBox mit dem resultierenden Wert.

```
try
{
    int val =
            Convert.ToInt32(comboBoxBenutzerBerechtigungen.SelectedValue);
    textBoxBenutzerBerechtigungID.Text = val.ToString();
}
catch (Exception)
{ }
}
```

Wenn ein Benutzer eine Berechtigung an einen anderen Benutzer erteilt, muss ein Berechtigungsbenutzer ausgewählt sein. Wir übergeben alle Benutzer und Logindaten an den Service, der diese dann intern verarbeitet und erkennt, ob Berechtigungen zugewiesen werden dürfen.

```
private void buttonBerechtigungZuweisen_Click(object sender, EventArgs e)
{
    if (textBoxBenutzerID.Text != "" &&
        textBoxBenutzerBerechtigungID.Text != "")
    {
tService.BerechtigungSpeichern(textBoxBerechtigungID.Text, loginID,
                                textBoxBenutzerID.Text,
                                textBoxBenutzerBerechtigungID.Text);
```

Danach wird wieder die Liste aktualisiert.

```
        DataSet ds = tService.BerechtigungenAbrufen(textBoxBenutzerID.Text);
        fillListView(ds, ref listViewBerechtigungen);
    }
  }
```

Berechtigungen dürfen nur vom Besitzer gelöscht werden. Deshalb erhält der Dienst für diese Anforderung nur die ID der Berechtigung, die gelöscht werden soll, und die Login-ID.

```
    tService.BerechtigungLoeschen(textBoxBerechtigungID.Text, loginID);
```

Und, nicht vergessen, die Liste aktualisieren …

```
        DataSet ds = tService.BerechtigungenAbrufen(textBoxBenutzerID.Text);
        fillListView(ds, ref listViewBerechtigungen);
    }
  }
```

Damit ist die Hauptlogik unseres Clients bereits beendet. Natürlich krankt die Eleganz des Sourcecodes ein wenig, ebenso wie an manchen Stellen die Logik. Bedenken Sie aber, dass dies nur ein Beispiel zur Funktionsweise ist. Eine richtige Anwendung müsste natürlich bei Weitem mehr abgesichert werden, die Dienste sollten konfigurierbar sein und vieles mehr.

Im Abschnitt »Allgemeine Methoden« finden wir noch zwei Routinen, die uns das Füllen einer ListView und einer ComboBox erleichtern.

Ein einfacher Weg, Daten anzuzeigen und auf ihre Inhalte zuzugreifen, sind ListViews. Sie kennen diese ListViews aus Ihrem Explorer. Sie können eine ListView in verschiedene Anzeigemodi schalten und zum Beispiel Icons oder eben Detaillisten anzeigen lassen.

Für unsere Anwendung benötigen wir eine Detailliste der Daten, die in Tabellenform angeordnet werden. Da es umständlich ist, das Befüllen immer von Hand durchzuführen, legen wir eine eigene Methode *fillListView()* an.

```
    private long fillListView(DataSet ds, ref ListView listView)
      {
```

Wie Sie sehen, übergeben wir dieser Methode ein DataSet, welches die Daten enthält, und eine Referenz auf eine bestehende ListView.

Für den späteren Gebrauch definieren wir verschiedene Variablen, unter anderem ListItems und SubItems.

```
        ListViewItem lItem = null;
        ListViewItem.ListViewSubItem lSubItem = null;
        ColumnHeader columnHeader = null;
        DateTime dateTime = new DateTime();
        Boolean isFirst = true;
```

Dann sorgen wir dafür, dass wir mit einer sauberen Umgebung arbeiten.

```
listView.Clear();
listView.View = View.Details;
listView.FullRowSelect = true;
listView.GridLines = true;
```

Damit unsere ListView das Aussehen einer Tabelle annimmt, müssen wir als Erstes Columnheader erzeugen, die die Spalten unserer Tabelle anzeigen. Hierfür durchlaufen wir mit einer Foreach-Schleife alle Rows unserer Ursprungstabelle.

```
foreach (DataRow row in ds.Tables[0].Rows)
{
```

Da wir diese Schleife auch für die Daten verwenden, setzen wir uns einen Marker, der anzeigt, dass wir uns beim ersten Durchlauf befinden. Nur beim ersten Durchlauf erzeugen wir (zusätzlich) die Header.

```
if (isFirst)
{
    isFirst = false;
```

Unsere Spalteninformationen beziehen wir direkt aus der Tabelle. Deshalb durchlaufen wir alle Columns der aktuellen ersten Tabelle im DataSet.

```
for (int a = 0; a < row.Table.Columns.Count; a++)
{
```

Wir erzeugen einen neuen Spaltenkopf:

```
columnHeader = new ColumnHeader();
```

Nun können wir auch den Text der Header-Column setzen.

```
columnHeader.Text =
row.Table.Columns[a].ColumnName.ToString();
```

Hierzu nehmen wir natürlich den Namen der Saplte aus unserer Tabelle.

Zum Abschluss fügen wir diesen Header der Auflistung in der ListView hinzu.

```
listView.Columns.Add(columnHeader);
listView.Columns[a].Width = -2;
```

Für die einzelnen Spalten erzeugen wir ein ListViewItem, welches als Text den Inhalt der ersten Spalte erhält.

```
lItem = new ListViewItem(row[0].ToString().Trim(), 0);
```

Dieses Item ist der Vater aller folgenden SubItems, also aller folgenden Tabellenspalten, welche wir als Nächstes über eine Schleife einfügen.

```
for (int a = 1; a < row.Table.Columns.Count; a++)
{
```

Wenn der Datentyp nicht einem DateTime-Feld entspricht, wird direkt ein SubItem mit dem entsprechenden Text erzeugt.

```
if (row.Table.Columns[a].DataType != typeof(DateTime))
{
        lSubItem = lItem.SubItems.Add(row[a].ToString().Trim());
}
```

Sollte der Datentyp ein DateTime sein, sind wir gezwungen, ein wenig zu konvertieren.

```
else
{
    if (row[a].ToString() != "")
    {
        string dtOut = "";
        try { dateTime = Convert.ToDateTime(row[a].ToString());
        }
        catch (Exception ex) { dtOut = " "; }
        finally { dtOut = dateTime.ToString
                             ("dd.MM.yyyy HH:MM:ss"); }

        lSubItem = lItem.SubItems.Add(dtOut);
    }
}
```

Zum Schluss der Prüfung fügen wir das Item wieder der Auflistung hinzu.

```
listView.Items.Add(lItem);
```

Am Ende der Methode passen wir die Größe der Columns an den Inhalt der Spalten an.

```
for (int a = 0; a < listView.Columns.Count - 1; a++)
{
    listView.Columns[a].Width = -2;
}
```

Dies geschieht mit der Zuweisung *-2* an die Breite.

Die nächste Methode dieses Codeabschnitts füllt eine ComboBox über ein DataSet. Natürlich könnten wir das DatSet auch binden, aber so haben wir bessere Eingriffsmöglichkeiten auf die Datendarstellung. Zum Beispiel kann man diese Routine sehr einfach auf einen DataReader umbauen, den man selbst eben nicht an eine ComboBox binden kann.

```
private long fillCombo(DataSet ds, ref ComboBox comboBox, string idField,
                       string dataField)
{
```

Der Parameter *idField* definiert, welches Feld für die Identifikation der ID zuständig ist, dies ergibt später den Wert *Value*. Das Feld *dataField* beinhaltet die anzuzeigenden Daten. Dieses Feld kann auch mehrere Datenfelder beinhalten, dann würde man die einzelnen Werte durch ein Komma trennen. Aus diesem Grund teilen wir das Datenfeld innerhalb der Methode auch als Erstes auf.

```
String[] dataFields = null;

// Split Parameter
dataFields = dataField.Split(new char[] { '.' });
```

Zur Füllung erstellen wir eigene Instanzen für DataView, DataTable und DataRow.

```
System.Data.DataView dv = null;
System.Data.DataTable dt = null;
System.Data.DataRow rw = null;
```

Wir legen die Darstellung fest, indem wir eine eigene, interne Tabelle anlegen.

```
dt = new System.Data.DataTable();
dt.Columns.Add(dataField,System.Type.GetType("System.String") );
dt.Columns.Add("ID", System.Type.GetType("System.Int32"));
```

Sie sehen, das Datenfeld ist vom Typ String, während das ID-Feld immer ein Integer ist.

Damit unsere Tabelle »lebt« benötigt sie Daten. Deshalb erzeugen wir die zugehörigen Zeilen. Zunächst erzeugen wir eine Leerzeile, falls später einmal die Auswahl eines undefinierten Werts benötigt wird.

```
rw = dt.NewRow();
rw[dataField] = (System.Object) " ";
rw["ID"] = (System.Object) 0;
dt.Rows.Add(rw);
```

Wir stellen einen definierten Zustand her und löschen alte Einträge.

```
comboBox.DataSource = null;
comboBox.Items.Clear();
comboBox.BeginUpdate();
```

Jetzt können wir die Wertetabelle durchlaufen.

```
foreach (DataRow row in ds.Tables[0].Rows)
{
    if (isFirst)
    {
        isFirst = false;
    }

    String targetFieldValue = "";
```

Um das Datenfeld zu füllen, durchlaufen wir unsere Datenfeldliste.

```
foreach (string s in dataFields)
{
    if (row[s].ToString() != "")
    {
        targetFieldValue += row[s].ToString() + " ";
    }
}
```

Wir erzeugen eine neue Zeile und tragen unsere Werte ein.

```
rw = dt.NewRow();
rw[dataField] = targetFieldValue;
rw["ID"] = row[idField].ToString();
dt.Rows.Add(rw);
```

Damit unsere ComboBox etwas anzeigen kann, erzeugen wir eine Datenansicht und binden diese an die Combo.

```
dv = new System.Data.DataView(dt);
comboBox.DataSource = dv;
```

Als Letztes benötigt die ComboBox noch die Informationen darüber, welche Felder Value- und Displaytypen sind.

```
comboBox.EndUpdate();
comboBox.SelectedText = "";
comboBox.SelectedValue = 0;
```

Damit sind wir am Ende. Wenn nun der Service im Hintergrund läuft und wir unsere Applikation starten, erhalten wir etwa dieses Ergebnis:

Bild 12.5: Der Fat-Client in Aktion

Ähnlich wie bei unserem Fat-Client könnten wir nun einen Thin-Client auf Basis der Webservices erzeugen. Dann käme auch die Tabelle WorkflowMarker ins Spiel, die wir in unserem Fat-Client nicht benötigen.

12.3 Zum Abschluss

Versuchen Sie ein wenig mit dem vorliegenden Beispiel zu experimentieren und implementieren Sie einen kleinen Workflow über die Tabelle WorkflowMarker, oder testen Sie die Windows Workflow Foundation. Implementieren Sie zusätzlich eine Methode in den Webservices, die einen Zugriff auf diese Tabelle erlaubt, damit Sie sowohl im Fat- als auch im Thin-Client Zugriff darauf erhalten und die Zustände setzen können. Erweitern Sie die Services so, dass die Workflowzustände in den WorkflowMarkern beachtet werden. Versuchen Sie, anhand des Managementkonzepts und der Systemarchitekturdefinition eine detaillierte Planung für dieses Beispiel zu erstellen, damit Sie ein Gefühl für die einzelnen Planungsabschnitte bekommen.

Bevor Sie eine ernstzunehmende Anwendung auf Basis der Informationen dieses Kapitels erstellen, sollten Sie unbedingt ein oder zwei kleine Projekte testweise durchführen. Sie werden dann sicherlich die eine oder andere Stelle in der von mir vorgeschlagenen Planungsstruktur finden, die für Sie so nicht oder nur ungenügend geeignet ist. Erweitern Sie ruhig auf Basis Ihres eigenen Wissens diese Struktur und passen Sie sie an Ihre Bedürfnisse an.

Wenn Sie eigene Anwendungen erstellen, beachten Sie den Workflow, das Managementkonzept und das Systemarchitekturkonzept. Sie müssen sich, wie gesagt, nicht streng an meine Planungsstruktur halten. Die von mir vorgestellte Struktur hat sich zwar in der Praxis bewährt und beinhaltet viele Punkte, muss aber nicht zwingend auch für Sie das Nonplusultra sein. Verwenden Sie meine Struktur ruhig als Basis für eigene Überlegungen und werden Sie kreativ. Vergessen Sie nicht: Softwareentwicklung ist ein dauernder Lern- und Wandlungsprozess und schon morgen können heutige Überlegungen falsch oder nicht ausreichend sein.

Damit sind wir nun am Ende dieses Buchs angekommen. Ich hoffe, es hat Ihnen Spaß gemacht, die Welt der serviceorientierten Architekturen und die einzelnen Technologien ein wenig kennenzulernen. Leider konnte ich aus Platzgründen nicht immer alles so detailliert darstellen, wie ich das gerne getan hätte. Grundsätzlich sollte Ihnen das vorliegende Buch aber durch viele verschiedene Probleme hindurchhelfen und auch als kleines Nachschlagewerk dienen können. Ich denke, die zugrunde liegenden Techniken und Prinzipien wurden so weit beschrieben, dass Sie nun mit eigenen Experimenten starten können.

Und damit bleibt mir nur noch, Ihnen bei Ihren weiteren Schritten im SOA-Bereich viel Spaß zu wünschen.

H. Burbiel

13 Anhang

13.1 Was Sie auf der CD zum Buch finden

Verzeichnissourcen

Getrennt nach den Kapiteln finden Sie auf der CD mit vorangestellten Kapitelnummern die entsprechenden Verzeichnisse mit den zum Buch gehörenden Beispielen. Unterhalb dieser Verzeichnisse finden Sie teilweise Unterverzeichnisse mit Beispielen in anderen Sprachen. Innerhalb der einzelnen Kapitel erhalten Sie aber auf jeden Fall den genauen Pfad zum Beispiel.

Java-Verzeichnis

Hier finden Sie verschiedene Software zum Thema Java, unter anderem Netbeans und ein zur Drucklegung aktuelles SDK.

Sonstiges

Sonstiges enthällt alles, was sonst noch praktisch sein könnte, zum Beispiel PHP oder JBOSS.

14   Thank You!

Damit wären wir nun wieder einmal erfolgreich bei den Danksagungen angekommen! Stellenweise hätte ich wirklich nicht gedacht, dass ich das noch erleben darf. ;o)

Vielen Dank an alle, die mich in den letzten Monaten unterstützt haben. Ein großes Dankeschön auch an diejenigen Menschen, die mir per Mail positive Feedbacks über meine vorangegangenen Bücher zukommen ließen. Darüber freue ich mich immer wieder!

Speziell zu erwähnen im Dankeslied wäre natürlich Steph, mein Lektor vom Franzis Verlag, der leider nicht mehr den Abschluss dieses Buchs miterleben konnte.

Nein, er hat nicht den Löffel abgegeben, er hat nur den Verlag verlassen.

Danke Steph für Deinen Einsatz, Deine Hilfe und Deine (teilweise haarsträubenden) Tipps und Ideen.

Ein großes Dankeschön geht auch an den Franzis Verlag, der eine Terminverschiebung nach der anderen fast klaglos hingenommen hat.

Ansonsten könnte ich natürlich noch meinem Friseur, meiner Maniküre und meinem Arzt danken, aber wir sind ja hier nicht bei der Oskarverleihung.

Deshalb lege ich jetzt auch die Tastatur weg und mache den Rechner aus.

Stichwortverzeichnis

Die Daten eines Unternehmens sind viel wert – egal ob aus Entwicklung, Geschäftsführung oder Personalbuchhaltung. Hacker wissen das, knacken Firmennetze und richten dort erheblichen Schaden an, häufig völlig unbemerkt. Dieses Buch zeigt die wichtigsten Hacking-Tools, konkrete Angriffs- und Abwehrszenarien und die effektivsten Vorsorgemaßnahmen. Lassen Sie Hackern keine Chance!

Network Hacking

Dr. Kraft Peter, Weyert Andreas; 2007; ca. 500 Seiten + CD-ROM

ISBN 978-3-7723-**7578-2**

€ **49,95**

Besuchen Sie uns im Internet – www.franzis.de

Dieses Buch bietet professionelles Wissen zu PHP und MySQL – dem unschlagbaren Duo zur Realisierung dynamischer Web-anwendungen. Die vollständig überarbeitete und aktualisierte Neuauflage des Bestsellers vermittelt das Know-how von zwei Büchern in einem und zeigt die Interaktion zwischen PHP und MySQL in der Praxis. Dabei gehen die Autoren Caroline und Matthias Kannengiesser detailliert auch auf die Neuerungen von PHP 5 und MySQL 5 ein.

PHP5/MYSQL5 (Master Edition)

Kannengiesser Matthias; 2007; ca. 1.500 Seiten + CD-ROM

ISBN 978-3-7723-**7110**-3 € **49,95**

Besuchen Sie uns im Internet – www.franzis.de